U0817024

汇集十年精华
展现裁判思维
促进适法统一

《中国法院年度案例集成丛书》

主　　编　胡田野　国家法官学院副院长

副 主 编　刘　畅　最高人民法院司法案例研究院规划部主任

　　　　　　李晓果　最高人民法院司法案例研究院研究部副主任

主编助理　赵文轩　最高人民法院司法案例研究院规划部编辑

编审人员（按姓氏笔画为序）

王晓梅　王　锐　王蓓蓓　王　曦　朱志磊　朱建伟

朱　琳　刘　畅　安慧中　李迎昌　李明桓　李　彦

李　洋　李晓果　李　婧　李　谦　李想成　张智颖

陈佳艺　周丽华　赵文轩　荣学磊　胡田野　胡　岩

姜子佳　姜　丹　费嘉荣　徐万佳　唐世银　唐墨华

唐鑫鑫　梁　欣　程　瑛　焦明静　童启鑫　熊　燕

潘园园

本书编审人员　朱　琳　安慧中

中国法院年度案例集成丛书

婚姻家庭与继承纠纷

裁判规则
理解与适用

国家法官学院
最高人民法院司法案例研究院
—— 编 ——

中国法制出版社
CHINA LEGAL PUBLISHING HOUSE

《中国法院年度案例集成丛书》通讯编辑名单

刘晓虹	北京市高级人民法院
王　凯	北京市高级人民法院
董　扬	天津市高级人民法院
童若涵	河北省高级人民法院
崔铮亮	山西省高级人民法院
杨智勇	内蒙古自治区高级人民法院
周文政	辽宁省高级人民法院
苏　浩	吉林省高级人民法院
王　妍	黑龙江省高级人民法院
牛晨光	上海市高级人民法院
缪　芳	江苏省高级人民法院
卢燊绅	江苏省高级人民法院
符东杰	江苏省南通市中级人民法院
宋婉龄	江苏省无锡市中级人民法院
杨　治	浙江省高级人民法院
蒋　莹	浙江省高级人民法院
刘伟玲	安徽省高级人民法院
杨　宇	福建省高级人民法院
章光园	江西省高级人民法院
李　宁	山东省高级人民法院
郭宇凌	河南省高级人民法院
宋淼军	湖北省高级人民法院
黄　娅	湖北省宜昌市中级人民法院
唐　竞	湖南省高级人民法院
李　雪	广东省高级人民法院
邹尚忠	广西壮族自治区高级人民法院
陈小青	广西壮族自治区高级人民法院
李周伟	海南省高级人民法院
闫帅锋	重庆市高级人民法院
任　梦	四川省高级人民法院
李丽玲	云南省高级人民法院
石　瑾	云南省昆明市中级人民法院
伍席芳	贵州省高级人民法院
余长智	贵州省贵阳市中级人民法院
王丽萍	西藏自治区高级人民法院
郑亚非	陕西省高级人民法院
张旦旦	甘肃省高级人民法院
王　晶	青海省高级人民法院
康　莹	宁夏回族自治区高级人民法院
石孝能	新疆维吾尔自治区高级人民法院
吉　雄	新疆维吾尔自治区高级人民法院生产建设兵团分院

序

党的十八大以来，以习近平同志为核心的党中央高度重视依法治国，明确提出全面依法治国，坚持在法治轨道上推进国家治理体系和治理能力现代化。党的二十大报告指出，要坚持走中国特色社会主义法治道路，建设中国特色社会主义法治体系、建设社会主义法治国家，围绕保障和促进社会公平正义，坚持依法治国、依法执政、依法行政共同推进，坚持法治国家、法治政府、法治社会一体建设，全面推进科学立法、严格执法、公正司法、全民守法，全面推进国家各方面工作法治化。人民法院始终坚持以习近平新时代中国特色社会主义思想为指导，深入贯彻落实习近平法治思想，把加强案例指导和研究作为助力推进全面依法治国的重要途径，通过制定司法解释、发布指导性案例、提炼裁判要旨、推行类案检索等系列举措，深入推进法律适用统一，不断提升司法质量、效率和公信力，努力让人民群众在每一个司法案件中感受到公平正义。

“中国法院年度案例丛书”是国家法官学院于2012年开始编辑出版的一套大型案例丛书，每年年初定期出版。截至2022年，已经连续出版11年。2020年起，丛书由国家法官学院和最高人民法院司法案例研究院共同编著。丛书编辑始终坚持以习近平新时代中国特色社会主义思想为指导，深入贯彻落实习近平法治思想，深化成果运用，认真总结案例积累的审判执行经验做法，积极回应人民群众多元司法需求，记录我国司法审判执行工作发展进程，助力丰富司法审判理论，构建中国法治话语体系。该丛书案例涵盖人民法院刑事、民事、商事、行政、知产、环资和执行各业务领域，按照业务领域和案由层级设计分册及纲目，目前汇编案例合计1.2万余篇。丛书严格遵循案例选编要求，突出争议焦点、裁判规则和法律适用分析，追求“好读有用”，已经形成品牌效应。为总结十余年的案例编选和研究经验，在全国各级人民法院的大力支持下，国家法官学院与最高人民法院司法案例研究院经全面梳理丛书的1.2万余篇案例，以新法新规为依据，对于其中“判得好且写得好”的案例进行再次深度加工，编辑出版“中国法院年度案例集成丛书”。

“中国法院年度案例集成丛书”坚决贯彻落实党的二十大报告关于坚持全面依法治国，推进法治中国建设的部署要求，深度挖掘优秀案例在完善裁判规则体系、促进统一法律适用、促进民法典等新法新规正确实施和应用法学研究等方面的法治价值、学术价值和时代价值，探索体系化提炼和编纂裁判规则的新思路，发挥司法案例的规范、指导、评价、引领作用，展现新时代我国法治建设成就，大力弘扬社会主义核心价值观，助推全民法治意识和法治素养提升。

“中国法院年度案例集成丛书”共15个分册：《物权纠纷裁判规则理解与适用》《合同纠纷裁判规则理解与适用》《借款担保纠纷裁判规则理解与适用》《人格权纠纷裁判规则理解与适用》《婚姻家庭与继承纠纷裁判规则理解与适用》《侵权纠纷裁判规则

理解与适用》《道路交通纠纷裁判规则理解与适用》《保险纠纷裁判规则理解与适用》《劳动纠纷裁判规则理解与适用》《公司纠纷裁判规则理解与适用》《金融纠纷裁判规则理解与适用》《知识产权纠纷裁判规则理解与适用》《行政纠纷裁判规则理解与适用》《刑事案例裁判规则理解与适用》《执行纠纷裁判规则理解与适用》。丛书在编辑工作中坚持以下原则：一是突出裁判规则价值。以历年“中国法院年度案例丛书”采用的1.2万余篇案例为精选基础，优中选优，提供给读者十余年积累的多类型、多视角的疑难新型典型性案例，概览人民法院的类型化裁判规则。二是方便读者检索。为体现以读者为本的理念，丛书分卷细化，每卷根据最新的案由、法律适用问题分类编排案例，以裁判规则、裁判思路或案件焦点的核心内容作为主标题，让读者一目了然，迅速找到目标案例。三是注重案例分析的实用性。根据最新的法律法规以及司法解释对原“法官后语”进行完善，高度提炼案例对理解和适用新法新规的参考价值，为新型疑难法律适用问题提供解决方案，为司法工作提供借鉴，为法学研究提供启迪。

中国法制出版社始终全力支持“中国法院年度案例集成丛书”的出版，给了作者和编辑们巨大的鼓励。该丛书还提供了数据库增值服务，内附精美书签，扫描其中二维码，即可免费查阅往年同类案例数据库。我们在此谨表谢忱，并希望通过共同努力，臻于至善，真正探索出一条编辑案例书籍、挖掘案例价值的新路，不断增强丛书案例的代表性、时代性、权威性，丰富案例类型，细化裁判规则，提升分析质量，以更好服务于社会主义法治国家建设、服务于司法审判执行工作、服务于学习研究法律的广大读者。

“中国法院年度案例集成丛书”既是法官、检察官、律师等法律工作者的办案参考和司法人员培训的实用教材，也是社会大众学法用法的经典案例读本，同时是教学科研机构案例研究的良好素材。当然，我们难以一步到位实现初衷，该丛书还存在各种不足甚至错误，欢迎读者批评指正。我们愿听取各方建议，不断拓宽司法案例研究领域，有效发挥类案裁判规则功能，立足新发展阶段，实现中国特色司法案例研究事业的高质量发展。

国家法官学院

最高人民法院司法案例研究院

2023 年 2 月

目 录

Contents

一、婚姻家庭纠纷

（一）婚约财产纠纷

（二）离婚纠纷

（十）赡养纠纷

（十三）探望权纠纷

（十四）分家析产纠纷

二、继承纠纷

（一）法定继承纠纷

（二）遗嘱继承纠纷

（三）遗赠纠纷

三、申请人身安全保护令

一、婚姻家庭纠纷

（一）婚约财产纠纷

001 双方未办理结婚登记手续请求返还彩礼的处理

——李某甲诉李某乙婚约财产案

【案件基本信息】

1. 裁判书字号

山东省淄博市中级人民法院（2021）鲁 03 民终 2261 号民事判决书

2. 案由：婚约财产纠纷

3. 当事人

原告（上诉人）：李某甲

被告（被上诉人）：李某乙

【基本案情】

李某甲、李某乙于 2018 年 4 月相识并建立恋爱关系，同年 5 月开始同居。2019 年 1 月 13 日，李某甲支付李某乙彩礼 88000 元，当日，李某乙从该彩礼中支付 17442 元用于购买首饰，4 月 5 日至 10 日，李某乙从该账户中陆续取款共计 70000 元。李某乙于同年 8 月 13 日生育非婚生女李某丙，至此双方未办理结婚登记手续。李某乙主张取款行为系双方共同所为，彩礼已用于双方共同生活及抚养非婚生女李某丙，李某甲对此不予认可。后双方因彩礼返还纠纷诉至法院。

另查，李某乙曾于2019年10月17日就双方非婚生子女的抚养纠纷诉至法院，法院最终判决非婚生女李某丙由李某乙抚养，李某甲自判决生效当月起每月支付抚养费1000元至李某丙18周岁止。后李某甲未履行支付抚养费的义务。

【案件焦点】

涉案彩礼能否返还以及返还比例如何确定。

【法院裁判要旨】[①]

山东省淄博市临淄区人民法院经审理认为，《最高人民法院关于适用〈中华人民共和国民法典〉婚姻家庭编的解释（一）》第五条规定，当事人请求返还按照习俗给付的彩礼的，如果查明属于以下情形，人民法院应当予以支持：（一）双方未办理结婚登记手续；（二）双方办理结婚登记手续但确未共同生活；（三）婚前给付并导致给付人生活困难。适用前款第二项、第三项的规定，应当以双方离婚为条件。本案中，双方对被告收受原告彩礼88000元无异议，本院予以确认。原、被告双方虽未办理结婚登记手续，但自2018年5月起即开始共同生活，并生育一女。李某乙除收受彩礼当日从彩礼中支付款项购买首饰外，又于2019年4月5日至10日将剩余彩礼陆续取出。根据原告提交的证据及庭审调查，共同生活期间双方的收入并不稳定，被告称彩礼已用于共同生活、孩子抚养等理由成立，原告要求被告返还该彩礼，依据不足，对此不予支持。综上，依照《最高人民法院关于适用〈中华人民共和国民法典〉时间效力的若

---

① 本书【法院裁判要旨】适用的法律法规等条文均为案件裁判当时有效，下文不再对此进行提示。

干规定》第一条第三款、《最高人民法院关于适用〈中华人民共和国民法典〉婚姻家庭编的解释（一）》第五条、《中华人民共和国民事诉讼法》第六十四条的规定，判决如下：

驳回原告李某甲的诉讼请求。

李某甲不服一审判决提起上诉。山东省淄博市中级人民法院经审理认为：本案中，虽然双方未办理结婚登记，但双方同居期间育有一女，且彩礼账户里的钱已被陆续取出，因同居期间双方收入都不稳定，李某乙主张彩礼已用于双方同居期间共同生活和抚养孩子符合双方当事人所陈述的实际情况，理由成立，一审判决李某乙不返还李某甲彩礼，合情合理合法，应予支持。李某甲的上诉请求不能成立，应予驳回；一审判决认定事实清楚，适用法律正确，应予维持。据此，二审判决如下：

驳回上诉，维持原判。

【法官后语】①

本案为一起婚约财产纠纷，裁判的关键在于如何准确理解返还彩礼的条件。

彩礼是指以结婚为目的，按照当地风俗习惯，一方或其家庭成员给付另一方的礼金及贵重财物。给付彩礼是我国的民间婚俗，是男女双方以将来结婚为目的而为的给付，从法律性质上看是一种以结婚为条件的赠与行为。所以，对于彩礼纠纷的处理，根据双方最终缔结婚姻目的的实现结果来确定是否返还，符合公平原则。原则上，没有形成婚姻关系的，彩礼以退还为宜。这种没有形成婚姻关系是指既没有

---

① 本书【法官后语】对此类法律问题涉及的法律法规等内容进行了时效性更新，下文不再对此进行提示。

办理结婚登记，也没有实际共同生活的情形。实践中，男女双方虽然因为婚龄等原因没有办理结婚登记，但已经按照当地风俗举行了婚礼，也实际共同生活，此种情况下双方因感情破裂分手时，如果简单以未办理结婚登记手续为由要求女方返还全部彩礼，则显失公平。

关于彩礼返还的具体情形，《最高人民法院关于适用〈中华人民共和国民法典〉婚姻家庭编的解释（一）》（以下简称《婚姻家庭编司法解释》）第五条规定，当事人请求返还按照习俗给付的彩礼的，如果查明属于以下情形，人民法院应当予以支持：（一）双方未办理结婚登记手续；（二）双方办理结婚登记手续但确未共同生活；（三）婚前给付并导致给付人生活困难。适用前款第二项、第三项的规定，应当以双方离婚为条件。在司法实践中，人民法院处理彩礼返还纠纷应当根据双方共同生活的时间、彩礼给付的数额并结合当地风俗习惯、经济发展水平等因素，具体确定彩礼是否返还以及返还的具体数额，重点应关注以下问题：

1. 区分彩礼给付与借婚约为名向对方索取财物。《中华人民共和国民法典》第一千零四十二条第一款规定，禁止借婚姻索取财物。基于包办、买卖性质的婚约发生的财物给付或者借婚约为名向对方索取财物的，究其本质，是将缔结婚姻作为其谋取财物的手段或工具，与正常的民间彩礼给付性质不同。人民法院可基于男女双方结婚真实意愿、给付财物金额大小，并结合当地风俗习惯及经济发展水平，综合认定给付的财物的性质。借婚姻关系索取财物的，或者因索要财物造成给付方生活困难的，可酌情返还。

2. 区分彩礼给付与恋爱期间小额赠与。男女双方在交往过程中为表达感情、出于自愿给付的日常用品，或在某些特定节日给付的带有特殊含义数字的红包（如 520 红包等），赠送的价值较小的物品，请客花费、逢年过节等人情往来的消费性支出，一般应认定为恋爱期间的赠与行为，与双方当事人以缔结婚姻为目的的彩礼给付性质不同，给付人要求返还的，人民法院不予支持。

3. 彩礼应否返还应重点关注双方是否已经实质形成长久稳定的共同生活关系。如前所述，《婚姻家庭编司法解释》规定了彩礼返还的具体情形，究其本质，均关注男女双方是否形成了实质的婚姻关系。这里所指的实质的婚姻关系不仅指办理了结婚登记，还需双方已经实际共同生活。共同生活主要体现在相互之间共同为家庭贡献力量，相互扶助、相互照顾、精神慰藉，共同承担生活负担。对于骗婚及虽已办理结婚登记手续但确未共同生活的，应返还彩礼。

4. 彩礼返还的范围应综合涉案情况灵活认定。确定彩礼返还时，要根据已给付彩礼的实际使用情况，考虑双方是否为筹办婚事支付了必要的费用或是否已经在实际共同生活中发生了必要的消耗等，在此基础上予以适当返还。实际生活中，常出现以下情形，如虽然男女双方没有共同生活，但可能已为筹办婚礼购买了生活用品或支付了其他费用；再如，在认定婚前给付导致给付人生活困难的情形中，男女双方也可能已经在实际共同生活中对彩礼进行了部分消耗。因此在处理彩礼返还问题时应当灵活掌握，真正体现公平原则。同时，还要考虑到在广大农村地区，往往会出现男方因给付高价彩礼，离婚后无力负担再娶费用的情形，因此，当事人请求返还按习俗给付的彩礼的，人民法院可以根据案件的具体情况，综合考虑双方共同生活的时间、彩礼数额、彩礼用途、是否生育子女，并结合当地风俗习惯和经济水平等因素，酌情确定是否返还以及返还的具体数额，以妥善平衡各方当事人的利益，维护社会的和谐稳定。

编写人：山东省淄博市临淄区人民法院　刘海红　张凌燕

002 彩礼的认定及“共同生活”的判断标准

——王某某诉刘某某离婚案

【案件基本信息】

1. 裁判书字号

北京市朝阳区人民法院（2018）京0105民初59656号民事判决书

2. 案由：离婚纠纷

3. 当事人

原告：王某某

被告：刘某某

【基本案情】

原、被告于2017年11月通过网络相识，2018年1月26日，原、被告登记结婚，原告系初婚，被告系再婚，婚后无子女。2017年12月14日，原告通过微信向被告转账13140元，转账截图显示“老婆随便花……”，同月16日，原告通过微信向被告转账1314元。在筹备婚礼期间，原告通过招商银行分期分笔向被告给付总计金额为208000元的彩礼，被告对此予以认可。2018年1月6日，原告通过绑定该银行卡的微信向被告转账20000元，用于购买婚礼所穿衣服。2018年1月26日，原告通过农业银行向被告转账50000元，其称在登记结婚当天被告还向其索要钱，之后才进行结婚登记，故其对被告进行了转账。但在原告向被告转账后，由于没钱还信用卡借款，被告向原告转回30000元。另，原告称其为被告购买“三金”首饰花费21700元，并于2017年12月

16日花费8451元为被告母亲购买项链。婚后双方共同居住过几日，现原告以被告陈述个人虚假信息、通过结婚获取财物为由，将被告诉至法院，要求判令解除原、被告的婚姻关系，被告退还彩礼292605元。

【案件焦点】

1. 涉案多笔转账是否均具备彩礼的性质；2. 双方是否共同生活的判断。

【法院裁判要旨】

北京市朝阳区人民法院经审理认为：婚姻关系的存续与维系以夫妻感情为基础。原、被告双方通过网络相识后，经过短暂的相处后即登记结婚，感情基础较为薄弱。庭审中，被告虽不同意离婚，但根据双方的陈述及举证，难以认定双方仍存在夫妻感情或有和好之可能。故本院准予双方离婚。

关于涉案多笔转账是否为彩礼的认定。其中原告通过招商银行转账的208000元系彩礼双方均无异议，本院予以认定。而通过农业银行转账的50000元以及通过微信转账的20000元亦是为达成结婚登记以及举办婚礼置备相关物品所给付之钱财，故亦应认定为彩礼。另，原告所述的微信转账13140元以及1314元，结合转账的情境以及双方的关系，应属双方在处于恋爱关系中的赠与，不宜认定为彩礼。至于原告所述为被告购买“三金”以及为被告之母亲购买项链，原告均未提交证据予以证明，被告亦不予认可，本院难以认定。

关于彩礼的返还。根据《最高人民法院关于适用〈中华人民共和国婚姻法〉若干问题的解释（二）》（现已失效）第十条第二项之规定，当事人请求返还按照习俗给付的彩礼的，如果查明属于双方办理结婚登记手续但确未共同生活的应当予以支持。而所谓夫妻的共同生活，主观上，夫妻双方应当有长期共同生活在一起的愿望；客观上，夫妻双方应当能互相扶持，共同履行夫妻义务和家庭义务，共担生活压力和风险，共创美好生活。夫妻的共同生活应当是一种较为持续和稳定的状态。结合原、被告之陈述，双方仅极为短暂地一起居住过几日，故本院认定原、被告虽办理了结婚登记但并未共同生活。现原告主张被告返还彩礼，本院将根据本案查明的具体情况对返还彩礼的数额予以认定。

综上，依据《中华人民共和国婚姻法》第三十二条、《最高人民法院关于适用〈中华人民共和国婚姻法〉若干问题的解释（二）》第十条之规定，判决如下：

一、准予原告王某某与被告刘某某离婚；

二、被告刘某某于本判决生效后七日内返还原告王某某彩礼钱278000元整；

三、驳回原告王某某的其他诉讼请求。

判决后，双方当事人均未上诉，本判决现已生效。

【法官后语】

我国自古以来，婚姻的缔结，就有男方或其家庭在婚姻订立意向初步达成时，按照当地风俗习惯向女方或其家庭赠送一定数量聘财、聘礼的传统，这种聘财、聘礼俗称“彩礼”。随着社会环境的变化以及生活条件的提高，不少地区的彩礼水涨船高，涉及的金额也越发增大，一旦婚姻无法订立或者订立后难以为继之时，双方就彩礼是否返还以及返还的数额问题容易产生争议。本案即是如此。

一、彩礼的认定

男女双方在婚恋关系存续期间会发生各种金钱、财物往来，如何准确认定给付财产的性质，已成为司法实践的难点问题。我们认为，区别给付的财物是彩礼还是为维系及发展感情的一般赠与抑或是双方交往中的必要花费，应主要考虑以下三个方面因素：一是给付的目的。彩礼是为促成婚姻缔结而为之给付，数量大小、种类多少、金额高低取决于当地的风俗社情习惯，普通礼物与必要花费则不然。本案中原告于2017年12月分两次向被告转账的13140元及1314元，结合双方当时的恋爱关系及转账记录留言，根据一般生活经验，原告此时给付金钱的行为系表达爱意而非为了结婚，因此不宜认定为彩礼。二是给付的主体。彩礼的给付主体一般为男方或其家庭成员，尤其在广大农村或者经济不发达地区，娶媳妇往往要举全家之力，收受一方通常也是女方或其家庭。而彩礼之外的金钱、财物往来，通常仅发生在男女双方之间。三是给付的时间。一般认为，彩礼的给付时间发生在双方谈婚论嫁开始至结婚登记，但不少地区仍以举办婚礼为实质结婚要件，法院审理时应充分尊重当地的风俗习惯，若财产给付是发生在登记后、举办婚礼前，其目的是促成婚姻缔结，仍应认定为彩礼。

二、夫妻共同生活的认定

《最高人民法院关于适用〈中华人民共和国婚姻法〉若干问题的解释（二）》（现已失效）第十条对返还彩礼的三种情形[①]予以明

---

① 第十条 当事人请求返还按照习俗给付的彩礼的，如果查明属于以下情形，人民法院应当予以支持：

（一）双方未办理结婚登记手续的；

（二）双方办理结婚登记手续但确未共同生活的；

（三）婚前给付并导致给付人生活困难的。

适用前款第（二）、（三）项的规定，应当以双方离婚为条件。

确，2021 年 1 月 1 日起施行的《最高人民法院关于适用〈中华人民共和国民法典〉婚姻家庭编的解释（一）》亦沿袭了上述规定，以是否办理结婚登记为分界点，对彩礼返还的情况予以认定，即对于双方未办理结婚登记手续的，应当返还彩礼；已经办理结婚登记手续又离婚的，除法定的两种特殊情形，原则上彩礼不再返还。其中关于第二项中“共同生活”的认定，法律及司法解释并没有明确规定，司法实践中，法官对“确未共同生活”的不同理解会导致同案不同判，有损司法公正。我们认为，共同生活是一种长期、稳定的状态，对该状态的认定，不能仅局限于同一物理空间，除夫妻双方共同居住在同一住所外，还应从物质、精神、生活等多方面进行综合考量，做到主客观统一。主观上，双方具有携手共度余生的美好愿望。客观上，双方能够相互扶持照顾，相互抚慰理解，共同履行夫妻义务，承担家庭责任，抵御外界压力及风险。比如，本案中根据原被告陈述，双方登记后仅极为短暂地一起居住过几日，难言夫妻之间存在相互扶助的经历，双方亦未形成长期稳定的夫妻间的权利义务关系，实质意义上真正的共同生活还远没有开始，故难以认定为共同生活。如果夫妻双方因工作或其他需要导致两地分居，只要符合上述主客观情形，亦不宜认定为“确未共同生活”。此外，关于返还的具体数额，应根据双方婚姻维持时间长短、双方的过错程度、彩礼使用情况，参考当地的风俗习惯，由法院结合案件的具体情况予以确定。

编写人：北京市朝阳区人民法院　龙泉

003 恋爱期间的大额赠与的性质认定
——居某祥诉李某婚约财产案

【案件基本信息】

1. 裁判书字号

江苏省南通市中级人民法院（2017）苏06民终第1330号民事判决书

2. 案由：婚约财产纠纷

3. 当事人

原告（上诉人）：居某祥

被告（被上诉人）：李某

【基本案情】

居某祥与李某于2014年6月通过某婚恋网站相识，同年8月，双方确立恋爱关系。2014年11月2日、22日、23日，居某祥通过其银行账户分三次向李某银行账户转账汇款人民币6万元、4万元、5万元。2014年11月5日，李某填写《兴业银行客户签证申请材料代传递登记表》，申请国家为韩国。2014年12月，李某赴韩国进行吸脂手术。2015年2月11日至8月1日，居某祥通过其支付宝账户分14次向李某转账汇款合计15300元。从2015年8月开始，原、被告双方发生矛盾，在双方短信联系过程中，居某祥曾发信息质问李某："你知道感恩吗？我花了15万元让你去韩国，你就是这样对我的吗？"2016年2月，李某与他人结婚。2016年10月，居某祥以返还彩礼为由起诉至法院，请求法院判令李某返还彩礼175400元。

【案件焦点】

1. 居某祥给付李某的金钱是否属于彩礼；2. 若居某祥给付李某的金钱属于彩礼，李某是否应当予以返还。

【法院裁判要旨】

江苏省南通市崇川区人民法院经审理认为：婚约是男女双方以将来结婚为目的所作的事先约定。根据南通市本地民俗，男女结婚前一般会先订立婚约，婚约一方向另一方给付一定数额的金钱或贵重物品作为彩礼是订立婚约的基本形式，并大多会有父母或亲朋好友在场见证。居某祥和李某均认可双方没有正式订婚，居某祥给付李某金钱的方式系分多次转账汇款，且其转账行为贯穿双方恋爱的过程，不符合一般大众认知的彩礼给付方式。结合二人在庭审中的陈述，李某所举证据与其陈述可相互印证，依法应予采信；居某祥所举证据不足以证明其给付李某的金钱确系彩礼，应由居某祥承担举证不能的责任。

江苏省南通市崇川区人民法院依照《中华人民共和国民法通则》第四条、第五条，《最高人民法院关于适用〈中华人民共和国婚姻法〉若干问题的解释（二）》第十条之规定，作出如下判决：

驳回居某祥的诉讼请求。

居某祥不服一审判决，提出上诉。江苏省南通市中级人民法院经审理认为：按照一般习俗，彩礼为婚约一方向对方或对方亲友赠送的订婚礼物，彩礼的给付系以结婚为目的。居某祥与李某未订立婚约，在双方恋爱期间，居某祥通过银行转账、支付宝转账等方式数次向李某汇款，居某祥主张其所汇款项均系以结婚为目的，但未能提供证据证明其在转账汇款时具有与李某缔结婚姻关系的明确意思表示，故上述款项不属于彩礼的范畴，应为居某祥恋爱期间对于李某的馈赠。居某祥要求李某返还恋爱期间赠与的财物，于法无据，不应予以支持。

江苏省南通市中级人民法院依照《中华人民共和国民事诉讼法》第一百七十条第一款第一项之规定，作出如下判决：

驳回上诉，维持原判。

【法官后语】

订立婚约是我国自古流传的风俗习惯，时至今日，尽管人们对婚姻的观念有所改变，但是订婚给付彩礼（亦称聘礼、纳彩等）在我国许多地区特别是农村地区仍具有一定的普遍性，甚至还有着较为统一的行情和价格。近年来，随着我国经济的快速发展和人民生活水平的提高，男女双方在恋爱期间互赠财产的价值逐渐变大，如大额金钱、房屋、汽车、名贵珠宝首饰等，以至于分手后男女双方因为恋爱期间赠与财物的所有权问题容易产生纠纷。我国现行法律并没有明确区分彩礼与恋爱期间赠与的界限，同案不同判的现象仍然存在。当事者于纠纷时往往任意使用私力救济，这样容易造成矛盾进一步激化，引起社会关系震荡，严重影响社会和谐稳定。

彩礼是指男女双方以结婚为目的，一方基于当地风俗习惯给付另一方较大数额的现金或物品。而赠与则是赠与人将自己的财产无偿给予受赠人，受赠人表示接受赠与的行为。彩礼与恋爱期间赠与在现实生活中容易混淆，但根据二者的特征以及法律属性等方面的不同，还是存在以下四个方面明显的区别：（1）是否以缔结婚姻关系为目的。彩礼的给付具有明确的目的性，即男女双方缔结婚姻关系；恋爱期间的赠与则无此目的性，一般为一方为增进双方感情而无偿赠与对方一定数额的财物。（2）给付原因不同。彩礼的给付一般是基于当地风俗习惯，并经常伴有一定的仪式；恋爱期间赠与则是基于赠与人的自由意志，随时随地都可能发生。（3）财产的价值大小不同。彩礼所给付财物的数额或价值按照当地生活水平应属于较大；恋爱期间赠与的财物价值则因当事人双方的感情程度、消费习惯、赠与人的经济水平等因素的不同而存在很大差异。（4）给付财产是否出于自愿。彩礼作为婚约财产的一种，其给付的最终目的是男女双方缔结婚姻关系，通常情况下当事人并非完全心甘情愿给付。对于彩礼的返还，在民法典施行前由《最高人民法院关于适用〈中华人民共和国婚姻法〉若干问题的解释（二）》第十条规定，民法典施行后，由《最高人民法院关于适用〈中华人民共和国民法典〉婚姻家庭编的解释（一）》第五条第一款规定，当事人请求返还按照习俗给付的彩礼的，如果查明属于以下情形，人民法院应当予以支持：（一）双方未办理结婚登记手续；（二）双方办理结婚登记手续但确未共同生活；（三）婚前给付并导致给付人生活困难。而恋爱期间的赠与，则是赠与人为表达自己的感情，不附任何条件地将自己的财产或利益转让给受赠人，赠与财物的所有权一般自交付时起转移，受赠人成为赠与财物的所有权人，无法定情形不得要求撤销。

我国现行法律并没有以成文法的形式明确何谓彩礼以及彩礼与恋爱期间赠与如何区分，笔者认为，男女之间发生在恋爱期间的大额转账并非一律认定为赠与，而是应当根据双方的经济水平、消费习惯、金钱往来习惯等因素予以综合考量。就本案而言，居某祥在双方恋爱期间给付李某的大额汇款有三次，分别为6万元、4万元、5万元，合计15万元，该汇款发生在李某申请去韩国进行整容手术的同一时间段，且居某祥在事后发给李某的短信中亦陈述“花了15万元”让李某去韩国，经法院调查，李某在接收汇款后确实去韩国进行了整容手术，花费医疗费用近15万元，而居某祥主张给付李某的另外25400元转账实际只有15300元，且由14笔金额不等的小额转账组成，是居某祥给付李某帮其照顾小孩的日常花销。居某祥主张李某返还彩礼，但双方并未订立婚约，居某祥也未能举证证明其在给付案涉款项时具有与李某缔结婚姻关系的明确意思表示，根据其经济水平和与李某之间的金钱往来习惯，居某祥给付李某的款项并不属于彩礼的范畴，故法院认定居某祥给付李某的大额转账系恋爱期间赠与，不予返还，这样既符合日常生活经验和善良风俗，也遵循了民事活动自愿、公平、诚信的原则。

编写人：江苏省南通市崇川区人民法院　孙太永

004　离婚纠纷中关于彩礼、礼金、“改口费”等的定性与处理

——张某诉王某离婚案

【案件基本信息】

1. 裁判书字号

北京市顺义区人民法院（2014）顺民初字第08666号民事判决书

2. 案由：离婚纠纷

3. 当事人

原告：张某

被告：王某

【基本案情】

张某与王某经人介绍相识，于2013年5月1日订婚。王某分别于2013年5月1日、10月1日共计给付张某56000元。2013年11月18日，张某与王某办理了婚姻登记手续，后举办了婚礼。在婚礼上，王某父母给付张某“改口费”10001元，张某父母给付王某“改口费”9999元，均由张某保管持有。婚礼当天，王某和张某共收到亲友礼金11000元，亦由张某持有。婚后，因王某身体患有疾病，双方无法进行正常的夫妻生活。遂于2014年5月，张某以双方认识时间较短缺乏感情基础、王某患病无法进行正常的夫妻生活为由，起诉要求与王某离婚，并要求对婚后共同财产予以分割。

另查明，双方均同意离婚，对家电等夫妻共同财产分割亦无争议，但对彩礼的返还、“改口费”及收到礼金的定性及处理分歧较大。

【案件焦点】

1. 双方婚后未有夫妻生活，离婚时一方应否返还另一方彩礼；2. 婚礼当天双方父母给付对方的“改口费”的法律定性及如何处理；3. 结婚登记后、举行婚礼过程中收到亲友的礼金的法律定性及如何处理。

【法院裁判要旨】

北京市顺义区人民法院经审理认为，王某于婚前给付张某的56000元，与双方缔结婚姻关系密切相关，显然属于彩礼。本案中，张某与王某婚后未有过夫妻生活，并且根据证人的证言，张某也不经常在家居住。因此考虑到双方的感情稳定程度、结婚时间的长短、生活联系的紧密度等因素，本院酌情确定张某返还王某彩礼 20000 元。对于王某要求返还的改口费 9999 元，性质上应当属于张某父母对王某的个人赠与，属于王某的个人财产，张某应当返还王某。至于涉案的礼金 11000 元，该礼金属于亲友对于王某及张某双方的赠与，应属于夫妻共同财产，王某有权予以分割。但张某称该礼金已经用于双方日常消费，而王某也未能举证证明该礼金 11000 元现尚存在，因此，其要求返还该礼金的请求不予支持。关于家电等共同财产的分割，庭审中双方已达成一致意见，本院照准。综上所述，依照《中华人民共和国婚姻法》第十七条、第三十一条，《最高人民法院关于适用〈中华人民共和国婚姻法〉若干问题的解释（二）》第十条第一款第二项之规定，判决：

一、准予原告张某与被告王某离婚；

二、被告王某于本判决生效之日起七日内将海尔电视机、科龙空调、小天鹅洗衣机、沙发、电视柜、梳妆台、茶几、衣柜给付原告张某；

三、原告张某返还被告王某彩礼 20000 元、改口费 9999 元，均于本判决生效之日起 7 日内执行；

四、驳回原告张某、被告王某的其他诉讼请求。

判决后，双方当事人均未上诉，本判决现已生效。

【法官后语】

本案是一起在离婚时，当事人双方对基于风俗习惯在婚姻关系成立前后的各种金钱给付产生争议的案件，属于广泛意义上的婚约财产纠纷。此类金钱给付往往发生在双方尚未开始共同的婚姻生活之前，不属于典型的夫妻共同财产或个人财产范围，之前的《中华人民共和国婚姻法》和现行的《中华人民共和国民法典》婚姻家庭编部分对此均未明确规定，审判中应根据钱款的给付场合、给付目的、数额及当地风俗等首先准确认定涉及钱款的性质，进而结合双方的实际情况予以处理。下面结合本案争议的彩礼、“改口费”、礼金等详述之。

一、婚前给付的彩礼，离婚时如何处理

本案中，王某婚前给付张某的56000元以缔结婚姻为目的，应当认定属于彩礼范畴。关于彩礼的属性，我国现行法律并未明确，理论界和实务界存在争议，主要有赠与说与定金说两种观点。《最高人民法院关于适用〈中华人民共和国婚姻法〉若干问题的解释（二）》第十条关于彩礼的处理原则曾有规定，“当事人请求返还按照习俗给付的彩礼的，如果查明属于以下情形，人民法院应当予以支持：（一）双方未办理结婚登记手续的；（二）双方办理结婚登记手续但确未共同生活的；（三）婚前给付并导致给付人生活困难的。适用前款第（二）、（三）项的规定，应当以双方离婚为条件”。从该条规定的内容可以看出，法院倾向于将彩礼视为附条件赠与行为。上述关于彩礼的处理原则现已被《最高人民法院关于适用〈中华人民共和国民法典〉婚姻家庭编的解释（一）》第五条全部吸收。根据上述司法解释规定，本案王某与张某已办理结婚登记手续，因此认定张某是否应当返还彩礼关键在于对二人是否“共同生活”的审查。关于“共同生活”的审查认定，审判实践中除考虑夫妻是否居住于共同的住所外，还应结合以下几个方面的情况：（1）夫妻之间是否有正常的性生活；（2）夫妻双方是否有共同的精神生活，主要是指基于配偶身份的相互理解和慰藉；（3）夫妻履行相互扶助的义务的情况；(4) 夫妻共同承担对其他家庭成员所负的义务情况等。本案中，双方均认可没有夫妻性生活，且证人可以证实婚后张某很少回家居住，应当说双方关于夫妻共同的精神生活及相互扶助的义务均非常有限，可以认定双方并未形成真正意义上的夫妻共同生活。由此，张某应当返还王某彩礼。至于如何确定返还的数额，是全额返还还是部分返还，可综合考虑双方办理结婚登记时间的长短、双方未共同生活的原因、一方是否有过错等，同时参照离婚财产分割时照顾女方和无过错方的一般原则综合予以确定。

二、婚礼当天双方父母给付对方的“改口费”的法律定性及如何处理

根据北方一些农村地区的习俗，双方结婚除了进行结婚登记外，往往还要举行婚礼。在婚礼上，双方父母会给付另一方一定数额的金钱名为“改口费”。所谓“改口费”即双方要改变以往“叔叔”“阿姨”的称呼，叫对方父母为“爸爸”“妈妈”。“改口费”一般数额相对固定，男方父母给付女方10001元，寓意“万里挑一”，女方父母给付男方9999元，寓意“天长地久”。从法律性质上分析，“改口费”涉及双方家庭的相互给付，不属于彩礼范畴，但亦与缔结婚姻关系密切相关，象征着结婚双方及双方父母在情感和家庭角色的相互接纳与承认，是一方父母基于特殊身份关系、为增进感情对另一方的赠与，可归受赠人个人所有，离婚时一般不得请求返还。根据上述分析，本案中王某、张某收到的“改口费”应归各自所有，不得请求返还。但王某并非要求返还其父母给付张某的“改口费”10001元，而是要求索回张某父母给其的“改口费”并由张某持有保管的9999元，应予以支持。当然，认定离婚时涉及“改口费”或其他在婚姻缔结过程中给付的金钱、礼物等财物是否返还，也要考

虑财物价值的大小，是否双方互相赠与、金额是否过于悬殊等，在明确当事人请求权基础的前提下正确予以处理。

三、登记结婚后、举行婚礼过程中收到亲友的礼金的法律定性及如何处理

如果说登记是履行法律意义上的程序的话，依据习俗举办的婚礼在某种程度上就是履行一种社会意义上的对外宣示程序。在婚礼上，双方亲友会到场祝贺，并赠与一定数额的金钱名曰礼金（有的地方也称“份子钱”）。礼金是表示对结婚男女双方的祝福，除非给付者明确表明只赠与一方，不管是哪一方的亲友给付的礼金，均应是对男女双方的赠与，而非对一方的赠与，应属于夫妻共同财产。对此，可以参照《最高人民法院关于人民法院审理离婚案件处理财产分割问题的若干具体意见》的规定处理。该意见第五条规定：“已登记结婚，尚未共同生活，一方或双方受赠的礼金、礼物应认定为夫妻共同财产，具体处理时应考虑财产来源、数量等情况合理分割……”本案中，王某以礼金是结婚当天己方亲友给付为由，认为属于个人财产，要求张某返还，显然不能成立。但王某有权主张分割属于夫妻共同财产的礼金。对于礼金的具体分割，审判实践中还应确认礼金的现存情况，如果礼金已消耗无剩余，且属于夫妻对共同财产平等处理权的范围内，并无明显不合理，一方仍要求分割的，则应驳回其诉讼请求。

编写人：北京市顺义区人民法院　宋素娟

005 以结婚为目的共同购置的房屋为约定共有

——李正某诉刘亚某婚约财产案

【案件基本信息】

1. 裁判书字号

北京市第一中级人民法院（2013）一中民终字第8628号民事判决书

2. 案由：婚约财产纠纷

3. 当事人

原告（上诉人）：李正某

被告（被上诉人）：刘亚某

【基本案情】

李正某与刘亚某于2007年通过网络相识，2009年上半年确立恋爱关系。

2009年8月20日，刘亚某与北京房地产开发公司签订《商品房预售合同》，合同约定刘亚某作为买受人购买北京市朝阳区芍药居东区及配套、公建项目用地某组团某住宅楼某层某单元1101号房屋（以下简称诉争房屋），房屋总价款为4743530元。8月29日，刘亚某向出卖人支付首付款1743530元，余款300万元以商业贷款和公积金贷款组合贷款的方式足额支付至出卖人账户。李正某、刘亚某双方一致认可首付款中有155万元为李正某以北京嘉友信和科技有限公司开具支票的方式支付。

2010年2月5日起截至起诉之日，其中李正某通过刘亚某账号偿还贷款327915.63元，刘亚某在此期间共偿还贷款206654.52元。

2011 年 6 月，北京东方信远房地产开发有限公司将诉争房屋交付刘亚某。2011 年 8 月，刘亚某取得诉争房屋的房屋产权证。

另查，刘亚某在二审诉讼期间提供了 2012 年 11 月 5 日至 2013 年 10 月 30 日商业贷款及公积金贷款个人明细表，在此期间，刘亚某偿还商业贷款和公积金贷款共计 3035172.82 元，诉争房屋的贷款已全部偿还完毕。

李正某以所有权确认纠纷起诉到法院，要求确认其对诉争房屋的权利。

【案件焦点】

以刘亚某一人名义购买的房屋，双方共同出资，共同还贷，是刘亚某个人财产还是双方共有。

【法院裁判要旨】

北京市西城区人民法院经审理认为：李正某并未提供充分证据证明双方已就结婚达成合意，亦未提供充分证据证明李正某为刘亚某垫付购房首付款以及向刘亚某转账系以结婚为目的而给付的彩礼，故法院无法认定李正某、刘亚某之间存在婚约关系，李正某要求确认诉争房屋归其所有的诉讼请求，缺乏事实及法律依据，不予支持。关于李正某要求刘亚某返还婚戒的诉讼请求，李正某未能就其为刘亚某购买婚戒提供充分有效的证据，故法院对其诉讼请求不予支持。

北京市西城区人民法院根据《最高人民法院关于适用〈中华人民共和国婚姻法〉若干问题的解释（二）》第十条之规定，作出判决如下：

驳回李正某全部诉讼请求。

李正某持原审起诉意见提起上诉。北京市第一中级人民法院经审理认为：不动产可以由两个以上个人共有，共有的发生可以基于当事人的意思表示，也可以基于法律规定。李正某与刘亚某于 2007 年相识，2009 年确定恋爱关系，双方均系未婚，并存在共同居住的事实。2009 年 8 月，刘亚某与李正某共同支付首付款 1743530 元，并向银行借款 300 万元用于购买诉争房屋。虽然该 300 万元款项是以刘亚某个人名义贷款，但结合双方共同支付首付款及共同偿还贷款的行为，可以认定该 300 万元款项为双方共同借款用于购买诉争房屋。综合以上情况本院认定，李正某与刘亚某在恋爱期间，以结婚为目的，共同出资支付首付款并向银行借款，购置了诉争房屋，双方对诉争房屋具有共同所有的意思表示，因此李正某、刘亚某对诉争房屋构成共有关系。李正某与刘亚某对诉争房屋未约定按份共有或者共同共有，亦不存在法定共同共有的情形，因此应视为双方对诉争房屋按份共有。

按份共有人对共有的不动产享有的份额，没有约定或者约定不明确的，按照出资额确定。诉争房屋的购房款由首付款和向银行的 300 万元借款构成。根据已查明事实，李正某支付首付款 155 万元，其余首付款 193530 元，因李正某未提供充足证据证明是其支付，本院认定为刘亚某支付。关于向银行借款的 300 万元，李正某与刘亚某对借款的比例并无书面约定，本院认为应当以双方截至起诉之日实际偿还贷款的数额确定各自的借款比例。刘亚某在诉讼期间偿还贷款 3035172.82 元，该行为发生在李正某提起诉讼之后，并未经得李正某的同意，其偿还的债务超过自己应当承担的份额的，有权向李正某追偿，本案中不予处理。

北京市第一中级人民法院依据《中华人民共和国民事诉讼法》第一百七十条第一款第二项，《中华人民共和国物权法》第九十三条、第一百零三条、第一百零四条的规定，作出判决如下：

一、撤销北京市西城区人民法院民事判决；

二、李正某与刘亚某对北京市朝阳区太阳公元小区某号楼某层某单元1101号房屋按份共有，李正某享有71%的份额，刘亚某享有29%的份额；

三、驳回李正某的其他诉讼请求。

【法官后语】

一、男女双方以结婚为目的，共同出资购买房屋的行为视为双方对房屋具有共有的意思表示

我国法律对于男女双方以结婚为目的共同购房的行为如何认定并无规定。非登记方的出资行为应认定为赠与还是借贷，抑或是共有物出资？以本案为例，男方向房屋出卖人支付首付款，并每月偿还银行贷款，从客观上讲，其出资是与支付首付款、偿还贷款的时间及数额相吻合，与购房行为紧密联系在一起，从主观上讲，其以与女方结婚为目的，出售一套仅有自住房屋购房，为了今后能够共同居住使用，对房屋具有所有权的意思表示，因此该行为是支付购房款的行为，女方称男方出资为赠与或者借贷，并无证据佐证。故男女双方以结婚为目的，共同购置房屋，虽登记在一方名下，但因双方对诉争房屋具有共有的意思表示，因此应认定为双方对房屋构成共有关系。

二、按揭贷款购买的房屋应如何确定双方份额

首先，需要明确出资额包含哪些部分。既然是对房屋共有，那购房款即是出资额，根据房屋买卖合同和与银行签订的借款合同可知，购房款由首付款和银行贷款构成。值得注意的是，购房款不包

含向银行偿还的利息，偿还贷款是依据借款人与银行之间的借款合同，银行贷款利息也是依据借款合同产生，还贷的行为实际是履行借款合同，这与购买房屋的出资不是同一法律关系。

其次，向银行借款300万元是共同借款还是个人借款。虽然是以女方个人名义与银行签订借款合同，但双方具有共同购房的意思表示，共同支付首付款，且随后共同偿还贷款，因此可以认定银行贷款为双方共同向银行借款，系双方共同债务。由于双方对借款比例并无书面约定，因此以双方实际偿还贷款的数额确定各自的借款比例为宜。

三、诉讼过程中，刘亚某自行偿还的贷款不能认定为共有人的出资

刘亚某在二审诉讼期间偿还贷款共计3035172.82元，诉争房屋的贷款已全部偿还完毕。该行为发生在李正某提起诉讼后，其中，大部分是二审法院指定的举证期限届满后，刘亚某自行向银行偿还。该3035172.82元能否认定为刘亚某的个人出资？

首先，偿还贷款的数额不能直接认定为出资数额。以上论述过，购房款出资包含首付款和向银行的贷款300万元，因此首付款支付完毕、银行向出卖方打款300万元后，买受人的出资行为实际已经履行完毕，随后偿还贷款和利息的行为是履行与银行之间的借款合同，不能直接认定为出资。

其次，自行偿还贷款的行为，未经共同借款人的同意，不能视为双方对还贷比例的约定。向银行借款的300万元为双方共同借款，虽双方并无书面约定各自借款比例，双方实际偿还贷款的行为可视为双方对还贷比例的约定，但这是双方恋爱关系或者婚约关系未破裂的情况下，一旦双方以结婚为目的的关系破裂，甚至一方提起诉

讼，要求分割共有财产，发生在诉讼后的行为就不能视为双方之间的约定，因此，在李正某提起诉讼后刘亚某偿还贷款的行为不能视为双方对还贷比例的约定，也就不能据此认定双方共同向银行借款300万元的借款比例。如果认可女方诉讼后的还款行为，则不符合公平、诚信原则。

编写人：北京市第一中级人民法院　赵蕾

（二）离婚纠纷

006　离婚案件中虚假离婚合意之司法认定

——陈某诉张某离婚案

【案件基本信息】

1. 裁判书字号

北京市第二中级人民法院（2020）京02民终2214号民事判决书

2. 案由：离婚纠纷

3. 当事人

原告（被上诉人）：陈某

被告（上诉人）：张某

【基本案情】

原告陈某、被告张某于2008年1月31日登记结婚，婚后育有一子张小某。2014年11月2日，双方协议离婚并签订《离婚协议书》，对婚姻关系、子女抚养及财产分割作出明确约定。2015年1月15日双方复婚；2017年7月中旬，双方因感情不和开始分居。现陈某诉至法院要求离婚并处理子女抚养、共同财产分割问题。张某辩称双方系因购房办理假离婚，《离婚协议书》的财产分割内容是双方串通的虚假意思表示，应属无效，要求重新分割。

另查，2014年11月3日，陈某与案外人签订房屋买卖合同购买303号房屋。当日，陈某支付购房定金、居间费和保障服务费；2015年1月12日，陈某申请贷款支付房款160万元。后303号房屋登记于陈某名下。

【案件焦点】

陈某与张某于2014年11月2日协议离婚是否为通谋虚假离婚。

【法院裁判要旨】

北京市西城区人民法院经审理认为：陈某、张某自由恋爱，在相互了解后缔结婚姻关系，且共同育有一子，彼此应当珍惜；但婚后双方未能注重感情培养，导致感情破裂，现双方均表示愿意解除婚姻关系，法院不持异议。考虑到婚生子张小某正处于成长、发育的关键时期，本着不随意改变子女成长环境和未成年人利益最大化的原则，结合双方抚养能力，确定张小某由陈某直接抚养；结合子女生活地域、实际需要和张某收入等因素，张某每月给付子女抚育费5000元。

就共同财产处理，本着照顾子女及女方权益的原则，婚后购买的家具家电归陈某所有，由陈某给付张某折价补偿。陈某提出异议的银行存款转出部分，结合法院查明的事实，扣除陈某能够进行合理解释和来源、出处对应的款项部分，约36万元陈某未能充分举证证明系经张某同意处分，法院对陈某的处分行为不予确认，视为陈某用于此后的子女抚养和房屋还贷。关于陈某抗辩2016年8月24日向其母转账的20万元中，有用于偿还其母向其转账款项，陈某未能就其母向其转账款项的性质进行充分举证，该笔转款涉及案外人权益，应另案处理。

关于张某主张平均分割303号房屋，其虽抗辩称与陈某前次离婚系为购买303号房屋而进行的假离婚，双方对共同财产的分割非真实意思表示，但未能据其主张事实向法庭充分举证，且陈某亦不认可，法院对张某的抗辩意见不予采纳，《离婚协议书》的约定对双方均产生约束力。结合303号房屋的购买时间、购买主体、购房款组成和产权登记等事实，法院确认房屋归陈某所有，陈某应当对复婚后张某参与共同还贷及房屋对应增值部分，向张某进行补偿，具体数额法院结合双方确定的房屋市场价值、查明和确定的共同还贷时间进行核算，为628620元；张某要求平均分割该房屋的主张，法院不予支持。

据此，北京市西城区人民法院判决如下：

一、陈某与张某离婚；

二、婚生子张小某由陈某抚养，张某按月给付子女抚育费5000元至张小某年满18周岁止；

三、共同财产：钢琴一架……归陈某所有，陈某给付张某折价补偿款25000元；

四、303号房屋归陈某所有，陈某给付张某房屋共同还贷及对应增值部分628620元；

五、驳回双方的其他诉讼请求。

张某不服一审判决，提起上诉。北京市第二中级人民法院经审理认为：本案的争议焦点为一审法院对于张某与陈某离婚后的子女抚养及财产分割问题所做处理是否适当。一审法院对于双方婚姻关系的解除、子女抚养及陈某银行存款所做处理并无不当，二审法院同意一审法院裁判意见。

关于 303 号房屋的分割问题，首先应明确房屋的性质，张某上诉主张其与陈某于 2014 年 11 月的协议离婚为假离婚，进而主张双方签订的《离婚协议书》中关于财产分割的条款无效，法院对其前述主张不予认可，具体分析如下：首先，303 号房屋中介经办人黄某虽向一审法院出具《证明》，表示陈某与张某办理购房手续过程中双方均到场，关系和谐并仍以夫妻相称。但二审中，黄某提交了书面说明并出庭接受询问，表示前述《证明》并非其本意，系无奈之下书写。同时称办理购房手续时陈某与张某已是离异状态，并未以夫妻相称。其次，本案中，张某与陈某离婚、购房、复婚的时间节点虽结合得较为紧密，但综合本案现有证据，缺乏能够证明张某与陈某当时协议离婚并非双方真实意思表示的直接证据，如离婚后签署的财产约定或当时的往来通信记录等。最后，张某受过专业法学教育，本身具有一定法学理论基础，其应知晓签署离婚协议的法律后果，因此，其在签署离婚协议时应较一般人更为审慎。但本案中，张某与陈某签署离婚协议后并未签订其他协议，且在协议中亦存在“双方承诺对该协议书的字词义非常清楚，并愿意完全履行本协议书，不存在受到胁迫、欺诈、误解情形”的内容，前述事实均与张某主张双方系假离婚存在相悖之处。故综合考量本案实际情况，法院认定 2014 年 11 月双方协议离婚系双方真实意思表示，离婚时签订的《离婚协议书》应为有效。陈某在双方离婚后复婚前用协议书中约定归其所有的银行存款购买 303 号房屋，用其个人财产支付房屋首付款并以个人名义办理银行贷款，且房屋亦登记在陈某名下，故 303 号房屋应属于陈某的个人财产。一审法院综合考量 303 号房屋的购买时间、购买主体、购房款组成和产权登记等事实，确定 303 号房屋归陈某所有，由陈某对复婚后张某参与共同还贷及房屋对应增值部分进行补偿并无不当，结合双方确定的房屋市场价值、查明和确定的双方共同还贷时间等因素，确定陈某给付张某 303 号房屋共同还贷及对应增值部分 628620 元亦无不当。张某上诉主张平均分割 303 号房屋不能成立，法院不予支持。最终判决：

驳回上诉，维持原判。

【法官后语】

随着一线城市经济迅速发展，车房指标等稀缺资源的重要性日益凸显，离婚率与离婚登记数量也在不断攀升，除夫妻感情破裂或其他家庭因素所致离婚外，因规避限购政策、降低税费成本、逃避债务、获取拆迁利益等因素导致的“假离婚”现象亦不鲜见，离婚纠纷案件数量亦随之增加。目前司法实务中对“假离婚”的认定尚未有明确裁判规则，虚假离婚合意认定标准模糊、裁判尺度不一。本案是涉及“假离婚”认定的典型案例，通过对虚假离婚合意的认定标准进行分析，明确考量因素，以期对类案处理提供一定裁判思路，同时通过类案判决对蓄意通过假离婚手段达到一定目的的当事人予以警示，弘扬正确价值导向。

一、涉“假离婚”案件中虚假离婚合意的举证责任及考量因素

根据“谁主张，谁举证”的一般举证责任规则，此类离婚案件中一般由主张双方系“假离婚”的一方承担举证责任。目前我国法

律及司法实务并无明确规定，“假离婚”涉及的事实亦较为繁杂，对于双方是否达成虚假离婚合意依赖于法官自由裁量。笔者认为，认定双方是否存在虚假离婚合意可从以下四个方面进行考量：

1. 虚假离婚合意的直接意思表示

通过梳理案件发现，部分当事人办理“假离婚”时除在行政机关签订离婚协议书外，还会另行签署协议明确双方“假离婚”的意思表示并作出相关约定。此类证据一般包含夫妻双方对于“假离婚”合意的直接意思表示，对于认定“假离婚”的证明力较高。此外，双方当事人就“假离婚”事项进行沟通的微信聊天记录、通话录音等亦可作为反映当事人真实意思的直接证据。

2. 离婚后的共同生活事实及重要时间节点

“假离婚”的夫妻双方通常仅在形式上办理离婚手续，办理离婚后双方仍共同居住生活或处理家庭事务，如有相关证据能证明双方在离婚后仍共同接送孩子、共同购买房屋偿还房贷，对外仍以夫妻名义相称、行为亲密，双方仍未脱离共同家庭生活等，一般可认定双方当事人存在虚假离婚的合意。此外，还可考察当事人离婚后实施重要法律行为的时间节点，如办完离婚手续后迅速购房并申请贷款，房屋登记手续办理完毕后又迅速复婚的，则可能为“假离婚”。

3. 相关政策条件的考察

夫妻双方合意“假离婚”通常基于某种目的，如规避车房限购政策、减少贷款成本、降低税费等，而此类优惠政策一般有严格限制条件，夫妻双方可能以“假离婚”方式使自身满足该条件。认定双方是否有虚假离婚合意，可以通过对当事人购房、购车、贷款的条件予以审查实现，如果双方婚姻情况明显影响前述条件成就时，则“假离婚”的可能性增大。

4. 证人证言、当事人认知能力等其他因素

除能反映当事人意思表示的直接证据与客观事实外，离婚纠纷中证人证言作为证据出现亦属常见，熟悉当事人生活状况且具有一定中立性的证人证言、当事人自身认知能力在与其他证据结合的情况下，亦能在很大程度上动摇法官的自由心证。但需要注意的是，在只有此类辅助性证据，缺乏认定双方虚假离婚合意的直接性、关键性证据的情况下，法官仍应采取审慎态度作出裁量。

二、涉“假离婚”案件中虚假离婚合意认定应从严把握

实践中，“假离婚”案件还可能掺杂夫妻感情、子女抚养、财产分割等多种因素，加大了法官对“假离婚”合意的认定难度。当案件事实满足前述部分考量因素时并不能当然认定双方系“假离婚”，尤其在缺乏直接证据证明双方“假离婚”合意的情况下，法官所作认定更应结合案件具体事实从严把握。具体原因主要有以下两点：一是我国法律及审判实务历来对婚姻采取审慎态度。《中华人民共和国民法典》第一千零七十七条规定离婚冷静期制度，确认双方离婚的真实意思，减少冲动离婚，彰显立法者适度保护离婚自由、审慎对待离婚的立法态度。审判实务中，如不存在法律规定应当判决离婚的情形，对于第一次起诉离婚的案件，法院一般也不会判决离婚，充分给予双方缓和矛盾、挽救婚姻的机会。由此，基于我国对离婚持审慎态度的司法传统，对于与当事人人身及财产权利密切关联，且经当事人协商一致后作出“假离婚”行为的认定亦应持审慎态度，从严掌握。二是“假离婚”实质为夫妻双方规避国家政策而获取相关利益的行为，不应得到提倡。政府制定相应政策意在使各项资源得到合理配置，实现效率的最大化，而夫妻双方以“假离婚”手段规避相关政策达到使自己获益的目的，不利于政府职能的实现和资

源的最优配置，因而“假离婚”行为亦不应在司法案件中获得正面提倡。通过严格限制假离婚的认定，引导当事人审慎实施相关行为，树立正确的婚姻家庭观念。

三、本案中虚假离婚合意之判定

本案中，张某主张其与陈某于2014年11月的协议离婚为假离婚，进而主张双方在《离婚协议书》中的财产分割条款无效。依据查明的事实，双方签订《离婚协议书》当晚陈某即与案外人签订房屋买卖合同并支付定金，在陈某申请贷款之后双方即复婚，且双方亦同时到场办理购房手续。合议庭初次研究本案时，亦认为双方离婚、购房、复婚的时间节点结合如此紧密有违常理，存在“假离婚”的可能。然而综合本案现有证据，双方未签订其他协议，亦无沟通“假离婚”事项的通信记录等，缺乏能够证明张某与陈某虚假离婚合意的直接证据；且一审中的购房中介黄某在二审中推翻其证言并出庭接受询问，明确表示双方在购房时没有以夫妻相称。另，张某具有一定法学教育背景，应知晓签署离婚协议的法律后果，但其仍在《离婚协议书》中采用“双方承诺对该协议书的字词义非常清楚，并愿意完全履行本协议书，不存在受到胁迫、欺诈、误解情形”等表述确切的语句，结合前述事实及司法实务中对离婚所持审慎态度，合议庭最终认定张某与陈某并非“假离婚”，双方签订的《离婚协议书》有效。

本案通过对涉“假离婚”案件中虚假离婚合意认定的举证责任、考量因素、证明标准等方面进行分析，以期为司法实务中虚假离婚合意认定提供分析路径，并在一定程度上规范法官的自由裁量权，促进裁判尺度统一。同时，通过判决彰显法律对“假离婚”行为的负面态度，倡导树立正确的价值导向。

编写人：北京市第二中级人民法院　侯晨阳　杨云霞

007 离婚协议对变更子女姓名的约定无强制效力

——魏某诉郑某婚姻家庭案

【案件基本信息】

1. 裁判书字号

福建省福鼎市人民法院（2020）闽 0982 民初 2138 号民事判决书

2. 案由：婚姻家庭纠纷

3. 当事人

原告：魏某

被告：郑某

【基本案情】

魏某与郑某于 2001 年 5 月 21 日登记结婚，婚后生育一子郑小甲、一女郑小乙。后因夫妻感情不和，于 2017 年 3 月 3 日协议离婚，约定婚生女郑小乙归魏某抚养，若魏某需要变更婚生女郑小乙姓氏，郑某需配合魏某办理相关变更手续。后魏某欲变更婚生女郑小乙姓氏，但郑某拒绝配合，魏某诉至法院，请求判令郑某履行离婚协议的约定义务，配合办理变更婚生女郑小乙姓名为魏小乙的相关手续。

【案件焦点】

魏某与郑某在离婚协议中关于变更婚生女姓氏的约定是否有效。

【法院裁判要旨】

福建省福鼎市人民法院经审理认为：关于子女姓氏问题，根据

《中华人民共和国婚姻法》第二十二条之规定，子女可以随父姓，可以随母姓。本案中，魏某与郑某虽然在双方订立的《离婚协议书》中就婚生女郑小乙的姓氏变更事项进行了约定，但鉴于该事项具有人身属性，且涉及未成年人权益保护问题，因此应当审慎处理。根据《最高人民法院关于变更子女姓氏问题的复函》（〔81〕法民字第11号）（已废止）的有关精神，成年子女有权决定是否更改自己的姓名，但未成年子女的姓氏应当由其父母双方协商一致后确定，父亲或母亲一方未征得对方同意，不应随意更改子女姓氏，即父母在其未成年子女的姓氏选择问题上享有同等权利。郑小乙姓氏的变更问题，应当由魏某与郑某协商一致后至公安部门办理相关手续；但鉴于案件庭审过程中郑某未到庭，且结合郑某拒绝配合办理婚生女郑小乙的姓氏变更手续行为可知，事实上，魏某与郑某并未就婚生女郑小乙的姓氏变更问题达成一致意见，故对于魏某提出的要求郑某配合其变更婚生女郑小乙姓氏的主张，不予支持。依照《中华人民共和国婚姻法》第二十二条、《中华人民共和国民事诉讼法》第一百四十四条规定，判决如下：

驳回魏某的诉讼请求。

判决后，双方当事人均未上诉，本判决现已生效。

【法官后语】

姓名权是公民一项重要的人身权利，其中“名”之部分代表个体，在合法范围内可以拥有诸多个性，而“姓”之部分体现着血缘传承、伦理秩序和文化传统，更具有稳定性。但近年来，快节奏的生活和个人意识的觉醒导致离婚率居高不下，单亲家庭子女姓名变更问题日渐突出，因抚养子女的父或母一方擅自更名引发的诉讼纠纷屡见不鲜，本案即涉及男女双方在离婚协议中约定变更子女姓名条款的效力认定问题。

一、父或母单方变更子女姓名难以实现的原因分析

姓名权可区分为姓名决定权、姓名使用权和姓名变更权，本案涉及的主要是姓名决定权和姓名变更权，并指向父母对未成年子女姓名决定和变更的共同权利，因此我们讨论父或母单方变更子女姓名难以实现的原因也可以从这方面出发。

一是出于对父母平等冠姓权和共同命名权的尊重。自然人对姓氏决定权的行使，以其具有意思能力为前提，故作为无民事行为能力或限制民事行为能力的未成年人，其姓名基本由父母平等冠姓、共同命名。由此可见，父母对于未成年子女的冠姓权和命名权是由子女本身享有的命名权和父母监护权两者中派生出的代理权，父母双方均平等地享有以自己的姓氏冠于未成年子女名字之前并为子女命名的权利。但由于该派生权利的共同性决定了子女姓名的确定、变更都要经过双方同意才可进行，这种共同权利与共同监护权一般不因父母婚姻关系破裂而受阻却，因而一方如果未经对方同意擅自变更子女姓名即构成对另一方权利的侵害，对方有权要求恢复原姓名。

二是出于对未成年子女利益及其亲情、社会关系稳定的保护。姓名是权利主体依法享有的与他人相区别的一个标识符号，在一定范围和意义上具有专有性，而姓名作为个体与其他个体及社会交往的载体，又必须具有稳定性。对于未成年子女而言，改变姓名意味着其原已习惯的社会交往个人载体的变更，该子女及其周边的社会关系都需再适应其新的姓名，而重复和不同人适应新的交往载体可能对未成年人造成较大影响。对与原姓名联系更紧密一方的近亲属

而言，改变姓名尤其是改变姓氏可能造成情感上的隔阂，特别是在注重家庭传承、宗族意识的地区，改变姓名的行为更容易激发矛盾，影响亲情的延续。同时，改变未成年子女姓名还可能造成该子女日常生活和升学等方面的不便，从有利于子女利益最大化、亲子关系稳定、亲情延续等因素考虑，非经父母协商一致或其他必要情况，不因父或母单方利益而改变婚生子女姓名是更稳妥之策。

三是司法权和行政权运行的客观因素。一方面是法律法规适用的空白。长久以来，处理父或母单方变更子女姓名的相关纠纷可援引的法律依据屈指可数，仅有最高院对于相关案例的指导意见，同时姓名管理属于公安机关行政职权范围，基于司法机关对行政权的尊重，依据法律赋予的职权和相关案件受理范围，非必要情况下法院不会干预行政机关职权行使的相关事项。另一方面是行政管理相对严格。各级公安机关在办理变更未成年子女姓名相关事项过程中均严格贯彻《公安部关于父母离婚后子女姓名变更有关问题的批复》中“对于离婚双方未经协商或协商未达成一致意见而其中一方要求变更子女姓名的，公安机关可以拒绝受理”等相关规定和精神，要求变更未成年子女姓名必须父母双方协商一致，共同申请变更子女姓名。

二、通过离婚协议约定变更子女姓名事项的可行性分析

若想离婚协议的约定在变更婚生子女姓名时起到产生对方配合办理相关手续的义务，首先需要确定离婚协议约定变更婚生子女姓名相关条款的效力。我们可以从以下两个角度考虑该问题：

一是约定变更子女姓名相关事项的离婚协议是否成为附条件的合同，而该变更子女姓名相关事项的条款能否成为合同的“条件”部分，在对方不依约配合办理姓名变更手续时，产生强制履行的合

同义务。一方面离婚协议虽归属合同范畴，但其生效时间区别于一般合同，即夫妻双方在民政部门登记机关办理相关的离婚手续后正式生效。虽附条件的合同生效时间一般区别于普通合同，即在所附条件成立后合同方才生效。但就此产生的矛盾是在离婚协议已经生效的情况下，双方约定的姓名变更条款因还未到相关部门办理变更手续而所附条件尚未成就。因此，约定变更子女姓名相关事项的离婚协议无法成为附条件合同，亦无法产生一方不依约配合对方办理婚生子女姓名变更手续时的强制履行义务。另一方面根据《中华人民共和国民法典》第四百六十四条第二款之规定，婚姻、收养、监护等有关身份关系的协议，适用有关该身份关系的法律规定；没有规定的，可以根据其性质参照适用本编规定。未成年子女姓氏变更的约定，属于具有人身属性的约定条款，且该内容涉及未成年人权益保护问题，不能单纯依照夫妻双方在离婚协议中的约定，认定一方已同意对方变更婚生子女姓名的要求，产生配合履行义务。

二是能否以离婚协议确定的意思表示证明双方已就变更子女姓名问题达成一致意见。例如，本案中，虽然原、被告双方协议离婚时有过配合办理变更婚生女姓氏的约定，但在原告起诉前，被告已经拒绝配合办理更名的相关手续，该案庭审过程中被告亦未到庭，可表明原、被告此时并未就婚生女郑小乙的姓氏变更问题达成一致意见。实践中裁判者在这一问题上的态度倾向于离婚协议签订时确定的意思表示无法作为裁判时原、被告是否协商一致的依据。

三、实践中行政机关的处理方式及司法机关与行政机关与该问题的衔接

根据2002年《公安部关于父母离婚后子女姓名变更有关问题的批

复》中“对于离婚双方未经协商或协商未达成一致意见而其中一方要求变更子女姓名的，公安机关可以拒绝受理”的规定可知，行政机关对于父或母单方变更子女姓名亦持消极态度。许多省份也根据公安部相关规定的指导精神，陆续出台了更加细致的实施规定，这些规定无疑都强调了父母协商一致对于变更子女姓名这一事项的必要性。

而通过离婚协议书约定婚生子女姓名变更事项这一做法，目前在行政实践中也难以实现。一方面是这种通过合同约定形成合意的方式与变更未成年子女姓名的相关程序不符，根据各地对于相关问题的实施规定，变更未成年子女姓名大多须持父母双方共同签名同意的申请书或由父母双方到户籍所在地相关部门现场申请，且共同签名同意可能还需经过公证程序，而父母双方共同约定一方变更子女姓名时，对方须协助办理相关手续的离婚协议条款，在行政机关办理申请变更未成年子女姓名的程序中显然不受认可。另一方面是离婚协议在今后的行政实践中也难以成为父母双方对于离婚后变更子女姓名协商一致的证明。除上述通过离婚协议约定变更子女姓名事项的可行性分析中所述“签订离婚协议时确定的意思表示无法证明双方已就变更子女姓名问题达成一致意见”外，行政机关客观上难以通过司法鉴定等方式判断离婚协议的真假，而放宽协商一致这一事项的证明标准无疑会引起更多后续问题。

父或母单方变更未成年子女姓名以及仅依据离婚协议的约定条款单方申请变更子女姓名在行政实践中难以实现，只能通过诉诸法院的方式要求对方按照离婚协议约定协助办理变更子女姓名手续。而由此又产生了另一个问题：变更婚生子女姓名的诉讼请求是否属于法院民事案件受案范围？实践中大多数法院对受理该类案件持积极态度，但也有部分法院认为夫妻离异时婚生子女姓名变更事项，包括是否受理、是否符合更名条件、是否给予更改等，是公安户籍管理部门行使户籍管理的行政事务职责范围，并不属于人民法院民事诉讼的受案范围。该问题目前可以先向行政机关申请姓名变更，无法实现后再行提出行政诉讼的方式加以解决，这一方式同样适用于父或母单方申请变更婚生子女姓名不被公安机关受理的情况。

而对于已经受理并作出更名裁判的法院而言，也会出现执行难以推进的问题。目前可参考的仅有两种做法，且执行效果欠佳。一是综合运用多种方式促使被告一方自动履行，通过加强释法说理和执行调解，联合当地村（居）委会、妇联等多做思想工作，明晰变更子女姓名对其子女产生的有利影响，且并不损害其自身权益。二是发函公安机关要求协助执行，要求公安机关依据法院生效判决办理该案婚生子女姓名变更，当然这种做法在实践中亦很难实现。

四、关于实践中类似情况处理方式的思考

综上所述，我们从魏某与郑某以离婚协议方式约定变更婚生子女姓氏这一案件的讨论中，得出以下结论：

一是对于在离婚时欲变更婚生子女姓名的父或母一方而言，完全依赖于离婚协议的约定产生协助办理相关手续的强制义务以约束对方显然暂时无法实现。而以普通合同或者承诺书形式约定的，则要考虑法院处理此类案件过程中存在的不同观点。故对于需要对方配合办理变更子女姓名手续的一方，最稳妥的办法无疑是在双方协商一致的情况下，及时制作或提交有双方签名的变更婚生子女姓名的申请书等文件，尽快办理姓名变更相关事项。

二是对于裁判该类案件的法官而言，应贯彻《最高人民法院关于适用〈中华人民共和国民法典〉婚姻家庭编的解释（一）》及有关文件精神，维护父母对其未成年子女的择姓定名问题的同等权利。但更重要的是遵循最有利于未成年子女原则，对父母双方是否就变更子女姓名问题协商一致进行审查，重点考虑姓名变更对未成年子女健康成长产生的有利因素和不利影响，同时充分考虑未成年子女的真实意愿，将8周岁以上未成年子女对其姓名变更的意见纳入裁判依据。

三是从法律制定及适用角度而言，法律规定不够明晰，导致实践中纠纷频发，相关司法机关应联合行政机关，立足于社会婚恋现状，对于离异的父或母一方申请变更婚生子女姓名及申请依据离婚协议约定变更婚生子女姓名问题，是否受理、如何裁判出台相关司法解释或指导性案例，明确夫妻双方在离婚情况下对于变更婚生子女姓名出现矛盾应如何处理。

编写人：福建省福鼎市人民法院　周冬冬　张高雅

008 以裁判方式设立居住权之探析

——马某诉李某离婚案

【案件基本信息】

1. 裁判书字号

北京市第一中级人民法院（2020）京01民终8445号民事判决书

2. 案由：离婚纠纷

3. 当事人

原告（上诉人）：马某

被告（被上诉人）：李某

【基本案情】

马某与李某系夫妻，双方于2005年11月4日登记结婚，婚后生育一女马某心。2016年前后两人之间出现分歧，马某于其后数年内多次起诉要求与李某离婚。后两人分居。两人在婚姻关系存续期间购买长安牌小型轿车一辆、本田小型轿车一辆。其间，马某因其所在工作单位建房，于2015年年底取得位于北京市延庆区某小区某室之居住、使用权利。另，两人对于10万元款项归谁所有存有争议，对于是否存在6万元夫妻共同债务存有争议。故，马某诉至法院请求离婚并对夫妻共同财产作出分割。

【案件焦点】

1. 北京市延庆区某小区某室之分割问题；2. 女方李某居住利益保护问题。

【法院裁判要旨】

北京市延庆区人民法院经审理认为：对于两人婚姻关系存续期间购置的房屋（使用权），即位于北京市延庆区某小区某室之居住、使用权利问题。马某虽辩称该房是其父亲出资，即使该辩称属实，因该房屋属于马某工作单位建设，具有一定的人身属性或福利性质，亦应视为马某取得该房屋之居住、使用权利，其配偶、子女等可以共同居住。其父若真实出资，相应资金可作为债权另行处理。该房屋之居住、使用权利具有财产利益属性，可以分割或分配。综合分析本案案情，法院认为，自判决生效之日起至2024年6月3日止由李某居住更为合适。其一，现有证据显示，马某、李某结婚后没有购置其他房屋。离婚后需解决居住问题，李某对此存在困难。其二，马某将房屋加锁，李某被迫离开，造成其不念旧情之印象。其三，当事人陈述，房屋加锁后，已近 9 个月无人居住，房屋不必要的空置导致浪费。其四，判决生效之日至 2024 年 6 月 3 日期间，该房屋由李某居住，一方面帮助其渡过离婚时精神和经济上之难关，另一方面为李某探望或辅助照顾马某心提供一个熟悉的环境，对母女皆为有利。且对马某没有造成明显不公，因为该处房屋对其而言并非必不可少之居所。否则，马某不会加锁并半年以上时间不在此居住。2024 年 6 月 4 日及其后，案涉房屋的居住、使用方案，当事人可另行协商，亦可在具备实物分割或作价补偿的情况下进行相应的分割。

北京市延庆区人民法院依照《中华人民共和国婚姻法》等相关规定，判决：位于北京市延庆区某小区某室，于判决生效之日起至 2024 年 6 月 3 日止由李某居住。

马某不服一审判决，提出上诉。北京市第一中级人民法院经审理认为：一审法院根据房屋现状，本着照顾妇女儿童的原则，判决该房屋自判决生效之日起至 2024 年 6 月 3 日暂由李某居住，之后房屋的居住分配或分割方案由李某与马某另行协商，系基于本案案情作出的妥当安排，并无不当，本院予以确认。

北京市第一中级人民法院依照《中华人民共和国民事诉讼法》第一百七十条第一款第一项之规定，判决如下：

驳回上诉，维持原判。

【法官后语】

一、居住权可通过裁判方式设立

《中华人民共和国民法典》（以下简称《民法典》）颁布之前，只在《最高人民法院关于适用〈中华人民共和国婚姻法〉若干问题的解释（一）》（法释〔2001〕30 号）中提到过居住权，此外再无其他规定涉及。该解释第二十七条第三款规定："离婚时，一方以个人财产中的住房对生活困难者进行帮助的形式，可以是房屋的居住权或者房屋的所有权。"《民法典》颁布之前，裁判者在处理各类案件时曾不断尝试以裁判方式设立居住权，如离婚居住权、老年人居住权等，但在具体案件中究竟能否通过裁判方式设立居住权尚存争议。《民法典》将居住权确定为法定物权，明确规定了居住权的两种设立方式，一是通过合同设立，二是通过遗嘱设立，并未明确规定居住权可否通过裁判方式设立，居住权能否通过裁判方式设立仍存争议。

笔者认为居住权可以通过裁判方式设立，原因有二：其一，居住权的立法目的在于解决"住有所居"的问题，充分保障弱势群体居住利益。但如果仅能以当事人意定的方式设立居住权，势必会减损居住权功能，不利于充分保护弱势群体权益，当物权人不主动为特定的弱势群体设立居住权时，该特定人的居住利益将无法保障。其二，司法实践中涉及居住权的纠纷越来越多，具有取得居住权法定"原因"的特定群体因相对方不愿意为其设立居住权而进入诉讼，如老年人、丧偶夫妻一方、离婚后暂未找到居所的无房一方等。所以有必要引入灵活裁判，允许法院通过裁判方式在符合法定情形时直接为特定群体设立居住权，从而充分保障弱势群体居住利益，并弥补《民法典》规定之居住权不能完全实现其立法目的的漏洞。

二、以裁判方式设立居住权适用案件范围

居住权是指权利人以自己的生活需求为限，在他人房屋里进行居住的权利，属于他物权。因此，居住权与所有权之间既相互依赖又相互对立，居住权人的占有、使用受到所有权的限制，所有权人的使用、处分亦受到居住权的制约，居住权的设立为所有权人增添了负担。《民法典》规定之居住权通过合同或遗嘱方式设立，是当事人自由意志的体现，属于意定居住权。而以裁判方式设立的居住权是裁判者根据具体案情通过裁判强加给所有权人的负担，因此为防止所有权人利益受损，以裁判方式设立居住权适用案件范围不宜过分宽泛，需具有法律规定的“原因”。此种法律规定的“原因”一般源于赡养、抚养和扶养的需要，故而以裁判方式设立居住权可适用于婚姻家庭类及继承类案件。当然裁判者在适用时需判断是否符合居住权典型应用情境，即所有权人对另一方具有特定帮扶义务，另一方具有获得居住权的法定“原因”，且处于弱势地位其居住权益具有被保护的需要。详细阐述如下：

离婚案件是适用裁判方式设立居住权的典型案件，一种适用情形下可与离婚经济帮助制度结合。离婚经济帮助，即当存在离婚后一方生活将陷入困难的情况时，由具备负担能力的另一方对其给予适当的帮助，以保护困难一方的基本生存利益不受损害。离婚经济帮助可以说是夫妻相互扶养义务在离婚后的继续和延伸。离婚经济帮助当事人仅可在离婚时提出，帮助形式既可以是金钱、实物帮助，也可以是房屋的所有权或居住权。我国最早有关居住权的制度规定在《最高人民法院关于适用〈中华人民共和国婚姻法〉若干问题的解释（一）》之中，首次通过司法解释为离婚案件生活困难的配偶一方的居住权提供了裁判依据。虽然《最高人民法院关于适用〈中华人民共和国民法典〉婚姻家庭编的解释（一）》删除了《最高人民法院关于适用〈中华人民共和国婚姻法〉若干问题的解释（一）》第二十七条的规定，但《民法典》第一千零九十条沿用了离婚经济帮助制度。因此，当离婚案件中生活困难一方向对方提出房屋居住权的离婚经济帮助时，裁判者可通过裁判方式为生活困难一方设立居住权，但要考虑设立的居住权期限等。另一种适用情形为分割夫妻共同财产时，当一方离婚后无房居住，而另一方有条件可以向住房困难方提供住房时，本着照顾妇女或儿童权益的原则，裁判者可以为没有住处一方设立居住权，帮助其度过离婚困难时期。根据审理离婚案件应当对子女抚养、财产分割问题一并处理的原则，此种情形下以裁判方式设立居住权不以当事人是否提出明确诉讼请求为限。

赡养案件中为保护老年人的居住利益，也具有以裁判方式设立居住权的适用空间。赡养义务既是中华民族的传统美德，也是一种法定义务，通常情况下子女赡养父母乃人之常理，但当父母年事已高无房可住，凭现有收入难以维持生活时，子女又怠于履行赡养义务，老年人可以基于赡养义务要求子女给付赡养费，也可以要求子女为其提供房屋进行居住，且相较于给付赡养费，设立居住权更益于保障无房老年人晚年生活安定幸福。民事诉讼充分尊重当事人意思自治，遵循“不告不理”的原则，因此在此类案件中只有老年人提出要求设立居住权的诉讼请求，裁判者才可通过裁判方式设立居住权。

无遗嘱继承案件中为保护丧偶一方、生活困难又缺乏劳动能力继承人的利益，以裁判方式设立居住权同样具有适用空间。当被继承人单独所有或被继承人与其配偶共同所有的住宅被分配时，若其他继承人坚持要求分割住宅，丧偶一方的居住权利将难以保障。根据《民法典》第一千一百五十六条规定“遗产分割应当有利于生产和生活需要……”以及法律对配偶特殊利益的保护，应允许法院通过裁判方式为丧偶一方设立居住权。同样地，根据《民法典》第一千一百三十条第二款“对生活有特殊困难又缺乏劳动能力的继承人，分配遗产时，应当予以照顾”的规定，应允许法院通过裁判方式为生活困难又缺乏劳动能力的继承人设立居住权。继承案件具有特殊性，审理此类案件时一般遵循不遗漏遗产、不遗漏继承人等原则一次性解决纠纷，因此该类案件中以裁判方式设立居住权同样不以当事人是否提出明确诉讼请求为限。

此外，当事人因法律知识受限，可能会因为诉讼请求不当、逾期改变诉讼请求、不提供或者不充分提供证据等使其居住权益无法通过诉讼得到充分保障，因此裁判者在处理该类案件时可以行使必要的释明权，引导弱势一方正确、及时地主张权利。

三、以裁判方式设立居住权在个案中应考量的因素

居住权产生之初就是为了保障弱势群体居住利益，以裁判方式设立的居住权违背了所有权人的自由意志，强行为所有权人增添了负担，实际上是牺牲了所有权人的一定利益而达到保护弱势群体居住利益的目的，因此裁判者在通过裁判方式设立居住权时应谨慎适用，以免损害所有权人之权益。

笔者认为裁判者在通过裁判方式设立居住权时应结合案情重点考虑以下五个方面：第一，是否出于保护弱势一方居住利益。在具体案件中，裁判者首先要考虑设立居住权是否符合保护弱势一方居住利益的立法目的。第二，该弱势一方是否具有获得居住权的法定“原因”。具体“原因”类型本文第二部分已经阐述，在此不再赘述。第三，为一方设立居住权是否为必需。裁判者要通过弱势一方是否存在收入不佳、对于解决居住问题存在困难等客观事实去衡量判断。第四，是否对所有权人造成明显不公或损害。裁判者在以裁判方式设立居住权时还需平衡所有权人的利益，避免居住权的设立造成所有权人生活窘迫或居无定所。第五，应谨慎确定居住权期限。在具体案件中裁判者需要综合考虑弱势一方的年龄、身体状况，是

否需要抚养未成年子女，未成年子女年龄、就学等问题，合理确定居住权期限。如在赡养案件、无遗嘱继承案件中可以主要考虑当事人的自然寿命确立居住权期限，但在离婚案件中不能仅以此作为考量因素，这样对于所有权人显失公平，法院应依据双方实际情况合理确定。例如，对于需要抚养未成年子女的居住权人，其目的是让子女有更好的生活环境，并确保其身心健康发展，可裁判居住权期限至子女所接受的教育结束为止或者子女成年之后。

编写人：北京市延庆区人民法院　刘艳玲

009 先行判决在离婚诉讼中的程序价值与司法适用

——赵某诉姚某离婚案

【案件基本信息】

1. 裁判书字号

北京市第一中级人民法院（2020）京01民终7998号民事判决书

2. 案由：离婚纠纷

3. 当事人

原告（被上诉人）：赵某

被告（上诉人）：姚某

【基本案情】

赵某与姚某于2006年6月登记结婚，2007年5月生有一女赵某娇。2013年双方分居，赵某娇与其母姚某生活。赵某起诉要求：

1. 判决双方离婚；2. 女儿赵某娇由赵某抚养。其主张，此系第二次起诉离婚，双方感情确已破裂且无和好可能。姚某同意解除婚姻关系，其认为赵某应支付：1. 双方分居期间的抚养费 1106870 元。2. 一次性支付赵某娇抚养费 1888190 元。3. 以下财产姚某享有 70%份额：（1）北京市海淀区 901 号房屋；（2）天津市南开区 3203 号房屋；（3）赵某将金××公司股权转让的款项；（4）舟山某公司代持的赵某享有的××公司 60%的股权；（5）赵某持有的北京某科技公司 75%的股权折价；（6）赵某持有的北京某管理咨询公司 100%的股权折价；（7）赵某持有的南京某医疗公司 20%的股权折价；（8）赵某对某学校投资的 925 万元产生的投资权益折价。4. 精神损害赔偿金 10 万元。

对于离婚原因，赵某称双方于 2013 年开始分居至今，感情确已破裂且无和好可能。姚某称双方确于 2013 年分居至今，分居原因系其发现赵某出轨，后赵某即离家与第三者长期居住，并与第三者生有孩子。为证明上述主张，姚某提交了手机短信记录、赵某与其他女子及儿童照片。经姚某申请法院向北京市某社区卫生服务中心调取了两个儿童预防接种管理系统中的个人信息，显示两儿童的父亲为赵某，母亲为王某。姚某曾以赵某与王某犯重婚罪为由向法院提起刑事自诉，后法院以重婚罪缺乏罪证为由驳回姚某的自诉。2020 年 6 月双方之女赵某娇出具申明一份，表示自愿选择和姚某一起生活。另查，赵某同时任多家公司的股东及法定代表人。

【案件焦点】

赵某是否与案外人存在同居关系从而导致离婚损害赔偿的适用。

【法院裁判要旨】

北京市海淀区人民法院经审理认为，《中华人民共和国民事诉讼法》第一百五十三条规定，“人民法院审理案件，其中一部分事实已经清楚，可以就该部分先行判决”。本案中，双方争议的财产部分，因涉及赵某所持多家公司股权的分割且数额较大，需进行收集证据、评估等程序，一时难以查清，故本案先行就已查清的离婚及子女抚养问题作出判决，对于财产部分，本院继续审理，待查明后再行裁判。

本案双方均同意离婚，法院不持异议，准予离婚。对于离婚过错方的认定，虽然本案证据确会引起普通人的合理怀疑，但系统信息并非正式的身份关系证明材料，故不能认定赵某系两个儿童的父亲。照片虽显示赵某与其他女子一起在公共场合，但亦不能据此认定其存在婚外关系且与他人同居。虽姚某提交的证据足以引起普通人的合理怀疑，但认定赵某与第三者同居且育有子女尚不充分，姚某据此要求赔偿其精神损害抚慰金的请求，不予支持。关于子女抚养问题，赵某娇一直随母亲生活，考虑其本人意愿，由其母姚某抚养为宜，由赵某支付抚育费用。综上，判决如下：

一、准予赵某与姚某离婚；

二、赵某娇由姚某抚养，赵某每月支付抚育费 18000 元至其年满 18 周岁止；

三、驳回赵某就子女抚养部分的其他诉讼请求；

四、驳回姚某要求赔偿其精神损害抚慰金的诉讼请求。

宣判后，姚某提起上诉，请求撤销一审判决第四项，依法改判赵某支付其精神损害赔偿金 10 万元。

北京市第一中级人民法院经审理认为：赵某与姚某自 2013 年分居后，赵某认可其在北京市某社区居住过，与预防接种管理系统中个人信息记载的社区卫生服务中心区域相一致。北京市某社区卫生服务中心预防接种管理系统所记载的个人信息中，显示两个儿童的父亲为赵某，身份证号与本案赵某身份证号一致，母亲为王某。虽然疫苗接种档案并非正式的身份关系证明材料，但无论从两个儿童的姓氏还是从父亲信息栏的登记内容来看均会引起普通人的合理怀疑。加之赵某与王某及孩子一同出行外地，超出了一般朋友间交往的正常范围，家庭的外观特征较为明显。因赵某对上述情形均未提供合理解释，根据现有证据进行综合分析，结合民事证据的高度盖然性原则，可以认定赵某存在婚外不正当关系，由此给姚某造成一定程度的精神损害，故对姚某要求赵某支付其精神损害赔偿金的请求予以支持。综上，判决如下：

一、维持北京市海淀区人民法院民事判决第一项、第二项、第三项；

二、撤销北京市海淀区人民法院民事判决第四项；

三、赵某于本判决生效之日起七日内给付姚某精神损害赔偿金 8 万元；

四、驳回姚某的其他诉讼请求。

【法官后语】

《中华人民共和国民事诉讼法》（2021 年修正）第一百五十六条规定，“人民法院审理案件，其中一部分事实已经清楚，可以就该部分先行判决”，该规定被视为“先行判决”的法律依据，本案即系在离婚纠纷中适用先行判决的典型案例。

一、先行判决在离婚诉讼中的具体适用

先行判决在离婚诉讼中的适用可以促进诉讼审理程序的整理，

降低纠纷解决的程序成本，特别是在当事人权益保护方面意义突出。

1. 适用前提

先行判决在离婚诉讼中适用的前提包括三个方面：一是诉讼标的可分，二是裁判时机已届成熟，三是先行判决的适当性和必要性。三者应同时满足。

具体而言，诉讼标的[①]可分包括同一离婚诉讼中涉及的多项诉讼标的可分以及同一诉讼标的部分可分。前者如离婚纠纷涉及婚姻关系解除、子女抚养权归属、多项财产分割的法律关系，其中婚姻关系解除系之后一系列问题解决的前提，若经审理法院认为应当解除婚姻关系，则离婚、抚养的身份关系即可与后续财产关系分离进行独立裁判，先行判决。后者如同一财产关系中的诸多财产类别，房屋、存款等便于分割，能够尽快查清部分可与公司股权、清算评估等一时难以厘清部分相分离。同时，诉讼标的可分应包含其可独立裁判之意，即先行判决部分须不依赖于剩余部分即可作出，且先行判决部分不会受到本审级剩余程序的影响。

裁判时机已届成熟是指诉讼标的独立部分达到可以作出终局裁判的程度。即对诉讼标的独立部分，法官获得自由心证并可作出结论，一般而言是指法官对原告或者上诉人的诉讼理由是否成立可以确定并作出终局判决。

先行判决的适当性和必要性是指在诉讼标的裁判时机已届的成熟基础上考虑是否适宜或确有必要作出先行判决。民事诉讼法第一百五十六条规定采“可以”而非“应当”用语，是将先行判决纳入法官自由裁量的范畴，是否应将适宜裁判的部分和尚不适宜裁判的

① 本文所指诉讼标的采旧实体法学说，即实体法上的法律关系或权利义务关系。

部分进行分割作出一部终局判决由法院决定。因先行判决可能会造成同一诉讼被分离在不同审级进行审理，不利于法官判断的统一性(如本案二审改判认定男方存在婚姻过错，则会影响后续财产分割的剩余判决)，故要求法官在适用先行判决时以案件审理是否适当和必要来决定。

2. 程序设计

先行判决要求法官作出裁判前充分释明。民事诉讼法以授权性规范赋予法官自由决定适用先行判决的权限而无须经过当事人同意，但由于当事人法律知识水平的限制，考虑剩余判决与当事人心理预期的平衡，法官有必要在作出判决前明确告知先行判决的意图，以使当事人有充分准备，防止诉讼突袭。

裁判文书应体现先行判决与剩余判决的区分和衔接。在遵循现有裁判文书写作格式的前提下，先行判决文书中应明确体现此判决仅为部分判决。如本案一审法院在说理部分开篇即明确“本次先行判决解决的是双方2006年6月12日登记结婚的离婚问题及子女抚养问题”，说理末尾写明“本案中，双方争议的财产部分，因涉及赵某所持多家公司股权的分割且数额较大，需进行收集证据、评估等程序，一时难以查清，故本案先行就已查清的离婚及子女抚养问题作出判决，对于财产部分，本院继续审理，待查明后再行裁判”。

3. 适用效果

先行判决作出时，不能径直驳回剩余诉讼请求，亦不应要求当事人另行诉讼，而应由原审法院针对剩余部分继续审理并尽快作出剩余判决。

根据诉讼法理论，驳回诉讼请求的判决可以发生既判力，当事人不得再提起该诉讼请求。[①] 先行判决作为一部终局判决，当然具有既判力。若在先行判决作出时径直驳回剩余诉讼请求或要求当事人另行诉讼，实质已通过法院对当事人实体权利的判断剥夺了当事人之诉权，此与先行判决及时性、终结性的程序价值相背离。故而，在先行判决作出后，剩余部分仍应按照正常诉讼程序继续审理。基于先行判决之结果，亦可促使当事人调整其对剩余判决之预期，从而利于双方当事人协商解决纠纷。本案即是如此，一审法院针对婚姻关系解除、子女抚养、损害赔偿问题作出先行判决后，剩余财产分割部分在该法院继续审理。

二、本案实体与程序的一体化权益保护

本案借助先行判决实现当事人实体与程序的一体化权益保护。诉讼程序方面，在因婚姻持续对一方造成严重伤害而财产分割等问题又一时难以厘清的情况下，人民法院可以考虑先行就婚姻关系解除及子女抚养问题作出裁判。本案中，双方已分居多年且均同意离婚，男方与婚外异性长期保持不正当关系且育有子女等事实对女方伤害较大，考虑双方共同财产部分需收集证据、进行评估等程序，一时难以查清，从保护女方权益，尽早减少及弥补对女方情感伤害等角度出发，本案先行解决双方婚姻关系解除及子女抚养问题，财产部分继续审理，待查明后再行裁判。审判实体方面，离婚损害赔偿制度是现代法治对形式平等掩盖下实质不平等的矫正，侧重维护妇女等特殊群体合法权益。本案中男方存在过错事实明确，二审改判认定男方存在过错，利于之后财产分割裁判中贯彻保护妇女及无

① ［德］罗森贝克、施瓦布、戈特瓦尔德：《德国民事诉讼法》，李大雪译，中国法制出版社2007年版，第998页。

过错方原则。此外，二审在先行判决认定男方过错的基础之上，同时考虑离婚损害赔偿制度的立法精神及立法目的，综合全案证据对女方要求损害赔偿的主张予以支持，实现对妇女权益的双重保护。

编写人：北京市第一中级人民法院　张琳　方硕

010　出具“离婚证明书”机制有效保护离婚案件当事人个人信息

——高某诉庞甲离婚案

【案件基本信息】

1. 裁判书字号

北京市第三中级人民法院（2021）京03民终12359号民事判决书

2. 案由：离婚纠纷

3. 当事人

原告（被上诉人）：高某

被告（上诉人）：庞甲

【基本案情】

高某与庞甲于2011年2月9日登记结婚，2015年4月1日生育一子庞乙。后双方于2016年9月20日登记离婚，2017年6月2日复婚，2019年3月开始分居。2020年9月，庞乙由庞甲母亲带回老家学习生活。高某起诉至法院，请求与庞甲离婚，主张未成年之子庞乙由高某抚养，庞甲每月支付抚养费4500元直至庞乙年满18周岁时止，并请求法院依法分割双方共同财产。

【案件焦点】

1. 可否判决双方离婚；2. 子女由哪方抚养；3. 共同财产应如何分割。

【法院裁判要旨】

北京市朝阳区人民法院经审理认为：高某起诉要求与庞甲离婚，庞甲同意离婚，法院不持异议。

关于子女抚养，应当以与子女共同生活为宜，共同生活有利于对未成年子女的教育、照顾，更加有利于子女的成长。庞乙由庞甲母亲带回老家抚养，未与父母共同生活，不利于父母的探望、照顾和对子女的教育。现高某表示愿意直接抚养。法院综合考虑双方的抚养意愿、抚养能力，按照有利于未成年子女的原则，判决庞乙由高某直接抚养，庞甲每月支付庞乙抚养费 4500 元。关于探望权，双方均同意每两周探望一次，周五晚上 6 点接走，周日下午 5 点前送回，法院不持异议。关于双方名下共同财产绿岛苑房屋，因房屋登记在高某名下，房屋贷款在高某名下，按照照顾子女和女方的原则，法院判决房屋归高某所有，由高某支付庞甲房屋补偿款 100 万元，房屋剩余贷款由高某负责偿还。关于双方共同存款，根据其间高某房贷等支出、支付给庞甲的房租支出、给庞甲及其母亲的支出、孩子教育支出、保险汽车服务支出、旅游住宿支出，根据照顾子女和女方的原则，酌情确定高某支付庞甲 15 万元。

北京市朝阳区人民法院判决如下：

一、准予高某与庞甲离婚；

二、高某与庞甲的未成年之子庞乙由高某直接抚养，庞甲自 2021 年 7 月起，于每月 5 日之前支付庞乙抚养费 4500 元，直至庞乙年满 18 周岁时止；

三、庞甲可每两周探望庞乙一次，周五晚上 6 点接走，周日下午 5 点前送回，高某应予以协助；

四、北京市朝阳区绿岛苑房屋由高某所有，高某于判决生效后七日内支付庞甲房屋补偿款 100 万元，房屋剩余贷款由高某负责偿还；

五、高某于判决生效后七日内支付庞甲 15 万元；

六、驳回高某的其他诉讼请求。

庞甲不服一审判决，提起上诉。北京市第三中级人民法院经审理认为：父母有权自主决定对未成年子女进行教育和保护，现祖孙在鞍山共同生活，孩子不能直接得到父母的关心照料，且根据高某和庞甲的个人情况来看，抚养能力相当，原审法院综合考虑双方的抚养意愿、抚养能力，按照有利于未成年子女的原则，判决由母亲高某直接抚养庞乙，并无不当。关于绿岛苑房屋，根据目前房屋登记于高某名下，房屋贷款亦在高某名下的情况，原审法院认定房屋由高某所有，由高某偿还剩余贷款，并确定由高某给付庞甲的房屋折价款，处理并无不当，法院予以维持。关于其他存款等分割，法院认为，综合考虑双方的存款及支出情况，根据照顾子女和女方的原则，原审法院酌定的数额是合理的，法院予以维持。

北京市第三中级人民法院依照《中华人民共和国民事诉讼法》第一百七十条第一款第一项之规定，作出如下判决：

驳回上诉，维持原判。

【法官后语】

本案在审结后，高某向北京市第三中级人民法院提交申请，希望法院能为其出具“离婚证明书”。高某申请“离婚证明书”的主要理由为离婚判决包含了未成年子女信息、财产信息和隐私内容，其在办理需要提供能够证明其离婚事实证据的手续时，这些信息和隐私有泄露的风险。因此，高某希望法院能够出具离婚证明书，只记载双方当事人姓名、性别、身份证号、生效法律文书案号等基本信息，体现出二人离婚的事实，不涉及案件其他具体细节，以避免泄露未成年子女、财产信息等隐私内容，保障其合法权益。

一、法院为离婚案件当事人出具离婚证明书确有必要

法院建立为离婚案件当事人出具“离婚证明书”机制具有必要性。离婚案件当事人在办理诸如银行贷款、户口迁移、财产登记、子女出国留学等事项时，经常会被要求提供能够证明其婚姻状况的书面材料。而目前民政部门仅针对协议离婚的情形发放离婚证，对于诉讼离婚的双方当事人则不予出具任何证明文件，当事人只能通过提交离婚案件的法院民事判决书或者调解书以证明其婚姻状况。由于法院的民事判决书或者调解书中除了载明双方解除婚姻关系的内容外，往往对法院查明的事实予以详细记载，包括家庭矛盾、财产信息、子女抚养信息等大量内容，涉及诸多个人隐私。因此，在仅需要确证当事人离婚信息的情况下，法院向当事人出具“离婚证明书”可以有效避免泄露个人隐私导致其相关合法权益受到损害。

二、法院为离婚案件当事人出具离婚证明书具有实际可操作性

建立“离婚证明书”机制具有实际可操作性。自2016年以来，包括上海高院、四川高院在内的多地法院根据《最高人民法院关于进一步深化家事审判方式和工作机制改革的意见（试行）》的规定，颁布了《离婚证明书开具规范》《关于加强离婚案件〈离婚证

明书〉出具工作的通知》等规范性文件，该机制在实践中运作已较为成熟，产生了较好的社会效果。因此，处理婚姻纠纷的法院在实际工作中完全可以借鉴兄弟法院的经验做法，为出具离婚证明书制度制定更加成熟完善的做法。

三、法院为离婚案件当事人出具离婚证明书应注意的问题

人民法院在离婚诉讼法律文书生效后，当事人如有现实需求，可以依据当事人的申请开具“离婚证明书”。“离婚证明书”中仅记载双方当事人姓名、性别、身份证号、生效法律文书案号等基本信息，确认双方解除婚姻关系的具体时间。不涉及案件的其他具体事实细节，诸如未成年子女信息、财产信息等内容，有效避免当事人因反复出示离婚裁判文书造成个人信息泄露的风险。“离婚证明书”制度能够在证明解除婚姻关系事实的情况下切实保护诉讼当事人的隐私及合法权益，是便民利民之举，也是司法为民的生动体现。

此外，需要说明的是，当事人申请“离婚证明书”没有时限要求，一方面，在该机制具体建立之前审结的离婚案件当事人，可以向法院提出申请；另一方面，如当事人在离婚法律文书生效后未能及时提出申请，亦可在事后有需要时，按照相应程序提出申请。同时，人民法院亦可对法官、合议庭提出要求，在审理离婚案件过程中，将“离婚证明书”机制作为一项释明的内容告知当事人，如有需要可以在法律文书生效后及时提出申请。

编写人：北京市第三中级人民法院　杨夏　刘倩

011 不以共同生活为目的的婚姻关系效力问题

——蒋某诉王某离婚案

【案件基本信息】

1. 裁判书字号

北京市朝阳区人民法院（2019）京0105民初42197号民事判决书

2. 案由：离婚纠纷

3. 当事人

原告：蒋某

被告：王某

【基本案情】

蒋某与王某系经人介绍相识，于2018年5月29日登记结婚，双方均系再婚，婚后未生育子女。蒋某以双方草率结婚，且自结婚起并未共同生活，未能建立深厚的感情基础为由诉至法院要求离婚。

王某称，双方登记结婚是因为蒋某要出售自己名下的北京市机动车购车指标；双方自相识至本案诉讼共见面三次，第一次见面是至民政部门办理结婚登记，第二次见面是至车管部门办理车辆过户手续，第三次见面是离婚诉讼。王某在庭审中认可其与蒋某登记结婚后并未共同生活，但不同意离婚，因为双方之间的债务问题尚未处理清楚；起初双方商谈蒋某共向王某转让数个购车指标，谈妥价格及付款方式后，双方至民政部门办理结婚登记；此后不久，双方即完成了三辆车的变更登记，但之后由于蒋某反悔并提出涨价，双方未谈妥，剩余购车指标亦未能过户。

【案件焦点】

不以共同生活为目的的婚姻关系效力应如何认定。

【法院裁判要旨】

北京市朝阳区人民法院经审理认为：夫妻感情是维系婚姻关系的基础。蒋某、王某均系再婚，登记结婚并非以共同生活为目的，婚后亦未实际共同生活、无共同子女，未能建立夫妻感情。王某虽不同意离婚，但理由主要系基于债务尚未处理清楚。现无证据显示双方有建立夫妻感情、共同生活的可能，故蒋某请求离婚，予以支持。

依照《中华人民共和国婚姻法》第三十二条、《中华人民共和国民事诉讼法》第六十四条第一款规定，判决如下：

准原告蒋某与被告王某离婚。

判决后，双方当事人均未上诉，本判决现已生效。

【法官后语】

本案的争议焦点是蒋某与王某的婚姻关系解除。婚姻关系解除的前提是该婚姻关系是合法有效的。本案蒋某与王某登记结婚建立婚姻关系，并非以共同生活为目的，那么本案涉及的问题为不以共同生活为目的的婚姻关系效力应如何认定。

一、婚姻无效的概念及法律规定

“婚姻无效，是指男女两性的结合因违反了法律规定的结婚要件而不具有法律效力的一种婚姻形式，其实质是违法婚姻。”1994年，国务院批准发布的《婚姻登记管理条例》规定了未到法定结婚年龄的公民以夫妻名义同居的，或者符合结婚条件的当事人未经结婚登记以夫妻名义同居的，其婚姻关系无效，不受法律保护；申请婚姻登记的当事人弄虚作假、骗取婚姻登记的，婚姻登记管理机关应当撤销婚姻登记，对结婚、复婚的当事人宣布其婚姻关系无效并收回结婚证，对离婚的当事人宣布其解除婚姻关系无效并收回离婚证，并对当事人处以200元以下的罚款。该条例明确了婚姻无效的情形，并赋予婚姻登记管理机关宣布婚姻关系无效的权力。

2001年修改后的《中华人民共和国婚姻法》（以下简称《婚姻法》）首次以法律的形式确立了婚姻无效制度以及法院可以受理宣告婚姻无效的案件。2020年，《中华人民共和国民法典》第一千零五十一条规定："有下列情形之一的，婚姻无效：（一）重婚；（二）有禁止结婚的亲属关系；（三）未到法定婚龄。"

二、不以共同生活为目的的婚姻关系的性质认定

目前，我国部分省市实行房屋限购政策、车辆限购政策，这些限购政策虽然会以家庭为单位，又与户籍相关，但夫妻双方在婚姻关系存续期间或在离婚分割财产时，转移房屋、车辆的登记不受限购政策的影响。因此一些群体通过"结婚"又"离婚"的方式，规避限购政策，"弥补"指标资格缺失，通过离婚时的财产分割，进行房屋、车辆的转移登记，实现购房、购车目的。在此过程中，双方的"结婚"行为与传统社会伦理概念下的结婚完全不同，其目的是进行房屋、车辆的交易，并非共同生活，双方也未建立夫妻感情，可认定为通谋虚伪的婚姻关系。

三、通谋虚伪的婚姻关系的效力问题

《中华人民共和国民法总则》第一百四十六条规定："行为人与相对人以虚假的意思表示实施的民事法律行为无效。以虚假的意思表示隐藏的民事法律行为的效力，依照有关法律规定处理。"《中华人民共和国民法典》第一百四十六条第一款规定："行为人与相对人以虚假的意思表示实施的民事法律行为无效。"本案中，蒋某与王某之间通谋

虚伪的婚姻关系能否适用上述规定认定为无效是核心问题。蒋某与王某并非以共同生活为目的结婚，而是因转让购车指标而“假结婚”。笔者认为，“假结婚”不能视为通谋虚伪意思表示而认定为无效。在当事人意思表示的认定上，对身份行为采取形式主义即表示主义，不应存在无意思表示瑕疵之适用余地。蒋某与王某登记结婚，婚姻关系存续期间，蒋某将其名下的北京市机动车购车指标转让给王某；转让购车指标是蒋某与王某登记结婚的目的，属于动机范畴，但动机不是意思表示的构成要件。蒋某与王某结婚虽另有目的，但双方就结婚的真实意思表示一致。此种婚姻关系效力的认定及处理，不仅关系到双方真实交易的财产问题，更重要的是关乎双方身份关系的认定；因此，蒋某与王某的婚姻关系效力问题还应按照原《婚姻法》第十条进行判断，不具备第十条列举的情形，即不应认定无效。

编写人：北京市朝阳区人民法院　陈扬

012　夫妻房产赠与和夫妻财产约定之区分

——朱某诉倪某离婚案

【案件基本信息】

1. 裁判书字号

上海市第一中级人民法院（2019）沪 01 民终 12149 号民事判决书

2. 案由：离婚纠纷

3. 当事人

原告（被上诉人）：朱某

被告（上诉人）：倪某

【基本案情】

原告朱某与被告倪某于2013年9月9日登记结婚，2015年5月26日生育一子朱某甲。

结婚登记日，原、被告双方作为买受人签订房地产买卖合同一份，购买房屋一套，合同转让价为160万元，实际总价为230万元。被告作为借款人签订个人住房组合抵押借款额合同一份，公积金贷款60万元、商业性贷款50万元，用于购买该房屋，原告作为抵押人于落款处签字。房屋产权登记于原、被告名下。截至2019年6月24日，该房屋公积金贷款剩余借款本金为376666.89元、商业贷款剩余借款本金为360416.89元。2019年5月8日，上海信衡房地产估价公司就吴宝路房屋的市场价值出具房地产估价报告，估价结果为估价对象在全部假设和限制条件下的市场价值为408万元。为此，原告支付评估费11000元。

2016年6月15日，朱某父亲朱某乙报警称：×××路×××号×××室发生家庭纠纷，请民警到场处理。民警到场后，告知双方自行协商解决。

被告持有原告于2016年6月25日书写的信函一份，主要内容为："最近我们两家人的关系急转直下，到了快要无法挽回的地步，我认为主要的原因是我在两家关系之间没有起到应该有的作用……在这里我代表我妈和我三伯伯向倪某和我岳母大人进行道歉：对不起。并且我保证在今后的日子里，要经常审视自己是否在处理双方关系的问题中起到了润滑剂的作用，不能再像以前那样处理问题，该说的一定要明确地表达出来，要多站在对方角度考虑问题。希望在今后的日子里，大家的心情都能缓和过来，使生活走上正轨。”

同年7月16日，原、被告双方签订《婚内协议书》，载明：男女双方于2013年9月9日领取结婚证，婚后有一处共同房产，位于×××，现协议此套房产归女方一人所有。

原告朱某向本院提出诉讼请求：1. 判令原、被告双方离婚；2. 依法分割夫妻共同财产；3. 判令婚生子朱某甲由原告抚养，被告每月支付抚养费1500元（人民币，下同），至朱某甲18周岁止。诉讼中，原告陈述系争房屋首付款120万元，由其向父母借款1123000元以及个人存款77000元支付。被告提供的《婚内协议书》，系原告在受到被告及其母亲胁迫下书写，并非其真实意思表示，即便协议有效，双方并未就相关房屋完成变更登记，其有权撤销对被告相关房屋份额的赠与，故要求该房屋归原告所有，原告向被告支付35%房屋产权的折价款。被告认为其出资10万元用于吴宝路房屋首付，根据原、被告双方签订的《婚内协议书》，属于夫妻财产约定，应归被告一人所有。

【案件焦点】

原、被告双方所签的《婚内协议书》属于“夫妻赠与约定”还是“夫妻财产约定”。

【法院裁判要旨】

上海市闵行区人民法院经审理认为，原、被告双方名下的吴宝路房屋，系原、被告双方婚后购买，且登记于原、被告双方共同名下，属夫妻双方共同财产性质。

被告依据原告签字确认的《婚内协议书》主张该房屋归其一人所有，但根据协议的内容，财产处分仅涉及吴宝路房屋，且仅包含原告所享有的产权份额无偿归被告所有之意思。双方于2016年6月爆发家庭矛盾，从该《婚内协议书》的制定背景、双方当事人的日常生活、分居时间等来判断，应认定朱某有极力挽回夫妻感情、婚姻关系之意图，故而写下该协议。因此，根据《婚内协议书》载明的内容及形成过程，协议书应理解为原告将其产权份额赠与被告之意思表示，属夫妻间房产赠与协议。鉴于该房屋并未办理产权变更手续，现原告要求撤销赠与的主张，符合相关法律规定，本院予以采纳。

据此，依照《最高人民法院关于适用〈中华人民共和国婚姻法〉若干问题的解释（三）》第六条规定，判决如下：

一、准予原告朱某与被告倪某离婚；

……

四、登记于原告朱某与被告倪某名下房屋（含房屋内家具家电）归被告倪某所有，该房屋剩余贷款由被告倪某负责清偿；被告倪某于本判决生效之日起十日内向原告朱某支付房屋产权折价款145万元，原告朱某应于被告倪某支付前述款项之日起十日内协助被告倪某办理产权变更手续，由此产生的相关费用，依据有关规定各自负担。

一审宣判后，被告不服，提起上诉。二审法院审理后判决：驳回上诉，维持原判。

【法官后语】

夫妻财产约定是指夫妻双方以书面形式对婚内财产以及婚前财产进行权属约定，包括各自所有、共同所有或者部分各自所有、部分共同所有。[①] 夫妻赠与是指夫妻一方婚前或婚姻关系存续期间，一方将个人所有的财产赠与另一方的情形，与其他普通的赠与并无本质区别。[②] 夫妻财产约定与夫妻赠与，多数以夫妻间的协议书或保证书的形式出现，容易产生混淆，但两者本质不同，法律适用亦截然不同。

两者最核心的本质区别在于意思表示不同，夫妻财产约定系夫妻双方对于夫妻财产制形态的合意，系为了排除法定财产制的适用，双方之约定一般是针对全部财产或部分财产，具有普遍性的约束力，最终的获益方可能是无法确定的；而夫妻赠与则是一方作出赠与意思表示的单方行为，一般仅仅是对个别财产的处分，获益方即受赠方。

两者表现形式上的不同为财产归属方式不同，夫妻财产约定中的财产归属包括归各自所有、共同所有或者部分各自所有、部分共同所有，但不包括将一方所有财产约定为另一方所有的情形，该种情形则通过赠与的方式予以实现。

两者在适用法律上截然不同，夫妻财产约定自协议签订之日起对双方具有约束力，而夫妻赠与在赠与财产的权利转移之前，除法律规定特殊情况外，赠与人可以撤销赠与，即使赠与财产的权利已

---

① 《中华人民共和国民法典》第一千零六十五条第一款、第二款规定："男女双方可以约定婚姻关系存续期间所得的财产以及婚前财产归各自所有、共同所有或者部分各自所有、部分共同所有。约定应当采用书面形式。没有约定或者约定不明确的，适用本法第一千零六十二条、第一千零六十三条的规定。夫妻对婚姻关系存续期间所得的财产以及婚前财产的约定，对双方具有法律约束力。"

② 《最高人民法院关于适用〈中华人民共和国民法典〉婚姻家庭编的解释（一）》第三十二条规定："婚前或者婚姻关系存续期间，当事人约定将一方所有的房产赠与另一方或者共有，赠与方在赠与房产变更登记之前撤销赠与，另一方请求判令继续履行的，人民法院可以按照民法典第六百五十八条的规定处理。"

转移，若符合《中华人民共和国民法典》第六百六十三条的规定，亦可主张撤销。因此对于容易混淆的夫妻协议的性质认定至关重要，可以结合案件的具体情况，从协议文本内容、协议形成原因及协议关联因素三方面入手，落脚于当事人意思表示内容的审查，判断是“夫妻赠与约定”还是“夫妻财产约定”，进而做出法律适用选择。

1. 从协议文本内容入手，审查协议有无赠与合同“单务、无偿”之特性。夫妻财产协议具有“财产内容复合”和“权利义务复合”的特点。当协议标的财产为所有权种类、性质不同的多个婚姻财产时，无偿性与否就应审查有无受赠一方在其他夫妻财产折价上取得对价之可能。当协议另有诸如夫妻忠诚义务等以婚姻关系为内容的其他约定时，该约定内容会对赠与合同的“单务性”产生冲击，不宜按照一般财产法上的赠与规则处理。

2. 从协议形成原因入手，审查协议赠与之动因是否以夫妻关系为前提。夫妻赠与之通常动因有二，即一是情谊表达性质的赠与；二是行为补偿性质的赠与，包括贡献补偿和过错补偿。与之相对，非赠与性质的夫妻财产协议，则以婚姻析产为主要内容，旨在就个人财产与夫妻共同财产进行分割及确认，常见于夫妻财产发生重大变化时，如房屋因动拆迁而发生产权置换时，又见于再婚、复婚时，后者应视为夫妻财产约定。

3. 从协议关联因素入手，审查有无与协议内容前后不一致的意思表示情形。当夫妻双方就同一房产的归属问题存在前后多个意思表示，且各个意思表示不一致时，应从整体性角度出发，将该约定归入夫妻财产约定，不宜单独对其中部分符合赠与性质的房产约定单独予以评价。尤其需注意，物权变更登记本身亦是意思表示的方式之一，在夫妻一方作出赠与房产的意思表示之后，赠与合同尚未履行之前，即未办理房屋产权变更登记手续之前，出现了与前意思表示内容相冲突的其他物权变更登记行为，则应视为该所有权变动的物权登记行为对原协议内容的变更。

编写人：上海市闵行区人民法院　陈献茗　黄湛

013 夫妻共同债务可能涉及债权人诉讼权利和举证责任时，债务问题不宜在离婚诉讼中一并处理

——李某某诉彭某某离婚案

【案件基本信息】

1. 裁判书字号

北京市顺义区人民法院（2019）京0113民初10422号民事判决书

2. 案由：离婚纠纷

3. 当事人

原告：李某某

被告：彭某某

【基本案情】

李某某与彭某某于2009年12月23日登记结婚，婚后双方与李某某的父母共同居住于北京市顺义区××镇××村。2010年9月2日，双方生育一女李甲。原告李某某起诉称：1. 请求判令原告、被告离婚。2. 婚生女李甲归原告抚养，被告每月支付抚养费600元。3. 案件受理费由被告负担。

庭审中，双方均表示同意离婚并就财产分割和子女抚养的方案基本达成一致。但对被告提出的诉讼请求：夫妻共同债务，包括建房借款7万元要求双方各承担一半，购车借款3万元原告自行承担2万元，由被告承担1万元，原告不予认可。

另查明，关于被告主张的两笔借款，被告称3万元的借款是用来买车的，7万元的借款是用来修建原、被告共同居住的农村房屋，且对于这两笔借款的存在原告是知情的。原告称对被告所称的两笔借款均不知情，且认为不存在借款的事实，购置车辆双方有经济实力，建房是原告父亲出资，不需要借款。被告提供了2张借条作为证据，其中，金额为3万元的借条上载明：借款人为被告，出借人为薛某某，借款期限自2017年12月23日至2022年1月1日共48个月，全部于2022年5月1日还清。该借条约定了违约金和其他违约责任，落款处有借款人彭某某、出借人薛某某、担保人曹某某签字并按手印。金额为7万元的借条上载明：借款人为被告，出借人为王某某，借款期限自2015年7月16日至2020年5月16日共58个月，全部于2020年7月16日还清。该借条约定了违约金和其他违约责任，落款处有借款人彭某某、出借人王某某、担保人孙某某签字并按手印。在原告对借条提出细节上的质疑后，被告称两张借据并非借款当时出具，而是后补。出借人薛某某在出庭作证的过程中描述了其借款给被告的过程，经法院向另一位出借人王某某调查，王某某亦认可借款经过。

【案件焦点】

被告主张的两笔借款是否实际存在以及是否属于夫妻共同债务。

【法院裁判要旨】

北京市顺义区人民法院经审理认为：关于被告提出两笔债务应作为夫妻共同债务由原告共同承担相应份额的诉讼请求，原告既不认可借款的实际发生，亦不认可其对这两笔借款知情，故举证责任应当由被告承担。《最高人民法院关于审理涉及夫妻债务纠纷案件适用法律有关问题的解释》（以下简称《解释》）第一条规定："夫妻双方共同签字或者夫妻一方事后追认等共同意思表示所负的债务，应当认定为夫妻共同债务。"该《解释》于2021年1月1日被废止，其第一条至第三条内容被《中华人民共和国民法典》（以下简称《民法典》）基本保留，即第一千零六十四条规定："夫妻双方共同签名或者夫妻一方事后追认等共同意思表示所负的债务，以及夫妻一方在婚姻关系存续期间以个人名义为家庭日常生活需要所负的债务，属于夫妻共同债务。夫妻一方在婚姻关系存续期间以个人名义超出家庭日常生活需要所负的债务，不属于夫妻共同债务；但是，债权人能够证明该债务用于夫妻共同生活、共同生产经营或者基于夫妻双方共同意思表示的除外。"由于被告所提供的两张借条上均只有被告一方的签字，虽然被告提供了录音举证原告对于上述债务知情，但是在该录音中，一方面并无原告对上述具体债务明确予以认可的有关内容，另一方面原告也没有作出追认上述债务的意思表示，故本案中被告所主张的两笔债务并不属于《解释》第一条规定的认定夫妻共同债务的情形。至于是否能够以夫妻一方在婚姻关系存续期间以个人名义所负的债务中的特定情形来主张共同债务成立，本院认为，即使这两笔债务本身能够成立，在此情形之下，对债务本身是否实际成立以及是否能够认定为夫妻共同债务的问题实际涉及案外人，即债权人和担保人的利益，且可能涉及债权人的诉讼权利和举证责任。故上述债务问题不宜在原、被告的离婚诉讼中一并处理，所涉及的双方之间以及双方与债权人之间的纠纷，应当另案解决。

综上，依照《中华人民共和国婚姻法》第三十二条，《最高人民法院关于民事诉讼证据的若干规定》第二条，《解释》第一条、第二条、第三条之规定，作出如下判决：

一、准予李某某与彭某某离婚；

二、双方生育之女李甲由彭某某抚养，李某某于本判决生效之次月起，每月十日前支付抚养费900元，至李甲年满18周岁时止；

三、自本判决生效之日起，车牌号为×××的雪佛兰小轿车归彭某某所有，彭某某给付李某某折价款8350元；

四、驳回李某某的其他诉讼请求；

五、驳回彭某某的其他诉讼请求。

判决后，双方当事人均未上诉，本判决现已生效。

【法官后语】

夫妻共同债务问题的妥善处理，不仅关涉离婚纠纷中男女双方的权利义务分配问题，也涉及该纠纷之外的债权人的权利保障问题，关乎男女双方、债权人的合法权益的平衡保护。但同时，夫妻共同债务认定问题是一个异常复杂的法律问题，其复杂性源于：一方面，在具体案件中，保护债权人利益的法律价值与保护夫妻中非直接举债人一方利益的法律价值时有冲突；另一方面，婚姻家庭纠纷涉及情感关系，婚内的举债也常常发生在亲友之间，熟人社会中复杂的亲疏关系会成为案件审判中，当事人和证人进行虚假陈述，甚至不惜伪造证据的动因，给法庭调查带来很大挑战。

在司法实践中，夫妻一方在婚内的举债很大程度上可以说是以认定为共同债务为一般情形，以认定为个人债务为例外，这是为了应对当时多发的“假离婚、真逃债”问题。但是十多年来，人民的家庭财产结构和理财方式发生了巨大的变化，债务风险亦有所扩大，夫妻一方与债权人恶意串通损害另一方利益的事件时有发生，“被举债一方”在毫不知情的情况下背负大量债务的情况成为现实。如果一直遵循原有规则裁判，是有碍公平的，且会引发社会不满。近年来，一方面相关裁判规则不断完善，另一方面司法实践中对裁判思路也变得相对灵活，以适应社会现实的变化，法院在夫妻共同债务认定标准上逐渐趋于严格。

随着《民法典》的颁布施行，《中华人民共和国婚姻法》《解释》均于2021年1月1日被废止，但关于夫妻共同债务的内容基本被《民法典》保留。我国《民法典》中直接涉及夫妻共同债务调整的共有四个条款，具体包括第一千零六十条的家事代理规则、第一千零六十四条的夫妻共同债务认定规则、第一千零六十五条第三款的夫妻财产约定制下的债务清偿规则、第一千零八十九条的离婚时的夫妻共同债务清偿规则。就夫妻共同债务的认定规则，根据《民法典》第一千零六十四条的规定，夫妻双方共同签名或者夫妻一方事后追认等共同意思表示所负的债务，以及夫妻一方在婚姻关系存续期间以个人名义为家庭日常生活需要所负的债务，属于夫妻共同债务。即在没有上述共同意思表示的情况下，是否认定为夫妻共同债务则要区分是否属于为家庭日常生活所需债务，如果属于，债权人以夫妻共同债务为由主张权利就能得到法院的支持；如果超出了家庭日常生活需要所负的债务，根据《民法典》第一千零六十五条第三款规定：“夫妻对婚姻关系存续期间所得的财产约定归各自所有，夫或者妻一方对外所负的债务，相对人知道该约定的，以夫或者妻一方的个人财产清偿。”该条作为夫妻债务范围认定规则的一种平衡机制，即除非债权人通过举证证明相应的债务事实上用于夫妻共同生活、共同生产经营或者基于夫妻双方共同意思表示，否则该债务属于夫妻一方的个人债务而非共同债务，债权人以夫妻共同债务为由主张权利将无法得到法院的支持。可见，债权人主张、债权人举证也是认定夫妻共同债务是否成立的一环。

同时，在此类案件中应对债权人的诉讼权利保障作出一定考量。对婚姻关系存续期间形成的夫妻共同债务，夫妻双方应当负连带清偿责任且这一责任不因夫妻双方婚姻关系存续状态的变化而改变。需要注意的是，男女双方对于夫妻共同债务清偿比例的确定，不能产生消灭双方对债权人负有的连带清偿责任的结果。《民法典》实施前，《最高人民法院关于适用〈中华人民共和国婚姻法〉若干问题的解释（二）》（以下简称《婚姻法解释（二）》）第二十五条规定：“当事人的离婚协议或者人民法院的判决书、裁定书、调解书已经对夫妻财产分割问题作出处理的，债权人仍有权就夫妻共同债务向男女双方主张权利。一方就共同债务承担连带清偿责任后，基于离婚协议或者人民法院的法律文书向另一方主张追偿的，人民法院应当支持。”《民法典》实施后，《婚姻法解释（二）》被废止，2021年1月1日《最高人民法院关于适用〈中华人民共和国民法典〉婚姻家庭编的解释（一）》开始施行，第三十五条规定：“当事人的离婚协议或者人民法院生效判决、裁定、调解书已经对夫妻财产分割问题作出处理的，债权人仍有权就夫妻共同债务向男女双方主张权利。一方就夫妻共同债务承担清偿责任后，主张由另一方按照离婚协议或者人民法院的法律文书承担相应债务的，人民法院应予支持。”但是在离婚纠纷或离婚后财产纠纷的诉讼中，债权人作为案外人，无法享有与案件当事人同等的诉讼权利和义务，故在这种情况下，对夫妻共同债务的认定须谨慎，必要时应该为债权人另行起诉留有余地。

在本案判决的过程中，承办人最初想以减少当事人的诉累为出发点，就夫妻共同债务作出是非认定，但经过分析发现，这样的处理方式在本案中并不可取。从证据上来看，一是现有证据无法证明原、被告双方在借债上存在共同的意思表示；二是被告虽然提供了借条并申请出借人出庭作证以证明借款事实，但是当原告在庭审中指出上述证据的疑点后，被告承认借条是后补的，且称借款均以现金形式给付，就钱款的交割亦无法提交证据予以佐证。可见，本案中关于借款是否实际发生以及借款的实际用途，这两个主要待证事实并非十分确凿。在这种情况下，如果对夫妻共同债务直接作出认定，等于忽视了债权人的诉讼权利，特别是其举证权，有悖公平。

编写人：北京市顺义区人民法院　陈英　荣幸

014　夫妻一方不履行扶养义务时，如何认定夫妻感情确已破裂

——朱某诉马某离婚案

【案件基本信息】

1. 裁判书字号

北京市第三中级人民法院（2019）京 03 民终 5646 号民事判决书

2. 案由：离婚纠纷

3. 当事人

原告（被上诉人）：朱某

被告（上诉人）：马某

【基本案情】

朱某、马某于1996年经人介绍相识，同年7月9日登记结婚，双方均系初婚，婚后生育一女朱小某，已成年。双方婚后共同生活居住于北京市朝阳区某房屋，双方在与长辈相处、子女教育、家庭财务等方面存在矛盾。朱某于2017年年底查出肝癌晚期、结肠癌晚期，之后双方矛盾激化。

朱某以双方长期分居、马某不尽扶养义务为由将马某诉至北京市朝阳区人民法院，要求解除双方婚姻关系，并分割夫妻共同财产。朱某第一次起诉离婚，马某不同意离婚，认为其并非长期不在家居住，只是吵架的时候离开，不属于分居。一审过程中，马某提出管辖权异议，申请将案件移送至北京市顺义区人民法院审理，但未就此举证。一审法院裁定驳回马某对管辖权提出的异议。马某不服，提出上诉，二审法院裁定驳回上诉，维持原裁定。

朱某称双方婚后各自收入归各自所有，马某收入自行支配，家庭支出及孩子教育费用均由朱某负担，税前年薪24万元左右，还要负担家庭开支以及朱小某上学费用，目前缺少治疗癌症的费用，其在2018年12月停止化疗，服用进口药物，并希望在离婚后将房屋出售，所得款项用于治病。一审期间，朱某曾另行起诉马某要求支付扶养费。

马某称婚后朱某负担孩子教育费用，马某负担家里开支，家庭投资理财的钱都是朱某控制，其曾在2012年、2013年给朱某19万元，并从2018年8月底开始每月给朱小某生活费2000元。马某认可没有为朱某支付过医疗费，称其想照顾朱某，但朱某患病后脾气暴躁，其不敢招惹朱某，称朱某年薪30多万元，可以自行负担治病费用，不需要出售房屋。马某还称自己退休金每月7000元左右，再就业收入4000~5000元，自身患有重度抑郁症、冠心病、高血压，目前也在治疗中，每月再给父母和孩子一些费用，已身无分文。马某表示不清楚朱某病情。

双方夫妻共同财产，包括登记在原告名下的一套房屋，两辆轿车。双方查询的各自名下财产属于各自的日常花销，均不再主张处理和分割。

【案件焦点】

朱某、马某二人是否属于夫妻感情完全破裂的情形。

【法院裁判要旨】

北京市朝阳区人民法院经审理认为：应从朱某、马某的婚姻基础、婚后感情、离婚原因、夫妻关系现状以及有无和好可能方面，综合认定双方夫妻感情是否完全破裂。第一，朱某、马某虽共同生活多年，但婚后在子女教育、亲属关系、家庭财务等方面存在矛盾，在朱某罹患癌症后，家庭负担增加。从双方婚后长期生活状态、朱某患病后双方矛盾加剧以及马某经常离家的事实能够反映出双方感情不和。第二，马某虽不同意离婚，但并无改善夫妻关系的想法也未认识到影响夫妻感情问题的实质。朱某治病心切，马某虽表示希望照顾朱某，却不同意支付朱某治疗费用，没有尽到夫妻相互扶助的义务。马某明知朱某处于癌症晚期，身体孱弱，在否认分居且未举证的情况下，坚持对管辖权提出异议并在裁定作出后坚持上诉。马某拖延诉讼的行为，显见其对夫妻感情缺乏珍视、对改善夫妻关系缺乏诚意。第三，双方在庭审中均言语激烈、互相攻击，起诉时处于分居状态，矛盾加深，夫妻感情也进一步恶化。据此，法院支持朱某的离婚诉讼请求，并对夫妻共同财产进行了分割。

北京市朝阳区人民法院依照《中华人民共和国婚姻法》第二十条第一款、第三十二条、第三十九条之规定，作出如下判决：

一、准予朱某与马某离婚；

二、位于北京市朝阳区某房屋归朱某所有，朱某于本判决生效之日起十日内给付马某折价款150万元；

三、车牌号为京×××丰田小型轿车归朱某所有；

四、车牌号为京×××思迪牌小型轿车归马某所有。

马某不服一审判决，提出上诉。北京市第三中级人民法院同意一审法院裁判意见，对于马某上诉请求分割的其他财产，因双方在一审中并未要求分割，二审中双方不同意调解，双方可就其他财产问题另行解决。

北京市第三中级人民法院依照《中华人民共和国民事诉讼法》第一百七十条第一款第一项规定，作出如下判决：

驳回上诉，维持原判。

【法官后语】

该案例主要涉及一方不履行扶养义务，需要扶养的一方起诉离婚的情况下，能否认定夫妻感情确已破裂的问题。

一、相互扶养是夫妻之间的法定义务

原《中华人民共和国婚姻法》第二十条规定："夫妻有互相扶养的义务。一方不履行扶养义务时，需要扶养的一方，有要求对方付给扶养费的权利。"夫妻之间的"扶养"是指夫妻在经济上相互帮助，在生活上相互扶持的权利和义务。从义务角度来说，夫妻之间互相扶养不仅是一种道德层面上的义务，也是法律赋予的一种强制性义务。基于夫妻之间特定的身份关系，有扶养义务的一方应当对需要扶养的一方提供经济上的保障或生活上的必要照顾。

法定的扶养义务不受夫妻财产制度的限制。我国夫妻财产制包括"法定财产制"和"约定财产制"两种形式。夫妻约定财产制，是指夫妻以书面形式约定婚姻关系存续期间所得的财产以及婚前财产归各自所有、共同所有或部分各自所有、部分共同所有。夫妻之间采取约定财产制，不能对抗或免除夫妻之间互相扶养的法定义务。

二、夫妻间不履行扶养义务与遗弃的关系

原《中华人民共和国婚姻法》第三十二条规定①，夫妻一方起诉离婚，如存在"遗弃家庭成员"情形的，人民法院应准予离婚。遗弃，是指对于需要扶养的家庭成员，负有扶养义务的人拒绝扶养的行为，表现为经济上不供养，生活上不照顾，使被扶养人的正常生活不能维持，甚至生命和健康得不到保障。遗弃行为的主体应当

① 《中华人民共和国婚姻法》第三十二条："男女一方要求离婚的，可由有关部门进行调解或直接向人民法院提出离婚诉讼。人民法院审理离婚案件，应当进行调解；如感情确已破裂，调解无效，应准予离婚。有下列情形之一，调解无效的，应准予离婚：（一）重婚或有配偶者与他人同居的；（二）实施家庭暴力或虐待、遗弃家庭成员的；（三）有赌博、吸毒等恶习屡教不改的；（四）因感情不和分居满二年的（五）其他导致夫妻感情破裂的情形。一方被宣告失踪，另一方提出离婚诉讼的，应准予离婚。"

是夫或妻一方，关于遗弃行为的客体为“家庭成员”，包括配偶及其他被扶养人。而不履行夫妻间的扶养义务主客体均较为明确，主体是有扶养义务的一方，客体是需要扶养的一方。

就被扶养人的经济和身体情况来说，夫妻间不履行扶养义务与遗弃之间还存在一定差异。以本案中的情况举例，男方身患重病，女方没有尽到扶养义务，但是男方仍具备一定的经济收入，仍然能够维持基本生活和生存的条件。女方不尽扶养义务不构成遗弃。因此，在判决双方是否具备离婚的法定条件时，不应直接适用“遗弃家庭成员”的条款。

三、夫妻间不履行扶养义务时，如何认定夫妻感情确已破裂

原《中华人民共和国婚姻法》将“夫妻感情确已破裂”作为解除婚姻关系的基础条件和裁判标尺。原《中华人民共和国婚姻法》第三十二条以及《最高人民法院关于人民法院审理离婚案件如何认定夫妻感情确已破裂的若干具体意见》规定并列举了认定夫妻感情确已破裂的法定情形，同时也规定了“因其他原因导致夫妻感情确已破裂”的兜底条款。

司法实践中，如遇到需要扶养一方起诉离婚，不履行扶养义务一方不同意离婚，而且不具备法定离婚条件时，不宜直接认定夫妻感情破裂，应当结合婚姻基础、婚后感情、夫妻关系的现状和有无和好的可能等方面综合分析。需要重点审查如下几方面情况：一是具有扶养义务一方，是否有扶养的意愿和条件；二是具有扶养义务一方，有无改善夫妻感情、缓和夫妻矛盾的想法；三是双方在家庭财产的使用、管理、处分、收益上是否存在矛盾；四是双方婚后长期生活情况、目前的生活现状；五是双方是否存在和好的可能等。本案中，除了综合审查上述几方面情况外，还结合了马某在离婚诉

讼期间恶意拖延诉讼，朱某和马某在庭审中言语攻击等实际情况，最终认定双方夫妻感情确已破裂。

四、司法实践常见情形下夫妻感情破裂的认定

当事人向人民法院提出离婚请求，因一方要求离婚另一方不同意离婚而发生的离婚纠纷，人民法院需要对夫妻双方感情是否破裂进行审查，最终由人民法院调解或判决是否解除婚姻关系。在原《中华人民共和国婚姻法》第三十二条以及《最高人民法院关于人民法院审理离婚案件如何认定夫妻感情确已破裂的若干具体意见》列明的夫妻感情确已破裂的法定情形中，结合近年来审判实践，认定夫妻感情破裂的常见情形如下：

一是夫妻双方存在因感情不和分居满二年的情形。司法实践中，双方因家庭琐事发生矛盾，进而一方搬离共同住所的情形较为常见，也较容易认定分居原因和时间。实践中的难点通常为，双方虽因存在矛盾，但仍共同生活在一套房屋中，且双方均认可分房居住，但对于分房居住的原因以及分房居住期间双方是否存在性生活等事实，因涉及当事人的离婚主观意愿且较为私密，当事人举证难，进而导致法院事实审查存在一定难度。实践中，通常以双方当事人陈述为主，结合共同居住家庭成员的证言以及其他证据来总和进行判断。

二是夫妻一方主张另一方存在家庭暴力和虐待的情形。家庭暴力和虐待，是指发生在家庭成员之间，以殴打、捆绑、残害身体、禁闭、冻饿、凌辱人格、精神恐吓、性暴虐等手段，对家庭成员从肉体上、精神上进行伤害、摧残、折磨的行为。司法实践中，是否存在家庭暴力更着重于对主张一方证据的审查。一般情形下，主张对方存在家庭暴力的一方提交的证据包括诊断证明、报警记录、公

安机关询问笔录、监控或手机视频等，人民法院须结合证据以及当事人陈述进行综合判断。

三是夫妻一方存在违背夫妻忠实义务的情形。原《中华人民共和国婚姻法》第三十二条规定的情形包括重婚或有配偶者与他人同居的。司法实践中，对于"有配偶者与他人同居"这一情形，主张一方须举证证明另一方与他人共同生活，而往往这种共同生活都具有隐蔽性和长期性的特点，主张一方的举证证明标准和难度往往较大，能够被司法认定的情形不多。而一方"违背夫妻忠实义务"相比于"有配偶者与他人同居"的证明标准和举证难度来说，均较低，主张一方可以通过提交另一方的社交记录、行车记录仪、自媒体照片和视频等予以证明，人民法院可以结合当事人陈述以及相关证据综合进行认定。

五、《中华人民共和国民法典》关于夫妻感情确已破裂的规定

《中华人民共和国民法典》第一千零七十九条[①]沿袭了《中华人民共和国婚姻法》第三十二条关于诉讼外调解离婚和诉讼离婚的规定，明确了调解是离婚案件的必经程序，规定了应当准予离婚即认定感情破裂的情形，增加了"经人民法院判决不准离婚后，双方又分居满一年，一方再次提起离婚诉讼的，应当准予离婚"作为第五款。司法实践中，随着《中华人民共和国民法典》的生效并适用，

---

① 《中华人民共和国民法典》第一千零七十九条："夫妻一方要求离婚的，可以由有关组织进行调解或者直接向人民法院提起离婚诉讼。人民法院审理离婚案件，应当进行调解；如果感情确已破裂，调解无效的，应当准予离婚。有下列情形之一，调解无效的，应当准予离婚：（一）重婚或者与他人同居；（二）实施家庭暴力或者虐待、遗弃家庭成员；（三）有赌博、吸毒等恶习屡教不改；（四）因感情不和分居满二年；（五）其他导致夫妻感情破裂的情形。一方被宣告失踪，另一方提起离婚诉讼的，应当准予离婚。经人民法院判决不准离婚后，双方又分居满一年，一方再次提起离婚诉讼的，应当准予离婚。"

在第一次起诉离婚被驳回，第二次起诉离婚的案件中，当事人多数会援引该条款作为要求解除离婚的理由。人民法院须审查双方分居的事实、是否履行了夫妻义务以及夫妻感情是否无法挽回等，如果存在上述情形，则表明当事人要求解除婚姻关系的意志坚决，应当认定夫妻感情破裂，准予离婚。

结合本案例，《中华人民共和国民法典》和新的司法解释均未将夫妻一方不履行扶养义务作为典型的夫妻感情破裂的法定情形，因此对于一方不履行扶养义务时，另一方起诉离婚的案件，仍需要人民法院结合案件的具体情形进行判断。

编写人：北京市朝阳区人民法院　毕晓宇

015　夫妻一方个人所有房屋在婚姻关系存续期间产生的租金应认定为夫妻共同财产

——金某诉俞某离婚案

【案件基本信息】

1. 裁判书字号

北京市第三中级人民法院（2019）京03民终13941号民事判决书

2. 案由：离婚纠纷

3. 当事人

原告（上诉人）：金某

被告（上诉人）：俞某

【基本案情】

2011年10月25日，金某与俞某签订夫妻财产协议并进行公证，主要内容为：1. 俞某名下婚后购买位于北京市朝阳区安立路××号中灿苑×区×号楼2008号房屋（以下简称2008号房屋）一处，上述房产作为俞某个人财产，享有独立的所有权，不作为夫妻共同财产；2. 金某名下婚后取得北京市朝阳区北苑路×××号××号楼×层402号房产（以下简称402号房屋）一处及位于北京市朝阳区拂林园××号楼×单元903号房屋（以下简称903号房屋），上述房产作为金某个人财产，享有独立的所有权，不作为夫妻共同财产。

后金某诉至法院，要求解除婚姻关系，并要求分割2008号房屋的租金。二人对分割2008号房屋租金的起止时间产生歧义。金某要求分割自2015年8月19日至2018年12月31日该房屋产生的租金共计40万元，金某称因租金是夫妻共同财产，不是2008号房屋的法定孳息，故应平均分割。俞某要求分割自2013年8月至2018年12月该房屋产生的租金共计68万元，因为租金是2008号房屋的法定孳息，应属于俞某的个人财产，所以要求全部归其所有。

另查，关于2008号房屋租赁情况，金某称2008号房屋在2013年至2014年没有出租，2014年至2015年确实出租了，但没有租赁合同，金某收到了13万元，但没法确认是谁支付的，是否是租金，贵州石化公司向俞某的银行卡上支付了2015年至2016年、2016年至2017年的租金，都是13万元（12万元租金+1万元税费），银行卡是由金某实际控制，但租金也都用于双方日常的生活，2017年8月至2018年12月31日2008号房屋租给北京自如生活资产管理有限公司，租金是154320.15元，2008号房屋的租金都已经作为生活开支花完了。俞某称2013年8月至2014年8月租金情况不清楚，2014年8月至2015年8月租给了贵州石化公司，租金是13万元，打到了金某的账户上，其没有租赁合同，2015年8月至2017年8月也是租给了贵州石化公司，租金也是13万元，打到了俞某的银行卡上，银行卡由金某实际控制，这两笔租金金某都转出到了自己的账户，2017年8月至2018年12月房屋出租给北京自如生活资产管理有限公司，租金是154320.15元。经查，2014年9月17日，贵州石化公司向金某账户转账13万元。

【案件焦点】

夫妻一方个人所有的房屋在婚姻关系存续期间产生的租金性质应该如何认定。

【法院裁判要旨】

北京市朝阳区人民法院经审理认为：金某与俞某均同意离婚，本院对此予以确认。

金某与俞某虽约定2008号房屋归俞某所有，但并未就房屋租金进行约定，并且根据本院查明事实，双方从2004年后即住在903号房屋，2008号房屋进行出租，因此2008号房屋租金应为金某和俞某的夫妻共同财产。金某称租金用于生活花销，但未提交证据予以佐证，对金某的意见不予采纳，本院根据查明金某掌握租金的实际情况酌定金某应支付俞某部分租金27万元。金某要求俞某支付生活费和903号房屋使用费没有法律依据，不予支持。俞某提交的证据不能证明金某存在婚内出轨及家庭暴力的情况，本院对俞某要求10万元赔偿不予支持。

北京市朝阳区人民法院依照《中华人民共和国婚姻法》第三十二条，《中华人民共和国民事诉讼法》第六十四条之规定，判决如下：

一、准予原告金某与被告俞某离婚；

二、原告金某于本判决生效之日起七日内支付被告俞某27万元；

三、驳回原告金某的其他诉讼请求。

二审法院同意一审法院裁判意见。

【法官后语】

原《中华人民共和国婚姻法》第十九条第一款规定："夫妻可以约定婚姻关系存续期间所得的财产以及婚前财产归各自所有、共同所有或部分各自所有、部分共同所有。约定应当采用书面形式……"第二款规定："夫妻对婚姻关系存续期间所得的财产以及婚前财产的约定，对双方具有约束力。"本案中，金某和俞某签订夫妻财产协议，约定2008号房屋归俞某个人所有，402号房屋归金某个人所有。对于两套房屋所有权的归属双方没有争议，但对于2008号房屋在双方婚后出租产生的租金，夫妻财产协议并未进行约定，本案的争议焦点即为夫妻财产协议约定俞某拥有的2008号房屋在双方婚姻关系存续期间的租金收入，性质上应认定为夫妻共同财产还是个人财产。

夫妻一方的财产在婚后的收益主要包括自然增值、孳息和投资经营收益。对于收益权属的处理问题，原《中华人民共和国婚姻法》第十七条规定了夫妻婚姻关系存续期间所得的生产、经营收益和知识产权收益，归夫妻共同所有。《最高人民法院关于适用〈中华人民共和国婚姻法〉若干问题的解释（二）》第十一条规定了一方以个人财产投资取得的收益应当归夫妻共同所有的财产。但是关于孳息和自然增值，《最高人民法院关于适用〈中华人民共和国婚姻法〉若干问题的解释（三）》第五条仅规定："夫妻一方个人财产在婚后产生的收益，除孳息和自然增值外，应认定为夫妻共同财产。"《中华人民共和国民法典》第一千零六十二条规定："夫妻在婚姻关系存续期间所得的下列财产，为夫妻的共同财产，归夫妻共同所有……（二）生产、经营、投资的收益……"由此可以看出关于孳息和自然增值这两种情形的夫妻财产归属问题，在法律上和司法解释层面仍然是空白。具体到本案的处理，孳息包括天然孳息和法定孳息，2008 号房屋的租金虽然在民法理论上被认定属于法定孳息，仅从法律定义的角度分析，房屋租金是依据租赁合同收取的法定孳息，应归 2008 号房屋的所有权人俞某所有。但是，租赁行为本身也是一种经营活动，也需要付出劳动、时间和精力等。一方面，2008 号房屋是由金某签订租赁合同、收取租金，对外进行一系列的经营行为，需要金某投入大量的时间与精力。金某和俞某作为出租方，对 2008 号房屋还有维修、保养等义务，租金的获取与房屋本身的管理状况也密切相连，需要金某、俞某进行管理或劳务。另一方面，根据本案查明的事实，2008 号房屋之所以能够一直对外出租，是因为金某和俞某婚后一直居住在金某拥有的 903 号房屋中，金某和俞某对于 2008 号房屋具备出租条件均有贡献。金某并未基于 903 号房屋收取相关的经营性收益，如果 2008 号房屋租金全部认定为俞某的个人财产，对金某显然有失公允。抛开本案事实而言，对于夫妻一方依靠房屋租金收益维持生计的情形，如果将一方所有的房屋婚后出租的租金认定为个人财产，而另一方的收益作为夫妻共同财产，显然也是极不公平的。因此，本案将2008号房屋租金认定为经营性收益比较适宜，进而确定2008号房屋租金属于夫妻共同财产，进行处理更为公平。

编写人：北京市朝阳区人民法院　张旭

016 含有已故配偶工龄优惠的房改房产权归属的认定

——牛某诉许某清、贾某敏离婚案

【案件基本信息】

1. 裁判书字号

北京市第三中级人民法院（2019）京03民终6890号民事判决书

2. 案由：离婚纠纷

3. 当事人

原告（上诉人）：牛某

被告（被上诉人）：许某清、贾某敏

【基本案情】

1985年9月24日，许某清与康某华登记结婚，牛某系康某华与前夫之女。

1997年8月18日，康某华去世。

2000年6月26日，许某清与北京市朝阳区房屋土地管理局签订《成本价出售直管公有住宅楼房协议书》，约定许某清购买位于北京市朝阳区呼家楼南里××楼×门××号的承租公房（以下简称涉案房屋），抵扣许某清的工龄34年、抵扣已故配偶康某华的工龄

29年，计算实际售价为20061元。同日，涉案房屋所有权证登记在许某清名下。

2001年2月12日，许某清与贾某敏登记结婚，双方均系再婚。

2017年7月，贾某敏以离婚纠纷为由将许某清诉至法院。后双方达成调解，法院于7月27日出具（2017）京0105民初51152号民事调解书（以下简称51152号民事调解书），内容为：一、贾某敏与许某清自愿离婚；二、涉案房屋归贾某敏与许某清按份共有，其中贾某敏占有40%的产权份额，许某清占有60%的产权份额。

2017年7月31日，许某清与贾某敏变更涉案房屋的不动产权证书，涉案房屋由贾某敏与许某清按份共有，许某清占60%，贾某敏占40%。

牛某向一审法院提起第三人撤销之诉，请求撤销51152号民事调解书第二项。其主要理由为，许某清用自己和康某华的工龄购买了涉案房屋，涉案房屋为许某清与康某华共同共有。牛某要求继承并分割康某华的遗产，许某清予以拒绝。2018年4月，牛某起诉要求继承康某华的遗产时才知道许某清与贾某敏通过法院调解对涉案房屋进行了分割，51152号民事调解书侵害了牛某的权益，故提起诉讼。

【案件焦点】

1. 含有已故配偶工龄优惠的房改房产权归属如何认定；2. 子女对于该已故配偶的继承权是否指向房改房的份额。

【法院裁判要旨】

北京市朝阳区人民法院经审理认为：涉案房屋的购买使用了康某华的工龄，故涉案房屋中有康某华的财产性权益。康某华去世后，其女儿牛某有权继承涉案房屋中属于康某华的财产性权益。故牛某作为第三人撤销之诉的主体适格，法院予以确认。牛某要求撤销51152号民事调解书第二项关于贾某敏与许某清基于解除婚姻关系而对涉案房屋进行分割的内容，由于人身关系的解除无法恢复，故基于人身关系解除而作的财产分割亦不宜单独撤销。且涉案房屋登记的所有权人系许某清，许某清在离婚时处分涉案房屋中40%份额的行为，并未侵害牛某的权益。故牛某起诉要求撤销51152号民事调解书第二项的诉讼请求，于法无据，法院不予支持。许某清尚持有涉案房屋60%的份额，牛某可以另案向许某清主张权利。

北京市朝阳区人民法院依照《中华人民共和国民事诉讼法》第五十六条第三款，《最高人民法院关于适用〈中华人民共和国民事诉讼法〉的解释》第二百九十二条、第三百条之规定，作出如下判决：

驳回原告牛某的诉讼请求。

牛某不服一审判决，提出上诉。

北京市第三中级人民法院经审理认为：根据查明的事实，涉案房屋原系许某清与康某华婚姻存续期间承租公房，康某华去世后，许某清购买该房屋时使用了自己与康某华的工龄优惠。牛某上诉提出涉案房屋系许某清使用其与康某华夫妻共同财产购买，属夫妻共同财产。对此，许某清不予认可，牛某亦未提交有效证据予以证明，法院不予采纳。因工龄优惠具有人身属性且具有财产性质，属于财产性权益，故涉案房屋中有康某华的财产性权益。然而，涉案房屋系许某清在康某华去世后购买，所有权亦登记在许某清名下，康某华虽对涉案房屋享有财产性权益，但并非涉案房屋之共有权人。因此，牛某作为康某华的继承人可向许某清主张康某华工龄优惠部分在购买涉案房屋时所对应的财产价值，但并不享有基于房屋所有权而产生的物上请求权。许某清在其与贾某敏之离婚诉讼调解中，将涉案房屋40%的份额分割给贾某敏，系其作为房屋所有权人处置财产的合法权利，51152号民事调解书第二项内容对此予以确认并无不当。因此，51152号民事调解书并未侵害他人合法民事权益，不存在错误之处。牛某以51152号民事调解书侵害其民事权益为由要求撤销该调解书，缺乏法律依据，法院不予支持。

北京市第三中级人民法院依照《中华人民共和国民事诉讼法》第一百七十条第一款第一项规定，作出如下判决：

驳回上诉，维持原判。

【法官后语】

本案中，牛某以许某清处分的房产含有其母亲份额为由主张撤销处分房产的调解书，故争议焦点为：第一，房改房中的工龄优惠在法律上如何定性；第二，健在方使用已故配偶工龄优惠购买的房改房的产权归属如何确定；第三，许某清处分涉案房屋是否损害了牛某的权益，即牛某请求撤销调解书能否得到法院支持。

一、房改房中的工龄优惠应认定为财产权益

房改房是我国住房制度向住房商品化过渡的形式，国家将房改房作为对工资中没有包含住房消费资金的职工的一种补偿，一般以标准价或者成本价出售，在具体操作上，按购房职工夫妇双方建立住房公积金前的工龄给予工龄折扣。因此，房改房的出售价格中包含夫妻双方的工龄折扣等福利待遇。

房改房中的工龄优惠应认定为财产权益，主要基于以下考虑：首先，从法律规定来看，财产权的定义具有开放性特征，未排除将工龄优惠纳入财产权益的可能性。其次，从房改房政策目的来看，工龄优惠最终落实为财产权益。房改房中的工龄优惠作为对工资中未包含住房消费资金的一种补偿，相当于将多年积累的工资差额一次性发给职工，具备财产的核心要素即具有经济价值，并且可以通过计算确定具体的数额及在购房款中的比例，符合财产或者财产权益的本质特征。应当注意的是，在职工未依房改政策购买公房前，工龄优惠仅表现为期待权，并非现实的财产形态，因此不存在夫妻共同财产分割或继承的问题。在依房改政策购买公房时，工龄优惠折抵购房款，工龄优惠的价值得以显现，此时才成为既得权。

二、使用已故配偶生前工龄优惠所购公房权属的认定

首先，从物权变动的原因行为来看，健在方使用已故配偶工龄优惠购买公房时，已故配偶因死亡已丧失了民事权利能力，不可能具有取得所购房屋产权的意思表示，故无法取得涉案房屋的所有权。

其次，从物权变动的效力来看，未经登记不发生物权变动的效力。如健在方签订购房合同、付款及取得涉案房屋产权登记等行为均发生在配偶死亡后，对于已故配偶而言，欠缺物权变动的生效要件，涉案房屋不能认定是夫妻共同财产。

最后，从夫妻共同财产的来源来看，如健在方购买公房的房款系其个人财产，则公房并非夫妻共同财产的转化，因健在方取得房产并非在婚姻关系存续期间，故即便房产中含有已故配偶的工龄优惠，也应当认定为健在方的个人财产。

本案中，许某清购买涉案房屋时康某华已经去世，许某清系使

用其个人财产购房，故涉案房屋的所有权应当归属于许某清。考虑到许某清购房时使用了康某华的工龄优惠，该工龄优惠体现为购房价格的折扣，依前述分析，应当认为涉案房屋中包含康某华的财产权益，而牛某作为康某华的继承人，对于该财产权益享有继承权，也即牛某对于涉案房屋享有财产权益。此时，即出现了健在方所有权与继承人继承权的冲突。

三、健在方所有权与继承人继承权之间的冲突与保护

解决健在方所有权与继承人继承权之间的冲突，关键是厘清继承人财产权益的行使方式。对此，司法实践中发展出的一种解决思路为，继承人对于已故方工龄优惠所对应的财产权益有权主张分割，因工龄优惠可以折算为房款，故继承人可以要求公房的产权人给予一定的经济补偿，并依据原《中华人民共和国继承法》[①] 通过析产继承的方式予以处理，也即将该财产权益中属于已故方配偶或者家庭其他人的财产权益分出后，对属于遗产范围的财产权益适用继承。

因继承人的该种财产权益在性质上类似于债权，而非针对已购公房的物上请求权，故继承权并不能限制产权人行使其所有权所对应的权能。其他继承人对健在方处分房产的原诉提起第三人撤销之诉的，因房产中含有其他继承人的财产权益，故应认定其他继承人与原诉结果之间存在法律上的利害关系，其他继承人具备提起第三人撤销之诉的资格，但须在健在方处分房产损害了其他继承人利益的情况下，才能支持其他继承人撤销原生效裁判的诉讼请求。因其

---

① 此处的析产继承涉及的是对遗产的认定。对此，民法典第一千一百五十三条与原继承法第二十六条的规定相同。夫妻共同所有的财产，除有约定的外，遗产分割时，应当先将共同所有的财产的一半分出为配偶所有，其余的为被继承人的遗产。遗产在家庭共有财产之中的，遗产分割时，应当先分出他人的财产。

他继承人的权益相当于债权，不必须通过处分房产获得满足，健在方亦可通过其他财产兑现该部分债务，故健在方处分房产并不会损害其他继承人权益，故其他继承人提起第三人撤销之诉的，法院应当判决驳回其诉讼请求。

本案中，牛某作为康某华的继承人，其行使继承权的方式是向房屋产权人许某清要求给予一定的经济补偿，故牛某对许某清仅享有债权，并不享有基于涉案房屋所有权而产生的物上请求权。许某清在其与贾某敏的离婚诉讼调解中，将涉案房屋40%的份额分割给贾某敏，是其作为房屋所有权人处置财产的合法权利，并未侵害牛某的民事权益，故牛某请求撤销许某清赠与他人产权份额的调解书，不符合第三人撤销之诉的法律规定，法院未予支持。

编写人：北京市第三中级人民法院　李春香　熊静

017　域外离婚判决未经我国确认情形下夫妻财产的认定

——陆某诉裴某离婚案

【案件基本信息】

1. 裁判书字号

北京市第一中级人民法院（2019）京01民终5995号民事判决书

2. 案由：离婚纠纷

3. 当事人

原告（上诉人）：陆某

被告（被上诉人）：裴某

【基本案情】

陆某与裴某于1981年8月9日登记结婚。2004年10月5日瑞典王国隆德地区法院判决双方离婚，该判决已在当地生效，但未得到我国承认。后双方均已再婚。

2004年12月22日，陆某之侄陆某江以裴某的名义购买涉案房屋。2006年4月27日取得房产证，登记在裴某名下。涉案房屋一直由陆某管理、居住和使用。双方均认可涉案房屋的现价值为625万元。陆某、裴某均认可双方在瑞典王国离婚时未处理财产。陆某自认其已偿还了陆某江自黄某处支取的购房款。

对有争议的证据和事实，法院认定如下：

1. 裴某是否在瑞典王国离婚时放弃了涉案房屋的产权。庭审中，陆某为证明其主张提交了届时离婚诉讼中裴某提交法庭的《离婚特别请求》，该材料中载明，“我是房屋、车辆等所有财产的所有权人，这些东西目前都是她在瑞典使用，她要求我变更到她的名下。我同意了，并在文件上签了我的名字，放弃了我的所有家庭财产权利……此外，20世纪80年代，我在位于北京的中国国家计划委员会工作，单位分给我一套房屋。2004年7月，陆来到荷兰。她首先告诉我，她母亲的名字取代了我的名字。这实在让我吃惊，因为房子与她母亲无关……”对此，法院认为，根据《离婚特别请求》的文字表述，一方面，裴某陈述其同意签字的财产均在瑞典由陆某使用；另一方面，裴某通过“此外”排除了前段所述内容包括涉案房屋。综上，法院对陆某主张的待证事实不予采信。

2. 关于涉案房屋购房款的来源。庭审中，双方均认可陆某江经办交纳购房款，但就陆某江自何处支取购房款存在争议。陆某为证明购房款自其母亲黄某处支取，提供了黄某及陆某江的证人证言，二人亦出庭作证。裴某虽对此不予认可，但未就其主张的陆某江系自其母亲处支取购房款提供证据，故法院认定陆某江自黄某处支取了购房款。

陆某主张裴某在瑞典离婚时已经放弃涉案房屋相关权益，要求判决陆某与裴某离婚，涉案房屋归陆某所有。

【案件焦点】

裴某与陆某在瑞典离婚时是否已放弃对涉案房屋的相关权益。

【法院裁判要旨】

北京市海淀区人民法院经审理认为：涉案房屋的购房款虽为陆某江自黄某处支取，但陆某自述已偿还。加之，在瑞典王国离婚时未对陆某、裴某的财产进行处理，陆某亦未提交证据证明裴某放弃了涉案房屋的所有权，故涉案房屋应属夫妻共同财产。判决：

一、准予陆某与裴某离婚；

二、涉案房屋归陆某所有，陆某给付裴某房屋折价款 312.5 万元。

陆某不服原审判决，提起上诉。北京市第一中级人民法院经审理认为：根据《最高人民法院关于适用〈中华人民共和国涉外民事关系法律适用法〉若干问题的解释（一）》第一条之规定，当事人一方或双方是外国公民的，人民法院可以认定为涉外民事关系。《中华人民共和国涉外民事关系法律适用法》第二十七条规定诉讼离婚，适用法院地法律。本案中，裴某系瑞典王国国籍，陆某在我国提起与裴某的离婚诉讼，应适用中华人民共和国相关法律，故一审适用我国法律审理本案，判决双方离婚并无不当，本院予以确认。

陆某上诉主张裴某在瑞典离婚时已放弃对涉案房屋的一切权利，故涉案房屋应为陆某的个人财产，对此本院不予认可。理由分述如下：

首先，从涉案房屋的取得时间及来源来看。陆某与裴某虽均认可双方于2004年10月5日经瑞典王国隆德地区法院判决离婚，但之后双方均未向我国提出确认，故在我国不具有域内效力。2004年12月22日签订《房屋买卖合同》时仍处于二人在我国的婚姻关系存续期间。且双方均认可涉案房屋系裴某原单位分房，并折扣双方工龄，因此涉案房屋属于裴某与陆某的夫妻共同财产。

其次，从裴某在瑞典离婚时有无放弃涉案房屋相关权益的意思表示来看。结合裴某《离婚特别请求》的内容，裴某先是表达了“我是房屋、车辆等所有财产的所有权人，这些东西目前都是她在瑞典使用”，继而提到涉案房屋，表述“陆来到荷兰。她首先告诉我，她母亲的名字取代了我的名字。这实在让我吃惊，因为房子与她母亲无关。我1989年出国时，将我在中国多年的积蓄全部给了陆，我1999年在美国的时候，还将我在瑞典多年的积蓄也都给了她……”综观全文，并没有体现出裴某放弃涉案房屋的意思表示，本院无法认定裴某在《离婚特别请求》中表示放弃涉案房屋的相关权益。

最后，从购房款的来源是否可以佐证裴某具有放弃涉案房屋的意思表示来看。陆某上诉主张在单位公房进行房改时，裴某已经是瑞典国籍没有资格购买涉案房屋，陆某母亲出资3.5万元购买，故涉案房屋应为陆某所有。一审法院虽认定陆某江自黄某处支取了购房款，但《房屋买卖合同》系以裴某名义订立，房产证亦登记在裴某名下，与陆某所述裴某没有资格购买涉案房屋自相矛盾，且即使认定陆某一方支付购房款，亦不影响涉案房屋系夫妻共同财产的性质。《最高人民法院关于适用〈中华人民共和国民事诉讼法〉的解释》第九十条规定，当事人对自己提出的诉讼请求所依据的事实或者反驳对方诉讼请求所依据的事实，应当提供证据加以证明，但法律另有规定的除外。在作出判决前，当事人未能提供证据或者证据不足以证明其事实主张的，由负有举证证明责任的当事人承担不利的后果。在陆某未能充分举证证明裴某放弃涉案房屋相关权益的情况下，涉案房屋仍应按照夫妻共同财产在双方离婚时予以分割。综合考虑房屋现居住状况及双方均认可的房屋价值，一审法院判决涉案房屋归陆某所有，陆某支付裴某房屋折价款312.5万元并无不当，本院予以确认。综上，判决：驳回上诉，维持原判。

【法官后语】

随着改革开放的深入及我国法治化进程的推进，涉外民事案件数量呈不断上升趋势，其中涉外离婚纠纷占据较大比重。但多数涉外离婚纠纷中的当事人对外国法院的离婚判决以及我国关于涉外婚姻相关规定的理解存有误区，本案系一起涉及身份关系、财产关系较为典型的涉外离婚案件，借本案纠正部分理解误区。

一、域外离婚判决经我国确认才具有域内效力

一般来说，根据司法主权原则，一个国家的司法机关代表，也就是法院作出的离婚判决只在其境内有效，判决的效力辐射不到域外。只有在得到被请求国承认的前提下，外国法院的离婚判决在该国领域内才具有与本国法院判决同等的法律效力。① 根据我国现行

① 韩德培主编：《国际私法》，北京大学出版社、高等教育出版社2007年版，第506页。

民事诉讼法相关规定，外国法院作出的离婚判决，须经我国确认才具有域内效力。换言之，外国离婚判决未经我国确认之前，夫妻双方婚姻关系在我国域内并未当然解除，由此可能导致双方无法在国内另行登记结婚，或者登记结婚后被认定为重婚，从而使得身份关系和财产关系处于不确定的法律风险之中。

我国对外国离婚判决承认执行的规定，主要集中在民事诉讼法及其司法解释、最高人民法院20世纪90年代出台的规定及后续的相关批复中。《中华人民共和国民事诉讼法》（2021年修正）第二百八十八条①和第二百八十九条②系我国法院承认外国法院判决的基本法律规定。根据相关规定，只有具有管辖权的外国法院作出的终局性的离婚判决，不与我国或在先得到我国承认的第三国就相同当事人作出的离婚判决相冲突，不违反审判的“正当程序”和我国公共秩序，且申请符合我国法律的程序性规定，该判决才能得到我国法院的承认。③

具体到本案中，陆某与裴某虽于2004年10月5日经瑞典王国

---

① 《中华人民共和国民事诉讼法》（2021年修正）第二百八十八条：“外国法院作出的发生法律效力的判决、裁定，需要中华人民共和国人民法院承认和执行的，可以由当事人直接向中华人民共和国有管辖权的中级人民法院申请承认和执行，也可以由外国法院依照该国与中华人民共和国缔结或者参加的国际条约的规定，或者按照互惠原则，请求人民法院承认和执行。”

② 《中华人民共和国民事诉讼法》（2021年修正）第二百八十九条：“人民法院对申请或者请求承认和执行的外国法院作出的发生法律效力的判决、裁定，依照中华人民共和国缔结或者参加的国际条约，或者按照互惠原则进行审查后，认为不违反中华人民共和国法律的基本原则或者国家主权、安全、社会公共利益的，裁定承认其效力，需要执行的，发出执行令，依照本法的有关规定执行。违反中华人民共和国法律的基本原则或者国家主权、安全、社会公共利益的，不予承认和执行。”

③ 鲍欣：《我国承认与执行外国离婚判决的立法与实践》，安徽大学2018年硕士学位论文。

隆德地区法院判决离婚，但之后双方均未向我国提出确认，故在我国不具有域内效力。根据《最高人民法院关于中国公民申请承认外国法院离婚判决程序问题的规定》第二十条的规定，当事人之间的婚姻虽经外国法院判决，但未向人民法院申请承认的，不妨碍当事人一方另行向人民法院提出离婚诉讼。现陆某在我国法院提起离婚诉讼，符合法律规定，未经我国法院判决离婚之前，双方仍处于婚姻关系存续期间。

二、外国离婚判决未经我国确认情形下仍适用我国婚姻法中关于夫妻共同财产的规定

根据《中华人民共和国民法典》第一千零六十二条（原《中华人民共和国婚姻法》第十七条）之规定，夫妻在婚姻关系存续期间所得的工资、奖金、劳务报酬，生产、经营、投资的收益，知识产权的收益等均归夫妻共同所有。其中婚姻关系存续期间是指合法缔结婚姻到婚姻关系依法解除或自然终止期间，即合法取得结婚证之时至离婚生效或因一方或双方死亡，婚姻自然终止的期间。包括领取结婚证之后，双方尚未共同生活期间；因闹离婚分居期间；在人民法院诉讼离婚尚未判决离婚或虽经判决准予离婚，但离婚判决尚未生效的期间。不包括以下期间：一是双方虽然共同生活，但因双方不具备结婚实质要件，未领取结婚证的期间；二是双方登记离婚或诉讼离婚生效后，两人又在一起同居生活的期间。[1] 基于上述分析，外国离婚判决未经我国确认不具有域内效力，结合本案来看，婚姻关系存续期间应追加一条，双方虽经外国离婚判决但未向我国

① 最高人民法院民事审判一庭编著：《最高人民法院婚姻法司法解释（二）的理解与适用》，人民法院出版社2015年版，第158页。

申请确认期间。既然属于婚姻关系存续期间，那么同样适用《中华人民共和国民法典》第一千零六十二条（原《中华人民共和国婚姻法》第十七条）之规定，夫妻双方所得应属夫妻共同财产。

具体到本案中，2004 年 12 月 22 日签订《房屋买卖合同》时仍处于陆某与裴某二人在我国的婚姻关系存续期间。且涉案房屋系裴某原单位分房，并折扣双方工龄，属于双方婚姻关系存续期间所得房产，因此涉案房屋属于裴某与陆某的夫妻共同财产。在进一步厘清双方在国外离婚时并未就涉案房屋作出分割的事实时，法院可以在本案，即双方的离婚诉讼中对涉案房屋作为夫妻共同财产进行分割。

编写人：北京市第一中级人民法院　方硕

018　离婚时已经分得部分财产足以维持当地基本生活水平的一方，对于其再次要求离婚经济帮助的主张，应不予支持

——欧某华诉刘某彩离婚案

【案件基本信息】

1. 裁判书字号

广东省新兴县人民法院（2020）粤 5321 民初 694 号民事判决书

2. 案由：离婚纠纷

3. 当事人

原告：欧某华

被告：刘某彩

【基本案情】

原、被告于2009年经亲属介绍相识，2013年3月5日双方在广东省新兴县民政局办理结婚登记，婚后，原、被告共同在广东省新兴县某地居住生活，至今未生育子女。被告刘某彩患有高血压（三级），需每月定期到医院领取相应药物，平时个人收入主要来源于卖菜（无固定摊位），原告欧某华从事泥水工。2020年4月13日，原告以与被告婚前婚后感情基础薄弱，夫妻感情破裂为由诉至广东省新兴县人民法院，请求解除双方婚姻关系。

另查明，目前原、被告双方居住房屋房产登记时间为2009年2月23日，为原告的婚前个人财产。

再查明，原告在广东新兴农村商业银行股份有限公司开立的定期一本通自2013年8月2日至2020年5月9日共有存款余额69879.61元，其中于2013年8月2日当天存入60000元；原告在广东新兴农村商业银行股份有限公司开立的定期一本通自2013年8月2日至2020年5月9日共有存款余额55831.71元。上述两笔存款共计125711.32元。原告在中国农业银行股份有限公司新兴县支行开立的其余银行账户存款余额均为零，上述账户从2014年至2020年5月9日均未发生银行业务。另原告在中国工商银行股份有限公司新兴支行开立的银行账户存款余额为6.89元，该账户从2019年4月1日至2020年5月9日未发生转账业务。

【案件焦点】

1. 原、被告双方是否存在夫妻共同财产需要分割；2. 原告是否需要向被告支付经济困难帮助金。

【法院裁判要旨】

广东省新兴县人民法院经审理认为，关于原、被告是否存在夫妻共同财产问题，原、被告于2013年3月5日结婚，婚后至2020年5月9日尚有银行存款125711.32元，应属夫妻共同财产。原告主张某银行账户在2014年8月1日收入的60000元实际是2009年政府征收原告土地后发放给原告的补偿款，应属原告的个人财产。对此，本院认为，根据本院到广东农村商业银行股份有限公司新兴县支行依法调取原告的个人定期明细查询显示，该笔存款的交易日期显示为2013年8月2日，明显在原、被告夫妻关系存续期间，且原告对于2009年政府征收原告土地发放相应补偿款一事未能提供任何证据证实，因此对原告上述主张，本院不予采纳。原告主张另一银行账户的存款为原告个人的工作收入。对此，本院认为原、被告之间并没有任何婚内财产协议，对来源于原告在婚姻存续期间的工资收入理应作为夫妻共同财产。因此原告名下的银行存款125711.32元，原、被告双方予以平均分割，由原告支付被告62855.66元。关于原告是否需要向被告支付经济困难帮助金问题。根据《最高人民法院关于适用〈中华人民共和国婚姻法〉若干问题的解释（一）》第二十七条第一款“婚姻法第四十二条所称‘一方生活困难’，是指依靠个人财产和离婚时分得的财产无法维持当地基本生活水平”的规定，原告离婚后可分得62855.66元，因此被告提出要求原告支付经济困难帮助金的主张，理据不足，本院不予支持。对于原告请求被告将其在原告处的户口迁离，因不属本案的审理范围，本院对此不作处理。

广东省新兴县人民法院于2020年6月30日作出（2020）粤5321民初694号民事判决：

一、准许原告欧某华与被告刘某彩离婚；

二、自本判决发生法律效力七日内，原告欧某华一次性支付62855.66元给被告刘某彩；

三、驳回原告的其他诉讼请求。

判决后，双方当事人均未上诉，本判决现已生效。

【法官后语】

《中华人民共和国婚姻法》第四十二条“离婚时，如一方生活困难，另一方应从其住房等个人财产中给予适当帮助。具体办法由双方协议；协议不成时，由人民法院判决”的规定，确立了离婚经济帮助制度。《中华人民共和国民法典》第一千零九十条基本保留了婚姻法第四十二条的规定，确立了离婚经济帮助制度。对上述法条中所述的“一方经济困难”应如何理解，原《最高人民法院关于适用〈中华人民共和国婚姻法〉若干问题的解释（一）》第二十七条给出了明确的界定：是指依靠个人财产和离婚时分得的财产无法维持当地基本生活水平。一方离婚后没有住处的，属于生活困难。离婚时，一方以个人财产中的住房对生活困难者进行帮助的形式，可以是房屋的居住权或者房屋的所有权。这里的困难限定为绝对困难，是指离婚时无法维持当地基本生活水平的情况。在实践中，应当根据具体情况具体掌握，通常情况下，如果一方在离婚之后无劳动能力、无收入来源或者仅有有限收入来源无法维持其正常生活需要的，或者其所分得的那部分财产不足以支撑其日常生活需要的，或者没有住处的，可认定为生活困难。如果在离婚后，生活水平虽确有明显下降，但是仍足以维持正常生活水平的，不应认定为生活困难。

在适用中，应注意：

1. 时间限制。离婚经济帮助制度仅可在离婚时提出，法院需结合离婚时的实际情况加以认定。这就意味着如果离婚时一方不存在生活困难，而离婚后因各种原因发生生活困难的，另一方没有给予经济帮助的义务。

2. 次数限制。离婚经济帮助原则上是一次性帮助，不得反复。如若可发生数次，则明显苛重帮助者的责任，明显不合理。

3. “一方生活困难”应限定为绝对困难，是指离婚时无法维持当地基本生活水平的情况。那么对于离婚时虽然未能分得房产，但已经分得部分财产足以维持生活，显然不属于生活困难。因此离婚经济帮助应限定在离婚时依靠个人财产及离婚时分得的财产无法维持当地基本生活水平的情形。

4. 另一方须具有给予帮助的经济能力。经济帮助以帮助方有负担能力为前提，即承担经济帮助一方的个人财产在维持其自身正常的衣、食、住、行等需求外，还有能力以其个人财产对前配偶进行住房、金钱或其他经济上的帮助。一方存在生活困难，另一方没有提供帮助的经济能力，如自己的生活也存在困难，或者只能勉强维持生活，即不负担给予经济帮助的义务。

本案中，由于被告离婚时已就夫妻共同财产分割获得6万余元，足以维持其离婚后很长一段时间的基本生活，满足其日常生活水平，因此，就被告提出的请求原告支付经济困难帮助金5万元，本院不予支持。

编写人：广东省新兴县人民法院　张泳仪

019 夫妻婚内协议中一方在离婚时无条件放弃抚养权的约定无效

——邱某荣诉邱某娜离婚案

【案件基本信息】

1. 裁判书字号

福建省厦门市海沧区人民法院（2018）闽0205民初1858号民事判决书

2. 案由：离婚纠纷

3. 当事人

原告：邱某荣

被告：邱某娜

【基本案情】

邱某荣与邱某娜于2010年6月18日登记结婚。2011年2月19日育有婚生子邱某涛、2013年11月21日育有婚生子邱某铠。

2018年1月25日，邱某荣、邱某娜签订《婚内协议》，约定：男女双方……自结婚登记以来，夫妻双方感情总体良好，而今男方虽有赌博不良嗜好也有出轨行为但郑重承诺改正，女方也愿意给予男方机会，为维护家庭和谐生活，防止今后可能出现的夫妻婚姻感情、子女抚养、财产关系纠纷，现双方经过理智、平等协商，自愿就夫妻间前述事宜达成如下协议：……第五条对于婚生子抚养的约定，如将来双方离婚（包括协议离婚、男方或女方向法院提起离婚），不论原因以及双方经济能力如何，婚生子的抚养权均归女方，随女方生活，男方自愿放弃婚生子的抚养权。男方按月支付抚养费5000元（随着婚生子的成长需求可以递增），直到婚生子可以独立生活为止。男方及男方父母享有探视权，每周可探视一天。第六条约定签订本协议的目的是男女双方今后和睦相处，互敬互爱，衷心希望双方能白头偕老，并为此尽最大努力。因此双方承诺无条件遵守本协议约定的内容，如有违反则自愿按协议约定内容执行……

2018年三四月，邱某娜与邱某荣及邱某荣父母因自建房的租金收取及债务承担等产生矛盾，后双方分居。2018年6月初，邱某荣认为夫妻感情确已破裂，遂诉至本院要求与邱某娜离婚及处理子女抚养权等。

【案件焦点】

夫妻婚内协议中一方在离婚时无条件放弃抚养权的约定是否有效。

【法院裁判要旨】

福建省厦门市海沧区人民法院经审理认为，邱某荣、邱某娜均确认夫妻感情确已破裂，同意离婚且经本院调解无效，本院予以照准。对于2018年1月25日签订的《婚内协议》，双方均未举证存在违背真实意思表示或有其他无效或可撤销的情况，因此在不违反法律规定的范围内，《婚内协议》中双方约定真实自愿、具体明确的内容应认定为有效。关于婚生子邱某涛、邱某铠的抚养，邱某娜要求按照《婚内协议》的约定，两个孩子均由己方抚养，但父母对子女抚养照顾是法定的权利义务，双方关于该项子女抚养权的约定违反法律规定，该部分内容无效，应从最有利于孩子健康成长的角度考量孩子的抚养问题。邱某涛、邱某铠自出生至父母双方分居，大部分时间均与父母共同生活，双方对孩子均有爱和关护。邱某娜主张邱某荣有长期赌博恶习且屡教不改，但举证证据仅能证明邱某荣确有参与赌博，邱某娜主张邱某荣曾犯强奸罪被判处刑罚不适合抚养孩子，但该犯罪行为发生在十几年前，邱某荣被判处刑罚时尚不满20周岁，仅凭曾被判处刑罚不能判定邱某荣不适合抚养亲生子女。邱某娜主张邱某荣婚内出轨并染上疾病、因赌博大量举债高利贷、邱某荣母亲患精神疾病无法帮忙照看孩子等，但均未举证证明，本院不予采信。综合双方的抚养条件和抚养能力，本着未成年人利益最大化原则，本院认为由邱某娜直接抚养邱某涛、邱某荣直接抚养邱某铠、双方各自承担抚养费用为宜。

综上，福建省厦门市海沧区人民法院依据《中华人民共和国婚姻法》第三十二条、三十六条，《中华人民共和国民事诉讼法》第六十四条第一款之规定，判决如下：

一、原告邱某荣与被告邱某娜离婚；

二、婚生子邱某铠由原告邱某荣抚养，婚生子邱某涛由被告邱某娜抚养，抚养费各自自行承担。

判决作出后，双方当事人均未上诉，本判决现已生效。

【法官后语】

该案争议焦点所涉及的《婚内协议》，从内容上看是离婚后对过错方某些权利限制的约定，本质上应属于夫妻忠诚协议的范畴。关于该类协议，原《最高人民法院关于适用〈中华人民共和国婚姻法〉若干问题的解释（一）》第三条规定："当事人仅以婚姻法第四条为依据提起诉讼的，人民法院不予受理；已经受理的，裁定驳回起诉。”《中华人民共和国民法典》施行后，《最高人民法院关于适用〈中华人民共和国民法典〉婚姻家庭编的解释（一）》对该内容未作修改，仍是同样的规定。司法实践中，关于夫妻忠诚协议的效力，一直存在较大的争议。有观点认为，夫妻忠诚协议可能严重侵害夫妻一方的基本权利，应当认定为无效。也有观点认为，夫妻忠诚协议是对法律规定的抽象夫妻忠实责任的具体化，只要双方自主自愿，应当认可其效力。笔者认为，婚姻实质上是建立在法律和道德基础上的一种特殊契约，当然也具有法律层面的意义，对忠诚协议的效力，应辩证看待。只要是没有违反法律禁止性规定，也不损害他人和社会公共利益，约定内容明确、具体，具备可操作性，是婚姻当事人的真实意愿，就应该赋予其对双方的约束力。

本案中的《婚内协议》有特殊的地方，夫妻双方在《婚内协议》中不仅约定了过错方应承担的经济上的不利，还将无条件放弃对孩子的抚养作为对过错方的惩罚条件。无条件放弃抚养权能否成为忠诚协议中过错方的惩罚条件？笔者持否定的态度。原因在于：第一，对未成年子女来讲，父母对未成年子女的抚养是缘于父母子女身份关系而产生的，无论父母是否离婚，都仍然是监护人，父母子女关系也不会因父母婚姻关系的解除而解除。离婚后，父母双方虽不再同时行使直接抚养权，但不直接抚养子女的一方仍然有承担抚养费的义务，这是另一种间接抚养的方式。从父母的角度讲，是抚养未成年子女；从未成年子女的角度讲，被抚养的法律基础是子女拥有被抚养的权利，且该项权利与父母对子女的抚养义务相对应。抚养既是权利，也是义务，是权利和义务的复合，且该项权利和义务并不与婚姻状态关联。对未成年子女的抚养作为法定义务，是父母必须承担的，即对子女在生活上照顾、经济上供养、精神上关爱，保障必要的生活条件，使其健康成长，这是父母的天职，在任何情况下都不能放弃。离婚时无条件放弃孩子抚养权的约定显然违背了法律规定的父母对子女的抚养义务，应属无效。第二，司法实践中对抚养权的裁判确定，应当贯彻“有利于子女身心健康，保障子女的合法权益”的原则，即以未成年子女利益最大化作为最根本的考量因素，即还是要“结合父母双方的抚养能力和抚养条件等具体情况”进行判定，从心理、精神和生活等方面选择最适合未成年子女的抚养方式，且对10周岁以上未成年子女在父母对抚养权归属产生争议时应考虑其本人意愿，虽然父母双方的协商一致意见可以作为裁判归属的重要衡量标准，但如果双方协商的结果是一方无条件放弃抚养权，且明显不利于未成年子女的成长，当然亦不能作为抚养权裁判的采纳依据。

编写人：福建省厦门市海沧区人民法院　刘亚帆

020　涉外婚姻案件的准据法选择与适用调解

——D某诉张某离婚案

【案件基本信息】

1. 裁判书字号

云南省鲁甸县人民法院（2018）云0621民初1409号民事判决书

2. 案由：离婚纠纷

3. 当事人

原告：D某

被告：张某

【基本案情】

原告D某系土耳其共和国公民，被告张某系中华人民共和国公民，户籍地为云南省鲁甸县。原告D某与被告张某于2011年在中国浙江省义乌市打工时认识，于2013年8月6日在中国云南省昭通市民政局办理了结婚登记手续，于2014年3月9日生育一女张某思其，于2016年12月26日生育一子张某烨，两个子女均具有中华人民共和国国籍，现张某思其在土耳其共和国生活，张某烨在中国云南省鲁甸县生活。原、被告双方因感情不和现已分居生活满二年。2018年3月，张某曾起诉要求离婚，经法院调解，二人自愿和好，但因双方文化、习俗差异较大，最终并未实际和好，2018年7月18日，D某起诉要求离婚。另查明，原、被告婚姻关系存续期间无共同财产及债权债务。

【案件焦点】

涉外婚姻准据法如何选择，能否依据我国法律规定进行调解。

【法院裁判要旨】

云南省鲁甸县人民法院经审理认为：本案系涉外离婚纠纷，应适用涉外民事诉讼相关规定。原、被告在中国云南省昭通市登记结婚，婚姻关系缔结地为中国，故本院对本案有管辖权。根据《中华人民共和国涉外民事关系法律适用法》第二十七条“诉讼离婚，适用法院地法律”的规定，本案应适用我国法律。根据《中华人民共和国婚姻法》第三十一条规定，“男女双方自愿离婚的，准予离婚……”该法第三十二条第三款第四项“有下列情形之一，调解无效的，应准予离婚：……（四）因感情不和分居满二年的……”之规定，本案原被告因感情不和已分居生活满二年，曾经本院组织调解和好，但双方并未实际和好，现原告D某起诉要求离婚，被告张某表示同意离婚，故原告的诉讼请求本院予以支持。对于婚生子女的抚养问题，根据《最高人民法院关于人民法院审理离婚案件处理子女抚养问题的若干具体意见》第一条、第三条的相关规定，综合考虑子女的生活现状，为有利于子女健康成长，女儿张某思其由父亲D某直接抚养较为适宜，儿子张某烨由母亲张某直接抚养较为适宜。

依照《中华人民共和国涉外民事关系法律适用法》第二十七条，《中华人民共和国婚姻法》第三十一条、第三十二条、第三十六条，以及《中华人民共和国民事诉讼法》第一百四十二条、第二百五十九条的规定，判决如下：

一、准予原告D某与被告张某离婚；

二、原、被告共同生育的女儿张某思其由原告D某抚养，儿子张某烨由被告张某抚养，原、被告双方互不支付子女抚养费。

判决后，双方当事人均未上诉，本判决现已生效。

【法官后语】

本案为处理涉外民事案件提供了范本，在涉及国际法的适用、庭审翻译、涉外文书送达、裁判文书国际效力等方面建立了可供复制的模板。为保证庭审活动的顺利进行，合议庭在庭前多次组织双方当事人及专业翻译公司协商文书翻译及庭审口译事宜，以确保庭审过程流畅，充分、平等地保障了双方当事人的合法权利。

就法律适用而言，本案作如下分析：

一、关于婚姻的效力认定问题

根据《最高人民法院关于适用〈中华人民共和国民事诉讼法〉

的解释》第五百二十条规定："有下列情形之一，人民法院可以认定为涉外民事案件：（一）当事人一方或者双方是外国人、无国籍人、外国企业或者组织的……"本案系涉外婚姻，虽然双方在中国办理结婚证，但因土耳其和我国的婚姻制度相去甚远，就婚姻效力的认定适用哪国法律规定，需要以国际公约为依据。

根据1978年海牙《婚姻缔结和承认婚姻有效公约》（1991年5月1日生效）第二条规定："婚姻的缔结，适用婚姻缔结地国家的法律。"同时，根据《中华人民共和国涉外民事关系法律适用法》第二十二条的规定："结婚手续，符合婚姻缔结地法律、一方当事人经常居所地法律或者国籍国法律的，均为有效。"也就是本案婚姻的效力应当适用婚姻缔结地——中国的法律规定。因二人结婚登记时已经符合《中华人民共和国婚姻法》规定的结婚条件，且被告的护照、婚姻状况在办理结婚登记时已经过法定的公证和认证程序，应当认定二人婚姻有效。

二、关于判定夫妻感情破裂适用哪国实体法的问题，即本案的准据法选择问题

《中华人民共和国涉外民事关系法律适用法》第二十七条规定："诉讼离婚，适用法院地法律。"根据《中华人民共和国民法通则》第一百四十七条"中华人民共和国公民和外国人结婚适用婚姻缔结地法律，离婚适用受理案件的法院所在地法律"及《最高人民法院关于贯彻〈中华人民共和国民法通则〉若干问题的意见》（现已失效）第一百八十八条"我国法院受理的涉外离婚案件，离婚以及因离婚而引起的财产分割，适用我国法律……"的规定，本案处理离婚的法律关系应当适用我国法律。

本案审理是《中华人民共和国民法典》（以下简称《民法典》）

实施之前，根据当时的婚姻法第三十二条的规定，原、被告因感情不和已分居生活满二年，曾经本院组织调解和好，但未实际和好，已达到法定认定夫妻感情完全破裂的条件，且双方均表示同意离婚，应判决准予离婚。

结合《民法典》来看，本案也应当判决准予离婚。《民法典》第一千零七十九条规定"夫妻一方要求离婚的，可以由有关组织进行调解或者直接向人民法院提起离婚诉讼。人民法院审理离婚案件，应当进行调解；如果感情确已破裂，调解无效的，应当准予离婚。有下列情形之一，调解无效的，应当准予离婚：（一）重婚或者与他人同居；（二）实施家庭暴力或者虐待、遗弃家庭成员；（三）有赌博、吸毒等恶习屡教不改；（四）因感情不和分居满二年；（五）其他导致夫妻感情破裂的情形……经人民法院判决不准离婚后，双方又分居满一年，一方再次提起离婚诉讼的，应当准予离婚"。较之之前的婚姻法第三十二条，《民法典》增加了"经人民法院判决不准离婚后，双方又分居满一年，一方再次提起离婚诉讼的，应当准予离婚"的规定，本案原、被告因感情不和已分居生活满二年，且曾经本院组织调解和好，但未实际和好，已达到法定认定夫妻感情完全破裂的条件，依照《民法典》的规定也是应当判决准予离婚的。

三、关于涉外婚姻案件是否可以适用调解的问题

正如前述，本案准据法是中国法律，那么涉外离婚案件当然可以调解，涉外人员诉讼离婚后也主要有两种裁判文书形式：第一，判决书。第二，调解书。根据2017年修订的《中华人民共和国民事诉讼法》（以下简称《民事诉讼法》）第二百五十九条规定"在中华人民共和国领域内进行涉外民事诉讼，适用本编规定。本编没有

规定的，适用本法其他有关规定”及《最高人民法院关于适用〈中华人民共和国民事诉讼法〉的解释》（法释〔2015〕5号）第五百三十条的规定“涉外民事诉讼中，经调解双方达成协议，应当制发调解书。当事人要求发给判决书的，可以依协议的内容制作判决书送达当事人”。故本案曾经适用调解程序调解和好，但二人未实际和好，第二次起诉后，依然可以适用调解，但考虑到我国法律文书的域外效力问题，根据我国1992年和土耳其签订的《关于民事、商事和刑事司法协助的协定》（1995年生效，民事方面的协助范围包括送达文书、调查取证、承认与执行法院裁决、承认与执行仲裁裁决四个方面），土耳其承认与执行的只有我国法院裁决，不包含调解书，故而为了方便外国一方当事人，本案只能作出离婚判决书，当事人可持法院判决书到土耳其请求本国司法部门确认判决书域外效力即可。

现行民事诉讼法于2021年12月修正，第二百六十六条规定“在中华人民共和国领域内进行涉外民事诉讼，适用本编规定。本编没有规定的，适用本法其他有关规定”，那么涉外离婚案件也就可以适用民事诉讼法第九十六条的规定“人民法院审理民事案件，根据当事人自愿的原则，在事实清楚的基础上，分清是非，进行调解”。2022年新修订的《最高人民法院关于适用〈中华人民共和国民事诉讼法〉的解释》第一百四十五条第二款规定“人民法院审理离婚案件，应当进行调解，但不应久调不决”。该司法解释第五百二十八条规定“涉外民事诉讼中，经调解双方达成协议，应当制发调解书。当事人要求发给判决书的，可以依协议的内容制作判决书送达当事人。”可见新的民事诉讼法和民事诉讼法司法解释延续了原来旧法的规定，涉外离婚纠纷可以进行调解和好。

四、关于子女抚养问题的准据法选择

首先，实践中，我国法院处理国内离婚案件时，将子女抚养、夫妻财产分割问题作为离婚的法律后果一并加以解决。这与国际上通行的离婚诉讼的标的仅限于解除配偶身份关系显然有所不同。但根据前述，本案处理适用我国法律规定，应当在本案中一并处理子女抚养问题。

其次，关于子女由谁抚养的问题。由于土耳其与我国也存在制度差异，但根据《中华人民共和国涉外民事关系法律适用法》第二十五条“父母子女人身、财产关系，适用共同经常居所地法律；没有共同经常居所地的，适用一方当事人经常居所地法律或者国籍国法律中有利于保护弱者权益的法律”及此前的《最高人民法院关于贯彻执行〈中华人民共和国民法通则〉若干问题的意见》第一百八十九条“父母子女相互之间的扶养、夫妻相互之间的扶养以及其他有扶养关系的人之间的扶养，应当适用与被扶养人有最密切联系国家的法律。扶养人和被扶养人的国籍、住所以及供养被扶养人的财产所在地，均可视为与被扶养人有最密切的联系”的规定，本案应当适用我国法律规定。

《民法典》实施后，第一千零八十四条第三款规定“离婚后，不满两周岁的子女，以由母亲直接抚养为原则。已满两周岁的子女，父母双方对抚养问题协议不成的，由人民法院根据双方的具体情况，按照最有利于未成年子女的原则判决。子女已满八周岁的，应当尊重其真实意愿”。子女抚养不仅要实现未成年子女利益最大化，而且需要更加注重8岁以上孩子的自愿选择。

跨国跨地区未成年子女的抚养，不仅要考虑其生身父母的经济条件，更要考虑未成年子女的身心健康和心智成长，这才是维护未成年人合法权益的根本。相对稳定的生活环境、相对熟悉的社交环境和相对固定的语言环境，对于维护未成年人的身心健康意义重大，相反，突如其来的新家人、完全陌生的居住环境和较为生疏的语言环境对未成年人幼小心灵的冲击不言而喻。抚养权何去何从，不是简单经济条件的较量，而是经济、时间、情感等多种因素的平衡。

本案中，两个小孩均具有中国国籍，按照《中华人民共和国国籍法》第三条规定，我国不承认双重国籍，两个小孩已经在我国落户，具有中国国籍，作为中国公民，其权利义务适用我国法律规定。长女张某思其常年生活在土耳其，判决由原告抚养较为适宜；次子张某烨一直生活在中国云南省鲁甸县，判由被告抚养较为适宜。根据小孩的生活、学习需要及原、被告当事人的意思表示，判决双方互不支付抚养费。

编写人：云南省鲁甸县人民法院　叶丹

021 以离婚为条件并对财产作出分割的分手协议的性质与效力认定

——张某江诉王某燕离婚案

【案件基本信息】

1. 裁判书字号

北京市第三中级人民法院（2018）京03民终2542号民事判决书

2. 案由：离婚纠纷

3. 当事人

原告（被上诉人）：张某江

被告（上诉人）：王某燕

【基本案情】

原、被告于2003年12月25日登记结婚。双方婚后于2008年10月11日生育一女张某琪。在本次诉讼之前，原告曾于2016年1月20日向北京市密云区人民法院起诉要求与被告离婚，后被北京市密云区人民法院（2016）京0118民初841号民事判决书判决驳回诉讼请求；2017年1月12日，原告再次向北京市密云区人民法院起诉要求与被告离婚，后经北京市密云区人民法院调解后撤回起诉，本次系原告第三次起诉离婚，在本案审理过程中，被告同意与原告离婚。

关于造成原、被告夫妻感情破裂的原因，庭审中，原、被告均主张对方有婚内出轨行为，原告提交微信聊天记录等证实其主张，被告申请法庭调取公安机关出警记录，在调取的2016年1月27日城关派出所“110”接警单案情摘要处记载“一男子报：在某体育彩票312房间有人卖淫嫖娼”。被告另主张原告在婚姻关系存续期间有家庭暴力情况，并向法庭申请调取公安机关出警记录及视频资料，在调取的2015年10月8日城关派出所“110”接警单案情摘要处记载“王某燕报警称：在花园小区9-4-××家庭暴力”。视频资料显示，原告确与他人同处一室，被告另提交住院病案以证实其主张，在其提交的住院病案出院诊断处记载“主要诊断：1. 臀部开放性损伤；2. 头皮血肿”，入院时间为2015年10月9日。

双方争议的位于河北省抚宁县南戴河滨海花园15-2-4××号，登记所有权人为原告，庭审中，双方认可属于夫妻共同财产，每平方米现值6000元。双方争议的位于内蒙古自治区锡林郭勒盟多伦县多伦淖尔镇371号房屋，现登记于被告名下。庭审中，被告主张此房屋系其哥哥所有，仅用其名义登记，不属于夫妻共同财产，原告对被告此项答辩意见不予认可。双方未向法庭提交房屋所有权证。

双方争议的位于北京市密云区密云镇花园小区9号楼4单元1××号房屋，现登记于原告名下，系原告婚前的个人财产。庭审中，被告提交分手协议一份，主张在原、被告婚姻关系存续期间，二人对该房屋所有权进行约定，依据该协议约定，被告应当享有部分房屋产权，在协议中载明："2. 男方名下一套房子分东西2门，西门归女方所有，东门归男方所有，单一一方无权处置，如卖房，需2人协商意见一致方可，房款2人各一半。"关于签署协议的目的，被告陈述协议系其书写，因原、被告结婚证丢失，在补办结婚证之前，被告要求原告签署分手协议，原告认可协议系其署名。

【案件焦点】

双方当事人签订的分手协议属于离婚财产分割协议还是婚内财产约定。

【法院裁判要旨】

北京市密云区人民法院经审理认为：关于北京市密云区密云镇花园小区9号楼4单元1××号房屋的归属问题。原告虽否认分手协议内容，但认可在分手协议中署名，故北京市密云区人民法院对分手协议真实性予以认定。涉案房屋原属原告婚前个人财产，故综合分手协议名称、内容以及双方陈述，可以认定签订协议时双方感情已经出现裂痕，但签订协议后原、被告并未办理离婚登记手续，故对于以离婚为目的签订的离婚协议，在双方并未办理离婚手续的情况下，北京市密云区人民法院无法依据该协议内容分割财产，故无法按照该协议内容确认被告享有50%的房屋产权份额。

北京市密云区人民法院依照《中华人民共和国婚姻法》第三十二条、第三十七条、第三十九条规定，判决如下：

一、准许原告张某江与被告王某燕离婚；

二、双方婚生女张某琪由被告王某燕抚养，由原告张某江每月给付生活费1000元，医疗费、教育费凭票据由原告张某江、被告王某燕各负担二分之一，至张某琪18周岁止；

三、位于河北省抚宁县南戴河滨海花园15-2-4××号房屋归原告张某江所有，由原告张某江给付被告王某燕房屋折价款170000元，限本判决生效后三十日内给付；

四、驳回原告张某江的其他诉讼请求。

上诉人王某燕上诉请求：撤销原审判决第二项，依法改判。事实与理由：一审认定事实不清，适用法律有误，分手协议不属于离婚协议书，属于夫妻财产约定；一审法院未查清张某江名下全部夫妻共同财产，也未查清双方的夫妻共同债务，存在重大事实遗漏；张某江理应承担双方分居期间婚生女张某琪的抚养费及相应教育费、保险费支出。

被上诉人张某江辩称：同意一审判决，不同意王某燕的上诉请求。

北京市第三中级人民法院经审理认为：关于密云区1××号房屋的处理问题。根据查明的情况，密云区1××号房屋登记在张某江名下，系其婚前个人财产。虽然此后双方在分手协议中约定王某燕对密云区1××号房屋享有一定份额，但根据该分手协议的内容，双方约定在孩子户口、入学等事办妥后，自愿办理离婚，解除夫妻关系，因此该分手协议实质上是以离婚为目的的离婚协议，在此后双方未协议离婚的情况下，法院应当根据实际情况而非依据该分手协议依法对夫妻共同财产进行分割。因此，原审法院未按照协议内容认定王某燕享有的房产份额，并无不当，应予维持。

北京市第三中级人民法院依照《中华人民共和国婚姻法》第三十二条、第三十七条、第三十九条，《中华人民共和国民事诉讼法》第一百七十条第一款第二项之规定，判决如下：

一、维持北京市密云区人民法院（2017）京0118民初8437号民事判决第一项、第二项、第三项；

二、撤销北京市密云区人民法院（2017）京0118民初8437号民事判决第四项；

三、所欠王某华共同债务10000元、范某琴共同债务20000元，由王某燕、张某江各自承担15000元；

四、驳回张某江的其他诉讼请求。

【法官后语】

离婚案件中存在各种各样的“协议”，这些“协议”的性质和效力认定问题往往成为案件的审理焦点。本案即涉及对双方当事人签订的以离婚为目的的财产分割协议的效力认定问题。离婚案件涉及的“协议”主要包括三种，即在民政部门离婚登记时备案的离婚协议、双方当事人达成的以登记离婚或者到人民法院协议离婚附条件的财产分割协议以及双方当事人在婚内达成的财产归属协议。第一种“协议”，关于财产的分割条款或者协议对双方当事人具有约束力，当事人离婚后一年内就财产分割问题反悔可以请求人民法院变更或者撤销，但是法院经审理未发现存在欺诈、胁迫等或者显失公平的情形的，依法驳回诉讼请求。第二种“协议”，如果双方协议离婚未成或者在离婚诉讼中反悔，法院应当认定该协议属于附条件协议，在未成功办理离婚登记手续的情况下，该协议不生效，并根据实际情况对夫妻共同财产进行分割。第三种“协议”，在不违反法律强制性规定，亦未侵犯其他权利人的权益时，属于有效协议，对双方具有约束力。

离婚案件当事人往往对婚内财产约定及离婚协议的认定问题产生争议，常常存在双方当事人在婚姻关系存续期间达成离婚协议，并就财产分割及子女抚养等问题作出了约定，但是由于种种原因一方反悔，另一方往往认为双方婚姻关系存续期间达成了婚内财产约定，要求法院按照双方达成的离婚协议约定解除双方的婚姻关系，处理财产分割和子女抚养权问题，而反悔一方则否认离婚协议的效力，要求法院根据实际情况依法处理夫妻共同财产，司法实践中有时亦存在不同的观点。

本案争议焦点在于双方当事人签订以离婚为目的的分手协议的性质与效力认定问题。关于上述问题笔者现作出如下分析：

一、本案涉及的分手协议的性质认定

本案涉及的“分手协议”与有约束力的婚内财产约定的区分。笔者认为，以离婚为条件的财产分割协议与婚内财产约定主要可以从以下三个方面进行区分：1. 二者生效要件不同。离婚财产分割协议以登记离婚或者到人民法院协议离婚为生效要件。婚内财产约定自双方签字之日起即产生约束力，不以离婚为目的或者生效要件。2. 二者约定财产内容不同。离婚财产分割协议是对夫妻共同财产进行分割约定，不得侵犯他人的合法权益，婚内财产约定可以是对婚姻关系存续期间财产进行约定，也可以是对婚前财产进行约定。3. 法律规定不同。由于本案涉及的"分手协议"签署于《中华人民共和国民法典》实施（2021 年 1 月 1 日）以前，关于该协议的性质判定应当适用当时的《中华人民共和国婚姻法》第十九条和《最高人民法院关于适用〈中华人民共和国婚姻法〉若干问题的解释（三）》第十四条的规定予以判定。当事人达成的以登记离婚或者到人民法院协议离婚为条件的财产分割协议，如果双方协议离婚未成，一方在离婚诉讼中反悔的，人民法院应当认定该财产分割协议没有生效，并根据实际情况依法对夫妻共同财产进行分割。《中华人民共和国婚姻法》第十九条，即夫妻可以约定婚姻关系存续期间所得的财产以及婚前财产归各自所有、共同所有或部分各自所有、部分共同所有。约定应当采取书面形式。夫妻对婚姻关系存续期间所得的财产以及婚前财产的约定，对双方具有约束力。从本案涉及的"分手协议"签订的内容以及背景来看，该协议明确载明"自愿离婚，解除婚姻关系"的内容，该协议的目的是以双方当事人成功离婚并解除婚姻关系为条件的，且双方当事人多次吵架闹离婚，故双方当事人签订以离婚为目的的分手协议属于上述第二种协议，即以成功离婚为条件的财产分割协议，而非当事人所主张的该分手协议系对双方具有约束力的有效婚内财产约定。

二、本案涉及的分手协议的效力认定

《中华人民共和国民法总则》第一百五十八条规定：民事法律行

为可以附条件，但是按照其性质不得附条件的除外。附生效条件的民事法律行为，自条件成就时失效。附解除条件的民事法律行为，自条件成就时失效。本案中，位于密云区1××号房屋登记在张某江名下，系其婚前个人财产，此后双方在分手协议中约定王某燕对1××号房屋享有一定份额，从该分手协议的内容来看，双方约定在孩子户口、入学等事办妥后，自愿办理离婚，解除夫妻关系，该以离婚为目的的离婚财产分割协议，在此后双方未成功办理离婚手续的情况下，未生效，法院应当根据实际情况对夫妻共同财产进行分割，该分手协议不能作为财产分割的依据，一审、二审法院关于该分手协议效力的认定是正确的。

综上所述，虽上述法律问题的认定适用当时的法律规定，但是《中华人民共和国民法典》第一百五十八条、第一千零六十五条以及《最高人民法院关于适用〈中华人民共和国民法典〉婚姻家庭编的解释（一）》第六十九条继承了上述立法精神，作出了相同的规定，本案涉及的分手协议即使按照现在的《中华人民共和国民法典》《最高人民法院关于适用〈中华人民共和国民法典〉婚姻家庭编的解释（一）》的规定亦可以得出同样的分析结论，故本案涉及的分手协议即属于以成功离婚为条件的附条件财产分割协议，因所附条件未成就而未生效，人民法院不能将其作为分割夫妻共同财产的依据，而根据实际情况依法对夫妻共同财产进行分割。

编写人：北京市密云区人民法院　李娇

022 夫妻一方侵犯配偶权应承担损害赔偿

——周某海诉黄某离婚案

【案件基本信息】

1. 裁判书字号

重庆市开州区人民法院（2018）渝0154民初4486号民事判决书

2. 案由：离婚纠纷

3. 当事人

原告：周某海

被告：黄某

【基本案情】

原告周某海与被告黄某于2001年9月20日登记结婚，于2002年7月21日生育一女周甲，于2011年5月27日生育一女周乙，现随原告一起生活。2016年2月，被告与他人发生不正当关系，并生育子女，遂被告于2018年4月6日和8日向原告出具惭悔书和保证书。在庭审过程中，被告黄某同意离婚。婚生女周甲出具书面意见：若原、被告离婚，愿意随原告周某海生活。

【案件焦点】

无过错一方基于配偶权被侵犯有权要求对方承担精神损害赔偿，赔偿数额可根据侵权人的过错程度、损害结果、经济能力以及受诉法院所在地平均生活水平等因素综合考虑认定。

【法院裁判要旨】

重庆市开州区人民法院经审理认为：本案中，原告要求离婚，被告在庭审中同意离婚，故对于原告的离婚诉讼请求，本院依法予以支持。关于子女抚养问题，婚生女周甲庭审中提交书面意见若原被告离婚，愿意随原告周某海生活。根据《最高人民法院关于人民法院审理离婚案件处理子女抚养问题的若干具体意见》第五条“父母双方对十周岁以上的未成年子女随父或随母生活发生争执的，应考虑子女的意见”以及考虑到婚生女周甲和周乙现和原告一起生活，故判决婚生女周甲和周乙随原告生活，被告给付抚养费，抚养费标准：结合当地实际生活水平，以每人每月 750 元为宜。关于精神损害金问题，原告诉请精神抚慰金 10 万元，根据《中华人民共和国婚姻法》第四十六条规定：“有下列情形之一，导致离婚的，无过错方有权请求损害赔偿：……（二）有配偶者与他人同居的……”由于被告在婚姻存续期间与他人同居，并生育子女，有被告出具慚悔书和保证书予以佐证，结合本案被告的过错程度，本院酌情认定为 5 万元。对于原、被告提出分割夫妻共同财产和共同债务承担的请求，由于未向本院提交证据证明，本院不予以支持。综上，根据《中华人民共和国婚姻法》第三十二条、第四十六条，《中华人民共和国民事诉讼法》第六十四条第一款，《最高人民法院关于人民法院审理离婚案件处理子女抚养问题的若干具体意见》第五条之规定，判决如下：

一、准许原告周某海与被告黄某离婚；

二、婚生女周甲和周乙随原告周某海生活，被告黄某从 2018 年 7 月起每人每月给付抚养费 750 元，付至小孩年满 18 周岁之日止；

三、被告黄某于本判决生效之日起十日内一次性支付原告周某海精神损害赔偿金 50000 元；

四、驳回原告周某海其他诉讼请求。

判决后，双方当事人均未上诉，本判决现已生效。

【法官后语】

配偶权是指配偶之间要求对方陪伴、钟爱和帮助的权利。《中华人民共和国民法典》第一千零九十一条规定了侵犯配偶权离婚损害赔偿制度，在已废止的《中华人民共和国婚姻法》第四十六条的基础上增加了离婚损害赔偿法定事由的兜底条款，即“有其他重大过错”，该新增的兜底条款属于原则性的法律规定，前四种法定情形采取封闭式规定：重婚；与他人同居；实施家庭暴力；虐待、遗弃家庭成员。其中，重婚、与他人同居情形亦违反民法典第一千零四十三条规定，夫妻之间相互负有忠实义务。结合本案，按照“举轻以明重”的当然解释规则，被告符合“与他人同居”的法定情形，被告在婚姻存续期间与他人同居，并生育子女，严重伤害了夫妻感情，违反了夫妻间的忠实义务，也违反了一夫一妻原则，侵犯了丈夫的配偶权，给其造成了精神压力和痛苦，无过错方在离婚时有权提出损害赔偿。无过错一方按照《中华人民共和国民法典》第一千零九十一条规定请求损害赔偿，笔者认为根据现行法律规定及立法精神在法律适用时应注意以下几个方面：

1. 离婚损害赔偿请求权适用条件：(1) 须诉讼离婚或协议离婚为前提。法院判决不准离婚的案件，对离婚损害赔偿请求权亦不予支持；当事人不起诉离婚，仅提起损害赔偿请求的，人民法院不予受理。(2) 前四种法定情形，属于封闭式规定，穷尽式列举，不能扩张其适用范围；新增的兜底条款属于概括式规定，适用时应当根据具体案件情况，结合过错情节、伤害后果等因素，对过错方是否存在重大过错进行认定。

2. 离婚损害赔偿请求权时间：(1) 无过错方作为离婚诉讼的原告时，需在离婚诉讼中提出。(2) 无过错方作为离婚诉讼的被告时，原则上须在离婚时提出，但有两个例外：若被告不同意离婚，亦未提起损害赔偿请求的，可以在离婚后一年内就此单独提起诉讼；若原告在一审时未提出损害赔偿请求，二审期间提出的，法院应当调解，调解不成的，告知当事人在离婚后一年内另行起诉。(3) 协议离婚时，若已放弃损害赔偿请求权的，不得再次主张；未放弃的，可于协议离婚后一年内提出。

3. 离婚损害赔偿请求权的内容：(1) 物质损害赔偿和精神损害赔偿。物质损害赔偿，主要是指过错方给无过错方造成的财产损失，这种损失不以损害行为直接作用于财产为条件，只要过错行为导致了财产损失的损害后果即可，包括积极财产的减少和消极财产的增加，但不包括期待利益损失。精神损害赔偿，包括因过错方对受害者人身进行伤害导致的精神损害，以及纯粹因过错方的行为导致的精神创伤、精神痛苦等。(2)《最高人民法院关于适用〈中华人民共和国民法典〉婚姻家庭编的解释（一）》第二十八条第二款规定，夫妻一方擅自处分夫妻共同所有的房屋造成另一方损失，离婚时另一方请求赔偿损失的，人民法院应予支持。该条应理解为是对《中华人民共和国民法典》第一千零九十一条的补充规定，其赔偿请求权的内容仅限于财产损害赔偿，不包括精神损害赔偿。(3) 请求权的权利人仅为无过错一方，赔偿义务人为具有过错的配偶，第三人不承担赔偿责任，若夫妻双方具有《中华人民共和国民法典》第一千零九十一条规定的过错行为，任何一方均丧失离婚损害赔偿请求权。

4. 离婚物质损害赔偿范围界定：物质损害赔偿以因过错方的过错行为对无过错方财产利益产生的实际影响为准进行确定，应当以赔偿实际损失为原则。造成人身损害的，依据《中华人民共和国民法典》第一千一百七十九条规定的人身损害赔偿的范围，应当赔偿医疗费、护理费、交通费、营养费、住院伙食补助费等为治疗和康复支出的合理费用，以及因误工减少的收入。造成残疾的，还应当赔偿辅助器具费和残疾赔偿金；造成死亡的，还应当赔偿丧葬费和死亡赔偿金。侵害人身权益造成财产损失的赔偿数额的确定方法，依据《中华人民共和国民法典》第一千一百八十二条规定，即按照被侵权人因此受到的损失或者侵权人因此获得的利益赔偿，或由人民法院根据实际情况确定赔偿数额。

5. 离婚精神损害赔偿数额考量的因素：法律规定适用于《最高人民法院关于确定民事侵权精神损害赔偿责任若干问题的解释》(2020 年修正）第五条的规定，对确定离婚精神损害赔偿有指导借鉴意义，结合离婚精神损害赔偿基于配偶权遭受侵害而产生的特殊性，笔者建议司法实践中，在确定离婚损害赔偿数额的标准上应考量以下因素：(1) 侵权人的过错程度。过错应包括故意和过失，故意侵权造成无过错方的精神损害程度要大于过失侵权造成的精神损害程度，因此，故意侵权的赔偿数额应大于过失侵权的赔偿数额。(2) 侵害行为的具体情节。结合侵权人采取手段、场合、行为方式等，确定损害事实的大小，为赔偿数额提供依据。(3) 侵权行为所造成的后果。根据损害后果的轻重，可以确定是否承担赔偿责任以及赔偿数额的大小，亦可通过受害人的健康状况、精神状态以及造成的社会影响确定赔偿责任大小。(4) 侵权人承担责任的经济能力。该因素直接关系到未来案件执行到位情况以及司法公信力，法官应结合侵权人的经济能力综合考虑赔偿的数额。(5) 受诉法院所在地平均生活水平。我国各地域存在经济发展不平衡的现实情况，法官应结合当地平均生活水平综合考虑赔偿数额。(6) 加害人、受害人事后的态度。如果加害人在事后认错态度较好，在财产分割上作出巨大让步以及愿意更多承担子女抚养和教育费用，或取得受害人谅解，法官在考虑赔偿数额时应加以考量。上述前三项属于法官裁判考量的法定因素，后三项属于酌定因素，具体到司法实践中，法官应结合具体案件综合各种因素，具体问题具体分析，既要坚持以法律为准绳的裁判原则，又要遵循法律的精神和公平正义的价值观念，确保判决实现法律效果和社会效果的统一。

其他需要说明的事项：由于本案发生在《中华人民共和国民法典》施行前，关于处理离婚子女抚养权归属问题，征求子女愿意跟谁生活的年龄限制在10周岁以上，随着社会经济持续发展，未成年子女的自主意识和认知能力随之提升，我国民法典将限制民事行为能力人的年龄下限从10周岁降至8周岁，并修改处理离婚时征求子女意见的年龄，要求离婚时，父母双方对8周岁以上的未成年子女随父或随母生活意见不一致的，应当尊重子女的意见，赋予未成年人一定程度自主决定的自由，这样更有利于未成年人的健康成长。

编写人：重庆市开州区人民法院　王凯

023 涉及以车辆过户为目的的结婚的离婚纠纷中，财产分割时应严格审查双方在婚姻存续期间是否共同生活、有无共同财产

——任某某诉程某某离婚案

【案件基本信息】

1. 裁判书字号

北京市第二中级人民法院（2018）京02民终3513号民事判决书

2. 案由：离婚纠纷

3. 当事人

原告（被上诉人）：任某某

被告（上诉人）：程某某

【基本案情】

2013 年 3 月 27 日，程某某（甲方）与任某某（乙方）签订京牌指标租借协议一份，约定：由甲方现有的北京小汽车更新指标一个愿意以有偿形式长期出借给乙方终身使用，乙方自愿给甲方适当补偿，小汽车京牌指标终身补偿金额为 35000 元等。此后，任某某给付程某某 35000 元。

2015 年 2 月 1 日，任某某给付程某某 15000 元。次日，程某某与任某某签订《协议书》一份，约定：程某某自愿与任某某结婚；婚后程某某自愿无偿地将自己名下的京牌小汽车一辆更名为任某某所有；婚前双方各自财产归个人所有，互不影响；一旦感情破裂造成离婚，程某某不对任某某提出任何财产上的要求；一旦任某某提出离婚请求，程某某不得以任何理由拖延办理。

2016 年 1 月 12 日，任某某与程某某办理结婚登记。此后，任某某与程某某因程某某名下京牌小汽车过户问题发生纠纷，后双方和解。2016 年 11 月 3 日，程某某将其名下京 MP1×××号小汽车过户到任某某名下。2016 年 11 月 6 日，程某某收到任某某委托他人给付的 2 万元。本案审理中，双方均认可双方之间没有感情，没有共同生活，无共同子女，无夫妻共同财产，无共同债权债务，双方有协议说各自的财产归各自所有。

因程某某迟迟不遵守承诺与任某某离婚，故任某某诉至法院，要求离婚。程某某表示：同意离婚，但是要求任某某将车辆返还，并给其 106 万元。

【案件焦点】

1. 车辆应当归属于谁；2. 程某某是否有权要求分割任某某在婚姻存续期间获得的财产。

【法院裁判要旨】

北京市丰台区人民法院经审理认为：任某某要求离婚，程某某表示同意，本院对任某某的离婚请求予以准许。任某某与程某某之间并无感情，亦没有共同生活，且程某某在与任某某签订的《协议书》中承诺“一旦感情破裂造成离婚，程某某不对任某某提出任何财产上的要求”。迄今为止，任某某已给付程某某 7 万元，基于公平原则，本院认为京 MP1×××号小汽车应当由任某某所有。程某某要求任某某返还小汽车，并给付其 106 万元的诉讼请求，缺乏事实和法律依据，本院不予支持。综上所述，依照《中华人民共和国婚姻法》第三十二条之规定，判决如下：

一、准予原告任某某与被告程某某离婚；

二、京 MP1×××号小汽车由原告任某某所有；

三、驳回被告程某某的诉讼请求。

程某某不服原审判决，提起上诉。北京市第二中级人民法院同意一审法院裁判意见。

【法官后语】

一、涉车辆过户结婚的离婚诉讼与普通离婚诉讼之差异

随着北京、上海等一线城市小汽车号牌政策日趋收紧，车牌已

经成为一种稀缺资源，目前社会上出现了一批以结婚为手段实现车辆过户的人群，甚至还有专门为这一事项提供中介服务的灰色产业链。笔者在家事案件的审理中就遇到了这类当事人之间发生的离婚诉讼，且这类案件的数量仍在不断增多。涉车辆过户结婚的离婚诉讼与常规离婚诉讼之间存在一定差异，主要体现在以下几个方面：结婚目的不同、婚姻状态不同，以及进行离婚诉讼的原因不同。这类婚姻的目的在于实现小汽车号牌的转移，一般不共同生活，离婚诉讼发生一般因其中一方不按照双方之前约定及时解除婚姻关系而诉至法院。这些，与普通的离婚诉讼均存在较明显不同。

二、涉车辆过户结婚的离婚诉讼财产分割之处理

1. 夫妻共同财产的范畴

按照婚姻法的相关规定，夫妻共同财产是指在夫妻双方婚前或婚后未对夫妻财产作出约定或者约定无效的情况下，直接适用法律规定的夫妻财产制度。《中华人民共和国婚姻法》（以下简称《婚姻法》）对夫妻财产制采取的是法定财产制与约定财产制相结合的制度，并明确规定，在没有约定或约定不明确时，才适用法定财产制。可见，从领取结婚证开始，到解除夫妻关系为止的婚姻关系存续的整个期间的劳动所得、生产经营所得、投资所得、知识产权的收益、继承和赠与所得，以及其他合法所得都是夫妻共同财产。

2. 涉车辆过户为目的的婚姻中财产应如何认定

对于以车辆过户为目的的婚姻中，一方在婚姻存续期间所得的财产，如果双方没有作出婚内财产约定，是否理所当然地成为夫妻共同财产呢？一种观点认为：应当依照婚姻法以及相关法律的规定，认定在夫妻关系存续期间获得财产利益，均属于夫妻共同财产，均

在离婚时进行分割；另一种观点认为：应当严格审查双方是否有真实的结婚意愿、有无感情基础、是否实际共同生活，以此作为认定形成夫妻共同财产的标准，如果完全没有真正的结婚意愿，毫无感情基础，亦未共同生活，则不应当认定为在婚姻关系存续期间形成夫妻共同财产，在离婚时予以分割。

3. 涉车辆过户为目的的婚姻中夫妻共同财产的分割

首先，看双方是否对于婚前、婚姻期间的财产进行了明确约定，如本案中，双方对于婚前财产进行了明确约定，但对于婚姻存续期间的财产，双方并未明确进行约定。在双方并未明确约定进行婚内财产约定时，笔者倾向于第二种观点，即应严格审查双方是否有真实的结婚意愿、有无感情基础、是否实际共同生活，以此作为认定形成夫妻共同财产的标准，如果完全没有真正的结婚意愿，毫无感情基础，亦未共同生活，则不应当认定为在婚姻关系存续期间形成夫妻共同财产，在离婚时不应进行分割。因为双方在并无真正的婚姻合意，仅仅为了进行车辆过户而产生的形式婚姻中，如果法院将各自名下的财产混同并认定为夫妻共同财产进行分割处理，实际上有悖于公平原则，最终将可能导致裁判结果偏离公平正义。

在本案中，任某某与程某某对于婚姻存续期间的财产，双方虽然没有明确进行约定，但是在审理期间，经过法院询问，双方认可在双方婚姻存续期间，二人毫无感情、没有共同子女、没有共同生活，没有形成夫妻共同财产。因此程某某要求分割女方在婚姻存续期间获得的财产利益的请求缺乏事实和法律依据，一审法院没有支持该诉求。此外，关于车辆的归属，一审法院依据公平原则，判归由女方所有。当事人上诉至二审法院后，这一裁判结果最终也得以维持。

4.《中华人民共和国民法典》中对夫妻共同财产问题的规定

自2021年1月1日《中华人民共和国民法典》(以下简称《民法典》)实施后，原《婚姻法》及其相关司法解释已被废止。《民法典》关于法定夫妻财产制规范基本延续了婚姻法所确立的婚后所得共同财产制，即夫妻一方婚前已经取得的财产原则上属于个人财产；夫妻双方婚后取得的财产，除了人身损害赔偿金以及专属一方的生活用品等特殊情况外，原则上属于共同财产。《民法典》第一千零六十二条到第一千零六十四条是关于法定夫妻财产制的法律规定，先后规定的是夫妻共同财产的范围、个人财产以及夫妻债务。其中，第一千零六十二条第一款规定：夫妻在婚姻关系存续期间所得的下列财产，为夫妻的共同财产，归夫妻共同所有：(一)工资、奖金、劳务报酬；(二)生产、经营、投资的收益；(三)知识产权的收益；(四)继承或者受赠的财产，但是本法第一千零六十三条第三项规定的除外；(五)其他应当归共同所有的财产。

《婚姻法》第十七条第一款规定：夫妻在婚姻关系存续期间所得的下列财产，归夫妻共同所有：(一)工资、奖金；(二)生产、经营的收益；(三)知识产权的收益；(四)继承或赠与所得的财产，但本法第十八条第三项规定的除外；(五)其他应当归共同所有的财产。《最高人民法院关于适用〈中华人民共和国婚姻法〉若干问题的解释(二)》第十一条规定：婚姻关系存续期间，下列财产属于婚姻法第十七条规定的“其他应当归共同所有的财产”：(一)一方以个人财产投资取得的收益；(二)男女双方实际取得或者应当取得的住房补贴、住房公积金；(三)男女双方实际取得或者应当取得的养老保险金、破产安置补偿费。

经对比可见，《民法典》中对于夫妻共同财产的认定范畴，行文虽与之前的《婚姻法》略有不同，但其内涵与《婚姻法》及其司法解释、司法实践并无其他明显不同之处，只是更多地体现了对弱势群体的保护。

编写人：北京市丰台区人民法院　金滢

024　夫妻登记结婚后因举办婚礼所负债务是否属于夫妻共同债务

——陈某某诉黄某某离婚案

【案件基本信息】

1. 裁判书字号

北京市第一中级人民法院（2017）京01民终第7681号民事判决书

2. 案由：离婚纠纷

3. 当事人

原告（被上诉人）：陈某某

被告（上诉人）：黄某某

【基本案情】

原告陈某某与被告黄某某于2015年6月经人介绍相识，于2015年12月31日登记结婚，双方均系初婚，婚后无子女。2016年1月29日，黄某某、陈某某立有婚约一份，载明："婚约：立婚约人男方黄某某、女方陈某某系永泰县梧桐镇椿阳村人……双方经介绍人牵线搭桥，互相认识，相知相爱，情投意合，又经双方父母赞同，成为一对夫妇，永结同心，百年偕老，择选农历二〇一五年十二月二十日订婚，议定婚约，现将事宜开列如下：一、男方给付女方父母礼金壹拾万零叁佰叁拾叁元整，订婚当日付清。二、男方给付女方私房款壹拾万零叁佰叁拾叁元整，订婚日首付×万×仟×佰×拾×元整，其余过门当日合清。三、黄金捌两。四、聘礼：宝石项链一条、钻石一枚。五、今立婚约壹式贰份，各自守信，空口无凭，本约为证，各执为照。”其中关于黄金八两，原、被告均认可并未实际购买八两黄金块（条），而是指结婚购置的项链、戒指、手链等物品。随后双方于2016年2月举办婚礼。双方均认可已实际共同生活，后于2016年4月13日因家庭矛盾开始分居。

庭审中，原告主张双方感情破裂要求离婚，被告同意离婚。

被告要求分割夫妻共同债务844403.36元，原告对此不予认可。其中被告称其于2016年1月15日至2月24日向程某旺、黄某玉、彭某勇、张某辉借款四笔共计55万元，称上述款项全部用于婚礼开销，要求原告负担一半费用。被告认可双方就婚礼问题如何负担未进行合议。经询问，原告不同意负担该项费用。另查，被告主办的婚宴共置办酒席10桌，原告亦另行置办酒席10桌，女方置办酒席的费用由女方自行承担。

另，庭审中，被告称其离职前年收入为六七十万元。

【案件焦点】

夫妻登记结婚后因举办婚礼所负债务是否属于夫妻共同债务。

【法院裁判要旨】

北京市石景山区人民法院经审理认为，根据一般风俗，婚礼开销不同于家庭生活支出，除非双方对婚礼开销支出的款项均表示认可且对婚礼开销有过平均分担的合意，否则一方自行支出上述开销后另一方并不当然地负有承担一半开销的责任。本案中，该婚礼男女双方分别置办了酒席，女方置办的酒席费用亦由女方自行负担，现被告未提交证据证实双方对婚礼开销有过平均分担的合意，故黄某某称上述借款用于婚礼属于夫妻共同债务并要求陈某某共同负担的诉讼请求，法院不予支持。

北京市石景山区人民法院依据《中华人民共和国婚姻法》第三十二条、第三十九条，《中华人民共和国民事诉讼法》第六十四条第一款及《最高人民法院关于民事诉讼证据的若干规定》第二条之规定，判决如下：

一、陈某某与黄某某离婚；

二、黄某某于本判决生效后七日内归还陈某某镜子一面、马桶两个、灯笼两个；

三、驳回陈某某的其他诉讼请求；

四、驳回黄某某的其他诉讼请求。

一审后，被告不服提起上诉

北京市第一中级人民法院经审理后认为，一审法院判决正确，本院予以维持。依照《中华人民共和国民事诉讼法》第一百七十条第一款第一项之规定，判决如下：

驳回上诉，维持原判。

【法官后语】

正确的婚姻观应当是以感情为基础，以组织家庭生活为目的的两性结合。从立法精神上看，法律不可能鼓励将婚姻物质化、庸俗化的行为。但是在司法实践中，我们并不能无视婚姻中广泛存在的婚姻双方从物质或经济角度出发而产生的种种行为。

婚礼与家庭生活存在一定联系，但又存在一定差异，不能当然属于夫妻共同生活的范畴。二者的差异表现在：首先，婚礼是家庭生活开始的标志，但并非家庭生活本身。男女双方结婚后，家庭生活是必不可少的，家庭生活开支是维持家庭正常运转的必要开支。但因我国法律所规定的结婚程序并不采取仪式制，故婚礼并非必要程序，婚礼的支出亦并不必然发生。从我国传统上来看，婚礼作为一种仪式，具有公示、宣告、庆祝的属性，其举办方式与开支的多少，主要取决于当地传统民俗，与当地地域、人均收入、举办方式、双方家庭的合意、（至少其中一方的）家庭背景、理念有关，与家庭生活的开支具有显著的差异。其次，家庭生活属于家庭事务，虽然家庭生活中也会涉及第三人如亲属间的抚养、赡养，但行为的发生及开支基本由夫妻二人决定。婚礼虽然是为夫妻二人举办，但往往不完全取决于夫妻双方的意志，还具有家族事务的属性，所以婚礼的发生及开支往往不是夫妻二人尤其是不主办婚礼的一方新人所能决定或控制的。最后，虽然中华人民共和国成立后我国政府始终提倡“移风易俗”，但考虑到传统本身强大的影响力和乡土生活的惯性，“红包”“礼金”等风俗广泛存在于各地婚礼中。正因为婚礼与家庭生活存在这些差异，在确认因婚礼发生的债务是否属于夫妻共同债务时，应当首先依双方当事人的合意确定。没有当事人合意的，至少应考虑以下几个因素：当地民俗；对于婚礼开销及债务双方是否明确知情并同意；婚礼在何处举办、主要宴请对象为何人；礼金如何分配。虽然双方没有明确合意，但婚礼的强势一方利用强势地位，要求对方举办超越实际经济能力的婚礼并明知对方会因此负债的，应当合理分担由此产生的债务。

法院如何分割因婚礼产生的债务，会在社会层面以及个人权利层面产生引导意义。首先，从社会层面看，对婚礼的大操大办是社会主义价值观始终反对的行为，如果法院认定婚礼的费用当然地由双方共同承担，婚礼的负债由双方共同分担，那么无疑会助长操办婚礼一方的挥霍行为。其次，从目前的社会现实看，超越个人能力举办铺张浪费的婚礼的情况又有所抬头，对该种行为法律应当通过适当的态度鼓励量力而行的婚礼，《中华人民共和国民法典》第九条亦规定：民事主体从事民事活动，应当有利于节约资源、保护生态环境。对该种现象进行司法上的遏制也符合《中华人民共和国民法典》的基本原则。对个人而言，意思自治是民法中的基础性原则，要求配偶一方仅因婚姻关系而承担其不知情、不同意且不必要的债务，是对意思自治原则的侵犯，也是不符合公平标准的。司法实践通过裁判对这些行为加以规制时，一方面要否定婚礼的主办方不顾实际大操大办并以此要求对方分担的行为；另一方面也要否定婚礼中强势的一方不顾实际经济条件要求对方大操大办，但最终又不负担任何债务的行为。从而发挥法的导向作用，进而实现对社会主义婚恋观的弘扬。

编写人：北京市石景山区人民法院　赵莹

025　家庭暴力的认定不以经常性和严重性为要件

——李某诉耿某峰离婚案

【案件基本信息】

1. 裁判书字号

重庆市第一中级人民法院（2017）渝01民终第101号民事判决书

2. 案由：离婚纠纷

3. 当事人

原告（上诉人）：李某

被告（被上诉人）：耿某峰

【基本案情】

2014年6月10日，原告李某与被告耿某峰自愿在重庆市渝北区民政局登记结婚，婚后双方育有一女。2016年8月16日，原告李某以被告耿某峰经常对其实施家暴为由，请求人民法院判决：（1）原告与被告离婚；（2）婚生女由原告抚养，被告每月支付子女抚养费2000元；（3）被告赔偿原告物质和精神损失费10万元。被告耿某峰抗辩称，其愿意离婚，但其不构成家庭暴力，因为夫妻之间普通争吵和拉扯不属于家庭暴力，家庭暴力应当具有长期性、经常性以及相当的强烈程度，偶尔一两次冲突不构成家庭暴力。法院一审查明：2016年2月17日，为原、被告的婚生女抚养问题，原告与其父母亲一同前往被告的住处找被告，被告打伤了原告的父亲李某国，经鉴定，李某国的头部伤为轻伤二级。经北部新区金山派出所调解，由被告赔偿李某国10万元。法院二审另查明：2015年5月9日，即原告李某孕期第三个月左右，原告李某与被告耿某峰在家中发生口角后，被告耿某峰殴打原告李某，导致李某下嘴唇破皮，左大腿内侧瘀青，右手前臂外侧瘀青，上诉人报警后去医院就诊。

【案件焦点】

对于不具有经常性、持续性、严重性的侵害家庭成员的行为，能否认定为家庭暴力。

【法院裁判要旨】

重庆市渝北区人民法院经审理认为，原、被告虽系自愿结婚，但夫妻感情确已破裂，被告亦同意离婚，故准予离婚；对于婚生女的抚养，原、被告一致同意由原告抚养，且其婚生女年幼，由原告抚养更有利；对于子女抚养费，鉴于被告每月收入仅为4292元，只能支持抚养费1300元；对于损失费10万元，虽然被告将原告的父亲打伤，但系因原告的父亲为原、被告的婚生女抚养问题前往被告住宅处引起，并非家庭暴力，故不予支持。

重庆市渝北区人民法院依照《中华人民共和国婚姻法》第三十二条、第三十六条、第三十七条第一款之规定作出如下判决：

一、准予原告李某与被告耿某峰离婚；

二、婚生女耿某某由原告李某抚养，被告耿某峰从2016年11月起每月支付子女抚养费1300元，按月付清，直至子女独立生活为止；

三、驳回原告李某的其他诉讼请求。

原告李某不服一审判决，提起上诉。重庆市第一中级人民法院经审理认为：抚养费的金额问题一审判决并无不当。对于被告耿某峰是否实施家庭暴力，进而能否主张离婚损害赔偿的问题，二审认为，婚姻法中的家庭暴力，是指行为人以殴打、捆绑、残害、强行限制人身自由或者其他手段，给其家庭成员的身体、精神等方面造成一定伤害后果的行为。持续性、经常性的家庭暴力，构成虐待。由此，家庭暴力是指家庭成员之间以殴打、捆绑、残害、限制人身自由以及经常性谩骂、恐吓等方式实施的身体、精神等侵害行为。2016年2月17日，被告对其岳父的暴力行为，因双方不属于共同生活的家庭成员，且综合暴力行为的起因、发生地点等，不宜认定为家庭暴力。2015年5月9日，被上诉人在家中对上诉人实施了殴打行为，导致上诉人下嘴唇破皮，左大腿内侧瘀青，右手前臂外侧瘀青，事发时，上诉人处于孕期第三个月左右，可以认定被上诉人对上诉人实施了家庭暴力。关于被上诉人提出家庭暴力具有长期性，一两次冲突不构成家庭暴力的辩解意见，家庭暴力分为暴力方式和非暴力方式，谩骂、恐吓等非暴力方式需要具备反复性、持续性的构成要件，而殴打、捆绑等暴力方式，因其对受害人的生理和心理伤害较重，故反复性、长期性并非其构成要件，即使只有一次殴打的暴力行为，仍然可以构成家庭暴力，故被上诉人的辩解意见不成立。关于被上诉人提出家庭暴力应当具有相当的强烈程度的辩解意见，家庭暴力的损害后果并不以受害人构成轻伤或者重伤为构成要件，如果受害人构成轻伤或者重伤，则应当依法追究其刑事责任。因此，只要因殴打行为造成受害者存在伤情，即使仅构成轻微伤，仍然可以认定为家庭暴力，故被上诉人的辩解意见不成立。施暴者实施家庭暴力导致离婚的，被害方有权依据《中华人民共和国婚姻法》第四十六条之规定请求损害赔偿。故考虑施暴人的过错程度，施暴的手段、场合、方式，赔偿能力，受害方的伤情等因素，综合认定被上诉人向上诉人赔偿5000元。

重庆市第一中级人民法院依照《中华人民共和国婚姻法》第四十六条、《最高人民法院关于适用〈中华人民共和国婚姻法〉若干问题的解释（一）》第一条、《中华人民共和国民事诉讼法》第一百七十条第一款第二项之规定，作出如下判决：

一、维持重庆市渝北区人民法院民事判决第一项、第二项；

二、撤销重庆市渝北区人民法院民事判决第三项；

三、耿某峰于本判决生效后十日内向李某赔偿5000元；

四、驳回李某的其他诉讼请求。

【法官后语】

对于不具有经常性、持续性、严重性的侵害家庭成员的行为，仍然构成家庭暴力，施暴者实施家庭暴力，导致离婚的，被害方有权依据《中华人民共和国婚姻法》第四十六条之规定请求离婚损害赔偿。①

为了预防和制止家庭暴力，保护家庭成员的合法权益，促进家庭和谐、社会稳定，我国从2016年3月开始施行《中华人民共和国反家庭暴力法》。由此法律的触角得以延伸至家庭内部，打通了公权力干预家庭暴力的渠道，打破了“法不入家门”的传统禁锢，以“国家禁止任何形式的家庭暴力”的鲜明态度，宣告了国家对家庭暴力的否定和谴责。法院在审理涉及家庭暴力的相关案件中，根据法律要求对弱势群体予以特殊保护，但也不能过分向情理倾斜而予以偏袒，故在家庭暴力的认定、证据的采信与认定上需要严格遵守法律规定。本案中，法院对发生于2015年5月9日的家庭暴力事实予以认定，其理由主要如下：

首先，关于家庭暴力的认定问题。《中华人民共和国反家庭暴力法》第二条规定，“本法所称家庭暴力，是指家庭成员之间以殴打、捆绑、残害、限制人身自由以及经常性谩骂、恐吓等方式实施的身体、精神等侵害行为”。由此可以看出，我国目前将家庭暴力的行为方式分为两种：一是以殴打、捆绑、残害、限制人身自由等直接暴

---

① 本案判决发生在《中华人民共和国民法典》颁布之前，《中华人民共和国婚姻法》第四十六条的内容被《中华人民共和国民法典》第一千零九十一条吸收。《中华人民共和国民法典》第一千零九十一条规定：“有下列情形之一，导致离婚的，无过错方有权请求损害赔偿：（一）重婚；（二）与他人同居；（三）实施家庭暴力；（四）虐待、遗弃家庭成员；（五）有其他重大过错。”

力方式表现的家庭暴力；二是以谩骂、恐吓等非直接暴力方式表现的家庭暴力。其中只有非直接暴力方式的家庭暴力才要求以反复性、经常性为要件，而对于直接暴力方式的家庭暴力，即便只有一次也可能构成。而本案中上诉人主张被上诉人对其实施的4次家庭暴力均属于直接暴力，故本案中被上诉人提出的家庭暴力必须具有长期性的辩解意见不成立。并且，《中华人民共和国反家庭暴力法》亮点之一即将轻微的家庭暴力行为也纳入"家庭暴力"范围，所以在认定是否构成家庭暴力时，不以是否造成严重后果为要件，如果造成严重后果的，则根据《中华人民共和国刑法》《中华人民共和国治安管理处罚法》等相关规定另外追究其相应的责任。

其次，关于家庭暴力的证据采信与认定问题。《中华人民共和国反家庭暴力法》第二十条规定，"人民法院审理涉及家庭暴力的案件，可以根据公安机关出警记录、告诫书、伤情鉴定意见等证据，认定家庭暴力事实"。对于2015年5月9日发生的冲突，上诉人李某提交了金山派出所出具的报警证明、北部新区第一人民医院门诊病历、伤情照片，在被上诉人耿某峰没有相反证据的情况下，根据法律规定，足以对该次家庭暴力事实的存在予以认定。

再次，关于上诉人李某主张在2016年2月17日，因李某与耿某峰就婚生女抚养问题，耿某峰将李某的父亲打伤且构成轻伤二级，也构成家庭暴力的观点，本院认为由于上诉人李某没有受到身体伤害，且双方不属于共同生活的家庭成员，综合暴力行为的起因、发生地点等，不宜认定被上诉人耿某峰对上诉人李某实施了家庭暴力。

最后，根据《中华人民共和国反家庭暴力法》第五条的规定，对遭受家庭暴力的孕期和哺乳期的妇女，应当给予特殊保护。因为一般情况下对怀孕妇女的轻微推搡就有可能造成对孕妇以及胎儿的损伤，更不用说对其实施家庭暴力行为所可能造成的影响有多严重。故在本案中，上诉人李某在遭受家庭暴力时处于怀孕状态，应对其予以特殊保护。

综上，家庭成员对孕妇实施殴打行为，即使殴打行为不具有反复性、严重性，但只要能证明殴打行为对孕妇造成了身体伤害，人民法院应当基于对弱势群体特殊保护的原则，依法认定施暴者构成家庭暴力。施暴者实施家庭暴力，导致离婚的，被害方有权依据《中华人民共和国婚姻法》第四十六条之规定请求离婚损害赔偿。

编写人：重庆市第一中级人民法院　陈义熙　李遵礼

026　婚内财产约定与婚内赠与的区别及认定

——李某某诉乔某某离婚案

【案件基本信息】

1. 裁判书字号

北京市第二中级人民法院（2017）京02民终第9212号民事判决书

2. 案由：离婚纠纷

3. 当事人

原告（被上诉人）：李某某

被告（上诉人）：乔某某

【基本案情】

原、被告于2009年2月经人介绍相识，2009年5月15日登记结婚，婚后无子女。原、被告婚后感情尚可，后因生活琐事等产生矛盾。原告李某某曾于2016年起诉离婚，法院判决驳回其离婚的诉讼请求。现原告李某某再次来院起诉要求离婚，被告乔某某同意离婚。

原告李某某婚前购买位于北京市丰台区某小区16号楼1611号房屋一套，登记在原告李某某名下。2009年12月8日原告李某某书写《房屋产权协议书》，内容如下：立字人李某某，为了美好的生活，为了家庭幸福、安逸稳定，我李某某自愿将名下房屋产权50%份额给予妻子乔某某（房屋位于丰台区某小区16号楼1611号），这是我对妻子爱的表现，也是对妻子一辈子的承诺，立字为据，永不反悔。后该房屋未办理产权变更登记。现被告乔某某要求房屋一半的产权，原告李某某认为上述《房屋产权协议书》系赠与，要求撤销赠与。

【案件焦点】

案涉《房屋产权协议书》属于李某某与乔某某之间的婚内财产约定还是李某某对乔某某的婚内赠与。

【法院裁判要旨】

北京市丰台区人民法院经审理认为：婚姻应以感情为基础，原、被告婚后感情一般，后因生活琐事产生矛盾并分居生活，原告曾起诉离婚，被法院驳回诉讼请求后，双方关系并未改善，夫妻感情确已破裂，现被告乔某某同意离婚，故对原告李某某要求离婚的诉讼请求，本院予以准许。原告李某某婚前购买诉争房屋，其于婚姻关系存续期间书写《房屋产权协议书》，承诺将其名下房屋产权50%份额给予被告乔某某，后未变更产权登记，现要求撤销赠与，被告乔某某要求继续履行。赠与人在赠与财产的权利转移之前可以撤销赠与，且上述《房屋产权协议书》不具有救灾、扶贫等社会公益、道德义务性质，故对于被告乔某某要求诉争房屋一半产权的诉讼请求，本院不予支持。

北京市丰台区人民法院依照《中华人民共和国婚姻法》第三十二条第二款、第四十一条，《最高人民法院关于适用〈中华人民共和国婚姻法〉若干问题的解释（三）》第六条，《中华人民共和国合同法》第一百八十六条，以及《最高人民法院关于民事诉讼证据的若干规定》第二条之规定，判决如下：

一、准予原告李某某与被告乔某某离婚；

二、驳回被告乔某某的其他诉讼请求。

乔某某不服一审判决，提出上诉。北京市第二中级人民法院经审理认为：本案的争议焦点是案涉《房屋产权协议书》属于李某某与乔某某的婚内财产约定还是李某某对乔某某的婚内赠与。《中华人民共和国婚姻法》第十九条规定，“夫妻可以约定婚姻关系存续期间所得的财产以及婚前财产归各自所有、共同所有或部分各自所有、部分共同所有……”本案中，案涉《房屋产权协议书》虽然名称为“协议”，但是仅有李某某将名下房屋产权50%份额给予乔某某的内容，并无其他有关双方婚前或婚后财产的约定。同时，该协议仅有李某某单方签字。故案涉《房屋产权协议书》不应认定为婚内财产约定。《最高人民法院关于适用〈中华人民共和国婚姻法〉若干问题的解释（三）》第六条规定：婚前或者婚姻关系存续期间，当事人约定将一方所有的房产赠与另一方，赠与方在赠与房产变更登记之前撤销赠与，另一方请求判令继续履行的，人民法院可以按照《中华人民共和国合同法》第一百八十六条的规定处理。案涉《房屋产权协议书》符合上述司法解释关于婚内赠与的规定，一审法院根据上述司法解释，按照《中华人民共和国合同法》第一百八十六条的规定对本案所作处理并无不当。综上所述，乔某某的上诉请求，缺乏事实和法律依据，本院不予支持；一审判决结果并无不当，应予维持。

北京市第二中级人民法院依照《中华人民共和国民事诉讼法》第一百七十条第一款第一项之规定，作出如下判决：

驳回上诉，维持原判。

【法官后语】

夫妻财产制是调整夫妻财产关系的法律制度，是维系家庭共同体的物质保障，直接影响着家庭和谐与社会稳定。随着社会经济不断发展，个人财富也不断增长，在这样的背景下，人们越来越重视财产所有权。另外，夫妻财产制所涉及的范围也在不断扩大，利益冲突越来越明显。夫妻实行约定财产制，可以简化夫妻财产关系，也有助于夫妻灵活处理财产关系。

一、本案的争议焦点是涉案《房屋产权协议书》属于李某某与乔某某之间的婚内财产约定还是李某某对乔某某的婚内赠与

1. 婚内财产约定与婚内赠与的法律规定

首先，关于婚内财产约定。《中华人民共和国民法典》第一千零六十五条规定，男女双方可以约定婚姻关系存续期间所得的财产以及婚前财产归各自所有、共同所有或者部分各自所有、部分共同所有。约定应当采用书面形式。夫妻对婚姻关系存续期间所得的财产

以及婚前财产的约定，对双方具有法律约束力。

其次，关于婚内赠与的规定。《最高人民法院关于适用〈中华人民共和国民法典〉婚姻家庭编的解释（一）》第三十二条规定，婚前或者婚姻关系存续期间，当事人约定将一方所有的房产赠与另一方或者共有，赠与方在赠与房产变更登记之前撤销赠与，另一方请求判令继续履行的，人民法院可以按照民法典第六百五十八条的规定处理。《中华人民共和国民法典》第六百五十八条规定，赠与人在赠与财产的权利转移之前可以撤销赠与。经过公证的赠与合同或者依法不得撤销的具有救灾、扶贫、助残等公益、道德义务性质的赠与合同，不适用前款规定。

2.《房屋产权协议书》是否属于婚内财产约定

案涉《房屋产权协议书》虽然名为“协议”，但仅有李某某将名下房屋产权50%份额给予乔某某的内容，并无其他有关双方婚前或婚后财产的约定，同时，该协议仅有李某某单方签字，不符合婚内财产约定的形式要件，不应认定为婚内财产约定。

3. 婚内赠与如何处理

案涉《房屋产权协议书》符合上述司法解释关于婚内赠与的规定，所涉赠与不属于涉及救灾、扶贫、助残等社会公益、道德义务性质的赠与合同或者经过公证的赠与合同，诉争房屋未变更产权登记，且属于李某某婚前个人财产，故赠与可以撤销，对乔某某要求分割诉争房屋的诉讼请求法院予以驳回。

二、婚内财产约定与婚内赠与的区别

1. 行为动机和性质不同

婚内财产约定属于附随身份的法律行为，虽以财产关系为内容，但实质以夫妻关系存续为前提，以增进双方感情、维系婚姻稳定为目的，如发生婚姻解除、不成立或被撤销等情形，婚内财产约定随之不生效或无效。而关于婚内赠与，婚姻关系是否存在不影响赠与人对受赠人作出赠与财产的意思表示，其生效与否仍应比照民事赠与行为要件审查。

2. 形式要件不同

婚内财产约定与夫妻身份关系、家庭生活扶助以及个人、夫妻共同财产分配等背景深度融合，兼具人合和财合双重价值，故法律对之以要式合同作出要求，协议内容需满足要式合同的基本要件，签订协议的一般为夫妻双方。而婚内赠与属于单务诺成行为，一般系夫妻一方作出的意思表示。

3. 财产内容不同

婚内财产约定多涉及夫妻间对双方婚前或婚后所得的所有或部分财产进行处分，财产范围宽泛复杂，且已约定实现前提。婚内赠与中赠与人有明确无偿转移某项具体财产的意思，未附带其他条件，仅是对夫妻一方赠与的财产作出意思表示。

4. 结果不同

婚内财产约定如内容协商一致，不违反法律、行政法规的强制性规定，其结果是夫妻任何一方均可要求对方按照协议继续履行。婚内赠与系受赠人基于赠与合同取得要求赠与人交付赠与物的债权，但不发生物权的变化，赠与人在物权发生变动前可以行使任意撤销权。

三、婚内财产约定的认定要件

一是协议双方需为夫妻关系，同时具备完全民事行为能力；二是意思表示真实，即双方平等、自愿订立协议，不允许任何一方欺诈、强迫或威胁对方；三是约定不得违反法律和公序良俗，约定财产需为夫妻合法所得，可就部分或全部财产约定处分，但不得利用约定规避法律或者损害国家、集体及第三人利益；四是婚姻关系合法有效，存在无效婚姻、可撤销婚姻要件的，则不适用此协议；五是必须采用书面形式，由夫妻双方对协议内容协商一致后签字确认。

综上，夫妻婚内财产约定与婚内赠与内容差异明显，有效区分适用边界，提前划定红线，利用制度的可预见性合理引导当事双方依法处置名下财产，将矛盾提前化解至襁褓之中，对维系夫妻感情和谐稳定，切实保障夫妻双方各自权益，加强家教家庭家风建设，营造崇廉尚洁、崇德向善的良好社会氛围具有长远深厚的制度价值和社会意义。

编写人：北京市丰台区人民法院　张刚燕

027　“借精生子”亲子关系之认定

——黄某某诉宋某离婚案

【案件基本信息】

1. 裁判书字号

上海市第二中级人民法院（2016）沪 02 民终字第 1929 号民事判决书

2. 案由：离婚纠纷

3. 当事人

原告（被上诉人）：黄某某

被告（上诉人）：宋某

【基本案情】

原、被告于2012年11月6日登记结婚，原告于2014年3月2日产下一子名宋某某。宋某某的出生医学证明显示，其母为原告，其父为被告。宋某某随被告落户于上海市东余杭路×弄×号。因双方为孩子抚养等问题时有争执，引发矛盾。现原、被告处于分居状态，分居期间孩子均在原告处生活。2015年6月，原告诉至本院，要求：1. 与被告离婚；2. 因孩子并非被告亲生，故孩子由原告自行抚养，被告不需承担抚养费，也没有探望权，若法院处理抚养费，主张被告每月支付1800元；3. 按《结婚协议》的约定，被告需返还原告81287元；4. 离婚后居住问题自行解决。

另查明：原、被告于2013年12月27日签订了《结婚协议》，被告为协议甲方，原告为协议乙方。协议的第一条至第八条主要对涉及甲方的婚前财产、双方结婚的各自支出、结婚后的家庭开支、孩子的费用、将来的房屋拆迁利益等进行了约定。协议的第九条约定：如若有感情或争议，可先沟通，如沟通不能解决，可以分居；若双方离婚，甲方需退还乙方结婚支出81287元；离婚涉及孩子归属问题，必须尊重孩子的选择，等孩子长大一点能自己分辨时，由孩子自己决定。原、被告均在协议落款处签字。

审理中，被告于2015年7月提供了收入证明，证明其于2012年6月进入上海临港奉贤某有限公司担任造价师一职，现月工资收入为6000元。

审理中，原告于2015年8月向本院提出申请，要求对被告与宋某某之间有无亲子关系进行亲子鉴定。对于原告的申请，被告不予同意。

审理中，原告诉称，2012 年 2 月双方经网络相识，原告想要一个孩子，被告也需要一个孩子，故双方在并无感情的基础上为了各自的利益登记结婚。登记结婚后，因被告的精子能力弱，故原告同意用别人的精液受孕，被告先后找了其两个朋友提供精液。原告先后接受两人的精液各两次。2013 年 6 月底，原告发现自己怀孕，后产下一子宋某某。2012 年 12 月，双方曾进行过孕前优生健康检查，当时验得被告的血型为 O 型；在原告怀孕期间，因原告系 O 型血，医院需要孩子父亲验血做溶血测试，当时捐精者前来验血，医院的化验单显示被告的血型为 B 型；由此可知被告并非孩子的父亲，并提供了孕前优生健康检查告知书、产前病史记录和两次验血报告予以佐证。

审理中，被告辩称：1. 同意与原告离婚；2. 同意孩子由原告抚养，现被告每月收入 6000 元，愿意按月给付孩子抚养费 1000 元，主张每两周探望孩子一次；3. 拒绝做亲子鉴定，认为这会对孩子造成伤害；4. 其和原告之间有多次性生活，因被告的精子活力弱，故也采取了案外人捐精的方式，至于原告受孕是捐精导致还是被告本人的精子导致被告并不清楚，但被告认可宋某某是自己的孩子；5. 双方并未做过孕前优生健康体检，该体检单上“宋某”的签名不是被告本人所签，而是原告代签，被告的血型是 B 型；6. 若法院判决其是孩子的父亲且享有探望权，其就已经支付的原告孕检费用、孩子出生后支付的抚养费等，不会再向原告主张返还；7.《结婚协议》中返还约定的前提是双方到民政局协议离婚，现原告诉至法院，且上述款项均已用掉，故不再同意全部或部分返还协议中约定的钱款。

【案件焦点】

原告所生之子宋某某与被告是否存在父子关系。

【法院裁判要旨】

上海市虹口区人民法院经审理认为，夫妻关系的存续是以感情为基础的。原告表示双方没有夫妻感情，仅为了各自的利益登记结婚，而被告在庭审中亦表示同意离婚，故本院依法解除原、被告之间的婚姻关系。双方在庭审中均表示可自行解决离婚后的居住问题，本院一并予以照准。

关于双方争议的孩子抚养问题，双方对孩子抚养权虽然达成一致意见，但双方对于抚养费及探望权仍有争议，争议的焦点在于原告认为孩子的生父是案外捐精者，故孩子与被告无关；而被告认为从孩子的孕育到出生、直至对孩子的抚养，其都尽了父亲的责任，无论其是否是孩子的生父，都认为自己与孩子之间存在父子关系。本院认为，首先，根据本院查明的事实，原、被告于2012年11月登记结婚，孩子于2014年3月出生，原告的整个怀孕生子过程，均贯穿于双方的婚姻关系存续期间。其次，原告虽在本案审理过程中申请对被告和孩子之间有无亲子关系进行亲子鉴定，但被告不予同意，故原告所申请的亲子鉴定无法进行。最后，被告虽在第一次庭审中曾表示孩子系通过私下人工授精的方式进行，但其在随后的谈话中对前次庭审的陈述做了否认，而根据法律规定，关于身份关系的确认，即使双方当事人陈述一致，也需要提供证据予以证明，而原告提供的证据无法排除被告与孩子之间的亲子关系。故本院根据孩子的出生医学证明及孩子的户籍信息等相关法律事实，确认被告为孩子的父亲。

根据法律规定，父母与子女间的关系，不因父母离婚而消除。离婚后，子女无论由父还是母直接抚养，仍是父母双方的子女。离婚后，一方抚养的子女，另一方应负担必要的生活费和教育费的一部分或全部，负担费用的多少和期限的长短，由双方协议；协议不成的，由人民法院判决。离婚后，不直接抚养子女的父或母一方，有探望子女的权利，另一方有协助的义务。行使探望权利的方式、时间由当事人协议；协议不成时，由人民法院判决。因此，被告有支付孩子抚养费的义务，同时也享有对孩子的探望权。具体抚养费的数额，将由本院根据被告的收入状况、本地的生活水准并结合孩子的实际需要酌情确定。具体的探望方式和时间，亦由法院结合孩子的年龄状况及在不影响双方工作的前提下安排在双休日进行。

根据法律规定，夫妻可以约定婚姻关系存续期间所得的财产以及婚前财产归各自所有、共同所有或部分各自所有、部分共同所有。约定应当采用书面形式。夫妻对婚姻关系存续期间所得的财产以及婚前财产的约定，对双方具有约束力。原、被告在 2013 年 12 月所签署的《结婚协议》系双方的真实意思表示，协议的内容清楚、明确，且双方均在协议的落款处签名确认，故该协议对于双方均具有约束力。根据协议第九条“若双方离婚，甲方需退还乙方结婚支出 81287 元”的约定，现原告起诉离婚，被告亦表示同意，双方离婚的条件已经成就，故被告应当按约返还原告结婚支出的 81287 元。一审判决作出后，被告提起上诉，二审判决：

驳回上诉，维持原判。

【法官后语】

本案系一起离婚纠纷，原、被告双方曾采用案外人捐精的方式受孕，现原告要求确认离婚后被告与孩子之间无任何权利义务关系，被告则明确表示认可孩子为自己之子，双方矛盾争议较大。在被告拒绝进行亲子鉴定的情况下，法官结合双方的婚姻关系存续期间、孩子的出生医学证明及户籍信息等法律事实，以及法律规定的身份关系自认规则、拟制血亲关系等，最终确认被告为孩子的父亲。从有利于未成年的角度，肯定了未成年子女的婚生身份，保护了未成年子女的权利。

一、亲子关系之推定

推定是一种最便利、最可行的确定亲子关系的办法，它从一个显而易见的客观事实即子女的出生和母亲的关系出发，对另一个尚待证明的事实——子女与生母之夫间具有血缘关系做出判断。该制度追求的目标就是维护家庭的和谐与稳定，维护妻子之人格和尊严，即使丈夫事实上不是子女的亲生父亲，在没有确凿的证据之前，由于婚姻关系的存在，在法律上也认定丈夫就是子女的亲生父亲。在亲生子女的推定中，父子关系不是单纯取决于血缘关系。

本案中，原、被告于2012年11月登记结婚，孩子于2014年3月出生，原告的整个怀孕生子过程，均贯穿于双方的婚姻关系存续期间。孩子的出生医学证明及户籍信息等相关法律事实均反映其与被告之间存在亲子关系，且被告从孩子的孕育到出生，直至对孩子的抚养，都尽了父亲的责任。

原告虽提出孩子系案外人捐精所得，但没有确凿的证据否认孩子与被告人之间的亲子关系。

首先，无亲子鉴定结论。在本案审理过程中原告申请对被告和孩子之间有无亲子关系进行亲子鉴定，但被告不同意，导致原告申请的亲子鉴定无法进行。

其次，被告不构成自认。被告虽在第一次庭审中曾表示孩子系通过私下人工授精的方式进行，但其在随后的谈话中对前次庭审的陈述做了否认，认为因自己的精子活力弱，双方采取了案外人捐精的方式，但原告受孕是捐精导致还是被告本人精子导致被告并不清楚，被告认可宋某某是自己的孩子。且《最高人民法院关于民事诉讼证据的若干规定》第八条第一款明确规定了关于身份关系的确认，不适用自认，还需要提供其他证据作佐证。

再次，无其他有效证据。原告在第二次庭审中陈述优生健康检查中被告血型为O型；而在怀孕期间溶血测试中，捐精者验血化验单显示“被告”的血型为B型，并提供了孕前优生健康检查告知书、产前病史记录和两次验血报告予以佐证。被告表示双方并未做过孕前优生健康体检，该体检单上“宋某”的签名不是被告本人所签，而是原告代签，被告的血型就是B型。故原告提供的现有证据无法排除被告与孩子之间的亲子关系，也不符合《最高人民法院关于适用〈中华人民共和国婚姻法〉若干问题的解释（三）》第二条中拒绝做亲子鉴定，人民法院可以推定亲子关系不存在的情形。

最后，拟制血亲关系。即使孩子系捐精者之子，但其出生于婚姻期间，可以认为是婚姻期间原告一方的非婚生子，与被告之间形成继父母子女关系。

综上，法院确认被告为孩子的父亲。

二、亲子关系之否认

亲子关系推定实际上是在用婚姻关系的存续期间来推定子女的父亲，是一种法律意义上的推定，而不是对事实的认定，确定亲生子女的身份不是靠血缘关系，因此有可能出现错误，可以被客观事实所推翻。当有相反证据证明生母之夫与生母之子女无血缘关系时，可以对亲子关系进行否认。亲子关系否认后，夫方可以主张返还已支付的抚养费并要求精神损害赔偿。

本案中，如将来被告与孩子进行亲子鉴定，或孩子与捐精者进行亲子鉴定，或者有其他证据证明被告的确不是孩子之父，可以提起亲子关系否认之诉。案件审理过程中，被告表示虽不清楚怀孕时的精子到底是自己的还是捐精者的，但认可孩子是自己的，若法院判决其是孩子的父亲且享有探望权，今后真的确定孩子与自己不具有亲子关系，也不会再向原告主张返还其已支付的抚养费。

三、有利于未成年人的原则

20世纪90年代初，我国签署并加入了联合国《儿童权利公约》，根据“条约必须信守”的国际法原则，我国在制订、完善和实施有关儿童权利的国内法时，应与《儿童权利公约》的精神和谐一致。根据《儿童权利公约》的规定：“关于儿童一切行动，不论是由公私社会福利机构、法院、行当局或立法机构执行，均应以儿童的最大利益为一种首要考虑。”

本案中，涉及未成年人的身份关系认定，故应一切从最有利于未成年子女的生存、保护和发展考虑，保护未成年子女的权利。

首先，亲子关系的推定是对子女的婚生身份的推定，推定的法律结果是该子女取得婚生子女的法律地位。如否认被告与孩子之间存在亲子关系则否定了其婚生子地位，虽在法律中享受与婚生子相同之待遇，但可能在社会生活中受到歧视和影响。

其次，如否认被告与孩子之间存在亲子关系，在存在两个捐精者，且均不愿承认孩子身份的情况下，孩子会陷入没有父亲的尴尬境地。

再次，如否认被告与孩子之间存在亲子关系，则被告不再支付抚养费用，孩子仅能依靠母亲的经济收入生活，在母亲无力抚养的情况下，无法从父方得到经济帮助。

最后，原告极力反对孩子与被告之间有任何联系，如法院否认被告与孩子之间存在亲子关系，则被告不再对孩子有探视权，孩子的成长缺乏父亲的陪伴与关爱，影响其心理的健康发展。

故从有利于未成年人的原则出发，法院亦应判决确认被告为孩子的父亲。

四、新旧法衔接

1. 亲子关系的确认与否认。此为《中华人民共和国民法典》新增内容，根据第一千零七十三条规定：对亲子关系有异议且有正当理由的，父或者母可以向人民法院提起诉讼，请求确认或者否认亲子关系。对亲子关系有异议且有正当理由的，成年子女可以向人民法院提起诉讼，请求确认亲子关系。《最高人民法院关于适用〈中华人民共和国民法典〉婚姻家庭编的解释（一）》第三十九条作出进一步规定，父或者母向人民法院起诉请求否认亲子关系，并已提供必要证据予以证明，另一方没有相反证据又拒绝做亲子鉴定的，人民法院可以认定否认亲子关系一方的主张成立。父或者母以及成年子女起诉请求确认亲子关系，并提供必要证据予以证明，另一方没有相反证据又拒绝做亲子鉴定的，人民法院可以认定确认亲子关系一方的主张成立。

根据上述法律规定，在亲子关系确认之诉中原告既可以要求确认自己与子女之间存在亲子关系，也可以要求确认被告与子女之间存在亲子关系。可以诉讼请求确认亲子关系的主体包括父亲、母亲、成年子女，未成年人子女因缺乏民事行为能力及诉讼行为能力，可以由父或母作为原告提出。在亲子关系否认之诉中原告可以请求确认自己与子女之间不存在亲子关系，可以诉讼请求否认亲子关系的主体为父或母，从家庭关系稳定性及赡养等方面考虑，并未赋予成年子女该权利。

本案中，原告要求否认被告与孩子之间的亲子关系，而并非其自身与孩子之间的关系，其主张对孩子的权益如抚养费、探望权、继承权等都无疑会产生重大影响，涉及一系列权利义务的产生、消灭，关于其是否有主张的权利仍需衡量，且其并未提供必要、充分的证据予以证明，故不符合法律要求。

2. 人工授精子女的法律地位。《最高人民法院关于适用〈中华人民共和国民法典〉婚姻家庭编的解释（一）》第四十条对此进行了明确规定，婚姻关系存续期间，夫妻双方一致同意进行人工授精，所生子女应视为婚生子女，父母子女间的权利义务关系适用民法典的有关规定。该解释的适用要求人工授精发生在婚姻关系存续期间，且夫妻双方一致同意，对于无婚姻关系或者单方决定等情形不可适用该条款。

本案中，如原、被告均认可双方系通过合法的人工授精方式生育子女，该子女应视为婚生子女。父母与子女间的关系，不因父母离婚而消除。即使夫妻婚姻关系终止后，男方不得以该子女同自己无血缘关系为由拒绝履行抚养义务；女方亦不得以此为由剥夺男方抚养该子女的权利。

编写人：上海市虹口区人民法院　陆逸　冯潇剑

028 婚前购车婚后登记在对方名下车辆的财产性质认定

——王某诉姚某离婚案

【案件基本信息】

1. 裁判书字号

黑龙江省大庆市中级人民法院（2016）黑06民终1200号民事判决书

2. 案由：离婚纠纷

3. 当事人

原告（被上诉人）：王某

被告（上诉人）：姚某

【基本案情】

2015年7月，原、被告经他人介绍相识，并于同年11月25日登记结婚。同年11月18日至22日，原告母亲张某甲先后四次通过转账和支取现金的方式给付原告150000元，并存入原告的借记卡账户中，用于购买车辆。

当月22日，原、被告及被告的父亲三人一同到大庆汽车销售公司处购买了北京现代牌轿车一辆，发动机型号为BW726×××，车辆型号为BH6450×××。在购车过程中，原告通过POS机刷卡的方式向大庆汽车销售公司支付了152000元购车款。当月25日，原告还通过邮政银行信用卡刷卡的方式为该车辆交纳了7033.35元车辆保险款。

结婚登记后，原告认为被告存有哄骗及其他严重问题而发生矛盾，婚后也未共同生活。2015 年 12 月 20 日，在原告拒绝到场的情况下，被告举行了结婚仪式。原告认为双方夫妻关系名存实亡，夫妻感情已经破裂。为此，诉至法院，请求判令原、被告离婚，并返还彩礼 159033 元或车辆。

另查明，在购车过程中，车辆手续上的名字均为被告。2016 年 1 月，该车辆正式登记到被告名下，车牌号为黑 E0C×××。

再查明，婚后双方无共同债权和共同债务。双方还曾因离婚问题闹到彼此单位，原告离婚态度坚决，认为双方不可能生活在一起。

【案件焦点】

婚前，女方父母为女儿结婚而购买车辆等大型物件，虽然婚后登记在对方名下，在性质上是否应为女方婚前的个人财产。

【法院裁判要旨】

黑龙江省大庆市高新区人民法院经审理认为：因双方婚前认识时间短，未经深入了解即登记结婚，婚后又未共同生活，没有建立起夫妻感情，且无和好可能，故夫妻感情应视为破裂，达到离婚条件。关于案涉车辆，虽然登记在被告名下，但并不能因此而改变原告母亲出资购买的事实。另外，车辆作为动产，其并不是以登记作为取得所有权的要件，而是因购买取得车辆的所有权，故案涉车辆应属原告婚前的个人财产。据此判决：准予原告、被告离婚；案涉车辆归原告所有。

被告不服，提起上诉。

黑龙江省大庆市中级人民法院判决：

驳回上诉，维持原判。

【法官后语】

本案争议焦点为案涉车辆性质的认定。对此，实践中存在三种不同意见：赠与完成交付，应归男方个人所有；婚后车辆登记落户，应归双方共同共有；婚前个人财产，应归女方所有。对于车辆性质的认定，则需结合出资来源、意思表示、所有权取得等因素进行综合认定。

1. 赠与须有当事人明确赠与表示。赠与是赠与人将自己的财产无偿给予受赠人、受赠人表示接受的一种行为。其实质是财产所有权的转移，一般要通过法律程序来完成，即签订赠与合同或口头合同及其他形式来完成。其不仅要求有赠与行为，还需要有赠与的意思表示。本案中，原告母亲为女儿结婚出钱购车，供孩子婚后使用，但其并没有将案涉车辆赠与被告的意思表示。被告也无证据证实存有该意思表示，且自认是因与原告结婚才将车辆登记到自己名下。退一步来说，即使按照附条件赠与的理论，其所附的条件也应该是结婚共同生活，而非仅单纯的登记。婚姻是形式要件与实质要件的统一体，结婚不仅仅是登记这一形式要件，更主要的还是结婚后双方的共同生活。本案中，双方自登记后就发生纠纷，并无共同生活，因此所附条件并未成就，故案涉车辆并非系对被告的赠与，而是女方母亲赠与其女儿的婚前个人财产。

2. 车辆登记并不等于取得所有权。车辆、船舶和航空器等特殊的动产，根据我国法律规定，其登记仅具有对抗效力，并不是取得所有权的要件，其所有权系因购买等处置行为而获得的，此后，可因所有权人的处置行为而发生相应的物权变动。本案中，案涉车辆是原告母亲为女儿结婚而于婚前通过转账和支取现金的方式给付原告，并由原告到汽车销售公司支付购车价款，从而因购买而取得了案涉车辆所有权。车辆之所以登记在被告名下，是因其女儿，即原告客观上不会开车，且被告又在外地工作，为便于被告照顾自己女儿，才将车辆登记在被告的名下。可见，原告母亲显然并没有将案涉车辆赠与给被告的意思表示，更没有其他任何处置的行为。也就是说，案涉车辆虽然登记在被告名义下，但这并不能因此而改变原告母亲出资给原告购买车辆的这一事实和性质，因此案涉车辆的所有权仍属于原告的婚前个人财产。

3. 本案不宜适用彩礼法律法规处理。本案中，原告主张依据彩礼相关法律规定要求返还全部购车款。彩礼又称财礼、聘礼、聘财，是在缔结婚姻时男方家向女方家赠送的聘金、礼金。彩礼主要存在于广大农村，且目前较为普遍。对彩礼纠纷的处理，司法解释已有明确规定，《最高人民法院关于适用〈中华人民共和国民法典〉婚姻家庭编解释（一）》第五条（原《最高人民法院关于适用〈中华人民共和国婚姻法〉若干问题的解释（二）》第十条）规定："当事人请求返还按照习俗给付的彩礼的，如果查明属于以下情形，人民法院应当予以支持：（一）双方未办理结婚登记手续；（二）双方办理结婚登记手续但确未共同生活；（三）婚前给付并导致给付人生活困难。适用前款第二项、第三项的规定，应当以双方离婚为条件。"本案中，原告母亲给付 15.2 万元，用于购车，显然并非属于彩礼性质，因为出资方是女方母亲，而非男方父母，因此不符合上述法律条款的适用条件。另外，原告用母亲给付的 15.2 万元去购车，实际上 15.2 万元的现金已转化为案涉车辆。故对原告主张返还彩礼 15.2 万元的诉讼请求不予支持，返还的只能是车辆。

4. 婚前为女儿购车应属于陪嫁物。在当今社会生活中，女儿出嫁前，女方父母往往会陪嫁一定财产，并成为当今普遍的社会习俗。关于陪嫁物的法律性质，通说认为婚姻登记前的陪嫁物，应认定为是女方家人对女方的婚前个人赠与，属女方个人财产，若离婚则仍是女方个人财产；在结婚登记后陪送的陪嫁品，女方家人若未明确是对某方的个人赠与，则认为是对夫妻的赠与，属夫妻共同财产；对于婚后赠与，男女双方可约定各归所有，或共有。因此，婚前陪嫁物在法律性质上属于婚前个人财产。本案中，为女儿结婚，原告母亲将在婚前购买的汽车作为陪嫁，故该车辆应属女方陪嫁物，且系婚前陪嫁财产，因此应属于李某的婚前个人财产。如果仅因为婚后车辆登记在对方名下就能改变财产性质的属性，则不仅无法律依据，相反还会助长一些人借婚姻骗财的恶俗，显然这与当前的社会主义核心价值观相悖。

综上所述，女方父母陪嫁的案涉车辆应定性为女方的婚前个人财产，而非婚后共同共有或赠与物。案件的处理不仅要注重法律效果，还需注重审判的社会效果，案涉财产定性为婚前个人财产，有利于打击当前社会中一些人假借结婚为名，实则是骗取对方婚前个人财产的违法犯罪行为，有利于遏制这种社会不良风气，维护社会良好经济秩序，推动和谐婚姻家庭关系的构建。

编写人：黑龙江省大庆市高新区人民法院　付建国

029 双方同意离婚但均拒绝抚养幼女时在特定条件下可以判决不准离婚

——陈某诉戴某离婚案

【案件基本信息】

1. 裁判书字号

江苏省无锡高新技术产业开发区人民法院（2015）新民初字第2073号民事判决书

2. 案由：离婚纠纷

3. 当事人

原告：陈某

被告：戴某

【基本案情】

陈某与戴某于2012年5月经人介绍相识相恋，同年8月23日登记结婚，2013年3月12日生育一女戴某泽。2014年3月26日，原告诉至法院要求离婚，于2014年3月28日撤回起诉。2015年1月12日，原告再次诉至法院要求离婚，于2015年1月30日撤回起诉。原告于2015年8月5日再次诉至本院。

陈某月收入为4500元，戴某月收入为6500元，双方父母均在外地。陈某提供相关证据以证明其在无锡无稳定住所、工作可能丢失且其患有腰间盘突出不能劳累故不适合抚养孩子，要求戴某泽由戴某抚养。对陈某提出的不适合抚养孩子的理由，戴某则表示作为母亲，不应该找这么多理由不带孩子，也说明了原告不珍惜母女之情、没有责任感、没有担当、家庭观念淡薄，但戴某亦表示虽其婚前在无锡购置了房产一套，但其要负担母亲开支及因购房、结婚而所欠外债，故家中经济困难；且没有人照顾孩子，因此也不同意孩子归其抚养。

【案件焦点】

离婚双方虽同意离婚，但条件相当又均表示不愿意抚养子女，法院是否可以判决不准离婚。

【法院裁判要旨】

江苏省无锡高新技术产业开发区人民法院经审理认为：陈某与戴某经人介绍相识相恋，共同生育并抚养了女儿戴某泽，在共同生活中应当建立了较好的夫妻感情，现陈某要求离婚，戴某表示同意离婚，但诉讼中其仍有对夫妻感情挽留及珍惜的意思表示，现双方主要因生活琐事发生矛盾，只要双方冷静反省，互相体谅，妥善处理家庭矛盾，其感情还是可以修复的。诉讼中，双方均表示不愿意抚养女儿戴某泽，法官数度处理离婚案件多见父母双方为争夺子女抚养权不惜在法庭上面红耳赤，亦在生活中听闻捐肾救子、卖血供学等无数父母为子女不惜付出所有乃至生命的动人故事，而今年轻父母两人竟仅考虑自己生活是否舒服而弃幼女于不顾，争相向法庭陈述各自困境以无须抚养孩子。陈某与戴某虽均系只身从外地来锡工作生活，但两人月收入尚可，共组家庭对于两人从经济上来说是开源节流，从情感上说是相扶相持，家庭生活应当是幸福美满的。虽两人成长环境有所不同可能导致双方在日常生活中出现矛盾或冲突，但婚姻亦是种人生修行，出现矛盾而又化解矛盾即是婚姻生活促进人成熟的一个方面。现双方互不让步导致矛盾激化，反映的是两人的不成熟，而因自己不成熟即要求解除婚姻关系，不考虑幼女未来的生活、破碎的家庭对幼女的影响，只考虑自己的生活品质是否会受到影响，进而弃幼女于不顾的行为，实则是将原本应自己为人父母要承担的责任和义务推向社会。对于该种不负责任的行为，法院不予支持。陈某、戴某均应反省自己在婚姻生活中的不足予以改正，在以后的生活中两人应当多为对方、多为女儿着想，凡事不要只考虑自己，家庭是一个完整的共同体，互相扶持才能提高生活水平和幸福指数。戴某作为男人应当承担起家庭中顶梁柱的责任，爱妻护女，而陈某应当发挥自己作为妻子与母亲的温柔，两人一起为幼女营造一个良好、温馨、幸福的成长环境，为彼此创造一个幸福的家庭环境。江苏省无锡高新技术产业开发区人民法院依照《中华人民共和国婚姻法》第三十二条之规定，判决如下：

一、不准陈某与戴某离婚；

二、驳回陈某的其他诉讼请求。

判决后，双方当事人均未上诉，本判决现已生效。

【法官后语】

夫妻双方均同意离婚时，是否即应当判决离婚？在司法实践中一般在此条件下并不会形成对离婚裁判的阻劝，但并非必然条件。婚姻法所规定的离婚法定条件为夫妻感情确已破裂，而对“夫妻感情是否确已破裂”除法定的几种情形外，一般都是以双方当事人在诉讼中的合意或者法官对当事人的表述、行为及其他证据相结合综合判断形成心证后确定。对于子女的抚养、监护问题的处理，在合意不成的情况下，往往运用比较法进行判断。法官的这种心证判断不仅包含证据的采信程度、对既有法律规定的理解与适用，也包含对传统、伦理、乡情、民俗等的掌握与运用，还有可能与诉讼中当事人的行为表现对法官形成的情感影响、道德衡量存在联系，这些在本案中体现得尤为淋漓。从独任审判到合议庭审理，给法官及人民陪审员形成的心证标杆是“离婚双方情况相当但均表示不愿意抚养子女，且双方之间并不存在应准予离婚的情形的，法院可判决不准离婚”。

一、婚姻自由但应有限度

婚姻的本质是平等主体之间人身关系的协议，应当遵循意思自治的原则，《中华人民共和国民法典》（以下简称《民法典》）第一千零四十一条明确“婚姻自由”属于基本原则，但需要指出的是，婚姻自由并不代表一个人在自己的婚姻问题上可以随心所欲，想结就结，想离就离，而是必须依照法律的规定处理婚姻大事，在法律规定的范围内行使婚姻自由的权利。如本案中离婚双方当事人的意思自治就不得侵犯他人权利和社会公共利益，不得违背公序良俗原则。与财产分割不同，离婚是身份关系的变更，同时亦会引起监护、抚养法律关系的变更，在离婚诉讼中双方的合意既应包括解除婚姻关系，亦当包括对子女监护、抚养的安排，并以有利于子女成长为出发点与目标。

在争夺子女抚养权的情形下，往往被推定双方为善意的、人道的、是有感情的，不仅可以运用比较法确定离婚后的子女生活问题，还可以借此推动和好的调解、离婚后双方亲子关系的正常维系甚至是感情的修复，既不应视为意思自治权利的任意处分，也容易将因离婚引起的其他权益特别是子女的伤害降到最低；但在互相推托并拒绝自己抚养子女的情形下，除非有特别的情境、遭遇，否则一般会被认为是不负责任的、道德价值低的甚至是冷血的，既不符合中华民族的传统道德观念，也不符合社会主义核心价值观，且此印象是面向父母双方的，此时就不得不考察一下双方离婚的动因与目的了。首先，得排除《中华人民共和国婚姻法》第三十二条第三款第一项至第四项规定的情形存在；其次，在考察该条第五项规定的“其他导致夫妻感情破裂的情形”时如夫妻双方多为抱怨生活艰辛、相处不易、性格不合、时有争吵以及与长辈之间存有间隙、关系不融洽时，可以认定为双方之间并不存在实质性矛盾。此时，在双方都同意离婚的情况下是否准许双方离婚即司法是否应当主动干预则应当引入评估机制，并以子女的抚养问题之解决作为首要衡量标准，核心价值是不轻易解散一个家庭、勿以父母的任性造成对孩童的伤害、勿将家庭的负担解散成社会的负累。

二、强调对未成年人合法利益的保护

未成年人的成长依赖于父母。一般而言，父母对未成年子女、不能独立生活的成年子女权利义务的行使和履行是基于亲子关系身份所产生的人身关系和财产关系的义务和责任。父母与子女之间存在天然的血缘联系，具有人伦关系，体现了人类个体的生命成长和延续的规律。父母既是子女的自然抚养人，也是法定抚养人，具有保障子女健康成长的使命和责任，对子女的生存和发展当然应承担首要责任。[①]

本案的冲突就在于如何更好地维护孩子的权利与父母婚姻自由权利的实现。考虑未成年人利益最大化已经是国际社会的共识，《民法典》婚姻家庭编特别强调了对未成年人利益的保护。父母对子女的抚养义务是基于亲子关系的法定义务，具有人身性、伦理性，不

---

① 夏吟兰：《比较法视野下的“父母责任”》，载《北方法学》2016 年第 1 期。

能约定条件或放弃，更不能以没有抚养能力或抚养条件等理由拒绝。从《民法典》第一千零五十八条、第一千零六十七条以及第一千零八十四条等条文内容来看，均未规定父母履行抚养义务应以有抚养能力或抚养条件为前提。因此，无论是从学理还是法条规定角度，父母的抚养能力或抚养条件均不是履行抚养义务的前提，更不能成为拒绝履行抚养义务的理由。

本案中的小夫妻之间并不存在实质性矛盾，也不存在法律规定的应当准许离婚的情形，在此情况下双方的婚姻自由应当以考虑尽可能维护子女的合法权利为前提。从以维护未成年人的权利为重出发，无论从经济上还是从家庭完整给幼儿带来的安全感上，维持家庭完整、维持两人共同抚养幼儿的现状，让幼儿继续生活在稳定、熟悉的环境中，均较为有利于孩子的成长，法庭不仅判决双方不准离婚，更以口头方式、判决书说理方式对双方进行了法律与情理的双重教育。

编写人：江苏省无锡市新吴区人民法院（江苏省无锡高新技术产业开发区人民法院）　牛文冉　严海涛

030　婚前一方个人所有的房屋，结婚后出售该房屋重新购房，离婚时婚内购买的房屋是否应当作为夫妻共同财产予以分割

——金某诉杜晓某离婚案

【案件基本信息】

1. 裁判书字号

北京市朝阳区人民法院（2013）朝民初第11117号民事判决书

2. 案由：离婚纠纷

3. 当事人

原告：金某

被告：杜晓某

【基本案情】

原告与被告系初中同学，2003 年 5 月确定恋爱关系，2005 年 1 月 25 日登记结婚，审理中，原告、被告均表示夫妻感情已经破裂，同意离婚。

关于财产分割，被告杜晓某在婚前曾与某中心有限公司签订《房屋买卖合同》，并支付了 238000 元房款及 4760 元房屋维修基金，购买了北京市朝阳区松榆住宅小区某号楼某单元 603 室房产（以下简称松榆房产）。

2007 年 7 月 6 日，被告杜晓某与案外人王春某在北京链家房地产经纪有限公司的居间服务下，签订了《北京市房屋买卖合同》及《补充协议》，被告以 65 万元的价款将松榆房产出售给案外人王春某。2007 年 7 月 7 日，被告与案外人邓某签订《北京市存量房屋买卖合同》，并用上述款项中的 60 万元，购买了北京市朝阳区慈云寺某号楼 405 号房屋（以下简称慈云寺房产）。

2009 年 5 月 21 日，被告杜晓某与案外人王某签订《北京市存量房屋买卖合同》，将慈云寺房产以 71 万元的价格出售给王某。2009 年 9 月 2 日，被告与案外人朱文某签订《北京市存量房屋买卖合同》，合同约定被告杜晓某购买北京市朝阳区团结湖北里某号楼某单元 202 号房屋（以下简称团结湖房产），房屋成交价为 86 万元，2009 年 9 月 14 日，被告杜晓某用慈云寺房产售房款中的 46

万元向朱文某支付了房屋首付款。被告杜晓某另向北京银行股份有限公司双秀支行贷款40万元向朱文某支付了剩余房款。

另查，被告杜晓某与北京银行股份有限公司双秀支行签订的《个人二手房按揭贷款借款合同》约定被告杜晓某向北京银行股份有限公司双秀支行贷款40万元，用于购买团结湖房产，贷款期限为20年，自2009年9月25日贷款放款日起算，还款方式为等额本息还款。2009年9月15日，被告杜晓某取得团结湖房产的房屋产权证，产权登记在杜晓某名下。从2009年10月起，被告杜晓某逐月偿还上述贷款，截至2012年2月3日前，被告杜晓某共偿还贷款本息69783.14元，被告的母亲杜玉某于2012年2月3日从中国银行支取226153.61元，从中国工商银行支取66000元、从中国工商银行支取100000元，当日支付被告杜晓某380000元用于偿还剩余的银行贷款。2012年2月6日，团结湖房产贷款本息清偿完毕，贷款本息共计439332.81元。庭审中，原、被告均认可朝阳区团结湖北里某号楼202号房屋目前的市场价格为200万元。

案件审理中，被告杜晓某的母亲杜玉某出庭陈述："我出于心疼女儿，将38万元赠与我女儿个人用于归还房屋贷款，该笔款项与金某没有任何的关系。当时金某写了字条，已经明确表示慈云寺和团结湖的房屋跟他没有任何的关系。我让他去做公证，他不去，还说别花那冤枉钱了，写个字条就可以了。"

【案件焦点】

杜晓某婚前一方个人所有的房屋，结婚后出售该房屋重新购房，离婚时婚内购买的房屋是否应当作为杜晓某与金某的夫妻共同财产予以分割。

【法院裁判要旨】

北京市朝阳区人民法院经审理认为：婚姻是以感情为基础的。现原、被告均表示夫妻感情已破裂并同意离婚，本院亦不持异议。

关于团结湖房产的分割。松榆房产系杜晓某的婚前财产，购买于2004年10月。团结湖房产的首付款最终源于被告杜晓某出售其婚前所购买的松榆房产，被告的母亲杜玉某明确表示其支付被告杜晓某用于偿还房屋贷款的38万元系对被告杜晓某的个人赠与，并且涉案房屋产权登记在被告杜晓某名下。因此，团结湖房产应归被告杜晓某所有。团结湖房产在双方婚后偿还的贷款本息69783.14元及其相对应财产增值部分，应作为双方的夫妻共同财产分割，被告在取得团结湖房屋的情况下，应就上述财产给予原告一定的补偿。关于补偿的数额，本院根据团结湖房产的房价款及利息、双方夫妻关系存续期间还贷金额、房屋的现值等情况，并按照法律规定的照顾女方和子女的原则，确定被告杜晓某给予原告金某补偿款7万元。

北京市朝阳区人民法院依照《中华人民共和国婚姻法》第三十二条、第三十六条、第三十七条，《最高人民法院关于适用〈中华人民共和国婚姻法〉若干问题的解释（一）》第十九条，《最高人民法院关于适用〈中华人民共和国婚姻法〉若干问题的解释（三）》第十条之规定，作出如下判决：

一、准予原告金某和被告杜晓某离婚；

二、位于北京市朝阳区团结湖北里某号楼某单元202号房屋归被告杜晓某所有，被告杜晓某于本判决生效后七日内支付原告金某补偿款7万元。

判决后，双方当事人均未上诉，本判决现已生效。

【法官后语】

婚前一方个人所有的房屋，结婚后出售该房屋重新购房，离婚时婚内购买的房屋是否应当作为夫妻共同财产予以分割？应当区分两种情况予以处理。

1. 婚前一方个人所有的房屋，结婚后出售该房屋重新购房，若新购置的房产款项全部来源于出售房屋，离婚时婚内购买的房屋是夫妻一方婚前财产权利的自然转化，应属夫妻个人财产。根据《中华人民共和国民法典》第一千零六十二条、第一千零六十三条的规定，夫妻在婚姻关系存续期间所得的财产，为夫妻的共同财产，归夫妻共同所有，而夫妻一方的婚前财产属于夫妻一方的个人财产。《最高人民法院关于适用〈中华人民共和国民法典〉婚姻家庭编的解释（一）》第三十一条规定："民法典第一千零六十三条规定为夫妻一方的个人财产，不因婚姻关系的延续而转化为夫妻共同财产。但当事人另有约定的除外。"鉴于此，婚前一方个人所有的房产，婚姻关系存续期间，将该房产出售，新购置房产款项全部来源于出售房屋的，离婚时该房产直接归属于原房屋购置人所有。因为该房产的物权取得只是夫妻一方婚前财产权利的自然转化。

2. 婚前一方个人所有的房屋，结婚后用出售该房屋的款项，支付首付款按揭购房，可以参照《最高人民法院关于适用〈中华人民共和国民法典〉婚姻家庭编的解释（一）》第七十八条规定确定房屋归属，而夫妻婚后共同还贷支付的款项及其相对应财产增值部分的财产属于夫妻共同财产，由取得房屋的一方给予另一方相应的补偿。

界定按揭房屋在离婚纠纷中的归属有两个关键因素，一个是关键时间点的确定，另一个是购房资金的来源，确定这两点将构成分析按揭房屋归属的基础。理论上，不动产的物权变动是一个过程，而以按揭方式购买房屋大致需经历三个阶段：(1) 签订房屋买卖合同；(2) 签订房屋按揭合同（支付首付款）；(3) 取得房屋权属证书。其中第 (2) 阶段为分水岭。而购买按揭房屋的资金来源也存在两种情况：首付款由一方以个人财产支付或者由双方共同支付首付款签订按揭合同。根据《最高人民法院关于适用〈中华人民共和国民法典〉婚姻家庭编的解释（一）》第七十八条规定："夫妻一方婚前签订不动产买卖合同，以个人财产支付首付款并在银行贷款，婚后用夫妻共同财产还贷，不动产登记于首付款支付方名下的，离婚时该不动产由双方协议处理……双方婚后共同还贷支付的款项及其相对应财产增值部分，离婚时应根据民法典第一千零八十七条第一款规定的原则，由不动产登记一方对另一方进行补偿。"鉴于此，将夫妻婚前一方的个人房产，在婚姻关系存续期间出售，用该款项作为首付款购置房产且登记于首付支付方名下，应优先考虑将新购置房产归首付款支付方所有，而夫妻共同还贷部分及其对应的房屋增值部分的财产属于夫妻共同财产，由取得房屋的一方给予另一方相应的补偿。

上述《中华人民共和国民法典》第一千零六十二条、第一千零六十三条，《最高人民法院关于适用〈中华人民共和国民法典〉婚姻家庭编的解释（一）》第三十一条、第七十八条的规定系对原《中华人民共和国婚姻法》第十七条、第十八条，《最高人民法院关于适用〈中华人民共和国婚姻法〉若干问题的解释（一）》第十九条、《最高人民法院关于适用〈中华人民共和国婚姻法〉若干问题的解释（三）》第十条相关规定精神的延续。

本案中，团结湖房产的首付款 46 万元最终源于被告杜晓某出售其婚前所购买的松榆房产，该首付款系杜晓某个人财产的自然转化，同时杜晓某的母亲赠与杜晓某个人38万元，用于支付涉案房屋的剩余贷款及利息369549.67元，可以确认杜晓某的个人财产及其母赠与其个人用于偿还贷款的款项已占涉案房屋全部购置款的92%，且涉案房屋产权登记在被告杜晓某名下。因此，团结湖房产归被告杜晓某所有更为适宜。

婚姻关系存续期间，夫妻双方共同偿还贷款部分，应属于夫妻共同财产。还贷行为客观上减少了夫妻的家庭收入，实际上对夫妻共同财产的使用产生了巨大的机会成本。所以，如果房屋增值巨大，夫妻双方使用共同财产支付月供的时间较长，婚后还贷行为对按揭房屋增值作出了实质性的贡献，分割财产时则应将还贷部分所占的增值部分作为夫妻共同财产，考虑让房屋所有人在返还另一方共同还贷额的二分之一之外，再就房屋增值部分给予一定的补偿。具体的补偿标准，可以按照夫妻在婚姻存续期间共同偿还贷款占婚前购买房屋一方已支付的首付款与贷款本息和的比例确定。

本案中，团结湖房产在金某与杜晓某婚后偿还的贷款本息69783.14元及其相对应财产增值部分，应作为双方的夫妻共同财产分割，杜晓某在取得团结湖房屋的情况下，应就上述财产给予金某一定的补偿即77594.3元（69783.14/899332.81×2000000/2）。关于补偿的数额，法院综合考量团结湖房产的房价款及利息、双方夫妻关系存续期间还贷金额、房屋的现值等情况，并按照法律规定的照顾女方和子女的原则，最终确定被告杜晓某给予原告金某补偿款7万元，并无不当。

编写人：北京市朝阳区人民法院　李林强

031 精神障碍患者离婚纠纷中夫妻感情破裂的认定和离婚救济的适用

——王书某诉张立某离婚案

【案件基本信息】

1. 裁判书字号

河北省邢台市桥东区人民法院（2013）邢东民初字第160号民事判决书

2. 案由：离婚纠纷

3. 当事人

原告：王书某

被告：张立某

【基本案情】

原告与被告经人介绍认识，2001年12月17日登记结婚。2003年4月7日生一女孩取名张文某，现随原告共同生活，被告父母帮助照看。原告与被告婚后购买了位于邢台市桥东东牛角某号某楼15号房屋一处。2011年2月14日至3月8日被告在邢台市桥东区精神病医院住院治疗，并被诊断为精神分裂症。原告于2011年7月1日向法院提起离婚诉讼，经法院调解于2011年8月9日撤回起诉。原告随后便搬离房屋与被告张立某分居。2012年6月8日至8月7日被告张立某又在邯郸钱氏中医院住院治疗，继续被诊断为精神分裂症。目前患有精神分裂症的被告由其父母照顾生活。被告提交了证据有邯郸钱氏中医院收费收据11张共计

32285 元（已从邢台市桥东区民政局领取医疗救助金 2695 元）、邢台天宇平价医药连锁有限公司内部出库单 5 张，主张以上费用应由原告王书某承担。原告主张陪嫁物品电视一台、冰箱一台、洗衣机一台、助力车一辆、四铺四盖及婚后购买的挂式空调一台属于夫妻共同财产，被告予以认可。

【案件焦点】

1. 原告与被告夫妻感情是否破裂；2. 离婚后未成年子女由谁直接抚养；3. 原告与被告的财产状况；4. 原告是否尽到了夫妻互相扶养的义务，被告自理能力和治疗、生活基本需求。

【法院裁判要旨】

河北省邢台市桥东区人民法院经审理认为，原告王书某与被告张立某虽经人介绍，但自愿办理结婚登记，婚后有了孩子，并共同购置了住房，是具有一定感情基础的。原告主张被告张立某在结婚时隐瞒患有精神疾病，没有相关证据证实，不予认定。共同生活期间被告张立某患精神分裂症，使得夫妻生活状况极不稳定，夫妻双方又因下岗等原因产生一些矛盾，未能理智对待慎重处理，原告承受较大压力要求离婚，为一般人所能理解。双方分居时间较长，至今均无退让和好迹象，且原告已坚持起诉离婚三次，经本院调解双方主要是协商离婚财产处理和离婚后张立某的生活安排，并没有表现出积极的和好意愿，原告与被告的婚姻感情确已破裂，已经失去转好的可能，经调解无效，本院依法准予原告王书某与被告张立某离婚。

关于张立某的治疗费用给付请求和困难帮助问题，被告张立某已经过两次住院治疗，并有精神病医院的服药治疗建议，但目前仍然只能靠药物维持，结合张立某两次住院治疗的诊断证明和出院证明能够推定对于张立某精神分裂症的治疗需要长期持续的过程。虽然原告王书某表示是迫于被告张立某病发时的家暴威胁而搬离分居，但根据《中华人民共和国婚姻法》的规定，夫妻有互相扶养的义务，在被告治疗期间原告应当在生活上悉心照料被告，在经济上承担起被告的治疗费用，积极帮助被告治疗恢复，但原告却消极对待，选择远离被告，对被告的治疗、生活不做安排，怠于履行对被告应尽的扶养义务，致使被告张立某在无法正常工作、无经济来源的情况下，生活陷入困难，只能由父母照顾，原告作为负有法定义务的个体应承担相应责任，故婚姻存续期间被告张立某治疗精神分裂症的费用依法应由原告王书某承担，对被告的给付请求权本院予以支持，被告所举内部出库单缺少其他证据佐证，不能直接认定，但被告治疗精神分裂症确属事实，其给付请求必要、合理，所需费用的数额计算将酌情考虑，在分割夫妻共同财产中予以体现。鉴于离婚后被告的生活、医疗、监护等问题亟待解决，其患有精神分裂症无法正常工作、无经济来源，加之一直照顾其生活的父母进入老年期，生活紧张且身体状况一般，离婚后整个家庭将陷入困境，被告张立某将面临严重的生存危机，在此情况下原告王书某起诉离婚时依法应当从其住房等个人财产中对被告张立某给予适当帮助，对被告困难帮助问题亦将在分割夫妻共同财产中予以体现。

关于夫妻共同财产分割，根据原告王书某提交的房产证证实，位于邢台市桥东东牛角某号某楼 15 号房屋一处属于夫妻共同财产，原告、被告双方均无能力竞价或依据评估补偿对方以取得房屋所有权。原告主张的陪嫁物品电视一台、冰箱一台、洗衣机一台、助力车一辆、四铺四盖属于原告家庭在结婚时赠与给原、被告共同生活使用的财产，被告当庭予以认可，应认定为夫妻共同财产。原告与被告婚后购买了挂式空调一台安装于邢台市桥东东牛角某号某楼15号房屋中，属于夫妻共同财产。对以上夫妻共同财产的分割，综合考虑原告应当承担的婚姻存续期间被告治疗的费用、原告依法应当根据被告的生活困难程度给予适当帮助、体现照顾子女和女方权益原则以及原告实际经济状况等因素，依法确定离婚时夫妻共同财产分割：位于邢台市桥东东牛角某号某楼15号房屋一处，原告王书某按照35%份额享有所有权，被告张立某按照65%份额享有所有权；电视一台、冰箱一台、洗衣机一台、助力车一辆、四铺四盖、挂式空调一台归被告张立某所有。分割夫妻共同财产后，原告王书某不再另行承担被告张立某婚姻存续期间和离婚后治疗精神分裂症的费用。

关于原告、被告各自主张的因购买房产向各自亲属所借债务问题，原告、被告没有提交相应证据，且与本案不属相同法律关系，本次诉讼不予认定处理。

关于子女抚养问题，原告王书某与被告张立某婚后于2003年4月7日生一女孩取名张文某，现随原告共同生活，被告父母帮助照看，鉴于被告张立某患有精神分裂症，为保障子女的合法权益，从有利于子女身心健康出发，原告与被告离婚后张文某应随原告王书某共同生活较为妥善。被告患有精神疾病无法正常工作、无经济来源，又需长期治疗，没有能力承担抚养费。对于抚养关系和抚养费用承担问题，待被告治愈后双方可以协商解决，协商不成可以另行主张。

综上，经调解无效，依照《中华人民共和国婚姻法》第三十二条、第二十条、第三十六条、第四十二条，《最高人民法院关于适用

〈中华人民共和国婚姻法〉若干问题的解释（一）》第二十七条，《中华人民共和国物权法》第九十四条之规定，判决如下：

一、准许原告王书某与被告张立某离婚；

二、夫妻共同财产分割：位于邢台市桥东东牛角某号某楼15号房屋一处，原告王书某按照35%份额享有所有权，被告张立某按照65%份额享有所有权；电视一台、冰箱一台、洗衣机一台、助力车一辆、四铺四盖、挂式空调一台归被告张立某所有；

三、婚生女孩张文某随原告王书某共同生活，被告张立某不承担抚养费；

四、驳回原告王书某的其他诉讼请求。

判决后，双方当事人均未上诉，本判决现已生效。

【法官后语】

离婚损害赔偿制度、离婚经济帮助制度承担着保障离婚时精神障碍患者一方的基本生存利益的重要功能，人民法院在审判实践中应当依法审慎适用。

一、未对精神障碍患者尽到扶养义务，是否可以另一方有过错为由判决不准离婚

本案原告王书某起诉离婚，既是夫妻长期矛盾导致感情破裂引起，也与被告张立某患精神疾病有必然联系，尽管原告对被告的治疗和生活消极对待，怠于履行对被告应尽的扶养义务，致使被告张立某生活陷入困难，离婚后被告的生活将更加难以保障，但被告患精神分裂症后使得夫妻生活状况极不稳定，产生矛盾又分居时间较长，均无退让和好迹象确属事实，原告与被告的婚姻感情确已破裂，已经失去转好的可能。在我国，判决离婚的法定理由是夫妻感情确

已破裂，导致夫妻感情破裂的原因很复杂，需要人民法院本着保障离婚自由、防止轻率离婚的原则，根据案件的具体情况作出正确判断。1989 年《最高人民法院关于人民法院审理离婚案件如何认定夫妻感情确已破裂的若干具体意见》中明确指出，人民法院审理离婚案件，准予或不准离婚应以夫妻感情是否破裂作为区分的界限，而判断夫妻感情是否确已破裂，应当从婚姻基础、婚后感情、离婚原因、夫妻关系的现状和有无和好的可能等方面综合分析，并列举了一方在夫妻共同生活期间患精神病久治不愈等情形。2001 年《中华人民共和国婚姻法》（以下简称《婚姻法》）将导致夫妻感情破裂的几种常见情形和一方被宣告失踪而不能达到婚姻目的的情形具体列举，并在第三十二条新增加了两款规定。《最高人民法院关于适用〈中华人民共和国婚姻法〉若干问题的解释（一）》第二十二条规定了人民法院审理离婚案件，符合《婚姻法》第三十二条第二款规定“应准予离婚”情形的，不应当因当事人有过错而判决不准离婚。我们认为，不能因为当事人有过错就剥夺其法律赋予的婚姻自由的权利，离婚的唯一法定标准是夫妻感情是否确已破裂，而不应考虑当事人一方是否有过错。无论是过错方提出离婚还是无过错方提出离婚，只要符合离婚的法定情形，经调解无效的，一般应当准予离婚。离婚时无民事行为能力人的利害关系人不应以坚持不同意离婚或其他理由为要挟条件，向另一方当事人提出过高的、不符合法律规定的要求，用不准离婚的做法惩罚过错方，也就是用法律手段来强行维护感情确已破裂的婚姻，既不符合《婚姻法》的基本原则，实际效果也并不理想。

《中华人民共和国民法典》（以下简称《民法典》）第一千零七十九条重申了 2001 年《婚姻法》第三十二条规定的应准予离婚情

形，同时，增加规定离婚诉讼后双方又分居满一年，一方再次起诉的，应当准予离婚。《民法典》第六十三条又以《最高人民法院关于适用〈中华人民共和国婚姻法〉若干问题的解释（一）》第二十二条为基础作出规定，没有变化。在《民法典》已经规定有多项制度从经济上惩罚过错方的情形下，再因一方当事人有过错而限制离婚也是没有必要的。

二、离婚时另一方是否应给予精神障碍患者一次性的经济帮助

离婚的法律后果在于解除当事人双方之间身份关系的同时，还要对共同财产进行分割，对于精神障碍患者离婚纠纷案件中的共同财产分割，应当充分考虑到离婚后精神障碍患者的治疗和生活问题。《婚姻法》第四十二条规定："离婚时，如一方生活困难，另一方应从其住房等个人财产中给予适当帮助。具体办法由双方协议；协议不成时，由人民法院判决。"《最高人民法院关于适用〈中华人民共和国婚姻法〉若干问题的解释（一）》第二十七条规定："婚姻法第四十二条所称'一方生活困难'，是指依靠个人财产和离婚时分得的财产无法维持当地基本生活水平。一方离婚后没有住处的，属于生活困难。离婚时，一方以个人财产中的住房对生活困难者进行帮助的形式，可以是房屋的居住权或者房屋的所有权。"精神障碍患者在离婚时仍处在治疗过程之中，无论其自理程度如何，均符合一方生活困难法律规定的情形，应当由另一方支付一定的经济帮助款或者提供一定财产。对财产分配应遵循一定原则：一是帮助适当原则，在诉讼过程中，要区分精神障碍患者的不同情况，审查其自理能力和后续治疗、生活基本需求，目的是解决无民事行为能力人在离婚后维持当地基本生活水平和居住等问题，又要充分调查另一方的基本经济状况，还要体现照顾子女和女方权益的法律原则，确定适宜

的经济帮助标准；二是一次性给付原则，离婚后夫妻间的扶养义务随之消灭，由于精神病人民事行为能力问题和生活的特殊性，必须对其离婚后的继续治疗和维持生活做一安排，目的是对精神障碍患者生活困难的实际问题给予一次性照顾，另一方不再另行承担离婚后精神障碍患者治疗和生活的费用；三是过错区分原则，夫妻关系存续期间，如果另一方怠于履行对精神障碍患者扶养义务的，根据当事人的举证情况，对另一方在婚姻存续期间应承担的费用按照其过错程度在离婚时从夫妻财产分割份额中予以体现，符合法律精神，属于对扶养义务的救济补偿，但应当与对生活困难一方给予的经济帮助加以区分，避免竞合处理。

《民法典》第一千零九十条作为离婚经济帮助制度的规定，在基本保留《婚姻法》第四十二条规定的基础上，增加以另一方“有负担能力”作为经济帮助的给付条件，同时删去“从其住房等个人财产中”给予帮助的表述，取消了对承担经济帮助义务的责任财产的限制。

三、精神障碍患者医疗费、生活费请求权的保护和离婚纠纷调解应注意的问题

离婚损害赔偿制度，与家务劳动补偿制度和离婚经济帮助制度并称为我国三大离婚救济制度。其中，离婚经济帮助制度确立时间最早，家务劳动补偿和离婚损害赔偿制度则是2001年《婚姻法》修改新增，《民法典》继续沿用由这三种制度共同构建的离婚救济制度体系。

《民法典》第一千零五十九条规定：“夫妻有相互扶养的义务。需要扶养的一方，在另一方不履行扶养义务时，有要求其给付扶养费的权利。”本条源于《婚姻法》第二十条，只是文字上作了微调。

夫妻基于配偶身份在物质上和生活上应当相互帮助、相互供养，当然也包括在精神上相互支持、相互慰藉，遭遇危难时相互支援和相互救助。在离婚期间的无民事行为能力人，要求对方支付因治疗疾病所支出的医疗费、生活费，对方又未履行扶养义务的，人民法院应当依法予以支持。在婚姻关系尚未解除期间，无民事行为能力人因治疗、生活所产生的合法债务，另一方有责任全部负担，无民事行为能力人已经丧失了劳动能力，没有正常的经济收入和生活来源，由于对方的不扶养行为，致使无民事行为能力人需要治疗而支付的医疗费，以及需要维持生命而支出的必要的生活费，由此所欠债务均应视为夫妻关系存续期间的共同债务，另一方理应负有履行清偿债务的法律责任。

一般离婚案件在审理过程中，都要经过庭前调解、当庭调解、庭后调解等环节，调解是根据案件的具体情况与当事人的意思自治而启动，是以当事人处分权为基础，以审判权为保障旨在追求当事人利益最优化从而达成解决纠纷协议并由法院审查和确认的诉讼活动，但涉及精神障碍患者的离婚案件明显存在一方当事人无法表达其真实意思的障碍，在离婚案件的代理中，离婚或者不离婚的意见，只能由当事人自己向法院表达，而不能由诉讼代理人代为表达，即使当事人对诉讼代理人有特别授权也不行，这是对“具有人身属性的意思表示不能代理”的一种强制性规定，但这一规定只针对当事人是完全民事行为能力人的情况。对于当事人一方或双方属于无民事行为能力人的案件来说，这个规定是不合时宜的，因为当事人本身根本不能进行意思表达，如果不顾客观存在的法律事实，强行死搬硬套地由无民事行为能力人来表达是否离婚的意见，将不利于案件的审结。因此，无民事行为能力人的离婚案件也可以适用调解，尤其是关于财产分配问题，调解更有利于案结事了。但一般而言，因离婚诉讼系人身诉讼，对无民事行为能力人关于感情是否破裂的表述，应从严甄别，准确把握当事人的离婚意愿。在涉及财产认定的证据收集上，也应当从严把握，充分考虑无民事行为能力人的举证能力，加大法院依职权调查取证的力度。

编写人：河北省邢台市襄都区人民法院　韩鑫

032　外国法院离婚判决的效力

——李冬某诉刘玉某离婚案

【案件基本信息】

1. 裁判书字号

北京市海淀区人民法院（2013）海民初字第22671号民事判决书

2. 案由：离婚纠纷

3. 当事人

原告：李冬某

被告：刘玉某

【基本案情】

李冬某与刘玉某于1996年6月相识，同年12月24日登记结婚，婚后未生育子女，婚后初期双方感情尚可。1997年8月，李冬某赴美国学习、工作，刘玉某亦于1998年8月前往美国工作。李冬某曾于1999年12月在美国得克萨斯州特拉维斯县地方法院作为原告起诉要求与刘玉某离婚，刘玉某签署了传票弃权声明，后美国得克萨斯州特拉维斯县地方法院于1999年12月7日在刘玉某未到庭的情况下缺席作出判决，判决李冬某与刘玉某离婚，对双方财产分割部分，判决部分内容如下：“由原告占有或受原告独一控制的所有家庭用具、室内陈设、不动产（特指房屋、树木等）、动产、电器用具和设备为原告的独有私人财产，由被告占有或受被告独一控制的所有家庭用具、室内陈设、不动产（特指房屋、树木等）、动产、电器用具和设备为被告的独有私人财产……”李冬某、刘玉某均未针对上述判决提出异议。判决作出后至今，李冬某与刘玉某未再共同生活，且彼此少有联系。刘玉某于2000年4月5日与另一美国籍女子李某登记结婚，后于2011年2月28日经法院调解离婚。诉讼中，刘玉某曾申请本案中止审理，并在北京市第一中级人民法院正式立案，申请承认美国得克萨斯州特拉维斯县地方法院于1999年12月7日作出的第9909998号离婚判决的效力，后北京市第一中级人民法院以李冬某与刘玉某的离婚诉讼正在审理中为由，驳回了刘玉某的申请。

刘玉某原为中国科学院微生物研究所（以下简称中科院微生物所）职工，刘玉某与李冬某婚后承租中科院微生物所分配的位于北京市朝阳区科学园南里某号楼某门202号房屋（以下简称202号房屋），刘玉某于1998年6月22日向中科院微生物所交纳房款72024元、维修基金1295元，购买了202号房屋。后刘玉某（乙方）于2005年4月与中国科学院行政管理局（甲方，以下简称中科院行管局）签订《房屋买卖契约》，约定甲方将202号房屋，总建筑面积60.06平方米，核准按成本价每平方米1560元出售给乙方，房价款为柒万零叁佰柒拾伍元整，个人应交公共维修基金壹仟捌佰柒拾肆元。刘玉某于2005年取得202号房屋产权证，登记在刘玉某名下。

刘玉某（乙方）与中科院微生物所（甲方）于1998年6月3日签订的《职工购房协议书》一份，内容为：一、甲方根据有关售房政策，向乙方优惠出售202号房屋二居室住房，乙方应按要求交纳购房款。乙方所龄不满10年只享有使用权，所龄满10年后可以得到产权证。二、乙方在所龄不满10年期间，调离本所、辞职、辞退或出国逾期不归除名者，必须将所购202号住房交回甲方，同时，甲方从乙方购房款中扣除房租后（房租折算方法：按停租后每年的实际租价逐年累计），将剩余房款退还乙方。三、凡所龄不满10年购买现公有住房者，须签订此协议，否则不得购买现住房。刘玉某另向法院提交了告知函两份，内容显示中科院微生物所曾分别于2011年3月、2013年6月向刘玉某发送告知函，以刘玉某所龄不满10年为由，要求刘玉某将202号房屋交还中科院微生物所。刘玉某（乙方）另与中科院微生物所（甲方）签订的《腾退住房协议书》一份，内容为：因乙方在甲方的所龄未满10年出国，回国后也未回甲方工作，根据之前的协议，乙方必须将上述住房交回甲方。根据乙方的申请，甲方同意乙方交房时间延长一定的时间，但最迟到2014年6月30日之前必须腾空住房交回甲方。逾期未交，甲方将每超一天按300元收取乙方迟交住房罚款，从购房款中冲抵。为证实房屋交回情况，刘玉某提交了《收条》一张，内容为："今天收到刘玉某交回的202号房屋的产权证。接收人：苏某军。"收条上加盖有"中国科学院微生物研究所行政资产处"公章。法院前往中国科学院北京分院行政管理处了解售房相关情况，该单位表示该处主要负责京区公房出售管理工作，中国科学院房屋出售前产权统一登记在中科院行管局名下，但各个研究所有权决定房屋分配给哪些职工，并对房屋分配有调整的权利，中科院行管局不会干涉。法院另前往中科院微生物所了解相关情况，该单位表示所里已将202号房屋产权证收回，正在办理其他收回房屋事宜。

现李冬某以双方婚前缺乏了解，婚后感情一直不好，感情已经彻底破裂，无和好可能为由，起诉要求与刘玉某离婚，要求判决202号房屋归其所有，同意给付刘玉某折价款，要求刘玉某支付自1997年至今出租上述房屋的收益25万元，诉讼费由刘玉某负担。

刘玉某则表示李冬某曾在美国起诉要求与其离婚，美国法院已经于1999年判决解除了其和李冬某的婚姻关系，并对财产分割完毕。且自己于2000年4月5日与另一女性李某结婚，后于2011年2月28日在海淀法院和李某调解离婚，也间接说明了自己已经与李冬某离婚的事实。202号房屋经美国法院已判决给自己，不应再次分割。且现中国科学院微生物研究所已经将房屋收回，也无法实际进行分割。根据法律规定和程序性的要求，我现在同意离婚。

【案件焦点】

李冬某与刘玉某在美国法院判决离婚后，在中国的婚姻状态如何判定。

【法院裁判要旨】

北京市海淀区人民法院经审理认为：李冬某与刘玉某系自主结婚，婚后双方陆续前往美国。其间，李冬某曾起诉要求与刘玉某离婚，并经美国得克萨斯州特拉维斯县地方法院判决解除了双方的婚姻关系，但双方当事人回国后均未向我国法院申请承认上述判决在中国的法律效力，而刘玉某在诉讼中提出申请亦被驳回，故美国得克萨斯州特拉维斯县地方法院作出的判决在我国不发生法律效力，李冬某与刘玉某仍为夫妻关系。李冬某与刘玉某自 1999 年 12 月至今未共同生活，现李冬某要求离婚，刘玉某亦表示同意，本院予以准许。

李冬某主张分割 202 号房屋，该房屋现虽登记在刘玉某名下，但根据本院查明的事实，202 号房屋性质并非商品房，房屋的上市出售、产权登记等手续均需接受产权单位的内部管理，现刘玉某已就 202 号房屋与中科院微生物所签订《腾退住房协议书》，约定将 202 号房屋交回，并已将 202 号房屋产权证交回。李冬某虽对此不予认可，但并无充分证据证明其主张，故现 202 号房屋所有权尚存在争议，不具备分割条件，李冬某要求分割 202 号房屋的诉请，本院不予以处理，李冬某可待 202 号房屋取得所有权或使用权确定后再行主张。李冬某现未提交证据证实刘玉某出租 202 号房屋获益，故本院对其要求分割房屋出租收益的诉讼请求亦不予支持。

北京市海淀区人民法院依照《中华人民共和国婚姻法》第三十二条，《中华人民共和国民事诉讼法》第二百八十一条之规定，判决如下：

一、李冬某与刘玉某离婚；

二、驳回李冬某的其他诉讼请求。

判决后，双方当事人均未上诉，本判决现已生效。

【法官后语】

本案的处理中，主要涉及外国法院离婚裁判在中国承认与执行的下列程序问题：

一、外国法院的离婚裁判在中国承认、执行的途径和条件

外国法院的裁判，需要在中国承认与执行的，可以通过两种途径提出：一是直接由当事人向我国有管辖权的中级人民法院提出申请；二是由外国法院按照我国与外国间缔结或参加的国际条约或互惠关系向我国法院提出申请。

申请外国法院裁判的承认与执行的基本条件是请求承认和执行外国法院的裁判必须是发生法律效力的确定裁判，并且该裁判确实需要在中国领域内执行。

二、外国法院的离婚裁判在中国承认、执行的程序要求及限制

根据最高人民法院印发的《关于中国公民申请承认外国法院离婚判决程序问题的规定》① 中的相关规定，对外国法院裁判的承认与执行作出了如下限制：

(1) 对外国法院诉讼程序及实体上的限制，即在外国法院判决尚未发生法律效力、作出判决的外国法院对案件没有管辖权、判决是在被告缺席且未得到合法传唤情况下作出的，我国法院对外国法院的离婚判决是不予承认的。

---

① 该规定根据2020年12月23日最高人民法院审判委员会第1823次会议通过的《最高人民法院关于修改〈最高人民法院关于人民法院民事调解工作若干问题的规定〉等十九件民事诉讼类司法解释的决定》修正，修正后已于2021年1月1日实施，修正后的规定针对外国法院的离婚裁判在中国承认、执行的程序要求及限制未做变化，修正内容集中在第十条、第十七条中，针对当事人提供的国外判决已生效的证明文件、外国法院已合法传唤被告出庭的证明文件、委托人在国外出具的委托书时，必须经我国驻该国的使、领馆证明，修正时增加了“或者履行中华人民共和国与该所在国订立的有关条约中规定的证明手续”。

(2) 诉讼程序上的限制。如当事人之间的离婚案件，我国法院正在审理或已作出判决，或者第三国法院对该当事人之间作出的离婚案件判决已为我国法院所承认，则对外国法院的离婚判决不予承认。

(3) 对外国法院裁判的承认与执行必须维护我国法律的基本原则及国家主权。在外国法院判决违反我国法律的基本原则及危害我国国家主权、安全和社会公共利益的情况下，对外国法院的离婚判决不予承认。

(4) 次数上的限制。申请外国法院裁判的承认与执行的申请人，在法院受理申请后，撤回申请的，在撤回后，不得再次提出申请。申请人的申请被驳回后，不得再提出申请。所以申请人的申请一旦被我国法院受理，则不论结果如何，我国法院仅处理一次。

本案中，当事人之间的婚姻虽经外国法院判决，但此前均未向我国法院申请承认，故外国法院的判决在我国不产生法律效力。被告虽在领取原告方的起诉材料后，随即向北京市第一中级人民法院立案申请承认外国法院离婚判决的效力，但违反了诉讼程序上限制性的规定而被驳回。审理中，承办人亦曾释明原告方可对外国法院离婚判决申请承认解决离婚问题，但未果。故本案外国法院的判决在我国不发生法律效力，法院判决双方离婚。故在现行法律规定下，如在外国法院解决离婚争议，应及时通过向我国法院提出申请，以达到判决内容在我国发生法律效力，避免此后产生纠纷的目的。

编写人：北京市海淀区人民法院　刘雪琳

033 婚前财产协议的效力及性质认定
——张某诉侯某离婚案

【案件基本信息】

1. 裁判书字号

上海市第一中级人民法院（2011）沪一中民一（民）终字第155号民事判决书

2. 案由：离婚纠纷

3. 当事人

原告（被上诉人）：张某

被告（上诉人）：侯某

【基本案情】

张某、侯某于2004年五六月在上海自行相识恋爱，2007年4月3日在河南登记结婚。张某系再婚，侯某系初婚，婚后双方并未生育子女。婚后主要居住在上海市威宁路。2007年10月，双方因故产生矛盾，发生争吵。张某自2007年10月起离开双方共同居住的房屋，双方分居至今。张某先后于2007年10月26日和2008年10月27日起诉要求与侯某离婚，法院两次均对张某的离婚请求不予准许。现张某再次以夫妻感情破裂为由诉至法院，要求与侯某离婚。

在审理过程中，张某表示双方在婚后并未添置任何财产，无共同债权、债务；双方婚后共同居住的上海市威宁路房屋的产权归张某所有，系张某婚前购买；上海市鲁班路房屋的产权人为侯某，系侯某的个人财产。侯某表示张某曾在香港买过几百万元的基金，但无法提供确切的情况和相应的证据；对上海市威宁路房屋的产权归属并无异议，但认为在婚姻关系存续期间其仍有权居住该房屋；上海市鲁班路房屋虽归其所有，但目前因债务问题已办理了抵押。

在庭审中，侯某表示双方曾于2007年3月28日签订了一份《财产约定协议书》，且由一名律师出具了见证意见书。该协议书第一款约定："甲方张某自愿将自己所有的婚前财产人民币2500万元赠与乙方侯某。张某承诺以婚后每年年底支付人民币100万元的方式支付给乙方侯某，直至2500万元付清。如果期间婚姻发生变故，自离婚之日起甲方不再支付乙方剩余款项……"第二款约定："甲方张某自愿于婚后一个月内赠与乙方侯某结婚礼金人民币200万元……"对此，侯某表示，张某仅按照协议书的第二款内容向其给付了结婚礼金人民币200万元，但对于第一款从未履行过。张某对该份协议书的真实性无异议，但认为协议书约定的金额远远高于正常婚姻中发生的财产关系的合理数额，侯某是基于婚姻骗取张某的财产，张某已经给付侯某人民币200万元，故不同意继续履行该份协议书。

诉讼中，张某诉称，因双方的年龄、文化背景、社会地位差距较大，婚前并无牢固的感情基础，导致婚后双方因经济问题及个人问题经常争吵，侯某在获得张某给予的200万元礼金后，仍以各种名义向张某索取财物，经常无理取闹，打骂甚至威胁张某。张某不堪忍受，先后于2007年10月及2008年10月两次起诉至法院要求与侯某离婚。虽然法院两次均判决不准离婚，但双方自2007年10月起分居至今已有三年，其间双方没有任何往来，也没有任何电话或书信联系，夫妻感情确已破裂，现再次起诉要求与侯某离婚。

侯某辩称，张某所述并不属实，双方从恋爱到结婚有良好的感情基础，婚后感情也较好，并不存在打骂或威胁张某的情况。张某结婚半年后于2007年10月无故离家出走，并先后两次起诉至法院要求离婚，但法院均判决双方不准离婚，说明夫妻感情并未破裂，仍有和好的可能。其间，侯某试图以多种方式联系张某，但张某更换手机号码，回避侯某，导致双方无法正常往来。双方虽然自2007年10月起分居至今，但这并非侯某的本意，鉴于双方已有多年的感情基础，侯某希望能与张某和好，将婚姻维持下去，故不同意离婚。若法院判决离婚，则要求张某继续履行双方于婚前签订的《财产约定协议书》，并要求张某解决其居住问题。

【案件焦点】

1. 原、被告双方的夫妻感情是否破裂，主要将结合双方婚前、婚后感情，分居时间，多次起诉离婚的情况加以判断；2. 原、被告于婚前签订的财产协议是否应当继续履行，主要从协议的形式和内容出发，结合法律相关规定，对协议的性质和效力加以认定。

【法院裁判要旨】

上海市卢湾区人民法院经审理认为：从张某、侯某的感情来看，虽然双方自行相识恋爱，婚前也有一定的感情基础，但双方在年龄等方面差异较大，结婚半年后即因种种原因发生矛盾、产生摩擦，导致婚后共同生活的时间较短，而分居时间却已达三年。张某在提起本次离婚诉讼之前已两次起诉要求离婚，法院从促使双方积极改善夫妻感情的角度出发，均未准许双方离婚。其间，侯某虽多次试图联系张某以维系感情，但因张某更换联系方式予以回避，导致夫妻感情不仅至今无法得到任何改善，反而更趋恶化，夫妻感情确已破裂，故对张某要求离婚的诉讼请求，依法予以支持。鉴于双方当事人在庭审中均表示婚后无共同财产或共同债权债务，因此婚前签订的财产协议如何履行成为双方分割财产方面最大的分歧。从协议书的内容及双方当事人在三次诉讼中的庭审陈述来看，该份协议书的约定并非是张某基于当时自身的既有财产所作的权利处分，而是基于其对自身未来收入的预期而对侯某所作的赠与承诺。该份协议书签署于双方结婚之前，张某确实按约向侯某给付了礼金人民币200万元，因婚后半年双方感情发生变故，张某不愿意继续履行该协议。综合分析该份协议书的内容及形式，根据《中华人民共和国合同法》关于赠与合同的相关规定，本案并不存在张某不得撤销赠与的法定情形，故对侯某要求张某继续履行协议书的请求不予支持。至于侯某要求张某为其解决居住问题的请求，根据张某的举证及侯某在法庭上的自认，侯某为上海市鲁班路房屋的产权人，并不存在居住困难的问题，故本院不予支持。

上海市卢湾区人民法院依照《中华人民共和国婚姻法》第三十二条、《中华人民共和国合同法》第一百八十六条、《最高人民法院关于民事诉讼证据的若干规定》第二条之规定，作出如下判决：

准予张某与侯某离婚。

一审判决后，侯某不服，提起上诉。上海市第一中级人民法院经审理后认为，张某与侯某于2007年4月3日登记结婚，同年10月双方发生争吵后即分居至今，之后张某数次提起离婚诉讼，在法院两次判决不准离婚后，双方夫妻关系并未好转，故原审法院认定张某与侯某夫妻感情已经破裂，依法判决准予双方离婚正确。我国法律规定，赠与人在赠与财产的权利转移之前可以撤销赠与。张某与侯某在婚前曾签订《财产约定协议书》，协议中张某承诺赠与侯某人民币 2700 万元，但张某实际支付侯某人民币 200 万元，现双方感情破裂，张某表示不愿意再赠与侯某钱款，该行为并不违反法律规定。原审法院查明事实清楚，判决正确。

上海市第一中级人民法院依照《中华人民共和国民事诉讼法》第一百五十三条第一款第一项之规定，作出如下判决：

驳回上诉，维持原判。

【法官后语】

如何认定双方当事人婚前所签财产协议的效力？张某是否有权撤销尚未履行的条款？侯某是否有权主张协议继续履行？这是本案的审理焦点和难点。

一、婚前财产协议是否有效

本案中，张某认为，婚前财产协议的签署违反婚姻以感情为基础的根本宗旨，有违公序良俗，且约定 2500 万元的金额远远超出了普通婚姻家庭正常花费的金额，故不认可协议的效力。侯某则认为，张某自愿在婚前与其签订财产协议，同意在婚后每年支付人民币 100 万，支付 25 年，直至 2500 万元付清，这是张某的真实意思表示，目的是为其婚姻提供一种保障，因而协议是有效的。判断该份婚前财产协议是否有效的关键在于：其一，协议的签署是否出于双方当事人的真实意思表示。其二，协议是否具有《中华人民共和国合同法》（以下简称《合同法》）关于无效合同规定的几类情形：一方以欺诈、胁迫手段订立合同损害国家利益；或恶意串通，损害国家、集体或者第三人利益；或以合法形式掩盖非法目的；或损害社会公共利益；或违反法律、行政法规的强制性规定等。本案中，双方于婚前对财产的归属问题达成了一致意见，并将该意思表示以书面协议的形式固定下来，双方均签名，同时还邀请了一位律师作为见证人，由此可认定，该份协议是双方真实意思的表示。至于张某认为“协议约定的金额过高，违背了婚姻宗旨和公序良俗”，审查协议内容，其中并不涉及国家、集体或者第三人的利益，也不违反法律、行政法规的强制性规定。张某婚前自愿将高额财产赠与侯某，现双方感情破裂，张某却以约定金额过高、协议违背公序良俗为由否定协议的效力，理由并不充分。

二、婚前财产协议的性质如何认定

认定婚前财产协议的性质是判断协议是否必须继续履行的前提。从财产协议的内容来看，协议中处处可见“赠与”的字眼，这足以表示张某赠与侯某财产的真实意思表示，由此可认定该协议本质上是一份财产赠与协议，而并非真正意义上的约定财产制。根据《中华人民共和国婚姻法》（以下简称《婚姻法》）第十九条第一款关于夫妻约定财产制的规定，夫妻双方约定的财产为婚姻关系存续期间所得的财产及婚前财产，换言之，夫妻双方对财产的约定就是处分财产的一种表现方式，而处分的财产必须是既有的财产及可预期的财产，对于不能预期的或实际并不存在的财产则不得约定。本案中，甲方（张某）婚前是否确实拥有2500万元或者将有2500万元的财产预期，双方在庭审中均未明确表示。从这一点来判断，双方签订的所谓婚前财产协议并不符合《婚姻法》约定财产制的基本要件。

三、婚前财产协议是否必须继续履行

本案中，双方对财产协议的履行约定了期限和条件，比如：甲方将婚前财产 2500 万元赠与乙方，但甲方以每年 100 万元的方式予以支付，直至 25 年付清或者双方离婚之日起不再支付。可见，判断财产协议是否继续履行的根本在于，该协议是否存在可撤销或可终止履行的情况。经过分析和认定，该婚前财产协议是一份有效的财产赠与协议，可适用《合同法》第一百八十六条有关赠与合同的规定，“赠与人在赠与财产的权利转移之前可以撤销赠与。具有救灾、扶贫等社会公益、道德义务性质的赠与合同或者经过公证的赠与合同，不适用前款规定”。该规定赋予财产赠与人撤销赠与的权利，同时对撤销权的行使规定了适用条件，即必须在实际转移财产之前行使撤销权；并对撤销权的行使作了一定的限制，即具有救灾、扶贫等社会公益、道德义务性质的赠与合同或者经过公证的赠与合同。就本案而言，张某在实际转移财产之前不愿再继续履行赠与协议，符合该条款撤销赠与的规定；该协议虽然经过律师见证，但并未经过公证，同时也并不存在张某不得撤销赠与的其他法定情形，故对侯某要求张某继续履行协议的请求，法院不予支持。

四、新旧法的修改及衔接

本案一审判决适用了《婚姻法》第三十二条、第十九条及《合同法》第五十二条、第一百八十六条的规定，其中《婚姻法》第三十二条是判决当事人是否离婚适用的法律依据，第十九条是认定当事人签订的《财产约定协议书》是否成立的法律依据；《合同法》第五十二条是认定《财产约定协议书》是否存在无效情形的法律依据，而第一百八十六条是判决婚前财产协议是否应该继续履行适用的法律依据。因《中华人民共和国民法典》婚姻家庭编第一千零七十九条除了将适用主体由“男女”修改为“夫妻”，其他内容基本沿用了《婚姻法》第三十二条的规定，且本案原告已经第三次提起离婚诉讼，双方对是否离婚并不持有较大争议，因此本文对判决双方离婚的理由不再做进一步阐述。

下面，本文将围绕双方关于婚前财产协议是否成立、是否有效、是否应该继续履行的争议焦点，对上述相关条款新旧法的规定作一阐述。

1. 关于婚前财产协议是否成立的法律条文及新旧法衔接

《婚姻法》第十九条是对夫妻财产约定制的规定：夫妻可以约定婚姻关系存续期间所得的财产以及婚前财产归各自所有、共同所有或部分各自所有、部分共同所有。约定应当采用书面形式。没有约定或约定不明确的，适用本法第十七条、第十八条的规定。夫妻对婚姻关系存续期间所得的财产以及婚前财产的约定，对双方具有约束力……

《中华人民共和国民法典》婚姻家庭编第一千零六十五条规定：男女双方可以约定婚姻关系存续期间所得的财产以及婚前财产归各自所有、共同所有或者部分各自所有、部分共同所有。约定应当采用书面形式。没有约定或者约定不明确的，适用本法第一千零六十二条、第一千零六十三条的规定。夫妻对婚姻关系存续期间所得的财产以及婚前财产的约定，对双方具有法律约束力……

从上述条文修改的内容来看，《中华人民共和国民法典》婚姻家庭编将条款适用的主体由《婚姻法》的“男女”修改为“夫妻”，使得本条款不再仅适用于夫妻，还涵盖了尚未成立婚姻关系的男女，更加符合社会发展的实际情况及现实需求。本案当事人双方系夫妻关系，虽然条文作了相应的修改，但法律适用的效果是一致的。

2. 关于婚前财产协议是否有效的法律条文及新旧法衔接

《合同法》第五十二条规定：有下列情形之一的，合同无效：（一）一方以欺诈、胁迫的手段订立合同，损害国家利益；（二）恶意串通，损害国家、集体或者第三人利益；（三）以合法形式掩盖非法目的；（四）损害社会公共利益；（五）违反法律、行政法规的强制性规定。

《中华人民共和国民法典》合同编第一百四十八条规定：一方以欺诈手段，使对方在违背真实意思的情况下实施的民事法律行为，受欺诈方有权请求人民法院或者仲裁机构予以撤销。第一百五十条规定：一方或者第三人以胁迫手段，使对方在违背真实意思的情况下实施的民事法律行为，受胁迫方有权请求人民法院或者仲裁机构予以撤销。第一百五十三条规定：违反法律、行政法规的强制性规定的民事法律行为无效。但是，该强制性规定不导致该民事法律行为无效的除外。违背公序良俗的民事法律行为无效。第一百五十四条规定：行为人与相对人恶意串通，损害他人合法权益的民事法律行为无效。

《中华人民共和国民法典》合同编上述条款将《合同法》第五十二条罗列的五项情形细分为单独的条款予以规定，并区分了撤销与无效的法律后果在不同情形下的适用。例如将欺诈、胁迫的法律后果修改为撤销；沿用了违反法律、行政法规的强制性规定以及恶意串通的法律后果为无效的规定。本案中，双方对于婚前财产的归属达成了一致意见，并将该意思表示以书面协议的形式固定下来，同时还邀请了一位律师作为见证人，由此可认定，该份协议是双方真实意思的表示。张某认为“协议约定的金额过高，违背了婚姻宗旨和公序良俗”，然而协议内容并不涉及国家、集体或者第三人的利益，也不违反法律、行政法规的强制性规定。因此，张某婚前自愿将高额财产赠与侯某，现却以协议约定的金额过高、违反公序良俗为由否定协议的效力，理由并不充分。新旧条文的修改并不涉及本案适用的法律，因此裁判效果是一致的。

3. 关于婚前财产协议是否应该继续履行的法律条文及新旧法衔接

《合同法》第一百八十六条规定："赠与人在赠与财产的权利转移之前可以撤销赠与。具有救灾、扶贫等社会公益、道德义务性质的赠与合同或者经过公证的赠与合同，不适用前款规定。"

《中华人民共和国民法典》合同编第六百五十八条规定："赠与人在赠与财产的权利转移之前可以撤销赠与。经过公证的赠与合同或者依法不得撤销的具有救灾、扶贫、助残等公益、道德义务性质的赠与合同，不适用前款规定。"

从条文内容来看，《中华人民共和国民法典》合同编第六百五十八条第一款与《合同法》第一百八十六条第一款的文字内容完全相同，并未作出修改；《中华人民共和国民法典》合同编第六百五十八条第二款对《合同法》第一百八十六条第二款作了三处修改：首先，将"经过公证的赠与合同"提至第二款的最前面，更加突出公证在赠与中的作用。当事人订立赠与合同后交由公证机关公证，表明其赠与意愿的表达已十分慎重，因此，经过公证的赠与合同，赠与人不得任意撤销。其次，将"社会公益"删去"社会"二字，修改为"公益"。"具有公益性质的赠与，主要是指为了救灾、扶贫、助残、助学等目的或为了资助公共设施建设、环境保护等公共事业所为的赠与。此类赠与的公益性决定了赠与人不得任意撤销赠与，否则将与赠与的目的和宗旨相悖。"[①] 此处修改有利于促进公益的适用范围更加广泛。最后，将"依法不得撤销"的情形作了进一步罗列，新

① 黄薇主编：《中华人民共和国民法典合同编释义》，法律出版社 2020 年版，第 440 页。

增了“助残”的内容。《中华人民共和国慈善法》第三条规定：“本法所称慈善活动，是指自然人、法人和其他组织以捐赠财产或者提供服务等方式，自愿开展的下列公益活动：……（二）扶老、救孤、恤病、助残、优抚……”现实生活中，因助残与救灾、扶贫等方式有所不同，通过立法表述形式的改变，可将现实生活中多样化的赠与形式加以吸纳，有利于适应今后立法发展的需要。

从上述法律条文的对比来看，本案审理中适用的是《合同法》第一百八十六条第一款“赠与人在赠与财产的权利转移之前可以撤销赠与”的规定，因新旧法没有变化，因此法律适用的效果是一致的。至于第二款，虽然《中华人民共和国民法典》合同编第六百五十八条作了相应的修改，但整体而言，因本案并不涉及“依法不得撤销”的几类情形，因此不存在新旧法衔接导致裁判结果出现前后不一的情况。

编写人：上海市高级人民法院　方遴

（三）离婚后财产纠纷

034　离婚时有负担能力方对生活困难方进行适当帮助的具体标准

——霍某诉魏某离婚案

【案件基本信息】

1. 裁判书字号

北京市第二中级人民法院（2020）京02民终9868号民事判决书

2. 案由：离婚纠纷

3. 当事人

原告（上诉人、被上诉人）：霍某

被告（被上诉人、上诉人）：魏某

【基本案情】

霍某与魏某于2001年5月30日登记结婚，2004年2月19日生有一女。婚后，魏某发生车祸，头部受伤，智力受到影响，现为智力残疾，等级为三级。因肇事司机逃逸，魏某未得到相应赔偿。霍某从2016年开始起诉要求与魏某离婚，四次起诉均被审理法院判决驳回诉讼请求。2015年12月，魏某回娘家居住至今。

2020年，霍某以离婚纠纷为由将魏某起诉至法院，请求法院判令双方离婚，婚生女由霍某抚养，魏某每月给付抚养费1500元，并要求魏某承担本案诉讼费用。

另查明，霍某月平均收入为5000元。魏某每月有残疾补助金700元至800元。

【案件焦点】

离婚时一方生活困难的，另一方应当给予适当帮助的认定。

【法院裁判要旨】

北京市房山区人民法院经审理认为：婚姻关系以感情来维系。魏某于2001年结婚，婚后发生车祸，霍某与魏某的女儿于2004年出生，二人在2015年年底才开始分开居住。二人感情出现问题是因为魏某发生车祸智力受到影响。现霍某四次提起离婚诉讼，且魏某已在娘家居住生活五年，双方夫妻感情确已完全破裂，霍某要求离婚，应予支持。魏某现因病情加重已失去自理能力，其生活收入仅为政府每月给付的700元至800元残疾补助，且离婚后魏某没有住处。北京市上一年度农村人均消费支出为21881元，且魏某因自身疾病，日常有一定的医疗费用支出。综合考虑，离婚后魏某生活困难。霍某每月收入5000元至6000元，在赡养老人及抚养女儿的基础上，有能力对魏某进行一定的经济帮助。但在考虑霍某需要赡养父母、抚养女儿以及魏某现在的身体状况、当地的生活水平与魏某现在每月残疾补助金额的条件下，将其对魏某的经济帮助确定为每月1500元，帮助期限为10年。同时考虑到霍某现在的经济状况，其一次性给付帮助金存在困难，故将给付方式确定为按月给付。

北京市房山区人民法院依照《中华人民共和国婚姻法》第三十二条、第三十七条及第四十二条之规定，判决如下：

一、准予霍某与魏某离婚；

二、婚生女由霍某自行抚养；

三、霍某每月给付魏某经济帮助1500元（从2020年10月1日起至2030年9月30日止）；

四、驳回霍某其他诉讼请求。

魏某、霍某均不服原审判决，提出上诉。北京市第二中级人民法院经审理认为：根据查明的案件事实能够确认霍某与魏某夫妻感情确已完全破裂，一审法院判决准予双方离婚适当，本院不持异议。鉴于魏某车祸后的病情加重现已失去生活自理能力、生活困难，因此双方离婚后应由霍某给予魏某一定的经济帮助。一审法院根据霍某经济收入及当地基本生活水平酌情确定的具体时限及数额亦属适当。对双方关于霍某给予魏某经济帮助数额及期限的上诉意见，本院均不予采纳。综上所述，霍某、魏某的上诉请求均不能成立，应予驳回；一审判决认定事实清楚，适用法律正确，应予维持。

北京市第二中级人民法院依照《中华人民共和国民事诉讼法》第一百七十条第一款第一项规定，判决如下：

驳回上诉，维持原判。

【法官后语】

《中华人民共和国民法典》（以下简称《民法典》）第一千零九十条规定：离婚时，如果一方生活困难，有负担能力的另一方应当给予适当帮助。具体办法由双方协议；协议不成的，由人民法院判决。在此之前，离婚经济帮助制度规定在《中华人民共和国婚姻法》（以下简称《婚姻法》）第四十二条以及《最高人民法院关于适用〈中华人民共和国婚姻法〉若干问题的解释（一）》（以下简称《婚姻法解释一》）第二十七条。

相较于《民法典》的规定，首先，婚姻法及司法解释对“生活困难”采取绝对主义认定标准，同时对适用条件的规定内容存有模糊不清之处，影响了该制度的适用。其次，婚姻法及司法解释仅强调离婚时，如一方生活困难，另一方应从其住房等个人财产中给予适当帮助，而对提供帮助一方是否应具有相应的经济能力为条件未作规定，导致实践中出现不同理解，此外，婚姻法上述规定对提供帮助一方的经济能力不做考量，存在因离婚后为履行帮助一方的义务，而使提供帮助一方陷入经济困难的情形，有违离婚经济帮助制度设立的初衷。民法典增加了关于提供帮助一方须有负担能力的规定，但是对于如何判断提供帮助一方是否有负担能力未作详细规定。

最后，民法典以及婚姻法及司法解释均未对离婚经济帮助的方式进行具体规定，对此，人民法院审理具体案件时，应综合该制度的设立目的、案件实际情况等综合认定。

一、离婚时一方生活困难的判断标准及参考因素

根据《婚姻法解释一》第二十七条的精神，一方生活困难是指依靠个人财产和离婚时分得的财产无法维持当地基本生活水平。一方离婚后没有住处的，属于生活困难。依据该条规定生活困难有两项判断标准：一是依靠个人财产和离婚时分得的财产仍无法维持当地基本生活水平的；二是一方离婚后没有住处的。

首先，对生活困难进行认定时，是要求两种情况同时具备，还是只要存在第二种情形即应认定为生活困难，理论界与司法实践中均存在争议。按照我国房屋是用来居住的住房政策以及我国居民目前的生活状况，普通百姓只拥有一套住房即婚姻住所的居多，在离婚时必然会对房屋的所有权进行分割，即双方对房屋按份共有或房屋归一方所有，一方需对另一方进行折价补偿或将房屋出售，双方分割卖房款，后两种情况在客观上都会出现一方或双方均没有住处，如果因此被认定为生活困难，可能会出现一方的总体经济能力明显优于另一方，仅因其离婚时没有住房，就认定为生活困难，进而要求另一方对其进行经济帮助的情形。甚至出现双方均没有住处，而均被认定为生活困难，双方需互相帮助的荒谬情形。这不仅有违公平正义的原则，亦与该制度的设立初衷不符。故一方离婚后没有住处的，应结合离婚帮助制度设立的目的，仅在离婚时一方没有归其所有或者居住使用的住处，而且结合其个人财产和离婚时分得的财产仍然不能通过购买、租赁等方式获得住处的，无法维持当地基本生活水平，才能认定为生活困难。

其次，《民法典》明确规定了离婚赔偿制度及离婚补偿制度，笔者认为，判断生活困难应将离婚损害赔偿及离婚经济补偿考虑在内。狭义上，离婚时分得的财产仅包括对夫妻共同财产进行分割所取得的财产；广义上，离婚时分得的财产不仅包括对夫妻共同财产进行分割所取得的财产，还包括因离婚而获得的其他一切财产，包括因离婚损害赔偿与离婚经济补偿而获得的财产。

离婚损害赔偿是夫妻一方由于过错行为而导致离婚，无过错方有权请求过错方给予赔偿的制度。其主要功能是弥补损害，抚慰受害方遭受的精神伤害，惩戒过错方的违法行为。即使离婚时没有夫妻共同财产，只要一方存在《民法典》第一千零九十一条规定的情形导致离婚的，另一方（无过错方）就有权要求赔偿。《民法典》中离婚经济补偿制度取消了离婚家务补偿只在约定财产制度下适用的规定，将补偿范围扩大到法定财产制和约定财产制均可以适用，而且增加了补偿确定的具体办法，即“具体办法由双方协议；协议不成的，由人民法院判决”。这一制度体现了法律公平正义的理念及对家务劳动价值的认可，不以申请补偿一方是否兼具家庭生活与社会工作为前提，以平衡夫妻双方付出与获取之间的利益关系，在离婚时从承担支付一方的个人财产或者分得的夫妻共同财产中支取。离婚损害赔偿和离婚经济补偿的目的、适用条件、功能各不相同，并行不悖。离婚经济帮助的目的是解决一方在离婚时的生活困难问题。因此，即使离婚损害赔偿与离婚经济补偿不属于对夫妻共同财产的分割，其最终仍是属于一方的个人财产，会对一方的生活水平产生影响。

最后，国家、政府或其他组织机构给予一方的补助、津贴等是否应当作为生活困难的判断依据。具体到本案中，魏某因车祸导致残疾，每月残疾补助金为700元至800元。如果其残疾补助金能够满足基本生活需要，那么霍某是否仍应对其予以适当帮助。笔者认为，离婚经济帮助的目的是解决一方在离婚时的生活困难问题，因此在考虑一方是否生活困难时应当将国家、政府或者其他组织机构给予其个人的补助、津贴作为判断依据。

二、离婚后一方生活困难，有负担能力的一方给予适当帮助中有负担能力的判断标准

在离婚时，除了对另一方的经济帮助，还会有对父母的赡养义务及对子女的抚养义务。那么是否应当将此作为一方是否有负担能力的判断前提？笔者认为，离婚经济帮助发生于双方离婚以后，此时双方已经是独立自主的个体，夫妻之间的义务已经终止。离婚经济帮助是在特定情形下夫妻扶养义务的延伸，其性质已由夫妻之间无条件扶养转化为有条件帮助。而一方对自己父母的赡养义务、对子女的抚养义务是法定的、无条件的。因此，在考虑一方是否有负担能力时，应当综合一方应负担的对父母的赡养义务及对子女的抚养义务做出判断。具体到本案中，霍某月收入为5000元至6000元，需要赡养父母、抚养女儿，因此其对魏某的帮助应在保障其履行赡养义务及抚养义务的前提下均衡考虑，最终确定为每月1500元。

三、适当帮助的方式、期限、数额确定及考量因素

按照《民法典》第一千零九十条规定，帮助的具体办法由双方协议；协议不成的，由人民法院判决。笔者认为帮助的方式及内容应当视当事人协商或者法院判决加以区分。

第一，在当事人自行协商的情况下，只要双方意思表示一致，帮助的方式及内容不违反法律法规的强制性规定及社会一般的善良

风俗即可。具体可能表现为支付金钱，给付实物财产，安排就业，培训、教育以提高就业素质和劳动技能等。

第二，在双方协商不成由法院进行判决的情况下，考虑到裁判标准的统一及判决的执行等方面，应对帮助的内容与方式进行限定，即在帮助的内容上仅限于一定财产的给付或房屋的居住权等具有可执行性的方式。同时，在帮助方式、期限上，应在结合帮助方式的基础上，充分考量双方的经济能力及生活状况灵活确定。具体到本案中，根据霍某现在的经济状况，让其一次性给付帮助金存在困难；魏某已丧失劳动能力，故将给付方式确定为按月给付，给付期限确定为10年。

编写人：北京市房山区人民法院　张丽婷

035　民法典实施后离婚经济补偿制度的法律适用及认定标准

——林某诉陈某离婚案

【案件基本信息】

1. 裁判书字号

北京市第三中级人民法院（2021）京03民终6169号民事判决书

2. 案由：离婚纠纷

3. 当事人

原告（被上诉人）：林某

被告（上诉人）：陈某

【基本案情】

陈某与林某于1993年10月18日在北京市朝阳区登记结婚。婚后于1996年11月25日育有一子陈某睿。北京大学第六医院对陈某睿进行韦氏智力测验，检测结果为：属重度智力低下；患者不能正常交流与沟通。陈某晴出生于2011年11月10日，系社会福利机构抚养的儿童，于2014年4月30日由陈某之姊陈某丽收养，并办理收养登记，实际由陈某、林某进行抚养。

陈某年工资收入342600元。林某现无工作，每月收取房屋租金6000元，陈某公积金每月4000元在其手中，另外其母亲和姐姐会贴补其一些费用。

另查，夫妻共同财产如下：1. 北京市朝阳区某街道1331号房屋（以下简称1331号房屋），要求房屋归陈某，陈某给付林某折价款。2. 牌号为京××的沃尔沃牌小汽车，要求车辆归陈某，陈某给付林某折价款。3. 北京市朝阳区103号房屋（以下简称103号房屋）中属于陈某的50%份额归林某所有，不同意给付陈某折价款。

林某另提出如下诉讼请求：1. 林某称其在婚姻期间对家庭付出较多，要求陈某补偿其200万元。2. 林某另称其未来生活困难，要求陈某补偿其未来20年的生活费861660元。3. 林某还称陈某存在家暴、出轨、虐待和遗弃子女的行为，要求陈某赔偿其精神赔偿金10万元。陈某对林某上述主张均不同意。

【案件焦点】

陈某应否给予林某补偿款。

【法院裁判要旨】

北京市朝阳区人民法院经审理认为：婚姻的建立与维系应以夫妻感情为基础，现双方均同意离婚，法院认为双方夫妻感情确已破裂，故准许双方离婚。关于陈某晴的抚养问题，由于陈某晴长期跟随陈某、林某共同生活，陈某、林某事实上对陈某晴负担抚养义务，现陈某、林某离婚，客观上增加了林某抚养负担，陈某应给予补偿，法院根据陈某晴现阶段的生活教育情况，结合陈某的收入状况及其他抚养负担，酌定陈某每月支付陈某晴抚养费 4000 元至陈某晴年满 18 周岁止。林某以其为家庭付出较多为由要求陈某补偿其 200 万元，法院不予支持，理由如下：首先，夫妻之间家庭分工不同，各自对家庭的贡献方式存在差别，个人付出难以量化，林某固然在对子女的日常生活照料上付出更多，但也不能否定陈某对家庭的贡献。其次，家庭付出的多少并非法律上要求对方给予补偿的理由。林某以未来生活困难为由要求陈某补偿其未来 20 年的生活费，缺乏法律依据，法院不予支持。根据我国婚姻法的规定，离婚时，如一方生活困难，另一方应从住房等个人财产中给予适当帮助；具体办法由双方协议；协议不成时，由人民法院判决。林某现阶段未参加工作，独自照料两个孩子，收入来源较陈某存在很大不足，法院在分割夫妻共同财产时本着离婚时对生活困难一方适当帮助的有关规定，另结合照顾子女和女方权益的原则予以考虑。关于夫妻共同财产分割，法院结合案件查明事实予以处理。

北京市朝阳区人民法院判决如下：

一、准予陈某与林某离婚；

二、在陈某晴由林某实际抚养期间，陈某自 2010 年 12 月起每月向林某支付陈某晴抚养费 4000 元至陈某晴年满 18 周岁止；

三、1331号房屋归林某所有，该房屋剩余按揭贷款由林某负责偿还，陈某予以配合，房屋权属转移登记手续可待抵押登记注销后另行办理；林某于判决生效后三十日内补偿陈某房屋折价款500万元；

四、牌号为京××的沃尔沃牌小汽车归林某所有，林某于判决生效后三十日内给付陈某折价款6万元；

五、103号房屋原由陈某享有的50%份额分别由陈某享有25%、林某享有25%；

六、陈某于判决生效后三十日内补偿林某40万元；

七、驳回陈某的其他诉讼请求。

陈某不服一审判决，提出上诉。北京市第三中级人民法院经审理认为：陈某与林某夫妻感情确已破裂，原审法院据此判决离婚，双方均无异议，本院予以维持。关于陈某晴的收养问题以及其他子女抚养问题。根据双方陈述情况以及陈某睿的身体原因，可以认定陈某、林某曾存在与陈某晴共同生活的意思表示，实际上陈某晴多年来亦是由二人照顾。现林某在本案中表示愿意继续与孩子共同生活，在林某实际抚养陈某晴期间，陈某应当承担部分抚养费，原审法院所判数额适当，本院予以维持。关于婚后房产的分割以及其他共同财产的处理，原审法院综合考量本案实际，处理较为妥当，本院予以维持。关于林某应否获得经济补偿的问题。本案中因陈某睿患病长期就医，家庭负担较为沉重，结合双方在承担家庭义务所付出的时间成本、精力成本以及获得的效益等多方面因素进行综合衡量，林某照顾孩子起居就医等时间较长，付出较多，可以认定已经达到了法律规定主张经济补偿的标准。原审法院对此认定不当，本院予以纠正。此外，原审法院认为根据离婚时给予生活困难一方适当帮助的原则，应对林某给予一定经济补偿，亦符合案件实际，本院予以维持。

北京市第三中级人民法院依照《中华人民共和国民事诉讼法》第一百七十条第一款第一项之规定，作出如下判决：

驳回上诉，维持原判。

【法官后语】

离婚经济帮助制度、离婚经济补偿制度、离婚损害赔偿制度并称为我国三大离婚救济制度。本案即涉及其中离婚经济补偿制度的法律适用问题。尤其是在民法典实施后，如何在审判中准确把握离婚经济补偿的相关认定标准，是本案中值得研究探讨的重点问题。

一、我国关于离婚经济补偿制度的立法沿革

离婚经济补偿，是指在婚姻关系解除时一方因对家事劳动付出较多而有权向另一方要求补偿的法律制度。主要功能在于在夫妻共同财产分割的基础上，对家庭义务承担较多的一方的权利给予救济和平衡。我国2001年修正的婚姻法首次确立了离婚经济补偿制度，具体体现在第四十条，“夫妻书面约定婚姻关系存续期间所得的财产归各自所有，一方因抚育子女、照料老人、协助另一方工作等付出较多义务的，离婚时有权向另一方请求补偿，另一方应当予以补偿”。该制度在一定程度上填补了法律漏洞，具有重要意义。但该条规定将离婚经济补偿的前提确定为“夫妻书面约定婚姻关系存续期间所得的财产归各自所有”，由于在我国绝大部分家庭采取法定共同财产制，该制度自实施以来使用率明显偏低。

我国民法典出台后，在婚姻法的基础上进行修改，取消了离婚经济补偿只在约定财产制下适用的规定，将经济补偿范围扩大到法定财产制和约定财产制同样适用，同时增加了补偿的具体办法。即民法典第一千零八十八条，“夫妻一方因抚育子女、照料老年人、协助另一方工作等负担较多义务的，离婚时有权向另一方请求补偿，另一方应当给予补偿。具体办法由双方协议；协议不成的，由人民法院判决”。

二、关于离婚经济补偿制度的法律适用以及民法典时间效力的相关规定

由于婚姻法与民法典均由全国人民代表大会制定、处于同一位阶、不存在种属关系，伴随民法典施行，婚姻法废止，在两部法律冲突时就会引发法律溯及既往的适用问题。本案中，具体需厘清两个问题。

一是关于“跨越”民法典实行前后的法律事实的法律适用。从理论上分析，民事法律事实可按其发生的形态分为瞬间性法律事实和持续性法律事实，瞬间性法律事实发生的时间是一个“点”，持续性法律事实发生的时间是一条不断延伸的“线”。[①] 对这类“跨法”的法律事实统一适用新法有利于维护法律适用的稳定，也保护了当事人根据新的法律形成新的预期。《最高人民法院关于适用〈中华人民共和国民法典〉时间效力的若干规定》（以下简称《民法典时间效力规定》）第一条规定了法不溯及既往原则和例外，其中第三款即规定了对于法律事实发生在民法典实行前并持续至民法典实施后，引起的民事纠纷案件，适用民法典的规定。从本案的案情来看，双方对家庭所作贡献的模式呈持续状态，并非全部发生在民法典颁布之前。民法典实施后，本案的持续性法律事实应当归入民法典生效

---

① 黄薇主编：《中华人民共和国民法典释义及适用指南》（下册），中国民主法制出版社2020年版，第89页。

后要调整的范围。

二是关于有利溯及的适用规则。我国立法法第九十三条但书条款规定，为了更好地保护公民、法人和其他组织的权利和利益而作的特别规定，可以溯及适用。但由于有利溯及的标准抽象化难度很大，其规定较为单一零散。民法典颁布后，最高人民法院司法解释中第一次明确了民事审判有利溯及的标准，具体体现在《民法典时间效力规定》第二条，提出了“三个更有利于”作为判断标准，即更有利于保护民事主体合法权益，更有利于维护社会和经济秩序，更有利于弘扬社会主义核心价值观。本案中，婚姻法规定离婚经济补偿仅能在夫妻约定财产制下适用，而民法典规定将离婚经济补偿范围扩大到法定财产制和约定财产制同样适用，对家庭义务承担较多一方给予更多救济，充分贯彻了国家在立法层面对公民利益的全面保护理念，亦为道德层面正当性提供了支撑。因此，虽然本案立案时间在民法典出台之前，但从上述规定的具体内容分析，适用民法典的该项规定符合立法精神。

三、我国民法典中关于离婚经济补偿的法理依据及认定标准

婚姻重大利益，必然有成本投入，虽然这些投入都是自愿的，尤其是在时间上和精力上的投入，无法与收益之间达到衡平，就很可能产生不公平。基于此，婚姻法律应充分考量种种可能性，通过相应的制度设计，减少和预防这种不公平现象的发生，这也是离婚经济补偿制度的理论依据。

在具体适用中，离婚经济补偿制度的适用需要符合一定条件，本文结合本案具体案情，根据民法典婚姻家庭编的相关规定予以分析。一是不区分所有制类型一律适用，无论夫妻关系存续期间采取的是法定共同财产制还是约定分别财产制，如果一方在婚姻中相比

另一方对家庭负担了更多的义务，均有权利在离婚时请求补偿。二是经济补偿以负担了较多家庭义务为前提，民法典中列举了抚养子女、照料老年人、协助另一方工作等，作为负担较多义务一方可提出经济补偿的情形。本案中，经查，因两人婚生子陈某睿患病长期就医，家庭负担较为沉重，结合双方在承担家庭义务所付出的时间成本、精力成本以及获得的效益等多方面因素进行综合衡量，林某自孩子患病后就辞去待遇较为优厚的财务工作，选择在家照顾孩子起居就医等，时间跨度十几年，在个人时间精力体力上付出较多。尤其面对陈某睿的特殊病情，不仅付出大量体力劳动，还投入大量精神关怀，可以认定已经达到了法律规定主张经济补偿的标准。三是经济补偿需一方主动提出，法院不得主动适用。四是仅限于在离婚时提出相应请求，在离婚后一方提出经济补偿请求的，法院不予受理。综合本案情况以及林某在审理中多次主张对其多年付出给予经济补偿的请求，本案符合民法典中关于离婚经济补偿的给付条件，法院终审判决确认陈某应当给予林某相应离婚经济补偿，是正确的，亦符合案件实际。因此，对于本案最终确定的补偿金额而言，应结合上述因素，同时考虑陈某在经济上对家庭作出的贡献，以及林某今后照顾两个孩子的实际情况和陈某睿的病情发展等作出认定，原审法院酌予确定的40万元经济补偿，数额上较为合理。

此外，需要说明的是，离婚经济补偿的具体执行，以夫妻共同财产分割的确定为基础，补偿金应当从承担支付义务一方的个人财产或分得的共同财产中支取。不能采取在夫妻共同财产分割前先行扣除经济补偿，再对剩余共同财产进行分割的做法，否则，离婚经济补偿的救济功能将失去意义。

编写人：北京市第三中级人民法院　杨夏

036 北京牌照权利与车辆权利冲突下优先保障位阶规则确立

——满某某诉张某离婚后财产案

【案件基本信息】

1. 裁判书字号

河北省张家口市中级人民法院（2021）冀 07 民终 2444 号民事判决书

2. 案由：离婚后财产纠纷

3. 当事人

原告（上诉人）：满某某

被告（被上诉人）：张某

【基本案情】

满某某、张某于 2008 年结婚，2014 年 11 月 7 日协议离婚。离婚协议约定："雪铁龙车（北京牌照）两年内归男方（张某）使用，两年后过户给女方（满某某）。"2020 年 6 月，张某购置丰田车（价值 9 万元），仍使用原雪铁龙车北京牌照。满某某以张某未履行离婚协议为由诉至法院，请求法院判令张某配合其办理丰田车（含北京牌照）的车辆转移登记过户手续，赔偿其违法使用车牌所造成的损失。另查，满某某在北京市申请个人小客车配置指标未果，在北京市未登记小客车。

【案件焦点】

1. 满某某依据离婚协议是否可以拥有北京牌照的使用权；2. 丰

田车是否可以过户到满某某名下。

【法院裁判要旨】

河北省蔚县人民法院经审理认为，张某于2020年购买丰田牌小型轿车一辆，不属于满某某、张某在婚姻关系存续期间的共同财产。车辆所有人通过行政许可享有对牌照的使用权，而非通过金钱支付方式取得。车辆牌照不具有金钱价值，北京牌照不属于当事人的财产，满某某的诉讼请求不予支持，判决如下：

驳回满某某的诉讼请求。

满某某不服，提出上诉。河北省张家口市中级人民法院经审理认为：1. 关于离婚协议效力。该协议系双方自愿达成，所涉及的车辆转移登记并不违反法律、行政法规的强制性规定，不违背公序良俗，具有合法性、有效性。2. 关于满某某对北京牌照及车辆的权利与张某对丰田车辆物权的位阶关系。北京牌照不具有市场价值，属于行政行为调控与配置范畴，是赋予公众在北京拥有小客车的资格。车辆具有市场价值，属于公众通过市场可以获得的物品。当北京牌照所涉权利与车辆物权发生冲突的时候，赋予北京牌照获得资格可以有效满足协议主体的预期，可以让双方当事人充分感受到公平与正义，且更有利于落实诚信原则、践行社会主义核心价值观，故应当优先保障当事人对北京牌照的权利。3. 关于北京牌照及车辆的归属。车辆可以过户，但车牌不能过户。《中华人民共和国民法典》第三百二十二条的规定强调了约定优先原则，还强调了物在添附（加工、附合、混合）后不可分状态下，分属不同权利主体的物的归属原则。本案中，北京牌照与车辆分属不同的民事主体，优先保障当事人对北京牌照的权利时，车辆与牌照在转移登记过户过程中也具有不可分性。依照前述优先保障当事人对北京牌照权利的司法理念，结合张某置换车辆未能履行协议具有一定过错、满某某并无过错的实际，以保护无过错方利益为原则，应当确定丰田车（包括北京牌照与车辆）归满某某所有，由满某某给予张某补偿。4. 关于涉案车辆转移登记过户的条件审查。满某某与张某的婚姻关系存续期已满一年，在北京市没有登记小客车，符合《北京市小客车数量调控暂行规定实施细则》规定，具备转移登记过户条件。

河北省张家口市中级人民法院依照《中华人民共和国民法典》第七条、第一百五十三条、第一百九十五条、第三百二十二条，《最高人民法院关于适用〈中华人民共和国民法典〉时间效力的若干规定》第一条第三款，《中华人民共和国民事诉讼法》第一百七十条第一款第二项的规定，作出如下判决：

一、撤销河北省蔚县人民法院民事判决；

二、张某名下的丰田车（包括北京牌照与车辆）归满某某所有，张某配合满某某于本判决生效后十日内办理转移登记过户手续并交付满某某；

三、满某某自愿补偿张某 5 万元，于丰田车转移登记过户并交付后十日内履行完毕；

四、驳回满某某的其他诉讼请求。

【法官后语】

本案行为发生在《中华人民共和国民法典》（以下简称《民法典》）施行前，并且行为事实持续至《民法典》施行后。根据《最高人民法院适用〈中华人民共和国民法典〉时间效力的若干规定》第一条第三款规定，由该事实引起的民事纠纷案件，适用民法典的规定。本案所涉及的添附制度，最早规定在最高人民法院《关于贯彻执行〈中华人民共和国民法通则〉若干问题的意见（试行）》中。该意见第八十六条规定："非产权人在使用他人的财产上增添附属物，财产所有人同意增添，并就财产返还时附属物如何处理有约定的，按约定办理；没有约定又协商不成，能够拆除的，可以责令拆除；不能拆除的，也可以折价归财产所有人；造成财产所有人损失的，应当负赔偿责任。"第八十七条规定："有附属物的财产，附属物随财产所有权转移而转移。但当事人另有约定又不违法的，按约定处理。"之前的《中华人民共和国物权法》并没有规定添附制度。民法典规定了添附制度，并明确了加工、附合、混合而产生的物的归属原则，旨在规范不同所有人的财产合并在一起不能分离的法律事实情况下的区分原则。本案中，北京车牌和车辆的归属属于上述范畴。

北京牌照属于政府宏观调控范畴。司法实践中，存在通过虚假结婚、租赁、买卖等手段获取北京牌照的行为。北京牌照权利逐步成为诉讼热点。人民法院对北京牌照权利的性质认定、权利归属、租借买卖行为等予以规范并确定相应的裁判规则，对于依法参与北京牌照乱象治理、严格规范转移登记程序具有重要的司法价值和法治导向。

一、北京牌照与车辆分属不同权利主体的情况下优先保护位阶规则确定考量

本案中，张某购置新车仍使用北京牌照，违反离婚协议约定，违背社会主义核心价值观。离婚协议约定内容合法有效，是满某某拥有北京牌照权利的来源或者基础。在裁判中必须坚持落实社会主义核心价值观，维护权利实现的预期性、稳定性。北京牌照权利保

障和车辆物权保护的位阶优先，还要考量行政管控方式、市场资源配置、当事人过错等因素。相比较来看，北京牌照可以看作一项行政许可，并不体现财产价值；而车辆是物权的保护对象，任何组织和个人不得侵犯物权。本案中，北京牌照权利与车辆物权分属两个主体。在发生冲突的情况下，优先保障行政管控下的权利更符合普遍认识观。车辆可以通过市场获得，在权利受损时可以金钱来代替予以救济，并且完全可以自主实现。但是，北京牌照资格不是由市场所决定的，申请指标具有一定的偶然性，也并不是完全自主实现。法律价值出现不同位阶时，考虑本案所涉及的公共秩序、权利自由、公平正义，应当赋予北京牌照权利保障优先地位。另外，车辆过户体现了北京牌照与车辆的密切关系，具有不可分的性质。虽然本案中北京牌照与车辆并不是《民法典》第三百二十二条所规定的加工、附合、混合方式所形成，但是从目的解释方法来分析，该条的本质是强调物在不可分状态下的归属规则。本案中，北京牌照与车辆变动不可分，依据前述司法理念，按照充分发挥物的效用以及保护无过错的原则确定，应当判决车辆归满某某所有，由满某某给予张某相应补偿。

二、转移登记过户的司法与行政审查

离婚协议约定车辆转移登记过户，还需要审查受让人是否符合《北京市小客车数量调控暂行规定实施细则》规定。本案中，满某某符合婚姻关系存续期已满一年、在北京市没有登记小客车的条件。也就是说，满某某的权利保护既要在司法层面上获得支持，又要在行政管理层面上符合条件，双重要求缺一不可。如果满某某不符合“婚姻关系存续期已满一年”的条件，人民法院应当驳回其诉讼请求。理由是公安机关交通管理部门在这种情况下不能办理转移登记手续，人民法院即使作出支持满某某的裁判也得不到执行，很有可能会是一纸空文，不如直接驳回请求更为妥当。反对该观点者认为，驳回诉讼请求直接剥夺了受让人的受让权利。实践中，“婚姻关系存续期已满一年”只是延长了虚假婚姻的时间成本，并不能真正堵住利用虚假婚姻过户的漏洞。作假者有可能利用更长的时间成本为代价，来换取通过摇号可能一年以上时间也得不到指标的结果。所以，打击虚假婚姻过户，仅在婚姻存续期间上作出限制还没有完全达到效果。建议积极利用婚姻大数据信息更加精准地区分虚假婚姻，有效避免违法行为。需要强调的是，这种情况只有北京地区存在，其他地区车牌目前不受管控。人民法院在司法政策制定中既要考虑北京地区的特殊性，又要为将来其他地区的管控提供有益的司法借鉴。

三、租赁等黑市行为的法律评估

行政管理规定对租赁等行为采取严格的管控措施。《北京市小客车数量调控暂行规定实施细则》第三十三条规定，经公安、司法机关等调查确认有买卖、变相买卖、出租或者承租、出借或者借用小客车指标确认通知书行为的，由指标管理机构公布指标作废；已使用指标完成车辆登记的，由公安机关交通管理部门依法撤销机动车登记，由指标管理机构公布指标作废。同时，三年内不予受理该申请人提出的指标申请。依照上述规定，人民法院在审理租赁车牌等相关案件时，一律以违反法律、行政法规的强制性规定认定为无效合同。本案中，满某某在诉讼中提出，张某在置换车之后租赁给他人获取利益。但并未提供相关证据证实。司法实践中，在出租方与承租方产生纠纷，可以适用无效合同解决。出租方与承租方各取所需，因纠纷诉至法院的非常鲜见，通过司法裁判制裁租赁北京牌照车辆难以达到根治效果。本案中，如果张某出租北京牌照车辆属实，就会通过与满某某的违约行为获取租金利益，这种利益是建立在租赁合同无效基础上，在本案中无法作出制裁行为，不能判决租金利益给付满某某，这样就变相地支持了无效行为。如果不作出制裁，就会造成张某通过违约获取非法租金的不公平。

四、“同意履行义务”时效中断的评价规则

“同意履行义务”中的“同意”，包括承诺与行为。本案双方约定两年后北京牌照过户给女方，过户不仅是双方的合意，还有公安机关交通管理部门的行为。如何评价张某将车辆票据给满某某的行为，观点也不尽统一。第一种观点认为，过户是公安机关交通管理部门的行为，张某给付满某某车辆票据的行为不仅属于履行过户义务的范畴，还有可能是保管等其他意思表示。第二种观点认为，应当对过户作广义的理解，既包括公安机关交通管理部门的行为，又包括张某个人积极的配合行为。“同意”的情形认定与评价规则，在涉及行政管理领域行为的，要坚持当事人意思表示和公众普遍认识两项标准，不能仅依据当事人一方意思表示作出判断。张某给付票据的行为，主观上在满某某心理上形成了履约认识与预期。在过户时，满某某持有车辆票据与张某不交付车辆票据相比较，前者更接近过户行为完成。《民法典》第一百九十五条规定“同意履行义务”并未规定认定规则和列举具体情形，建议在制定司法解释时予以明确，特别是要将交付凭证、票据等行为视作“同意”的情形。“同意履行义务”时效中断后，何时再重新计算诉讼时效，司法实践中也有争议，主要表现在：中断的时间点就是重新计算的时间点，尽可能地督促当事人行使权利；中断的时间点不是重新计算的时间点，“同意履行义务”状态下无须权利人再通过其他方式明确和维持权利，此期间不应当视为权利人怠于行使权利。本案采取第二种观点。如果未约定宽限期，就应当以义务人明确不履行义务之时重新起算。

北京牌照所涉各种利益复杂多样，特别是对小客车指标申请、登记过户以及租赁借用等利益交换行为的规制，需要人民法院与行政机关在司法与执法方面的良性互动、协调配合。人民法院要在价值观冲突语境下，科学研究确立规则，在环境治理、交通改善过程中更加注重强化法治引领，从而获得最佳的法治效果。

编写人：河北省张家口市中级人民法院　赵洲　史丽娟

037　为“假离婚”签订的《离婚协议》之效力认定

——黄某华诉黄某芸离婚财产案

【案件基本信息】

1. 裁判书字号

上海市第一中级人民法院（2021）沪01民终351号民事判决书

2. 案由：离婚财产纠纷

3. 当事人

原告（被上诉人）：黄某华

被告（上诉人）：黄某芸

【基本案情】

2013年黄某华和黄某芸登记结婚，黄某芸住进黄某华名下的房子。两年后女儿出生，为了让女儿接受更好的教育，两人计划购买一套学区房。为了能享受首房首贷的优惠政策，二人计划“假离婚”，商定离婚之后，以黄某芸的名义购买学区房，黄某华将房屋的首付款300万元以离婚补偿款的形式转给黄某芸。后二人签署《离婚协议》对子女抚养、财产分割以及离婚补偿款作出约定，并办理了离婚登记手续。

离婚后，黄某华将自己和母亲共有的一套房子变卖，陆续给黄某芸转款共计294万余元，黄某芸用这笔钱支付了学区房的首付款。其间，两人仍生活居住在一起。然而，拿到房产证后，黄某芸却以双方感情破裂、离婚系双方真实意思表示为由拒绝复婚。黄某华将黄某芸诉至法院，请求法院判定《离婚协议》中关于财产分割的约定无效；黄某芸归还其个人财产294万余元，重新分割夫妻共同财产。在案件审理过程中，黄某华撤回了要求黄某芸返还欠款和重新分割夫妻共同财产的诉请。

【案件焦点】

夫妻双方为假离婚而签订的《离婚协议》效力认定。

【法院裁判要旨】

上海市浦东新区人民法院经审理认为：黄某华提供的双方微信聊天记录、录音等证据显示，黄某芸在离婚前多次与黄某华讨论购房政策、贷款优惠条件以及房屋置换方案，并在办理离婚登记的前一日，还催促黄某华办理离婚，表示“怕政策有问题，而且离婚时间越长贷款越好办”，在离婚之后，黄某芸与黄某华以及黄某华母亲的对话中，又屡次提到“没有想过要真离婚”“因为要买房子，必须要离婚”等，并认可曾说过“房本下来一年复婚”。以上说辞均体现出黄某芸的离婚意愿并非真实，双方实为规避限购和享受贷款优惠政策而协议离婚，《离婚协议》中关于财产分割的约定系因虚伪意思表示而无效，判决支持黄某华的诉请。

一审判决后，黄某芸不服，上诉至上海市第一中级人民法院，称离婚补偿款是黄某华为了拿到女儿抚养权才给她的，并不是给她买房的，请求撤销一审判决。

上海市第一中级人民法院经审理认为：本案争议焦点在于《离婚协议》是否系双方当事人的真实意思表示。综合双方当事人在离婚前后进行的多次对话，可以充分认识到双方办理离婚是为了购买房屋，二人签订的《离婚协议》是为了达成购房目的而作出的虚假意思表示。《离婚协议》中约定了黄某华需支付黄某芸300万元补偿款，其后黄某华也确实向黄某芸进行了转款，但该款项实为购房所需。加之双方婚后并无如此大额的财产，黄某华向黄某芸所转款项也是出售了其与案外人共有的房屋后所得款项，若如黄某芸所述黄某华是为了得到女儿抚养权而向其支付补偿款，那么该补偿款也应在其可控、可承受范围之内，现在的款项完全不在黄某华可承受范围之内，与其收入完全不匹配。遂判决：驳回上诉，维持原判。

【法官后语】

“假离婚”是指夫妻一方或者双方本无离婚的真实意思而因双方通谋或受对方欺诈而作出离婚的意思表示。虚假离婚一般包括两种情形：一是通谋离婚，二是欺诈离婚。通谋离婚，是指婚姻当事人双方为了共同的或各自的目的，串通暂时离婚，等目的达到后再复婚的行为。欺诈离婚，是指一方当事人为了达到离婚的真正目的，采取欺诈手段向对方许诺先离婚后再复婚，以骗取对方同意“暂时”离婚的行为。

通谋离婚的当事人一般为获得计划生育指标、购房资格、拆迁款或为逃避债务等登记离婚，但实际上夫妻感情并未破裂，二人往往继续维持共同居住、共同生活的关系，其特点在于双方对于离婚的目的是明知的，并且共同策划促成，不存在欺诈和胁迫。我国法律并未明确评价假离婚效力，但在司法实践中，法院普遍采取“隔离技术”，消弭法律评价矛盾，对动机意思与效果意思、身份关系与财产关系进行区分①。

首先，应当区分动机意思与效果意思。离婚行为是一种民事法律行为，其效力取决于意思表示的真实性，而意思表示的生成是一个由内而外的过程。就本案而言，当事人双方首先产生获得首套房屋购买资格的动机，随后作出终止婚姻关系的意思表示，继而实施向民政部门申请离婚的行为。但因动机意思具有前端性、隐秘性、不稳定性、难以辨识性等特点，故不应包含在意思表示的概念之中。因此，意思表示的动机与内容之间可以形成隔离。在假离婚案件中，婚姻当事人动机层面的通谋虚伪并不影响双方就“终止婚姻关系”形成合意并办理离婚登记，其效果意思和表示行为没有任何瑕疵，故而就身份关系而言，假离婚具有真效力。离婚（包括假离婚）的男女双方自愿恢复夫妻关系的，应当到婚姻登记机关办理复婚登记。

本案中，已有证据显示签订协议时黄某华、黄某芸的真实意愿为“离婚→实现法外利益→复婚”，事实上二人对离婚的法律效果是积极追求的，因为只有离婚，才能够实现规避二套房屋限购政策之目的，故而不存在意思表示的瑕疵，符合民法典第一千零七十六条“自愿”离婚的要求，双方的离婚行为应认定有效。

其次，应当区分身份关系与财产关系。婚姻具有身份与财产两重关系，这也意味着离婚协议本质上是一个复合型协议，其中财产

---

① 参见蔡立东、刘国栋：《司法逻辑下的“假离婚”》，载《国家检察官学院学报》2017年第25期。

分割协议是一个附生效条件的合同，身份关系的解除就是其生效条件。但这并非意味着，在效力认定上，财产协议完全附属于身份协议，随婚姻关系的解除而直接生效。财产协议是否有效应进行独立考察，若符合民事法律行为的无效或可撤销事由，如通谋虚伪、违背公序良俗或者存在欺诈、胁迫的情况，尚不能发展到生效环节。

本案中，黄某华和黄某芸在签订财产分割协议时，并不具有对财产进行分割的真实意思，登记离婚后也仍然共同使用支配名义上分割给一方的个人财产，且该分割明显损害了黄某华的利益。根据民法典第一百四十六条行为人与相对人以虚假的意思表示实施的民事法律行为无效的规定，应认定该财产分割协议无效。

综上，在“假离婚”案件中，双方当事人一旦办理了离婚登记手续，婚姻关系即告解除，“假离婚”具有真效力；但就财产分割协议而言，需要考察当事人签订协议时的真实意思，若遭受损失一方当事人不能做到有效举证，则将面临人财两空的窘境，本案为“假离婚”案件的效力认定提供了一个裁判方向。

编写人：最高人民法院司法案例研究院与

复旦大学联合培养实习生　贺翀

038　夫妻一方对外所负侵权之债是否属于夫妻共同债务

——蔡某诉史某离婚后财产案

【案件基本信息】

1. 裁判书字号

北京市第一中级人民法院（2020）京01民终3001号民事判决书

2. 案由：离婚后财产纠纷

3. 当事人

原告（上诉人）：蔡某

被告（被上诉人）：史某

【基本案情】

蔡某与史某于2017年9月27日登记结婚，2019年3月28日经法院判决离婚，婚后未生育子女。蔡某曾于2017年11月30日上班途中驾驶车辆发生交通事故给案外第三人刘某造成损害，后刘某以机动车交通事故责任纠纷为由将蔡某诉至法院要求蔡某承担相应修车费，法院于2018年12月5日作出（2018）京0105民初24945号民事判决：蔡某给付刘某修车费52000元。史某称其对交通事故知情，但对法院判决蔡某承担修车费的事不知情。蔡某起诉主张，婚姻关系存续期间其在上班途中因驾驶机动车发生交通事故对他人的赔偿应属于夫妻共债，史某应共同承担。史某称蔡某因驾驶机动车发生交通事故与己方无关，不应属于夫妻共债。

【案件焦点】

史某婚姻关系存续期间对外所负侵权之债是否应认定为夫妻共同债务。

【法院裁判要旨】

北京市海淀区人民法院经审理认为，判断是否属于夫妻共同债务，需要考虑以下几个因素：第一，双方是否具有举债之合意；第二，所负的债务是否用于家庭日常生活。蔡某因驾驶车辆与他人发生交通事故，由此产生的债务不属于夫妻共同债务，应由其个人承担。判决：

驳回蔡某该项诉讼请求。

蔡某不服原审判决，提起上诉。北京市第一中级人民法院经审理认为：夫妻一方因侵权行为致人损害产生的债务，一般认定为一方个人债务。但该侵权行为系因家庭劳动、经营等家事活动产生或其收益归家庭使用的，应认定为夫妻共同债务。蔡某在婚姻关系存续期间因交通事故形成的侵权之债，虽不是蔡某与史某的共同意思表示，双方也没有实际分享该债务带来的利益，但从该债务的产生基础和目的来看，该侵权行为系发生在蔡某上班途中，蔡某的上班行为属于家庭劳动及生产生活的一部分，其上班所得的工资收益亦属于夫妻共同财产的组成部分，归家庭使用，蔡某因侵权行为产生债务的基础是为了夫妻共同生活谋取利益，应属于夫妻共同债务的范畴，故蔡某在上班途中因交通事故对案外人的赔偿应属于双方的夫妻共同债务，由双方共同负担。综上所述，判决：

一、撤销北京市海淀区人民法院民事判决；

二、（2018）京 0105 民初 24945 号民事判决确认的蔡某给付刘某修车费 52000 元为蔡某、史某的夫妻共同债务，由蔡某承担偿还责任，史某于判决生效后十日内给付蔡某 26000 元。

【法官后语】

2018 年《最高人民法院关于审理涉及夫妻债务纠纷案件适用法律有关问题的解释》（以下简称 2018 年《解释》）出台推动夫妻共债问题重回用途论阶段，民法典将该解释内容吸收入典，有效缓解了长期以来围绕夫妻共债认定问题的论争。但当前夫妻共债认定规则仅限于意定之债，司法实践对日渐突出的夫妻一方对外侵权所负债务的认定无法可依，需要通过司法评价与方法论解释厘清认定标准，进而对类案形成相对统一的裁判路径。

一、侵权之债是否应认定为夫妻共同债务的大数据审视

笔者以“夫妻共同债务”及“侵权”为关键词在中国裁判文书网检索2018年《解释》出台至今的相关裁判，筛选出471份有效样本。

（一）数据反馈

分析发现，涉夫妻一方对外所负侵权之债是否属于夫妻共债的认定以机动车交通事故责任纠纷最为突出，占比64%。提供劳务者受害纠纷占比16%，财产损害赔偿纠纷占比3%，生命权、健康权、身体权纠纷占比6%，不当得利纠纷占比3%，其他纠纷占比8%。

样本所见对夫妻共债的最终认定中，将夫妻一方所负侵权之债认定为共债占比59.1%（一二审均予以认定夫妻共债占比47.8%，一审不予认定二审予以认定夫妻共债占比11.3%），认定为个债占比39.4%（一审认定二审不予认定夫妻共债占比10.3%、一二审均不予认定夫妻共债占比29.1%），另有1.5%（驳回诉求，另案处理）的案件法院裁判对该项诉请不予审理或建议另案处理。

涉夫妻一方侵权之债是否构成夫妻共债认定的裁判依据[1]

[1] 因一份判决可能同时援引多条裁判依据，故样本所见援引不同裁判依据总和大于样本总数。

法条	数量	占比
民法典第一千零六十四条	43	9.1%
2018年《解释》	97	20.6%
婚姻法第四十一条	20	4.2%
婚姻法司法解释二第二十四条	100	21.2%
婚姻法司法解释二第二十六条	17	3.6%
侵权责任法第八条	39	8.3%
《最高人民法院关于人民法院审理离婚案件处理财产分割问题的若干具体意见》第十七条	10	2.1%
物权法第一百零二条	10	2.1%
未体现法律依据	173	36.7%

（二）裁判困境

依上述，夫妻一方对外侵权所负债务是否属于夫妻共债的认定分歧显而易见。

第一，认定标准不一。夫妻一方对外侵权所负债务是否应与意定之债同等对待在实践中尚无定论，部分案件参照现行立法直接做出认定或不予认定的裁判，而部分案件认为现行立法确立的夫妻共债认定规则适用对象不包括侵权之债进而对当事人要求确认侵权之债属于夫妻共债的诉求予以搁置。由此一方面导致同案不同判，增加当事人诉累的消极影响；另一方面亦可能有损债权人合法利益，在弱者保护原则中失衡。

第二，审判逻辑各异。裁判集中体现为“推定论”“共同侵权论”及“目的论”的区分进路。“推定论”依据双方存在婚姻关系，将夫妻一方所产生的侵权之债推定为夫妻共债，此种裁判思路又可细分为两种：一是从时间角度出发，依据侵权行为发生于婚姻关系存续期间推定该侵权之债为夫妻共债；二是从共同财产角度出发，夫妻不仅共同享有积极财产所带来的利益，同样也应共同承担积极财产所产生的相应消极财产。“共同侵权论”从侵权责任认定的逻辑出发，用侵权责任的构成要件来分析侵权人配偶应否承担赔偿责任。“目的论”则主要审查侵权行为是否为夫妻共同生活或共同生产经营以及是否为夫妻双方带来利益，进而判断是否为夫妻共债，本案判决即是如此。不同的裁判思路导致相似的案情产生迥异的裁判结果。

二、以“共同意思与共同利益”为考量的夫妻共同债务认定法律规则解析

《中华人民共和国民法典》（以下简称《民法典》）第一千零六十四条吸收2018年《解释》内容中对夫妻共债的认定设立“夫妻合意之债、家事代理之债以及超出家事代理共享之债”的三种债务形态，分析来看，夫妻共债认定规则实质以两项基础理念为考量依据。

（一）基于共同意思表示作出的举债行为成立共同债务

法律行为理论以意思表示为核心，必须根据行为人的意思表示而设立。目前规则认定构成夫妻共债的共同意思表示包括本来合意与拟制共意两个层面。

1. 本来合意

《民法典》第一千零六十四条第一款规定“夫妻双方共同签名或者夫妻一方事后追认等共同意思表示所负的债务”，即为明示意思表示，而第二款但书部分“基于夫妻双方共同意思表示”，可理解为默示意思表示的推定，如接受款项的是配偶账户并由配偶掌握该账户，或是配偶在场且没有反对等情形。此时，夫妻双方以明示或默

示行为作出共同举债的意思表示，由此形成的债务当然应属夫妻共债，这是意思表示引起特定法律效果必然，毋庸多言。

2. 拟制共意

《民法典》第一千零六十四条第一款规定“夫妻一方在婚姻关系存续期间以个人名义为家庭日常生活需要所负的债务，属于夫妻共同债务”可理解为基于该法第一千零六十条日常家事代理权产生之债。日常家事代理权，是指夫妻一方因家庭日常生活需要而与第三方为一定民事法律行为时互为代理的权利。夫妻一方在日常家庭事务范围内，与第三方所实施的民事法律行为，视为依夫妻双方的意思表示所为的民事法律行为，另一方也应承担因此而产生的法律后果。[①] 法律设立日常家事代理权之目的在于扩张夫妻双方意思自治，使得夫妻双方在日常家庭事务处理中无须事必躬亲，其实际包含了举债人自己的举债行为以及代理配偶举债的行为，形成共同债务基础的代理意思。基于代理，一方在家庭日常生活范围内所为的法律行为对另一方有效，在债务关系中突破了债的相对性。此时，“在当事人并未为意思表示，或意思表示不明确的案型，基于规范上的要求，拟制有某种意思表示之存在；或将不明确之意思表示，拟制为有特定之内容”，[②] 即行使日常家事代理权将举债一方个人行为拟制为夫妻双方共同意思表示，因其形成的债务当然属于夫妻共债。

（二）以家庭共同利益为导向的举债行为成立共同债务

法律不仅保护行为人的意思自治还保护相对人对行为人意思的

---

① 黄薇主编：《中华人民共和国民法典婚姻家庭编解读》，中国法制出版社 2020 年版，第 86~87 页。

② 黄茂荣：《法学方法与现代民法》，中国政法大学出版社 2001 年版，第 160 页。

信赖。以家庭共同利益为导向而认定夫妻共债的意义之一在于明确夫妻双方作为共同债务人承担债务的责任，以此避免恶意逃债损害债权人的情形发生。

婚姻法第四十一条以“夫妻共同生活”作为夫妻共债的依据。学说通常认为，夫妻共同生活包括婚姻关系存续期间夫妻的生活、生产和经营等。[①]《民法典》第一千零六十四条第二款因此明确超出家庭日常生活需要但用于夫妻共同生活、共同生产经营的债务属于夫妻共债。团体性是家庭结构的本质，共同财产制是我国夫妻财产关系的常态，很多情形下夫或妻在名义上虽为个人行为，但利益实际由夫妻团体甚至家庭成员共享，鉴于夫妻共同生活所具有的伦理特性与封闭特征，从维护交易信赖与“利益共享风险共担”的责任承担角度考量，当夫妻一方以个人名义从事超出日常家庭生活需要的行为，应以“家庭利益”作为夫妻共债的抽象标准。[②] 此时，共同生活与共同生产经营只是一种外在的形式，其内核是家庭共同利益。此时之所以成立夫妻共债不在于共同意思表示，亦不在于财产共同共有理论，而在于双方共享举债行为带来的利益，这正是法典强调“共同”生活及“共同”生产经营之缘由。

超出家事代理范围但用于家庭共同生活、共同生产经营的债务性质认定具有“目的导向性”，是从债务承担而非债务成立的角度考量未举债配偶一方的责任，理解这一点，至关重要。

三、夫妻一方对外所负侵权之债的类推适用规则分析

如上所述，《民法典》第一千零六十四条仅关注意定之债，基于

① 陈苇：《婚姻家庭继承法学》，群众出版社 2012 年版，第 273 页。

② 冉克平：《夫妻团体债务的认定及清偿》，载《中国法学》2017 年第 5 期。

法律评价体系连贯性和同类事物同类判断的原则，应当承认法典关于夫妻共债的规定存在法律漏洞，需基于漏洞填补技术予以法律续造。

（一）夫妻一方产生的侵权之债可类推适用《民法典》第一千零六十四条的规定

值得注意的是，在认可存在法律漏洞的场合，基于何种法学方法进行填补亦存在认识不统一的现象，如有学者主张以目的性扩张解决漏洞填补问题，认为应对《民法典》第一千零六十四条第二款“债务用于夫妻共同生活、共同生产经营”作目的性扩张解释，即夫妻一方侵权之债应推定为侵权方个人债务，但若债权人（受害人）能够证明侵权行为令夫妻共同受益，或侵权行为所寄生的基础性活动与夫妻共同生活相关，则相关债务应被认定为夫妻共债。[①] 所谓目的性扩张一般是指“法律文义所涵盖之案型，有时衡诸该规定之立法意旨，显然过狭，以致不能贯彻该规范意旨”，[②] 因而将其适用扩张至文义不包含之类型。笔者认为，因《民法典》第一千零六十四条的立法旨意并非系对夫妻共债类型的全部规定，仅针对意定之债，所以并无立法意旨过窄的问题，此时宜通过类推适用《民法典》第一千零六十四条予以解决，即“将法律明文之规定，适用到非该法律规定所直接加以规定，但其法律之重要特征与该规定所明文规定者相同之案型。”[③]

（二）司法实践中侵权之债认定为夫妻共同债务的情形分析

夫妻一方对外所负侵权之债何种情形下应属夫妻共债，需基于

---

① 叶名怡：《民法典视野下夫妻一方侵权之债的清偿》，载《法商研究》2021 年第 1 期。

② 黄茂荣：《法学方法与现代民法》，中国政法大学出版社 2001 年版，第 400 页。

③ 黄茂荣：《法学方法与现代民法》，中国政法大学出版社 2001 年版，第 393 页。

家庭共同利益的构成性原则加以细致厘定。具体而言，应在两个层次中展开，一是产生侵权之债的基础性活动属于利益家庭活动；二是产生侵权之债的基础性活动不属于利益家庭活动，但收益归家庭享有，家庭在受益的范围内承担责任。具体包括：

第一，夫妻一方在家庭日常生活中直接产生的侵权之债或者因家庭日常生活所负侵权之债属于夫妻共债；

第二，夫妻一方在家庭共同生产经营过程中直接产生的侵权之债或为家庭共同生产经营所负侵权之债属于夫妻共债；

第三，夫妻一方并非在为家庭共同利益活动中产生侵权之债，但收益归家庭享有的，在家庭受益范围内构成夫妻共债；

第四，夫妻一方虽不构成侵权之债，但基于共同分担损失的公平原则所确定的财产补偿符合家庭共同利益的，应属于夫妻共债；

第五，夫妻侵权一方的主观过错程度、一般侵权与特殊侵权的类型等均不影响个人债务构成夫妻共债。

本案涉及交通事故引发的损害赔偿之债是否属于夫妻共债的认定问题。对此，应该基于家庭共同利益的构成性原则予以认定。二审法院认为侵权行为系发生在蔡某上班途中，侵权行为产生的基础性活动是为夫妻共同生活谋取利益，应属于夫妻共债范畴，该观点符合上述原则，在事实认定和法律适用上均属正确。

编写人：北京市第一中级人民法院　王国庆　方硕

039 父母出资首付并还贷，视为父母对其子女个人的不动产赠与

——孙某诉聂某离婚后财产案

【案件基本信息】

1. 裁判书字号

北京市顺义区人民法院（2019）京0113民初695号民事判决书

2. 案由：离婚后财产纠纷

3. 当事人

原告：孙某

被告：聂某

第三人：聂某1、杨某

【基本案情】

孙某与聂某于2008年确立恋爱关系。2009年3月，聂某以自己名义购买涉案商品房一套。2009年3月31日，聂某将其母杨某提供的首付款377074元支付给开发商，剩余购房款500000元以聂某名义通过住房公积金贷款支付，贷款期限30年。2009年4月17日，孙某与其前夫离婚。

涉案房屋于2009年6月10日登记在聂某名下，并于当月开始以聂某名义偿还银行贷款。

2010年12月26日，孙某向杨某转账15万元，其称是用于购房。聂某、聂某1及杨某不予认可，并称因聂某与孙某打架报警，经过派出所调解，聂某1替聂某赔偿孙某20万元。后二人和好，

准备登记结婚，孙某遂退还杨某15万元用于结婚，剩余5万元用于购买其他结婚用品。

2011年1月21日，孙某与聂某登记结婚。

婚后，杨某、聂某1的存款提取记录与还贷情况基本一致。2016年8月5日，涉案房屋贷款一次性还清，其中418938元为聂某之父聂某1直接转入聂某名下。关于上述418938元，孙某在其与聂某离婚诉讼中表示其中10万元是双方的公积金支出，其余款项是聂某父母的钱。孙某及聂某的公积金提取情况为：孙某于2012年6月20日、2016年7月5日分别提取住房公积金35400元、57900元，聂某于2012年6月20日之前、2012年6月20日、2016年7月6日分别提取住房公积金22600元、102500元、89600元。上述89600元由聂某通过转账方式存入孙某账户内。2016年7月17日聂某自该账户内支取9万元，又于当月29日支取8万元。但未提交证据证明上述款项交付给聂某1或杨某用于偿还贷款。

孙某主张涉案房产为夫妻共同财产，聂某及第三人聂某1、杨某认为涉案房产为借聂某名义买房。孙某向本院提出诉讼请求：1. 确认涉案房屋为原被告夫妻共同财产；2. 依法分割涉案房屋（约200万元）；3. 本案诉讼费用由被告承担。

【案件焦点】

一方婚前采用首付款加贷款的方式购买的商品房，首付款为一方父母支付，婚后还贷款仍由该方父母支付，能否参照《最高人民法院关于适用〈中华人民共和国婚姻法〉若干问题的解释（二）》第二十二条，以及《最高人民法院关于适用〈中华人民共和国婚姻法〉若干问题的解释（三）》第七条、第十条的规定，认定为一方父母对该方子女的赠与。

【法院裁判要旨】

北京市顺义区人民法院经审理认为：首先，孙某与聂某登记结婚前支付的 15 万元，不能认定为以结婚为目的的恋爱期间共同出资购买不动产。理由：1. 涉诉房屋自交纳首付款至贷款还清所有环节均为杨某经手办理；2. 2009 年 3 月，聂某购买涉案房屋并支付首付款时，孙某与其前夫尚未离婚。2010 年 12 月，孙某支付给杨某 15 万元时距涉诉房屋交纳首付款已 1 年半之久；与 2011 年 1 月聂某、孙某登记结婚只有不足 1 个月时间。孙某主张该 15 万元是购房款，欠缺与聂某或杨某之间的意思表示，其仅以婚前大额转账不能证明用于购房或还房贷，且聂某、聂某 1、杨某亦对 15 万元进行了解释。综上，涉案房产可以认定为聂某婚前个人财产（虽聂某与其父母一致认为是借名买房，但因本案涉及孙某是否有分割及获得补偿的理由，本案中对是否借名买房暂不予认定）。孙某转账给杨某的 15 万元，不能认定为以结婚为目的的恋爱期间共同出资购买不动产。

其次，现有证据不能证明聂某或孙某在婚姻关系存续期间支付了房贷。理由：涉案房产为婚前以聂某名义购买，房屋首付、婚前还贷均是杨某支付，婚后还贷，亦为杨某经手，且还贷所用款项，对照杨某、聂某 1 的存款提取记录与还贷款基本一致，即上述还贷款项不是来源于聂某或孙某。孙某提取的公积金不能证明交给了杨某用于还贷。故现有证据不能证明聂某或孙某用夫妻共同财产支付了房贷。

最后，杨某、聂某 1 的还贷行为不是对聂某、孙某夫妻的赠与。原因在于，《中华人民共和国合同法》第一百八十五条规定，赠与合同是赠与人将自己的财产无偿给予受赠人，受赠人表示接受赠与的合同。聂某婚前向银行贷款，该债务是聂某婚前个人债务，鉴于银行偿还贷款的特殊性要求，只能通过指定的银行账户进行还款，聂某父母在婚前、婚后持续还贷并将贷款还清的行为，是替聂某偿还婚前个人债务行为，不能得出孙某主张的按照《中华人民共和国婚姻法》第十七条赠与聂某、孙某夫妻的结论。

综上所述，判决如下：

驳回原告孙某的诉讼请求。

判决后，双方当事人均未上诉，本判决现已生效。

【法官后语】

关于离婚财产分割纠纷中，父母参与出资购买不动产的归属问题，我国婚姻法及司法解释已经进行了较为全面的规范（民法典出台后，对相关内容亦有规定）。但实际生活中的购房出资情况复杂多样，相关法律及司法解释的规定只是提供了一个基本的裁判规则，未能穷尽各种情况。此时，审判机关应综合房屋的购买时点、产权登记、出资来源、各方意思表示等因素，依法适用或参照适用相关法律及司法解释，以公平原则为指导，合理确定房屋的权属及增值收益的归属。

本案所涉情形，发生在民法典实施之前，原来的婚姻法及司法解释中并未明确规定。可以参照适用的规范有《中华人民共和国婚姻法》（以下简称《婚姻法》）第十八条，《最高人民法院关于适用〈中华人民共和国婚姻法〉若干问题的解释（二）》（以下简称《解释二》）第二十二条第一款，《最高人民法院关于适用〈中华人民共和国婚姻法〉若干问题的解释（三）》（以下简称《解释三》）第七条、第十条。民法典实施之后，《婚姻法》第十八条已被《中华人民共和国民法典》（以下简称《民法典》）第一千零六十三条①吸收，《解释二》第二十二条，《解释三》第七条、第十条已经分别被《最高人民法院关于适用〈中华人民共和国民法典〉婚姻家庭编的解释（一）》第二十九条、第七十八条②吸收。

1.《解释二》第二十二条第一款规定："当事人结婚前，父母为双方购置房屋出资的，该出资应当认定为对自己子女的个人赠与，但父母明确表示赠与双方的除外。"该款规定中的"赠与"是指父母实际出资时在意思表示不明的情况下，如果无相反证据证明是借贷关系，则基于父母子女的身份关系考虑，应从常理出发认定为对出资方子女的赠与。本案中涉诉房屋购买于当事人结婚前，父母出资首付款并登记在自己子女即聂某名下，据此可以认定首付款的性质为杨某对聂某的赠与。

2.《解释三》第十条规定："夫妻一方婚前签订不动产买卖合同，以个人财产支付首付款并在银行贷款，婚后用夫妻共同财产还贷，不动产登记于首付款支付方名下的，离婚时该不动产由双方协

---

① 《民法典》第一千零六十三条　下列财产为夫妻一方的个人财产：（一）一方的婚前财产；（二）一方因受到人身损害获得的赔偿或者补偿；（三）遗嘱或者赠与合同中确定只归一方的财产；（四）一方专用的生活用品；（五）其他应当归一方的财产。

② 《最高人民法院关于适用〈中华人民共和国民法典〉婚姻家庭编的解释（一）》第二十九条　当事人结婚前，父母为双方购置房屋出资的，该出资应当认定为对自己子女个人的赠与，但父母明确表示赠与双方的除外。当事人结婚后，父母为双方购置房屋出资的，依照约定处理；没有约定或者约定不明确的，按照民法典第一千零六十二条第一款第四项规定的原则处理。

第七十八条　夫妻一方婚前签订不动产买卖合同，以个人财产支付首付款并在银行贷款，婚后用夫妻共同财产还贷，不动产登记于首付款支付方名下的，离婚时该不动产由双方协议处理。依前款规定不能达成协议的，人民法院可以判决该不动产归登记一方，尚未归还的贷款为不动产登记一方的个人债务。双方婚后共同还贷支付的款项及其相对应财产增值部分，离婚时应根据民法典第一千零八十七条第一款规定的原则，由不动产登记一方对另一方进行补偿。

议处理。依前款规定不能达成协议的，人民法院可以判决该不动产归产权登记一方，尚未归还的贷款为产权登记一方的个人债务。双方婚后共同还贷支付的款项及其相对应财产增值部分，离婚时应根据婚姻法第三十九条第一款规定的原则，由产权登记一方对另一方进行补偿。”参照该规定，因杨某出资的首付款可以视为对聂某的赠与，故法院依据该条第一款判决该不动产归产权登记一方聂某，应无疑义。问题在于未获得房产的一方能否获得补偿。该条第二款规定另一方获得补偿的前提是双方婚后用夫妻共同财产偿还了贷款且共同偿还的贷款对应产生了房屋的增值。然而本案双方婚后并未使用夫妻共同财产偿还贷款，即对房屋的增值部分均没有作出贡献，因此根据第二款规定的反面解释，另一方不应获得增值部分的补偿。

3. 从另一个角度分析，《解释三》第七条第一款规定：“婚后由一方父母出资为子女购买的不动产，产权登记在出资人子女名下的，可按照婚姻法第十八条第（三）项的规定，视为只对自己子女一方的赠与，该不动产应认定为夫妻一方的个人财产。”本案中涉案房屋的首付款及贷款的全部款项均为父母出资，再结合将不动产登记在自己子女名下的事实，可认定为父母出资全部购房款购买不动产并赠与自己一方子女。虽然该条适用的情形为婚后赠与，但依据当然解释，“婚前赠与”更应参照适用该条规范的法律后果。据此，亦能得出涉诉房屋为聂某个人财产的结论。

综上，本案的裁判以事实为依据，以婚姻法及其司法解释的相关立法精神及规范为指导，对离婚案件中不同出资情形的房屋权属分割问题进行了有益的规则补充，对今后类似案件的审理有一定的参考和借鉴作用。

编写人：北京市顺义区人民法院　商兴加　赵杰

040 夫妻关系存续期间，一方父母支付首付款，夫妻二人共同还贷且在离婚诉讼时未登记的不动产应如何分割

——张某丽诉杜某杨等离婚后财产案

【案件基本信息】

1. 裁判书字号

广东省佛山市中级人民法院（2019）粤06民终13947号民事判决书

2. 案由：离婚后财产纠纷

3. 当事人

原告（被上诉人）：张某丽

被告（上诉人）：杜某杨

被告：杜某佳、杜某静、潘某华、夏某珍

潘某华和夏某珍共同的委托诉讼代理人：潘某聪，系潘某华和夏某珍的儿子。

第三人：某银行佛山高明支行

【基本案情】

张某丽与杜某杨于2014年2月14日登记结婚。2015年6月6日，张某丽、杜某杨、潘某平（杜某杨的母亲）共同与佛山市高明区大家好房地产有限公司签订《商品房买卖合同》，以总价539524元购买了位于广东省佛山市高明区荷城街道401号房。付款方式为：签订《商品房买卖合同》同时支付总房价款的31%即169524元，余款370000元整需办理银行按揭。2015年11月25日，

杜某杨、张某丽作为借款人与第三人建设银行签订了《购房、建房和大修理住房抵押借款合同》，杜某杨、张某丽、潘某平、杜某佳为抵押人，约定杜某杨和张某丽向银行贷款370000元，贷款年限为30年，执行公积金贷款利率。案涉房屋的首付款169524元系杜某杨父母出资。2016年6月，杜某杨的母亲去世。案涉房产未办理房产证，《商品房买卖合同》已经办理了备案手续。

2018年11月8日，杜某杨和张某丽通过法院调解离婚。离婚时，双方未对案涉房产进行处置。张某丽诉至法院要求分割案涉房产，由被告对其进行补偿。根据张某丽的申请，本院委托评估公司对案涉房产进行价格评估，评估结论为案涉房产在杜某杨和张某丽离婚时（2018年11月8日）的市场价值为1196039元。

另查，杜某佳与潘某平系夫妻，共同生育了杜某杨和杜某静，潘某华与夏某珍为潘某平的父母。

【案件焦点】

1. 未办理房产证只办理了合同备案的房产能否进行份额分割；2. 潘某平去世后，张某丽是否因杜某杨继承房产相应份额享有相应权利；3. 针对案涉房产，张某丽所占份额如何划分。

【法院裁判要旨】

广东省佛山市高明区人民法院经审理认为，首先，关于案涉房产能否进行份额的分割问题。案涉房产未办理房产证，被告认为不宜进行分割。本院认为，未办理房产证的房产不宜进行所有权分割，但房产已经备案登记，其权利已经确定，对其产权的份额可以进行分割。份额的确认及分割不影响房产权属登记以及变更登记等手续的办理，且不影响相关税收的收取。当事人仍应按照相关法律法规依法办理相关手续，并履行缴纳相关税费的义务，而由此产生的纠纷当事人可另行主张。

其次，关于杜某杨母亲去世后，张某丽对其份额是否享有相应权利的问题。张某丽认为杜某杨的母亲潘某平去世，其享有的房产份额发生继承，杜某杨继承的部分属于夫妻共同财产，张某丽认为对该部分享有相应的权利。本案中，潘某平去世时仅为继承的开始，继承的开始并不等同于遗产的取得。根据《最高人民法院关于适用〈中华人民共和国婚姻法〉若干问题的解释（三）》第十五条的规定，本案中，没有证据证明杜某杨对潘某平的遗产取得了所有权，且本案为离婚后夫妻共同财产的分割纠纷，而潘某平遗产的分割属于继承纠纷，张某丽作为本案原告无权在本案中对遗产继承问题提出主张，本院对潘某平遗产继承的问题在本案中不予处理。因此，张某丽对潘某平在案涉房屋所占份额提出的主张，本院不予支持。

最后，关于张某丽房产份额的划分及补偿问题。本案中，原告系基于其与杜某杨婚姻存续期间购买房屋，离婚后夫妻共同财产的分割，要求取得房产份额的相关权利。本案中，案涉房屋购买于杜某杨和张某丽婚姻存续期间，双方当事人均确认，案涉房屋的首付为被告杜某杨父母出资169524元，并在《商品房买卖合同》中签有杜某杨母亲潘某平的名字，剩余的370000元银行按揭贷款是通过杜某杨公积金并以杜某杨和张某丽作为共同债务人与建设银行签订的按揭贷款合同而获取。经审查，双方当事人在购买该案涉房屋时的购房价为539524元。经评估，杜某杨和张某丽离婚时案涉房产的市场价值为1196039元，杜某杨父母出资首付部分（169524元），首付部分增值后的价值为375807.78元（1196039元×169524元÷

539524 元)，这里需要说明的是，评估机构鉴定的标的仅为房产价值，针对的是房屋本身价格，契税仅为购买房产时除房产价值之外的其他成本支出，因此，杜某杨父母所出资的首付款项的比例应以购房价作为分母进行计算。在计算房产的剩余价值时，契税也不应在扣除之列，案涉房产在杜某杨和张某丽离婚时还剩余银行按揭贷款金额为 334027.7 元，案涉房产剩余价值为 486203.52 元（1196039 元-375807.78 元-334027.7 元)，对于该案涉房产剩余的价值 486203.52 元，杜某杨和张某丽分别享有 50%的权益，即张某丽对案涉房产的份额由杜某杨享有，杜某杨应向张某丽补偿该份额的对价 243101.76 元（486203.52 元×50%)。对于被告抗辩要求扣减维修基金的问题。本院认为，维修基金不属于房屋购买时的成本，维修基金的款项随房产而产生，且该款项并未缴纳给第三方而是仍存于个人账户中，因此，本院认为不应在计算房产剩余价值时扣减维修基金。另外，被告抗辩对房产的贡献率的问题。庭审中，建设银行陈述无论房产份额在原、被告之间如何划分均不影响银行与杜某杨和张某丽之间的债权债务关系。本案中份额的分割及补偿的效力仅存在于杜某杨和张某丽之间，并不免除张某丽对建设银行按揭贷款债务的责任。且本院已考虑到双方当事人对房屋的投入情况，在征询原、被告双方同意的情况下，按照房屋的毛坯状态进行价值评估。

综上所述，依照《中华人民共和国婚姻法》第三十九条，《最高人民法院〈关于人民法院审理离婚案件处理财产分割问题的若干具体意见〉》第八条，《最高人民法院关于适用〈中华人民共和国婚姻法〉若干问题的解释（三)》第十五条，《中华人民共和国民事诉讼法》第一百四十四条的规定，缺席判决如下：

一、位于广东省佛山市高明区荷城街道 401 号房中张某丽的权利份额归杜某杨，被告杜某杨应于本判决发生法律效力之日起十日内支付243101.76元给张某丽；

二、驳回张某丽的其他诉讼请求。

【法官后语】

本案重要的争议焦点在于对离婚时财产分割的法律适用问题。该问题在本案中涉及两个方面的内容：第一，父母出资首付，夫妻偿还贷款的情况如何分割。父母出资首付后，男方用自身公积金贷款并偿还贷款，那么，除父母首付所占份额外，剩余部分是夫妻平分还是认为男方贡献率大，女方仅可分得已偿贷款所占增值的一半呢？本案中，房产购置于夫妻关系存续期间，且贷款虽为男方公积金贷款，但与银行签订贷款协议时是以夫妻双方作为债务人签订的抵押借款合同。另外，关于房产贡献率的问题。这个问题的处理涉及当事人对房产的情感需求及对司法情感的利益平衡。房产的购买是由男方父母出资首付，随后由夫妻双方共同与银行签订借款合同，用男方的公积金贷款支付了该房产的尾款。表面上，看似男方对该房产的资金贡献率较大，那么是否就认定男方应当多分呢？这需要具体案件具体分析。本案中，考虑到对房产的贡献率，在查明事实的基础上，对案件处理时将房产的装修价值剔除，不参与到夫妻共同财产的分割中。那么，贷款的行为在法律上的认定意义何在呢？夫妻双方作为贷款的共同债务人，有权自行决定夫妻共同还贷的方式，银行的债权权利不会因为夫妻离婚而打折，共同负债的结果并不能直接认定是男方的贡献大还是女方的贡献大。因此，从出资首付以及公积金贷款两个方面来抗辩男方应当多分房产价值份额的理据是不足的。本案对此问题的处理，不能适用《最高人民法院关于适用〈中华人民共和国婚姻法〉若干问题的解释（三）》（以下简称《婚姻法解释三》）第十条的规定。① 第二，关于遗产继承离婚财产分割的问题，原《婚姻法解释三》第十五条对该问题作出规定，该内容也在《最高人民法院关于适用〈中华人民共和国民法典〉婚姻家庭编的解释（一）》（以下简称《〈民法典〉婚姻家庭编解释（一）》）第八十一条进行了规定，是夫妻存续期间继承人尚未实际分割的遗产，离婚一方请求分割的，人民法院应告知当事人，在继承人之间实际分割遗产后另行起诉处理的规定。本案遵循了上述司法解释对该问题的处理原则。从新旧法条对该内容的规定来看，没有变化，在此后的审判实践中可依照《〈民法典〉婚姻家庭编解释（一）》第八十一条规定予以处理。

本案具有典型意义的方面在于，在夫妻双方婚内购置房产且父母出资首付的情况下，离婚时该房产权益如何划分。该案例给出了较为详细且合理的分配方式，并详细考虑到贷款利息的因素、契税、住房维修基金是否应当在成本中扣除的问题。关于贷款利息的问题。利息是分割房产后产生的一个不确定金额，且与当事人的行为方式有很大的关系，例如，如果当事人一次性支付了剩余房贷，就不会产生利息；完全按照贷款时间进行还款就会产生相应的利息，提前还款（但时间均无法在判决分割房产时进行判定的情况下）的时间也是无法确定的，因此，在案件处理时考虑利息的问题是不妥当的，且银行贷款的利息对双方离婚时房产价值并无必然的影响，因此，处理离婚时带有银行按揭贷款的不动产分割案件时无需考虑银行贷

① 该《婚姻法解释三》已于2020年12月31日失效，但在2021年1月1日起实施的《最高人民法院关于适用〈中华人民共和国民法典〉婚姻家庭编的解释（一）》第七十八条有着相同的规定，新旧规定无变化。

款利息因素。至于契税、维修基金的问题已经在文中进行了详尽的描述，对此不再赘述。

编写人：广东省佛山市高明区人民法院　孟洁

041　“夫妻公司”股权在离婚后财产分割时应由经营方给付退出方股权折价款

——张某某诉王某甲离婚后财产案

【案件基本信息】

1. 裁判书字号

北京市第三中级人民法院（2019）京 03 民终 15473 号民事判决书

2. 案由：离婚后财产纠纷

3. 当事人

原告（被上诉人）：张某某

被告（上诉人）：王某甲

【基本案情】

1986 年 12 月 23 日，王某甲与张某某登记结婚。

1996 年 1 月 18 日，某联公司登记设立，企业类型为有限责任公司，注册资本 50 万元，法定代表人为杨某甲，股东为杨某甲、王某甲，出资金额分别为 1 万元、49 万元。1996 年 6 月 19 日，杨某甲的股份 1 万元及王某甲的部分股份 9 万元转让给张某某，张某某作为股东并加入股东会，法定代表人变更为王某甲。

1998年8月3日，王某甲与张某某协议离婚，离婚协议书中未载明某联公司股权分割情况。

在某联公司的工商备案材料中，有1份落款日期为2000年6月8日的《北京某联开关控制设备有限公司股权转让协议书》，载明张某某将其出资的10万元全部转让给王某乙。2002年8月1日，王某乙的全部股份10万元转让给杨某乙，杨某乙加入股东会，某联公司增加注册资本630万元，其中王某甲增加306.8万元，杨某乙增加323.2万元。2005年8月22日，某联公司股东变更为王某甲、杨某乙、杨某丙，三人出资分别为20.4万元、333.2万元、326.4万元。2006年5月1日，某联公司增加注册资本至3000万元，杨某乙货币出资增至2653.2万元。

2008年11月25日，某联公司减少注册资本至1145万元，减少的1855万元为杨某乙未缴货币出资。2010年9月9日，某联公司股东变更为王某甲、杨某乙，二人出资分别为20.4万元、1124.6万元。

2018年5月26日，王某甲将出资的20.4万元转让给刘某某并退出股东会。

后张某某诉至法院，法院判决确认张某某与王某乙之间的落款日期为2000年6月8日的《北京某联开关控制设备有限公司股权转让协议书》无效，但无法恢复张某某的股东工商登记信息。

现张某某将王某甲诉至本院，要求王某甲给付张某某某联公司股权补偿款200万元。另张某某主张王某甲于1995年向北京顺义某联开关厂投资995659.21元，要求分割其中的50%。

王某甲辩称离婚时已给付张某某20万元作为某联公司股权折

价款，北京顺义某联开关厂为某联公司前身，且该厂已在双方离婚前一年注销，故不同意张某某的全部诉讼请求。

【案件焦点】

1. 某联公司股权是否可以作为离婚时未分割的财产进行分割；2. 如可以分割，如何确定股权价值。

【法院裁判要旨】

北京市顺义区人民法院经审理认为：某联公司系在王某甲、张某某婚姻关系存续期间设立，离婚前公司股东为王某甲、张某某，故公司经营所产生的股东收益均属于夫妻共同财产。张某某主张离婚时未对公司股权予以分割，王某甲辩称离婚前给付张某某 20 万元股权补偿款，但未提交相关证据，且离婚协议书中亦未载明有关公司股权如何分割的内容，故法院对王某甲的此项辩解意见不予采信，对张某某所主张的某联公司股权价值依法分割。

王某甲、张某某在离婚时明知双方均享有某联公司股权但未对股权进行分割，视为其二人一致同意共同持有公司股权。张某某在离婚后未参与公司经营，由王某甲实际经营，考虑到经营公司活动具有风险性，故张某某的行为意味着其愿意承担相应经营风险。张某某要求分割某联公司股权，应结合股权在共有期间的价值变化来确定。某联公司在王某甲、张某某离婚后的注册资本、股东、各股东持有股权比例发生数次变化，根据现有证据，王某甲、张某某共同持有的股权未有收益，张某某亦未提交充分证据证明离婚时某联公司股权价值 400 万元，故法院参考股权变动情况，确定王某甲给付张某某股权补偿款 25 万元。

关于张某某主张的王某甲于 1995 年向北京顺义某联开关厂投资

995659.21元，该厂于双方离婚前已注销登记，根据王某甲陈述该厂即为某联公司的前身，张某某未提交充分证据证明双方离婚时存在上述款项，故对张某某的此项诉讼请求不予支持。

北京市顺义区人民法院依照《中华人民共和国婚姻法》第三十九条、《最高人民法院关于适用〈中华人民共和国婚姻法〉若干问题的解释（三）》第十八条之规定，作出如下判决：

一、被告王某甲支付原告张某某股权补偿款25万元，于本判决生效之日起七日内给付；

二、驳回原告张某某的其他诉讼请求。

王某甲不服一审判决，提出上诉。北京市第三中级人民法院经审理同意一审法院裁判意见，依照《中华人民共和国民事诉讼法》第一百七十条第一款第一项规定，作出如下判决：

驳回上诉，维持原判。

【法官后语】

离婚后，由于夫妻之间特定身份关系解除，夫妻共同财产失去存在的基础，必须进行分割。夫妻共同财产一般在离婚时进行分割，但有时存在离婚时未分割或者未全部分割、分割后一方反悔或出现可以再次分割的情形。《最高人民法院关于适用〈中华人民共和国民法典〉婚姻家庭编的解释（一）》第八十三条规定："离婚后，一方以尚有夫妻共同财产未处理为由向人民法院起诉请求分割的，经审查该财产确属离婚时未涉及的夫妻共同财产，人民法院应当依法予以分割。"本案中，张某某主张离婚时未对某联公司的股权予以分割，王某甲辩称离婚前给付张某某20万元作为股权补偿款，但未提交相关证据，且离婚协议书中亦未载明有关某联公司股权如何分割的内容，故法院对某联公司股权价值依法进行分割。

公司在工商登记中载明的股份分配比例是否可以视为夫妻对于共同财产的约定？最高人民法院民一庭倾向性意见认为："《公司法》对于股东身份无限制性规定，故夫妻双方作为股东设立的有限责任公司并不违反法律规定，在离婚案件中否定'夫妻公司'的法人人格没有法律依据，工商登记中载明的夫妻投资比例并不能绝对等同于夫妻之间的财产约定，如果有证据证明工商登记所载明的事项只是设立公司时形式上的需要，则应按夫妻双方真实的意思表示去处理。"本案中，王某甲与张某某离婚时，某联公司的股东仅为王某甲及张某某二人，虽然在离婚时王某甲持有80%的股份、张某某持有20%的股份，但根据上述意见，某联公司登记的股份分配比例并不相当于夫妻对共同财产的约定比例，某联公司生产经营取得的收益应归王某甲、张某某共同所有。

《最高人民法院关于适用〈中华人民共和国民法典〉婚姻家庭编的解释（一）》第七十二条规定："夫妻双方分割共同财产中的股票、债券、投资基金份额等有价证券以及未上市股份有限公司股份时，协商不成或者按市价分配有困难的，人民法院可以根据数量按比例分配。"但是，关于夫妻公司股权如何分割的问题，无论是现行的《中华人民共和国民法典》《中华人民共和国公司法》及相关司法解释还是已失效的《中华人民共和国婚姻法》及相关司法解释均无明确规定。司法实践中，一般采取如下处理方案：1. 公司股东仍为夫妻二人，由法院明确夫妻二人持股比例；2. 公司股东变为夫或妻一方，由持股一方向退出一方支付股权折价款。本案中，王某甲、张某某于1998年协议离婚，离婚时并未对某联公司的股份进行分割，离婚后由王某甲经营某联公司，张某某未参与公司经营，张某某原持有的20%股份已变更至他人名下，且之后数年在某联公司经营过程中，经过数次增资、减资、股东变更，王某甲所持股份也发生了变化。在此情形下，无法恢复张某某的股东身份及确认其持有某联公司的股份，法院确认离婚时某联股份公司的股权归王某甲所有，由王某甲给付张某某股权折价款。关于股权折价款的具体金额，法院考虑到某联公司数年的连续经营、股权变动情况及价值，确定为25万元。

综上，对于“夫妻公司”在夫妻离婚时如何分割的问题，需区分如下三种情形：（1）夫妻二人保留股东身份，共同经营公司；（2）夫妻解散公司，对公司生产经营取得利润进行清算后分割；（3）夫妻一人不再保留股东身份，由另一方经营公司，由经营方给付退出方股权折价款。在不满足确认股权份额的情况下，则应结合公司经营情况、股东变化情况、股权变化情况等因素综合考虑给付股权折价款。

编写人：北京市顺义区人民法院　刘筠

042　夫妻任意一方能否撤销离婚协议中对子女的财产赠与

——李某微诉翁某江离婚后财产案

【案件基本信息】

1. 裁判书字号

福建省泉州市中级人民法院（2019）闽05民终3389号民事判决书

2. 案由：离婚后财产纠纷

3. 当事人

原告（上诉人）：李某微

被告（被上诉人）：翁某江

【基本案情】

1984年4月13日，李某微与翁某江办理结婚登记手续。1984年12月6日生育长女翁某甲，1987年6月22日生育儿子翁某乙，1990年2月16日生育次女翁某丙。2006年3月2日，李某微与翁某江签订离婚协议书，翁某甲、翁某乙、翁某丙、翁某稀（翁某江父亲）均在离婚协议书上签名。后双方根据离婚协议书办理离婚登记手续。离婚协议书主要内容：在婚姻存续期间甲方（翁某江）与乙方（李某微）的夫妻共同财产，经甲乙双方共同协商分配使用的财产如下：1. 湖头镇中山街店面二间、套房一套分配给李某微使用。2. 湖头镇湖美路店面三间、套房二套全部分配给甲方翁某江使用。该店内所有的货物归甲方所有。3. 双方分配使用的房屋，享有使用权，没有所有权，该房屋的所有权全部归甲乙双方的婚生子女翁某乙所有。翁某乙继承生父母的财产，应承担照顾父母的义务。4. 甲乙双方所分配使用的店面、套房等财产可以出租，不能出卖和转让。5. 上述房产的权属证书全部交给翁某乙保管。在婚姻存续期间，甲乙双方发生的所有债权债务归甲方翁某江负责。离婚后，湖头镇中山街房屋及店面由李某微出租，收取租金，湖头镇湖美路房屋及店面由翁某江出租，收取租金。

【案件焦点】

李某微与翁某江在《离婚协议书》中约定将二人共同财产赠与婚生子翁某乙后，能否在交付财产前撤销赠与。

【法院裁判要旨】

福建省安溪县人民法院经审理认为：一、李某微主张其代翁某江偿还贷款160000元，但未能提供证据证明，应承担举证不能的法律后果。二、《最高人民法院关于适用〈中华人民共和国婚姻法〉若干问题的解释（二）》第八条第一款规定：离婚协议中关于财产分割的条款或者当事人因离婚就财产分割达成的协议，对男女双方具有法律约束力。本案离婚协议书不违反法律强制性规定，是双方自愿签订，也均表示协议真实有效，故该协议对李某微、翁某江均具有法律约束力。三、《最高人民法院关于适用〈中华人民共和国婚姻法〉若干问题的解释（二）》第九条规定：男女双方协议离婚后一年内就财产分割问题反悔，请求变更或者撤销财产分割协议的，人民法院应当受理。人民法院审理后，未发现订立财产分割协议时存在欺诈、胁迫等情形的，应当依法驳回当事人的诉讼请求。本案李某微与翁某江于2006年3月2日协议离婚，而李某微于2019年2月12日向本院提起诉讼，已超过一年。四、根据本案离婚协议书的内容及证人证言，应认定翁某江与李某微在离婚时双方共同约定将中山街及湖美路的房产共同赠与翁某乙，但李某微、翁某乙享有使用权。五、翁某乙明确表示其同意履行离婚协议书约定的相关义务，故该赠与具有法律效力。本案离婚协议书中翁某江与李某微将共同财产赠与翁某乙的行为是双方对婚姻关系存续期间财产分割的一种处分，是建立在双方夫妻身份关系解除的基础上。因此，在翁某江明确表示不同意的情况下，李某微单方要求将房产判决归其所有，没有法律依据。

福建省安溪县人民法院依照最高人民法院关于适用《中华人民共和国婚姻法》若干问题的解释（二）第八条、第九条，《最高人民法院关于适用〈中华人民共和国民事诉讼法〉的解释》第九十条规定，作出如下判决：

驳回李某微的诉讼请求。

李某微不服一审判决，提出上诉。福建省泉州市中级人民法院同意一审法院裁判意见，依照《中华人民共和国民事诉讼法》第一百七十条第一款第一项的规定，作出如下判决：

驳回上诉，维持原判。

【法官后语】

本案的争议焦点是：原告李某微与被告翁某江在《离婚协议书》中约定将二人共同财产赠与婚生子翁某乙后，能否在交付财产前撤销赠与？第一种观点认为：夫妻双方在离婚协议中将夫妻共同财产赠与婚生子女的行为，系属对夫妻共同财产的处分，应适用有关赠与合同的法律法规。因此，夫妻任意一方均可以在财产权利转移之前行使任意撤销权。第二种观点认为：离婚协议中对夫妻共同财产的处分是建立在原有婚姻关系这种特有关系的基础上而达成的具有人身财产双重属性的合意，不能简单适用赠与合同的任意撤销权。

笔者赞同第二种观点，理由如下：

1. 适用赠与合同的任意撤销权，将破坏离婚协议的整体性。离婚协议的核心目的大多是解除夫妻双方婚姻关系。离婚协议中约定将夫妻共同财产赠与子女也不例外，这种赠与行为的目的主要是解除婚姻关系。因此，离婚协议中的赠与行为并非独立存在的赠与合同，而是与解除婚姻关系、抚养子女、分割共同财产、清偿共同债务等问题组成一个有机的整体。特别是夫妻双方在分割共有财产时，往往会进行多次协商，以对多项共同财产的分割达成一个概括合意。在这个合意中，对任意一项财产的处分均不是独立存在的，而是与其他财产的处分互为原因、互为结果。在这种情况下，若是允许夫妻一方拥有对赠与行为的任意解除权，将会破坏离婚协议的整体性，尤其是对共同财产分割的整体性。

2. 适用赠与合同任意撤销权，将违反夫妻抚养子女的道德义务。离婚协议中将夫妻共同财产赠与婚生子女的行为，其核心不仅仅是对夫妻共同财产的分割，还掺杂着子女抚养、夫妻感情等多方面因素。这种赠与行为在表面上虽然与一般的赠与合同一样具有无偿性，但实际上，它往往与父母对子女的抚养义务及其他附随义务紧密相连。因此，这种赠与行为属于附有道德义务性质的赠与。《中华人民共和国合同法》第一百八十六条规定："赠与人在赠与财产的权利转移之前可以撤销赠与。具有救灾、扶贫等社会公益、道德义务性质的赠与合同或者经过公证的赠与合同，不适用前款规定。"《中华人民共和国民法典》颁布实施后，更是直接在第六百五十八条、第六百六十条中将具有救灾、扶贫、助残等公益、道德义务性质的赠与合同定性为依法不得撤销的赠与合同。由此可以看出，离婚协议中的赠与行为属于不可撤销的赠与合同，不能适用赠与合同的任意撤销权。

3. 适用赠与合同的任意撤销权，将违反诚实信用原则。由于离婚协议是夫妻双方为了解除双方婚姻关系而经过多次磋商才达成的合意，因此，这种合意中就不可避免地发生一方为另一方同意解除婚姻关系而在财产处分方面做出让步、妥协。若是允许夫妻一方享有任意撤销权，将会有可能发生夫妻一方恶意利用赠与合同的任意撤销权以达到既离婚又占有财产的情形。这就会对夫妻另一方，甚至是婚生子女，造成严重的精神伤害和经济损失。因此，基于诚实信用原则，离婚协议中将夫妻共同财产赠与婚生子女的行为一般是不可撤销的。《最高人民法院关于适用〈中华人民共和国婚姻法〉若干问题的解释（二）》第九条规定："男女双方协议离婚后一年内就财产分割问题反悔，请求变更或者撤销财产分割协议的，人民法院应当受理。人民法院审理后，未发现订立财产分割协议时存在欺诈、胁迫等情形的，应当依法驳回当事人的诉讼请求。"《中华人民共和国民法典》颁布实施后，《最高人民法院关于适用〈中华人民共和国民法典〉婚姻家庭编的解释（一）》第七十条中虽然取消了一年的除斥期间，但仍明确规定只有在订立财产分割协议时存在欺诈、胁迫等情形才可撤销财产分割协议。因此，只有夫妻一方提供证据证明离婚协议中有关财产分割的签订存在欺诈、胁迫等情形，才可撤销离婚协议中有关财产分割的合意，包括撤销离婚协议中将共同财产赠与子女的行为。

本案中，原告李某微在与被告翁某江签订《离婚协议书》后，向法院提起撤销赠与婚生子房产的诉讼。但是原告李某微在被告翁某江拒绝撤销赠与、案外人翁某乙否认拒不接受赠与的情况下，由于未能提供证据证明《离婚协议书》的签订存在欺诈、胁迫等情形，应当承担举证不能的责任。此外，原告李某微系在《离婚协议书》签订 13 年后才于 2019 年 2 月 12 日（《中华人民共和国民法典》颁布实施之前）向法院提起诉讼，远超过法律规定的一年除斥期间。因此，对原告李某微的诉讼请求应予驳回。

编写人：福建省安溪县人民法院　苏亚东

043 离婚后所产生的共同债务逾期利息应根据各自迟延履行程度予以合理分担

——李某诉王某离婚后财产案

【案件基本信息】

1. 裁判书字号

北京市第一中级人民法院（2019）京 01 民终 5215 号民事判决书

2. 案由：离婚后财产纠纷

3. 当事人

原告（被上诉人）：李某

被告（上诉人）：王某

【基本案情】

李某与王某原系夫妻关系，二人于 1989 年 7 月 6 日登记结婚。

1996 年 11 月 13 日，李某驾驶大货车行至昌平县中山路口环北酒楼处，适有顾某英骑自行车经过，双方会车时，顾某英摔倒在大货车的左后轮前，大货车的左后轮从顾某英身上轧过，顾某英受重伤，经医院抢救无效死亡。1997 年顾某英的配偶于某义将李某起诉至法院，要求赔偿医疗费、丧葬费等损失。法院于 1997 年 6 月 9 日出具（1997）昌民初字第 211 号民事判决书，判决李某赔偿医疗费、丧葬费、死亡补偿费等各项费用 36634. 62 元。

案件审理过程中，李某、王某均认可在 1996 年 11 月 13 日发生交通事故时李某所驾驶的大货车系李某购买用于拉砂石料挣钱的，李某称其系个体运输户。

2002年，王某起诉至法院，要求与李某离婚。2002年8月16日，法院出具（2002）昌民初字第4385号民事判决书，判决：王某与李某离婚，婚生子由王某抚养，李某每月给付子女抚养费300元，同时坐落在×××镇×××村的北瓦房三间全部归王某所有。离婚诉讼中，李某与王某均未提及（1997）昌民初字第211号民事判决书中所涉及的尚未偿还的债务。

于某义就（1997）昌民初字第211号民事判决书申请过强制执行，并于2018年申请恢复执行后，申请追加王某为被执行人，但因于某义的追加申请不属于法律或司法解释规定的应追加被执行人的法定情形，故法院裁定驳回其追加请求。

2018年11月，李某将（1997）昌民初字第211号民事判决书所涉及的案款及迟延履行债务利息共计121617元交至法院，后李某以离婚后财产纠纷为由起诉要求王某共同负担该笔夫妻共同债务，其诉讼请求：1. 请求法院判决王某支付夫妻共同债务中的一半60808.5元；2. 诉讼费用由王某承担。

【案件焦点】

王某是否应当负担（1997）昌民初字第211号民事判决书所涉及的赔偿款项。

【法院裁判要旨】

北京市昌平区人民法院经审理认为：夫妻一方因侵权行为致人损害产生的债务，一般认定为一方个人债务。但该侵权行为系因家庭劳动、经营等家事活动产生或其收益归家庭使用的，应认定为夫妻共同债务。本案中，李某驾驶大货车系为从事运输赚取运费，发生交通事故时系李某与王某夫妻关系存续期间，其运费收益属夫妻共同财产，其因驾驶大货车发生的侵权行为致人损害产生的债务，也应属夫妻共同债务。因此，（1997）昌民初字第211号民事判决书所涉及的赔偿款项应属夫妻共同债务，应由王某负担一半。之后因李某作为被执行人未按判决指定的期间履行给付金钱义务，产生了较高的迟延履行期间的债务利息，利息也应按照夫妻共同债务由李某、王某分担，但考虑到该笔利息产生的原因主要系李某未能及时履行判决，故利息部分应由李某分担较大份额，王某分担较小份额，并最终判决王某支付李某夫妻共同债务补偿款39932元。

王某不服提起上诉，北京市第一中级人民法院经审理认为一审判决认定事实清楚，适用法律正确，应予维持。依照《中华人民共和国民事诉讼法》第一百七十条第一款第一项规定，作出如下判决：

驳回上诉，维持原判。

【法官后语】

夫妻共同债务是指夫妻双方在婚姻关系存续期间为维系家庭生活、履行法定义务进而共同生产、经营所负有的债务。通常来讲，夫妻共同债务的形成须为夫妻共同合意而举债或夫妻虽无举债合意但实际上共同分享了因债务所产生的生活利益。因夫妻一方侵权所引发的对外债务，由于缺少举债合意又无法产生家庭财产增益，一般应认定为个人债务。但如果引发侵权之债的原因行为系为家庭劳动、经营或其收益归家庭共同使用的，此时该债务亦应认定为夫妻共同债务。

原《中华人民共和国婚姻法》第四十一条规定：离婚时，原为夫妻共同生活所负的债务，应当共同偿还。对其具体责任形式，《最高人民法院关于适用〈中华人民共和国婚姻法〉若干问题的解释

（二）》第二十五条第二款进一步明确：一方就共同债务承担连带清偿责任后，基于离婚协议或者人民法院的法律文书向另一方主张追偿的，人民法院应当支持。也就是说，夫妻对婚姻关系存续期间的共同债务应当承担连带清偿责任，任何一方在婚姻关系解除后又因共同债务承担责任的，可以根据离婚协议或者人民法院裁判文书中确定的原则和内容行使追偿权。2018 年就夫妻共同债务的认定问题，最高人民法院还专门作出《关于审理涉及夫妻债务纠纷案件适用法律有关问题的解释》，该解释中的条款内容之后在民法典编纂时被吸收进婚姻家庭编。《中华人民共和国民法典》第一千零六十四条规定：夫妻双方共同签名或者夫妻一方事后追认等共同意思表示所负的债务，以及夫妻一方在婚姻关系存续期间以个人名义为家庭日常生活需要所负的债务，属于夫妻共同债务。夫妻一方在婚姻关系存续期间以个人名义超出家庭日常生活需要所负的债务，不属于夫妻共同债务；但是，债权人能够证明该债务用于夫妻共同生活、共同生产经营或者基于夫妻双方共同意思表示的除外。该条款与原婚姻法第四十一条的规定一脉相传，只是进一步明确了夫妻共同债务证明责任的分配，有助于规范和完善夫妻共同债务的认定标准，促进裁判尺度的统一。

回归到本案中，李某驾驶货车发生交通事故虽为个人侵权行为，但该货运活动本身属于为家庭生活而劳作经营，由此而生的侵权之债为夫妻共同债务应无异议。本案的争议焦点在于：1. 在共同债务数额已定的情况下，夫妻离婚后因债务履行而产生的逾期利息是否属于共同债务；2. 若该逾期利息属于双方共同债务，在李某对外独立承担清偿责任后，对内应如何与王某进行分担。

就上述争议，审判过程中出现了两种观点。一种观点认为，在共同债务赔偿数额确定后，王某起诉要求与李某离婚并进行财产分割，其间二人并未对此债务提出主张，故应结合离婚判决对于共同财产分割主要原则，由分得主要财产的王某承担全部36634.62元的基础债务，对于主要因李某逾期而产生的相应利息，应由李某个人承担。另一种观点认为，李某与王某离婚时夫妻共同债务及数额已经确定并为二人知晓，双方均负有积极偿还的义务，故基础债务及其孳生逾期利息均应为夫妻共同债务，但考虑到李某对债务逾期的责任更为严重，故应结合各自逾期过错，在双方之间予以合理分担。

编者更为赞同第二种观点，原因在于：首先，李某的侵权行为发生后，其与王某的夫妻共同债务已经形成，基础赔偿数额也已经确定，而双方在离婚诉讼前未积极进行清偿，诉讼中对于此债务又采取了消极隐瞒的态度，二人对逾期利息的产生均存在过错，故该逾期利息不应被排除在夫妻共同债务之外；其次，案涉离婚判决系在双方隐瞒共同债务的情况下做出，其财产分配原则无法考虑到真实的家庭收支状况，也无法预料到共同债务所孳生的巨额逾期利息，在此情况下机械地适用司法解释的规定由王某最终承担全部清偿责任明显有违公平原则，故该笔债务及利息均应由二人共同承担；最后，类推适用连带责任的一般原理，连带责任人应根据各自责任大小确定最终的赔偿数额，仅在难以确定责任大小的情况下，平均承担赔偿责任。本案中，李某虽要求王某平均分担全部债务及利息，但原发侵权行为系由李某个人过失引起，而侵权案件的当事人及被执行人亦均为李某一人，其相较于王某而言具备更为明显的执行压力及清偿束缚，对长期逾期行为产生巨额利息负有更大过错。故综合上述原因，法院最终判决由李某承担主要清偿责任，王某承担次要清偿责任，这既体现了民事责任分担中的过错因素，又彰显了民法的公平要旨。

编写人：北京市昌平区人民法院　张祎慧　袁满

044 通谋虚伪离婚的法律问题研究

——高某诉马某离婚后财产案

【案件基本信息】

1. 裁判书字号

北京市第二中级人民法院（2019）京 02 民终 10856 号民事判决书

2. 案由：离婚后财产纠纷

3. 当事人

原告（上诉人）：高某

被告（被上诉人）：马某

【基本案情】

2007 年 12 月 28 日，高某与马某登记结婚。2013 年 6 月 19 日生育一子马小某。

2016 年 12 月 7 日，高某与马某签订《离婚协议书》并在民政局登记离婚。该《离婚协议书》载明："男方：马某；女方：高某。男女双方于 2007 年 12 月 28 日结婚。2013 年 6 月 19 日生育儿子马小某。因协议人双方感情原因自愿协议离婚，并对于子女抚养、财产及债务处理等达成如下一致意见：一、马某与高某自愿离婚；二、儿子马小某由女方抚养，男方每月给付抚养费500元，每月5日前付清，直到马小某满18周岁止；三、男方名下丰台区106号商品房一套归男方所有，女方名下朝阳区602号商品房一套归女方所有；四、双方共有现金、证券、理财各享50%；五、双方共有的60万元债务由男方个人承担。我们自愿协议离婚，双方均同意本协议的内容。协议人：马某，2016.12.7。协议人：高某，2016.12.7。”

2016年12月7日，马某与高某签订《离婚补充协议》，内容为：“男方：马某。女方：高某。男女双方因感情问题需要短期体验不同婚姻状态，准备于近期去民政局办理离婚手续，特签订本协议，作为将在民政局备案的离婚协议之补充，供双方共同遵守：一、双方同意在办理离婚手续后一个月之内无条件办理复婚手续，若有一方不同意复婚即属严重违约，违约方应赔偿另一方因不能复婚而造成的任何损失；二、双方所签在民政局备案的离婚协议中有关财产分割的条款均不是双方真实的意思表示，均为无效；三、因为本次离婚只是为了短暂的体验，离婚不是双方的真实目的，故双方本次离婚备案于民政局的离婚协议以及双方本次离婚期间及复婚后的实际财产划分均不是双方财产分割真实的意思表示，均不成立，不影响双方婚姻财产原本合法的界定，且双方均承诺，本次短暂离婚在财产方面应视为双方没有离婚，应等同于双方婚姻关系继续存续……五、虽然本补充协议在双方于民政局备案的离婚协议之前签订，但本补充协议生效是双方签订离婚协议的前提条件，双方确认本协议的效力高于离婚协议。”

后，高某向一审法院起诉，诉讼请求为：1. 马某给付高某人民币 771639 元（其中包括 48072 美元、464700 港元、股票市值 494500 港元和 2438 美元）；2. 判令马某给付高某已经偿还的邮政储蓄银行的信用贷款本金 60 万元以及 2016 年 12 月至 2017 年 7 月的利息 17544.6 元；3. 诉讼费由马某负担。

【案件焦点】

1.《离婚协议书》及《离婚补充协议》的效力认定问题；2. 离婚登记效力问题。

【法院裁判要旨】

北京市丰台区人民法院经审理认为：我国的婚姻制度实行婚姻自由原则。双方于 2016 年 12 月 7 日签订的《离婚补充协议》约定双方离婚不是双方真实目的，且约定双方离婚后必须复婚，违反了婚姻自由原则，所以《离婚补充协议》应认定无效。双方同日签订的《离婚协议书》因并非双方真实意思表示，亦应认定无效。但双方已在民政局办理离婚登记，《离婚协议书》与《离婚补充协议》的无效不影响双方婚姻关系的解除，因此双方婚姻关系已解除。本院对双方争议的财产按照相关法律规定依法予以分割。

北京市丰台区人民法院依照《中华人民共和国婚姻法》第十七条、第十八条、第三十九条、第四十七条，《中华人民共和国民法总则》第一百四十三条，作出如下判决：

一、高某名下的财产归高某所有，马某名下的财产归马某所有，高某于判决生效后七日内给付马某折价款 1137733.75 元，马某于判决生效后七日内给付高某折价款 25289.89 美元、479615.98 港元；

二、驳回高某、马某的其他诉讼请求。

高某不服一审判决，提出上诉。北京市第二中级人民法院经审理认为：1.《离婚协议书》因系双方以虚假意思表示做出而无效。《中华人民共和国民法总则》第一百四十六条规定："行为人与相对人以虚假的意思表示实施的民事法律行为无效……"本案中，高某、马某签署《离婚协议书》并据此在民政部门办理离婚手续，但同日签署的《离婚补充协议》中明确约定双方所签在民政局备案的离婚协议不是双方真实的意思表示。故，因《离婚协议书》非高某、马某的真实意思表示，其二人以虚假的意思表示签署的《离婚协议书》应属无效。

2. 高某、马某之离婚登记有效。在我国，婚姻关系的缔结或解除系民事行为与行政行为的混合，其必须遵守法定的程序和方式，履行法定的手续，当事人之间仅形成相应合意并不当然产生法律效力。本案中，高某与马某作为完全民事行为能力人选择通过行政程序解除双方婚姻关系，在婚姻登记机关做出自愿离婚的意思表示，并通过提交《离婚协议书》的方式表示就财产分割及子女抚养问题已经达成一致意见，高某与马某二人的婚姻关系已由婚姻登记机关依照法定程序予以解除，鉴于婚姻登记之公示公信效力，虽然双方在办理离婚登记时真实意思为通谋虚伪离婚，但并不因此导致离婚登记无效。

3.《离婚补充协议》因违背公序良俗及婚姻自由原则而无效。民法总则规定，民事主体从事民事活动，不得违反法律，不得违背公序良俗；违背公序良俗的民事法律行为无效。本案中，高某、马某签署的《离婚补充协议》损害了婚姻关系的道德伦理性和严肃性，违背了基本的社会道德规范。而案涉《离婚补充协议》中关于无条件办理复婚的内容显然系以财产为条件限制协议双方的婚姻自由，侵犯了公民的合法权利。同时，因《离婚补充协议》涵盖婚姻身份关系以及财产关系，各条款之间具有相当程度的关联性，属于不可分割的整体。涉及身份关系之条款被认定为无效，则涉及财产分割之条款亦应一并确认为无效。

4. 关于财产分割问题。根据106号房屋的产权变更情况，本院认为该房屋应认定为马某与高某之夫妻共同财产，房屋出资及还贷情况不应再作为财产分割时之考量因素，一审对此处理不妥，本院依法予以改判；一审法院对其他财产所做处理并无不当，本院予以维持。

北京市第二中级人民法院依照《中华人民共和国民法总则》第八条、第一百四十六条、第一百五十三条，《中华人民共和国婚姻法》第二条、第十七条、第十八条，《中华人民共和国物权法》第九条，《中华人民共和国民事诉讼法》第一百七十条第一款第二项之规定，作出如下判决：

一、撤销北京市丰台区人民法院民事判决第二项；

二、变更北京市丰台区人民法院民事判决第一项为高某名下的财产归高某所有，马某名下的财产归马某所有，马某于本判决生效后七日内给付高某折价款人民币454266.25元、美元25289.89元、港元479615.98元；

三、驳回马某、高某的其他诉讼请求。

【法官后语】

为追求某些利益，近些年夫妻之间通谋虚伪离婚行为大量发生。由此引起了大量的纠纷案件，一旦处理不好可能会在社会上引起一定的负面影响。目前我国现行法律对通谋虚伪离婚缺乏明确有效规制，对于离婚协议书的效力应如何认定，离婚登记是否有效等问题缺乏明确统一的处理意见。如何在现行法律框架内对通谋虚伪离婚行为进行评价，明确此种情况下离婚协议以及离婚登记的效力认定具有理论和实践意义。本案例结合案情以及相应法律规定就案涉两份离婚协议书进行了分析，并就离婚登记问题进行了明确回应，为此类案件的处理提供了一定的解决思路。

一、通谋虚伪行为规则问题

（一）通谋虚伪行为及其规则

通谋虚伪行为，是指表意人与相对人进行通谋，双方一致对外做出虚假的、非自己真意的意思表示，双方合意造成订立某项法律行为的表面假象，但其真意并非追求有关法律行为的法律效果产生。就如德国学者拉伦茨所指出的，虚假法律行为是指表意人与表示的受领人一致同意表示事项不应该发生效力，亦即双方当事人一致同意仅仅造成订立某项法律行为的表面假象，而实际上并不想使有关法律行为的法律效果产生。[①] 一般认为，其构成要件主要有四个：一是须有意思表示之存在；二是须表示与真意不一致；三是须表意人知其表示与真意不一致；四是须表意人与相对人之通谋。[②]

《中华人民共和国民法总则》第一百四十六条第一款规定，行为人与相对人以虚假的意思表示实施的民事法律行为无效。该条款是我国民法第一次规定虚假民事法律行为效力的规范，该条款规定行为人与相对人以虚假的意思表示实施的民事法律行为无效。该新增

---

① ［德］卡尔·拉伦茨：《德国民法通论》，王晓晔等译，法律出版社2003年版，第479页。

② 胡长清：《中国民法总论》，商务印书馆1933年版，第265页。

加内容为《中华人民共和国民法典》完全吸收，现为《中华人民共和国民法典》第一百四十六条第一款。

（二）通谋虚伪行为规则不可以适用于身份行为

通谋虚伪行为规则适用于财产类行为自然不存在争议，但通谋虚伪行为规则能否适用于身份行为则存在一定的争议。所谓身份行为，是指直接以发生身份关系变动为目的的法律行为。一种观点认为身份行为能适用通谋虚伪行为规则，该观点认为民法中关于通谋虚伪意思表示无效的规定对身份行为亦有适用余地。若无真正结婚的意思，此婚姻根本无效①。若夫妻双方通谋而为假离婚的意思表示，其意思表示亦无效②。还有一种观点认为不适用，该观点认为于交易契约，许其为虚伪无效之抗辩；而于婚姻，则禁止虚伪无效之抗辩。盖依方式公然缔结之行为，不能因私的密约左右其效力。③

本文认为，采纳第二种观点更为适宜。身份行为固然应尊重当事人的内心真实意思表示，但是身份行为具有与一般法律行为明显区别的特征，比如伦理性、安定性等，除了对于当事人内心意思表示的尊重以外，更应该着重考虑身份关系背后的社会制度的稳定性；民法总则中通谋虚伪行为规则更注重的是维护交易之安全，其主要适用于财产行为，对于身份行为应排除适用。

---

① 林诚二：《民法总则》（下），法律出版社2008年版，第368页。

② 王泽鉴：《民法总则》，北京大学出版社2009年版，第339页。

③ ［日］栗生武夫：《婚姻之近代化》，胡长清译，中国政法大学出版社2003年版，第59页。

二、通谋虚伪离婚的法律效力

（一）通谋虚伪离婚

“通谋虚伪离婚”是通谋虚伪行为在婚姻领域的一种表现形式，对于“通谋虚伪离婚”的界定应当符合其上位概念“通谋虚伪行为”的构成要件。具体来说，“通谋虚伪离婚”的法律特征为：第一，当事人共同向司法机关或婚姻登记机关作出了离婚的意思表示；第二，该意思表示具有虚伪性，双方均无真离婚的意思，其内在的效果意思与外在的离婚表示不一致；第三，必须是双方共同恶意串通，即双方均应知晓是虚伪离婚，且存在共同之谋划。

根据上述分析论述，本文认为，所谓通谋虚伪离婚，是指夫妻双方为了实现特定目的，以通谋方式达成一致意见，欺骗司法机关或婚姻登记机关解除婚姻关系，计划在达到特定目的后再行复婚的行为。在通谋虚伪离婚中，夫妻双方本没有离婚的真实意愿，离婚仅仅系其实现特定目的的手段。

（二）离婚协议与协议离婚之间具有独立性和无因性

离婚在我国属于要式法律行为，其成立不仅需要意思表示，还需要满足办理离婚登记的一定形式，但是这种形式仅仅是对于离婚这种法律行为效力的一种控制。实际上，婚姻登记机关对于离婚当事人的离婚协议的审查只是形式审查，对于离婚协议是否公平、是否侵害第三人利益等均不作实质性审查；而对于离婚登记而言，只要当事人向婚姻登记机关做出了离婚的意思表示，并且提交了相应的符合规定的材料，那么就是一个完全的法律行为，婚姻关系便已经实际解除，离婚协议与协议离婚之间具有独立性和无因性，离婚协议的无效或者被撤销不影响协议离婚的效力。

我国法律体系对此亦有体现，《最高人民法院关于适用〈中华人民共和国婚姻法〉若干问题的解释（二）》第九条[①]规定，男女双方协议离婚后一年内就财产分割问题反悔，请求变更或者撤销财产分割协议的，人民法院应当受理。人民法院审理后，未发现订立财产分割协议时存在欺诈、胁迫等情形的，应当依法驳回当事人的诉讼请求。该司法解释便是将离婚协议中的身份关系和财产关系的效力相互分离。

（三）通谋虚伪离婚中离婚协议与离婚登记之效力应区别对待

1. 离婚协议应为无效

在通谋虚伪离婚中，双方签订离婚协议系为了达到符合婚姻登记部门的形式要件要求或者为了达到其他目的，协议之内容并非双方真实意思表示。虽然通谋虚伪行为规则不可以适用于身份行为，但因身份关系与财产关系可做区分裁判，因此对于离婚协议中财产关系部分效力的认定可以适用通谋虚伪行为规则，对于通谋虚伪离婚中的离婚协议应认定为无效。

2. 离婚登记应为有效

如前所述，通谋虚伪行为规则不能适用于身份行为，离婚是典型的身份行为，在认定离婚登记效力时不应适用该规则，不应据此认定离婚登记无效。

婚姻关系不同于财产关系，它在本质上是身份关系，具有不同于一般民事法律关系的自然属性和社会属性，正如学者所言：对财产关系而言，因其有瑕疵而无效或者撤销后，当事人之间互返原物，

---

① 现该规定已被《最高人民法院关于适用〈中华人民共和国民法典〉婚姻家庭编的解释（一）》第七十条“夫妻双方协议离婚后就财产分割问题反悔，请求撤销财产分割协议的，人民法院应当受理。人民法院审理后，未发现订立财产分割协议时存在欺诈、胁迫等情形的，应当依法驳回当事人的诉讼请求”所替代，新的司法解释删除了原来“可变更”的规定，以及“一年内”的表述。

使财产恢复原状是可能的，而男女身心上的结婚以及结合期间所生子女，这样一些身份事实，是不可能恢复原状的①。因此对于婚姻关系的判断不仅是简单的法律适用，更是价值判断的问题。

身份行为固然应尊重当事人之真实意思，但不应一味地为绝对尊重当事人的真实意愿而有损婚姻登记的效力②。因婚姻关系中蕴含着强烈的伦理性，基于婚姻关系之特殊性考量，在婚姻关系的缔结与解除中行为人的意思自治往往受到法律更严格的限制。完整的离婚登记程序具有完整的行政公示公信力，在其指导下形成广泛的新的人身与财产社会秩序。当事人之间的合意虽为虚假，但通过国家机关确认程序的这一事实却是真实且具有公信力的。第三人因信赖国家公权力机关颁发的离婚证书而与离婚当事人结婚，此善意第三人应受到保护，虚假离婚应为有效。③

编写人：北京市第二中级人民法院　张科　陈广辉

045　离婚中“欺诈”的举证责任及其构成要件、认定标准

——彭某某诉夏某某离婚后财产案

【案件基本信息】

1. 裁判书字号

北京市第一中级人民法院（2019）京01民终10201号民事判决书

---

① 夏吟兰、蒋月、薛宁兰：《21世纪婚姻家庭关系新规则——新婚姻法解说与研究》，中国检察出版社2001年版，第231页。

② 刘耀东：《虚假离婚若干问题研究》，载《云南大学报（法学版）》2011年3月。

③ 马忆南：《婚姻家庭继承法学》，北京大学出版社2007年版，第125页。

2. 案由：离婚后财产纠纷

3. 当事人

原告（被上诉人）：彭某某

被告（上诉人）：夏某某

第三人：彭甲（系彭某某之父）、冯乙（系彭某某之母）

【基本案情】

彭甲、冯乙系彭某某之父母。

彭某某、夏某某于2008年举行婚礼，2012年登记结婚，双方未生育子女。夏某某于2014年2月前后与其现配偶发生性关系后怀孕并于2014年11月生育一女。女方名下有1106号房屋一套，男方名下有401号房屋一套。

2014年7月3日，双方在北京市东城区民政局登记离婚，签订离婚协议书一份，协议主要内容为："一、双方自愿离婚。二、双方婚后无子女。三、夫妻共同财产的处理：1. 房屋：夫妻共同房产两处。现作以下分配：（1）1106号房产归男方所有，401号房产归女方所有。（2）男方一次性补偿女方60万元。用于女方一次性偿还石景山路房产的银行贷款……"离婚时彭某某父母亦在场，彭甲当场书写声明一份，内容为"本人是彭某某的父亲，我知晓彭某某与夏某某于2014年7月3日在东城区婚姻登记处办理离婚登记，本人确定彭某某具有完全民事行为能力。上述声明完全真实，如有虚假，本人愿承担法律责任"。

彭某某称夏某某以人工授精为名与他人发生性关系并怀孕，但夏某某在离婚时隐瞒与特定第三人怀孕的事实，构成欺诈。夏某某主张系彭某某之父母要求其进行人工授精生子并称彭某某自始对其婚内与他人发生性关系并怀孕一事知情。

彭某某以夏某某致其患病且婚内与他人生子为由主张精神损害赔偿金800000元。夏某某主张彭某某存在家庭暴力，但未提交相关损害证据。

本案审理过程中，法院判决宣告彭某某为无民事行为能力人并指定其父为彭某某之监护人。

【案件焦点】

1. 夏某某在协议离婚时是否存在欺诈；2. 夏某某在婚姻中是否存在过错；3. 如果夏某某存在过错，夫妻财产如何分割。

【法院裁判要旨】

北京市石景山区人民法院经审理认为：夏某某称彭某某离婚时对于其与特定第三人生子一事知情，因其未就此举证，其应承担举证不利的法律后果。1106号房屋及401号房屋，签订合同及房款支付行为均完成于双方同居生活期间，为双方夫妻共同财产，按照出资额确定份额。夏某某违反夫妻忠实义务，对离婚负有过错，从照顾无过错方的原则出发，夏某某应给付彭某某房屋折价补偿款100万元。一审法院判决：

一、撤销2014年7月3日彭某某、夏某某签订的《离婚协议书》第三条第一款中的第一项、第二项、第三项；

二、位于北京市石景山区1106号房屋归彭某某所有，该房屋剩余贷款由夏某某负责偿还；

三、位于北京市崇文区401号房屋归夏某某所有，该房屋贷款由彭某某负责偿还；

四、夏某某于本判决生效后十五日内给付彭某某房屋折价补偿款100万元；

五、驳回彭某某、夏某某其他诉讼请求。

夏某某不服一审法院判决，提起上诉。北京市第一中级人民法院经审理认为：本案双方签订的离婚协议书中并未就子女抚养问题进行约定，现夏某某未举证证明彭某某离婚时对于其与特定第三人生子一事知情，且夏某某之前诉讼中的陈述前后矛盾，夏某某在签订离婚协议时并未如实告知其怀孕情况，故法院认定夏某某存在欺诈。就彭某某、夏某某离婚时财产如何分割问题。根据彭某某、夏某某签订离婚协议时约定的房产分配及贷款偿还情况，结合本案中双方对于上述两套房产的价格认定及贷款剩余情况，1106号房屋价格较高，归彭某某所有，401号房屋归夏某某所有。因夏某某在离婚时未如实告知其怀孕具体情况，其应适当给付彭某某一定补偿，具体数额本院依据双方的财产分配状况以及其过错程度予以认定。判决如下：

一、维持北京市石景山区人民法院民事判决第一项、第二项、第三项、第五项；

二、撤销北京市石景山区人民法院民事判决第四项；

三、夏某某于本判决生效后十五日内给付彭某某300000元；

四、驳回夏某某的其他上诉请求。

【法官后语】

在一方以欺诈为由撤销离婚协议财产部分时，其应当就存在欺诈负举证责任，且要达到排除合理怀疑的证明标准。民事欺诈的构成要件是此类案件的审查重点，应集中于四方面：一是欺诈方具有欺诈的故意；二是欺诈方实施欺诈行为，包括积极与消极欺诈；三是被欺诈方因此陷入错误认识；四是被欺诈方基于错误认识作出意思表示。在夫妻财产分割方面，尽管无过错方可以多分财产，但也是在均等分割的基础上酌情多分，幅度不应太大，并且要考虑夫妻双方财产的实际价值，如果夫妻财产价值总额较高，在分配比例上更应克制，不能差距过大。

一、协议离婚中欺诈的举证责任及证明标准

双方当事人协议离婚后，一方认为对方存在欺诈、胁迫行为的，可以要求重新分割财产。[①] 欺诈一般是指故意将不真实的情况当作真实情况加以表示，使他人产生误解，并作出意思表示。在举证责任方面：根据民事诉讼法的规定，当事人对自己提出的主张，有责任提供证据，即谁主张谁举证的一般民事诉讼举证原则，因此对于欺诈事实的举证责任，由主张欺诈的一方当事人承担，即主张离婚协议存在欺诈的一方应该负举证责任，证明欺诈的存在。在证明标准方面：根据《最高人民法院关于适用〈中华人民共和国民事诉讼法〉的解释》第一百零九条规定，当事人对欺诈、胁迫、恶意串通事实的证明，以及对口头遗嘱或者赠与事实的证明，人民法院确信该待证事实存在的可能性能够排除合理怀疑的，应当认定该事实存在。由此，对于欺诈在证明标准上，不同于普通民事案件的“高度盖然性”标准。[②] 而采用了更高的刑事诉讼证明标准“排除合理怀

① 《最高人民法院关于适用〈中华人民共和国民法典〉婚姻家庭编的解释（一）》第七十条规定，夫妻双方协议离婚后就财产分割问题反悔，请求撤销财产分割协议的，人民法院应当受理。人民法院审理后，未发现订立财产分割协议时存在欺诈、胁迫等情形的，应当依法驳回当事人的诉讼请求。

② 《最高人民法院关于适用〈中华人民共和国民事诉讼法〉的解释》第一百零八条规定，对负有举证证明责任的当事人提供的证据，人民法院经审查并结合相关事实，确信待证事实的存在具有高度可能性的，应当认定该事实存在。对一方当事人为反驳负有举证证明责任的当事人所主张事实而提供的证据，人民法院经审查并结合相关事实，认为待证事实真伪不明的，应当认定该事实不存在。法律对于待证事实所应达到的证明标准另有规定的，从其规定。

疑的标准”，所以，在一方以欺诈为由撤销离婚协议财产部分时，其应当就存在欺诈负举证责任，而且要达到排除合理怀疑的证明标准，否则，其主张不应得到支持。

二、协议离婚中欺诈的判断标准及认定

就此类案件的审查，应该注意以下几个方面：一是对方是否存在欺诈行为及欺诈故意；二是一方是否因对方的欺诈行为存在误解，违背其真实意思作出意思表示；三是一方的欺诈行为是否与另一方的错误意思表示存在因果关系。

1. 对方存在欺诈行为及故意，这是前提条件，否则不存在撤销离婚协议财产部分的前提。主张方须证明对方存在欺诈，除非对方自认。欺诈行为是客观存在的，是欺诈方的意思表示与客观真实情况的不一致，如果不存在上述情形，不能认定为欺诈。

2. 一方因对方的欺诈行为存在误解，违背其真实意思作出意思表示。也就是说，在确认对方存在欺诈行为的前提下，主张方因对方欺诈而存在错误认识，离婚协议的内容未能反映自己真实的意思表示，离婚协议违背了自己的真实意思表示。需要注意的是，主张方往往以对方存在过错为由主张自己存在欺诈，但这是两个维度的问题，即使认定对方存在过错，也不能直接推定存在欺诈并撤销离婚协议，需要分开审查，分别认定。

3. 一方的欺诈行为与另一方的错误意思表示存在因果关系。也就是说，另一方的错误意思表示是因为对方的欺诈行为而发生，如果两者之间不存在因果关系，即使有错误的意思表示，也不能认定离婚协议中存在欺诈行为。

三、婚内过错的判断标准及后果

《中华人民共和国民法典》第一千零九十一条规定：“有下列情

形之一，导致离婚的，无过错方有权请求损害赔偿：（一）重婚；（二）与他人同居；（三）实施家庭暴力；（四）虐待、遗弃家庭成员；（五）有其他重大过错。”该条规定与原《中华人民共和国婚姻法》第四十六条相比，新增离婚损害赔偿兜底条款，这样充分保护了无过错配偶方的权利，也为司法裁判提供了法律依据。[①] 此外民法典实施之前，法律并无规定分割夫妻共同财产时，无过错方可多分得财产。因此民法典实施之前对于无过错方在分割财产时予以照顾和倾斜，是司法适用上的一种突破。主要依据为最高人民法院《对离婚财产分割案件中有关法官行为规范的建议问题的答复》“考虑到夫妻关系本身的特殊性，在原则上均等分割的基础上，法院还要考虑夫妻双方在离婚问题上是否存在过错以及过错比例大小这一因素，合理确定分割比例，以体现在财产分割上的实质公平”。此次民法典在处理财产分割时新增了照顾无过错权益原则，这意味着在离婚财产分割上，法院可以依据该原则，酌情确定对过错方予以少分财产，以此惩戒婚内过错方，充分照顾并保护无过错方权利。实践中，除了过错因素将影响法院在确定离婚财产分割比例上的判断之外，在具体审理离婚财产分割案件中，除了过错因素将影响法院在确定离婚财产分割比例上的判断之外，还有一个因素不能忽视，即妇女、儿童这类弱势群体的合法权益保护问题。由此可见，尽管在无过错方可以多分财产这一点上有所突破，但也是在均等分割的基础上酌情多分一些，幅度不应太大。并且要考虑夫妻双方财产的实际价值，如果夫妻财产价值总额较高，在分配比例上更应克制，不能差距过大。

---

① 《中华人民共和国民法典》第一千零八十七条第一款规定，“离婚时，夫妻的共同财产由双方协议处理；协议不成的，由人民法院根据财产的具体情况，按照照顾子女、女方和无过错方权益的原则判决”。

具体到本案，尽管男方认可其同意女方人工授精，但女方却与特定第三人发生关系并怀孕，其无证据证明在签订离婚协议时男方对此已知情，故可以认定女方存在欺诈。就离婚协议所涉财产的分割，根据离婚协议中财产的价值，现价值较大的房产分配给男方，已经照顾了其利益，故不应再判决女方支付数额较大的现金补偿。

编写人：北京市第一中级人民法院　张琳

046　农村自建房的权属可通过合法建造人的认定予以判断
——黎某诉张某某离婚后财产案

【案件基本信息】

1. 裁判书字号

四川省眉山市中级人民法院（2019）川 14 民终 717 号民事判决书

2. 案由：离婚后财产纠纷

3. 当事人

原告（上诉人）：黎某

被告（被上诉人）：张某某

【基本案情】

黎某与张某某系地邻关系，双方于 2014 年 3 月经人介绍相识恋爱，于 2014 年 6 月 16 日在眉山市东坡区民政局登记结婚，双方均系再婚。张某某曾于 2017 年 8 月 31 日诉至东坡区人民法院请求与黎某离婚，东坡区人民法院于 2017 年 10 月 24 日作出（2017）川 1402 民初 3432 号民事判决书，判决不准张某某与黎某离婚。后黎某于2018年7月2日诉至东坡区人民法院请求与张某某离婚、请求分割夫妻共同财产并请求张某某承担扶助费，东坡区人民法院于2018年9月28日作出（2018）川1402民初2645号民事判决书，判决：一、准予原告黎某与被告张某某离婚。二、夫妻共同财产：家具、家电等生活用具全部归被告张某某所有，被告张某某于本判决生效之日起五日内支付原告黎某补偿款15000元。三、被告张某某于本判决生效之日起五日内一次性支付原告黎某扶助费10000元。四、驳回原告黎某的其他诉讼请求。判决生效后，黎某不服上诉至眉山市中级人民法院，该院于2018年12月13日作出（2018）川14民终1280号民事判决书，判决驳回上诉，维持原判。黎某于2019年2月28日再次诉至东坡区人民法院要求分割坐落于多悦镇小闸子街××号房屋。

另查明，坐落于多悦镇小闸子街××号房屋的天然气登记户主为张某某，该门牌号登记户主为张某某前妻张××，房屋尚未办理不动产权证。2017年10月9日，在张某某诉黎某离婚纠纷一案庭审中，张某某陈述诉争房屋于2013年年底竣工，贷款3万元就是买家电的钱，贷款给了黎某，买家电黎某只给了29000元。2014年6月20日，张某某向张××汇款3万元，该汇款收据由黎某持有。

【案件焦点】

诉争房屋是否属于黎某与张某某的夫妻共同财产。

【法院裁判要旨】

四川省眉山市东坡区人民法院经审理认为，本案的争议焦点为：诉争房屋是否属于黎某与张某某婚姻关系存续期间的夫妻共同财产。据《中华人民共和国物权法》第九条“不动产物权的设立、变更、转让和消灭，经依法登记，发生效力；未经登记，不发生效力，但法律另有规定的除外”的规定，因案涉房屋尚未办理不动产权登记，故不能依据不动产权登记判断该房屋的权属。当然，据《中华人民共和国物权法》第三十条“因合法建造、拆除房屋等事实行为设立或者消灭物权的，自事实行为成就时发生效力”的规定，也可从合法建造事实行为来判断房屋的权利人。本案中，双方就案涉房屋的建造人存在争议，黎某主张诉争房屋属张某某所有，由二人共同出资出力修建，张某某主张案涉房屋属其姐姐所有，二人婚前已修建完毕，综合审理查明的证据及双方当事人的陈述，可确定张某某为案涉房屋天然气的登记户主，该房屋由张某某于2014年2月申报修建，其中一半的房产（含底楼两间门面及楼上一套住房）属于张某某所有的事实具有高度盖然性。但判断案涉房屋是否属于夫妻共同财产，应综合考虑该房建造的开工竣工时间、二人对建房的资金投入及二人的婚姻状况等予以确认。本案中，案涉房屋的建造申报发生于二人结婚登记之前，双方当事人均未提出充分的证据证明房屋的竣工时间，即便如黎某所述于2014年7月竣工，但此时距二人结婚登记也仅一个月左右，可确定修建该房所需的资金应由或主要由张某某出资。结合张某某诉黎某离婚纠纷案的庭审笔录分析，即使黎某有过出资3万元的行为，该3万元是否用于案涉房屋修建并无证据予以佐证，故不能就此认定案涉房屋属于夫妻共同财产。综上，黎某要求分割案涉房产的主张因证据不足不能成立，不予支持。据此，依照《中华人民共和国婚姻法》第十七条，《中华人民共和国物权法》第九条、第三十条，《中华人民共和国民事诉讼法》第六十四条的规定，判决如下：

驳回原告黎某的诉讼请求。

黎某不服一审判决，提出上诉。四川省眉山市中级人民法院同意一审法院的裁判意见，依照《中华人民共和国民事诉讼法》第一百七十条第一款第一项之规定，判决如下：

驳回上诉，维持原判。

【法官后语】

本案诉争的房屋为农村宅基地上合法建盖的房屋。根据《中华人民共和国物权法》第三十条①“因合法建造、拆除房屋等事实行为设立或者消灭物权的，自事实行为成就时发生效力”的规定，房屋自建造完成时，合法建造人取得房屋的所有权。由于农村土地集体所有的性质，建造人取得房屋所有权，但一般未办理相关的权属证书，人民法院难以通过权属证书准确判断房屋的所有权人。因此，农村自建房的权属认定及分割较商品房更为复杂。

集体土地上的农村房屋，通过合法建造行为取得其所有权的，离婚时，建造人的认定是判断房屋是否属于夫妻共同财产的关键。针对此类案件，人民法院应该综合房屋的建房审批手续、建造开工竣工时间、当事人的投资投力情况及婚姻状况等予以考虑。在具体的离婚案件中，关于农村自建房的分割主要有以下两种情况：一是农村自建房是一方婚前取得宅基地使用权并建房，且建造时另一方没有出资出力，建房后由夫妻共同居住的，不应认定为夫妻共同财产进行分割。二是农村自建房在婚姻关系存续期间共同建造完成，即使一方在婚前取得宅基地使用权，亦应属夫妻共同财产进行因案

---

① 该条对应《中华人民共和国民法典》第二百三十一条“因合法建造、拆除房屋等事实行为设立或者消灭物权的，自事实行为成就时发生效力”，民法典对该条内容未作修改，原文保留。

施策的分割。就本案而言，审查黎某是否属于案涉房屋的建造人是本案定案的依据。黎某主张张某某婚前报建的诉争房屋系二人共同出资出力修建，但黎某提交的证据均不能证明其主张，综合考虑诉争房屋建造的开工竣工时间、二人对建房的资金投入及婚姻状况等，仍无法认定诉争房屋系黎某与张某某的夫妻共同财产，故人民法院对黎某的主张不予支持。

同时，我们还需注意，在农村地区，由于宅基地和房屋建造管理的不规范，建造人难以取得房屋建造合同等相关证明。提起诉讼的一方收集证据比较困难，且人民法院对房屋权属的证明标准要求较高，如果不能提供充分的证据证明自己的诉讼请求，将承担不利的法律后果。因此，在自己修建或扩建农村房屋时，房屋的建设主体应就房屋建设及日后的分配等问题作出书面约定，不能作出书面约定的，也应邀请村委会干部及相关的无利害关系人对口头约定进行见证。如此，才能更好地维护房屋所有权人自己的合法权益。

编写人：四川省眉山市东坡区人民法院　白颖

047　离婚诉讼中一方放弃对另一方的其他诉讼请求的法律后果

——李某某诉钟某某离婚后财产案

【案件基本信息】

1. 裁判书字号

广东省广州市中级人民法院（2019）粤 01 民终 20327 号民事判决书

2. 案由：离婚后财产纠纷

3. 当事人

原告（上诉人）：李某某

被告（被上诉人）：钟某某

第三人（被上诉人）：广州某某公司、清远市某某公司

【基本案情】

2016年1月13日，李某某与钟某某经本院调解离婚，达成调解协议如下：一、原告李某某与被告钟某某自愿离婚。二、女儿钟某由原告李某某携带抚养，被告钟某某支付抚养费每月3000元。三、原、被告的夫妻共同财产：1. 位于广州市番禺区钟村镇锦绣花园南小区某房归被告钟某某所有，剩余银行按揭贷款由被告钟某某负担；2. 位于广州市番禺区新造镇谷围新村双桂园某房归原告李某某所有；3. 位于广州市花都区金华路某房归被告钟某某所有；4. 位于佛冈县水头镇碧桂园清泉城鸣泉谷某房归原告李某某所有；5. 某骐达牌小型轿车归被告钟某某所有。四、原告李某某于2016年8月1日前支付被告钟某某补偿款80万元。五、原告李某某放弃对被告钟某某的其他诉讼请求。六、案件受理费、诉讼保全费，由原告李某某负担。

李某某主张，其与钟某某调解离婚时并未涉及处理钟某某名下的公积金，公司股权、分红、投资款等，要求重新分割该部分财产，包括钟某某隐瞒了其投资清远市某某公司的款项。同时，李某某确认，其清楚钟某某投资了广州某某公司，认识该公司的大股东，但其没有参与该公司的经营，其在离婚后才通过案外人得知钟某某对清远市某某公司投资了40万元，因离婚时考虑不周，

没有在离婚诉讼中说明所有需要分割的财产。钟某某辩称李某某的起诉已超过诉讼时效，双方离婚时已经处理了全部的财产，双方生活方式是AA制，其婚内提取的公积金用于购房还贷，离婚时已经分割四套房产，广州某某公司并没有分红款，且离婚时李某某已知悉该公司情况，李某某没有提出分割是因为知道其无权分割或放弃分割，清远市某某公司是其与李某某离婚后设立，且其出资额为5万元，并非40万元。双方均确认截至两人调解离婚之日，钟某某名下公积金账户存款为47461.8元，在婚姻关系存续期间，钟某某共提取公积金21万元。另，广州某某公司于2005年12月22日成立，钟某某认缴出资10万元。清远市某某公司于2016年4月1日成立，钟某某认缴出资5万元。

【案件焦点】

1. 离婚后李某某再次主张分割的财产在离婚时其是否已经知情；2. 离婚调解协议中一方放弃对另一方的其他诉讼请求产生的法律后果。

【法院裁判要旨】

广东省广州市花都区人民法院经审理认为：李某某于2018年12月28日起诉主张再次分割夫妻共同财产，未超过三年诉讼时效期间。李某某与钟某某经法院调解达成调解协议是双方的真实意思表示，合法有效，其中，协议第五项载明“原告李某某放弃对被告钟某某的其他诉讼请求”。该条款应理解为李某某已经放弃向钟某某主张其他诉讼请求，包括放弃主张分割钟某某名下的其他财产，而并非李某某陈述的当时考虑不周，未在离婚诉讼中说明所有需要分割的财产。另外，李某某也确认其早就知晓钟某某有投资广州某某公司，法院也有理由相信李某某在与钟某某离婚时对钟某某的银行账户、公积金账户或投资的公司是否有分红的存在是知情的。双方调解协议中未明确对双方各自名下银行存款、公积金账户或投资的财产等进行分割，并不意味着该类型财产在双方达成调解协议时未经考虑。事实上，法院有理由相信李某某同样拥有自己的银行账户或住房公积金等财产，同样没有在调解协议中作出约定、进行分割。双方达成的调解方案中对财产的分割，实际上属于对双方共同财产分割的综合性约定。即没有列举在调解书中的财产，不等于隐瞒，也并非没有约定，而是作了概括性的约定。再者，李某某在离婚后主张分割的财产须是双方未经实际处理的财产，清远市某某公司是于两人离婚后设立，不能认定为李某某与钟某某的夫妻共同财产。

广州市花都区人民法院依照《中华人民共和国婚姻法》第三十九条，《中华人民共和国民法总则》第一百八十八条，《最高人民法院关于适用〈中华人民共和国婚姻法〉若干问题的解释（二）》第八条、第九条，《最高人民法院关于民事诉讼证据的若干规定》第二条的规定，作出如下判决：

驳回原告李某某的全部诉讼请求。

李某某不服一审判决，提出上诉。

广东省广州市中级人民法院依照《中华人民共和国民事诉讼法》第一百四十四条、第一百七十条第一款第一项、第一百七十四条之规定，作出如下判决：

驳回上诉，维持原判。

【法官后语】

近年来，随着经济的高速发展，社会观念的转变，婚姻家庭关系尤其是夫妻关系受到了极大冲击，法院受理的离婚后财产纠纷案件数量上升趋势明显。究其原因，有几种情形：离婚协议约定过于简单导致产生争议；一方隐瞒财产，对方离婚后发现从而再次主张分割；一方为了达到离婚目的，不主张分割财产，事后反悔；“假离婚”变成“真离婚”等。

《最高人民法院关于适用〈中华人民共和国婚姻法〉若干问题的解释（二）》第八条规定：“离婚协议中关于财产分割的条款或者当事人因离婚就财产分割达成的协议，对男女双方具有法律约束力。当事人因履行上述财产分割协议发生纠纷提起诉讼的，人民法院应当受理。”第九条规定：“男女双方协议离婚后一年内就财产分割问题反悔，请求变更或者撤销财产分割协议的，人民法院应当受理。人民法院审理后，未发现订立财产分割协议时存在欺诈、胁迫等情形的，应当依法驳回当事人的诉讼请求。”现行《最高人民法院关于适用〈中华人民共和国民法典〉婚姻家庭编的解释（一）》第六十九条第二款、第七十条基本延续了此前规定，但删除了“离婚后一年内”的规定。前述规定主要针对的是当事人到民政部门协议离婚而签订的财产、债务协议的处理规定，诉讼离婚中达成调解协议后反悔的，对此并无明确规定。

当事人在离婚诉讼中达成调解而签订的调解协议与在民政部门协议离婚而签订的离婚协议均属解除婚姻关系的协议，对由此而签订的财产、债务分割协议反悔的，人民法院均应审查订立财产分割协议时是否存在欺诈、胁迫等情形，审查协议是否为当事人的真实意思表示。那么，诉讼离婚达成的调解协议关于放弃对对方的其他诉讼请求的约定会产生怎样的法律后果？没有明确写入调解协议的财产，是否属于漏分的财产？当事人对调解协议反悔的，应当如何认定审查。首先，要明确的是，离婚协议属于当事人双方自愿协商的结果，一般而言，协议仅明确大额财产的归属，未将双方所有财产一一罗列，但这并不代表双方对没有罗列的财产没有作出处分，因夫妻共同生活中，除了产生大额财产外，也必然会产生一些小额财产，如个人首饰、衣物，小家电等，在没有相反证据证明的情况下，小额财产可推定为夫妻双方均知情。

其次，应重点审查主张分割一方在离婚时对对方名下有大额财产是否知情。比如房产、车辆等。在举证责任的分配上，应由另一方举证证明对方对讼争的财产在离婚时已经明确知晓存在，但仍不在协议中列明，并在协议中表示放弃对对方的其他诉讼请求。如举证证明对方有参与另一方持股的公司经营，由此可以确认其在离婚时明确知晓另一方持有该公司之股权。

在主张分割一方对诉争财产均知情的情况下，其本可以在离婚协议中约定该财产的归属，但其仍然选择在离婚协议中作出“放弃对对方的其他诉讼请求”的约定，属于其“可以为而不为”，由此所产生的法律后果，应视为其已放弃对对方名下其他财产的分割，该约定对双方均具有约束力。当事人双方签署的离婚协议的约定应属概括性的约定，虽然没有一一表述，但在双方均清楚了解夫妻共同财产的情况下，离婚时约定放弃对对方的其他诉讼请求，实际上双方已对夫妻共同财产进行了分割处理，离婚后再行主张分割缺乏理据，也有违诚实信用原则。另外，需要注意的是，离婚调解协议与其他普通民事纠纷调解协议相比，有其不同之处，也不宜以财产分配的多少来衡量其公平性，当事双方毕竟曾为夫妻，在处理分割共同财产时，除了纯粹的利益外，难免掺杂其他因素，如离婚的达成、子女的抚养、债务的清偿等，不应以等价有偿为唯一的标准。离婚协议的人身属性明显，各个条款之间互相牵制、互为前提，构成一个整体，通常是“一揽子”解决方案，不宜单独割裂出来进行定性。

就本案而言，经审查，李某某在离婚诉讼中已经明确知晓钟某某名下持有公积金及占有广州某某公司股份的情形，说明钟某某并不存在隐瞒、转移夫妻共同财产的行为，李某某完全可以要求对方在调解协议中对该财产进行约定，但其仍然自愿在调解协议中约定放弃对钟某某的其他诉讼请求，应视为其已放弃分割钟某某名下的其他财产，双方关于“原告李某某放弃对被告钟某某的其他诉讼请求”的约定合法有效，对双方均具有约束力，李某某诉求重新分割该财产不应得到支持。

编写人：广东省广州市花都区人民法院　陈佩勤

048　离婚时法院能否对夫妻关系存续期间的土地承包经营权进行处理

——刘某某诉杨某、杨某某离婚后财产案

【案件基本信息】

1. 裁判书字号

四川省金堂县人民法院（2018）川 0121 民初 2708 号民事裁定书

2. 案由：离婚后财产纠纷

3. 当事人

原告：刘某某

被告：杨某、杨某某

【基本案情】

原告与被告杨某于2013年6月6日经金堂县人民法院调解离婚，原、被告婚姻关系存续期间所承包的土地经营权未在离婚调解书中分割。离婚后原告多次找到被告要求分割被告代表家庭取得的农村土地承包经营权，但是被告均拒绝分割。原、被告离婚至今，国家依据承包地发放的耕保基金一直由被告领取，原告多次找被告要求其返还属于原告的部分，均遭到被告的拒绝。

【案件焦点】

1. 如何确认家庭承包的内涵；2. 法院能否对夫妻关系存续期间的土地承包经营权进行处理。

【法院裁判要旨】

四川省金堂县人民法院经审理认为：根据《中华人民共和国农村土地承包法》第三条第一款规定，“国家实行农村土地承包经营制度”。第十三条规定：“农民集体所有的土地依法属于村农民集体所有的，由村集体经济组织或者村民委员会发包……”第二十条规定：“土地承包应当按照以下程序进行：（一）本集体经济组织成员的村民会议选举产生承包工作小组；（二）承包工作小组依照法律、法规的规定拟订并公布承包方案；（三）依法召开本集体经济组织成员的村民会议，讨论通过承包方案；（四）公开组织实施承包方案；（五）签订承包合同。”由此可以看出，农村土地承包应由村集体经济组织或者村民委员会按法定的程序进行。原告主张分割农村土地承包经营权，实则是要求与村集体经济组织重新签订农村土地承包经营合同，并主张对应土地的使用权和经营权。《中华人民共和国土地管理法》第十六条第一款规定:“土地所有权和使用权争议,由当事人协商解决;协商不成的,由人民政府处理。”故原告主张的分割土地承包经营权应由人民政府处理,不属于人民法院民事诉讼受案范围。关于原告主张被告返还耕保基金,因耕保基金是对承包农村土地并依法保护耕地的村民给予的经济支持,原告是否享有耕保基金应由政府职能部门予以审查认定,不属于人民法院民事诉讼受案范围。原告主张律师费由被告负担,原告主张律师费的基础是起诉分割土地承包经营权和返还耕保基金,因分割土地承包经营权和返还耕保基金不属于人民法院民事诉讼受案范围,故对原告主张的律师费不予处理。

四川省金堂县人民法院依照《中华人民共和国民事诉讼法》第一百一十九条,《最高人民法院关于适用〈中华人民共和国民事诉讼法〉的解释》第二百零八条第二款的规定,裁定如下:

驳回原告刘某某的起诉。

【法官后语】

从法律依据上看,《中华人民共和国民法典》第一千零八十七条继承了原《中华人民共和国婚姻法》第三十九条的规定,“离婚时,夫妻的共同财产由双方协议处理;协议不成的,由人民法院根据财产的具体情况,按照照顾子女、女方和无过错方权益的原则判决。对夫或妻在家庭土地承包经营中享有的权益等,应当依法予以保护”。表明夫妻关系存续期间取得的土地承包经营权,属于夫妻共同财产。但不可否认土地承包经营权的分割实质为户内成员土地承包经营权的分割,家庭承包经营权系通过承包合同取得,承包方是本集体经济组织的农户,是以本集体经济组织内部的农户家庭为单位实行的农村土地承包经营，家庭承包方式的农村土地承包经营权属于农户家庭，而不属于某一个家庭成员，作为农户家庭成员个人并未与发包方签订土地承包合同，自然不能取得土地承包经营权。

《中华人民共和国农村土地承包法》第十三条规定："农民集体所有的土地依法属于村农民集体所有的，由村集体经济组织或者村民委员会发包；已经分别属于村内两个以上农村集体经济组织的农民集体所有的，由村内各该农村集体经济组织或者村民小组发包。村集体经济组织或者村民委员会发包的，不得改变村内各集体经济组织农民集体所有的土地的所有权。国家所有依法由农民集体使用的农村土地，由使用该土地的农村集体经济组织、村民委员会或者村民小组发包。"第十九条规定："土地承包应当遵循以下原则：（一）按照规定统一组织承包时，本集体经济组织成员依法平等地行使承包土地的权利，也可以自愿放弃承包土地的权利；（二）民主协商，公平合理；（三）承包方案应当按照本法第十三条的规定，依法经本集体经济组织成员的村民会议三分之二以上成员或者三分之二以上村民代表的同意；（四）承包程序合法。"第二十条规定："土地承包应当按照以下程序进行：（一）本集体经济组织成员的村民会议选举产生承包工作小组；（二）承包工作小组依照法律、法规的规定拟订并公布承包方案；（三）依法召开本集体经济组织成员的村民会议，讨论通过承包方案；（四）公开组织实施承包方案；（五）签订承包合同。"

由此可见，农村土地承包应由村集体经济组织或者村民委员会按法定的程序进行并由县级以上地方人民政府向承包方发证。本案原告主张分割农村土地承包经营权，实则是要求与村集体经济组织重新签订农村土地承包经营合同，并主张对应土地的使用权和经营权。如果要对原家庭土地承包经营权进行分割，应由合同的主体即发包方与承包方重新签订合同。如果法院强行分割家庭承包土地经营权，实际上就是在没有发包方加入的情况下擅自解除承包合同并代发包方重新订立两份合同，重新确定发包方和承包方的权利义务。《中华人民共和国土地管理法》第十六条第一款规定："土地所有权和使用权争议，由当事人协商解决；协商不成的，由人民政府处理。"《最高人民法院关于审理涉及农村土地承包纠纷案件适用法律问题的解释》第一条规定："下列涉及农村土地承包民事纠纷，人民法院应当依法受理：（一）承包合同纠纷；（二）承包经营权侵权纠纷；（三）土地经营权侵权纠纷；（四）承包经营权互换、转让纠纷；（五）土地经营权流转纠纷；（六）承包地征收补偿费用分配纠纷；（七）承包经营权继承纠纷；（八）土地经营权继承纠纷。农村集体经济组织成员因未实际取得土地承包经营权提起民事诉讼的，人民法院应当告知其向有关行政主管部门申请解决。农村集体经济组织成员就用于分配的土地补偿费数额提起民事诉讼的，人民法院不予受理。"基于上述规定，法院分割家庭土地承包经营权有司法权代替行政权的嫌疑。法院对家庭土地承包经营权进行分割也难以获得很好的法律效果和社会效果，在原发包过程中，为了公平起见，需要综合考虑多方因素，如地块的肥沃与贫瘠、距离村庄的远近等，发包方是按照每户的人数而不是每一个成员对应每块田地去分配，因此当事人无法证明其主张的土地四至具体范围，法官想要作出正确的裁判是很困难的，也难以让当事人信服。

综上所述，不论是从法理、情理还是社会现实来看，对家庭土地承包经营权进行分割都不宜由法院直接处理，而应当依法向政府相关部门提出申请，经依法审查后通知发包方与原农户变更土地承包合同，结合原承包合同订立时该户的人数进行合理分割，并在分割后及时订立新的土地承包合同，从而真正达到保护当事人权益的目的。

至于本案原告主张被告返还耕保基金，因耕保基金是对承包农村土地并依法保护耕地的村民给予的经济支持，原告是否享有耕保基金应由政府职能部门予以审查认定，不属于人民法院民事诉讼受案范围。原告主张律师费由被告负担，原告主张律师费的基础是起诉分割土地承包经营权和返还耕保基金，因分割土地承包经营权和返还耕保基金不属于人民法院民事诉讼受案范围，故对原告主张的律师费不予处理。

编写人：四川省金堂县人民法院　廖栩

049　离婚时赠与的未办理过户登记的不动产仍是原夫妻双方的共同财产

——张某根诉沈某离婚后财产案

【案件基本信息】

1. 裁判书字号

四川省洪雅县人民法院（2018）川1423民初714号民事判决书

2. 案由：离婚后财产纠纷

3. 当事人

原告：张某根

被告：沈某

【基本案情】

原、被告曾系夫妻关系，2008 年 3 月 31 日因夫妻感情不和在洪雅县民政局办理离婚，离婚协议载明：儿子张某林随男方（原告）生活，女方（被告）每月给付抚养费 500 元，位于洪川镇青衣路 1××号的三个门面产权属于儿子所有，经营权属原告，另门市里的一切财物归原告所有；夫妻关系存续期间，2007 年之前的一切债务由女方（被告）偿还。关于门市的购买，原告在婚姻关系存续期间于 1995 年至 1996 年缴纳过部分集资款，2000 年 5 月办理产权登记在被告名下。

2007 年 3 月 19 日，原告因经营副食批发部需要以该门市作为抵押向三宝信用社贷款 35 万元，按离婚协议约定 2007 年之前的债务由女方偿还，所以该笔贷款应由被告偿还（该贷款原告已于 2016 年 12 月 29 日通过自己离婚后购买的房屋转抵押续贷为个人贷款，赎回该门市）。

需要说明的是，2013 年 2 月至 2014 年 2 月，被告向案外人张某梅借款 95.5 万元，已经通过诉讼并申请了该门市的财产保全，执行期间原告儿子张某林以父母离婚协议约定该门市从 2008 年 3 月 31 日离婚之日即属于自己所有，于是，于 2017 年 4 月 30 日向法院提起了执行异议申请，经听证后法院以该门市登记在被告名下，张某林不是门市的所有权人，不享有足以排除强制执行的民事权益驳回了执行异议。后于 2018 年 1 月 26 日通过民事诉讼，法院认定门市的赠与行为因房屋系不动产，至今未办理变更登记，其行为不发生赠与的法律效力。原告张某根向本院提出以下诉讼请求：（1）请求依法分割位于洪川镇青衣路 1××号（现洪雅县洪川镇滨河路27号×层）的原夫妻共同财产；（2）依法判令被告承担夫妻关系存续期间的债务35万元及利息。被告沈某未到庭答辩。

【案件焦点】

1. 争议的房产如何确定所有权；2. 如何处理争议房产。

【法院裁判要旨】

四川省洪雅县人民法院经审理认为：原、被告于2008年3月31日因夫妻感情不和在洪雅县民政局登记离婚，离婚协议载明该门市赠与儿子，后因通过民事诉讼，法院认定门市的赠与行为因房屋系不动产，不发生赠与的法律效力，该民事判决书现已发生法律效力。诉争三间门市是由经营门面和门面后对应的厨房、厕所、饭厅、卧室组成，建筑面积120平方米。在2011年门市产权第二次换证时，仍然登记在被告名下，庭审中原告陈述是因续贷时银行要求需旧证换新证方能继续贷款缘由形成，并且在原、被告婚姻关系存续期间即1995年至1996年确实由原、被告共同分次向洪雅县中药开发股份合作公司购买门市时缴纳集资款项的客观事实加以证明，故应认定为该三间门市属于原、被告夫妻共同财产。基于原告在本案中未提供财产如何具体分割和明确的诉求，依据婚姻关系夫妻对夫妻共同财产，应享有平等的处理权的法律条文规定，确认原、被告各享有该三间门市一半的所有权。

2007年3月19日，原告因经营副食批发部向银行贷款35万元，是在夫妻关系存续期间所形成的债务，应属于夫妻共同债务。但在形成夫妻共同债务之后，原告因经营需要多次续贷，最后于2016年12月29日通过自己离婚后购买的房屋转抵押赎回了该门市，其35

万元的贷款已经转变为个人贷款关系，因此，应认定其夫妻共同债务已经视为归还。对原告已经偿还了的35万元中，被告应承担的夫妻共同债务部分，原告享有可另行主张向被告追偿的权利，但在本案中不宜进行处理，故原告提出由被告偿还35万元及利息的理由，本院不予支持。本案因被告经本院依法公告传唤未到庭，涉及其他权益问题在本案中不宜进行处理，可另案主张。

四川省洪雅县人民法院依照《中华人民共和国婚姻法》第十七条、第三十九条，《中华人民共和国民事诉讼法》第一百四十四条，《最高人民法院关于适用〈中华人民共和国婚姻法〉若干问题的解释（二）》第二十五条，《最高人民法院关于适用〈中华人民共和国婚姻法〉若干问题的解释（三）》第十八条规定，缺席判决如下：

一、确认位于洪雅县洪川镇青衣路1××号（与洪雅县洪川镇滨河路27号×层系同一房屋，新证是洪雅房权证监证字第00068××号，旧证是洪房权证洪川镇字第H-013930038××号，国有土地使用权证是洪国用2012第16××号，共建筑面积120平方米）。三个门市为原告张某根与被告沈某原夫妻共同财产，各自均享有一半的所有权；

二、驳回原告张某根其他诉讼请求。

判决后，双方当事人均未上诉，本判决现已生效。

【法官后语】

在现实中，很多诉讼离婚案，经过法院调解，原、被告夫妻双方有些会协商将共同所有的夫妻财产赠与子女，其中就有不动产。离婚后，当事人没有及时去过户，那离婚时的赠与协议怎么认定效力呢？《中华人民共和国物权法》中规定不动产物权的设立、变更、转让和消灭，应当依照法律规定登记，经依法登记的，发生效力，未经依法登记，不发生效力，应当登记的，自记载于不动产登记簿时发生效力，不动产登记簿是物权归属和内容的根据。本案中，虽然原、被告在协议离婚时约定将夫妻共同所有的房屋即门市赠与儿子，但因未经有关机关依法登记，其赠与行为不发生法律效力，该行为也经洪雅县人民法院确认无效。所以当提到案涉房屋权属时，应以不动产登记簿载明的权属为准，经洪雅县人民法院确认，案涉房屋仍为原、被告的夫妻共同财产，原、被告平等地享有，现两人已经离婚，原告诉至本院确认享有该房屋的份额，自然为所有权的50%。

另本案中还涉及用案涉房屋贷款，因多次续贷自己做生意使用，案涉房屋房产证一直在银行抵押，之后原告转用自有的其他房屋抵押将案涉房屋房产证赎回，该贷款实际已经是原告自己房屋抵押的贷款，不涉及案涉房屋，案涉房屋没有附加的义务，为原、被告所共有的财产，经洪雅县人民法院分割为一人一半。

《离婚协议书》约定将房产赠与子女后但并未办理过户至该子女名下的，只要未过户，子女对该房就不享有所有权。《离婚协议书》是离婚的夫妻之间对于离婚财产如何处理的安排，并非与子女之间签订的书面赠与合同，也不能依照《最高人民法院关于贯彻执行〈中华人民共和国民法通则〉若干问题的意见（试行）》第一百二十八条的规定认定赠与有效。

在夫妻共同财产的认定上，《中华人民共和国民法典》较原婚姻法新增加了劳务报酬、投资的收益作为夫妻共同财产的范畴，以及夫妻对共同财产有平等的处理权。案涉财产为夫妻双方婚后共同缴资购买应认定为夫妻共同财产，夫妻双方平等享有财产的权利，因无特殊情况，故本案判决由原、被告各享有所有权的50%。《最高人民法院关于适用〈中华人民共和国民法典〉婚姻家庭编的解释（一）》第三十五条和第八十三条的规定较之前的司法解释无改变。对于不动产物权的设立、变更、转让和消灭的规定，《中华人民共和国民法典》物权编基本上承袭了《中华人民共和国物权法》的规定，必须要经依法登记才发生法律效力，未经依法登记，不发生效力。

编写人：四川省洪雅县人民法院　熊哈　向雨林

050　离婚后违建房屋的分割

——洪某恋诉陈某志离婚后财产案

【案件基本信息】

1. 裁判书字号

福建省厦门市翔安区人民法院（2018）闽0213民初1971号民事判决书

2. 案由：离婚后财产纠纷

3. 当事人

原告：洪某恋

被告：陈某志

【基本案情】

洪某恋与陈某志于2006年1月10日登记结婚。在婚姻关系存续期间，陈某志沉迷于赌博和六合彩，并且与其他女性存在不正当的男女关系，在日常生活中完全没有尽到作为丈夫和父亲应尽的义务。在这种情况下，洪某恋认为夫妻感情已经破裂，无和好的可能，故于2017年12月18日到厦门市翔安区民政局办理协议离婚。当日，双方签署一份《离婚协议书》，其中第三条载明：“三、婚后共同财产：1. 位于厦门市翔安区新店镇溪尾村田墘××号房屋正后面一栋4层楼归女方所有。”2016年7月2日，洪某恋与案外人潘某洪签订了一份《房屋租赁合同》，由潘某洪承租讼争房屋作为住房使用，每月租金1600元，租金每季度支付一次，于每季度前15天内交纳房租。至今合同仍然在履行，但是一直由陈某志在收取租金。根据离婚协议书的约定，自2017年12月18日开始，陈某志丧失对讼争房屋的权利，因此其收取的从2017年12月18日至2018年6月15日共6个月租金9600元应该返还给洪某恋。离婚以来，洪某恋独自一人靠卖早点承担两个子女的生活费和教育费用等，陈某志非但未支付任何抚养费用，而且还将收取的租金据为己有，严重损害了洪某恋的合法权益，故提起诉讼。

【案件焦点】

离婚后违建房屋如何分割。

【法院裁判要旨】

福建省厦门市翔安区人民法院经审理认为：洪某恋与陈某志离婚时，离婚协议书虽然约定位于厦门市翔安区新店镇溪尾村田墘××号房屋正后面一栋4层楼房屋（没有门牌号）归洪某恋所有，但根据查明的事实，该房屋并未取得不动产权证，亦无宅基地审批及批建手续；同时，双方对涉讼房屋的建设出资等存在争议，洪某恋虽主张其曾出资42.5万元，但陈某志予以否认，且洪某恋未能举证证明。因此，洪某恋提供的现有证据不足以证明涉讼房屋属夫妻共同财产，离婚协议书中关于房屋归洪某恋所有的约定应属无效。综上，洪某恋主张对房屋享有占有、使用、收益和处分权利及陈某志返还9600元租金的诉求，证据不足，本院不予支持。

福建省厦门市翔安区人民法院依照《中华人民共和国民事诉讼法》第六十四条第一款，《最高人民法院关于适用〈中华人民共和国民事诉讼法〉的解释》第九十条之规定，判决如下：

驳回洪某恋的诉讼请求。

判决后，双方当事人均未上诉，本判决现已生效。

【法官后语】

该案例涉及离婚后财产分割中违建房屋的分割问题，在实践过程中，离婚后财产分配问题通常也是离婚纠纷中双方当事人争议较大的问题，也是审判过程中较棘手的问题。根据现有的国家关于农村自建房屋权属确认问题的相关规定，农村房屋建设应当依法取得不动产权证，并办理宅基地审批及批建手续后，方可确认该处房屋归谁所有。具体到本案中，首先，厦门市翔安区新店镇溪尾村田墘××号房屋正后面一栋4层楼房屋（没有门牌号）未取得不动产权证，也未办理宅基地审批及批建手续，应当认定为违建房屋，亦无法认定该处房屋归原告洪某恋所有；其次，洪某恋在诉讼过程中虽主张其曾出资42.5万元用于建造该处房屋，但被告陈某志对此主张予以否认，且洪某恋未能举证证明其曾出资建造房屋，也无法依此判定该处房屋归原告洪某恋所有。综上，因为该处房屋无法确认为原告洪某恋所有，当然也无法认定该涉讼房屋属夫妻共同财产，所以在离婚协议书中的关于厦门市翔安区新店镇溪尾村田墘××号房屋正后面一栋4层楼房屋（没有门牌号）归洪某恋所有的约定应属无效。洪某恋主张对房屋享有占有、使用、收益和处分权利及陈某志返还9600元租金的诉求无法得到支持。

在具体实践过程中，我们应当注意以下三个方面：（1）在离婚诉讼审理过程中，涉及离婚后财产分割的部分，应当对该部分财产是否属于夫妻共同财产或者属于某一方可单独支配的范畴进行判断，该部分财产方可纳入夫妻离婚后财产分割的部分，如若财产权属不明或者分割的财产侵犯他人合法权益，那么在离婚协议中关于该部分财产的约定应当认定为无效；（2）在《中华人民共和国民法典》中也应当对该部分内容进行充分释明，虽然此类违建房屋不具有合法性，人民法院不予以分割，但对于无法分割的财产所产生的收益是否能作为夫妻共同财产进行分割应当予以明确，以减少在夫妻感情破裂后涉及财产分割中的纠纷问题；（3）应加强对审判过程中出现的具体案例的宣传力度，以鲜明的案例阐释法律，扩大公众知晓范围，提高公民法律意识及维护自身权益的意识。

另外，应加强与政府部门的联动，城市行政执法机关应当加强对违章建设的打击力度，发现一起取缔一起，消除群众违建的侥幸心理。

编写人：福建省厦门市翔安区人民法院　何真

051 夫妻一方在极短存续的婚姻关系期间所购房屋离婚后取得所有权的，不宜直接认定为夫妻共同财产

——刘某诉孙某离婚后财产案

【案件基本信息】

1. 裁判书字号

江苏省南京市中级人民法院（2018）苏01民终4885号民事裁定书

2. 案由：离婚后财产纠纷

3. 当事人

原告（上诉人）：刘某

被告（被上诉人）：孙某

【基本案情】

原、被告于2013年5月14日办理结婚登记，在办理婚姻登记的声明书中载明：双方声明自1999年10月6日起同居。2013年5月24日在安徽省怀远县人民法院调解离婚，民事调解书载明：一、原告刘某与被告孙某离婚；二、双方所生子女刘某敏、刘某利、刘某伟均由原告刘某抚养，不要求孙某负担抚养费。

另查明，2013年5月16日，孙某与案外人张某签订《南京市存量房买卖合同》一份，购买位于南京市浦口区珍珠花苑某某号房屋，建筑面积为110.92平方米，转让价款900000元。2013年5月27日，上述房屋登记于孙某名下。2013年9月2日，孙某以上述房屋向银行设定一般抵押权，被担保主债权数额630000元，债务履行期限为29年。2016年7月22日，孙某以上述房屋向案外人杨某设定一般抵押权，被担保主债权数额1300000元，债务履行期限为10个月。2016年10月14日，浦口法院对上述房屋进行司法冻结，限制期限3年。2016年11月18日，江宁法院对上述房屋进行司法冻结，限制期限为自2016年11月18日起至2019年11月17日止。

庭审中，原告提交的收款收据复印件载明：孙某对浦口区珍珠花苑某某号房屋于2013年4月28日支付定金20000元、2013年5月17日支付首付款160000元。被告认可该证据，陈述诉争房屋于2013年5月购买。原、被告一致认可房屋贷款630000元，定金和首付款是离婚前付的，原告未参与还贷。

原告陈述，离婚时，原告不知道被告购买了诉争房屋。离婚前原告天天在家带孩子，对被告在外的事情都不知道。在离婚几个月后，因三名子女需要抚养，原告搬至诉争房屋居住，几个月后发现诉争房屋房产证，知道被告在离婚前购买该房屋，原告与被告及三名子女、被告父母均在该房屋中生活，直至2017年下半年。原告对诉争房屋办理房屋贷款抵押、向他人设立抵押债权及被法院司法查封均不知情。原、被告离婚后未复婚。离婚后，原、被告财产各自独立。原、被告还有其他夫妻共同财产，但是原告不主张。现要求确认原告对诉争房产享有一半份额，不要求实际分割。

【案件焦点】

夫妻一方在极短存续的婚姻关系期间以个人名义购买房屋并支付首付款，在婚姻关系解除后办理按揭贷款取得房屋所有权，该房屋能否认定为夫妻共同财产。

【法院裁判要旨】

江苏省南京市浦口区人民法院经审理认为：公民合法的民事权益受法律保护。夫妻共同财产是婚姻关系存续期间的一方或双方获得的财产或收益，一般是指在夫妻关系存续期间夫妻所共同拥有或取得的财产。婚姻关系存续期间，即夫妻双方缔结婚姻关系到婚姻关系自然终止或依法解除的期间，在双方无特殊约定或法律规定的情况下，不论一方还是双方取得的财产，均应视为夫妻共同财产。

原告刘某与被告孙某缔结合法的婚姻关系仅两天，孙某即以个人名义与案外人签订购房合同，缔结婚姻十日后，双方即通过法院调解离婚，被告在离婚前支付了定金和房屋首付款。原、被告在缔结婚姻关系前系同居关系，无合法的婚姻关系，原告陈述离婚前只带孩子，对被告在外的事情均不知情，且原告未提供证据证明双方同居期间共同进行家庭经济建设或购房款系双方共同财产。对于男女双方缔结婚姻关系后，仅短期维持数日婚姻关系即离婚，一方以个人名义购买了房屋，并于双方离婚后办理按揭贷款，取得房屋所有权，如果另一方不能证明购买房屋的款项系双方共同财产，则不能认定房屋购买款项系短期存续的婚姻期间夫妻共同财产，故不能认定被告购房款系双方共同财产。被告在离婚后办理了诉争房屋的按揭贷款和房屋产权登记，并进行还贷，原告未曾参与还贷。综上，本院认为，诉争房屋不属夫妻关系存续期间取得的财产，应属被告个人财产，不能作为夫妻共同财产予以分割。原、被告结婚前和离婚后同居期间的财产关系不属本案的审理范围。原告对自己的主张所依据的事实有提供证据加以证明的义务。没有证据或证据不足以证明当事人的事实主张的，由负有举证责任的当事人承担不利后果。综合本案查明的情况，本院认为原告主张确认对位于南京市浦口区珍珠花苑某某号房屋享有一半的份额，证据不足，对原告的诉请，不予支持。

江苏省南京市浦口区人民法院依照《中华人民共和国民法通则》第五条，《中华人民共和国婚姻法》第十七条、第十八条，《中华人民共和国物权法》第九条、第十四条，《中华人民共和国民事诉讼法》第六十四条第一款之规定，判决如下：

驳回原告刘某的诉讼请求。

原告刘某上诉至江苏省南京市中级人民法院，江苏省南京市中级人民法院裁定：本案按上诉人刘某自动撤回上诉处理。一审判决自本裁定书送达之日起发生法律效力。本裁定为终审裁定。

【法官后语】

《中华人民共和国婚姻法》第十七条规定了夫妻共同财产的范围，《中华人民共和国民法典》第一千零六十二条在此基础上修改，明确了“夫妻共同财产”的概念，在《中华人民共和国婚姻法》第十七条第一款第一项“工资、奖金”的基础上，增加规定了“劳务报酬”，在第二项“生产、经营的收益”的基础上，增加规定了“投资收益”，以适应市场经济的发展，增强实践包容性。对于“夫妻共同财产”概念中“所得”的含义，主体应是指夫或妻，“所得”包括夫妻共同所得、夫或妻一方所得；时间应在婚姻关系存续期间，在夫妻关系存续期间，一方或双方取得的收益，在双方无特别约定的情况下，为夫妻共同财产；“所得”针对的是财产的权利，而不是强调实际对财产取得占有控制。关于夫妻个人财产，《中华人民共和国民法典》第一千零六十三条在《中华人民共和国婚姻法》第十八条的基础上，进行了文字精练，根据相关司法解释，《中华人民共和国婚姻法》第十八条规定为夫妻一方所有的财产，不因婚姻关系的延续而转化为夫妻共同财产，但当事人另有约定的除外，也即确定为夫妻一方所有的财产的，不管婚姻关系持续多久，该财产仍为夫妻一方所有的财产，不能自动转化为夫妻共同财产。

夫妻共同财产，是指在夫妻关系存续期间夫妻所共同拥有的财产。所谓夫妻关系存续期间，是指夫妻结婚后到一方死亡或者离婚之前这段时间，这期间夫妻所得的财产，除约定的外，均属于夫妻共同财产。

夫妻共同财产一般具有以下特征：

第一，时间的限定性。

即从婚姻登记机关登记开始，到解除夫妻关系或夫妻关系自然终止之日的婚姻关系存续的整个期间的合法所得都是夫妻共同财产。

既包括结婚之后夫妻双方共同生活期间，也包括婚后分居期间。合法婚姻从登记领取结婚证之日起，到配偶一方死亡或离婚生效时止。在1994年2月1日《婚姻登记管理条例》施行前，双方未办理结婚登记即以夫妻名义同居，被认定为事实婚姻的，从同居之日起，就是婚姻关系存续期间。在1994年2月1日《婚姻登记管理条例》施行后，双方未办理结婚登记即以夫妻名义同居，根据婚姻法规定补办结婚登记的，从结婚证载明的婚姻有效起始日起算；未补办结婚证，而是在同居后办理结婚登记的，从结婚证载明的登记之日起算。夫妻分居或离婚判决未生效的期间，仍为婚姻关系存续期间。1994年2月1日之后，恋爱或未办理结婚登记的同居期间，不属于婚姻关系存续期间。

第二，夫妻共同财产的范围限定性。

夫妻共同财产的范围限于合法的夫妻一方或双方在婚后所得的财产。未形成婚姻关系的双方，如未婚同居、婚外同居等，以及无效或被撤销婚姻的男女双方，所取得的财产无论是否为共有财产均不能成为夫妻共同财产。

夫妻一方的婚前财产为夫妻一方所得的个人财产，不因缔结婚姻关系而自然转化为夫妻共同财产。

婚后所得的财产，是指财产权的取得时间或确定可以取得时间是在婚姻关系存续期间。即从婚姻关系生效之日起，到配偶一方死亡或离婚生效时止。对于夫妻一方婚后所得的财产，除了依照《中华人民共和国婚姻法》第十八条规定的一方因伤残补助、遗嘱或赠与合同中确定只归夫或妻一方的财产、一方专用的生活用品或者夫妻约定归一方个人所有之外，均属于夫妻共同财产。

第三，夫妻共同财产的来源。

为夫妻双方或一方所得的财产，既包括夫妻通过劳动所得的财产，也包括其他非劳动所得的合法财产或者婚前财产转化为婚后财产的情况，法律规定为个人财产的和夫妻约定为个人财产的除外。劳动所得包括工资、奖金、生产、经营的收益等，非劳动收入包括未指定归一人所有的继承或受赠与获得的财产等。对于婚前财产自愿转化的，如将婚前取得的资金购买房屋登记于双方或对方一人名下、婚前购置房屋婚后加名等，则视为个人财产已经转化为夫妻共同财产，但对于婚前财产婚后虽转化形态或自然流转，但未涉及对方姓名的，除经营获得的收益外，不应视为已经转化为夫妻共同财产。

关于知识产权收益，知识产权是一种智力成果权，具有很强的人身依附性，与人身密不可分。如果知识产权财产性收益明确的时间在婚姻关系存续期间，无论收益的实际取得是在婚姻关系存续期间还是在离婚后，该收益均为夫妻共同财产。如果未出版或未被采用等，离婚时一方尚未取得或确定取得经济利益的知识产权，就仅属于夫妻一方的精神财富，不宜作为夫妻共同财产分割，离婚时应归创作一方所有。但是，一方创作的过程在婚姻关系存续期间，另一方会承担更多家庭事务，知识产权的获得离不开配偶一方的支持和帮助，应当根据公平原则兼顾双方的利益对另一方予以适当的照顾。通过上述可知，夫妻共同财产是婚姻关系存续期间的一方或双方获得的财产或收益。确定财产是否属于夫妻共同财产，应综合考虑财产的取得时间、来源、范围。一方使用婚前个人积蓄在婚后购买的房屋、车辆等有形财产，如果能够明确认定是来源于其婚前的个人资产积蓄，则不属于生产、经营收益范畴，不具备夫妻共同财产属性，只是原有财产价值存在形态发生了变化，虽然实际对财产取得占有控制在婚后，但其财产的价值取得始于婚前，应当认定为一方的个人财产。对于房屋增值是否属于《中华人民共和国民法典》第一千零六十二条在《中华人民共和国婚姻法》第十七条第一款第二项增加的“投资收益”，孳息和自然增值是共同财产的例外，自然增值与夫妻一方或双方是否为该财产投入物资、劳动、努力、管理等无关，故上述房屋增值不属于投资收益。当然，对于夫妻一方所有的财产，其个人享有完全的所有权，可以自行为处分行为，可以赠与另一方。无论按照《中华人民共和国物权法》第九条、第十四条规定，还是按照《中华人民共和国民法典》第二百零八条、第二百零九条规定，不动产物权变动原则上采登记生效主义，未经登记不发生效力，除特定情况的赠与外，赠与人在赠与财产权利转移之前，享有任意撤销权。《中华人民共和国民法典》实行后，婚姻法回归民法体系，更应注重婚姻家庭编与物权编、合同编的协调统一。为贯彻不动产物权登记的公示公信原则，要求夫妻双方对于不动产的权属明确地通过登记体现出来，以维护交易安全。

本案中，对于男女双方缔结婚姻关系后，仅短期维持数日婚姻关系即离婚，一方以个人名义购买了房屋，并于双方离婚后办理按揭贷款并取得房屋所有权，购房款一般是个人或家庭的重大财产，短期内难以取得，夫妻关系存续极短，未建立起共同建设家庭的基础，不能将款项来源简单推定为夫妻共有或一方个人财产转化为夫妻共同财产，如果另一方不能证明购买房屋的款项系双方共同财产，则不能认定房屋购买款项系短期存续的婚姻期间夫妻共同财产，故不能认定被告购房款系双方共同财产。房屋在离婚后办理按揭贷款和房屋产权登记，并进行还贷，房屋的产权实际取得时间也是在离婚后，婚姻期间并未进行共同还款，故不存在在婚姻期间还贷及对应增值部分作为共同财产分割的基础。

对于原、被告双方的婚前及离婚后的同居，无合法婚姻关系，不具备夫妻共同财产的条件，即使有共同财产，亦应当以同居关系析产处理，不能作为婚后一方购房当然成为夫妻共同财产的依据。

综上，婚姻关系存续期间极短，一方购房并于离婚后办理按揭贷款并取得产权的，考虑购房款来源、房屋取得时间及夫妻共同财产的范围，本案诉争房屋及还贷、房屋增值不属于夫妻共同财产。

2018 年宪法修正案规定："公民的合法的私有财产不受侵犯。"加大私有财产的保护力度。这次宪法修正案中"侵犯"一词在现代汉语中有侵入、触犯、非法干涉、损害权利之意。"不受侵犯"即不得侵入和触犯，不受非法干涉，权利不受损害，从而强调了保护私有财产的严肃性，引导人们通过合法经营、辛勤劳动致富。该案在审理中通过严格审查原告主张夫妻共同财产分割的依据，制约未作出贡献一方通过极其短期的婚姻关系达到分割对方财产或者将对方财产转化为共同财产的目的，体现了宪法财产保护的严肃性，充分保护了公民合法私有财产，有利于慎重选择缔结婚姻、家庭的稳定和社会的和谐，维护了良好的道德风尚，符合《中华人民共和国民法典》公平公正的精神，弘扬了"公正""和谐"的社会主义核心价值观。

编写人：江苏省南京市浦口区人民法院　汪会中

052　夫妻共同债务的认定

——张某立诉孙某连离婚后财产案

【案件基本信息】

1. 裁判书字号

北京市第三中级人民法院（2018）京03民终11811号民事判决书

2. 案由：离婚后财产纠纷

3. 当事人

原告（被上诉人）：张某立

被告（上诉人）：孙某连

【基本案情】

张某立、孙某连于2001年2月20日登记结婚，2016年7月，孙某连以离婚纠纷为由将张某立诉至本院，要求解除婚姻关系，同年12月14日，本院一审判决张某立、孙某连离婚，在该案民事判决书审理查明部分载明“2012年2月，张某立曾向法院起诉要求与孙某连离婚，本院以夫妻感情尚未破裂驳回其诉讼请求。2015年12月，孙某连诉至本院，要求与张某立离婚，后撤回起诉。现孙某连再次诉至法院。案件受理后，张某立本人经本院多次传唤未出庭参加诉讼，但委托其父张某义出庭代理，并提交书面答辩意见。开庭过程中，本院亦当庭通过电话联系方式向张某立询问，其表示不同意离婚，但认可分居5年”，该案案号为（2016）京0118民初5336号。该案判决后，张某立提起上诉并主张有欠付胡某荣的共同债务30000元，2017年4月25日，北京市第三中级人民法院作出终审判决，对一审财产分割部分进行部分改判，维持判决离婚内容，针对张某立所主张涉及欠付胡某荣的债务，二审认定意见为："有关张某立主张婚姻关系存续期间的共同债务3万元，张某立虽提供诊断证明及胡某荣出具的证明予以证实，但胡某荣并未出庭作证，张某立亦未提供其他证据加以佐证，在孙某连对此不予认可的情况下，本院对张某立的该项主张不予采纳。"

在本案审理过程中，张某立之委托诉讼代理人张某义针对张某立主张欠付胡某荣的债务，提交署名胡某荣，落款日期为2016年3月31日的证明一份，内容载明："张某立在2016年3月，因其父亲在中日友好医院治病，从我这里借款叁万元……（未还）"，张某立另提交姓名为张某义的中日友好医院住院费用结算表一张，记载住院日期为2016年3月18日至2016年4月6日，在住院预收医疗款明细表中记载2016年3月31日预交医疗费现金30000元，记载入院日期为2016年3月18日，出院日期为2016年4月6日中日友好医院的住院诊断证明书一份，入院日期为2016年6月22日，出院日期为2016年6月29日中日友好医院的住院诊断证明书一份，中日友好医院住院收费票据等证据证实其主张，庭审中，孙某连对张某立上述证据均不予认可。另经询问张某立之委托诉讼代理人张某义，张某义陈述胡某荣系张某立表姨，现实际欠付金额为10000元。

关于张某立所主张欠付王某臣之借款，张某立之委托诉讼代理人张某义在庭审中提交署名王某臣，落款日期为2017年3月16

日证明一份，载明："张某立于2017年3月16日由西田各庄镇西田各庄村一街44号王某臣手中借款两万元（通过银行转账方式）去北京德尔康尼骨科医院看病，借款未还。"另提交姓名为张某立，入院日期为2017年3月14日，出院日期为2017年3月26日北京德尔康尼骨科医院北京市医疗保险住院费用清单一份，北京德尔康尼骨科医院出院诊断证明书一份证实就医事实；针对打款事实，其提交北京农商银行个人储蓄对账单一份，载明2017年3月14日，王某臣自其账户中支取20000元，庭审中，孙某连对上述证据亦不予认可。经询问，张某立之委托诉讼代理人张某义自述王某臣系其女婿。

【案件焦点】

1. 夫妻共同债务的认定；2. 举证责任的分配。

【法院裁判要旨】

北京市密云区人民法院经审理认为：夫妻为共同生活所负的债务为夫妻共同债务。根据本案现已查明事实，本案所涉两笔债务产生于张某立、孙某连分居及感情恶化期间，其中，张某立所主张的第一笔债务系在两人分居情况下两次离婚诉讼的间歇期产生，第二笔债务产生于张某立、孙某连离婚案件二审审理期间，庭审中，张某立就其在上述特殊时间进行举债的必要性并未有充分的证据予以证实；另外，按照张某立陈述，上述款项用于家庭生活，但综合考虑两名借款人均系张某立亲属，按照常理推断，二人应对张某立与孙某连分居、离婚一事有所知晓，结合张某立、孙某连分居事实，难以认定上述款项属于夫妻共同生活之用；此外，在本案审理过程中，孙某连对上述债务并不认可，故综合上述意见，张某立在本案中之主张缺乏事实和法律依据，对其在本案中的诉讼请求，本院难以支持。

北京市密云区人民法院依照《中华人民共和国婚姻法》第四十一条，《中华人民共和国民事诉讼法》第六十四条，《最高人民法院关于适用〈中华人民共和国民事诉讼法〉的解释》第九十条之规定，判决如下：

驳回原告张某立的全部诉讼请求。

张某立不服一审判决，提出上诉。北京市第三中级人民法院经审理认为：《最高人民法院关于适用〈中华人民共和国民事诉讼法〉的解释》第九十条规定，当事人对自己提出的诉讼请求所依据的事实或者反驳对方诉讼请求所依据的事实，应当提供证据加以证明，但法律另有规定的除外。在作出判决前，当事人未能提供证据或者证据不足以证明其事实主张的，由负有举证证明责任的当事人承担不利的后果。

本案中，张某立主张其从胡某荣处借款 3 万元和从王某臣处借款 2 万元为夫妻共同债务，孙某连对该两笔借款的真实性及数额均不予认可。

关于张某立主张的从胡某荣处借款 3 万元。在双方离婚诉讼中，张某立主张过该笔债务，该案二审法院认为："张某立虽提供诊断证明及胡某荣出具的证明予以证实，但胡某荣并未出庭作证，张某立亦未提供其他证据加以佐证，在孙某连对此不予认可的情况下，本院对张某立的该项主张不予采纳。"本案中，张某立再次提交胡某荣出具的证明及相关医院诊断证明、票据证明该笔债务，但胡某荣仍未出庭作证，张某立亦未提供其他证据予以佐证；且根据张某立自认的双方分居时间，该笔债务产生于双方分居及两次离婚诉讼的间歇期间，张某立并未充分举证证明该笔款项系作为家庭生活之用，故对于该笔债务，本院难以认定。

关于张某立主张的从王某臣处借款2万元。根据张某立提交的王某臣出具的证明内容，该笔借款系通过银行转账方式，与张某立所提交的相应银行存取款明细中取现存现的方式存在矛盾之处。且该笔债务发生于双方离婚诉讼二审审理期间，张某立对于其在此期间进行举债的必要性以及用于家庭共同生活并无充分举证，故本院对于该笔债务亦难以认定。综合上述认定，一审法院在孙某连对于上述债务不予认可的情况下，对于张某立的诉讼请求不予支持，并无不当，本院予以维持。

综上所述，张某立的上诉请求均不能成立，应予驳回。一审法院判决认定事实清楚，适用法律正确，应予维持。北京市第三中级人民法院依照《中华人民共和国民事诉讼法》第一百七十条第一款第一项之规定，作出如下判决：

驳回上诉，维持原判。

【法官后语】

随着社会经济的不断发展，离婚率亦随之攀升。2018年1月17日，最高人民法院就夫妻共同债务问题发布了《关于审理涉及夫妻债务纠纷案件适用法律有关问题的解释》，就司法实践中争议较大的夫妻共同债务认定问题作出较为明确的规定。《中华人民共和国民法典》第一千零六十四条吸收借鉴了上述规定，明确和强调了夫妻双方共同签字或者夫妻一方事后追认以及以其他共同意思表示形式所负的债务，属于夫妻共同债务。这一规定意在引导债权人在形成债务尤其是大额债务时，为避免事后引发不必要的纷争，加强事前风险防范，尽可能要求夫妻共同签字。这种制度安排，一方面，有利于保障夫妻另一方的知情权和同意权，可以从债务形成源头上尽可能杜绝夫妻一方“被负债”现象发生；另一方面，也可以有效避免债权人因事后无法举证证明债务属于夫妻共同债务而遭受不必要的损失，对于保障交易安全和夫妻一方合法权益，具有积极意义。“共债共签”原则实现了婚姻法夫妻财产共有制和合同法合同相对性原则的有机衔接。虽然要求夫妻“共债共签”可能会使交易效率受到一定影响，但在债权债务关系形成时增加一定交易成本和夫妻一方的知情权同意权产生冲突时，因知情权同意权关系到地位平等、意思自治等基本法律原则和公民基本财产权利人格权利，故应优先考虑。事实上，适当增加交易成本不仅有利于保障交易安全，还可以减少事后纷争，从根本上提高交易效率。

现在，认定夫妻共同债务的基本逻辑是：

夫妻有共同举债意思表示的，按共同意思表示认定；无明确共同意思表示的但符合家事代理范围的推定夫妻有共同意思表示；无法推定夫妻有共同意思表示的借款的用途即以是否用于夫妻共同生活、共同生产经营来确定是否属于夫妻债务。

家庭日常生活需要的支出是指通常情况下必要的家庭日常消费，主要包括正常的衣食消费、日用品购买、子女抚养教育、老人赡养等各项费用，是维系一个家庭正常生活所必需的开支，立足点在于“必要”。而农村承包经营户一般以家庭为单位，有其特殊性，家庭日常生活与承包经营行为经常交织在一起，二者难以严格区分，故根据当地一般标准判断为正常承包经营所负的债务，也可以认定为家庭日常生活需要所负债务；当然，如果为承包经营所负的债务数额较大，超出了当地一般家庭生活需要的范围，则仍然需要由债权人举证证明该债务用于夫妻共同生产经营。

夫妻共同生产经营的情形更为复杂，主要是指由夫妻双方共同决定生产经营事项，或者虽由一方决定但另一方进行了授权的情形。判断生产经营活动是否属于夫妻共同生产经营，要根据经营活动的性质以及夫妻双方在其中的地位作用等综合认定。夫妻从事商业活动，视情形适用公司法、合同法、合伙企业法等法律及司法解释的规定。夫妻共同生产经营所负的债务一般包括双方共同从事工商业、共同投资以及购买生产资料等所负的债务。需要指出的是，随着我国经济社会的发展，城乡居民家庭财产结构、类型、数量、形态以及理财模式等发生了很大变化，人们的生活水平不断提高，生活消费日趋多元，很多夫妻的共同生活支出不再局限于以前传统的家庭日常生活消费开支，还包括大量超出家庭日常生活范围的支出，这些支出系夫妻双方共同消费支配，或者用于形成夫妻共同财产，或者基于夫妻共同利益管理共同财产产生的支出，性质上属于夫妻共同生活的范围。

还有一个重要问题就是夫妻共同债务的举证责任分配。

首先，债权人对基础的债权债务关系需要尽到举证责任，如举证《借条》《借款协议》，并且夫妻双方均作为债务人签字，或者虽然在签订《借条》《借款协议》时仅有夫妻一方签字，但事后夫妻另一方通过其他形式追认，如出具《还款承诺书》等。

其次，债权人仅能证明夫妻一方以个人名义负债的，但根据“家事代理制度”，对于日常家事范围内的债务，推定为夫妻共同债务，债权人一般无须举证，对于债务是否属于日常家事范围，应结合夫妻共同生活的状态（如双方的职业、身份、资产、收入、兴趣、家庭人数等）和当地一般社会生活习惯予以认定；非举债配偶方如果反驳主张不属于夫妻共同债务，则需要举证证明举债人所负债务并非用于家庭日常生活。

最后，对于超出日常家事范畴的债务，虽然债务形成于婚姻关系存续期间和夫妻共同财产制下，但一般情况下并不当然认定为夫妻共同债务。债权人主张属于夫妻共同债务的，需要举证证明，如证明债务用于购置家庭住房等。如果债权人不能证明夫妻一方超出家庭日常生活需要所负的债务是用于夫妻共同生活、共同生产经营，则不能认定为夫妻共同债务。与过去裁判思路相比，《关于审理涉及夫妻债务纠纷案件适用法律有关问题的解释》对司法实践影响最大的变化是将借款用途的举证责任分配给了债权人，但其实在司法实践中，债权人举证债务人的借款用途往往也是比较困难的，司法解释把该项举证责任分配给债权人，有利于引导债权人对于大额债权债务实行共债共签，体现从源头控制纠纷、更加注重交易安全的价值取向，符合当下的社会现实和公众期待，也有利于强化公众的市场风险意识。

具体到本案，原告主张婚姻存续期间两笔借款系夫妻共同债务，但就举债合意、是否用于共同生活问题，原告均无法作出举证；从证据证明力来看，原告虽提交了住院凭证及相关转账凭证，但证据关联性不足以认定系存在举债及用于上述治疗。故对原告主张存在夫妻共同债务的诉讼请求，本院难以支持。

编写人：北京市密云区人民法院　陈玉霞

053 有婚意的婚前购房，双方均有出资的，应由产权登记一方给予另一方合理补偿

——孟某诉李某离婚后财产案

【案件基本信息】

1. 裁判书字号

北京市第三中级人民法院（2017）京03民终第8341号民事判决书

2. 案由：离婚后财产纠纷

3. 当事人

原告（上诉人）：孟某

被告（被上诉人）：李某

【基本案情】

2012年3月30日，孟某（买受人）与北京某公司签订了房屋预售合同，购买了位于顺义区的一处商品房（以下简称涉诉房屋），总价款为1513527元，当日以孟某的名义支付房屋的首付款共473527元。2012年7月6日，孟某通过公积金贷款1040000元，贷款期限30年，采取自由还款方式。

孟某与李某于2012年7月28日登记结婚，婚后未生育子女。因感情不和，法院于2015年12月13日作出（2015）朝民初字第17899号民事判决书，判决二人离婚。

本案诉讼过程中，孟某办理了不动产权证书，登记的权利人是孟某；共有情况：房屋单独所有。

双方于2012年8月开始偿还贷款。2016年4月11日离婚之后李某未偿还。双方婚后共偿还银行贷款本息合计为233352.24元。

涉诉房屋首付款全部用孟某的银行卡支付，具体支付情况为：2012年3月18日用信用卡支付50000元定金，2012年3月30日工商银行借记卡支付278527元，建设银行、华夏银行、广发银行信用卡分别支付55000元、34000元、56000元，其中部分信用卡做了分期偿还，直至婚后才还清。

广发银行的信用卡还款中一笔49999元系李某于2012年5月5日以支付宝转账给孟某，孟某认为与购房无关。

李某父母向其提供100000元用于买房，其于2012年3月23日将该100000元转账给孟某，认为该100000元属于其出资。孟某称该100000元系其向李某的借款，并不是李某的出资。李某称购房前后其还向孟某转账其他款项，孟某否认与购房有关。李某父母到庭称其给李某的100000元系为了双方结婚购房，属于李某的出资。

孟某于2012年7月18日提取公积金148500元。经评估，涉诉房屋市场价值为4683200元。

李某婚前于2010年9月购买了位于北京市东城区的商品房，李某称双方是基于结婚目的才在结婚前购买涉诉房屋作为婚房，因为其名下已有房屋，考虑到两套房的首付和贷款成本较高，为了降低购房成本，所以才用孟某的名字购买了涉诉房屋。截至2017年4月6日，涉诉房屋尚未归还贷款本金为947230.99元。

【案件焦点】

1. 涉诉房屋系以孟某名义购买，且系婚前购买，涉诉房屋属于孟某婚前个人财产还是夫妻共同财产；2. 在涉诉房屋判归一方情况下，如何对另一方进行合理补偿。

【法院裁判要旨】

虽然购买涉诉房屋的首付款出自孟某的银行卡，购房合同、贷款合同均是孟某一人所签，涉诉房屋登记于孟某名下，但判断涉诉房屋权属还应结合购房款的具体来源及实际出资情况。本案中孟某的购房首付款中有 195000 元系通过刷信用卡方式支付，其中部分做了分期还款直到婚后才还清，婚前李某亦给孟某转账 49999 元。孟某借记卡支付的 278527 元首付款中，亦有李某出的 100000 元。孟某虽主张该系借款，但李某及其父母均不认可，另结合双方共同购房、共同偿还银行贷款，双方并未按照正常的借贷关系行使权利、承担义务等因素，法院认为该 100000 元系李某的出资更符合常理，更公平。双方结婚前，李某患有重大疾病，结合双方相识、李某住院以及购买涉诉房屋、双方结婚等时间以及婚后双方共同生活至 2015 年、双方婚前财产大量混同等因素，本院认为，涉诉房屋虽系双方结婚登记前以孟某名义购买，但客观上双方是以结婚、长期共同生活使用为目的地购房。鉴于孟某名下无其他房屋及本案实际情况等因素，涉诉房屋确定为孟某所有为宜，房屋的剩余贷款由孟某负责偿还。故孟某应向李某支付相应的房屋折价款，法院考虑涉诉房屋的评估值、剩余贷款的偿还情况及适当照顾女方权益的原则等因素酌情予以确定。

北京市顺义区人民法院依据《中华人民共和国婚姻法》第三十九条之规定，作出如下判决：

一、坐落于顺义区乾安路×号院×号楼×单元×房屋一套归原告孟某所有，该房屋剩余贷款由原告孟某负责偿还；

二、原告孟某于本判决生效之日起三十日内给付被告李某房屋折价款 187 万元；

三、驳回原告孟某的其他诉讼请求。

孟某不服判决，提起上诉。二审法院同意一审法院裁判意见。北京市第三中级人民法院依照《中华人民共和国民事诉讼法》第一百七十条第一款第一项之规定，作出如下判决：

驳回上诉，维持原判。

【法官后语】

衣食住行乃人类基本需求，随着改革开放的推进以及经济水平的提高，人口迁徙越来越多，带来的住房需求也越来越大，高昂的购房成本使得多少人成为长期的“房奴”，甚至聚集全家之力来购房，所以房屋也成为离婚案件中双方均想争取的东西。

本案的争议焦点在于涉诉房屋购房合同、购房发票、公积金贷款以及产权登记信息显示的均是孟某，且是其婚前购买，首付款全部用其名下银行卡交纳，孟某主张适用《最高人民法院关于适用〈中华人民共和国婚姻法〉若干问题的解释（三）》第十条的规定，即“夫妻一方婚前签订不动产买卖合同，以个人财产支付首付款并在银行贷款，婚后用夫妻共同财产还贷，不动产登记于首付款支付方名下的，离婚时该不动产由双方协议处理。依前款规定不能达成协议的，人民法院可以判决该不动产归产权登记一方，尚未归还的贷款为产权登记一方的个人债务。双方婚后共同还贷支付的款项及其相对应财产增值部分，离婚时应根据婚姻法第三十九条第一款规定的原则，由产权登记一方对另一方进行补偿”，认为涉诉房屋系其个人财产，且其辩称双方虽在同居期间有多项转账记录，但均与购房出资无关。

但本案事实上孟某的购房首付款中有195000元系通过刷信用卡方式支付，这其中有部分信用卡做了分期还款直到婚后才还清，婚前李某转账给孟某49999元，另在购房首付款中李某转账给孟某100000元，孟某虽辩称该100000元系借款，但基于李某及其父母均认为是出资，且系李某支付至孟某账户，孟某未写欠条等事实，再加上《最高人民法院关于适用〈中华人民共和国婚姻法〉若干问题的解释（二）》第二十二条的规定，即“当事人结婚前，父母为双方购置房屋出资的，该出资应当认定为对自己子女的个人赠与，但父母明确表示赠与双方的除外”，双方婚前购房，父母的出资应认定为对自己子女的个人赠与，除非父母明确表示赠与双方，该100000元认定为李某的出资为宜。

从涉诉房屋首付款系双方共同出资、婚后二人共同偿还首付款中的信用卡刷卡部分以及共同偿还银行贷款、双方婚前即已同居、财产混同、购房后几个月即登记结婚、婚后亦共同居住等因素综合判断，法院认定客观上双方是为了结婚、长期共同生活使用才购买涉诉房屋的。但是考虑到李某名下登记有商品房，孟某名下没有房屋以及涉诉房屋登记在孟某名下，办理过户、贷款变更手续烦琐等原因，法院认定涉诉房屋归孟某，由其按照涉诉房屋的价值减去尚未归还的贷款后对李某给予合理补偿，符合公平正义的司法理念。如完全按照《最高人民法院关于适用〈中华人民共和国婚姻法〉若干问题的解释（三）》第十条判定并进行补偿，则有失公允。

《中华人民共和国民法典》婚姻家庭编虽然没有明确规定该内容，但《最高人民法院关于适用〈中华人民共和国民法典〉婚姻家庭编的解释（一）》第二十九条规定，当事人结婚前，父母为双方购置房屋出资的，该出资应当认定为对自己子女个人的赠与，但父母明确表示赠与双方的除外。可以说完全沿用了《最高人民法院关于适用〈中华人民共和国婚姻法〉若干问题的解释（二）》第二十二条的规定。

编写人：北京市顺义区人民法院　陶小超

054　男方“另立家室”，女方被骗协议离婚，要求男方赔偿精神损害抚慰金依法应予支持

——王某敏诉赵某振离婚后财产案

【案件基本信息】

1. 裁判书字号

山东省济南市中级人民法院（2017）鲁01民终第4493号民事判决书

2. 案由：离婚后财产纠纷

3. 当事人

原告（被上诉人）：王某敏

被告（上诉人）：赵某振

【基本案情】

2009年11月30日原、被告登记结婚。原告王某敏于2010年12月21日生下男孩赵某东。婚姻存续期间，被告赵某振与其他异性张某存在不正当性关系，并于2014年10月致张某怀孕。2014年

9月原告王某敏怀孕，被告赵某振欺骗原告王某敏“躲避二胎罚款，假离婚”。2015年1月13日原、被告在济南市历城区民政局达成离婚协议书，协议书记载：“我俩因夫妻感情不和自愿离婚达成以下协议：1. 子女安排：抚养权归男方，不需要女方支付抚养费。2. 财产处理：夫妻双方无财产分割，夫妻无共同债务。”同日济南市历城区民政局向原、被告发放了离婚证。原告王某敏离婚后于2015年5月13日生下男孩赵某祥。原告王某敏要求复婚时，被告赵某振拒绝复婚。现原、被告之子赵某东、赵某祥均由被告及其父母抚养。后原告王某敏发现张某于2015年5月20日生一女赵某茹。现赵某茹同原、被告及赵某东、赵某祥落在同一户口簿上。

【案件焦点】

原告要求精神损害抚慰金50000元并要求经济帮助是否符合法律规定。

【法院裁判要旨】

山东省济南市历城区人民法院经审理认为：《中华人民共和国婚姻法》第四十六条规定：“有下列情形之一，导致离婚的，无过错方有权请求损害赔偿：（一）重婚的；（二）有配偶者与他人同居的；（三）实施家庭暴力的；（四）虐待、遗弃家庭成员的。”《最高人民法院关于适用〈中华人民共和国婚姻法〉若干问题的解释（一）》第二十八条规定：“婚姻法第四十六条规定的‘损害赔偿’，包括物质损害赔偿和精神损害赔偿。涉及精神损害赔偿的，适用最高人民法院《关于确定民事侵权精神损害赔偿责任若干问题的解释》的有关规定。”第二十九条第一款规定：承担婚姻法第四十六规定的损害赔偿责任的主体，为离婚诉讼当事人中无过错方的配偶。而在本案中，原、被告现已协议离婚，并不存在离婚诉讼，因此，原告王某敏主张的精神损害抚慰金50000元不符合法律规定，本院不予支持。原告王某敏未能提供证据证实其经济困难，其要求经济帮助不符合《最高人民法院关于适用〈中华人民共和国婚姻法〉若干问题的解释（一）》第二十七条第一款规定的“婚姻法第四十二条所称‘一方生活困难’，是指依靠个人财产和离婚时分得的财产无法维持当地基本生活水平”情形，本院对原告王某敏该项主张不予支持。综上所述，山东省济南市历城区人民法院判决：

一、原、被告婚后共同财产中的海信电视1台、四季沐歌太阳能1台、海尔冰箱1台归原告王某敏所有；限被告赵某振在本判决书生效之日起十日内过付完毕；鲁AJZ3××号小型普通客车1辆归被告赵某振所有。如果未按本判决指定的期间履行给付金钱义务，应当依照《中华人民共和国民事诉讼法》第二百五十三条之规定，加倍支付迟延履行期间的债务利息；

二、驳回原告王某敏其他诉讼请求。

王某敏不服一审判决，提出上诉。济南市中级人民法院经审理认为：夫妻之间应当互相忠实、互相尊重，以维护平等和睦、文明的婚姻家庭关系，夫妻之间的相互忠实，不仅是道德义务，更是法律义务。本案中赵某振在婚姻关系存续期间多次与婚外异性发生性关系，且致双方离婚后四个月便与他人生育一女。王某敏虽未举证证明赵某振在与婚外异性不以夫妻名义持续、稳定地共同居住的情况，但赵某振的行为违反了夫妻之间相互忠实的义务；同时双方均居于同一乡镇，居住地较近，人际交往范围多有重合，赵某振的行为严重违反了社会公序良俗，客观上使王某敏的人格尊严受到严重贬损。若王某敏不能得到有效的法律救济和经济上的补偿，显然违反民法的公平原则。据此，二审法院结合赵某振的过错程度以及给王某敏造成精神损害的后果和影响，判决赵某振向王某敏支付精神损害抚慰金 20000 元。原告要求经济帮助应在离婚时提出，且其陈述月收入 3000 元足以满足日常生活，二审法院对该项诉讼请求不予支持，依法维持一审判决。

综上所述，王某敏的部分上诉请求成立。依照《中华人民共和国民法通则》第一百零一条、第一百零六条第二款，《中华人民共和国婚姻法》第四条，《最高人民法院关于确定民事侵权精神损害赔偿责任若干问题的解释》第一条、第八条、第十条，以及《中华人民共和国民事诉讼法》第一百七十条第一款第二项规定，判决如下：

一、维持济南市历城区人民法院民事判决第一项和案件受理费的负担；

二、撤销济南市历城区人民法院民事判决第二项；

三、赵某振于本判决生效之日起十日内支付给王某敏精神损害抚慰金 20000 元；

四、驳回王某敏的其他诉讼请求。

【法官后语】

随着城市化、农村旧村改造的推进和房地产的火爆，为了达到分户及多取得补偿金和安置面积等目的，社会上的假离婚现象越来越多。而双方假离婚从法律要件上是合法的，且离婚系婚姻双方的自由和权利，法院和其他有关部门无法进行阻止或进行甄别，所以只能确认其离婚有效，婚姻关系解除。这就给了别有用心的人以可乘之机，这些人表面上为了家庭利益或帮助对方，实际上暗行不轨之事以期达到自己的非法目的。他们通过假离婚达到自己的目的后，就露出了自己的真实面目。而无过错方不仅要面对遭人背叛之痛，还要面对人财两空的现状。而且离婚行为又不可撤销，无过错方不能依据撤销权来撤销离婚行为。此前的《中华人民共和国婚姻法》第十一条仅对受胁迫结婚的情况规定了法律救济措施。而对假离婚的无过错方的权益侵害如何保障并无明确规定。无过错方以生活困难要求经济帮助的，又因之前离婚已成事实，不存在离婚纠纷而得不到支持，且这就造成了无过错受损方无法取得司法救济的情形。从而使其中的一部分人采取私权利救济甚至暴力和极端手段向对方进行报复，从而导致社会不安定因素上升。2021 年 1 月 1 日起施行的《中华人民共和国民法典》综合考量了社会现状和上述冲突，规范了对假离婚无过错方的利益保护。《中华人民共和国民法典》第一千零九十一条规定："有下列情形之一，导致离婚的，无过错方有权请求损害赔偿：（一）重婚；（二）与他人同居；（三）实施家庭暴力；（四）虐待、遗弃家庭成员；（五）有其他重大过错。"该法条第五项为兜底条款，对该项规定的理解，应严格把握"重大过错"的要件，根据实践该项规定中的"其他"包括其他各种方式的出轨，导致婚姻无效或婚姻撤销、夫妻一方失踪、夫妻长期分居、婆媳关系长期紧张、为达到非法目的以欺骗为表现形式使无过错方作出同意离婚的假离婚等情形。

本案中赵某振之前已与他人同居并生育了子女，为了达到与他人结婚的目的，赵某振故意欺骗王某敏使其同意与其离婚，该行为符合《中华人民共和国民法典》第一千零九十一条第五项规定的情形，赵某振负有重大过错。法院判决赵某振对王某敏承担损害赔偿责任符合公平正义原则，符合法律规定。

编写人：山东省济南市历城区人民法院　刘士波

055 离婚双方无权撤销对子女的赠与

——闵某诉郝某甲离婚后财产案

【案件基本信息】

1. 裁判书字号

辽宁省沈阳市中级人民法院（2017）辽01民终第4737号民事判决书

2. 案由：离婚后财产纠纷

3. 当事人

原告：闵某

被告：郝某甲

【基本案情】

2016年8月24日，原、被告协议离婚，在离婚登记机关签订的离婚协议书（以下简称登记离婚协议书）中约定婚生子由被告抚养，抚养费由被告承担，无共同财产和债务。同日，双方另行签订的离婚协议书（以下简称私下离婚协议）中约定：男女双方自愿离婚；婚生子郝某丙由被告抚养，随被告生活，抚养费由被告全部负责，原告无抚养能力自愿放弃抚养权，可探望婚生子；双方约定无共同存款，共同财产位于沈阳市于洪区渤海路40号1-××-2的房屋和沈阳市辽中区辽中豪林购物中心的商铺二层B区1××号的二处房地产所有权转归婚生子郝某丙所有，一月内办理房屋过户手续，费用（被告自认“费用”包括离婚后尚欠房贷、过户税费等）由被告承担。被告2个月内返还原告10万元嫁妆款。

离婚后婚生子郝某丙由被告抚养，被告偿还了购买本案房屋的部分贷款。2016 年 8 月 16 日，原登记在被告名下的牌照号为辽 AX3×××的奥迪牌小型普通客车一台以购买的方式变更登记到郝某乙名下，同时将牌照号变更为辽 AX3×××。原告要求依法分割位于沈阳市于洪区渤海路 40 号 1-××-2 和沈阳市辽中区辽中豪林购物中心的商铺二层 B 区 1××号的共有房屋二处、车牌号为辽 AX3×××的奥迪 Q5 共有车辆一台、离婚协议中涉及的共有现金 10 万元、商铺的租金共计 42061 元。关于房屋两处，原告要求商铺归自己所有，贷款由原告偿还，住房归被告所有，贷款由被告偿还。

【案件焦点】

1. 原告所诉共同财产是否应予分割、如何分割；2. 被告所诉共同债务应否分摊、如何分摊。

【法院裁判要旨】

法院生效裁判认为：原告要求依法分割的共同财产包括位于沈阳市于洪区渤海路 40 号 1-××-2 和沈阳市辽中区辽中豪林购物中心的商铺二层 B 区 1××号的房屋二处、牌号为辽 AX3×××的车辆一台、离婚协议中涉及的共有现金 10 万元、商铺的租金 42061 元。原、被告签订的私下离婚协议约定婚生子由被告自行抚养，两处房屋转归婚生子郝某丙所有，被告在 2 个月内应支付原告 10 万元嫁妆款。原、被告通过该协议约定了婚生子的直接抚养人、抚养费承担方式、探望权行使、婚生子财产权利设定等事项，各项约定之间相互关联，具有整体性和综合性，是当事人真实意思表示，不违反法律的强制性规定，合法有效。协议生效后，当事人应依约定履行义务、行使权利。离婚后，婚生子由被告自行抚养，且被告偿还部分房屋贷款，当事人已部分履行该私下离婚协议。原告要求分割两处房产的诉讼请求，无事实和法律依据，不予支持。因协议约定离婚后房屋归郝某丙所有，离婚后房屋租金是房屋所生孳息，原、被告无权分割，离婚前租金被告于共同生活期间分多次收取，且单次收取数额不大，根据双方生活水平，可认为用于共同生活，不再予以分割，故原告要求分割房租的请求，无事实依据，不予支持。原告称被告为了转移财产采取欺诈方式签订的协议，属于无效协议，因其未提供证据证明该主张，故该辩论理由不予采纳。依据《中华人民共和国合同法》第一百八十六条第二款、《最高人民法院关于贯彻执行〈中华人民共和国民法通则〉若干问题的意见（试行）》第一百二十九条、《最高人民法院关于适用〈中华人民共和国婚姻法〉若干问题的解释（二）》第九条第二款、《最高人民法院关于人民法院审理离婚案件处理财产分割问题的若干具体意见》第二十条之规定，判决如下：

一、驳回原告闵某要求分割共同财产位于辽中豪林购物中心 L2-B-1××的房屋一处、位于沈阳市于洪区渤海路 40 号 1-××-2 的建筑面积为 94. 86 平方米的房屋一处及房屋租金的诉讼请求；

二、驳回被告郝某甲要求分摊向父母所负共同债务的诉讼请求。

【法官后语】

《中华人民共和国合同法》第一百八十六条规定，赠与人在赠与财产的权利转移之前可以撤销赠与。具有救灾、扶贫等社会公益、道德义务性质的赠与合同或者经过公证的赠与合同，不适用前款规定。

民法典实施后，合同法第一百八十六条的规定被民法典第六百八十五条所替代，比较两条法律规定，均规定赠与人在赠与财产的权利转移之前可以撤销赠与。不同之处主要体现在不能撤销赠与的情形，合同法规定，具有救灾、扶贫等社会公益、道德义务性质的赠与合同或者经过公证的赠与合同，不适用前款规定；而民法典规定，经过公证的赠与合同或者依法不得撤销的具有救灾、扶贫、助残等公益、道德义务性质的赠与合同，不适用前款规定。

民法典实施后，最高人民法院出台了《最高人民法院关于适用婚姻家庭编的解释（一）》，该解释第六十九条第二款规定："当事人依照民法典第一千零七十六条签订的离婚协议中关于财产以及债务处理的条款，对男女双方具有法律约束力……"该条款明确强调了离婚协议中财产处理条款的法律约束力，不可擅自变更或撤销，而离婚协议中赠与条款属于财产处理范围，亦不可擅自变更或撤销。该解释第七十条规定："夫妻双方协议离婚后就财产分割问题反悔，请求撤销财产分割协议的，人民法院应当受理。人民法院审理后，未发现订立财产分割协议时存在欺诈、胁迫等情形的，应当依法驳回当事人的诉讼请求。"本案判决符合该司法解释的规定。

离婚案件和离婚后财产纠纷案件审理中，常存在当事人约定将房屋赠与婚生子女的情形。在房屋等财产登记在婚生子女名下前，根据《中华人民共和国合同法》第一百八十六条第一款的规定，可以撤销。且将房产等赠与子女，也不符合该条第二款也就是具有救灾、扶贫等社会公益和道德义务的赠与合同。学术和司法实践中对此类约定能否撤销存在两种观点：赞成撤销的观点认为根据《中华人民共和国合同法》第一百八十六条的规定，在房屋过户登记前，可以撤销。反对撤销的观点理由各有不同，有人认为离婚协议中对子女房产的赠与不能适用合同法的约定，因为这种赠与涉及婚姻家庭关系，当事人之间存在特殊身份，而合同法主要规制的对象为财产交易秩序；有人认为离婚协议约定涉及子女抚养、子女财产权利保护等事宜，具有整体性和综合性，是当事人真实意思表示，不能撤销；也有人认为离婚协议系三方协议，离婚双方既代表自己同时也代表子女签订了离婚后子女抚养和子女财产权利保护的协议①，将房屋赠与子女，并非一般的无偿赠与，而是履行子女抚养义务的一种方式，当事人无权撤销；有人认为离婚协议中将房产赠与未成年子女视为具有道德义务合情合理，也符合法律精神，离婚后意欲撤销赠与，不应被支持。本案主审法官反对撤销的观点，认为离婚协议约定涉及子女抚养、子女财产权利保护等事宜，具有整体性和综合性，是当事人真实意思表示，不能撤销。

编写人：辽宁省沈阳市辽中区人民法院　刘治兵

056　“净身出户”离婚协议的意思表示探究

——辛某甲诉张某离婚后财产案

【案件基本信息】

1. 裁判书字号

江苏省无锡市锡山区人民法院（2015）锡法港民初字第573号民事判决书

2. 案由：离婚后财产纠纷

3. 当事人

原告：辛某甲

① 王泽鉴：《民法学说与判例研究》，北京大学出版社2015年版，第245~246页。关于父母将财产赠与子女，通过“目的性限缩”的方法，将“纯获法律上利益者”作为法律禁止“自己代理”的例外情形，可以“自己代理”。

被告：张某

第三人：无锡贸易公司

【基本案情】

辛某甲与张某于20世纪90年代登记结婚。婚后生育儿子辛某乙。2013年8月6日，辛某甲出具离婚协议保证书，确认因在2013年8月6日吵架时，男方打了女方耳光，导致夫妻感情破裂，决定离婚；离婚后夫妻双方至2013年8月6日前所有资产全部归儿子辛某乙所有（包括××新村×号及××青城×号×室；以及无锡贸易公司现有资产）……公司业务今后继续经营，所得利润也全部归辛某乙所有……今后夫妻双方只要有男方动手打人就决定离婚，双方有一方出轨，所有财产归儿子辛某乙所有，净身出户。2014年6月28日，辛某甲、张某签订协议书，双方达成协议：1. 男方决定选择和女方一起生活：保证以后再不背叛老婆；如果敷衍，把公司资金偷偷转移自己名下，老婆可以向法院提出追回全部资金并罚款10万元，公司现有资金398万元，但是应加上以后的所有利润。2. 男方决定选择与情人生活：男方就净身出户并与儿子辛某乙断绝父子关系，关于公司的资产到2014年6月28日为止有398万元整再加上到最后的全部利润，保证在2个月内全部打到张某卡上。2014年7月17日，辛某甲与辛某乙签订协议保证书，辛某甲保证不做对不起儿子的事（出轨），如出现这种情况，无锡贸易公司的所有资产500万元全部归辛某乙所有，家里辛某甲名下的二套房产全部归辛某乙所有，辛某甲净身出户。

2015年2月17日，辛某甲与张某登记离婚。双方签订了自愿离婚协议书，内容为："男方辛某甲，女方张某，现因第三者插足，

自愿离婚，双方商定对有关事项达成如下协议：一、子女抚养：婚生儿子辛某乙22岁，随女方共同生活；二、共同财产分割：坐落于××新村×号、××青城×号×室产权归女方和儿子所有，男方自愿放弃房屋产权份额。男方自愿放弃家中财产及银行存款等，净身出户；三、债务处理：男方在在婚期间有外债一律与女方及儿子无关，由男方个人承担。”2015年2月25日，过某某、张某、辛某乙、辛某甲签订无锡贸易公司转让协议书，约定由于家庭因素，公司从2015年2月27日起重新进行股份分配如下，辛某乙51%，辛某甲49%，利润按股份份额分配；2015年2月17日前公司财产共计170万元是离婚前财产，全部归辛某乙所有等，并约定协议由过某某、张某、辛某乙、辛某甲签字之日起到公证处公证生效具有法律效力。各方签字后，未至公证处进行公证，也未履行协议约定内容。辛某甲陈述，离婚协议书仅处理了房产及家具、银行存款等，双方就无锡贸易公司股权及利润的分配始终未谈拢，离婚后双方签订了上述协议，对股权进行了分配。张某陈述，离婚后，双方父母有意促成辛某甲与张某和好，并且辛某甲离婚时掌握了无锡贸易公司的应收款，为保证应收款的收回，双方签订了上述转让协议书。

【案件焦点】

“净身出户”离婚协议以列举方式列举财产分割，未列举事项公司股权是否属于财产分割的内容。

【法院裁判要旨】

无锡贸易公司在辛某甲与张某婚姻关系存续期间设立，张某系无锡贸易公司股东，其股权应属夫妻共同财产。在辛某甲与张某签订的自愿离婚协议书中，双方对××新村×号、××青城×号×室房屋进行了处理，确认房屋归女方和儿子所有，男方自愿放弃房屋产权份额，另明确男方自愿放弃家中财产及银行存款等，净身出户，这是双方在办理离婚手续过程中的真实意思表示，本院予以确认。本案主要的争议焦点是，自愿离婚协议书有关财产处分的约定是否涉及对无锡贸易公司股权的处理。法院经审查，自愿离婚协议书以列举方式列明了财产，虽无锡贸易公司的股权未出现在列举项目中，但协议书同时以“男方自愿放弃家中财产及银行存款等，净身出户”对财产分割进行了概括性陈述，故自愿离婚协议书对财产的处分应及于无锡贸易公司股权及由此衍生的财产权利；这样的结论，也与双方离婚前，辛某甲多次出具的材料中将无锡贸易公司资产给予张某或儿子辛某乙，自己净身出户的意思表示相互印证。虽双方离婚后，辛某甲与张某、过某某、辛某乙等就无锡贸易公司的股权分配等签订了转让协议，约定辛某甲分配得无锡贸易公司49%的股权，但转让协议明确约定协议自签字后至公证处公证生效，后各方未就该协议办理公证手续，故该协议书未生效，现张某、过某某、辛某乙等均不同意转让协议的内容。综上，辛某甲要求分割无锡贸易公司股权及利润的诉讼请求，法院不予支持。

江苏省无锡市锡山区人民法院依照《中华人民共和国婚姻法》第三十一条、《最高人民法院关于适用〈中华人民共和国婚姻法〉若干问题的解释（二）》（以下简称《婚姻法解释（二）》）第八条之规定，作出如下判决：

驳回辛某甲的诉讼请求。

一审宣判后，本案当事人均未上诉，本判决现已生效。

【法官后语】

本案的争议焦点是“净身出户”离婚协议书关于财产处分的约定，是否涉及对未列举财产事项无锡贸易公司股权的处理。

《中华人民共和国民法典》第一千零八十七条规定，离婚时，夫妻的共同财产由双方协议处理；协议不成的，由人民法院根据财产的具体情况，按照照顾子女、女方和无过错方权益的原则判决。该条款规定了关于夫妻双方离婚后，夫妻共同财产的处理基本方式和原则。夫妻共同财产分割方式包括协议分割和判决分割。与其他民事权利行使规则相同，在离婚共同财产分割的问题上，同样以夫妻双方协商确定分割方案为先，最大限度地尊重双方对私权事务的意思自治。

“净身出户”并非法律术语，是民间对于婚姻一方在离婚时放弃共同财产的通俗说法。夫妻之间将财产约定归属一方可能是对另一方情感、经济的补偿或是损害赔偿，该财产分割条款是附随于身份行为的，不符合赠与的无偿性，因此不能单纯认为系赠与。离婚协议书系双方对解除婚姻关系及财产分割、子女抚养、债务承担等内容加以确定的复合民事法律行为，离婚财产分割协议不同于一般的民事合同，离婚协议包含人身关系和财产关系，由于夫妻感情、家庭儿女等因素的介入，当事人通过离婚协议放弃了全部或大部分财产，事后不能以“显失公平”为由予以变更或撤销。《婚姻法解释（二）》第九条规定了一方当事人对离婚协议中财产分割反悔，如订立财产分割协议时存在欺诈、胁迫等情形，可以请求人民法院变更或撤销财产分割协议。

离婚协议以列举方式列举财产分割，未列举事项即公司股权是否属于财产分割的内容？根据协议条款解释规则，我们认为本案公司股权应属于离婚协议财产分割的内容。

第一，对于离婚协议条文的解释，须探究当事人内在的、真实的意思表示，而判断当事人真实意思表示的首要方法，是判断协议条文的字面意思表示，即文义解释的方法。文义解释要求，解释条款应当按普通字面含义解释。当事人对协议的词、句、条款理解不一致时，应按普通的字面含义即一般公众理解的含义和价值判断进行解释。对表示范围的词句，应作限制解释。如果协议条款将具体事项列举，最后用“等”“其他”等文字表达的，对“等”“其他”的解释，应与协议所列举的具体事项属于同一种类。

本案中，离婚协议书以列举方式列举了财产，虽然无锡贸易公司的股权未出现在列举项目中，但协议书同时以“男方自愿放弃家中财产及银行存款等，净身出户”对财产分割进行了概括性陈述。按照公众通常的理解，男方自愿放弃了家中财产、银行存款等全部夫妻共同财产。无锡贸易公司在辛某甲与张某婚姻关系存续期间设立，张某系无锡贸易公司股东，其股权应属于夫妻共同财产。离婚协议对财产的处分应及于无锡贸易公司股权及由此衍生的财产权利。

第二，“净身出户”的真实含义可以结合双方离婚前出具的材料统一探究。离婚前，辛某甲多次出具的材料中均记载将无锡贸易公司资产给予张某或儿子，自己净身出户。这些材料表明，男方“净身出户”的概念涵盖了放弃婚姻存续期间的公司资产，后双方当事人达成的离婚协议中的“净身出户”，可按照之前双方的意思表示习惯理解，涉及公司股权分割。

编写人：江苏省无锡市锡山区人民法院　王万钰　王碧云

057 离婚协议中对子女的赠与是否可以任意撤销

——陈某春诉刘某离婚后财产案

【案件基本信息】

1. 裁判书字号

湖南省长沙市雨花区人民法院（2015）雨民初字第03316号民事判决书

2. 案由：离婚后财产纠纷

3. 当事人

原告：陈某春

被告：刘某

【基本案情】

2002年7月1日，陈某春与刘某登记结婚。2003年12月10日，双方生育儿子刘某某。此后，双方于2013年9月22日在民政部门办理了离婚登记，双方在民政部门备案的《离婚协议书》中约定：（一）男女双方自愿离婚；（二）婚生子刘某某由男方抚养，随女方生活，男方按月支付抚养费，并可探望小孩；（三）位于长沙市雨花区某处房屋（以下简称××号房屋）登记为刘某所有，该房屋未还清房贷，由刘某承担每个月的房贷费用，直到费用还清，待房贷还清，刘某将房屋过户至儿子刘某某名下，所产生的各种契税归男方负责。协议中另有对其他财产如何分割的约定。该××号房屋在购买过程中向银行贷款430000元，并以该房屋进行了抵押登记。现该套房屋已实际由刘某居住，贷款仍由刘某负责偿还。陈某春诉至法院，主张××号房屋系双方未分割的婚姻存续期间的共有财产，将该房屋赠与婚生子刘某某的赠与行为并未完成，陈某春享有任意撤销权，请求撤销离婚协议中对该房屋处理的约定，依法对该房屋重新进行分割。刘某辩称离婚协议中的约定实质为将××号房屋赠与婚生子刘某某；陈某春和刘某是房产的赠与人及房产的共有人，并非受赠人，陈某春无权主张撤销赠与合同，也未证明赠与合同存在可变更、可撤销的法定事由，不能随意撤销。

【案件焦点】

陈某春主张撤销将共有财产××号房屋赠与婚生子刘某某有无法律依据。

【法院裁判要旨】

湖南省长沙市雨花区人民法院经审理认为：《离婚协议书》约定因××号房屋产生的房贷及相关费用由刘某承担，待房贷全部还清后，由刘某过户至婚生子刘某某名下，由此产生的费用由刘某承担。上述房屋属于陈某春、刘某的夫妻共同财产，双方约定待条件符合时，过户至婚生子刘某某，其实际上是将上述房屋赠与婚生子刘某某。根据《中华人民共和国合同法》（以下简称《合同法》）第二条第二款的规定，婚姻、收养、监护等有关身份关系的协议不适用合同法的规定，另根据《最高人民法院关于适用〈中华人民共和国婚姻法〉若干问题的解释（二）》第八条的规定，离婚协议中关于财产分割的条款对男女双方均具有法律约束力。因此，陈某春主张依据《合同法》关于任意撤销权的相关规定撤销该协议条款并无法律依据，其相关主张，本院不予支持。

湖南省长沙市雨花区人民法院依照《中华人民共和国婚姻法》（以下简称《婚姻法》）第三十九条，《中华人民共和国合同法》第二条，《最高人民法院关于适用〈中华人民共和国婚姻法〉若干问题的解释（二）》第八条、第九条之规定，作出如下判决：

驳回陈某春要求撤销离婚协议中将××号房屋赠与婚生子刘某某条款的诉讼请求。

一审判决送达双方后，双方均未提出上诉，该判决已经生效。

【法官后语】

本案双方当事人在离婚协议中约定将房产赠与子女，在未办理过户登记前，一方反悔，要求行使《合同法》第一百八十六条或《中华人民共和国民法典》（以下简称《民法典》）第六百五十八条规定的任意撤销权。案件争议的焦点为离婚协议中对子女的赠与可否适用《合同法》第一百八十六条或《民法典》第六百五十八条规定的任意撤销权。分析该法律适用问题，可从以下三个方面进行逐层级探讨。

一、离婚协议是否可直接适用《合同法》或《民法典》合同编的有关规定

离婚协议虽属于民法意义上的合同，即平等民事主体为设立、变更、终止民事权利义务关系的协议，但离婚协议具有明显的人身属性，不同于一般的平等市场主体。因此，《合同法》第二条第二款的但书即明确包括离婚协议在内的“婚姻、收养、监护等有关身份关系的协议”，适用其他法律的规定。《民法典》第四百六十四条第二款中则明确规定：“婚姻、收养、监护等有关身份关系的协议，适用有关该身份关系的法律规定……”可见，离婚的当事人双方因离

婚协议而发生的争议不应直接适用《合同法》或《民法典》合同编的有关规定，而应适用有关身份关系的《婚姻法》或《民法典》婚姻家庭编及相关的司法解释。当然，有关离婚协议的亦不当然完全排斥《合同法》或《民法典》合同编的适用。《最高人民法院关于适用〈中华人民共和国婚姻法〉若干问题的解释（二）》第九条关于一方对离婚协议反悔，要求变更或撤销该协议时如何处理的问题即参照了《合同法》第五十四条关于存在欺诈、胁迫等意思表示不真实的合同可进行变更或撤销的规定以及第五十五条关于一年撤销权一年除斥期间的规定。鉴于《民法典》第一百四十八条和第一百五十条的新规定，《最高人民法院关于适用〈中华人民共和国民法典〉婚姻家庭编的解释（一）》第七十条对《最高人民法院关于适用〈中华人民共和国婚姻法〉若干问题的解释（二）》第九条进行了修正，删除了原有规定中“一年期”和“可变更”的有关规定。因此，从某种意义上说，有关身份关系的法律规定与《合同法》或《民法典》合同编相比，属于针对身份关系协议的“特别法”，应予优先适用。

二、离婚协议中对子女的赠与是否可适用《合同法》第一百八十六条或《民法典》第六百五十八条规定的任意撤销权

如上所述，离婚协议从整体上即不可直接适用《合同法》或《民法典》合同编的相关规定，如离婚协议中对子女的赠与亦显然不能仅据《合同法》或《民法典》合同编规定的任意撤销权而撤销。就离婚协议与一般的赠与行为的特殊性而言，该赠与行为是离婚协议的组成部分，并非一个独立的赠与行为，在大多情况下实际上属于夫妻分割共同财产的方式，其与夫妻离婚以及其他共同财产的分割、子女抚养问题紧密联系。一般而言，在离婚协议条款中，离婚是共同财产分割和子女抚养等条款的前提，后者是离婚的必然后果

和必然安排，两者具有当然的因果关系。具体到本案中，离婚的夫妻双方一致约定将共有的房屋赠与婚生子，这是一种有目的的赠与行为，可以推定其中包括夫妻双方对离婚给子女造成伤害的某种补偿，如果单独予以撤销，离婚协议在整体上不完整，且会使得包括照顾子女日后生活的离婚后安排落空，造成对子女的实际伤害。因此，虽赠与财产的权利尚未转移，但赠与子女财产的约定系属于离婚协议中不可分割的组成部分，且与夫妻之间以及夫妻与子女之间的身份关系紧密相连，故夫妻任何一方对该赠与条款均不享有任意撤销权。另外，离婚父母撤销对子女的赠与亦有违公序良俗。

三、离婚协议中的受赠子女可要求赠与方履行赠与义务

离婚协议中将房产赠与子女的约定实质为第三人利益合同，且考虑此种赠与对于作为第三人的子女具有当然的利益，因此，子女可要求父母履行相关的赠与义务。司法实践中，子女可基于三方的赠与关系另行起诉，也可在父母离婚后的财产纠纷诉讼中作为有独立请求权的第三人对父母提出诉讼主张，要求父母履行赠与义务。

编写人：湖南省长沙市雨花区人民法院　欧阳毅

058　婚姻关系存续期间付出劳务，离婚时是否应分得财产

——才某诉胡某离婚案

【案件基本信息】

1. 裁判书字号

青海省海西蒙古族藏族自治州乌兰县人民法院（2013）乌民初字第130号民事判决书

2. 案由：离婚纠纷

3. 当事人

原告：才某

被告：胡某

【基本案情】

原、被告经自由恋爱于2004年10月25日在原乌兰县赛什克乡人民政府登记结婚。被告系再婚，其与前妻有一婚生女随被告共同生活。原、被告结婚初期夫妻感情一般，于2005年5月8日生育一女满某。后因双方不能正确处理家庭矛盾，经常为家庭琐事发生争执，影响了夫妻感情。2012年8月原告曾诉至法院，要求与被告离婚，经调解原告撤回起诉。但之后双方仍经常为琐事发生争吵。原告遂向法院起诉，要求1. 与被告离婚；2. 婚生女随原告共同生活，被告每月承担抚养费500元至孩子独立生活为止；3. 婚后夫妻共同财产绵羊144只，山羊184只，马7匹，方帐篷一个，棚圈一个。以上夫妻共同财产中的绵羊58只、山羊74只、马2匹、方帐篷一个归原告所有，其余归被告所有。

另查明，原、被告家中现有绵羊、山羊共286只（含被告母亲的代牧羊），马6匹。婚后添置财产有棚圈一个（价值27600元），方帐篷一个（价值2500元），太阳能晒板一个（价值1300元），铁丝网2000米（价值4000元）。无存款。无债权。债务有欠茶卡农场药店及商铺的3700元及拉铁丝网所欠4000元，共计7700元。

庭审中，原告坚持离婚，被告同意。对婚生女满某的抚养问题，双方协商同意满某随原告共同生活，但对抚育费未能达成一致意见。对家中绵羊、山羊数量，原告认可为被告母亲代牧的羊为125只，故原被告家中绵羊、山羊数量应为286只-125只=161只。

【案件焦点】

婚姻关系存续期间付出劳务，离婚时是否应分得财产。

【法院裁判要旨】

乌兰县人民法院经审理认为：夫妻感情是维系婚姻的基础。原、被告经自由恋爱结婚，婚姻基础较好。婚后理应相互尊重和帮助，共同维护平等、和睦、文明的家庭关系。但原、被告却不能正确处理家庭矛盾，经常为家庭琐事发生争执，致使夫妻感情破裂。现原告坚持离婚，被告表示同意，经法庭调解双方已无和好可能，故对原告要求离婚的请求予以支持；对婚生女的抚养，依原、被告双方的意愿处理。对子女抚育费的负担，根据《最高人民法院关于审理离婚案件处理子女抚养问题的若干具体意见》第七条的规定，可根据子女的实际需要、父母双方的负担能力和当地的实际生活水平确定。参照2013年青海省道路交通事故人身损害赔偿费用计算标准，农牧民人均生活消费性支出年/人5338.94元，由被告每月给付子女抚育费445元。对家庭财产的分割，依照顾子女和女方权益的原则处理。被告关于结婚时原告没有带来任何财产，而且婚后家中牲畜不增反减，没有存款，故不给原告任何财产的辩称意见，考虑原、被告婚后共同生活十年，虽然原告结婚时没有带去任何财产，但婚后与被告共同操持家务，放养牲畜，牲畜在十年中不断繁衍更新，况且家中牲畜的增减、存款的有无，与原、被告的共同管理、经营有关。结合本案实际，对原告可适当少分部分牲畜，故被告的该项辩称与公平原则相悖，不予支持。根据《最高人民法院关于民事诉讼证据的若干规定》第七十六条“当事人对自己的主张，只有本人陈述而不能提出其他相关证据的，其主张不予支持。但对方当事人认可的除外”的规定，被告关于牲畜中有其与前妻女儿的20只羊的辩称意见，只有本人陈述，没有相关证据证实，且原告不予认可，故不予支持。

乌兰县人民法院依照《中华人民共和国婚姻法》第十七条，第三十二条，第三十六条，第三十八条第一项、第二项，第三十九条的规定，作出如下判决：

一、准许原告才某与被告胡某离婚；

二、婚生女满某随原告才某共同生活，被告胡某自2013年10月起每月给付子女抚育费445元至18岁止；

三、夫妻共同财产中大方帐房一个、大绵羊13只（其中母绵羊7只）、绵羊羔12只、大山羊20只（其中母山羊10只）、山羊羔15只、马一匹归原告才某所有；棚圈一座，太阳能晒板一个，铁丝网2000米，剩余大小绵羊、山羊共计101只，马5匹归被告胡某所有；

四、被告胡某给付原告才某棚圈折价款13800元人民币；

五、债务7700元人民币，欠茶卡农场药店及商铺的3700元由原、被告各偿还1850元；欠拉铁丝网4000元由被告胡某偿还；

六、各人衣物归个人所有。

【法官后语】

本案处理重点在于婚姻关系存续期间，付出劳务，离婚时是否应分得财产。《最高人民法院关于适用〈中华人民共和国婚姻法〉若干问题的解释（三）》出台后，备受社会各方的广泛关注。过分强调物权法，忽视婚姻关系的人身权性质，过分强调对个人财产的保护，而忽视了婚姻关系中夫妻共同生活、权利义务合一的特点，也是值得商榷的。注重保护财产取得时候的产权份额，或者说只是静态地保护了初始状态的物权及以后不变的收益，而没有动态地考虑财产运作过程的价值增减。而这些极有可能加剧因离婚而“贫困化”的发生。“贫困化”产生的原因在于因家庭利益共同体的解体所导致的夫妻共同财产分割及获得配偶帮助、扶养权的消灭。“贫困化”的表现之一为依靠个人财产或离婚时分得的财产无法维持当地基本生活水平或依靠自身条件无法解决基本生活、住处等。如果僵化地处理，本案中离婚时女方就有可能“净身出户”，女性合法权益得不到应有的保护。

原《中华人民共和国婚姻法》第四十条“夫妻书面约定婚姻关系存续期间所得的财产归各自所有，一方因抚育子女、照料老人、协助另一方工作等付出较多义务的，离婚时有权向另一方请求补偿，另一方应当予以补偿”的规定，显示一方对家庭付出较多义务要求另一方补偿的前提是，双方需对婚姻关系存续期间的财产进行书面约定。《中华人民共和国民法典》第一千零八十八条“夫妻一方因抚育子女、照料老年人、协助另一方工作等负担较多义务的，离婚时有权向另一方请求补偿，另一方应当给予补偿。具体办法由双方协议；协议不成的，由人民法院判决”之规定，对离婚经济补偿作出了明确的规定，且不需以双方约定婚姻存续期间财产处置为前提。回归到实际生活中，《中华人民共和国民法典》第一千零八十八条更加体现了对付出更多夫妻义务一方的保护力度，亦促使“男女平等”真正而恰当地嵌入到家务劳动中。

本案中考虑原、被告婚后共同生活十年，虽然原告结婚时没有带去任何财产，但婚后与被告共同操持家务，放养牲畜，牲畜在十年中不断繁衍更新，况且家中牲畜的增减、存款的有无，与原、被告的共同管理、经营有关。结合本案实际以及《中华人民共和国民法典》第一千零八十八条的规定，原告有权在离婚时要求被告予以补偿，即对原告可适当少分部分牲畜，被告的答辩意见与公平原则相悖，不予支持。遂作出上述判决。

编写人：青海省海西蒙古族藏族自治州乌兰县人民法院　成菊艳

059　夫妻一方在其单位所持有的股票期权是否应认定为夫妻共同财产

——邱某诉桂行某离婚后财产案

【案件基本信息】

1. 裁判书字号

河南省焦作市中级人民法院（2012）焦民一终字第185号民事判决书

2. 案由：离婚后财产纠纷

3. 当事人

原告（上诉人）：邱某

被告（被上诉人）：桂行某

【基本案情】

原告邱某与被告桂行某于1991年2月6日登记结婚。婚后被告以双方感情不和为由，于2006年向马村区人民法院起诉离婚，并于2007年1月11日撤回起诉。2007年11月15日，桂行某再次起诉邱某要求离婚，并要求婚生女桂某、婚生子桂嘉某由原告自行抚养，夫妻共同财产即房产一座和电视机一台依法分割，夫妻共同债务 35000 元由原、被告分担。2007 年 11 月 15 日，原、被告双方在马村区人民法院达成调解协议，协议约定：1. 原告桂行某与被告邱某自愿离婚。2. 婚生女桂某由被告邱某抚养，并承担抚养费；婚生子桂嘉某由原告桂行某抚养，并承担抚养费。原告桂行某对婚生女桂某及被告邱某对婚生子桂嘉某每月均享有两次探视权。3. 原、被告夫妻共同财产，位于焦作市解放东路天赐良缘某区某单元 2 楼某号住房一套归被告邱某所有。4. 原、被告无其他争执。另查明，2005 年至 2007 年，被告桂行某所在单位某煤集团承诺为单位部分人员分配期权，2007 年 1 月 1 日，被告所分配的期权第一次转股，转股金额为 15330 元。2008 年 1 月 1 日第二次转股，转股金额为 19070 元。2011 年 1 月 1 日第三次转股，转股金额为 139618 元。三期转股合计 174018 元，分红 9.4%金额 16362 元，发放存单金额 190380 元。

上述事实有下列证据予以证实：

原告邱某提交：1. 身份证复印件，以此证明原告的身份及主体资格；2.（2007）马初字第 362 号民事调解书，以此证明原、被告离婚时，原告并不知道被告有股权；3. 卷宗材料一份，以此证明被告起诉原告离婚时的所有材料，没有显示双方有共同债务。被告桂行某提交：1. 河南某煤能源有限公司古汉山矿劳资科证明及股权证明一份，以此证明被告单位分配的是期权，并非原告诉称的期权。被告分配的期权分三次转股，其中原、被告离婚前转股一次，转股价值为 15330 元。股权证为有价证券，但股权证不发之前不是有价证券。2. 2007 年民事起诉状、（2007）马初字第

362号民事调解书、残疾证各一份，以此证明被告曾向马村区法院起诉与原告离婚，但原告坚持只要房子才能离婚，被告在身体残疾的情况下将当时价值16.5万元的夫妻共同房屋给予了原告，并承担了35000元的夫妻共同债务。因此被告没有必要向原告隐瞒任何东西。3. 证人汪书某、甘延某、丁某出庭作证，其中汪书某和甘延某证明被告曾向其借款35000元用于购买夫妻共同的房屋，丁某证明给原、被告组织过调解，原告称要房屋了可以离婚。

根据原告邱某的申请，法院依法调取了河南某煤能源有限公司古汉山矿劳资科的证明一份。

【案件焦点】

被告在其单位所持有的期权是否应认定为夫妻共同财产，离婚时应否予以分割。

【法院裁判要旨】

河南省焦作市解放区人民法院经审理后认为，关于本案所涉及的被告在其单位所持有的期权是否应认定为夫妻共同财产的问题，需要结合对期权性质的分析予以确认。被告桂行某所在单位某煤集团于2005年至2007年为单位部分人员分配期权，该期权属于某煤集团对于本单位职工的一种激励机制。期权的本质是一种权利或者资格，是在行权日或者约定的日期可以购买或者分得股份的权利或者资格。但是被告单位所分配的期权与市场上的期权有所不同，因为被告所在单位给其分配期权时没有给其发放任何书面材料，也没有约定行权日和兑现日，导致这种期权具有极大的不确定性。被告分配的期权与其依附于单位的劳动人身关系有着直接利害关系，在没转股之前具有很大的不确定性，因此不应认定为夫妻共同财产。

2007年1月1日，在原、被告夫妻关系存续期间，被告单位期权进行了第一次转股，转股金额为15330元。此时该期权转化为股份，具有了确定性和可预见性，具备了成为夫妻共同财产的性质。并且庭审中原、被告对2007年1月1日所获得的股权为夫妻共同财产均表示认可，故该15330元应该属于夫妻共同财产。虽然被告辩称原告离婚时只要求分割房屋，放弃了该期权的分割，但原、被告达成的离婚调解协议并未写明，被告的辩解理由不能成立，故对该部分原告要求分割的诉讼请求，应予以支持，并考虑到原、被告的实际情况予以平均分割。2007年11月15日，原、被告双方在马村区人民法院达成离婚的调解协议，至此双方的婚姻关系终止。2008年和2011年1月1日，被告单位进行的两次转股，发生在原、被告婚姻关系终止后，原告要求对这期间所得股金进行分割无事实和法律依据，对该部分的诉讼请求，不应支持。

河南省焦作市解放区人民法院依照《中华人民共和国婚姻法》第十七条、第四十七条，《最高人民法院关于适用〈中华人民共和国婚姻法〉若干问题的解释（一）》第三十一条之规定，作出如下判决：

一、被告桂行某于本判决生效后十日内支付原告邱某7665元；

二、驳回原告邱某的其他诉讼请求。

邱某不服原判上诉称，双方离婚时，被上诉人隐瞒共同财产190380元，应当不分或少分被上诉人，退一步，各半分割也是合法合理的诉讼请求。请求：维持原判第一项，撤销第二项，改判被上诉人支付上诉人91357.5元，诉讼费由被上诉人承担。

桂行某答辩称，原判认定事实清楚，判决正确，要求维持原判。

河南省焦作市中级人民法院经审理认为：本案所涉及的期权是否属于夫妻共同财产，桂行某是否存在隐瞒共同财产行为，根据本案事实，原审法院对此进行了详尽的阐述。期权与股权系两个截然不同的概念，期权确系一个不确定状态，而股权却相反。在双方离婚前（2007年11月15日），于2007年1月1日单位分配给桂行某的期权第一次转股为15330元，应视为夫妻共同财产。现邱某认为，离婚后由期权转化的股权也应为夫妻共同财产进行分割，但对此主张没有确凿证据给予支持，故其上诉理由不足，其请求本院依法不予支持。

河南省焦作市中级人民法院依照《中华人民共和国民事诉讼法》第一百五十三条第一款第一项之规定，作出如下判决：

驳回上诉，维持原判。

【法官后语】

关于本案所涉及的被告在其单位所持有的股票期权是否应认定为夫妻共同财产的问题，需要结合对期权性质的分析予以确认。笔者认为应从以下几方面认定：

一是从我国的婚姻法及司法解释来看，夫妻共同财产是在夫妻关系存续期间所共同拥有的财产，包括实物、现金和可预见的收益，可预见的收益包括股票、债券、投资基金份额等有价证券，而这些都属于“夫妻关系存续期间实际取得或已经明确取得的收益”，具有确定性和可预见性。因此判断股票期权能否认定为夫妻共同财产的关键在于其“是否已经转化为明确的财产收益”以及该种收益是否是在夫妻关系存续期间获得的。

二是从通常认知来看，我们所说的股票权益即股权因其具有一定的明确性和可预见性，一般可认定为夫妻共同财产，但在本案中原告主张分割的股票期权与股权却系两个不同的概念。从宏观层面上讲，股票期权由于期权的价值是否存在以及价值是多少都不确定，因此是一个不确定状态概念，而股权却相反，由于其具有具体的行权日以及价值可以根据市场确定而具有确定性。从微观层面上讲，期权的本质是一种权利或者资格，是在行权日或者约定的日期可以购买或者分得股份的权利或者资格。在司法实践中，一般对这种股票期权不认定为是一种可确定的财产性收益，因而也不认定为是夫妻共同财产。在本案中，被告单位所分配的期权与市场上的期权也是有所不同的，因为被告所在单位给其分配期权时没有发放任何书面材料，也没有约定行权日和兑现日，导致这种期权何时可以行使，以及价值大小具有极大的不确定性。被告分配的期权与其依附于单位的劳动人身关系有着直接利害关系，被告分配的期权完全可能因为其是否在本单位工作、工作业绩和是否遵守单位纪律等原因导致期权的丧失，它实质上是公司的一种激励性机制，这种激励性机制与被告的身份、工作能力、工作年限、工作业绩、工作的努力程度等密切相关，也就是说，被告分配的期权在没有行使行权日转化为实体股份之前具有很大的不确定性，这与夫妻共同财产的确定性和可预见性特性明显不符，因此不应认定为夫妻共同财产，在离婚诉讼中当然不能加以分割。

三是夫妻共同财产的形态多样性呈现日益复杂的局面。《中华人民共和国民法典》实施前后，关于夫妻共同财产的规定，新旧法基本保持一致。最突出的变化在于，在《中华人民共和国民法典》第一千零六十二条第一款第二项中，将旧法规定的“生产、经营的收益”变更为“生产、经营、投资的收益”，即考虑到经济社会的发展完善，不直接从事生产经营而以投资方式获取利益，成为一种常见的新业态。这种变化，体现了对夫妻财产权益保护的与时俱进。但考虑到投资形式的多样性，股票、期货、基金、期权、委托理财等众多的形式以及还会继续衍生的新的投资形态，都可以被“投资”

这一概念所包含，以此成为促进和谐家庭关系的物质基础。

但即便如此，基于投资收益的阶段性、滞后性①特征，存在大量婚姻关系存续期间的共同财产，在离婚后才获得相应收益的情形。针对这一现象，应着重考虑收益产生的时间节点是否在婚姻关系存续期间，而不仅仅考虑实际取得收益的具体时间，如此才能切实维护双方的合法权益，避免因分割财产的利益诱惑导致投资一方与被投资人共谋发放收益时间而损害另一方的合法权益。

同时，在认定和分割投资收益时，应根据案情和实际情况，对基于股票期权所获得的现实收益给予非投资方一定的补偿，法院在综合全案的情形下也可酌定给予或不给予原告一定的补偿。当然如果该股票期权在夫妻关系存续期间被告通过行权而实际获得或可以预见一定能够获得，则其就转变为了实在的财产性收益，属于夫妻共同财产性权利，在离婚时一方当然可以主张加以分割。

编写人：河南省焦作市解放区人民法院　原琳　程志猛

060　淘宝店铺权属争议及其分割的法律处理

——王某诉吴某离婚后财产案

【案件基本信息】

1. 裁判书字号

北京市第二中级人民法院（2012）二中民终字第 11050 号民事判决书

---

① 比如股票分红以上市公司年报后一个特定时间节点为分红日，保险以保险事故发生为赔付条件等，都使利益获得具有滞后性。

2. 案由：离婚后财产纠纷

3. 当事人

原告（被上诉人）：王某

被告（上诉人）：吴某

【基本案情】

王某与吴某曾为夫妻，2007 年 8 月登记结婚，2011 年 11 月签署《离婚协议书》登记离婚。在离婚协议中双方约定：1. 现居住房屋归王某所有，王某支付吴某补偿 40 万元，吴某父母曾支付的 15 万元贷款，王某偿还 17.4 万元；2. 吴某 10 万元个人婚前财产存入王某股票账户，现值已为 7 万元，王某归还吴某 10 万元；3. 吴某放弃其父母配送的电器等物品；4. 双方婚后共同经营淘宝网某来飞去网店，2011 年 10 月 19 日进行了盘点清算，库存价值 80 万元，双方平分各得 40 万元，王某继续经营该店，支付吴某 40 万元，吴某将网店转让给王某，签署协议起 7 天内网店的各种密码无偿由王某使用，之后吴某协助变更到王某名下；5. 上述总计金额 90 万元。考虑网店继续经营，王某分期付款，每月支付吴某 5 万元，逾期不还按日千分之三支付违约金。

2012 年 3 月 20 日王某起诉，并提出诉讼保全申请，称使用网店的相关密码均被吴某修改，其无法使用，网店绑定的支付宝账户中的款项均被吴某转移。

某来飞去网店即淘宝网“淘宝集市”中的“某来飞去母婴用品店”，2008 年 5 月 14 日建店，主要销售奶粉、母婴护理品，实名认证店主是吴某，网店配合使用支付宝账户名称是吴某的电子邮箱，支付宝绑定银行卡是吴某名下招商银行账户。诉讼中法院查看淘宝网页面，某来飞去网店首页张贴通知说该网店被盗用，需购买母婴用品的客户请到“吴妈妈爱心小店”（在吴某母亲名下）购买。2012年3月10日王某实名在淘宝网另外开办了某志飞翔网店，销售和某来飞去网店相同的货品，首页粘贴了其与吴某的《离婚协议书》。

法院查封（淘宝网的技术名称为“监管”）某来飞去网店时，店铺信用等级为两皇冠（交易次数在100万到200万间），好评率（得到好评的次数和交易次数的比例）为99.66%，加入了淘宝网消费者保障，支付宝账户中有1000元保证金用于消费投诉解决。根据支付宝公司和支付宝绑定的银行卡信息查询显示，吴某在双方离婚之后共取走支付宝账户中1108694元货款，王某提出诉讼后四天，吴某又向“吴妈妈爱心小店”以支付货款名义转移了676726元。

原告王某认为，某来飞去网店已经双方协议归自己所有，网店经营在离婚后完全是自己进行，吴某应将扣除自己应支付的20万元财产折价款后的款项908694元和3月26日后恶意窃取的676726元返还，并将网店注册人配合更名为自己。

吴某称财产分割协议是在胁迫状况下签订的，王某有家庭暴力行为，除了给自己财产的条款有效外，给对方财产的条款应为无效。某来飞去网店是自己经营，也是实名注册，网店收入应当归自己所有，网店不能更名为王某。

淘宝网公司向法院介绍了淘宝网关于规定网店实名经营的目的和运行保障。淘宝网上的网店不同于其他企业或者自然人自行开办的销售网站，它依托于淘宝网的交易平台，根据淘宝网的交易规则运营，有特定的交易流程；为了给淘宝买家提供甄别卖家好坏的参考标准，淘宝网店设计了信誉度和好评率两项参数，信誉度和好评率根据网店的交易实际不断累积，经营时间越长参数的可信度越真实；同时为了这两个参数始终和网店的经营联系在一起，保障该标准的可信性，淘宝网店只能由实名认证的店主经营，不能进行买卖、出租、赠与他人，店主不再经营的网店只能关闭，且一个身份信息只能在淘宝网上开办一个店铺；由于银行卡要实名，所以淘宝网店的实名认证是靠支付宝账户绑定的银行卡实现的。

【案件焦点】

1.《离婚协议书》的效力；2. 双方离婚后某来飞去网店是何人经营；3. 某来飞去网店能否进行更名。

【法院裁判要旨】

北京市朝阳区人民法院经审理认为，吴某与王某的离婚协议书依法有效，吴某主张受到胁迫和家庭暴力没有证据证明。关于网店经营，吴某只提供了向快递公司索要的少量快递回执，而王某提供了涵盖进货渠道、货款支付、货物存储、经营管理等所有交易过程的证据，故应认定为王某经营。网店支付宝账户中进款系出售商品所得，应由经营者所有，吴某通过控制的网上账户和密码方式取走的财产均应当归还王某。关于网店更名，淘宝网店系淘宝用户根据淘宝网规则取得的网络空间使用权，法律属性与合同之债最为相似，店主需承担法律义务和淘宝网确定的合同义务；淘宝网为网店的评估制定了规则，要求实名经营，并不可进行买卖、出租、赠与等行为，而夫妻共同开办经营网店后的分割属于共有财产的分割，不属于网店的转让，不违反淘宝网交易规则，故王某和吴某的协议可以履行，王某作为全职卖家另建网店在诉讼期间可继续经营，但判决生效后其必须首先关闭，此后方能取得某来飞去网店。依据《民法通则》第五十四条等规定，判决王某与吴某的《离婚协议书》依法有效，淘宝网“某来飞去母婴用品店”归王某使用、经营，王某应关闭个人实名开办的某志飞翔后根据淘宝网卖家实名认证流程进行操作，并对该店所有债务承担法律责任，吴某返还王某网店经营所得，扣除王某应支付吴某的财产补偿款后共计 885420 元。

判决后吴某不服提出上诉，北京市第二中级人民法院确认一审事实，驳回上诉，维持原判。

【法官后语】

本案根据《中华人民共和国婚姻法》（以下简称《婚姻法》）第十七条规定，认定淘宝网店属于夫妻共同财产。《中华人民共和国民法典》第一千零六十二条在《婚姻法》第十七条的基础上修改而成，仍采用列举式和概括式相结合的方式，第一款前四项明确列举了四种财产属于夫妻共同财产，第五项是抽象概括式的兜底规定。主要修改的内容为：（1）明确了“夫妻共同财产”的概念。（2）在《婚姻法》第十七条第一款第一项“工资、奖金”的基础上，增加了“劳务报酬”，以使该项规定的包容性更强。近年来，随着市场经济的发展，多种经济形态并存。实践中，除了工资、奖金之外，还有很多人通过非固定工作获得报酬，如咨询费、讲课费、稿费等，此类财产属劳务报酬范围，不能被工资、奖金所涵盖，在双方无特别约定的情况下，均应为夫妻共同财产。本项在征求意见稿中的表述为“工资、奖金和其他劳务报酬”。考虑到此种表述会引起“工资、奖金”属于劳务报酬范围的误解，后改为与“工资”“奖金”

并列的表述。(3) 在《婚姻法》第十七条第一款第二项“生产、经营的收益”基础上，增加规定了“投资收益”。近年来，家庭财产投资形式日趋多元化，股票、证券、期货等投资产生的收益不能完全囊括在“生产、经营的收益”范围内。增加规定“投资收益”，能够更有针对性地回应现实社会生活。关于“其他应当归共同所有的财产”。由于我国夫妻财产采用法定婚后所得共同制，而婚姻生活期间，所得财产无法穷尽，故第五项采用兜底条款，以最大限度适应社会生活的变化和发展。对此，原《最高人民法院关于适用〈中华人民共和国婚姻法〉若干问题的解释（二）》（以下简称《婚姻法司法解释（二）》）总结归纳出了几种归夫妻共同财产的类型，包括：一方在婚姻关系存续期间以个人财产投资取得的收益；男女双方在婚姻关系存续期间实际取得或者应当取得的住房补贴、住房公积金；男女双方在婚姻关系存续期间实际取得或者应当取得的养老保险金、破产安置补偿费以及军人复员费和自主择业费，今后在司法实践中仍需坚持。

本案涉及的主要问题是：夫妻离异后共同经营的网站应如何分割？淘宝网店是否具有人身属性。吴女士称：淘宝网店的显著特点就是与淘宝网制定的信用度和好评率密切联系，信用度和好评率系淘宝网店店主长期经营的积累，同时也成为淘宝买家甄别卖家好坏的参考标准。根据淘宝店主与淘宝公司签订的合同，淘宝网店需实名注册，每个淘宝账户必须实名认证，该账户和密码不得以任何方式转让、赠与或继承。店主不再经营的网店只能关闭。所以，虽然网店经营收益属于夫妻共同财产，但网店本身具有人身专属性，不属于夫妻共同财产。

近年来，已有多起案件因涉及网络虚拟财产的离婚分割而备受关注。首先，关于淘宝网店的财产性质问题，应当承认，淘宝网店是虚拟财产。淘宝网店的价值可以用金钱衡量和表示，本质上属于财产的范畴，但由于其依附于网络环境而存在，由数字化的程序生成，以电磁记录的形式存在于特定网络服务器上，而具有虚拟性的特征，因此说淘宝网店是虚拟财产。但是，虚拟财产并非虚假财产，其毕竟是真实存在且具有现实价值的财产，因此店主对淘宝网店享有的权利属于物权。从物的范畴来讲，物权以物为客体，而学界通常认为，除人的身体之外，凡能为人力所支配，能满足人类社会生活需要的有体物及自然力即可成为物权的客体。结合物权法保障财产权的立法目的，前述淘宝网店这类虚拟财产可以成为物权的客体。其次，物权的本质特征是支配性和排他性，淘宝网店的密码等由店主一人创设、使用和变更，店主依此对网店享有排他性的权利，这种权利本质上是一种支配权，符合物权支配性的根本特征。店主对淘宝网店享有所有权。即店主对网店享有的是全面的支配权，而不仅仅是使用权。网络运营商只是基于其与店主之间的合同而对网店负有妥善保管的注意义务，网店的所有权自其创设时起即由店主享有。

淘宝网店的财产应包括两方面的内容，一是网店支付宝账户中的资金，二是网店的客户资源和信用评价。原《最高人民法院关于贯彻执行〈中华人民共和国民法通则〉若干问题的意见》第四十三条规定："在夫妻关系存续期间，一方从事个体经营或者承包经营的，其收入为夫妻共有财产，债务亦应以夫妻共有财产清偿。"本案中王先生曾参与网店的经营管理，支付宝账户里的存款以及淘宝网店的信用评价等无形财产，作为夫妻关系存续期间共同从事经营获得的收益，均应属于夫妻共有财产。

此外，另一个存在争议的问题是网店能否适用返还财产的责任方式。淘宝网店实行店主实名制注册，具有明显的个人专属性，那么在吴女士违反约定擅自修改淘宝网店密码之后，王先生能否对其主张返还淘宝网店呢？首先，根据《婚姻法司法解释（二）》的规定，离婚时就财产分割达成的协议，对男女双方具有法律约束力。因此，吴女士的行为违反了离婚协议的约定，王先生有权要求其承担法律责任。其次，虽然淘宝网规定每个淘宝账户必须实名认证，该账户和密码不得以任何方式转让、赠与或继承，店主不再经营的网店只能关闭。但淘宝网的此项规定是为了重复使用而预先拟定的，店主无法与之进行协商，只有“同意或走开”两种非此即彼的选择，因此这一规定属于格式条款。财产不能流通则无法实现其真正的价值。因此这一条款不允许网络财产的转让，构成对淘宝店主所有权的限制，依据合同法，提供格式条款一方免除其责任、加重对方责任、排除对方主要权利的，该条款无效。因此店主有权主张转让网店的权利。在技术层面上说，淘宝网也可以协助实现返还财产的目的，从而将淘宝网店的控制权交给法律确认的权利人。

本案是全国首例因淘宝网上的网店权益产生纠纷的案件，广受社会关注。第一，淘宝网店的经济价值包含三方面，(1) 卖家存货；(2) 买家付款（在网店绑定的支付宝账户中）；(3) 网店本身（同时绑定了即时通讯工具阿里旺旺）。淘宝网不收开店费，店主不需支付租金，但如参加淘宝网的特别服务可能会交付款项。由于目前淘宝网发展很好，优质的淘宝网店就是稳定收入的保障，所以对其进行争夺势所必然。淘宝网店纷争必然涉及三方面内容，前两者适用普通民事法律，不存在法律空白。网店属于常说的虚拟财产，处分容易产生争议。第二，对淘宝网店的处分必须要在淘宝网的交易规则和网络环境中进行。淘宝网禁止网店转让的初衷即是保障网店评价标准——信誉度和好评率——的可信度，保障网店的信誉始终和经营紧密联系在一起，故淘宝网关于实名经营、禁止转让的规定都对网店处分有效，对法院裁决处分行为的效力也有约束。但涉及共有财产分割，如离婚、继承、合伙解散等需进行店铺更名的，由于性质不属于上述淘宝网禁止的转让行为，也不至于影响淘宝网交易环境，可以进行分配或者分割。在不违反淘宝网的交易规则情况下，当事人可以协商确定网店的分配方法，如果当事人无法达成协议，人民法院应当本着使对经营更有经验、在经营中投入更大的一方优先取得店铺的方法进行分配，以保障经营事业能够稳定、持续地进行下去。第三，网店收入应由从事经营行为的人取得。网店的全部收入都在绑定的支付宝账户中，应由经营者取得。经营行为可能是实名店主一人，也可能是共同经营的几个人，还有可能不是店主本人，确定经营者应根据证据所展现的交易环节的完整性进行综合判断。结合本案来看，“某来飞去母婴用品店”在王某与吴某婚姻关系存续期间开办，王某业已举证证明其是该网店的实际经营者之一或独立经营者，由其继续经营该网店除了商业风险或其他不可控因素外并不会造成该网店信誉的必然降低。在双方婚姻关系解除时，双方已明确约定该网店相关权益由王某享有。且依据淘宝公司制定的规则，网店在夫妻之间分割，并非买卖、出租、赠与等受限情形；网店相关权益归王某享有的过程，亦系按照淘宝公司制定的规则进行操作。因此，应当判令以吴某实名注册的“某来飞去母婴用品店”的相关权益在王某与吴某离婚后由王某享有。

编写人：北京市朝阳区人民法院　程屹

061 离婚后经济帮助的性质

——黄某某诉楼某离婚案

【案件基本信息】

1. 裁判书字号

福建省厦门市中级人民法院（2012）厦民终字第1296号民事判决书

2. 案由：离婚纠纷

3. 当事人

原告（上诉人）：黄某某

被告（被上诉人）：楼某

【基本案情】

原、被告于1991年5月20日办理了结婚登记，2002年7月3日，生育女儿黄某。黄某现随原告共同生活，由原告的母亲与嫂子共同帮助照顾。被告楼某于1997年下岗后开始精神异常，2008年12月19日以“眼差、疑人害半年，全病程11年”为主诉入厦门市仙岳医院住院治疗，出院诊断为精神分裂症。2009年6月9日，厦门市思明区残疾人联合会向被告颁发的《残疾人证》载明，被告的监护人为楼××，后监护人变更为原告黄某某。厦门市仙岳医院司法鉴定所于2010年10月26日作出《司法精神医学鉴定意见书》，鉴定意见为楼某患有精神分裂症，评定其目前具有限制民事行为能力。厦门市思明区人民法院于2010年11月15日作出（2010）思民特字第20号判决，宣告楼某为限制民事行为能力人。

被告于2008年办理了因病退休，目前每月的养老金为1069.79元（2011年10月的养老金数额）。原告自2005年起与被告分居生活。原告陈述将自己的工资卡交给被告领取工资（自2005年8月至2010年12月原告因辞职工资停发之日止），共计64个月工资198000元；被告对此予以否认，原告也没有提供证据证明被告现尚占有原告的64个月工资198000元。原、被告共有的财产如下：位于厦门市思明区某号601室房屋一套（面积76.86平方米），登记在黄某某名下的闽DAQ××1号小轿车一辆（2008年5月购买，购买时价税合计215000元）。原告请求判决：1. 解除原告与被告的婚姻关系；2. 婚生女黄某归原告抚养；3. 被告支付99000元（原告自2005年8月至2010年12月期间的工资总额的一半）以及原、被告共有房产（位于厦门市思明区某号601室）的一半价值折合200000元作为婚生女黄某的抚养费。被告认为，照顾被告本应当是原告的法定职责和义务，但原告自2005年搬离住所，将没有独立生活能力的被告留在家中，未尽到相应的责任，保障好被告今后的生活，故请求驳回原告的诉讼请求。

【案件焦点】

1. 离婚后经济帮助的性质是什么；2. 如何通过经济帮助金额的确定，最大限度保护限制民事行为能力人的权益。

【法院裁判要旨】

福建省厦门市思明区人民法院经审理认为：

（一）关于离婚问题。夫妻一方在共同生活期间患精神病，久治不愈，一方坚决要求离婚，经调解无效的，可以视为夫妻感情确已破裂。被告楼某婚后因精神疾病曾住院治疗，且久治不愈；（2010）

思民特字第20号判决，宣告楼某为限制民事行为能力人。现原告坚决要求离婚，经调解无效，应认定原告与被告的夫妻感情确已破裂，故对原告要求与被告离婚的诉求，本院给予支持。（二）关于婚生子女的抚养和夫妻共同财产分割问题。考虑到原、被告的婚生女黄某现与原告共同生活，从有利于黄某健康成长的角度出发，黄某应随原告共同生活为宜，抚养费由原告负担，被告可不负担黄某的抚养费。原、被告在夫妻关系存续期间的夫妻共同财产为厦门市思明区凤屿路某号601室房屋一套与闽DAQ××1号小轿车一辆。原、被告双方共同所有的财产中房屋的现值远大于车辆的现值，原告当庭主张双方共有的房屋归被告所有，双方共有的车辆归原告所有，且互不补偿，考虑照顾女方以及患病方的利益，对于原告的该项主张，本院予以照准。（三）关于经济补助的问题。夫妻之间有相互扶养的义务，在离婚时一方生活困难，另一方应当给予帮助，这不仅是一种道德义务，也是一种法律义务。被告因患精神疾病提前退休，目前其退休金的数额较低，综合考虑原、被告的经济收支情况、当地实际生活消费水平以及双方此前离婚补偿的协商情况和财产分割情况，本院酌定原告支付被告经济补助300000元。据此，判决：

一、准予原告黄某某和被告楼某离婚；

二、婚生女黄某随原告黄某某共同生活，抚养费由原告黄某某承担，被告楼某无须承担黄某的抚养费；

三、原、被告夫妻共同财产中厦门市思明区凤屿路某号601室房屋归被告楼某所有，闽DAQ××1号小轿车归原告黄某某所有，且双方互不补偿；

四、原告黄某某于本判决生效之日起三十日内支付被告楼某经济补助费 300000 元；

五、驳回原告黄某某的其他诉讼请求。

宣判后，原告黄某某提起上诉。

福建省厦门市中级人民法院作出民事判决，判决：驳回黄某某的上诉，维持原判。

【法官后语】

《中华人民共和国婚姻法》第四十二条规定："离婚时，如一方生活困难，另一方应从其住房等个人财产中给予适当帮助。具体办法由双方协议；协议不成时，由人民法院判决。"① 这是法律对离婚后经济帮助的规定，但法律及相关司法解释对经济帮助的法律性质规定不甚明确，加之经济帮助与婚姻法其他概念容易混淆，在司法实践中，容易出现偏差。本案的审理，有助于对经济帮助的法律性质的认识。

一、经济帮助与夫妻共同财产分割的区别

所谓经济帮助，是指当存在离婚后一方生活将陷入困难的情况时，由具备负担能力的另一方对其给予适当的帮助，以保护困难一方的基本生存利益不受损害。分割夫妻财产是离婚后所产生的法律后果之一，实质是共同财产转化为个人财产。而经济帮助是离婚时一方用个人财产对生活困难的另一方给予的适当帮助。在分割夫妻共同财产中得到照顾的一方，如果离婚时生活仍然困难，不排除其

① 《中华人民共和国民法典》第一千零九十条规定："离婚时，如果一方生活困难，有负担能力的另一方应当给予适当帮助。具体办法由双方协议；协议不成的，由人民法院判决。"本条在保留《中华人民共和国婚姻法》第四十二条规定的基础上，增加以另一方"有负担能力"作为经济帮助的给付条件，同时删去"从其住房等个人财产中"，取消了对承担经济帮助义务的责任财产的限制。

请求对方给予经济帮助的权利。《中华人民共和国婚姻法》第四十二条明确规定了用于经济帮助的财产是其个人财产。《中华人民共和国民法典》第一千零九十条规定，虽然删去“从其住房等个人财产中”给予帮助的表述，取消了对承担经济帮助义务的责任财产的限制，但用于帮助的财产本质上仍应当是该方当事人的个人财产。

二、经济帮助与经济补偿的区别

经济补偿与经济帮助都侧重于对家庭弱势地位者的保护。但经济补偿的适用条件仅限于，在约定财产分别制下，一方对婚姻共同体尽了较多义务，如抚养子女、照料老人、协助另一方工作等。请求经济补偿之后，仍生活困难的，才能请求经济帮助。给予经济补偿后，解决了生活困难的，不能再请求给予经济帮助。

三、经济帮助与离婚过错损害赔偿的区别

《中华人民共和国婚姻法》第四十六条[①]规定了因重婚、婚外同居、实施家庭暴力、虐待、遗弃家庭成员而离婚的，无过错方有权请求损害赔偿。经济帮助以离婚时一方经济困难为条件，不以过错为条件，即是说，对导致离婚有过错的，只要离婚时确实生活困难，也可主张经济帮助。

此外，经济帮助与损害赔偿请求的时间也有差别，请求经济帮助只能在离婚时提出，根据原《最高人民法院关于适用〈中华人民共和国婚姻法〉若干问题的解释（一）》（法释〔2011〕30号）第三十条的规定，无过错方作为原告请求损害赔偿的，必须在提起离婚诉讼的同时提出，无过错方作为被告的，可在离婚诉讼中提出，

---

① 现《中华人民共和国民法典》第一千零九十一条规定，但增加了第五项“有其他重大过错”的兜底条款。

也可在离婚后一年内单独提起诉讼。《最高人民法院关于适用〈中华人民共和国民法典〉婚姻家庭编的解释（一）》第八十八条对此进行了规定，但删除了无过错方作为被告的也可在离婚后单独提起诉讼的"一年"除斥期间的规定，更有利于保护无过错方的利益。

四、灵活运用经济帮助充分保障限制民事行为能力人权益

《中华人民共和国婚姻法》规定夫妻之间有相互扶助的义务，离婚后，一方的生活困难本就是夫妻关系存续期间遗留下的问题，这种变故可能给社会带来不安定因素，为减轻离婚给弱势群体一方带来的生活冲击，法律规定另一方应给予适当经济帮助，以保护困难一方的基本生存利益不受损害。但也应注意到，离婚经济帮助应以另一方有负担能力为前提，若另一方没有负担能力却仍然要求其给予经济帮助，势必造成提供帮助一方进入生活困难状态，反与离婚经济帮助制度的目的相悖。

通常认为，一对男女结为合法夫妻，法律推定双方建立了一种相互信赖、相互扶助的特殊社会关系，在夫妻关系存续期间，双方为维持这种关系作了努力，这其中包括个人的自我损失和自我牺牲；当婚姻关系终结时，若一方生活困难，法律要求另一方给予适当帮助是完全符合情理的，也就是将道德义务上升为了法律义务。因此，离婚后的经济帮助义务实质上是一种先前行为产生的法律义务。本案充分考虑黄某某的职业及其收入情况，判决黄某某应给予楼某一次性经济帮助 30 万元。

编写人：福建省厦门市思明区人民法院　刘宪昌

（四）离婚后损害责任纠纷

062 欺诈性抚养的受害方可追索已支付的抚养费并请求对方支付精神损害抚慰金

——钟某某诉蔡某某离婚后损害责任案

【案件基本信息】

1. 裁判书字号

广东省梅州市梅县区人民法院（2020）粤 1403 民初 272 号民事判决书

2. 案由：离婚后损害责任纠纷

3. 当事人

原告：钟某某

被告：蔡某某

【基本案情】

原告钟某某与被告蔡某某于 2002 年 10 月 10 日登记结婚。被告于 2004 年 9 月 10 日生育女儿钟甲，2017 年 8 月 31 日生育女儿钟乙。2019 年 10 月 29 日原、被告双方在××市××区民政局协议离婚，《离婚协议书》中双方约定大女儿钟甲由男方抚养直到完成学业，小女儿钟乙由女方抚养直到完成学业，男女双方享有探视权；对共同财产，双方约定婚内房产一套归女方所有，小车一辆归男方所有，女方一次性补偿 15 万元给男方。

离婚后原告听说小女儿钟乙是被告与其他男性所生，便于2019年12月13日委托了广东××司法鉴定所对其与钟乙做DNA亲子鉴定。经鉴定，原告钟某某不是钟乙的生物学父亲。

原告认为，被告明知钟乙并非原告的亲生女儿，仍对原告隐瞒，使原告承担了不属于原告的抚养义务，给原告造成了财产损失和不可弥补的精神损害，被告的行为已构成侵权，提出诉讼请求：1. 请求被告返还原告为抚养钟乙支出的抚养费39000元给原告（按每月1500元计算）；2. 请求被告赔偿原告精神损害抚慰金50000元；3. 请求判令被告承担本案的全部诉讼费用。

【案件焦点】

1. 被告应否向原告返还钟乙的抚养费；2. 被告应否赔偿原告精神损害抚慰金。

【法院裁判要旨】

广东省梅州市梅县区人民法院经审理认为：被告蔡某某在婚姻关系存续期间与其他男性发生性关系，并因此生育一女钟乙，原告提交的粤南［2019］物鉴字第4590号《广东××司法鉴定所法医物证司法鉴定意见书》证明经鉴定原告钟某某不是钟乙的亲生父亲，被告蔡某某对此证据无异议，也未就该鉴定意见提出重新鉴定的申请，本院依法认定钟乙不是原告与被告共同生育的小孩。

目前我国法律对夫妻关系存续期间受欺骗方支出的抚育费用应否返还尚未明确规定。本院认为，抚养子女是亲生父母的法定义务，原告钟某某不是钟乙的亲生父亲，无义务负担钟乙的抚养费，故被告应返还原告在夫妻关系存续期间对钟乙负担的抚养费。经查，原、被告双方离婚前共同抚养两个小孩，自钟乙2017年8月31日出生至

2019 年 10 月 29 日家庭生活开支是由原、被告双方共同承担，在现实生活中难以计算原告个人负担钟乙抚养费的具体数额和支付情况，原告未能对此提供相关证据予以证明。被告蔡某某亦未能举证证明钟乙的抚养费是由其个人负担。结合本案实际，对钟乙自 2017 年 8 月 31 日出生至 2019 年 10 月 29 日原告个人负担的抚养费根据本案实际酌定为 20000 元。

被告在婚姻关系存续期间，违反夫妻双方互相忠实的义务与他人生女，违反社会公德，给原告造成了情感上的伤害，侵害了原告的人格权，被告提出原告违反夫妻间互相忠诚义务的依据不足，原告要求被告赔偿其精神抚慰金的请求可以支持，综合本案的实际情况，酌定为 10000 元。

广东省梅州市梅县区人民法院判决如下：

一、被告蔡某某应于判决生效之日起五日内支付原告钟某某抚养费 20000 元；

二、被告蔡某某应于判决生效之日起五日内赔偿原告钟某某精神损害抚慰金 10000 元；

三、驳回原告钟某某的其他诉讼请求。

宣判后，双方当事人均未提起上诉，判决已生效。

【法官后语】

家庭是社会的细胞，夫妻感情是维系婚姻家庭的基础，在婚姻家庭生活中，夫妻应当互相忠实，互相尊重，父母对于子女有抚养教育的法定义务。但随着社会生活的多元化，出现了一些在婚姻关系存续期间有婚外性行为并因此生育子女的情形，因此出现了欺诈性抚养现象。

一、欺诈性抚养的含义

欺诈性抚养是指夫妻关系存续期间，一方明知所生子女为非婚生子女而采取欺诈方式使得另一方误以为是婚生子女并履行抚养义务的。由于中国社会对家庭子嗣的看重，欺诈性抚养问题始终是社会高度关注的话题。无抚养义务的一方当事人遭受了经济及精神上的损害，可以要求对方返还已经支付的抚养费及支付精神损害抚慰金。

二、欺诈性抚养费数额的认定

对于如何确定欺诈性抚养案件中抚养费数额，司法实践中的裁判结果不一。该抚养费数额原则上是以实际损失为标准，但由于被欺诈人往往不会保留其在抚养过程中所产生的单据，故其一般无法提供证据证明其所支付抚养费的数额。在司法实践中往往依靠法官根据日常生活经验、结合当事人的收入水平及本地生活消费水平确定。对于精神损害抚慰金，不同地区的赔付标准不一，法院可以结合受欺诈人的年龄、生育水平、抚养时间、当地生活水平和相对方的经济能力等因素酌定。

三、我国法律关于欺诈性抚养损害赔偿规定的历史沿革

《中华人民共和国民法典》（以下简称《民法典》）施行以前，对受欺骗方支出的抚育费用应否返还我国法律未作明确规定。2001年4月28修正的《中华人民共和国婚姻法》第四十六条虽然规定了离婚的无过错方有权请求损害赔偿的四种情形，《最高人民法院关于适用〈中华人民共和国婚姻法〉若干问题的解释（一）》（法释〔2001〕30号）第二十八条规定，婚姻法第四十六条的“损害赔偿”，包括物质损害赔偿和损害赔偿。涉及精神损失赔偿的，适用《最高人民法院关于确定民事侵权精神损害赔偿责任若干问题的解释》的有关规定。《最高人民法院关于确定民事侵权精神损害赔偿责

任若干问题的解释》第五条规定精神损害赔偿数额确定的因素包括："（一）侵权人的过错程度，但法律另有规定动作的除外；（二）侵权行为的目的、方式、场合等具体情节；（三）侵权所造成的后果；（四）侵权人的获利情况；（五）侵权人承担责任的经济能力；（六）受理诉讼法院所在地的平均生活水平。"综上，离婚的无过错方有权请求损害赔偿虽然包括物质损害赔偿和精神损害赔偿两项请求，对保障婚姻当地人合法权益具有重大意义，对抚慰受害人的精神、维护社会的安定和法律的公正具有重要作用，但婚姻法第四十六条的"损害赔偿"请求事由只限于四种情形，范围比较狭窄，本案所涉及的欺诈性抚养赔偿就未包括在内。最高院曾就四川省高院请示的个案，在《最高人民法院关于夫妻关系存续期间男方受欺骗抚养非亲生子女离婚后可否向女方追索抚养费的复函》[（1991）民他字第63号] 意见中提到：在夫妻关系存续期间，一方与他人通奸生育子女，隐瞒真情，另一方受欺骗而抚养了非亲生子女的，其中离婚后给付的抚养费，可酌情返还；夫妻关系存续期间支出的抚养费应否返还，因涉及的问题比较复杂，尚需进一步研究。

作为民事权利的宣言书和保障书，2021年1月1日施行的《民法典》第一千零七十三条增加了"对亲子关系有异议且有正当理由的，父或母可以向人民法院提起诉讼，请求确认或否认亲子关系"的规定。第一千零九十一条对离婚案件无过错方有权请求损害赔偿范围除沿续《中华人民共和国婚姻法》第四十六条规定的四种情形（重婚；有配偶者与他人同居；实施家庭暴力；虐待、遗弃家庭成员）外，增加了"（五）有其他重大过错"的兜底条款，扩大了婚姻法第四十六条的"损害赔偿"请求事由的范围，《民法典》的上述规定为离婚时无过错方因另一方欺诈性抚养请求损害赔偿提供了法律依据。

另外，《最高人民法院关于适用〈中华人民共和国民法典〉婚姻家庭编的解释（一）》（法释〔2020〕22号）第八十六条规定“《民法典》第一千零九十一条规定的‘损害赔偿’，包括物质损害赔偿和精神损害赔偿。涉及精神损失赔偿的，适用《最高人民法院关于确定民事侵权精神损害赔偿责任若干问题的解释》的有关规定”，与《最高人民法院关于适用〈中华人民共和国婚姻法〉若干问题的解释（一）》（法释〔2001〕30号）第二十八条的规定相同。2020年12月23日修正后的《最高人民法院关于确定民事侵权精神损害赔偿责任若干问题的解释》第五条规定关于精神损害的赔偿数额确定的因素亦沿续了之前司法解释的规定。

本案中，蔡某某在婚姻关系存续期间与他人生育一女，系对婚姻关系的不忠；蔡某某在婚姻关系存续期间隐瞒其与他人生育一女的情况，使钟某某误认为钟乙系其亲生，并在受到欺诈的情况下抚养钟乙，在离婚时与蔡某某达成了关于子女抚养及财产分割的离婚协议，受到了财产损失及人格权侵害，符合欺诈性抚养关系的要件。钟某某因受欺诈抚养非亲生子女遭受了财产损害及精神损害，故其主张蔡某某返还抚养费及支付精神抚慰金的诉讼请求应予支持，但抚养费及精神抚慰金数额的确认应结合本案实际情况酌定。

欺诈性抚养是对夫妻忠实义务的冲击，在传统观念里，家庭子嗣是最重要的人伦关系，欺诈性抚养不仅损害了受欺诈方的感情，造成婚姻家庭关系的破裂，破坏了社会的和谐和稳定，更重要的是让受欺诈方承受熟人社会带来的巨大舆论压力，法院应通过审判活动引导广大群众杜绝欺诈性抚养现象。

编写人：广东省梅州市梅县区人民法院　黄淑玲

063 在明知情况下抚养非亲生子女，离婚后无权要求返还抚养费及请求损害赔偿

——陆某诉张某离婚案

【案件基本信息】

1. 裁判书字号

广西壮族自治区崇左市江州区人民法院（2020）桂 1402 民初 2154 号民事判决书

2. 案由：离婚纠纷

3. 当事人

原告：陆某

被告：张某

【基本案情】

陆某与张某经自由恋爱，双方于 2002 年 10 月进行婚前医学检查，陆某的检查结果为绿色色盲，睾丸小，精液镜检未发现有精子，医学建议为采取医学措施，尊重受检者意愿；张某的检查结果为未发现医学上不宜结婚情况与疾病。后双方于 2002 年 11 月 1 日登记结婚。张某于 2005 年 5 月 11 日生育一子，取名为陆甲，后改名为陆 1，现就读于某中学；于 2014 年 2 月 7 日生育一女，取名为陆 2，现就读于某小学。婚后双方感情一般，经常为家庭琐事争吵，2020 年 7 月双方再次争吵之后张某离家在外居住，双方分居至今。

2020 年 6 月 1 日陆某委托南宁市金盾司法鉴定所鉴定，鉴定事项为陆 2 与陆某之间、陆 1 与陆某之间有无亲生血缘关系。2020

年6月22日南宁市金盾司法鉴定所出具鉴定意见为：依据现有资料和DNA分析结果，排除陆某为陆2的生物学父亲，排除陆某为陆1的生物学父亲。

【案件焦点】

1. 离婚后，张某是否应返还陆某从出生至今抚养两个非婚生子女的抚养费；2. 张某是否应向陆某支付精神抚慰金。

【法院裁判要旨】

关于陆某要求返还抚养费等问题，因在婚前医学检查中，陆某与张某已明知陆某没有生育能力，陆某自述在婚后也未进行过相关治疗，故其将婚后张某生育的两个子女抚养至今，表明了陆某自愿承担两个子女的抚养义务，并不存在违背自身意愿进行抚养的情形。故对于陆某要求返还已支付的陆1与陆2的生活费、教育费、医疗费，并要求张某支付精神抚慰金，本院不予支持。

综上所述，广西壮族自治区崇左市江州区人民法院依照《中华人民共和国民法典》第一千零七十九条规定，判决如下：

一、准予陆某与张某离婚；

二、未成年子女陆1、陆2由张某直接抚养至其年满18周岁且能独立生活止；

三、夫妻共同财产：海尔洗衣机和电冰箱各一台、床铺两张、衣柜一个、彩电一台、热水器一台、三轮车一辆归陆某所有，陆某支付张某财产补偿款2025元；

四、驳回陆某其他诉讼请求。

判决后，双方当事人均未上诉，本判决现已生效。

【法官后语】

婚姻关系存续期间，夫妻一方抚养了另一方与他人生育的子女，离婚后能否要求另一方返还抚养费，对于该问题首先要考虑其是否知晓抚养的是与自己无血缘关系的子女。如抚养之前已知晓，说明其对于抚养之后所产生的权利义务有清楚的了解，并且一直抚养至夫妻双方感情破裂离婚之时，其抚养的持续状态及行为表明了其并不存在违背自身意愿抚养的情况，故对于离婚后要求返还之前已支出的抚养费违反诚实守信的原则，行为人应对自己当时做出的真实意思行为负责，因之后情势变化为自身利益做出违背当时真实意思表示的主张不应给予支持。

而如何确定当事人知晓或应当知晓其抚养的是非亲生子女，其中应当知晓则需要通过梳理案情来进行判断。比如在双方认识之前女方已有明显的怀孕特征，或根据子女生育时间大致能推测出女方怀孕时双方并未认识，或通过生育时间大致推测女方怀孕时双方并未共同生活等常识性推理，通过后续的亲属关系鉴定的确无血缘关系。本案中，男方婚检时已明知自己无生育能力，在婚后并未做过相应的治疗，并且对于女方之后生育的两个孩子一直抚养至今，该种情况应该推定为男方明知两个孩子与自己无血缘关系而进行抚养。

如夫妻一方的确在被欺瞒的情况下将非亲生子女当作亲生子女抚养，投入了时间、心力与金钱，当知道实情之后所带来的精神损害能否作为赔偿的依据，能否要求对方将抚养费全数退回？对此，笔者认为应返还受欺瞒期间支出的抚养费。夫妻关系的存续，需要双方负有忠诚义务，其欺瞒行为使得一方在违背自己真实意愿的情况下抚养非亲生子女，其非真实意愿的行为应属无效或可撤销，而由此带来的后果应由实施欺瞒行为的一方承担，返还抚养费数额的确定也存在实践上的困难，对于抚养费构成包括生活费、教育费、医疗费三大部分，教育费、医疗费有相应的发票凭证，每年支出家庭中有相应的记账等证据能进行计算则能确定抚养费的数额。但往往当事人并不会保存相应的证据，而对于此可参考各抚养年份当地平均生活消费水平、当地对于离婚案件抚养费的判决水平、受欺瞒方工资水平的20%左右进行衡量，同时也要结合离婚时财产分割的情况。另外，受欺瞒方因此受到了精神损害是否能要求赔偿？根据《中华人民共和国民法典》第一千零一条的规定，对自然人因婚姻家庭关系等产生的身份权利的保护，适用本法第一编、第五编和其他法律的相关规定；没有规定的，可以根据其性质参照适用本编人格权保护的有关规定。这说明夫妻关系之间有身份权利的保护，而欺瞒行为使当事人抚养他人的小孩侵犯了当事人作为妻子或丈夫在婚姻中抚养孩子的身份权利，对其的侵害责任承担适用人格权编的侵权赔偿。即第九百九十六条的规定，因当事人一方的违约行为，损害对方人格权并造成严重精神损害，受损害方选择请求其承担违约责任的，不影响受损害方请求精神损害赔偿。

编写人：广西壮族自治区崇左市江州区人民法院　冯诗兰

064 试管婴儿非丈夫亲生情形下，妻子违背夫妻忠实义务的认定标准

——高某诉李某离婚后损害责任案

【案件基本信息】

1. 裁判书字号

天津市高级人民法院（2021）津民申164号民事裁定书

2. 案由：离婚后损害责任纠纷

3. 当事人

原告（被上诉人、再审申请人）：高某

被告（上诉人、再审被申请人）：李某

【基本案情】

高某（男）、李某（女）于1995年1月14日登记结婚，2013年10月14日因感情不和协议离婚。婚姻关系存续期间，1995年10月18日生一女，2004年李某在天津市中心妇产科医院行试管婴儿手术，分娩一子高某某。离婚协议约定，两子女均随李某生活，高某每年给付其女抚育费20000元、其子高某某抚育费10000元。高某离婚后仅支付女儿部分抚育费，从未支付过高某某抚育费。2019年，高某以高某某非其亲生子，李某在夫妻关系存续期间违背夫妻忠实义务，同他人生育，造成高某极大的精神损害为由起诉要求李某返还抚养费并赔偿精神损失。案中关键证据DNA检测报告显示，案外人吴某与高某某存在亲子关系。高某和李某均认可报告的真实性。

李某辩称，高某某非高某亲生子系高某在提交孕育试管婴儿的精液时自行调包所致。李某提交由相关医院开具的试管婴儿手术及分娩的病历、证明及病案记录等材料，反映了与高某共同在医院进行试管婴儿手术、产检及分娩的全过程。高某未能提交已支付高某某抚育费的证据，对李某如何违背夫妻忠实义务同他人生育的过程，未能举证予以证明。

【案件焦点】

在高某某非高某亲生子情况下，李某是否违背夫妻忠实义务。

【法院裁判要旨】

当事人对自己提出的诉讼请求所依据的事实或者反驳对方诉讼请求所依据的事实有责任提供证据加以证明。没有证据或者证据不足以证明当事人的事实主张的，由负有举证责任的当事人承担不利后果。本案中，李某向法院提交了相关医院开具的试管婴儿手术及分娩的病历、证明及病案记录等材料。天津市滨海新区人民法院认为李某提供的书证为间接证据，不能证明其主张，而其提供的证人证言，因出庭作证的证人与本案有利害关系，其证言不能作为本案认定事实的依据，所以李某提供的证据不能证实其抗辩主张，因此判决李某赔偿高某精神损失并返还高某某抚养费。

综上所述，天津市滨海新区人民法院依照《中华人民共和国侵权责任法》第六条，《最高人民法院关于确定民事侵权精神损害赔偿责任若干问题的解释》第八条第二款、第九条第三项，《中华人民共和国民事诉讼法》第六十四条第一款规定，判决如下：

一、被告李某于本判决发生法律效力后五日内返还原告高某对高某某的抚养费 80000 元，赔偿原告精神损害赔偿金 20000 元；

二、驳回原告高某的其他诉讼请求。

李某不服一审法院判决，向天津市第三中级人民法院提起上诉。

天津市第三中级人民法院认为，李某提供的试管婴儿手术相关材料，客观地反映了上诉人李某与被上诉人高某共同在医院进行试管婴儿手术、产检及分娩的全过程，能够证实上诉人李某关于高某某系试管婴儿出生的主张，二审法院依法予以采信。被上诉人高某一审中主张李某在同其夫妻关系存续期间，违背夫妻忠实义务，同他人生育的行为对高某造成了极大的精神损害，李某应当承担赔偿责任，就此提交了另案中DNA检测报告予以证实。经审查，该检测报告确能证实案外人吴某与高某某存在亲子关系，但就上诉人李某如何违背夫妻忠实义务同他人生育的过程，被上诉人高某未能举证予以证明，应自行承担举证不能的不利后果。一审法院就双方举证责任分配及适用法律均有错误，二审法院依法予以纠正。上诉人李某上诉所提相关理由，有事实依据，法院予以采信。被上诉人高某关于上诉人在夫妻关系存续期间，违背夫妻忠实义务，同他人生育对其造成了精神损害的主张，明显证据不足，本院依法不予采信。依照《中华人民共和国民事诉讼法》第一百六十九条第一款、第一百七十条第一款第二项规定，判决如下：

一、撤销天津市滨海新区人民法院民事判决；

二、驳回高某诉讼请求。

天津市高级人民法院认为，李某提交的证据属于明显的优势证据，二审法院对李某的主张予以采信，对高某的主张未予采信，并判决驳回高某的全部诉讼请求，并无不当。高某的再审申请不符合《中华人民共和国民事诉讼法》第二百条第二项、第六项规定的再审条件。依照《中华人民共和国民事诉讼法》第二百零四条第一款，《最高人民法院关于适用〈中华人民共和国民事诉讼法〉的解释》第三百九十五条第二款的规定，裁定如下：

驳回高某的再审申请。

【法官后语】

夫妻忠实义务规定于《中华人民共和国民法典》（以下简称《民法典》）第一千零四十三条，属于倡导性条款。夫妻忠实义务通常包括三个层面：身体忠实义务、财产忠实义务、精神忠实义务。[①] 人工授精技术尚未运用到人类生殖领域时，婚生子女经DNA亲子鉴定被证实非丈夫亲生，这一证据结合日常生活经验的运用，即可证明女方违背忠实义务行为的客观存在。本案的特殊性在于，妻子一方提供了双方共同在医院进行人工授精技术和试管婴儿生子手术的证据事实，给予“非亲生子女”这一事实一个新的成因，截断了从“婚姻期间生育的子女非配偶亲生子女”到“妻子违背夫妻忠实义务”的因果“锁链”，经验法则推定已不再适用。

一、人工授精子女非亲生与妻子违背夫妻忠实义务不存在必然联系

人工授精子女，是指所有不通过自然性行为而受孕的婚生子女。[②] 因此人工授精子女非丈夫亲生的事实，不能直接证明妻子违背身体忠实义务。试管婴儿手术是人工授精技术的运用，所生子女为人工授精子女。夫妻双方达成一致，通过试管婴儿手术受孕分娩子女，子女非丈夫亲生，可能有如下几种情形：（1）夫妻双方一致同意使用其他人的精子进行人工授精；（2）医院错误使用他人精子；（3）丈夫单方面使用他人精子；（4）试管婴儿手术过程中，妻子与他人发生性行为受孕。前三种情形中，由于试管婴儿手术的介入，子女非丈夫亲生不是妻子发生婚外性行为所致，妻子并未违背夫妻忠实义务；第四种情形中，妻子在试管婴儿手术过程中与他人发生性行为受孕，若妻子是自愿同他人发生性行为且丈夫对此不知情的，则妻子违背了身体忠实义务。

---

① 参见胡洁人、王婷：《夫妻忠实义务之“精神考量”》，载《法律适用》2020年第11期。

② 参见最高人民法院民法典贯彻实施工作领导小组主编：《中华人民共和国民法典婚姻家庭编继承编理解与适用》，人民法院出版社2020年版，第286页。

二、举证责任分配问题

民事诉讼法规定的一般举证责任分配原则为“谁主张，谁举证”，该一般性原则适用于丈夫举证证明妻子违背夫妻忠实义务的情形。丈夫提供婚生子女非亲生的亲子鉴定报告作为本证，而妻子提供试管婴儿手术相关材料证明该子女通过人工授精方式受孕分娩属于反证，推翻了自身违反夫妻忠实义务的推定。此时，丈夫需另行举证证明妻子有违背忠实义务的行为或证明该子女不是通过人工授精方式受孕分娩，否则将承担举证不能的后果。若双方当事人对婚生子女是否通过人工授精方式受孕分娩提出相互矛盾的证据时，法院可根据“优势证据规则”来判断妻子是否违背夫妻忠实义务。本案中，李某提供的证据足以证明其接受试管婴儿手术的整个流程，高某虽主张试管婴儿手术期间仍有通过两性关系受孕的可能性，但并未提交任何证据证明李某曾有违背夫妻忠实义务的行为，亲子鉴定报告仅能证明高某某与吴某生物上亲子关系的结果，而不能证明李某受孕的过程，故需由高某承担举证不能的后果。

三、丈夫可通过妻子所生子女与试管婴儿手术无关来证明妻子违背夫妻忠实义务

由于试管婴儿手术本身不涉及自然性行为，妻子通过试管婴儿手术所生子女与丈夫无亲子关系的事实，不能作为妻子违背夫妻忠实义务的证据。丈夫可以通过妻子在试管婴儿手术期间同他人发生性行为受孕的证据，证明非亲生子女与试管婴儿手术无关，进而证明妻子存在过错。同时，在目前的医疗条件下，试管婴儿手术过程中医生向妻子体内植入胚胎后，还会存在剩余胚胎，夫妻双方可以通过有偿方式在医院冷冻保存剩余胚胎。若医院冷冻保存有剩余胚

胎，丈夫可以对剩余胚胎进行DNA亲子鉴定。在丈夫与剩余胚胎存在血缘关系但妻子所生子女非丈夫亲生情形下，该孩子很可能与此次试管婴儿手术无关，在其他证据的相互印证下，丈夫能够证明非亲生子女为妻子违反夫妻忠实义务所生，除非妻子能够给出合理理由，如医院存在过错等。

妻子违反夫妻忠实义务，明知其在婚姻存续期间所生子女为非婚生子女，而采取欺诈手段，使丈夫认为是婚生子女并承担对该子女的抚养义务，丈夫可基于欺诈性抚养关系要求妻子返还抚养费。[①]如果丈夫和妻子尚未离婚，由于夫妻共同财产制度，丈夫无法向妻子主张返还子女抚养费。丈夫可在离婚时或离婚后向妻子主张返还子女抚养费，若此事造成了精神痛苦和损害，还可向法院提起精神损害赔偿。

编写人：天津市第三中级人民法院　郝真　魏婷

065　婚内受欺诈抚养非亲生子女的离婚损害赔偿认定

——金某甲诉胡某离婚案

【案件基本信息】

1. 裁判书字号

山东省淄博高新技术产业开发区人民法院（2021）鲁0391民初115号民事判决书

2. 案由：离婚纠纷

---

① 参见王利明、杨立新、王轶、程啸：《民法学》，法律出版社2017年版，第773页。

3. 当事人

原告：金某甲

被告：胡某

【基本案情】

金某甲与胡某于2016年5月9日登记结婚。胡某于同年9月24日生育一子取名金某乙。经亲子鉴定，金某甲并非金某乙的生物学父亲。2019年1月7日，胡某因犯诈骗罪被取保候审，12月2日经法院决定予以逮捕。12月13日，法院判决胡某犯诈骗罪，判处有期徒刑一年六个月，并处罚金1万元。胡某现被羁押于某监狱第一监区。

胡某被逮捕后，金某乙一直跟随金某甲及金某甲父母共同生活。金某甲称因其并非金某乙的生物学父亲，身心受到严重打击，遂提起本案诉讼，要求判决双方离婚；确认金某甲与金某乙无亲子关系；金某乙由胡某抚养，胡某支付金某甲精神损害抚慰金5万元；胡某返还自2016年9月24日至判决生效之日以73.18元/天（即参照2019年山东省城镇居民人均消费性支出）为基数支出的抚养费。

【案件焦点】

是否应当支持金某甲在婚内受欺诈抚养非亲生子女的离婚损害赔偿请求。

【法院裁判要旨】

山东省淄博高新技术产业开发区人民法院经审理认为：夫妻应当相互忠实、相互尊重。胡某与他人发生性关系，并在与金某甲婚姻关系存续期间生育一子，金某甲在不明真相的情况下对孩子金某乙进行了抚养，金某甲主张在得知自己并非金某乙的生物学父亲后身心受到严重打击，且胡某当庭表示同意离婚，故应当据此认定双方夫妻感情已经彻底破裂，金某甲请求判决离婚的诉讼请求有事实及法律依据，依法予以支持。双方对金某甲并非金某乙生物学父亲均无异议，依法确认金某乙与金某甲亲子关系不存在。夫妻一方因重大过错导致离婚的，无过错方有权请求损害赔偿。金某甲既非孩子金某乙的生父，亦无其他法律上的拟制父子关系，故其对金某乙无法定抚养义务，其在不知情的情况下误以为金某乙为其亲生子并对其进行抚养，造成自己现有财产减少，利益受损。胡某作为金某乙的亲生母亲，应承担抚养义务，其因金某甲的抚养行为免予支出其应负担的抚养费用，可视为其财产的消极增加，胡某由此获益，对此金某甲可参照山东省城镇居民人均消费支出请求予以返还。胡某于 2019 年 12 月 2 日被逮捕，故 2016 年 9 月 24 日至 2019 年 12 月 1 日的抚养费应计算为 42554 元（73.18 元/天×1163 天/2 人），胡某还应按此标准支付 2019 年 12 月 2 日至判决生效之日的抚养费（按 1 人计算）。金某乙现已 4 周岁，胡某入狱后金某乙一直跟随金某甲及其父母共同生活，其非金某甲亲生子一事不可避免会给金某甲造成精神损害，金某甲要求赔偿精神抚慰金，于法有据，予以支持，但金某甲要求的数额过高，结合胡某的过错程度、承担责任的经济能力等相关案件事实酌定支持精神损害抚慰金 10000 元，对金某甲多主张部分依法不予支持。据此，依照《中华人民共和国民法典》第一百二十二条、第一千零七十九条，《最高人民法院关于确定民事侵权精神损害赔偿责任若干问题的解释》第一条、第五条，《中华人民共和国民事诉讼法》第六十四条第一款及其他相关法律规定，判决如下：

一、准予金某甲与胡某离婚；

二、确认金某甲与金某乙亲子关系不存在，金某乙由胡某抚养；

三、胡某于本判决生效之日起十日内支付金某甲精神损害抚慰金 10000 元；

四、胡某于本判决生效之日起十日内支付金某甲 2016 年 9 月 24 日至 2019 年 12 月 1 日的抚养费 42554 元及其他抚养费（自 2019 年 12 月 2 日起至本判决生效之日止，按 73.18 元/天计算）；

五、驳回金某甲的其他诉讼请求。

判决后，双方当事人均未上诉，本判决现已生效。

【法官后语】

本案系《中华人民共和国民法典》（以下简称《民法典》）实行后适用离婚损害赔偿制度新规则审结的案件，主要涉及婚内受欺诈抚养非亲生子女的离婚损害赔偿问题。

《民法典》婚姻家庭编第一千零四十三条规定：“家庭应当树立优良家风，弘扬家庭美德，重视家庭文明建设。夫妻应当互相忠实，互相尊重，互相关爱；家庭成员应当敬老爱幼，互相帮助，维护平等、和睦、文明的婚姻家庭关系。”此作为我国婚姻家庭立法的价值准则，理应有制度作为支撑。违反忠实义务、实施家庭暴力、虐待、遗弃等行为，是对配偶的情感和精神最为严重的伤害，必须通过法律制度予以公力救济，这也完全符合中国社会的传统习惯和民众认知。《民法典》第一千零九十一条对于离婚损害赔偿的相关规定正是上述公力救济的具体体现。《民法典》第一千零九十一条规定：“有下列情形之一，导致离婚的，无过错方有权请求损害赔偿：（一）重婚；（二）与他人同居；（三）实施家庭暴力；（四）虐待、遗弃家庭成员；（五）有其他重大过错。”本案所体现出的欺诈性抚养源于女方婚内与配偶以外的他人生育子女，其虽不属于重婚、与他人同居、实施家庭暴力或虐待遗弃家庭成员这四种具体情形，但同样属于严重违反婚姻忠实义务的情形，故应认定为上述“有其他重大过错”的情形，从而可在离婚时适用离婚损害赔偿。

一、离婚损害赔偿制度的立法演进

离婚损害赔偿是指夫妻一方在婚姻关系存续期间实施了法律规定的对于另一方的侵权行为，导致另一方受到损害而请求损害赔偿的制度。通常该侵权行为也是构成离婚的原因。原《中华人民共和国婚姻法》（以下简称《婚姻法》）在2001年修改时规定了有关离婚损害赔偿制度的内容，其第四十六条规定：“有下列情形之一，导致离婚的，无过错方有权请求损害赔偿：（一）重婚的；（二）有配偶者与他人同居的；（三）实施家庭暴力的；（四）虐待、遗弃家庭成员的。”《婚姻法》第四十六条虽然明确规定了四种可以请求离婚损害赔偿的具体情形，但未规定概括性兜底条款，导致对于其规定以外的其他严重的过错行为，只能依靠道德规范来调整，而不能通过寻求司法救济的途径加以解决。

《民法典》第一千零九十一条在《婚姻法》第四十六条的基础上增加了“有其他重大过错”这一概括性兜底条款，无疑扩大了离婚损害赔偿制度的适用范围。即《民法典》在其婚姻家庭编中通过对立法技术方式的合理调整，增加一项概括性的兜底条款，赋予了法官根据具体案件情况予以合理自由裁量的空间，从而解决了婚姻当事人一方因另一方的某些重大过错受到严重伤害而得不到救济的问题，使得离婚损害赔偿制度的立法目的得以充分实现。

如何准确把握和理解这一兜底条款，需要注意以下问题。

具体到本案中，胡某与他人发生性关系，并在与金某甲婚姻关系存续期间生育一子，并哄骗金某甲称金某乙系其亲生子，致金某甲在不明真相的情况下对孩子金某乙进行了多年抚养。对于实践中的这种欺诈性抚养情形，若按《婚姻法》第四十六条的规定并不属于可以请求离婚损害赔偿的范畴，但根据《民法典》第一千零九十一条第五项规定，可按“其他重大过错”予以认定。本案正是根据男方婚内受欺诈抚养非亲生子女的基本事实，加之女方予以认可并同意离婚，故认定夫妻双方感情破裂并准予离婚，更因此认定系胡某存在《民法典》第一千零九十一条第五项所规定的“其他重大过错”情形而导致离婚，从而根据无过错方金某甲的请求适用《民法典》的上述规定适用了离婚损害赔偿，从而充分保护了金某甲作为无过错方基于婚姻家庭关系衍生的合法权益。

二、离婚损害赔偿制度的适用条件

关于赔偿的具体内容，从实践中对于离婚损害赔偿制度的法律适用来看，由于离婚损害赔偿制度从性质上来看系民法中的侵权责任在婚姻家庭领域的延伸，所以说离婚损害赔偿在适用时应符合侵权行为的四个构成要件，即一方对离婚存在过错、实施了违法行为、造成了损害结果、行为与结果之间存在因果关系。另外，夫妻一方因重大过错导致离婚的，无过错方有权请求损害赔偿，此损害赔偿既包括物质损害赔偿，也包括精神损害赔偿，即离婚损害赔偿的制度价值体现为填补损害和精神抚慰之双重功能。具体到本案中，金某甲既非孩子金某乙的生父，亦无其他法律上的拟制父子关系，故其对金某乙无法定抚养义务，其在不知情的情况下误以为金某乙为其亲生子并对其进行抚养，造成自身财产减少，利益受损，故从物质损害赔偿的角度来讲，金某甲有权要求胡某返还其本不应支付的抚养费用，具体可参照山东省城镇居民人均消费支出进行计算；而从精神损害赔偿的角度来讲，金某乙现已4周岁，胡某入狱后金某乙一直跟随金某甲及其父母共同生活，其非金某甲亲生子一事不可避免会给金某甲造成精神损害，金某甲要求赔偿精神损害抚慰金显然具有事实和法律依据，其具体数额则由人民法院结合侵权行为所造成的后果、女方的过错程度及承担责任的经济能力等相关案件事实酌情予以支持。

三、离婚损害赔偿制度适用中应注意的其他问题

需要注意的一点是，根据既往的相关规定，无过错方作为原告起诉离婚的，离婚损害赔偿的请求应在离婚诉讼中同时提出。无过错方作为被告且不同意离婚的，应在离婚后一年内单独提出，离婚后另行提出损害赔偿的一年期间为法律上的除斥期间，不存在中止、中断的情形。

编写人：山东省淄博市中级人民法院　荣明潇

山东省淄博高新技术产业开发区人民法院　白丽娜　谢玉滨

066　离婚后发现人格权益受侵害应得到保护

——徐某诉王某离婚后财产案

【案件基本信息】

1. 裁判书字号

北京市第三中级人民法院（2020）京03民终1309号民事判决书

2. 案由：离婚后财产纠纷

3. 当事人

原告（上诉人）：徐某

被告（被上诉人）：王某

【基本案情】

徐某、王某二人于2011年3月22日登记结婚，2012年5月11日生育一女，2017年9月27日协议离婚，并办理了离婚登记。《离婚协议书》约定：双方共同拥有的小型轿车，产权登记在女方（王某）名下，离婚后，车辆归女方所有，女方无须补偿男方。由于双方婚后即分居，财产、债务均归各自所有。双方离婚不涉及共同财产分割及财产补偿。双方自愿离婚，互不主张精神损害赔偿和补偿。徐某向审理法院提交转账记录，证明其在4S店刷卡购车，提交出生医学证明，证明王某于2018年5月6日与他人生育一子，孩子出生孕周为38周，可以推定王某在与徐某离婚之前已怀孕。徐某认为，在离婚前的分居阶段，王某与他人怀孕、产子，侵犯了徐某的配偶权和人格权益，违反了夫妻之间的忠实义务，徐某可以撤销赠与，请求法院判令王某赔偿其精神损害赔偿金3万元，返还其个人购买的小轿车。

【案件焦点】

在离婚协议中，一方放弃精神损害赔偿请求权后，发现对方存在婚内违背夫妻忠实义务的行为，能否以人格利益受到侵害为由主张精神损害抚慰金。

【法院裁判要旨】

北京市朝阳区人民法院经审理认为：《离婚协议书》中关于车辆的约定应视为双方对财产处理的特别条款，该特别条款的效力优先于其他条款的约定。无论由谁支付购车款，《离婚协议书》约定双方共同拥有小轿车，即表明双方均认可该车辆为夫妻共同财产。据此，应认定车辆为夫妻共同财产，且已在《离婚协议书》中进行了分割，徐某主张撤销赠与，不予支持。根据现有证据，能够证明王某在婚内与他人发生婚外情并怀孕，违背夫妻忠实义务。然而，二人系协议离婚，现徐某以无过错方的身份在离婚后提起损害赔偿请求，不符合法律规定。而且，双方在《离婚协议书》中约定自愿离婚，互不主张精神损害赔偿。应视为徐某在离婚时自愿放弃向王某主张精神损害赔偿的权利。对徐某要求精神损害赔偿的诉讼请求，不予支持。

北京市朝阳区人民法院依照《中华人民共和国婚姻法》第三十九条、第四十六条，《最高人民法院关于适用〈中华人民共和国婚姻法〉若干问题的解释（一）》第三十条规定，作出如下判决：

驳回原告徐某的全部诉讼请求。

徐某不服一审判决，提出上诉。北京市第三中级人民法院经审理认为，《最高人民法院关于确定民事侵权精神损害赔偿责任若干问题的解释》（2001 年）第一条第二款规定，违反社会公共利益、社会公德侵害他人隐私或者其他人格利益，受害人以侵权为由向人民法院起诉请求赔偿精神损害的，人民法院应当依法予以受理。徐某主张于 2018 年 9 月 27 日知道王某婚内受孕婚外生子的事实，王某无相反证据予以推翻，故对徐某的主张予以采信。双方协议离婚时，徐某对王某婚内与他人怀孕并于离婚后生育子女的事实并不知情。徐某虽然在《离婚协议书》中表示不主张精神损害赔偿，但是，这并不影响徐某基于人格利益受侵犯而向王某主张精神损害赔偿。双方在《离婚协议书》中确定车辆系双方共同拥有，对于车辆的归属作出了约定，对于该车辆的约定应视为双方对财产处理的特别条款。车辆取得的时间在双方登记结婚之后，故不能仅以转账记录作为认定车辆权属的依据，且关于车辆归王某所有的约定并未造成双方权利明显失衡，徐某主张撤销赠与并返还车辆，于法无据。

北京市第三中级人民法院依照《最高人民法院关于确定民事侵权精神损害赔偿责任若干问题的解释》（2001 年）第一条第二款、《中华人民共和国民事诉讼法》第六十四条第一款、《中华人民共和国民事诉讼法》第一百七十条第一款第二项规定，作出如下判决：

一、撤销北京市朝阳区人民法院民事判决；

二、王某赔偿徐某精神损害抚慰金 3 万元，于本判决生效之日起七日内执行；

三、驳回徐某的其他诉讼请求。

【法官后语】

一、离婚损害赔偿制度

1. 侵权责任在婚姻法领域的体现

离婚损害赔偿是指因夫妻一方的重大过错致使婚姻关系破裂的，过错方应对无过错方的损失予以赔偿的法律制度。一方在婚内存在过错行为导致夫妻离婚的，该过错行为本质上是一种侵权行为。离婚损害赔偿本质上属于侵权损害赔偿，是侵权责任在婚姻法领域的延伸体现。

夫妻间相互负有的人身、财产上的权利义务，夫妻双方应当遵守，相互忠实、相互关爱，在享有权利的同时，也要依法履行义务。《中华人民共和国民法典》（以下简称《民法典》）第一千零九十一条规定了离婚损害赔偿的几种过错行为，即“有下列情形之一，导致离婚的，无过错方有权请求损害赔偿：（一）重婚；（二）与他人同居；（三）实施家庭暴力；（四）虐待、遗弃家庭成员；（五）有其他重大过错”。[①] 该条与《中华人民共和国婚姻法》（以下简称《婚姻法》）第四十六条相比较，增加了“有其他重大过错”这一情形，通过概括式规定作为兜底，扩大了离婚损害赔偿制度的适用范围。重婚和与他人同居的行为均违反一夫一妻的婚姻制度，侵犯了夫妻中另一方的配偶权，重婚同时构成刑事犯罪。家庭暴力是指家庭成员之间以殴打、捆绑、残害、限制人身自由以及经常性谩骂、恐吓等方式实施的身体、精神等侵害行为。持续性、经常性的家庭暴力，构成虐待。遗弃是指对于年老、年幼、患病或者其他没有独立生活能力的人，负有扶养义务而拒绝扶养的行为。虐待、遗弃家庭成员情节恶劣的，都将构成刑事犯罪。实施家庭暴力和虐待、遗弃家庭成员侵犯的民事权益包括生命权、健康权等。实践中，人民法院应当根据具体案件情况，结合过错情节、伤害后果等因素，对过错方是否存在重大过错进行认定，其他重大过错包括通奸、卖淫、嫖娼、赌博、吸毒等其他过错行为。

2. 对无过错方的法律保护

婚姻家庭受国家保护。婚姻自由是我国婚姻制度的基本原则之一。婚姻自由包括结婚自由和离婚自由。《民法典》婚姻家庭编强调婚姻家庭的责任与义务，法律对于无过错方应当给予保护。法律应当尊重个人感情的自由选择，但法律同样应当对已造成的精神损害予以救济。也就是说，有过错方因违反婚姻义务应当承担相应的责任，这也是在婚姻中遵守道德和公平正义的要求。离婚损害赔偿制

---

① 《中华人民共和国婚姻法》第四十六条：“有下列情形之一，导致离婚的，无过错方有权请求损害赔偿：（一）重婚的；（二）有配偶者与他人同居的；（三）实施家庭暴力的；（四）虐待、遗弃家庭成员的。”

度是在保障离婚自由的情况下，通过国家公权力救济手段，保护无过错方的利益，使无过错方得到经济上的救济和恢复，同时也起到惩罚过错方，对违法行为进行预防的作用。这同时也是维护其他家庭成员的合法权益，保护社会公共利益，促进平等、和睦、文明的婚姻家庭关系的需要。

损害赔偿包括物质损害赔偿和精神损害赔偿。物质损害赔偿主要是指过错方给无过错方造成了财产损失的损害后果。精神损害赔偿是指因过错方对无过错方人身进行伤害导致的精神损害及纯粹因过错方的行为导致的精神创伤、精神痛苦等。

二、夫妻双方协议离婚后，有权提起诉讼主张损害赔偿

1. 婚姻登记机关对离婚协议的审查

婚姻登记机关登记离婚包括夫妻双方申请、冷静、审查、登记四个方面的具体程序。《民法典》第一千零七十六条规定："夫妻双方自愿离婚的，应当签订书面离婚协议，并亲自到婚姻登记机关申请离婚登记。离婚协议应当载明双方自愿离婚的意思表示和对子女抚养、财产以及债务处理等事项协商一致的意见。"第一千零七十八条规定："婚姻登记机关查明双方确实是自愿离婚，并已经对子女抚养、财产以及债务处理等事项协商一致的，予以登记，发给离婚证。"[①]这两条规定是由《婚姻法》第三十一条修改而来，明确离婚协议是夫妻双方申请离婚登记的必备条件，规定了离婚协议应当包含的具体内容，并规定了离婚协议应当包含的具体内容以及关于婚姻登记机关离婚审查、登记程序的规定。登记离婚以双方达成合意

---

① 《中华人民共和国婚姻法》第三十一条："男女双方自愿离婚的，准予离婚。双方必须到婚姻登记机关申请离婚。婚姻登记机关查明双方确实是自愿并对子女和财产问题已有适当处理时，发给离婚证。"

的离婚协议为基础，促使夫妻双方和平解除婚姻关系。

我国法律未明确婚姻登记机关的审查标准。实践中，一般情况下婚姻登记机关需对当事人提交的材料是否真实、是否合法尽到审慎审查义务，以避免将来产生纠纷。也就是说，婚姻登记机关对夫妻双方共同签署的离婚协议书的审查属于形式审查。

2. 婚姻解除方式不影响离婚损害赔偿制度的适用

《最高人民法院关于适用〈中华人民共和国民法典〉婚姻家庭编的解释（一）》第八十九条规定："当事人在婚姻登记机关办理离婚登记手续后，以民法典第一千零九十一条规定为由向人民法院提出损害赔偿请求的，人民法院应当受理。但当事人在协议离婚时已经明确表示放弃该项请求的，人民法院不予支持。"对比《民法典》施行前的《婚姻法》及相关司法解释，《最高人民法院关于适用〈中华人民共和国民法典〉婚姻家庭编的解释（一）》第八十九条是新增的条款，该条款明确了夫妻协议离婚后，可以再向人民法院提出损害赔偿请求。该条款明确了因过错行为导致离婚而应当承担的民事责任，不应受到婚姻关系解除方式的影响。

三、无过错方在离婚协议中明确放弃损害赔偿的，离婚后提起诉讼能否得到支持

1. 无过错方对侵权行为是否知晓

根据《最高人民法院关于适用〈中华人民共和国民法典〉婚姻家庭编的解释（一）》第八十九条规定，如果无过错方在协议离婚时明确放弃向过错方主张精神损害赔偿，无过错方离婚后单独提起诉讼要求精神损害赔偿，人民法院不予支持。根据文义解释，该法条蕴含着这样一种前提，即无过错方在签订离婚协议时已明知对方有过错，但其基于各种原因，放弃了向对方主张精神损害赔偿的权

利，这是无过错方对自身权利的一种处分。在此情况下，如果无过错方离婚后单独提起诉讼主张精神损害赔偿，因其已经通过书面形式放弃了自身的权利，故人民法院不再予以支持。

然而，司法实践中，有的过错方故意隐瞒过错行为，如与他人同居、通奸等违背夫妻忠实义务的行为，无过错方可能不知晓侵权行为的存在。有的无过错方主张其在签订离婚协议时不知晓对方具有《民法典》第一千零九十一条规定的过错情形，在不知情的情况下在离婚协议中作出放弃精神损害赔偿的意思表示。本案中的男方在离婚时不知道女方违背夫妻忠实义务并与他人怀孕的事实，却在离婚协议中约定了互不主张精神损害赔偿的条款。那么，在此种情况下，如果无过错方离婚后单独提起诉讼主张精神损害赔偿能否得到支持，实践中存在不同观点。

第一种观点认为，离婚协议既包括解除婚姻关系的形成行为，又包括夫妻财产分割及子女抚养的附随行为，是一种包含人身关系和财产关系的复合协议。夫妻双方在离婚协议中关于精神损害赔偿的约定，应属财产关系的条款。不论无过错方是否知情，从合同效力角度而言，都应视为无过错方对精神损害赔偿权利的放弃，都不应得到支持。第二种观点认为，由于受害方对于对方存在违背夫妻忠实义务的事实并不知情，故受害方虽在离婚协议中作出放弃精神损害赔偿的意思表示，但并不因此影响其基于人格利益受到侵犯而向对方主张精神损害赔偿。

司法实践中，多数意见认为，根据《最高人民法院关于确定民事侵权精神损害赔偿责任若干问题的解释》（2001 年）第一条第二款的精神，违反社会公共利益、社会公德侵害他人隐私或者其他人格利益，受害人以侵权为由向人民法院起诉，请求赔偿精神损害的，人民法院应当依法予以受理。据此，针对夫妻协议离婚的，无过错方在离婚后发现对方存在损害赔偿情形的，应当允许其提起侵权之诉。

2. 无过错方不知晓对方侵权行为情况下在离婚协议中放弃损害赔偿的，可另行提起离婚损害赔偿诉讼

本案中，徐某提起的是离婚后财产诉讼，主要的诉讼请求有两点：一是解决夫妻财产分配问题，二是要求王某支付精神损害赔偿金。二审法院改判的理由认为，王某在婚姻关系存续期间，与他人怀孕违背夫妻忠实义务，构成对徐某人格权的侵害。二审诉讼期间，因我国《民法典》尚未施行，《最高人民法院关于适用〈中华人民共和国民法典〉婚姻家庭编的解释（一）》第八十九条也尚未出台，针对协议离婚后的离婚损害赔偿问题实践中还存在不同的意见，从本案一审和二审判决中就可以看出，一审法院所持的观点为上述第一种观点，二审法院所持的观点为上述第二种观点。在《民法典》及相应司法解释施行后，第二种观点成为多数观点，更符合法律保护离婚自由以及无过错方权益的理念。

多数意见认为夫妻协议离婚，无过错方未发现对方存在损害赔偿情形而放弃损害赔偿的，如果离婚后发现，可以单独提起侵权之诉。侵权之诉对应的民事案由应为离婚损害赔偿纠纷，而不是离婚后财产纠纷。因为离婚后财产纠纷主要解决的是夫妻关系存续期间的财产分配问题。本案中，二审法院之所以在离婚后财产纠纷中一并处理徐某提出的精神损害赔偿请求，一方面是出于对无过错方权益的保护，另一方面是出于一揽子解决婚姻家庭问题，减少当事人诉累。关于精神损害赔偿的数额，目前法律并未规定具体的参考标准。实践中，法官通常参考的因素包括审理案件的法院所在地近年

来相同案件损害赔偿数额判决情况、过错行为的侵权程度、给无过错方造成精神痛苦的程度等，法官在裁判尺度统一的前提下，发挥自由裁量权进行酌定判决。

编写人：北京市朝阳区人民法院　毕晓宇

067　离婚损害赔偿认定标准

——赵某诉王甲离婚案

【案件基本信息】

1. 裁判书字号

北京市第二中级人民法院（2020）京02民终11575号民事判决书

2. 案由：离婚纠纷

3. 当事人

原告（被上诉人）：赵某

被告（上诉人）：王甲

【基本案情】

赵某与王甲于2005年确立恋爱关系，2015年8月8日登记结婚，2016年12月4日生育一女，现已2岁半。双方婚后感情尚可，自孩子出生以后双方经常因家庭琐事产生矛盾，争吵不断。2019年4月赵某发现王甲出轨，与婚外异性维持不正当男女关系。双方在诉讼前就离婚事宜进行协商，王甲表示同意离婚，但是就子女抚育的相关问题双方差异较大。因二人无法达成离婚协议，赵某诉至法院，请求法院判令双方离婚并就子女抚养问题作出处理，另要求王甲支付其精神损害抚慰金10万元等。

【案件焦点】

非过错方在离婚诉讼中是否有权请求过错方支付离婚损害赔偿金。

【法院裁判要旨】

北京市西城区人民法院经审理认为：感情是婚姻关系存续的基础。现原、被告均认为夫妻感情确已破裂并同意离婚，本院予以准许。

关于子女抚养问题，考虑到双方婚生之女年龄尚小，目前一直随原告生活，形成了相对固定的生活习惯，故由原告抚养更为适宜，但被告应给付相应的抚养费，本院确定双方离婚后被告每月给付抚养费1800元。

关于精神损害赔偿问题，原告主张被告在婚姻关系存续期间出轨，与他人同居。被告对此予以否认并质疑原告提交录像资料证据的合法性。因原告在自家门口安装摄像头，对自家门口人员进出情况予以拍摄，该方式未侵害他人合法权益及公共利益，亦不违反法律禁止性规定，证据形式及来源均合法，故对录像资料的合法性本院予以确认。根据已查明事实，结合双方的陈述及其他相关证据，可以认定被告存在婚内出轨，对婚姻不忠的行为，且严重影响了夫妻之间的感情。原告作为婚姻破裂的无过错方，其有权要求被告支付精神损害赔偿款，具体数额本院根据过错程度及实际情况确定为5万元。

综上，北京市西城区人民法院依照《中华人民共和国婚姻法》第四条、第三十二条、第三十六条、第三十七条、第四十六条及《中华人民共和国民事诉讼法》第六十四条第一款之规定，判决如下：

一、解除原告赵某与被告王甲的婚姻关系；

二、婚生女王乙由原告赵某抚养，被告王甲于2020年11月起每月支付抚养费1800元，至王乙年满18周岁止；

三、被告王甲于本判决生效之日起七日内给付原告赵某精神损害赔偿金5万元；

四、驳回原告赵某的其他诉讼请求；

五、驳回被告王甲的其他诉讼请求。

王甲不服原审判决，提起上诉。

北京市第二中级人民法院认为，夫妻感情是维系婚姻关系的基础，应否离婚以夫妻感情是否破裂为判断标准。本案一审、二审过程中王甲与赵某均坚持离婚，说明其夫妻感情确已破裂，一审法院判决赵某与王甲解除婚姻关系，本院不持异议。关于婚生女王乙的抚养问题。本案中，赵某与王甲的婚生女王乙自出生至今，母亲赵某未离开其左右，已经形成较为稳定的生活状态和生活习惯，另因王乙为低龄女童，由母亲赵某直接抚养更为适宜。一审法院认定王乙由赵某抚养并无不当，本院不持异议。关于精神损害赔偿问题，一审法院根据赵某提供的视频录像、双方陈述和其他相关证据，认定王甲婚内出轨有事实和法律依据，本院予以维持。一审法院判决王甲赔偿赵某精神损害赔偿金5万元亦无不当，本院予以确认。综上所述，王甲的上诉请求不能成立，应予驳回；一审判决认定事实清楚，适用法律正确，应予维持。最终二审法院驳回上诉，维持原判。

【法官后语】

本案系一起在离婚诉讼中无过错方是否可以向过错方提出离婚

损害赔偿及获得何种类型赔偿的典型案例。婚姻关系存续期间，夫妻双方应当相互忠实、相互关爱，在享有权利的同时，也要依法履行义务，夫妻任何一方对该种义务的违反，势必构成对另一方配偶权的侵犯，使对方蒙受物质、精神上的双重损害，为使无过错方的权利得到救济，我国法律中规定了离婚损害赔偿制度。

一、离婚损害赔偿制度的释义及演进

离婚损害赔偿制度，是指因夫妻一方的重大过错致使婚姻关系破裂的，无过错方可以在离婚诉讼中或在离婚后法定期限内向过错方提出损害赔偿的法律制度。2001 年《中华人民共和国婚姻法》修改时，在第四十六条中加入了对离婚损害赔偿制度的规定，但随着时代进步社会发展，该规定适用类型局限、赔偿标准不明的问题逐步显现，为弘扬社会主义核心价值观，《中华人民共和国民法典》第一千零九十一条在原规定的基础上，增加了“有其他重大过错”作为可以适用离婚损害赔偿的情形，扩大了离婚损害赔偿制度的适用范围，更好地保护了无过错方的合法权益。

二、离婚损害赔偿制度的适用条件

《中华人民共和国民法典》新规后离婚损害赔偿的适用需满足以下五项条件：(1) 一方对离婚存在过错，离婚损害赔偿需要求行为人主观上存在过错；(2) 过错方实施了妨害婚姻家庭关系的违法行为，包括重婚，与他人同居，实施家庭暴力、虐待、遗弃家庭成员，有其他重大过错（如一方存在通奸、卖淫、嫖娼、赌博、吸毒等其他过错行为）；(3) 另一方没有过错，夫妻双方中只有无过错方，才享有离婚损害赔偿请求权；(4) 过错方的损害行为造成了损害结果，即过错方的损害行为给无过错方实际造成了损害结果（具体包括财产损失、精神创伤、精神痛苦等），无过错方才能要求赔偿；

(5) 过错行为与损害结果之间存在因果关系，因过错方的行为导致离婚这一结果的，方产生离婚损害赔偿请求权。

三、离婚损害赔偿制度的权利、义务主体

离婚损害赔偿的权利主体，以夫妻双方中的无过错一方为限。过错方实施的重婚、与他人同居等行为，侵犯的是夫妻中另一方的配偶权，作为权利被侵犯的主体，无过错方自然有权就其受到损害的权利主张损害赔偿。但在过错方实施的是家庭暴力、虐待、遗弃等行为时，损害行为的直接受害者既可能是配偶，也可能是老人、子女等其他家庭成员，所以需要注意的是，离婚损害赔偿请求权只能由夫妻双方中的无过错方享有，因而其他家庭成员不能成为离婚损害赔偿的权利主体，其损害可通过其他途径予以救济。

四、离婚损害赔偿的范围

离婚损害赔偿包括物质损害赔偿与精神损害赔偿，由过错方向无过错方支付离婚损害赔偿金，其中离婚损害赔偿金的具体数额，由法官结合过错方的过错程度、涉案具体情节以及所在地的平均生活水平等因素酌定。此外，过错方应当以其个人财产和分得的财产支付离婚损害赔偿金。

具体到本案，根据原告提供的视频资料并综合双方的陈述及其他相关证据，可以认定被告存在婚内出轨、对婚姻不忠的行为，该行为是对夫妻忠诚义务的严重违反，且给无过错方造成心理和精神上的伤害，并导致离婚，原告作为婚姻破裂的无过错方，其要求被告支付离婚损害赔偿款的诉讼请求应予支持。

编写人：北京市西城区人民法院　王奇

068 离婚前已因遭受家庭暴力获赔，离婚时是否仍可主张获得赔偿

——王某诉陈某离婚案

【案件基本信息】

1. 裁判书字号

北京市朝阳区人民法院（2012）朝民初字第 27812 号民事判决书

2. 案由：离婚纠纷

3. 当事人

原告：王某

被告：陈某

【基本案情】

原被告于 2010 年 1 月通过网络自行相识，2010 年 10 月 13 日登记结婚。双方均系再婚。2011 年 5 月 30 日双方生育一女王甲。现原被告分居，王甲随原告一起生活。被告称原告在婚姻关系存续期间曾对其实施家庭暴力，现原告主张离婚，被告同意。

经查，2012 年 3 月 27 日，被告因被原告打伤被送至武警北京总队医院，查体示：头部、胸部多处损伤，头部可见一长约 3cm 头皮裂伤，自觉头痛、头晕、胸痛、胸闷等症状逐渐加重。行头颅 CT 示：头皮血肿。胸部 CT 示：左侧多发肋骨骨折。2012 年 3 月 28 日，北京市公安局朝阳分局出具京公朝鉴通字［2012］000091 号《鉴定结论通知书》，鉴定结论为被告身体所受损伤程度

属轻伤。同日，北京市公安局朝阳分局出具京公朝拘通字【2012】001136号《拘留通知书》，载明于当日1时将涉嫌故意伤害罪的原告刑事拘留。2012年7月2日，原告与被告签订《调解书》，载明："王某付给陈某六万元整作为伤害的补偿，陈某不再追究王某的刑事责任。同意谅解。"被告认可已收到该笔钱款，但称仅是不追究原告刑事责任的补偿，作为实施家庭暴力的过错方，原告在离婚时应另行支付各项损害赔偿金共计32300元。原告不认可被告的主张，称该6万元系对被告全部损害结果的补偿，不应再行赔付。

【案件焦点】

陈某能否因王某实施家庭暴力主张损害赔偿。

【法院裁判要旨】

北京市朝阳区人民法院经审理认为：男女双方自愿离婚的，准予离婚。本案中，原告起诉离婚，被告表示同意，本院不持异议。

家庭暴力是指行为人以殴打、捆绑、残害、强行限制人身自由或者其他手段，给其家庭成员的身体、精神等方面造成一定伤害后果的行为。家庭暴力不同于单纯的人身伤害，除直接导致人身伤害外，还是破坏夫妻感情、导致离婚的重要原因。因此实施家庭暴力的过错方对于无过错方的物质赔偿和精神赔偿不同于一般施害人对于被害人的赔偿。依据本案双方提交的证据，足以证明原告对被告实施了家庭暴力。作为无过错方，被告有权要求原告对其进行损害赔偿，但其主张的数额过高，综合被告受伤部位和程度、因伤导致的各项损失以及处理刑事案件中已支付的补偿金额，具体数额亦由本院依法酌情判处。原告以此前已对被告进行赔偿为由拒绝支付损害赔偿金，于法无据，本院不予支持。综上，依照《中华人民共和国婚姻法》第三十一条、第四十六条，《中华人民共和国民事诉讼法》第六十四条第一款之规定，作出如下判决：

一、准予原告王某与被告陈某离婚；

二、原告王某于本判决生效之日起七日内支付被告陈某损害赔偿金 20000 元。

判决后，双方当事人均未上诉，本判决现已生效。

【法官后语】

本案判决的主要争议点在于：第一，王某已在施暴后支付了陈某补偿款 6 万元，离婚时是否还应支付损害赔偿？第二，本案中陈某系被告，其主张的家庭暴力能否视为导致离婚的理由？

就问题一，离婚损害赔偿，是指因为配偶一方的过错而给他方造成物质或精神上的损害，在离婚时，有过错的一方应对受害方的损害予以赔偿。婚姻是一种民事法律行为，对婚姻义务的违反，就是对他方婚姻权利的侵害。离婚时，一方对另一方有严重过错行为，要求过错方承担损害赔偿的民事责任，是对离婚案件中无过错方权益的保护。离婚损害赔偿的目的在于对权利的救济，具有填补损害、抚慰精神、惩罚过错方的功能。离婚损害赔偿制度是我国三大离婚救济制度之一，也是侵权责任在婚姻法领域的延伸体现。婚姻关系中，夫妻双方互相享有配偶权，虽然我国没有在法律条文中对配偶权作出明确的规定，但《中华人民共和国民法典》（以下简称《民法典》）第一千零四十二条第二款、第三款规定，“禁止重婚。禁止有配偶者与他人同居。禁止家庭暴力。禁止家庭成员间的虐待和遗弃”。第一千零四十三条规定：“家庭应当树立优良家风，弘扬家庭美德，重视家庭文明建设。夫妻应当互相忠实，互相尊重，互相关爱；家庭成员应当敬老爱幼，互相帮助，维护平等、和睦、文明的婚姻家庭关系。”第一千零五十九条规定：“夫妻有相互扶养的义务。需要扶养的一方，在另一方不履行扶养义务时，有要求其给付扶养费的权利。”第一千零六十二条第二款规定：“夫妻对共同财产，有平等的处理权。”这些均是对夫妻间相互负有的人身、财产上的权利义务的确认，夫妻双方应当遵守，相互忠实、相互关爱，在享有权利的同时，也要依法履行义务。婚姻关系存续期间，夫妻任何一方对该种义务的违反，势必构成对另一方配偶权的侵犯，使对方蒙受物质、精神上的双重损害。因此，有必要使过错方因其损害行为得到惩罚，使无过错方被损害的权利得到补偿和救济，这同时也是维护其他家庭成员的合法权益，保护社会公共利益，促进平等、和睦、文明的婚姻家庭关系的需要。

《中华人民共和国婚姻法》（以下简称《婚姻法》）第四十六条关于离婚时损害赔偿条款中并列重婚、有配偶者与他人同居、实施家庭暴力、虐待遗弃家庭成员这四种行为，其目的在于凸显其精神损害后果的同一性。而在婚姻关系中的这种同一性的来源即公民身份权的不可侵性。尽管在现今民法学界对于如何划分人格权与身份权仍有争议，但不可否认的是，身份权是法律赋予特定当事人在特定关系中不可转让的地位或资格。这种特定关系具有稳定性和固定性，在这种身份关系中特定主体享有的权利与主体自身是不可分离的。当事人基于这种特定身份所享有的权利通常即称为身份权。在本案中，基于王某实施的家庭暴力不仅侵犯了陈某健康权，也同时侵犯了陈某的配偶权，60000 元的补偿款是针对原告健康权做出的，而针对原告配偶权，本案中判决王某支付陈某损害赔偿金 20000 元。

此非对陈某的重复赔偿。

《民法典》出台后，其第一千零九十一条沿袭了《婚姻法》第四十六条的内容，在此基础上增加第五项“有其他重大过错”。该规定系《民法典》编纂过程中新增，《婚姻法》第四十六条规定将离婚损害赔偿的适用情形限制在以上四种，该四种情形以外的违反婚姻义务、家庭义务等的行为，均不能适用离婚损害赔偿，导致实践中适用的很少。实际上，婚姻中的过错行为远不止这些，当一方存在如通奸、卖淫、嫖娼、赌博、吸毒等其他过错行为时，非过错方不能通过离婚损害赔偿制度得到相应的补偿和救济，有失公平。本条以概括式规定作为兜底，人民法院应当根据具体案件情况，结合过错情节、伤害后果等因素，对过错方是否存在重大过错进行认定。

就问题二，从《最高人民法院关于适用〈中华人民共和国婚姻法〉若干问题的解释（一）》第三十条第二项的规定中，可以推出在被告同意离婚的情况下，可以提出损害赔偿请求。《民法典》出台后，《最高人民法院关于适用〈中华人民共和国民法典〉婚姻家庭编的解释（一）》第八十八条沿袭了此规定。但最高人民法院民事审判第一庭编著的《民事审判实务问答》也是基于同样的理由认为对于原告撤诉的离婚案件，被告要求离婚的，不能视为被告提出反诉，应告知其另案主张。本案中，法官既未将陈某的主张作为反诉受理，也未因其被告的诉讼地位而置其主张于不顾；而是认为陈某作为离婚诉讼中的被告，其同意原告离婚的诉讼请求，仅限于结论的认可，而非理由的认同。如此，陈某虽为被告，但却同时满足了《婚姻法》第四十六条中规定的“实施家庭暴力的”以及“无过错方”，主张损害赔偿于法有据，得到了法院的支持。

编写人：北京市朝阳区人民法院　王阳

069 向开发商购买的停车位使用权，是否属于夫妻共同财产

——常某诉赵某离婚后财产案

【案件基本信息】

1. 裁判书字号

北京市第二中级人民法院（2010）二中民终字第16389号民事判决书

2. 案由：离婚后财产纠纷

3. 当事人

原告（上诉人）：常某

被告（上诉人）：赵某

【基本案情】

常某与赵某原系夫妻关系，2004年4月23日，双方协议离婚并签订离婚协议一份，协议称因男方有第三者，双方自愿离婚并达成协议。离婚协议主要包括以下内容：男方支付女方25万元作为补偿；男女双方在婚姻存续期间，一直没有属于自己的住房，也没有共同投资的产业和财物，没有财产分割和财物分配问题；男方与其兄长在北京顺义经营的包装品公司和与他人所从事的经营活动，从未与女方商量，女方从来无权左右，纯属男方的个人行为；男方获利与债务均与女方无关；各自的积蓄属各自所有，各自的债务各自负责。

双方婚姻存续期间，1999年10月25日，赵某以其名义按揭购买北京市朝阳区某小区房屋一套，总价款1724933元，其中贷款

金额120万元，还款期限自1999年12月10日至2009年12月9日，该房屋登记在赵某名下。2009年，常某将赵某诉至原审法院，要求分割房屋，原审法院于2009年7月9日作出一审判决，认定房屋属夫妻共同财产，判决房屋归赵某所有，赵某支付常某房屋折价款80万元。2002年12月21日，赵某与北京房地产开发公司（该公司后更名为北京甲房地产开发公司）签订了《机动车停车位使用权转让合同（分期付款）》，约定内容如下：北京甲房地产开发公司将其所有的B2-23号停车位转让给赵某，使用期限自赵某交纳所购车位款之日起至2068年4月8日届满；转让价款为127000元，赵某于签订合同时支付25400元；于2003年12月21日前支付25400元；于2004年12月21日前支付38100元；于2005年12月21日前支付38100元；赵某可以向小区内其他业主或居民出租车位或转让车位的使用权，赵某出租或转让车位后，应将承租人或受让人通知物业管理公司，并由物业管理公司备案。常某认为上述车位系赵某隐瞒的夫妻共同财产，有权要求分割，赵某隐瞒夫妻共同财产，应当少分，而且上述车位一直由赵某使用和收益，分割时应考虑此因素，要求赵某支付车位折价款10万元。

【争议焦点】

被告在向开发商购买了停车位使用权后，该权利属性应如何确定，是否属于夫妻共同财产的范围，具体分割应该如何掌握。

【法院裁判要旨】

北京市朝阳区人民法院经审理认为，根据赵某与北京甲房地产开发公司签订的车位使用权转让合同，涉案车位系赵某在与常某婚姻关系存续期间出资购得，具有使用价值，且可以出租、转让，应认定为赵某与常某的夫妻共同财产，离婚协议中对涉案车位未予处理，故该车位应进行分割。赵某在房屋纠纷中，未主动披露涉案车位的存在，有隐瞒夫妻共同财产的故意，且赵某一直对涉案车位占有、使用，在分割夫妻共同财产时，法院对赵某酌情予以少分。据此，原审法院于 2010 年 5 月判决：一、房屋配套 B2-23 号车位尚欠北京甲房地产开发公司车位款 76600 元由赵某负责偿还。二、赵某于判决生效之日起七日内支付常某上述车位补偿款 44380 元。三、驳回常某的其他诉讼请求。根据《中华人民共和国民事诉讼法》第二百二十九条的规定，如赵某未在上述第二项规定的期限内向常某支付全部款项，则自逾期之日起按照中国人民银行规定的同期贷款利率的标准加倍向常某支付迟延履行期间的债务利息。

判决后，常某、赵某均提出上诉。常某上诉称原审审判程序违法，车位事实未查清，判决结果不对题，要求依法改判赵某支付车位补偿款 10 万元，并请求追加李某为诉讼第三人承担连带责任。赵某上诉称原判认定事实不清，适用法律不当，要求撤销原判第二项。

北京市第二中级人民法院经审理后认为原判正确，应予维持，判决驳回上诉，维持原判。

【法官后语】

近些年来，停车位的价格水涨船高，其财产属性日益凸显。尤其在《中华人民共和国物权法》出台之后，许多车主为了生活的方便，出资向开发商等单位购买了停车位使用权。由此，许多当事人在离婚案件中主张停车位使用权的分割。本案裁判的价值主要在于确认了停车位使用权属于用益物权之一，应作为夫妻共同财产在离婚案件中予以分割，并结合该权利的属性和特点确立了具体的分割原则。

停车位使用权是建立在停车位所有权基础上产生的权利，独立于所有权之外，其固有用途是车辆停放，而非通常的居住或营业，用途单一且具有排他性，而且可以用于出租和转让，具有使用上的独立性，存在利用物的使用价值，因此，停车位使用权符合用益物权的属性，是一种用益物权。《中华人民共和国民法典》第二百七十五条也规定，建筑区划内，规划用于停放汽车的车位、车库的归属，由当事人通过出售、附赠或者出租等方式约定。那么，停车位使用权作为物权的一种，当然具备财产属性，具有财产价值，可以作为财产予以分割。离婚案件中，夫妻双方在婚姻存续期间所取得的停车位使用权，应当属于夫妻的共同财产，自然要依法予以分割。实践中具体分割停车位使用权时，应注意以下四点：第一，该财产的范围受到限制，受制于停车位所有权；第二，该财产具有使用期限，到期作废；第三，该财产的内容在于其使用价值，即存放车辆；第四，该财产具有一定的相对性，受制于停车位使用权的买卖协议，一般情况下，只能判处停车位使用权归停车位使用权买卖协议中的买受人享有，而给予夫妻另一方财产折价款，当然夫妻双方及停车位使用权的出卖人三方之间另有约定的除外。

编写人：北京市第二中级人民法院　胡建勇

（五）婚姻无效纠纷

070 在先合法婚姻的终止非重婚的阻却事由

——胡某某诉徐某婚姻无效案

【案件基本信息】

1. 裁判书字号

重庆市第一中级人民法院（2016）渝01民再字第44号民事判决书

2. 案由：婚姻无效纠纷

3. 当事人

原告（再审申请人）：胡某某

被告（被申请人）：徐某

【基本案情】

徐某与李某某于1996年5月23日在四川省南充市办理结婚登记，并于2015年4月20日办理离婚登记。在婚姻存续期间，徐某又使用虚假离婚证明与胡某某于2010年7月22日在重庆市巴南区民政局办理结婚登记，胡某某、徐某在登记结婚后曾在重庆市渝北区松石南路×号×幢×单元5-4共同居住，并于2011年6月19日生育徐某甲，2015年3月7日生育徐某乙。2015年12月3日，渝北区法院作出（2015）渝北法刑初字第00951号刑事判决书，判决被告徐某犯重婚罪。同年12月18日，胡某某向渝北区法院提起诉讼，请求确认其与徐某的婚姻无效，并提出了抚养费诉讼请求。

【案件焦点】

徐某与其前妻李某某离婚，是否系阻却其与胡某某婚姻为重婚的事由。

【法院裁判要旨】

重庆市渝北区人民法院经审理认为：被告徐某与其前妻李某某于1996年5月23日在四川省南充市办理结婚登记，并于2015年4月20日在四川省南充市顺庆区民政局办理离婚登记。在被告徐某与李某某婚姻存续期间，被告徐某又使用虚假离婚证明与原告胡某某于2010年7月22日在重庆市巴南区民政局办理结婚登记，原、被告在登记结婚后曾在重庆市渝北区松石南路×号×幢×单元5-4共同居住，并于2011年6月19日生育徐某甲，2015年3月7日生育徐某乙。2015年12月3日，本院作出（2015）渝北法刑初字第00951号刑事判决书，判决被告徐某犯重婚罪。现原告诉至本院要求宣告原、被告双方婚姻无效。

重庆市渝北区人民法院依照《中华人民共和国婚姻法》第十条，《最高人民法院关于适用〈中华人民共和国婚姻法〉若干问题的解释（一）》第八条、第九条以及《中华人民共和国民事诉讼法》第一百五十二条之规定，判决如下：

驳回原告胡某某的诉讼请求。

胡某某持原审起诉意见提起再审申请。重庆市第一中级人民法院经审理认为：《中华人民共和国婚姻法》第十条规定："有下列情形之一的，婚姻无效：（一）重婚的；（二）有禁止结婚的亲属关系的；（三）婚前患有医学上认为不应当结婚的疾病，婚后尚未治愈的；（四）未到法定婚龄的。”徐某在其与李某某的婚姻关系存续期间，采取欺骗的手段，以虚假的离婚证明与胡某某登记结婚，其行为严重违反“一夫一妻制”，且触犯刑法构成重婚罪，被法院判处刑罚。因此，徐某与胡某某的婚姻符合《中华人民共和国婚姻法》第十条规定，属于无效婚姻。

《最高人民法院关于适用〈中华人民共和国婚姻法〉若干问题的解释（一）》第八条规定：“当事人依据婚姻法第十条规定向人民法院申请宣告婚姻无效的，申请时，法定的无效婚姻情形已经消失的，人民法院不予支持。”按照该条规定，无效婚姻情形已经消失，当事人再主张婚姻无效不予支持。但该条规定，并不包括重婚和有禁止结婚的亲属关系情形。重婚行为严重违反一夫一妻制，有悖于社会的公序良俗，是我国法律明令禁止的严重的婚姻违法行为，当事人申请宣告婚姻无效时，即使前次婚姻关系合法解除，后一次婚姻关系仍为无效，不产生从违法到合法的转化问题。本案中，胡某某申请宣告婚姻无效时，虽然徐某与其前妻李某某婚姻关系已解除，但徐某与胡某某缔结婚姻时，其行为已构成重婚罪，重庆市渝北区人民法院已认定徐某的行为构成犯罪并判处了刑罚。因此，胡某某请求宣告婚姻无效，符合法律规定，本院予以支持。原审法院认为胡某某申请宣告婚姻无效时，胡某某与徐某之间法定的无效婚姻情形已经消失，遂作出判决，驳回胡某某的诉讼请求不当，应当撤销。本院再审中，胡某某、徐某均同意其小孩徐某甲、徐某乙由胡某某抚养，由徐某每月共支付抚养费 3000 元，本院予以准许。同时，胡某某申请撤回在一审中的第二项诉讼请求即确认位于重庆市江北区盘溪路×号保利香雪×幢 19-1 住房一套归胡某某所有，意思表示真实，不违反法律规定，本院亦予以准许。胡某某要求徐某赔偿精神损失费10万元，缺乏法律依据，其请求再审法院不予支持。

再审申请人胡某某再审理由成立，再审予以采纳。原审判决适用法律错误，应予撤销。本案经重庆市第一中级人民法院审判委员会讨论决定，依照《中华人民共和国婚姻法》第十条、第三十七条，《中华人民共和国民事诉讼法》第二百零七条、第一百七十条第二项，《最高人民法院关于适用〈中华人民共和国民事诉讼法〉的解释》第四百零七条第二款规定，作出如下判决：

一、撤销重庆市渝北区人民法院民事判决；

二、胡某某与徐某的婚姻无效；

三、胡某某、徐某的小孩徐某甲、徐某乙由胡某某抚养，由徐某自本判决生效之日起每月共支付小孩抚养费3000元至小孩年满18周岁止；

四、驳回胡某某的其他诉讼请求。

【法官后语】

本案的核心争议在于徐某与李某某夫妻关系解除后，徐某与胡某某的重婚情形是否消失。这与“无效婚姻”阻却事由的理解有关。《最高人民法院关于适用〈中华人民共和国婚姻法〉若干问题的解释（一）》（以下简称《婚姻法解释（一）》）第八条规定：“当事人依据婚姻法第十条规定向人民法院申请宣告婚姻无效的，申请时，法定的无效婚姻情形已经消失的，人民法院不予支持。”① 但阻却事由是存在于四种婚姻无效情形还是仅适用于部分情形，司法解释并没有作出明确规定，由此带来了认识分歧与实践争议。笔者认为在先婚姻的解除非重婚的阻却事由，重婚一旦构成，不可被治愈。

第一，无效婚姻的阻却事由。无效婚姻指男女双方不符法律规定的结婚实质要件而缔结的婚姻，无效婚姻自始不具有合法婚姻的效力。关于无效婚姻的认定，《中华人民共和国婚姻法》第十条具体明确了四种情形，包括重婚，有禁止结婚的亲属关系，婚前患有医学上认为不应当结婚的疾病、婚后尚未治愈的，以及未到法定婚龄等。同时，从维护婚姻关系的稳定性和当事人利益保护出发，《婚姻法解释（一）》做了“无效婚姻有效化”的规定，对申请时法定的无效婚姻情形已经消失，当事人依据《中华人民共和国婚姻法》第十条规定向人民法院申请宣告婚姻无效的，人民法院不予支持，从而确定了阻却无效婚姻的法定事由。②

第二，在先婚姻的终止不能阻却重婚的认定。司法解释虽然确定了无效婚姻存在阻却事由，但没有区分无效婚姻情形消失的具体

---

① 《婚姻法解释（一）》的相关内容已经被《最高人民法院关于适用〈中华人民共和国民法典〉婚姻家庭编的解释（一）》所吸收。第九条规定：有权依据民法典第一千零五十一条规定向人民法院就已办理结婚登记的婚姻请求确认婚姻无效的主体，包括婚姻当事人及利害关系人。其中，利害关系人包括：

（一）以重婚为由的，为当事人的近亲属及基层组织；

（二）以未到法定婚龄为由的，为未到法定婚龄者的近亲属；

（三）以有禁止结婚的亲属关系为由的，为当事人的近亲属。

第十条规定：当事人依据民法典第一千零五十一条规定向人民法院请求确认婚姻无效，法定的无效婚姻情形在提起诉讼时已经消失的，人民法院不予支持。

② 《中华人民共和国民法典》颁布实施后，《中华人民共和国婚姻法》被废止。无效婚姻相关内容被民法典吸收。《中华人民共和国民法典》第一千零五十一条规定，有下列情形之一的，婚姻无效：（一）重婚；（二）有禁止结婚的亲属关系；（三）未到法定婚龄。

情况。不容置疑的是，婚前患有医学上认为不应当结婚的疾病，婚后一旦被治愈则无效情形消失。随着时间的经过，年龄也会符合法定结婚条件，成为无效婚姻的阻却事由。基于固有的血亲基因，禁止结婚的亲属关系身份不可能改变、消失，也就丧失了合法化的可能。

具体到重婚行为，一夫一妻制是我国婚姻法的基石和基本原则，关乎家庭的和睦和社会的稳定，而重婚违背了公序良俗，系法律明确禁止的严重婚姻违法行为，甚至设置了重婚罪予以刑法上的责难。因此，重婚的法律性质决定了无论申请确认婚姻无效时，重婚的当事人在先婚姻关系是否终止，都应确认重婚为无效婚姻，不能实现合法化的转变。回归到本案，徐某在与李某某婚姻关系合法存续期间，又与胡某某结婚的行为构成重婚，该重婚行为不因前婚姻关系的合法终止而有效化，一旦构成，不存在阻却事由。

在此还应引起注意的是，认可重婚的阻却事由可能引发一定的道德风险，存在侵害在先婚姻及重婚中另一方合法权益之虞。一是重婚一方用威胁、强迫等方式逼迫在先婚姻另一方离婚，从而实现重婚行为合法化。鉴于婚姻关系的隐私性特征，即便无过错方被逼迫离婚，也难以举证并非自愿，从而不利于无过错方合法权益的保护。二是重婚一方通常是隐瞒已婚现状和第三方缔结婚姻关系，认可重婚的可治愈性，实质上变相剥夺了第三方提起婚姻无效的请求权。

编写人：重庆市第一中级人民法院　孔繁树　张晓亮　王坤

（六）撤销婚姻纠纷

071 婚姻可撤销事由中关于“隐瞒重大疾病”的认定

——王某诉高某撤销婚姻案

【案件基本信息】

1. 裁判书字号

安徽省蚌埠市中级人民法院（2021）皖03民终997民事判决书

2. 案由：撤销婚姻纠纷

3. 当事人

原告（上诉人）：王某

被告（被上诉人）：高某

【基本案情】

原告王某与被告高某于2016年相识恋爱，于2018年10月举行结婚仪式，同年12月7日办理结婚登记。王某与高某均系再婚，婚后未共同生育子女。高某自2015年起就患有轻度抑郁症，并多次就医治疗。2020年12月7日，高某诉至法院要求与王某离婚。同年12月24日，法院依法判决不准离婚。后，王某以高某婚前患有重大疾病为由诉至法院，请求法院撤销双方婚姻关系。

【案件焦点】

1. 高某患有的抑郁症可否认定为《民法典》第一千零五十三条规定的“重大疾病”；2. 王某要求撤销与高某的婚姻关系，并由高某赔偿其精神损害抚慰金，有无事实和法律依据。

【法院裁判要旨】

安徽省蚌埠市蚌山区人民法院经审理认为：根据《中华人民共和国民法典》第一千零五十三条规定，一方患有重大疾病的，应当在结婚登记前如实告知另一方；不如实告知的，另一方可以向人民法院请求撤销婚姻。一方主张撤销婚姻，需要同时证明对方在婚姻关系缔结前发病、该病属于重大疾病、婚前未能如实告知等事实。本案中，高某婚前患有抑郁症，王某认为高某对其进行了隐瞒，但诉讼中，王某并无证据证明高某对其隐瞒病情的事实。根据《中华人民共和国母婴保健法》的规定，婚前医学检查包括下列疾病的检查：（1）严重遗传性疾病；（2）指定传染病；（3）有关精神病。《中华人民共和国母婴保健法》规定，有关精神病，是指精神分裂症、躁狂抑郁型精神病以及其他重型精神病。王某仅能证明高某自2015年起就患有轻度抑郁症，后因流产转为中度抑郁症，但因高某的疾病并未达到需要限制结婚的重大疾病范畴，故对王某要求撤销婚姻的诉请不予支持。关于王某请求判令高某赔偿其精神损害抚慰金10万元的诉请，无事实和法律依据，不予支持。

本院根据《最高人民法院关于适用〈中华人民共和国民法典〉时间效力的若干规定》第三条，《中华人民共和国民法典》第一千零五十三条、第一千零五十四条之规定，判决：

驳回原告王某的全部诉讼请求。

王某不服一审判决，向安徽省蚌埠市中级人民法院提起上诉。二审法院同意一审法院裁判意见，判决如下：

驳回上诉，维持原判。

【法官后语】

一、新旧法条的变化与衔接适用

1. 从婚姻无效到婚姻可撤销

原先《中华人民共和国婚姻法》第十条规定："有下列情形之一的，婚姻无效：（一）重婚的；（二）有禁止结婚的亲属关系的；（三）婚前患有医学上认为不应当结婚的疾病，婚后尚未治愈的；（四）未达到法定婚龄的。"《中华人民共和国民法典》（以下简称《民法典》）出台前，婚前患有医学上认为不应当结婚的疾病、婚后尚未治愈的，可以作为申请确认婚姻无效的情形之一。《民法典》第一千零五十三条规定："一方患有重大疾病的，应当在结婚登记前如实告知另一方；不如实告知的，另一方可以向人民法院请求撤销婚姻。请求撤销婚姻的，应当自知道或者应当知道撤销事由之日起一年内提出。"《民法典》将隐瞒重大疾病作为婚姻可撤销的事由进行了规定，将疾病婚的效力从无效变更为可撤销。无效婚姻与可撤销婚姻相比，具有绝对性，主要体现在两个方面：一是无效婚姻因欠缺婚姻成立的法定条件而绝对不发生法律效力，不以当事人意志为转移；二是只要符合宣告无效婚姻的情形即婚姻无效，不因时间的经过而消灭。而可撤销婚姻具有相对性，主要体现在两个方面：一是可撤销婚姻因当事人意思表示不真实而成立，只有被撤销的婚姻才不发生法律效力，法律将撤销请求权赋予当事人，由当事人选择行使与否；二是撤销受时间限制，因时间的经过而消灭。该条款的变动在于通过保障婚姻双方的知情权以维护婚姻自由自愿原则，该变动尊重了患有重大疾病的婚姻一方当事人结婚自由的权利，又最大限度地保护了婚姻关系中非疾病一方当事人的知情权。

2. 新旧法律如何衔接适用

引起本案纠纷的法律事实发生在《民法典》实施前，涉及新旧法律如何衔接适用的问题。本案依据《最高人民法院关于适用〈中华人民共和国民法典〉时间效力的若干规定》第三条：民法典施行前的法律事实引起的民事纠纷案件，当时的法律、司法解释没有规定而民法典有规定的，可以适用民法典的规定，但是明显减损当事人合法权益、增加当事人法定义务或者背离当事人合理预期的除外，选择适用《民法典》作为判案依据，即新增规定的溯及适用。在民事审判实践中，新法对某一问题已经作出明确规定，而旧法对此没有规定的，基于法官不得拒绝裁判规则，可以将民法典的相关规定作为裁判依据，以解决法律规则欠缺的问题，确保裁判尺度的统一。从无效到可撤销在于通过保障婚姻双方的知情权以维护婚姻自由自愿原则，亦不存在明显减损当事人合法权益、增加当事人法定义务或者背离当事人合理预期的情形。

二、《民法典》第一千零五十三条的理解与适用

1. "重大疾病"具体范围应从严把握

考虑到重大疾病的范围可能会随着医疗技术的进步以及新型疾病的出现而发生变化，为了保障《民法典》的适用性与延续性，对于重大疾病的具体范围，《民法典》未以列举的形式作明确规定。司法实践中，人民法院一般多结合《中华人民共和国母婴保健法》《中华人民共和国传染病防治法》《中华人民共和国精神卫生法》等相关法律规定进行判断。具体来说，被认定属于撤销事由中"重大疾病"的，主要包括指定传染病、严重遗传性疾病等足以影响婚姻关系缔结的疾病。

结合《民法典》第一千零五十三条的立法本意，我们应当注意，

人民法院在审查认定婚姻可撤销事由中“重大疾病”这个要件时，一方面应结合相关法律规定，判断患有疾病一方患有的疾病客观上是否达到需要限制结婚的重大疾病范畴；另一方面应按照该“重大疾病”是否能够对缔结婚姻男女双方婚后生活造成重大实质影响的严格标准进行把握。若一方所患疾病不足以对另一方当事人缔结婚姻的真实意思表示产生影响，或不足以对双方婚后生活产生实质性重大影响的，不应认定为重大疾病。

2. 患有重大疾病一方应履行如实告知义务

民事主体从事民事活动，应当遵循自愿原则，按照自己的意思设立、变更、终止民事法律关系。缔结婚姻作为一项民事活动，同样也应遵循自愿原则，而自愿原则的前提是拟缔结婚姻关系的男女双方尽到了如实告知义务。就疾病婚而言，患有重大疾病的一方应当履行如实告知义务。就时间节点而言，在婚姻登记前拟缔结婚姻的当事人互相负有重大疾病如实告知的义务。婚姻登记是依照法定程序，经国家婚姻登记机关核准，取得结婚证的行为。进行登记是结婚唯一的法定程序，自登记起，男女双方受法律保护，享有夫妻双方的权利与义务。将结婚登记前这一时间节点作为保护拟缔结婚姻的任何一方的婚姻自主选择权具有现实意义；就当事人的主观意愿而言，患有重大疾病的一方存在隐瞒相关疾病的故意；就告知的内容而言，患有重大疾病一方应如实告知的内容，包括其自身患有的疾病、该疾病的发展程度以及该疾病能否治愈等。

未履行如实告知义务的举证责任。举证责任是民事诉讼证据制度的核心，即当事人应当对自己主张的事实提供证据予以证明，当事实真伪不明时，由负有举证责任的一方承担不利法律后果。此类案件，“隐瞒”具有主观性，需要以客观事实加以证明，故应先根据“谁主张，谁举证”的原则，由被隐瞒方举证，如结婚证、对方的病历、鉴定意见书、证人证言等对其被隐瞒的事实进行举证，当其主张的证据达到高度盖然性的程度时，另一方如提出自己未隐瞒，则应承担反驳的证据予以证明，此时存在举证责任的转移，以减轻被隐瞒方的举证责任。

三、本案适用情况解析

随着社会的发展、工作压力的增大，例如本案抑郁症类精神性疾病的出现不断增多，但并非只要患有该类疾病就可以视为重大疾病，已缔结的婚姻就可以被撤销，要各案个析。本案中，一方面作为被告的女方仅患有轻度抑郁症后转为中度抑郁症，未达到上述法条规定的严重程度，经过治疗，也并不影响其正常生活，故客观上不属于重大疾病范畴。另一方面因抑郁症具有一定的外部表现，例如持续性情绪低落、苦恼忧伤等，被告自与原告相识起就已经患病且双方两年后才登记结婚，作为与女方朝夕相处的男方应具有感知性，作为原告的男方未提供证据证明女方对其隐瞒病情的事实，故不能认定被告未履行如实告知义务。综上，原告不能证明被告患有的疾病属重大疾病亦不能证明被告未对其履行如实告知义务，故法院对原告要求撤销婚姻的诉讼请求，不予支持。

拟缔结婚姻的双方当事人在婚姻登记前互相负有重大疾病如实告知的义务，如果任何一方违反这一义务，另一方在知情后的一年内享有婚姻撤销权，有权向法院申请撤销婚姻。反之，如果一方虽然患有重大疾病但在婚前进行了如实告知，对方知悉后仍然愿意与之登记结婚的，则婚后不得以此为由主张撤销婚姻。一方主张撤销婚姻，需要同时证明对方在婚姻关系缔结前发病、该病属于重大疾病、婚前未能如实告知的事实。司法实践中，应准确把握“隐瞒”“重大疾病”两大要素对案件进行判断，更好地维护婚姻自由自愿原则。

编写人：安徽省蚌埠市蚌山区人民法院　徐梦洁

（七）同居关系纠纷

072 无法证明购房时存在共同出资及购买合意的房屋不能认定系在同居关系中共同购买

——史某诉朱某同居关系析产案

【案件基本信息】

1. 裁判书字号

江苏省无锡市中级人民法院（2020）苏02民终3811号民事判决书

2. 案由：同居关系析产纠纷

3. 当事人

原告（上诉人）：史某

被告（被上诉人）：朱某

【基本案情】

2009年6月，朱某以个人名义购买坐落于宜兴市某小区房屋一套及车库一个。朱某持有落款日期为2009年6月8日的交房结算单、维修基金缴费单、车库收款收据，2009年6月15日的购房发票、契税纳税申报表及契税完税证等材料。该房屋自2009年6

月16日起登记在朱某名下，共有情况为单独所有。同年11月16日，朱某提前还贷30万元，该笔款项由史某提供，史某主张该笔款项系其支付给朱某的共同购房款，朱某主张该笔款项发生在其购房后，不属于购房款，而是史某在追求其时自愿给其用于还贷的赠与。

经查询，朱某名下还贷账号在2010年4月至2019年9月期间的业务凭单共计61张，其中客户签名为史某的42次、史甲（系史某父亲）的3次、朱某的16次。

后，双方因房产归属产生纠纷诉至法院。

【案件焦点】

1. 史某主张案涉房屋系双方共同购买，有无证据证明双方存在共同购买的合意；2. 史某有无证据证明其在购买房屋中实际出资。

【法院裁判要旨】

江苏省宜兴市人民法院经审理认为：当事人对自己提出的主张，有责任提供证据。不动产的物权以登记为准，本案中，涉案房屋登记在朱某一人名下，史某主张涉案房产及车库系其与朱某同居期间两人共同购买，但朱某不予认可，史某提供的证据也不能证明其与朱某共同购房的事实，故史某要求分割房产及车库的诉请，缺乏事实依据，本院不予支持。江苏省宜兴市人民法院依照《中华人民共和国民事诉讼法》第六十四条的规定，判决如下：

驳回史某的诉讼请求。

二审法院对一审法院已查明的事实依法予以确认。并归纳主要争议焦点为：涉案房屋是否为史某、朱某共有。

江苏省无锡市中级人民法院围绕上述争议焦点认为：涉案房屋登记在朱某名下，史某主张该房屋系双方同居期间共同购买应为共有。对此，本院认为：首先，关于同居时间，史某提供的证人均与其存在利害关系，不能单独作为认定案件事实的根据，证人证言无其他书面证据印证，无法形成证据锁链，证明力亦没有达到高度盖然性的标准，本院对证人证言不予采信。史某主张双方于2007年即开始共同居住无事实依据。其次，史某并未举证证明双方有共同购买房屋的合意。在涉案房屋登记在朱某名下之后，虽朱某使用史某转账支付给其的30万元归还房屋贷款，史某及其父亲也多次归还房屋贷款，但不能以此推断此前双方有共同购置涉案房屋的合意。史某及其父母、女儿长期居住在706室房屋，而双方又未能办理结婚登记，如双方确实共同购房，涉案房屋登记在史某、朱某两人名下，显然更能够保障史某的权益，但在同居期间双方并未就所有权登记进行过变更，而且双方也并未就房屋共同所有、朱某代表双方登记等事项达成一致意见。史某上诉称涉案房屋属双方共同购置的主张事实依据不足，本院不予支持。至于史某支付的30万元以及房屋贷款，史某可另案主张。综上，史某的上诉请求不能成立，本院不予支持。一审判决认定事实清楚，适用法律正确，应予维持。江苏省无锡市中级人民法院依照《中华人民共和国民事诉讼法》第一百七十条第一款第一项的规定，判决如下：

驳回上诉，维持原判。

【法官后语】

人民法院在审理因同居关系产生的财产纠纷案件时，需从共有的概念出发，综合涉案情况具体分析。同居期间财产分割应遵循以下原则：双方共同所得的收入和购置的财产，视为共同财产。如果一方证明财产属个人所有的，应认定为个人财产。同居期间一方自愿赠送给对方的财物，可比照赠与关系处理。人民法院处理同居财产分割案件时，最大的难点是如何认定争议财产是否由双方共同购置，此处的共同应着眼于双方是否有共同购买的合意及共同出资的行为。

《中华人民共和国民法典》（以下简称《民法典》）第二百九十七条规定："不动产或者动产可以由两个以上组织、个人共有……"据此，共有是指两个以上的权利主体对同一物共同享有所有权的法律状态。在共有关系中，共同享有所有权的人为共有人，共有的不动产或者动产为共有物或共有财产。共有的发生往往是基于两个原因：一是基于身份关系，即基于法律的直接规定而产生共有关系，如基于夫妻关系而发生的夫妻双方对夫妻共同财产的共有，在遗产分割前基于继承人身份关系而发生的数名继承人对被继承的遗产的共有等。二是基于财产关系，即基于数名当事人具有共同的意思表示、共同目的而发生共有，如数人因共同出资购买某一财产而享有对该财产的共有等。

结合本案案情，史某与朱某之间并不存在产生共有的合意。首先，史某与朱某不存在必然发生共有的身份关系。史某与朱某系同居关系，与夫妻关系存在显著区别，夫妻关系是法律直接规定赋予共有权的特殊身份关系。《民法典》第一千零六十二条规定，夫妻在婚姻关系存续期间所得的下列财产，为夫妻的共同财产，归夫妻共同所有：（1）工资、奖金、劳务报酬；（2）生产、经营、投资的收益；（3）知识产权的收益；（4）继承或受赠的财产（但不包括遗嘱或赠与合同确定只归一方的财产）；（5）其他应当归夫妻共同所有的财产。该规定是以认定为夫妻共同财产为原则，认定为非夫妻共同财产为例外的，也就是说，基于夫妻关系这一身份关系，可以直接发生财产共有关系。而同居关系显然并非必然发生财产共有关系的后果，因此，同居期间购置的财产，仍需根据购买合意和出资情况来认定归属。而在史某与前妻离婚时，案涉房屋已登记在朱某一人名下，史某无法证明两人开始同居的时间，更无法证明案涉房屋系在双方同居期间购买。其次，史某无证据证明其与朱某之间有发生共有财产关系的合意。史某并无证据证明与朱某之间存在共同购买房屋的合意，也无证据证明在购买房屋时其存在共同出资的事实。购买房屋的合意理应在购买房屋时就已发生，而在最能够体现购买合意的签订合同、支付首付款等重要的环节节点时，史某并无任何证据证明自己曾参与其中。据此，无论是从身份关系，还是从财产关系，史某均无法证明案涉房屋系其与朱某共同出资购买。因此，结合房屋实际登记在朱某一人名下，且在同居长达10年期间，双方并未对房屋权属做过明确约定，也未对房屋权属提出过变更登记，最终法院认定史某诉称房屋属双方共同购置的事实依据不足，驳回了史某的诉讼请求。

编写人：江苏省宜兴市人民法院　董大友
江苏省宜兴市人民检察院　任脂

073　非婚生子女抚养费约定过高时的调整标准

——周某诉汤某胄抚养费案

【案件基本信息】

1. 裁判书字号

浙江省绍兴市中级人民法院（2019）浙06民终3633号民事判决书

2. 案由：抚养费纠纷

3. 当事人

原告（上诉人）：周某

被告（上诉人）：汤某胄

【基本案情】

原告母亲周甲与被告汤某胄于2016年年初相识，后以男女朋友身份交往，2017年10月左右开始同居，2018年11月20日生育周某。2018年8月8日，汤某胄出具《承诺书》一份，《承诺书》载明：因与周甲同居生活，现其已怀孕（至《承诺书》出具之日已怀孕26周），本人确认周甲所怀婴儿系本人所有，因本人尚有法定婚姻存在，本人对该事实予以确认，为补偿周甲及其腹中婴儿，承诺如下：1. 自《承诺书》出具之日起至周甲所生下婴儿满18周岁止，每月支付婴儿生活抚养费壹万元整，本人将共计支付款项贰佰壹拾陆万元整，款项于2018年8月31日前付清；2. 本人放弃对婴儿的抚养权、探视权，并承诺不再干扰周甲及小孩将来的日常生活；3. 本人自愿作出以上承诺内容，并确定将如实履行，如有违反上述承诺条款，自愿以月利息1%计算违反承诺利息。同日，汤某胄出具《付款承诺》一份，载明人民币贰佰壹拾陆万元整，具体付款明细如下：2018年8月8日付壹拾万元整，2018年8月15日付伍拾万元整，2018年8月31日付余款。

出具《承诺书》当日，被告汤某胄向诸暨市公安局报警，称周甲及周甲父母逼迫其书写《承诺书》。公安机关对相关人员（汤某胄、周甲、朱某英、周某银、石某、陈某、许某芳）制作了询问笔录。

2018 年 8 月，汤某胄起诉宣某华离婚纠纷一案，经本院调解结案，民事调解书确认：1. 汤某胄与宣某华离婚；2. 婚生女儿汤某蝶由宣某华抚养教育成人，汤某胄自 2018 年 8 月起至汤某蝶独立生活时止，每年支付抚养费 16000 元；3. 汤某胄一次性支付宣某华人民币 150000 元。

被告汤某胄原系银行客户经理，现亦在银行工作。根据被告提供的银行工资账单及其庭审陈述，其 2016 年 6 月至 12 月的工资收入约 50000 元，2017 年 1 月至 12 月的工资收入约 75000 元，2018 年 1 月至 8 月工资收入约 40000 元。

被告汤某胄于 2016 年转账给周甲 100000 元，于 2019 年 1 月存入本院账户 20000 元［（2018）浙 0681 民初 12915 号，周甲起诉汤某胄同居关系抚养纠纷一案］。其中 20000 元款项周甲出具了收条一份，收条载明 20000 元为生产期间的补偿费用。

【案件焦点】

1. 涉案《承诺书》与《付款承诺》的效力问题；2. 原告主张的 216 万元抚养费是否应当予以支持。

【法院裁判要旨】

浙江省诸暨市人民法院经审理认为：父母对子女有抚养教育的义务，父母不履行抚养义务时，未成年或不能独立生活的子女，有要求父母给付抚养费的权利。非婚生子女享有与婚生子女同等的权利，不直接抚养非婚生子女的生父或者生母，应当负担子女的生活费和教育费直至子女能独立生活为止。汤某胄作为周某生父，应当依法承担支付原告抚养费的义务。根据原、被告之诉辩主张，本案争议焦点在于，原告主张的 216 万元抚养费是否应当予以支持。原告主张，汤某胄于 2018 年 8 月 8 日出具的《承诺书》与《付款承诺》，系其与周甲长时间协商，并经被告及其家人充分沟通的结果，并不存在胁迫的情形，系其真实意思表示，协议内容未违反法律规定，故被告应按照承诺履行支付抚养费。被告则认为《承诺书》和《付款承诺》系被告违背自愿原则情况下出具，且违反法律规定，应属无效，理由：1. 该《承诺书》和《付款承诺》系被告受到周甲及家人威胁、胁迫，违背真实意思的情况下出具，被告出具《承诺书》后立即报警即能印证；2.《承诺书》和《付款承诺》的内容不符合法律规定，抚养费是子女生活、接受教育、医疗等费用，抚养费支付的前提是孩子出生，书写承诺时孩子尚未出生；3. 被告支付给婚生女儿的抚养费为每年 16000 元，而原告主张每月 10000 元，明显超出抚养费标准，子女之间应当平等，故原告抚养费应当等于或少于每年 16000 元。浙江省诸暨市人民法院经审查认为，公安机关的询问笔录不足以证明被告出具《承诺书》和《付款承诺》时存在被胁迫情形，且被告在出具《承诺书》时亦有律师在场，被告未向律师提出其人身自由及意思自由受到胁迫的相关言行表示，故对被告提出的该《承诺书》和《付款承诺》系在受胁迫情况下出具，且《承诺书》及《付款承诺》内容违背被告真实意思表示的抗辩意见，不予采纳。《承诺书》与《付款承诺》系被告为结束与周甲之间的男女关系，及解决周甲腹中胎儿今后的抚养问题而作出的承诺，系其经协商谈判后作出的真实意思表示，现胎儿已经出生即原告周某，故原则上被告应依照承诺履行。但抚养费的确定，亦应综合考虑子女的实际需要、父母双方的负担能力和当地的实际生活水平，再结合案件的实际情况，兼顾公平原则，综合予以确定，避免父母一方因承担明显过高的抚养费而陷入生活困难。被告汤某胄虽然向法院提供了2016年至2018年8月的工资清单，但其未提供2018年8月之后的收入状况，结合其目前仍在银行机构从业的事实，抚养费金额的确定应参考该行业（金融业）的平均收入水平因素。综上，综合考虑原告居住地浙江省诸暨市的消费水平、原告母亲周甲的抚养能力、被告从事行业的收入水平以及被告尚需抚养另一婚生女儿汤某蝶等，浙江省诸暨市人民法院对《承诺书》约定的抚养费金额酌情予以调整为每月4000元，即每年48000元，该抚养费包括生活费、医疗费、教育费。抚养费支付期限的确定问题，根据法律规定，抚养费原则上应定期给付，有条件的可一次性给付。现有证据不足以证明被告有一次性支付的能力，故酌情分期定期支付，综合考虑子女的实际需要与日常开支状况以及被告的支付能力，在不损害子女利益的情况下，酌定每年一付。被告抗辩其在浙江省诸暨市人民法院审理的周甲起诉被告的另一案件中，已支付20000元，但原告否认系用于支付抚养费，被告亦未证明该款项的性质系用于支付抚养费，故在本案中不作处理。被告主张的2016年支付的100000元款项，因发生在双方同居关系期间，与本案无关联，故在本案中不作处理。原告诉请要求被告支付的逾期利息，因抚养费系基于身份关系而产生的，故该诉请无法律依据，不予支持。

浙江省诸暨市人民法院依照《中华人民共和国婚姻法》第二十一条、第二十五条，《最高人民法院关于适用〈中华人民共和国婚姻法〉若干问题的解释（一）》第二十一条，《最高人民法院关于人民法院审理离婚案件处理子女抚养问题的若干具体意见》第七条、第八条、第十一条规定，判决如下：

一、被告汤某胄应支付原告周某自2018年11月20日起至原告18周岁止的抚养费每年48000元，款项定于每年的10月1日前付清；

二、驳回原告周某的其他诉讼请求。

周某、汤某胄不服一审判决，提出上诉。浙江省绍兴市中级人民法院经审理认为：一、关于《承诺书》与《付款承诺》的效力问题。(一) 上诉人汤某胄主张周甲通过拿走其车钥匙与手机、威胁发朋友圈、不让其睡觉等方式胁迫其签订《承诺书》与《付款承诺》。本院认为，汤某胄在公安机关分别制作三次询问笔录，其中2018年8月14日的询问笔录陈述“（限制人身自由的）其他具体行为是没有的，一方面就是周甲将我的车钥匙和手机拿走了，然后就是周甲她们口头上说要我不要离开，一定要将事情协商好才能走；另一方面就是我考虑到如果事情谈不好，周甲她们就回去找我父母、发朋友圈，我也怕将事情的影响弄大，我就想自己将事情跟她们妥善地协商好”，上述情形尚未达到被“胁迫”的程度。原审法院对汤某胄主张受胁迫而签订《承诺书》与《付款承诺》的抗辩不予采纳并无不当，予以支持。(二) 上诉人汤某胄主张《承诺书》与《付款承诺》的内容违反法律规定。浙江省绍兴市中级人民法院认为，《承诺书》出具时，周甲腹中胎儿即周某已26周，胎儿情况基本稳定，周甲与汤某胄此时考虑胎儿出生抚养问题亦属合理。2018年11月20日周某出生，汤某胄应按照承诺履行协议。二、抚养费金额问题。汤某胄主张抚养费金额应调整为16000元/年，与婚生女汤某蝶的抚养费标准相同。浙江省绍兴市中级人民法院认为，汤某蝶的抚养费金额，系汤某胄与宣某华双方协商调解确认，与本案的审理并无关联。周某主张抚养费按照承诺书中10000元/月之标准，但原审法院考虑到汤某胄的收入状况及负担能力，结合子女实际需要、当地实际生活水平及案件实际情况，在兼顾公平原则的情况下酌情调整周某的抚养费为4000元/月，并无不当，予以照准。周某虽主张汤某胄的中国银行、诸暨农村商业银行交易流水明细可证明汤某胄具有支付每月10000元抚养费及一次性给付的经济能力，但《最高人民法院关于人民法院审理离婚案件处理子女抚养问题的若干具体意见》规定，抚育费应定期给付，有条件的可一次性给付；同时考虑到汤某胄从事银行工作，上述证据亦不足以证明汤某胄有每月支付10000元及一次性支付的能力，原审法院判决抚养费每年一付亦无不当，予以确认。

浙江省绍兴市中级人民法院依照《中华人民共和国民事诉讼法》第一百七十条第一款第一项之规定，判决如下：

驳回上诉，维持原判。

【法官后语】

双方对抚养费的约定明显过高，且一方提出异议时，法院应综合考量抚养人的收入状况、负担能力，被抚养人的实际需求以及当地生活消费水平和案件具体情况，在兼顾公平原则的前提下进行调整。

本案系同居分手协议中对非婚生胎儿抚养费约定过高而引发的纷争。针对司法实践中的类似案件，以下三个问题应予以关注。

一、同居分手协议的效力问题

同居分手协议是一类比较特殊的合同，我们不应一概认定无效，需区别情况不同对待。处理该类协议时，在不违反法律法规强制性规定的前提下，我们既要坚持公序良俗原则，更要保护好妇女儿童和当事人的合法权益，对双方签订协议时的动机以及签订的协议条款内容进行综合考量。例如本案所涉的同居分手协议即被告汤某胄出具的《承诺书》，其主要内容系对当时周甲腹中胎儿即本案原告周某抚养费的约定，对于该类约定有其合理合法之处，在金额符合社会大众所能接受的一般道德行为标准时，法官可在一定合理范围内作出裁判。故针对该类情况，我们不能为了单纯惩罚婚外同居行为，而损害非婚生子女的合法权益，这样才是法律应有价值的体现。

二、非婚生胎儿的权利

《中华人民共和国民法典》第一千零七十一条规定“非婚生子女享有与婚生子女同等的权利，任何组织或者个人不得加以危害和歧视。不直接抚养非婚生子女的生父或者生母，应当负担未成年子女或者不能独立生活的成年子女的抚养费”。本案《承诺书》出具时，虽被抚养人尚为胎儿，不具备民事权利能力，但该《承诺书》可视为附条件的合同，当胎儿出生时条件即成就，原告周某即享有与婚生子女同等的权利，这亦符合《中华人民共和国民法典》新增第十六条“涉及遗产继承、接受赠与等胎儿利益保护的，胎儿视为具有民事权利能力。但是，胎儿娩出时为死体的，其民事权利能力自始不存在”之规定精神。

三、抚养费约定过高时能否进行调整

关于抚养费确定的标准，《最高人民法院关于人民法院审理离婚案件处理子女抚养问题的若干具体意见》第七条规定：“子女抚育费的数额，可根据子女的实际需要、父母双方的负担能力和当地的实际生活水平确定。有固定收入的，抚育费一般可按其月总收入的百分之二十至百分之三十的比例给付。负担两个以上子女抚育费的，比例可适当提高，但一般不得超过月总收入的百分之五十。无固定收入的，抚育费的数额可依据当年总收入或同行业平均收入，参照上述比例确定。有特殊情况的，可适当提高或降低上述比例。”故在当事人事先未对抚养费进行约定时，法院在审理裁判中可参照以上标准进行确定。但当双方当事人约定明显高于上述标准，且支付抚养费一方可能会因承担该明显过高的抚养费而陷入生活困难时，法院应综合考量支付方提出的异议，结合具体案情进行合理调整。抚养费的支付既要保障被抚养人的合法权益，亦不能损害抚养人的合法权益，这才是我们法律追求的公平正义之理念。

编写人：浙江省诸暨市人民法院　严周菲　李冠军

074 同居期间取得的财产的所有权认定，应以尊重双方当事人意思自治为原则

——陈某秀诉徐某艳执行异议之诉案

【案件基本信息】

1. 裁判书字号

江西省赣州市于都县人民法院（2019）赣 0731 民初 1626 号民事判决书

2. 案由：执行异议之诉

3. 当事人

原告：陈某秀

被告：徐某艳

第三人：丁某胜

【基本案情】

陈某秀与丁某胜自 2004 年起恋爱同居，2014 年 12 月双方协议解除同居关系，并约定了非婚生子女的抚养，明确无共同财产。同居期间，陈某秀于 2012 年 6 月 2 日与江西房地产开发公司（以下简称公司）签订了商品房买卖合同，公司将其开发的某房屋卖给陈某秀，房屋预告登记及合同备案载明案涉房屋的权利人为陈某秀，

该房屋于2018年12月20日办理了不动产权证书，属陈某秀单独所有，丁某胜同时支付了部分购房款。执行法院在执行申请人徐某艳与丁某胜债务转移合同纠纷一案时，依徐某艳申请，于2019年1月8日裁定查封案涉房屋，陈某秀提出执行异议。法院经审查认为，该房产属陈某秀、丁某胜同居期间一般共有财产，尚不确定丁某胜的个人价值份额，故驳回执行异议。陈某秀不服，提起诉讼。

【案件焦点】

1. 陈某秀在同居期间购置的并登记于其名下的房屋，丁某胜对房屋的取得亦有一定贡献，该房屋能否认定为共有财产；2. 双方在解除同居关系时，自行协商财产所有权的归属，能否阻却执行。

【法院裁判要旨】

江西省赣州市于都县人民法院经审理认为，民法典物权编确立的物权公示公信原则，指物权的设立、变动必须依据法定的公示方法予以公开，使第三人能够及时了解物权的变动情况。通过法定的公示方法所公示的权利状态，相对人有合理的理由相信其为真实状态，并与登记权利人进行交易，对此种信赖利益法律应当予以保护。案涉房屋系丁某胜和陈某秀同居期间购置，商品房买卖合同和收据均显示由陈某秀个人购房，且已登记为陈某秀单独所有，其物权设立与不动产权证一致，符合公示公信原则的规定，依法应予保护。《最高人民法院关于人民法院民事执行中查封、扣押、冻结财产的规定》第二条第三款规定，对于第三人占有的动产或者登记在第三人名下的不动产、特定动产及其他财产权，第三人书面确认该财产属于被执行人的，人民法院可以查封、扣押、冻结。第十四条第一款、第二款规定，对被执行人与其他人共有的财产，人民法院可以查封、扣押、冻结，并及时通知共有人。共有人协议分割共有财产，并经债权人认可的，人民法院可以认定有效。查封、扣押、冻结的效力及于协议分割后被执行人享有份额内的财产。登记于陈某秀名下的案涉房屋，虽系陈某秀与丁某胜同居期间购置，但属陈某秀单独所有，陈某秀并不认同丁某胜享有共有权，且其未书面确认该房屋属于丁某胜。同居生活期间双方共同所得的收入和购置的财产，按一般共有财产处理。这一规定精神旨在解决财产争议归属时应当适用的规则，但同居当事人自行商定处分不违反意思自治原则。陈某秀与丁某胜协议解除同居关系时（案件执行前）即已明确无共同财产，尽管丁某胜同居期间或解除关系后事实上支付了购置房产的部分房款，但双方已确定房产归陈某秀单独所有，表明丁某胜并非该房产的共有人，更不享有财产份额，推定丁某胜对该房产享有共有权或物权期待权，于法无据，执行中查封非丁某胜责任财产的案涉房屋不当。

综上所述，本院判决如下：

申请人徐某艳与被执行人丁某胜债务转移合同纠纷执行案中，不得执行属原告陈某秀单独所有的某房屋。

判决后，双方当事人均未上诉，本判决现已生效。

【法官后语】

近年来，屡屡发生在债权人申请执行债务人房产时，案外人根据离婚协议或同居协议约定，主张其对房产享有权利，提出执行异议。然而，同居关系双方当事人不存在婚姻关系这一事实基础，对同居期间一方当事人取得的财产，不能当然地认定为夫妻共同财产，从而推定以夫妻共同财产的规定作出处理。

本案中，陈某秀在同居期间购置的并登记于其名下的房屋所有权认定问题，应当综合考虑：

首先，根据物权公示公信原则，不动产物权的设立、变更、转让和消灭，未经登记不发生法律效力，物权具有公示公信力，对房屋产权的认定应以登记为准。本案中，陈某秀于2012年6月2日与公司签订了商品房买卖合同，房屋预告登记及合同备案载明的权利人为陈某秀，商品房买卖合同和收据均显示由陈某秀个人购房，且已登记为陈某秀单独所有的房产，其物权设立与不动产权证一致，符合公示公信原则的规定，首先应认定为陈某秀个人财产。

其次，同居期间的财产分割按一般共有财产处理[①]，必须具备以下两个条件：一是必须为同居期间所得的财产；二是必须依法归双方共同所有的财产，法律规定归一方所有的财产，或者双方约定归各自所有的财产，不属于共同财产。这一规定精神旨在解决财产争议归属时应当适用的规则，同居当事人自行商定处分的，应以尊重双方当事人意思自治为原则。陈某秀与丁某胜于2014年12月协议解除同居关系，并明确无共同财产，该协议系双方解除同居关系时对财产处置的约定，未违反法律、行政法规的强制性规定，对双方均具有约束力，尽管丁某胜同居期间或解除关系后事实上支付了购

---

① 该财产分割原则系依据《最高人民法院关于人民法院审理未办结婚登记而以夫妻名义同居生活案件的若干意见》第十条“解除非法同居关系时，同居生活期间双方共同所得的收入和购置的财产，按一般共有财产处理”的规定，但民法典施行后，该规定废止，可按照《中华人民共和国民法典》第三百零八条规定“共有人对共有的不动产或者动产没有约定为按份共有或者共同共有，或者约定不明确的，除共有人具有家庭关系等外，视为按份共有”和第三百零九条规定“按份共有人对共有的不动产或者动产享有的份额，没有约定或者约定不明确的，按照出资额确定；不能确定出资额的，视为等额享有”处理。需说明的是，本案并未适用上述法律条款，而是根据意思自治原则确定案涉财产归一方所有，不存在新旧法衔接问题。本案系民法典施行前的法律事实引起的民事纠纷案件，应当适用当时的法律、司法解释的规定。

置房产的部分房款，但双方已确定房产归陈某秀单独所有，表明丁某胜并非该房产的共有人，更不享有财产份额，推定丁某胜对该房产享有共有权或物权期待权，于法无据。

最后，从协议是否具有非法目的来看，陈某秀与丁某胜于2014年12月解除同居关系，徐某艳于2019年1月申请查封涉案房产，从时间来看，协议签订时间远远早于案件执行，不存在双方恶意串通逃避债务的非法目的。因此，该协议能够阻却法院执行。

根据《最高人民法院关于适用〈中华人民共和国民事诉讼法〉执行程序若干问题的解释》第十五条规定①，对执行标的主张所有权或者有其他足以阻止执行标的转让、交付的实体权利的案外人，有权利提出执行异议。综上所述，陈某秀有权对查封该房屋的执行裁定提出异议，不得执行属原告陈某秀单独所有的案涉房屋。

编写人：江西省赣州市于都县人民法院　伍兴发　姚萍

075　同居期间财产分割处理

——游某（男）诉游某（女）同居关系析产案

【案件基本信息】

1. 裁判书字号

四川省广安市邻水县人民法院（2018）川1623民初2539号民事判决书

2. 案由：同居关系析产纠纷

---

① 该规定已修正为《最高人民法院关于适用〈中华人民共和国民事诉讼法〉执行程序若干问题的解释》（2020年修正）第十四条。

3. 当事人

原告：游某（男）

被告：游某（女）

【基本案情】

游某（男）与游某（女）于2016年春节期间相识后开始交往，并于2018年2月11日按照农村习俗举行婚礼，同年6月6日生育一子游某某。游某（女）于2016年4月17日以个人名义在重庆市认购了重庆市某某房地产开发有限公司开发的位于重庆市巴南区渝南大道某地的商品房一套，同日由游某（男）通过平安银行信用卡和招商银行信用卡共计转账20000元以交付购房定金，同年5月10日游某（男）通过中国民生银行信用卡、兴业银行信用卡、平安银行信用卡共计转账51007.76元（其中10000元系被告游某（女）转账至原告游某（男）银行卡上）以交付购房首付款。游某（女）与重庆市某某房地产开发有限公司签订商品房买卖合同后，以所购房屋作为抵押与中国建设银行股份有限公司重庆市分行签订了借款210000元的按揭贷款合同，从2016年7月28日起原、被告共同出资还贷。2018年7月29日，游某（男）与游某（女）共同通过房屋中介机构将所购重庆市巴南区渝南大道某地的商品房以600000元的价格出售给买主谢某华，买主谢某华通过手机和银行转账的方式先后支付给游某（女）20000元定金、200000元还贷款和380000元购房尾款，后游某（女）一次性还清银行贷款170000余元，并于2018年8月27日、2018年8月28日、2018年9月2日、2018年9月4日分别通过微信和手机向游某（男）转账共计35000元，目前尚余卖房款394000元在游某（女）处。

【案件焦点】

同居生活期间双方共同收入购置的财产如何处理。

【法院裁判要旨】

四川省广安市邻水县人民法院经审理认为：游某（男）与游某（女）相识交往后以共同生活为目的而购置房屋，在相互交往和同居生活期间，虽然游某（女）以个人名义购房并经不动产登记为个人单独所有，但游某（男）交付定金和大部分首付款，并在购得房屋后与游某（女）共同还贷和共同出卖房屋，故游某（男）与游某（女）所购置房屋应按一般共有财产进行处理。本案基于游某（男）与游某（女）在同居生活期间生育非婚生子的特殊家庭关系，在双方共同出资、共同还贷和共同出卖房屋的情况下，游某（男）与游某（女）共同出卖房屋所得价款余额 394000 元应按共同共有进行处理，由游某（男）与游某（女）各自享有 50% 的份额。游某（男）要求按照购房出资比例分割同居期间共同财产的诉讼请求于法无据，本院不予支持。游某（女）辩称所购房屋系个人财产及游某（男）所交付的定金和首付款均系赠与行为的意见，因游某（女）所提供证据不足以证明其主张的事实，且于法无据，本院不予采纳。

四川省广安市邻水县人民法院依照《中华人民共和国物权法》第一百零三条，《最高人民法院关于适用〈中华人民共和国婚姻法〉若干问题的解释（一）》第五条第二项，《最高人民法院关于适用〈中华人民共和国婚姻法〉若干问题的解释（二）》第一条第二款，《最高人民法院关于人民法院审理未办结婚登记而以夫妻名义同居生活案件的若干意见》第十条和《中华人民共和国民事诉讼法》第六十四条第一款的规定，判决如下：

限游某（女）于本判决生效之日起三十日内给付游某（男）共同出卖房屋所得价款余额的一半即人民币197000元。

判决后，双方当事人均未上诉，本判决现已生效。

【法官后语】

本案判决于2018年，原、被告双方未办理结婚登记而共同生活，发生在1994年2月1日之后，认定为同居关系。非婚同居期间的财产关系既不同于婚姻关系存续期间的财产关系，也不同于一般的合伙关系；既不能按照婚姻法的有关规定处理，也不宜按照民法中有关合伙财产的关系处理。

一方面，《最高人民法院关于人民法院审理未办结婚登记而以夫妻名义同居生活案件的若干意见》（以下简称《若干意见》）第十条规定：解除非法同居关系时，同居生活期间双方共同所得的收入和购置的财产，按一般共有财产处理。《中华人民共和国物权法》第一百零三条规定：共有人对共有的不动产或者动产没有约定为按份共有或者共同共有，或者约定不明确的，除共有人具有家庭关系等外，视为按份共有。同居关系，具有法定婚姻的某些特点，虽然两者性质不同，夫妻共同财产具有人身关系属性，同居期间购置的财产类似合伙投资性质，但又不能完全简单地按照多劳多得、少劳少得予以处理。

另一方面，同居期间的财产虽然登记在某个人名下，但不能简单地认为以个人名义购房并经不动产登记为个人单独所有，产权即为该登记名义人所有，应考虑到双方的出资情况。并且《若干意见》第八条规定：具体分割财产时应照顾妇女、儿童的利益，考虑财产的实际情况和双方的过错程度，妥善分割，应根据对共同财产的贡献大小、出资比例等多方面因素综合考虑，妥善处理。本案中游某（男）与游某（女）在同居生活期间生育非婚生子的特殊家庭关系，在双方共同出资、共同还贷和共同出卖房屋的情况下，为保护双方的合法权益，本案同居关系宜参照适用夫妻共同财产的处理原则来处理同居期间购置的共同财产。这主要是出于公平原则的考虑。

公平原则是指在民事活动中以利益均衡作为价值判断标准，在民事主体之间发生利益关系摩擦时，以权利和义务是否均衡来平衡双方的利益。公平原则是民法的最高原则，在与其他原则的关系上，公平原则起着指导和统率的作用。公平原则通常情况下在普遍民事法律规则中已有反映，但它不仅通过权利、义务的一般规则加以贯彻，还通过对处理结果上不公平的民事关系的一些特别规则加以贯彻。

2021年1月1日起施行的《中华人民共和国民法典》，废止了《中华人民共和国婚姻法》《中华人民共和国物权法》等，同时制定了《最高人民法院关于适用〈中华人民共和国民法典〉婚姻家庭编的解释（一）》（以下简称《解释（一）》）。《解释（一）》规定1994年2月1日民政部《婚姻登记管理条例》公布实施以后，男女双方符合结婚实质要件的，人民法院应当告知其补办结婚登记。未补办结婚登记的，当事人提起诉讼仅请求解除同居关系的，人民法院不予受理。当事人因同居期间财产分割或者子女抚养纠纷提起诉讼的，人民法院应当受理。相较于《最高人民法院关于适用〈中华人民共和国婚姻法〉若干问题的解释（一）》第五条第二项规定1994年2月1日民政部《婚姻登记管理条例》公布实施以后，男女双方符合结婚实质要件的，人民法院应当告知其在案件受理前补办结婚登记；未补办结婚登记的，按解除同居关系处理有所不同。

编写人：四川省广安市邻水县人民法院　张娟

076 同居期间双方共同收入和购置的财产按共有财产处理，但一方有证据证明财产属个人的除外

——陆某开诉曾某秋同居关系析产案

【案件基本信息】

1. 裁判书字号

广西壮族自治区崇左市中级人民法院（2017）桂14民终第1008号民事判决书

2. 案由：同居关系析产纠纷

3. 当事人

原告（上诉人）：陆某开

被告（被上诉人）：曾某秋

【基本案情】

原、被告于2011年认识，在未办理结婚登记手续情况下于2011年至2016年同居，双方自2017年1月发生矛盾后分居生活至今。起诉前，原、被告之间的同居关系已自行解除。同居期间，2013年被告出钱给原告学车，2014年被告跟朋友借钱买了一辆面包车给原告开，但开了一年，因原告没拿钱给被告还借款，于是2015年被告将车卖了。2013年的时候被告本来想与原告登记结婚，但双方到民政局的时候才发现原告的户口本记录有已婚的内容，原告说是记录错误，可以回去改。2016年被告又叫原告回去改户口记录，原告没有答应。至此，被告不再信任原告，于是于2016年8月被告向原告提出分手，原告提出要2万元，双方于2017年1月22日签了分手协议，被告当场交付2万元给原告。

【案件焦点】

1. 原、被告同居期间有何共同财产；2. 如何分割。

【法院裁判要旨】

凭祥市人民法院经审理认为，关于原、被告同居期间有何共同财产，如何分割问题，因经庭审查明，双方于 2017 年签订了分手协议，协议约定被告补偿原告 2 万元精神补偿费，没有其他财产纠葛。另查明，双方于 2011 年至 2016 年同居期间，虽然购置 10 件套大富贵沙发一套、一台小米电视机，但被告均有证据证明是其个人财产，故对原告主张分割该财产不予支持。对原告分割两台空调的主张，因原告没能提供证据证明，故不予支持。对原告分割案外人曾某兰存款 223800 元的主张，因查，被告是帮案外人曾某兰打工，该存折与被告无关，故不予支持。综上所述，依照《中华人民共和国民法通则》第七十一条，《中华人民共和国民事诉讼法》第六十四条第一款的规定，判决如下：

驳回原告陆某开的诉讼请求。

原告不服，提起上诉。

崇左市中级人民法院经审理认为，上诉人陆某开主张同居期间的大富贵沙发一套、小米电视机一台及空调二台为其与被上诉人共同购买，但未能提供相关证据证明，而被上诉人提供收据、发票等证据证明上述物品为其和儿子购买，因此，对于上诉人请求分割上述财物本院不予支持。对于上诉人陆某开提出的对经营生鸡摊点获得的 223800 元存款进行分割的主张，因其缺乏相关证据支持，故对上诉人该请求本院不予支持。再者，上诉人与被上诉人于 2017 年 1 月 22 日签订分手协议书，协议内容没有涉及共同财产分割问题。由此，本院推定双方在签订分手协议时，没有就同居共同财产分割问题发生纠纷，双方也没有同居共同财产需要分割。至于上诉人提出一审法院审判程序违法，本院经审查并未发现一审法院程序违法的情形。综上所述，上诉人陆某开请求改判的理由不能成立，依法不予支持。一审判决认定事实清楚，适用法律正确，程序合法，依法应予维持。依照《中华人民共和国民事诉讼法》第一百七十条第一款第一项之规定，判决如下：

驳回上诉，维持原判。

【法官后语】

《中华人民共和国民法典》（以下简称《民法典》）及《最高人民法院关于适用〈中华人民共和国民法典〉婚姻家庭编的解释（一）》于2021年1月1日起施行，本案同居关系析产纠纷及案件裁决系发生在《民法典》颁布施行之前，因此本案适用《民法典》施行前的法律、司法解释规定。审理该类纠纷案件适用法律的问题，应依据《最高人民法院关于适用〈中华人民共和国民法典〉时间效力的若干规定》选择适用。

《最高人民法院关于适用〈中华人民共和国婚姻法〉若干问题的解释（一）》第五条第二项规定，未按婚姻法规定办理结婚登记而以夫妻名义共同生活的男女起诉要求离婚的，在1994年2月1日以后，男女双方符合结婚实质要件的，未补办婚姻登记的按解除同居关系处理。

没有配偶的男女双方未办理结婚登记而以夫妻名义共同生活形成的同居关系，对于该同居关系期间共同财产的认定和分割，目前法律没有明确规定。1989年12月13日最高人民法院颁布的《关于人民法院审理未办结婚登记而以夫妻名义同居生活案件的若干意见》曾明确未办结婚登记手续即以夫妻名义同居生活，起诉时符合结婚要件的按事实婚姻处理，同居时不符合结婚的法定条件按非法同居关系处理。该意见第十条规定："解除非法同居关系时，同居生活期间双方共同所得的收入和购置的财产，按一般共有财产处理……"此处是对非法同居期间财产的认定和处理，未按婚姻法规定办理结婚登记而以夫妻名义共同生活的"同居"不符合解释中"非法同居"的定义。《中华人民共和国婚姻法》第十二条规定的"无效或被撤销的婚姻，自始无效……同居期间所得的财产，由当事人协议处理；协议不成时，由人民法院根据照顾无过错方的原则判决……"及《最高人民法院关于适用〈中华人民共和国婚姻法〉若干问题的解释（一）》第十五条规定的"被宣告无效或被撤销的婚姻，当事人同居期间所得的财产，按共同共有处理。但有证据证明为当事人一方所有的除外"。2021 年 1 月 1 日起施行的《民法典》第一千零五十四条规定："无效的或者被撤销的婚姻自始没有法律约束力，当事人不具有夫妻的权利和义务。同居期间所得的财产，由当事人协议处理；协议不成的，由人民法院根据照顾无过错方的原则判决……"及《最高人民法院关于适用〈中华人民共和国民法典〉婚姻家庭编的解释（一）》第二十二条规定："被确认无效或者被撤销的婚姻，当事人同居期间所得的财产，除有证据证明为当事人一方所有的以外，按共同共有处理"，虽然都提及了同居关系财产的处理，但也仅是针对无效的或者被撤销的婚姻形成的同居期间所得财产规定，并没有包括未办理结婚登记而形成同居关系的情形。

同居关系期间的收入和购置的财产如何处理呢？现行的法律对于没有配偶的男女同居不再干预，也不受法律保护，所以以解除同居关系为由向法院起诉的，不予受理；但以同居期间财产纠纷起诉的，应当受理，这是因为财产关系是受法律保护的。笔者认为，没有配偶的男女未办理登记而以夫妻名义生活形成的同居关系，其间所购置的财产和获得的收入应根据《最高人民法院关于适用〈中华人民共和国民法典〉时间效力的若干规定》选择适用婚姻法或民法典及相关司法解释关于“同居”期间财产处理的规定，并结合2015年发布的《最高人民法院12月4日公布婚姻家庭纠纷典型案例》及《民法典》颁布后的婚姻家庭典型案例要旨进行处理，即对于未办理婚姻登记而以夫妻名义同居生活的，同居期间双方共同所得的收入和购置的财产，按一般共有财产处理。但是如果一方有证据证明财产是其个人的，则该财产不能简单认定为共同财产进行处置，应根据实际情况如同居时间、同居收入分配、有无过错、解除同居关系时的约定等情况进行判定。

编写人：广西壮族自治区凭祥市人民法院　孙嘉丽

077　推定亲子关系成立时的“必要证据”如何理解

——蔡某甲诉蔡某乙同居关系子女抚养案

【案件基本信息】

1. 裁判书字号

广东省广州市海珠区人民法院（2017）粤0105民初第8053号民事判决书

2. 案由：同居关系子女抚养纠纷

3. 当事人

原告：蔡某甲

被告：蔡某乙

【基本案情】

蔡某甲生育女儿蔡某丙后，起诉要求确认蔡某丙归其携带抚养，蔡某乙每月承担支付抚养费的义务。对此蔡某乙不确认蔡某丙是其亲生女儿。蔡某甲申请对蔡某丙与蔡某乙之间是否存在血缘关系进行亲子鉴定，蔡某乙表示拒绝配合鉴定。

蔡某甲称其与蔡某乙于2016年5月至2017年2月同居，其间多次发生性关系。蔡某甲提供多张照片显示其与蔡某乙有同睡一床、互相亲吻等亲密行为。蔡某甲提供其与微信号为“CXX”的人的微信聊天记录，内容包括“CXX”与其约定备孕、其怀孕后“CXX”对其腹中胎儿表示关爱等，其中2017年2月12日“CXX”对蔡某甲称其已经喜欢上别的女人，对于胎儿要不要生下来由蔡某甲决定，若蔡某甲决定要生则孩子的抚养由其负责到底。蔡某甲提供手机短信证明手机号13××××××66的用户于2017年6月向其发短信称，其一直让蔡某甲终止妊娠，但蔡某甲执意不听，其不想跟这个事情有任何瓜葛。蔡某乙对上述证据均不予确认，仅确认13××××××66手机号由其使用，但不确认该短信是其发送。

庭审中，法院要求蔡某乙提供手机给合议庭查看，但蔡某乙表示拒绝提供。法院向深圳市腾讯计算机系统有限公司查询，该公司回函称“CXX”的绑定手机号为13××××××66。对此蔡某乙表示虽然该手机号是其使用的手机号，但仍不能证明该微信号是其使用的微信号。

【案件焦点】

1. 蔡某甲提供的证据是否属于可推定确认亲子关系的“必要证据”；2. 可否据此推定蔡某乙与蔡某丙属亲生父女关系。

【法院裁判要旨】

广东省广州市海珠区人民法院经审理认为：根据蔡某甲提供的微信聊天记录及短信记录，可以证实蔡某甲、蔡某乙在2016年5月至2017年2月期间同居、发生性关系，且蔡某乙对蔡某甲的怀孕表示高兴和关怀，随后蔡某乙移情别恋，但同意负担蔡某甲子女的抚养责任等事实。根据《最高人民法院关于适用〈中华人民共和国婚姻法〉若干问题的解释（三）》第二条第二款“当事人一方起诉请求确认亲子关系，并提供必要证据予以证明，另一方没有相反证据又拒绝做亲子鉴定的，人民法院可以推定请求确认亲子关系一方的主张成立”的规定，在蔡某甲已提供必要证据证明蔡某丙与蔡某乙可能存在亲子关系的情况下，鉴于蔡某乙没有相反证据又拒绝做亲子鉴定，故法院推定蔡某甲的主张成立。

蔡某乙以蔡某甲没有提供充分证据确认其与蔡某丙存在亲子关系为由否认亲子关系的存在。对此，法院分析认为，民事审判的证明力大小，并非如刑事审判需要达到排除合理怀疑的程度，只要达到存在高度盖然性即可。具体至本案，蔡某甲提供的微信聊天记录可确认是蔡某乙使用的手机号码注册的微信号发送，蔡某甲提供的短信可确认是蔡某乙使用的手机号码发送，即相关微信及短信由蔡某乙发送的可能性极高，已达到高度盖然性，可据此认定事实存在。蔡某乙对微信聊天记录及短信记录予以否认，但蔡某乙在庭审中又拒绝提供其手机给合议庭查阅，即蔡某乙并未能提供证据否定蔡某甲提供的微信聊天记录及短信记录，应承担举证不能的不利后果。在蔡某乙未举证的情况下应不采纳蔡某乙的否定意见。

就民事审判的举证责任分配而言，举证责任处于动态平衡的状态。蔡某甲提出的主张应由蔡某甲提供证据予以证实，但在蔡某甲已提供必要证据证明其主张的事实可能存在的情况下，举证责任则从蔡某甲处转移至蔡某乙处，应由蔡某乙提供相反证据予以反驳。在认定相关微信及短信由蔡某乙发送的情况下，可以据此认定蔡某甲、蔡某乙同居、发生性关系、蔡某乙对蔡某甲的怀孕表示关切等事实。此时如前所述，是否存在亲子关系的举证责任已从蔡某甲处转移至蔡某乙处。故依据上述法律规定，应认定蔡某乙与蔡某丙存在亲子关系。因此，法院对蔡某乙上述抗辩意见不予采纳。

综上所述，依照《中华人民共和国婚姻法》第二十五条，《最高人民法院关于适用〈中华人民共和国婚姻法〉若干问题的解释（三）》第二条第二款，《最高人民法院关于人民法院审理离婚案件处理子女抚养问题的若干具体意见》第一条、第七条规定，判决如下：

一、蔡某丙由原告蔡某甲携带抚养；

二、被告蔡某乙自本判决书生效之日起七日内，按每月 2500 元的标准向原告蔡某甲支付自 2017 年 8 月起至本判决生效之月期间的蔡某丙的抚养费用；

三、被告蔡某乙自本判决书生效之日的次月起，每月向原告蔡某甲支付 2500 元作为蔡某丙的抚养费，至蔡某丙年满 18 周岁时止。

蔡某乙曾对上述判决不服而提起上诉，但因蔡某乙未按广州市中级人民法院的传票传唤按时到庭参加诉讼，该院于 2018 年 3 月 12 日作出（2018）粤 01 民终第 720 号民事裁定书，裁定该案按蔡某乙撤回上诉处理，一审判决自该裁定书送达之日起发生法律效力。

【法官后语】

由于亲子鉴定在采集检材时需要当事人配合，因此法院在民事审判实践中经常遇到另一方当事人拒绝配合进行亲子鉴定的情形。法院能否强制当事人进行鉴定，是审判实践中迫切需要解决的问题。《最高人民法院关于适用〈中华人民共和国民法典〉婚姻家庭编的解释（一）》第三十九条规定，父或者母向人民法院起诉请求否认亲子关系，并已提供必要证据予以证明，另一方没有相反证据又拒绝做亲子鉴定的，人民法院可以认定否认亲子关系一方的主张成立。父或者母以及成年子女起诉请求确认亲子关系，并提供必要证据予以证明，另一方没有相反证据又拒绝做亲子鉴定的，人民法院可以认定确认亲子关系一方的主张成立。根据该条法律规定，人民法院可以在另一方当事人拒绝配合亲子鉴定的情况下，通过推定的方式确认或者否认亲子关系。适用推定的前提，是申请亲子鉴定的一方已提供必要证据证明亲子关系可能存在或者不存在。故在审判实践中的难点，应属该“必要证据”如何认定。

一方面，亲子关系具有隐私属性，牵涉到性行为等隐私，举证难度较大。故法院应当充分考虑当事人的举证难度，不应拘泥于证据的形式，只要当事人提供的证据足以证实双方有发生性行为并孕育子女的可能性，就应认定已提供确认亲子关系的“必要证据”；同理，只要当事人提供的证据足以证明其不具备孕育子女的能力，或当时对方当事人有与他人发生性行为并孕育子女的可能性，就应认定已提供否定亲子关系的“必要证据”。另一方面，亲子鉴定涉及人身权利，涉及亲情的变化和家庭关系的稳定，故对于适用上述法律规定的“推定”应当慎重考虑，不能仅因当事人的怀疑而规定，不能将当事人提供的“怀疑”的证据认定为“必要证据”。理解上述法律规定的关键在于对主张亲子关系存在或不存在的当事人而言，其提供的证据可能不够充分，但必须能够形成合理证据链，达到足以转移举证责任的程度；其申请的亲子鉴定只是对其提供证据的一种补充或补强，而不是其主张的唯一证据。

具体至本案，蔡某甲提供微信聊天记录、短信聊天记录，均可在蔡某甲的手机中查看原始记录，足以证明聊天记录的真实性，故无须再通过公证等方式确认。蔡某乙否认聊天记录的真实性，但通过庭审自认和向腾讯公司查询，可以确认微信号和手机号的使用人为蔡某乙。蔡某乙未提供任何证据以否认聊天记录的真实性，应承担举证不能的不利后果。蔡某甲提供的聊天记录，足以证实其与蔡某乙有共同孕育子女的愿望，证明蔡某乙有认可蔡某甲腹中胎儿为自己子女的意思表示。上述聊天记录足以使法院相信可能确实存在双方共同生育蔡某丙的事实。因此蔡某甲提供的聊天记录，可以认定为确认亲子关系的“必要证据”。故结合蔡某乙拒绝配合亲子鉴定，又未能提供证据否认亲子关系，法院依据上述法律规定推定蔡某乙与蔡某丙之间存在亲子关系，合法合理。

综上，对于上述法律规定中的“必要证据”，不应理解为裁判者的主观臆断，而应指裁判者遵循现代自由心证原则，依照法定程序全面、客观审核证据，依据法律规定，遵循法官职业道德，运用逻辑推理和日常生活经验对证据进行综合判断，最终得出结论。

编写人：广东省广州市海珠区人民法院　曹子彦

（八）亲子关系纠纷

078 夫妻一方以欠缺血缘或基因联系为由在婚姻关系存续期间对合意委托代孕所生子女单独提起亲子关系否认之诉，不具有诉的利益

——周某某诉史某某其他婚姻家庭案

【案件基本信息】

1. 裁判书字号

上海市第二中级人民法院（2020）沪02民终5384号民事裁定书

2. 案由：其他婚姻家庭纠纷

3. 当事人

原告（上诉人）：周某某

被告（被上诉人）：史某某

【基本案情】

周某某、史某某系夫妻，双方于2013年4月28日登记结婚。2015年12月22日，史某某作为委托方（甲方），与代理方（乙方）、中介方（丙方）签订《代孕中心协议》，与代理方（乙方）签订《代孕协议》。上述两协议对代孕事宜进行了相关约定。

2016年12月9日，周甲、周乙在上海市某妇产科医院出生。2019年9月17日，经司法鉴定，支持周某某为周甲、周乙的生物学父亲。

审理中，史某某向法院表示，自己确实存在生育障碍，曾自体取卵并由他人提供孕母母体进行代孕未果。后周某某因考虑经济问题，遂用他人卵子与周某某精子培育胚胎，再通过其他孕母母体进行代孕，最终成功，由孕母生育周甲、周乙。

周某某诉称：周某某与史某某的夫妻关系濒临破裂，周某某是两个孩子生物学父亲，史某某与孩子没有基因联系，也未形成母子关系，有必要明确史某某和两个孩子之间不存在亲子关系，故起诉至法院。

【案件焦点】

夫妻一方以欠缺血缘或基因联系为由，在婚姻关系存续期间对合意委托代孕所生子女单独提起亲子关系否认之诉，是否具有诉的利益。

【法院裁判要旨】

上海市宝山区人民法院经审理认为：代孕在我国目前尚属于法律法规明令禁止行为。确认或否认亲子关系诉讼的前提是夫妻双方就亲子关系发生争议。周某某和史某某系夫妻关系，在婚姻关系存续期间，代孕系双方合意结果，周某某、史某某双方对于整个代孕过程及结果是知晓并认可的。现周某某要求确认史某某与周甲、周乙不存在亲子关系无诉的利益，对周某某、史某某双方目前已存的民事权益亦无实际影响，缺乏向法院主张依法处理的必要性，依照《中华人民共和国民事诉讼法》第一百二十二条、第一百五十七条第三项之规定，裁定：

驳回周某某的起诉。

周某某不服，提起上诉。

上海市第二中级人民法院认为，法律可以对代孕行为进行制裁，但因代孕而出生的孩子并不因制裁而消失。代孕子女应得到法律同等保护。亲子关系的认定是代孕子女法律地位认定的首要问题。但是亲子关系并不仅仅关涉父母双方之间的权利义务关系，更为重要的在于它直接关涉代孕子女包括身份认同等人格利益在内的众多权利。

就父母角度而言，一般情况下，子女的亲子关系可能因是否亲生而关涉父母的人格尊严等人格利益。但就本案而言，周某某、史某某共同选择代孕，即意味着对于代孕子女是否亲生的事实是完全明知且认同的。从诚实信用的民法基本原则及禁止反言的一般法理角度考虑，双方均不得再基于是否亲生的事实主张该种人格权益，否则即属于权利滥用。另外，亲子关系还是父母主张监护权、抚养子女等的前提。然而，亲子关系确认的该部分意义，就本案而言，并无启动诉讼的现实必要性。即，对周某某而言，其并没有不通过本案诉讼就无法保护的利益。正如周某某所述，其认为史某某的行为可能妨害他对亲生子女的抚养，对子女成长造成不良影响。但该种担忧实属因其与史某某婚姻关系产生矛盾而引发，可以通过双方修复婚姻关系或解除婚姻关系来一并解决。因此，一审法院以周某某要求确认史某某与周甲、周乙不存在亲子关系无诉的利益，裁定驳回周某某的起诉，并无不当。

上海市第二中级人民法院依照《中华人民共和国民事诉讼法》第一百七十七条第一款第一项、第一百七十一条作出终审裁定：

驳回上诉，维持原裁定。

【法官后语】

一、代孕语境下传统亲子关系认定规则的局限性

（一）分娩、血缘、养育产生分离

自然生育情形下，一个婴儿的分娩、血缘及养育的主体通常指向一致，故“分娩者为母”、婚生推定及一定条件下的否定规则，加上非婚生子女认领规则，可以解决绝大多数子女的父母确认问题。但代孕语境下，生育与性行为分离，分娩、血缘及抚养通常也相互割裂。如本案，对代孕之双胞胎而言，会产生血缘的、分娩的、出生后养育的三种不同类型“母亲”。

（二）生育意愿不再无意义

自然生育下的亲子关系认定，根本不用考虑男女双方是否有生育意愿。但代孕语境下，男女双方甚至一方的生育意愿，客观上主导了子女从受精卵到分娩出生的全过程。子女出生后，参与代孕的各方主体的意愿，如供卵者的抛弃、孕母的“遗弃”及意愿父母的积极养育都决定了子女抚养的实际状况。

二、关于亲子关系诉讼的新旧规则分析

（一）《中华人民共和国民法典》新规的价值

实践中，父母对与子女之间是否存在亲子关系产生异议的情形时有发生。关于亲子关系的确定或否认，《中华人民共和国民法典》（以下简称《民法典》）第一千零七十三条规定“对亲子关系有异议且有正当理由的，父或者母可以向人民法院提起诉讼，请求确认或者否认亲子关系。对亲子关系有异议且有正当理由的，成年子女可以向人民法院提起诉讼，请求确认亲子关系”。这一条是相对于原《中华人民共和国婚姻法》增加的规定，为婚姻家事领域因确认或否认亲子关系纠纷提起诉讼提供了基本的法律依据，进一步完善了婚

姻家庭法体系。

（二）新旧规则的衔接

《民法典》颁布前，《中华人民共和国婚姻法》虽然没有确认或否认亲子关系诉讼的相关规定，但至《最高人民法院关于适用〈中华人民共和国婚姻法〉若干问题的解释（三）》（以下简称《婚姻法司法解释三》）时，则已出台相关规则，即该司法解释第二条规定“夫妻一方向人民法院起诉请求确认亲子关系不存在，并已提供必要证据予以证明，另一方没有相反证据又拒绝做亲子鉴定的，人民法院可以推定请求确认亲子关系不存在一方的主张成立。当事人一方起诉请求确认亲子关系，并提供必要证据予以证明，另一方没有相反证据又拒绝做亲子鉴定的，人民法院可以推定请求确认亲子关系一方的主张成立。”

相较于上述规定，新规具有以下特点：一是更强调为因确认或否认亲子关系提起诉讼提供基本的法律依据，而非确立法院在当事人提起相关诉讼后的判断规则；二是更加严格地限制了亲子关系确认和否认的主体范围，将“当事人“限定于父母及子女的范畴，其他亲属如祖父母、外祖父母等无权据此提起诉讼确认父母子女之间的亲子关系。

（三）新规适用难点

无论是《婚姻法司法解释三》还是《民法典》，均没有确定什么情形才算存在法律上的亲子关系，也即“无异议”的亲子关系这个前提并不明确。从此角度分析，《民法典》第一千零七十三条只是对亲子关系有异议情形的救济，难以适用于人工授精、代孕等新型、非传统型的生育模式——这些情形下，何谓构成法律上的亲子关系本身即存在疑问。

同时，尽管《民法典》新规则相较于《婚姻法司法解释三》已适度限制亲子关系确认及否认的主体范围，即提起诉讼的主体仅限于“父或母”及只能行使确认权的成年子女。但规则对何谓“父或母”的留白，可能衍生出的诸多新型诉讼却是难以估量的。如基因父或母拿着血缘证据，要求否定实际抚养子女的意愿父母；孕母在分娩后拒绝放弃孩子，意愿父母起诉要求“确权”等。这些可能的纠纷，是否都有纳入民事诉讼范围的必要，值得探讨。而本案纠纷，则是尚处于婚姻关系中的基因父亲以子女与其配偶暨实际抚养母亲欠缺血缘为由而提起的诉讼，这是否必须纳入民事诉讼范围，令人深思。

三、基于儿童利益最大化原则对否认亲子关系诉权的限制

代孕作为一种客观存在，绝非仅因它不合法就无需对它引发的亲子关系确定问题予以明确。《民法典》第一千零七十三条没有明确一个用以解决包含代孕亲子关系在内的亲子关系确定的一般规则，那么，在实践中如何去探索以实现正义的最终价值追求呢？

（一）明确价值追求

在选择何种规则作为亲子关系确认依据时，首先须明确的是该制度的价值追求。依据《婚姻法司法解释三》第二条的理解和实践，在具备或欠缺亲子鉴定佐证时，人民法院只是“可以”推定亲子关系成立与否，而非“应当”。这表明，真实的血缘关系也并非亲子关系成立的唯一要素，亲子身份的安定，家庭、婚姻的和谐稳定和儿童利益最大化同样也是处理涉亲子关系案件时所应遵循的原则。特别是后者，无论是我国签署的联合国《儿童权利公约》，还是国际社会普遍认可与接受的通行规则，均表明亲子关系的确认是典型的涉儿童事务，在制定相关政策时，理应秉承儿童利益最大化原则。

（二）具体规则建议

在当前禁止代孕的大背景下，选择“分娩者为母”以及婚生推定作为代孕子女亲子关系确认的一般规则是恰当的。但这一规则主要用以分析子女出生时亲子关系的确认。子女出生后，其权利应当得到优先的考虑。

1. 设置“分娩者为母”的失权期限。

分娩者将子女交由意愿父母抚养后，出于儿童利益的考量，不宜让亲子关系长期处于不稳定状态。规则上，可以设计一个期限，明确代孕者在事实放弃对代孕子女抚养达到一定时限的，将不再享有对代孕子女的身份权利，从而使代孕子女亲子关系尽快稳定下来。这个时间期限不宜过长。

2. 因生育意愿而抚养的事实应纳入考量。

基于共同生活而不断加深的爱的联系体现了亲子关系的社会性。一个儿童的成长，后天养育的重要性绝不低于生殖的重要性。出于对儿童利益最大化原则的坚持，对未成年子女长期抚养的事实理应成为亲子关系确认的考量因素。这并不等于对意愿父母违法代孕行为的肯定，而在于正视实际上“承担作为父母的责任”这一事实对子女利益的有益性。可能面临的难题在于，多长时间的抚养才足够？一方面，这要与孕母的失权期限相结合，保障不能预防责任真空；另一方面，为了防止意愿父母事后因缺乏与子女间的基因联系而做出侵害子女利益的行为，相关部门应当积极实施对此类父母的监督。

本案中，双胞胎均已在史某某抚养下成长至3周岁，即便史某某不能基于代孕协议而获得母亲身份，从保持儿童成长环境稳定的角度也不宜再剥夺史某某的母亲身份。

3. 限制意愿父母放弃责任。

传统的亲子关系否认制度是婚生子女推定的救济，这一制度认为以真实血缘关系为基础的婚姻家庭关系最为稳定和谐。但随着保护未成年子女利益理念的发展，各国的亲子关系否认制度都逐渐从侧重追求血缘真实向在一定程度上维护身份的安定发展。如规定父亲身份的撤销只能在一定期限内行使，以尽可能使亲子关系不至于长期不稳定。

代孕语境下，真实血缘联系已经不是意愿父母的首要追求，基于儿童利益的考量，社会关系的稳定更应得到有力维护。虽然法律上并未禁止意愿父母行使亲子关系否定的权利，但从诚实信用的普遍正义观来说，意愿父母一旦不可逆地主导、推动了子女出生，无论其以何种方式获得亲子关系，其都不得再行撤销。

具体到本案中，周某某、史某某婚内共同选择代孕，且在子女出生后实际抚养三年多，对于双胞胎而言，父母抚养的秩序已经稳定。当初，他们夫妻共同选择代孕，就意味着对于双胞胎是否二人亲生是完全明知且认同的，那么，可以推定二人已经放弃了自身以及对方是不是子女亲生父或母这个问题所蕴含的人格利益，从诚实信用的民法基本原则及禁止反言的一般法理出发，双方不得再基于是否亲生的事实来主张这类人格权益，否则即为权利滥用。另外，父母对子女亲子关系的确认间接影响着对子女的抚养、监护等权利。但这些权利系家庭内部纷争，在夫妻未离婚的情形下，缺乏诉讼干预之现实必要。即对本案在婚状态的周某某而言，其并没有不通过本案诉讼就无法保护的利益。周某某认为史某某的行为可能妨害他对亲生子女的抚养，对子女成长造成不良影响。但该种担忧实属因其与史某某婚姻关系产生矛盾而引发，可以通过双方修复婚姻关系或解除婚姻关系来一并解决，因为婚姻关系的解除本身就是复合性的，除了夫妻双方关系的解除，当然包括财产分割和子女抚养。周某某单独提出本案诉讼，无其他任何现实意义，缺乏法院审理并作出判决予以解决的必要性和实效性。

笔者认为，实践中，对于周某某、史某某这类意愿父母的亲子关系否定权要加以限制。本案最终以诉的利益欠缺裁定驳回起诉，无疑是从根本上否定了周某某在婚内提出亲子关系否认之诉的权利，表明了人民法院对儿童利益最大化保护的决心。

编写人：上海市第二中级人民法院　熊燕

（九）抚养纠纷

079　抚养费之外约定大额给付的性质认定

——蒋某某诉蒋某抚养费案

【案件基本信息】

1. 裁判书字号

浙江省台州市中级人民法院（2020）浙 10 民终 2282 号民事判决书

2. 案由：抚养费纠纷

3. 当事人

原告（上诉人）：蒋某某

被告（被上诉人）：蒋某

【基本案情】

刘某某与被告蒋某于2015年相识，2017年3月9日生育非婚生女即本案原告蒋某某。刘某某与被告决定分手后，于2018年7月12日，签订了一份《非婚生子女抚养协议书》，双方约定：蒋某某的抚养权和监护权归刘某某；蒋某自愿给付蒋某某抚养费5000元/月，并在每月的1日给付，直至蒋某某18周岁止，其间，刘某某住的房子由蒋某支付房租；蒋某支付刘某某160万元，用于在福建省武夷山市以蒋某某名义购买一处房产，以便蒋某某成长（若房产价值超过160万元，则双方协议如何支付超出部分），在2019年年底之前蒋某需支付首付款的40%及以上，以后每月月供由蒋某承担准时支付。若蒋某某因学习或就医等事项而产生的费用超过蒋某支付的抚养费，蒋某应当同刘某某共同承担原告生活所产生的费用。协议签订后，蒋某某随刘某某一方生活。其间，蒋某已按每月5000元的标准支付抚养费至2020年3月，但不愿意支付上述160万元。另，蒋某与案外人林某某登记结婚，生育一子，并于2018年8月10日经本院调解离婚。蒋某于2018年9月11日再与案外人叶某某登记结婚。另，刘某某曾于2007年与他人生育一子。

【案件焦点】

抚养费之外约定的大额给付的性质认定。

【法院裁判要旨】

浙江省温岭市人民法院经审理认为：被告与刘某某之间形成的关系并非合法婚姻关系，被告并无保障刘某某生活或抚养刘某某的法定义务，但其对于非婚生女蒋某某确实具有法定的抚养义务，但并非必须采取购置高价值的不动产于子女的方式。实践中，父母可能为了给予子女更好的生活条件而向子女赠与巨额资金或者不动产，但即使具有这样的保障动机，也不能否认无偿赠与性质。因此，本案判断约定给付该160万元的性质，关键看给付160万元用于购置房产是否在被告需要履行的法定义务的合理幅度范围内。由于双方已约定被告每月给付5000元这一相对高额的抚养费，已足以支付被告应负担的原告正常生活、学习、居住等费用，故另行约定的给付160万元远远超出了法定义务的合理幅度范围，应当认定为无偿赠与性质。赠与人在赠与财产的权利转移之前，可以撤销赠与，蒋某已明确表示撤销赠与，故对于蒋某某要求支付160万元的诉请不予支持。

浙江省温岭市人民法院依照《中华人民共和国婚姻法》第二十五条，《中华人民共和国合同法》第一百八十五条、第一百八十六条的规定，作出如下判决：

一、被告蒋某在本判决发生法律效力之日起十日内支付原告蒋某某2020年4月至9月的抚养费3万元，并从2020年10月开始在每月1日前支付原告抚养费5000元，直至原告满18周岁止；

二、驳回原告蒋某某的其他诉讼请求。

蒋某某不服一审判决，提出上诉。浙江省台州市中级人民法院经审理认为：《非婚生子女抚养协议书》约定的在抚养费之外另行给付的160万元只能视为被上诉人对上诉人的赠与。无论是补偿还是生活保障，只是赠与目的或动机的区别，都不能改变赠与的性质。浙江省台州市中级人民法院依照《中华人民共和国民事诉讼法》第一百七十条第一款第一项之规定，作出如下判决：

驳回上诉，维持原判。

【法官后语】

抚养义务具有法定性。父母对未成年子女的抚养义务基于法律的直接规定，因子女的出生事实或收养行为而产生，不因父母的婚姻状态而有所区别，而抚养费的具体范围、给付期限、金额，民法典及其配套司法解释作出了具体明确的规定，即包括子女生活费、教育费、医疗费等费用，一般支付至子女18周岁为止，数额根据子女的实际需要、父母双方的负担能力和当地的实际生活水平确定。因此，支付抚养费作为承担抚养义务的方式，既有人身属性，又有经济属性，且不附加任何条件，并具有保障子女的健康成长和生存权利的基本功能，具有当然的法定性。其法定性也决定了抚养义务既不是畸大也不是畸小，而是在一定合理幅度范围内。同时，法律也允许父母对抚养费的支付进行约定。那在抚养费外另行约定大额给付，该如何定性呢？

实践中，出于种种考虑，父母双方可能在约定给付必要抚养费的同时，约定给予子女不动产、动产或金钱等大额财物。而这种约定，往往是在解除婚姻关系或同居关系时作出，且一般由不直接抚养方给付。由于双方的特殊身份关系，实践中对该种给付的性质存在一定争议。有观点认为，正是因为双方特殊的身份关系，此类承诺给付是出于弥补未直接抚养子女的遗憾，因此应属于非典型性的民事协议；也有观点认为，此类承诺给付是出于保障子女有更好的生活环境，因此仍属于约定抚养义务性质，是抚养协议；还有观点认为，其具有典型的无偿性，因此属于赠与协议性质。

笔者认为，双方之间的特殊身份关系并非判断此类给付性质的关键点，原因在于双方之间亲情、友情、爱情等特殊的身份关系恰恰是成立赠与合同关系的关键，甚至是决定性因素。而给付动机也非判断给付性质标准，原因在于给付动机并非合同目的，也非合同的构成要件。因此，不管是认为承诺大额给付是出于弥补未直接抚养子女的遗憾，而判断为属于非典型性的民事协议，还是认为承诺大额给付是出于保障子女有更好的生活环境，而判断为属于约定抚养义务性质，仍是抚养协议，均是不准确的，因为保障与补偿的动机均可以是订立赠与合同的动机。抚养费之外约定的给付大额财物，是否具有抚养的法定性特征，是判断该行为性质的关键点。这种大额给付具有无偿性和非交易性的特征，属于施惠行为，因此，一般而言，父母在法定抚养义务之外承诺另行给付大额财物于子女属于赠与性质，应按照赠与合同的相关规定处理。当然，若未明显超出法定抚养义务所对应的合理幅度范围的，如延长了合理的抚养费支付期限至大学毕业的、增加抚养费金额未达到过高程度的，则不应认定为赠与。

那么，此类约定给付是否属于可单方撤销的赠与呢？基于赠与相对人的纯获益性，民法典规定，赠与人在赠与财产的权利转移之前可以撤销赠与，除非是经过公证的赠与合同或具有公益、道德义务性质的赠与合同，不适用任意撤销权。道德义务与法律义务相对，指违反道德规范而不违反法律义务，若不履行这种义务仅导致舆论谴责和自己内心的不安，而不承担法律责任。具体需要结合整个社会的观念、当事人之间的关系及给付的标的物的价值等情形综合加以考量。在法定抚养义务之外，父母不去履行另行给付大额财物，特别是给付不动产的行为，在社会群众中并不会形成负面评价。故一般而言，法定抚养义务之外给付大额财物于子女不属于道德义务性质的赠与。同时，由于同居关系本身并不受法律保护，而由当事人自行解除。即使当事人自行解除同居关系时约定了一方赠与子女财物，但由于解除同居关系并不受法律调整，因此一般也不存在赠与条款与解除同居关系相互关联而无法单独撤销的问题，赠与财物一方有权依法单方撤销赠与。当然，若该给付约定仅系双方处理同居期间共同财产协议的一部分，与协议其他条款直接交织、关联，撤销这一条款会明显导致协议整体性动摇的，则一般也不得单方随意撤销。

具体到本案，蒋某在婚姻关系存续期间与婚外异性刘某某同居并产下非婚生女蒋某某，双方解除同居关系时约定了每月5000元的抚养费，显然高于本地一般的生活水平。由于蒋某与刘某某之间的同居关系不受法律保护，同居关系由其自行解除，该无偿大额赠与的约定既非道德义务性质，也不存在与同居关系解除、其他财产分割条款相互关联等无法单独撤销的情形，应当允许蒋某撤销赠与。

编写人：浙江省温岭市人民法院　江伟

080 高额抚养费案件特点及裁判思路

——李某甲诉李某乙抚养费案

【案件基本信息】

1. 裁判书字号

上海市第一中级人民法院（2020）沪01民终8640号民事判决书

2. 案由：抚养费纠纷

3. 当事人

原告（上诉人）：李某甲

被告（被上诉人）：李某乙

【基本案情】

被告李某乙与原告李某甲（2010年出生）系父子关系。2018年11月27日，原告母亲肖某与被告李某乙办理离婚登记，并签订《离婚协议书》。

《离婚协议书》中就原告李某甲的抚养权归属及抚养费金额约定如下：原告李某甲归肖某抚养，被告李某乙按月支付抚养费直至李某甲大学毕业独立工作生活为止。对于李某甲的教育费用，包括学费、学杂费、校服费、校车费及保险费、医疗费等合理费用，李某乙按照50%的比例承担；对于其他经李某乙认可的李某甲参加的兴趣班、夏令营等活动（目前李某甲在学的兴趣班李某乙均认可，新增课程需额外征求李某乙意见），李某乙按照50%的比例承担费用，肖某须提供相关活动费用证明。李某乙同意单独支付李某甲2019年上半学期的学校收取的学费6万元。如有任意一期李某乙未按约足额支付抚养费，则李某乙同意变卖其名下房产用以偿付，并自愿承担按照银行同期贷款利率计算的违约金。肖某有权参照上一年度抚养费金额要求李某乙一次性预付剩余年度抚养费。

2018年12月至2019年7月，被告李某乙已按照50%的比例支付原告李某甲钢琴课、芭蕾课等培训费用，以及学校校车费、班费等各项费用共计71807元。2019年8月起至2019年11月，被告李某乙改为每月支付抚养费8333元（系以10万元/年的标准折合）。

现原告提供离婚协议书、费用清单等证据，证明2018年12月至2019年11月，原告李某甲的实际生活、教育培训等开销远大于被告李某乙现支付的抚养费，故要求被告李某乙补足拖欠的抚养费 42168.50 元、支付违约金 1054 元，同时根据离婚协议书约定，参照前述期间费用开销情况，要求被告李某乙按照每年 177000 元的标准，支付自 2019 年 12 月起至 2033 年 7 月止的抚养费。

被告提供银行账户交易明细、劳动合同解决协议、退工单等证据，证明其已于 2020 年 4 月被公司裁员，且目前无法回国再找工作，无力承担高额抚养费。同时认为，原告现有培训班、兴趣班过多，已影响孩子的正常休息和成长。其作为父亲，不赞同给孩子海量报培训班的做法，且各培训班费用均系原告母亲实际花费之后才告知其，违背离婚协议书的约定。原告实际每年花销在 20 万元左右，故其愿意每年支付抚养费 10 万元。

【案件焦点】

1. 李某甲现主张的教育培训、兴趣活动等高频开支是否合理；2. 原告母亲作为实际抚养一方是否有向被告李某乙履行必要的告知义务；3. 李某乙作为抚养费支付一方，其实际负担能力如何认定。

【法院裁判要旨】

上海市闵行区人民法院经审理认为，父母就子女抚养费的支付标准、方式等存在明确约定，协议真实有效，对双方具有约束力。即便抚养费标准明显高于当地一般生活水平，原则上也不应予以推翻。

对于争议较大的教育培训支出，抚养人之间未约定或约定不明的，对既已参加的培训，应考虑到保障未成年人接受教育之连贯性，原则上予以支持；对超既有范围的培训，实际抚养一方应履行必要的告知义务，未能协商一致的非必要支出，应视为实际抚养一方自愿为子女负担的部分，不宜作为未实际抚养一方的抚养费分担范围。

对于实际负担能力的认定，应从抚养义务人的收入水平和财产状况两个方面作出整体性的判断。义务人处于失业状态的，应结合其失业原因、个人创收能力以及所从事行业的收入水平加以判断，而非机械地以当前的收入情况作为确定抚养费的标准。

综上所述，上海市闵行区人民法院依照《中华人民共和国婚姻法》第三十七条，《最高人民法院关于适用〈中华人民共和国婚姻法〉若干问题的解释（一）》第二十一条规定，判决如下：

一、被告李某乙于本判决生效之日起十日内向原告李某甲支付截至 2019 年 11 月底的抚养费 24381 元；

二、被告李某乙自 2019 年 12 月起至 2033 年 6 月止，于每月 5 日前向原告李某甲支付当月抚养费 1 万元；

三、驳回原告李某甲的其他诉讼请求。

李某甲不服一审判决，向上海市第一中级人民法院提起上诉。二审法院判决：

驳回上诉，维持原判。

【法官后语】

教育，是一个家庭最重要的投资。父母离婚后，未成年子女的教育费成为“抚养费”的重要组成部分，是未实际抚养子女一方应承担的法定义务。随着经济社会的发展变化，围绕着未成年子女的“教育竞备”蔚然成风，高额抚养费纠纷屡见不鲜。

实践中，高额抚养费纠纷呈现出以下特征：（1）高额抚养费的主张具有未成年人生活消费水平居于高位的事实基础，当地一般生活水平是否能够作为参照标准值得商榷；（2）高额抚养费的争议焦点在于未成年人教育培训方面的高额支出，这类支出是否应包含在抚养费之中，裁判标准尚未统一；（3）高额抚养费的约定夹杂于未成年人父母离婚协议之中，系本已进入诉讼程序的离婚纠纷、离婚后财产纠纷的衍生诉讼。在涉及高额抚养费纠纷的案件中，本案具有一定的代表性。原告作为在读小学生，就读学费高于一般水平的民办小学，所参加的兴趣班、培训班、夏令营等教育项目十余项之多，其所主张的抚养费金额高至本市最低月工资标准的五倍，其诉求是否合理系本案争议焦点。如何界定高额抚养费的合理性，可以从以下三个方面进行考量。

一、约定即合理

“约定即合理”是判断高额抚养费合理性的首要标准，具体规则：父母双方就子女抚养费的支付标准、支付条件以及支付方式存在明确约定，且该约定系双方当事人真实意思表示的，即便该约定明显高于当地一般生活水平，原则上也不应予以推翻。

该裁判思路是民法“自愿原则”与“诚信原则”的正当体现。当事人的意志自由是其权利义务的创设依据，其实质内涵就是意思自治。当事人自愿作出的意思表示，原则上必须受该行为的约束。父母双方针对子女抚养费问题所进行的约定，既是各方的真实意思表示，又是双方的磋商合意结果，本着对契约精神的尊重，对该约定进行司法审查并据此径行判决确定抚养费数额，符合民法的基本原则。

该裁判思路亦能有效减少关联诉讼和衍生诉讼。审判实践中，关于子女抚养费的约定往往夹杂于父母的离婚协议之中，离婚协议具有人身权利与财产权利的复合属性，当事人解除婚姻关系，可能是在综合考虑包括子女抚养、财产分割在内的各种因素，从协议整体性角度出发，不宜就其中抚养费金额约定部分单独割裂予以调整，以致围绕协议内容衍生出一系列关联诉讼的可能。

案件审理中，针对一方以实际负担能力发生变化为由，拒不履行约定义务的，笔者认为，对于实际负担能力的标准判断，应从义务人的收入水平和财产状况两个方面予以考察。其中，义务人的实际收入水平客观上可能存在浮动性和不确定性，但合理范围内的波动不应对抚养费的支付标准产生影响，有无负担能力不能单纯考察某一时间节点的收入水平，而应对整体收入能力进行判断，因短暂性的工作调整而收入减少并非必然导致抚养费标准的调低。支付义务人存在固定资产或存在其他财产性收益的情形下，也应视为具有负担能力。当然，民法典明确规定子女有权在必要时向父母任何一方提出超过协议后判决原定数额的合理要求，是对未成年人权益保护的救济。同时，从公平正义的角度出发，负支付义务的一方若确实发生情势变更的情形，亦应当有权寻求司法救济，但变更抚养费金额的合理性之审查，还应当考量双方约定之内容。

二、需要即合理

对抚养费的金额没有约定或约定不明，导致无法直接通过当事人的意思自治予以认定的，实际需要应成为高额抚养费合理性的判断标尺，该实际需要具有双向保护的内涵。对于实际需要的认定，是该类型案件的审判难点。

1. 未成年子女教育保持的需要。父母对于子女的抚养属于生活保持义务的抚养，符合“共生义务”的属性，即“维持对方生活就是保持自己的生活，纵使牺牲自己的生活也要全面地维持对方的生活”[①]。这种共生义务体现在父母离婚后，应尽最大可能维护和保持子女教育的连贯性。具体规则：对于父母离婚时，未成年子女既已参加的教育培训项目，原则上该费用支出在父母离婚后仍应予支持。该裁判思路是“儿童最大利益原则”的体现，将父母婚姻关系的解除对于未成年子女的不利影响降到最低，使未成年子女的生活质量不因父母婚姻关系的解除而产生较大波动。该裁判思路同时也是保障未成年人教育发展的客观需求，符合未成年人成长和接受教育具有连贯性和阶段持续性的客观规律。

2. 实际抚养一方教育参与的需要。“父母有教育、保护未成年子女的权利和义务。”[②] 对未成年子女的教育，既是父母的义务，也是父母的权利。父母离婚后，父母与子女的亲子关系并未解除，父母对子女的教育权利和义务仍然存在。具体规则：对于既有培训项目之外的其他教育支出，应以抚养人之间充分协商为前提，如协商未成，且非必要费用，实际抚养一方仍坚持支出的费用，应视为其自愿为子女负担的部分，不宜作为未实际抚养一方的抚养费分担范围。该裁判思路是“教育参与权与知情权”的具体体现，未实际抚养的一方，虽未同子女共同生活，但作为父或母，就子女的生活、教育问题同实际抚养一方享有平等的权利，故应保障其参与子女教育并发表意见的权利和对费用支出的知情权。

三、尊重即合理

面对教育制度的多元化、教育资源的广泛性以及个体需求的独

---

① 史尚宽：《亲属法论》，中国政法大学出版社2000年版，第753页。

② 《中华人民共和国民法典》第一千零六十八条：“父母有教育、保护未成年子女的权利和义务……”第一千零八十四条第二款：“离婚后，父母对于子女仍有抚养、教育、保护的权利和义务。”

特性，司法实践中对于教育费用支出与抚养义务负担的利益衡平，主要考虑内外双重因素。

1. 尊重未成年人的独立个体价值。“子女已满八周岁的，应当尊重其真实意愿。”① 这是法律对未成年人抚养权归属制定的认定规则，同时也体现了我国法律对于未成年人独立个体价值的尊重。保障具有限制民事行为能力的未成年人的自主决定权，已经成为世界各国在立法和司法上的趋势。结合我国公民民事行为能力的法律划定标准，对于8周岁以上，具有相应认知和辨识能力的未成年子女，可将对其的意见征询作为判定教育支出是否必要的参考依据之一。具体规则：子女已满8周岁的，对于是否愿意接受教育培训、愿意接受何种教育培训以及对教育现状的看法等，可征询子女意见。该参考因素主要是从教育对象的接受性角度，促使父母能够尊重个体发展，审慎、理性地为子女选择较为合适的教育内容及教育方式。

2. 尊重国家政策的社会价值导向。教育是民生之基，其不仅是家庭、个体问题，更是关乎国家发展大局的国家问题、社会问题。针对教育功利化、短视化、内卷化的教育行为，国家在公共教育服务、教育市场监管以及家庭教育促进等多个领域实现教育改革的逐步推进，个案审理时应关注到这些导向性价值，做到司法裁判“政治效果、社会效果和法律效果”的有机统一。发展素质教育，保障每个儿童的身心健康发展，成为教育的出发点和试金石。“未成年人的父母或者其他监护人应当合理安排未成年人学习、休息、娱

---

① 《中华人民共和国民法典》第一千零八十四条第三款：“离婚后，不满两周岁的子女，以由母亲直接抚养为原则。已满两周岁的子女，父母双方对抚养问题协议不成的，由人民法院根据双方的具体情况，按照最有利于未成年子女的原则判决。子女已满八周岁的，应当尊重其真实意愿。”

乐和体育锻炼的时间，避免加重未成年人学习负担，预防未成年人沉迷网络。”① 可见，超出基本教育的额外教育费用，如各类兴趣班等，在司法实践中不必然排除在抚养费负担义务范畴外，但在数量安排、科目安排及时间安排方面，应以保障未成年人身心健康成长为基础。

编写人：上海市闵行区人民法院　陈献茗　黄湛

081　离婚案件中多名未成年子女抚养权归属的因素考量

——张某诉周某离婚案

【案件基本信息】

1. 裁判书字号

江苏省无锡市中级人民法院（2020）苏 02 民终 2968 号民事判决书

2. 案由：离婚纠纷

3. 当事人

原告（上诉人）：张某

被告（被上诉人）：周某

【基本案情】

张某与周某经人介绍认识后于 2012 年登记结婚，2013 年生育儿子周某某，2017 年二人做试管婴儿生育女儿张某某。儿子周某某患有脊肌萎缩症。张某分别于 2017 年 12 月、2018 年 9 月诉至法

① 《中华人民共和国家庭教育促进法》第二十二条。

院要求离婚，法院均判决不准张某与周某离婚。2019 年 7 月，张某再次诉至法院。

自 2017 年 10 月起，周某某、张某某均跟随周某生活。

案件审理过程中，张某与周某均要求抚养两个子女，张某称，相较于周某，其工作时间自由，父母家境殷实，有更多的时间和更好的条件抚养子女；周某称，张某此前一直主张抚养女儿，无视重度残疾的儿子，儿子几次生病，张某均未尽到照顾义务，两个子女从小随其生活，其家庭有能力将他们抚养好，且维持两个子女的生活环境不变更有利于他们的健康成长，特别是对于重度残疾的儿子来讲，妹妹是唯一的玩伴，兄妹分离将会给儿子带来重大打击，不利于病情的恢复。

关于双方工作及收入情况查明：张某社保缴费基数为 5000 元/月，周某社保缴费基数为 3500 元/月。

【案件焦点】

离婚案件中多名未成年子女抚养权归属的认定。

【法院裁判要旨】

江苏省无锡市惠山区人民法院经审理认为：公民享有婚姻自主权。张某与周某均确认夫妻感情已破裂，故法院准予其二人离婚。诉讼中，双方均要求抚养两个子女。而对离婚案件中的子女抚养问题，依法应从有利于子女身心健康、保障未成年人合法权益的角度出发，结合父母双方的抚养能力、抚养条件等具体情况妥善处理，本案中，虽双方在诉讼中就对方及其家人在思想观念、家庭氛围、道德水平、物质条件等方面互有所指，但均未能提交足够证据证明对方于前述方面存在不利于子女身心健康成长的因素，两个子女至今均已年满2周岁，且自2017年10月至今一直随周某及其家人共同生活，相对张某而言，周某及其家人与儿子相处的时间也必然更多，在周某某、张某某该年龄段，生活环境和家人的陪伴对孩子成长所产生的影响也比较突出，此外周某某身患重疾、身心脆弱、护理要求较高，妹妹张某某和家人的陪伴更是其身心健康的重要支撑，现阶段不宜改变两个子女的生活环境，因此，在双方抚养能力、抚养条件无明显差异的情形下，判令周某某、张某某均由周某抚养为宜。综合考虑两个子女的生活及教育需要、本地消费水平、双方收入状况等情况，法院对两个子女的抚养费作出认定，同时依法对两个子女的探望权及夫妻共同财产的分割予以认定。

江苏省无锡市惠山区人民法院依照《中华人民共和国婚姻法》第三十二条第二款、第三十六条、第三十七条第一款、第三十八条第一款、第三十九条第一款，《中华人民共和国民事诉讼法》第六十四条第一款，《最高人民法院关于适用〈中华人民共和国民事诉讼法〉的解释》第九十条之规定，判决如下：

一、准予张某与周某离婚；

二、儿子周某某、女儿张某某均由周某抚养，张某自判决发生法律效力之日起于每月月底前支付周某某生活费、张某某抚养费各1500元，合计3000元，至周某某、张某某独立生活时止，周某某教育费、医疗费的自费部分由张某、周某另行各半负担；

三、张某有权每周末（周六或周日）探视周某某一次，可于当日上午9点后接走、晚上6点前送回，有权每周末探视张某某一次，可于周六上午9点后接走、周日晚上6点前送回，周某负协助义务；

四、张某于判决发生法律效力之日起十日内向周某交付儿童玩具电动奔驰车一辆、儿童床一张；

五、周某于判决发生法律效力之日起十日内向张某交付美时嘉牌机械落地钟一台（价值12800元）；

六、张某于判决发生法律效力之日起十日内向周某支付归并款229599.94元；

七、驳回张某、周某的其他诉讼请求。

一审判决作出后，张某不服，提出上诉。江苏省无锡市中级人民法院同意一审法院的裁判意见，依照《中华人民共和国民事诉讼法》第一百七十条第一款第一项之规定，判决如下：

驳回上诉，维持原判。

【法官后语】

离婚纠纷中，子女的抚养权归属和共同财产分割通常是案件的焦点和难点。婚姻关系的解除，只是父母人身和财产关系的解除，不影响父母作为子女的监护人应行使和履行的抚养、教育与保护的权利和义务。实践中，父母离婚时，经常会出现双方“争抢”或者“推脱”子女抚养权的情形，如本案中的张某与周某均要求抚养两个子女，考虑到父母婚姻关系的解除，在一定程度上对子女的身心健康已产生一定影响，故现行法律从“未成年人利益最大化”原则出发，对如何确定未成年子女的抚养权作出规定。

一是从年龄的角度出发。《中华人民共和国民法典》第一千零八十四条第三款规定，“离婚后，不满两周岁的子女，以由母亲直接抚养为原则。已满两周岁的子女，父母双方对抚养问题协议不成的，由人民法院根据双方的具体情况，按照最有利于未成年子女的原则判决。子女已满八周岁的，应当尊重其真实意愿”。同时《最高人民法院关于适用〈中华人民共和国民法典〉婚姻家庭编的解释（一）》第四十四条、第四十五条例外规定，“……母亲有下列情形之一，父亲请求直接抚养的，人民法院应予支持：（一）患有久治不愈的传染性疾病或者其他严重疾病，子女不宜与其共同生活；（二）有抚养条件不尽抚养义务，而父亲要求子女随其生活；（三）因其他原因，子女确不宜随母亲生活”。“父母双方协议不满两周岁子女由父亲直接抚养，并对子女健康成长无不利影响的，人民法院应予支持。”即考虑到儿童年龄的特点、对母亲的依赖性、认知能力和自主意识，以2周岁和8周岁为分界点，原则上2周岁以下子女由母亲抚养，除非双方协商同意由父亲抚养或者母亲有法定情形不宜抚养，8周岁以上的子女，抚养权的确定应充分尊重儿童的意愿，在充分考量其意愿的基础上结合其他因素进行判定。

二是结合子女的生活现状，父母双方的经济条件、身体状况等抚养能力以及祖辈的情况等因素综合判断，如《最高人民法院关于适用〈中华人民共和国民法典〉婚姻家庭编的解释（一）》第四十六条规定，“对已满两周岁的未成年子女，父母均要求直接抚养，一方有下列情形之一的，可予优先考虑：（一）已做绝育手术或者因其他原因丧失生育能力；（二）子女随其生活时间较长，改变生活环境对子女健康成长明显不利；（三）无其他子女，而另一方有其他子女；（四）子女随其生活，对子女成长有利，而另一方患有久治不愈的传染性疾病或者其他严重疾病，或者有其他不利于子女身心健康的情形，不宜与子女共同生活”。第四十七条规定，“父母抚养子女的条件基本相同，双方均要求直接抚养子女，但子女单独随祖父母或者外祖父母共同生活多年，且祖父母或者外祖父母要求并且有能力帮助子女照顾孙子女或者外孙子女的，可以作为父或者母直接抚养子女的优先条件予以考虑”。

随着多子女家庭越来越多，而对于涉及多子女抚养权的归属问题，法律并未作出明确规定，司法实践中，法官在综合考虑以上因素的情况下，若无诸如一方患有重大疾病或者双方抚养能力严重失衡的情况，一般会判处父母双方各抚养一个子女，即会出现多子女抚养权归属简单拆分的情况。这种表面上的“公平”仍体现出“父母本位”的思想对于抚养权归属认定的影响，即法官或考虑到分担父母双方的经济负担，或为平息双方之间争夺子女抚养权的纠纷，平衡双方利益等因素，判决父母双方各抚养一个或者多个子女。此种判定，未将子女作为具有独立人格的个体给予法律的特殊保护，未将子女利益最佳原则作为抚养权归属认定的首要因素予以考量。儿童最佳利益原则是《联合国儿童权利公约》明文规定的一项基本原则，也发展成为各国家庭法在处理父母离婚后子女抚养权事宜时的最高准则。综合各国的立法、学说及判例，子女最佳利益原则的审酌因素不仅包括父母双方对于抚养子女的意愿，未成年子女的意愿（考虑年龄及认知能力），儿童的身体、情感、教育之需求，也包括子女与父母、兄弟姐妹之间的互动与彼此关系、子女受养育环境的继续性与适应性、隔代辅助照顾等事由。而感情融洽的兄弟姐妹因为父母离婚而被迫分开，明显不符合儿童利益最大化原则的要求。而且，从心理发展理论的应用角度分析，在未成年人的成长发展中，同伴起到的作用并不弱于父母。同伴间发生意见分歧和矛盾时，可以通过相互协商、妥协达成理解、认可，甚至合作。因此同伴之间的平等交往，有利于提高儿童的社会能力。① 兄弟姐妹的相处是儿童成长环境中重要的

① ［美］戴维·谢弗：《发展心理学》，邹泓等译，中国轻工业出版社2013年版，第544页。

一环，不应因父母离婚而被拆散，离婚案中涉及多子女抚养权的归属问题时，应将多子女的抚养权作为整体予以考虑，尽可能使多子女在父母离婚后仍能共同生活、共同成长，以维系稳定的兄弟姐妹关系。目前司法实践中，部分法院意识到“多孩分离、分开抚养”的裁判规则给子女成长带来的不利影响，代之以“共同抚养”规则。如泉州鲤城法院创设轮流抚养制度，离婚双方轮流照顾孩子，最大限度地减小父母离异对子女生活的影响。[①] 本案中，两个子女已随周某长期生活，对周某的依赖性更强，且哥哥身患疾病，妹妹尚且年幼，考虑到未成年子女对生活、教育等环境的稳定性、继续性及适应性，兄妹间的感情纽带以及哥哥患病需要妹妹长期陪伴的特殊情况，认为现阶段两子女的成长环境不宜改变，在双方抚养能力、抚养条件无明显差异的情形下，判令两个子女均由周某抚养，充分体现了“最有利于子女”的原则。

编写人：江苏省无锡市惠山区人民法院　刘效庆　马英峰

082　夫妻分居期间婚内抚养费的给付问题

——吴某凤诉何某寅离婚案

【案件基本信息】

1. 裁判书字号

广西壮族自治区兴业县人民法院（2020）桂 0924 民初 1252 号民事判决书

---

① 廖瑜婧：《离婚案件中抚养权归属的司法认定》，载《闽西职业技术学院学报》2021 年第 23 卷第 1 期。

2. 案由：离婚纠纷

3. 当事人

原告：吴某凤

被告：何某寅

【基本案情】

原告吴某凤与被告何某寅于2004年1月经人介绍认识，2004年2月1日登记结婚，于2005年4月2日生育女儿何某文，2007年2月17日生育儿子何某欢，两个孩子一直跟随被告生活。原告分别于2014年7月9日和2015年5月22日向法院提起离婚诉讼，要求与被告离婚，后法院经审理认为双方感情尚未破裂，故判决不准许双方离婚。在第二次离婚诉讼后，原告离家外出打工，双方自此分居生活至今。原告离家多年均未支付子女抚养费，现被告要求原告一次性支付自2014年起至两个孩子年满18周岁的子女抚养费共计168000元。

【案件焦点】

1. 原、被告的感情是否破裂，应否准予双方离婚；2. 被告主张的婚内抚养费是否有依据，应否支持；3. 假如双方离婚，原、被告的子女抚养问题如何处理。

【法院裁判要旨】

广西壮族自治区兴业县人民法院经审理认为，原、被告系经人介绍认识并自愿登记结婚，但双方婚后缺乏有效沟通，未对夫妻感情加以珍惜，经常为家庭琐事争吵，双方感情趋于淡漠。原告两次提起离婚诉讼，经本院判决不准许双方离婚后，双方仍未能和好，一直保持分居状态，可见双方的矛盾已无法调和，夫妻感情确已破裂。故原告主张与被告离婚的诉请，符合法律规定，本院予以支持。

1. 关于女儿何某文、儿子何某欢的抚养问题。应从有利于子女身心健康成长出发，并结合父母双方的抚养能力和抚养条件等具体情况妥善解决。本案中，何某文、何某欢一直跟随被告生活，已形成了稳定的生活环境，不宜轻易改变，且两个孩子均表示要跟随被告生活。故女儿何某文、儿子何某欢由被告何某寅抚养为宜。

2. 关于被告主张的婚内抚养费问题。原告在庭审中承认其自提起离婚诉讼后未再支付过孩子的抚养费，被告对此认可，故本院予以确认。现被告要求原告一次性支付自 2014 年起至两个孩子年满 18 周岁的子女抚养费共计 168000 元，该主张费用过高，且原告尚无能力一次性支付全额费用，综合考虑近几年当地生活水平和原告的实际经济承受能力等情况，酌定原告吴某风给付婚内子女抚养费 30000 元给被告何某寅。

离婚后，不直接抚养子女的一方仍应负担必要的抚养费，本院根据孩子的生活需要、原告的负担能力及当地的生活水平等因素酌定原告每月支付孩子的抚养费各 400 元，直至两个子女各自年满 18 周岁止。

依照《中华人民共和国婚姻法》第三十二条、第三十六条、第三十七条，《中华人民共和国民事诉讼法》第六十四条和《最高人民法院关于民事诉讼证据的若干规定》第二条的规定，判决如下：

一、准许原告吴某风与被告何某寅离婚；

二、原告吴某风于本判决生效后十日内给付婚内子女抚养费 30000 元给被告何某寅；

三、原告吴某风与被告何某寅生育的女儿何某文、儿子何某欢由被告何某寅抚养，原告吴某凤在本判决生效后的每月28日前支付每个孩子的抚养费各400元，直至何某文、何某欢各自年满18周岁止；

四、原告吴某凤享有探望何某文、何某欢的权利，探望的时间、地点、方式等具体事宜由原、被告自由协商。

判决后，双方当事人均未上诉，本判决现已生效。

【法官后语】

抚养子女是父母的法定义务，不论夫妻的婚姻状况如何，双方都应履行对子女的抚养义务，而抚养费是保障未成年子女基本生活和教育所需。抚养费纠纷常见于父母离婚之后单独提起或者在离婚诉讼中同时提出，本案就同时涉及了分居期间婚内抚养费给付的问题和离婚后抚养费给付的问题。因此，笔者选择从本案夫妻分居的角度出发，探讨不同案由中关于夫妻分居期间的婚内抚养费处理问题，从而为最大化保障未成年子女利益提供一些审判实践思路。①

我国为法定婚后共同财产制，从共同财产的本质特征看，在夫妻婚姻关系存续期间，若无约定，一方的经济收入在所有权归属上应为夫妻共同财产，而子女抚养费无论是父母哪一方给付，均可视为父母共同履行抚养义务。但在实践中，夫妻双方在分居期间的财产收入实际已经相对独立，双方各自控制和支配使用自己占用的那部分财产，其财产状态类似于夫妻分别财产制或离婚后的财产关系。在此情况下，如果还认定为共同履行了抚养义务，势必使一些父母

---

① 本案虽判决于《中华人民共和国民法典》颁布之前，但不管是《中华人民共和国婚姻法》还是《中华人民共和国民法典》，关于未成年子女权益保护的精神是一脉相承的。为更好地贯彻实施《中华人民共和国民法典》和对本案之后形成的类案提供参考意见，下文将结合《中华人民共和国民法典》的相关规定进行阐述。

以分居的名义逃避应尽的抚养义务。根据《中华人民共和国民法典》第一千零六十七条第一款规定:“父母不履行抚养义务的，未成年子女或者不能独立生活的成年子女，有要求父母给付抚养费的权利。”《最高人民法院关于适用〈中华人民共和国民法典〉婚姻家庭编的解释（一）》第四十三条规定，婚姻关系存续期间，父母双方或者一方拒不履行抚养子女义务，未成年子女或者不能独立生活的成年子女请求支付抚养费的，人民法院应予支持。所以，从未成年子女利益最大化的原则出发，不论父母是否离婚，父或母一方并未实际承担子女抚养费的，未成年子女当然享有抚养费请求权。

可是，在离婚诉讼中，未成年子女并非离婚案件的诉讼主体，则分居期间为孩子的成长独自付出时间、精力和金钱的父或母一方，能否在离婚诉讼的同时主张分居期间的抚养费？笔者认为，婚内抚养费是一方为承担抚养义务而实际产生的费用，为最大限度保障子女权益，直接抚养子女的一方可以在离婚诉讼中提出主张。理由如下:

1. 抚养义务的共同性。《中华人民共和国民法典》在婚姻法的基础上，加大了对子女权益的保护，《中华人民共和国民法典》第一千零五十八条规定，夫妻双方平等享有对未成年子女抚养、教育和保护的权利，共同承担对未成年子女抚养、教育和保护的义务。可见，父母对子女的抚养、教育和保护的权利和义务，由父母双方平等享有、共同承担，而非一方的单方权利和义务。

2. 未成年子女利益的最大化。支付抚养费的目的就是为子女的健康成长和生存提供必要的物质保障。若夫妻一方不支付子女抚养费，而实际抚养子女一方又无法独立承担子女抚养费用，则会损害子女的合法权益，此时的婚内抚养费请求权尤为迫切。而离婚纠纷是复合之诉，如果此时还只能由未成年子女另案主张，即父母离婚后，直接抚养一方以未成年子女的名义，作为法定代理人再提起婚内抚养费的诉讼，这无疑增加了当事人的诉累和浪费司法资源，又有损亲权关系。因此，在离婚纠纷中一并处理夫妻分居期间的婚内抚养费，有利于最大限度保障子女权益，树立优良家风，弘扬家庭美德。

因婚内抚养费已基于一方履行抚养义务实际产生，其不同于离婚后抚养费的支付，所以，人民法院判定婚内抚养费支付的具体考量因素主要有：(1) 夫妻分居期间，未与子女共同生活一方存在怠于履行抚养义务的情形；(2) 夫妻分居时间的长短；(3) 夫妻分居期间当地的实际生活水平；(4) 怠于履行方的实际经济承受能力；(5) 实际产生的抚养费数额等情况。值得注意的是，支付抚养费并不是履行抚养义务的唯一方式。为子女购买生活用品、支付医疗费等费用，可视为已经履行相应义务；此外，为家庭生活支出费用(如偿还家庭房屋贷款、车辆贷款等)，也属于为子女创造生活条件的一部分，可视为履行抚养义务。因此，审判实践中，人民法院在综合考虑以上因素的前提下，仍应当根据个案的具体情况，结合实际妥善处理，确定婚内抚养费的最终给付数额。

因本案是离婚纠纷，此时婚内抚养费的诉讼主体是父母。夫妻一方主张另一方支付分居期间子女抚养费的，并能提供相应证据证明另一方当事人在分居期间未尽到相应抚养义务的，人民法院应予支持。本案中，原、被告长期分居生活，孩子一直跟随被告生活，原告也承认分居期间没支付孩子的抚养费，被告对此提出原告支付婚内抚养费的主张，有据可依，故依法予以支持。

编写人：广西壮族自治区兴业县人民法院　徐小蕾

083 法院判定抚养权归属时应坚持最有利于未成年子女原则

——房某诉荆某离婚案

【案件基本信息】

1. 裁判书字号

北京市第一中级人民法院（2019）京 01 民终 457 号民事判决书

2. 案由：离婚纠纷

3. 当事人

原告（上诉人）：房某

被告（被上诉人）：荆某

【基本案情】

房某与荆某婚后于 2014 年 4 月生育一子荆 1。后双方因生活琐事产生争执，房某诉至法院请求判决其与荆某离婚，婚生子荆 1 由其直接抚养，不需要荆某给付抚养费。

房某提出其有稳定的收入，自己有能力抚养荆 1，其父母均有稳定经济来源，母亲已经退休，可以帮助其照顾孩子。此外，房某主张荆某及其父母经济状况恶化，荆某没有稳定收入，其父母变卖房产为荆某偿还银行欠款，已无经济能力抚养荆 1；荆某未经其同意给孩子换幼儿园，且阻碍其探望荆 1，让荆 1 无法亲近母亲，享受母爱；荆某有婚内出轨行为，荆某一家的品行不可靠，不宜直接抚养孩子。

荆某主张荆 1 出生四个月后的所有费用基本均由其负担，其父母一直协助其照顾荆 1，其之前因为做生意亏本欠了钱，现在已经全部偿还完毕，其正在经营农家乐，有足够的经济能力抚养孩子；荆1的户口与其在一起，孩子的入学与户籍息息相关，因此荆1由荆某抚养更为适宜；荆1长期由荆某的父母照顾，孩子已经习惯了爷爷奶奶在身边，现在孩子还小，不适宜改变他的成长环境，因此荆1由荆某抚养更为有利。

双方当事人在审理中达成一致意见，如法院判决荆1由对方直接抚养，直接抚养子女一方均同意对方每月可探望荆1四次；双方名下的其他财产归各自所有，不再互相主张。

二审中另行查明，因目前荆某工作地点在山东，2018年12月，荆某及其父母将婚生子荆1从北京带至山东生活，并在当地上幼儿园。

【案件焦点】

婚生子荆1的抚养权归属。

【法院裁判要旨】

北京市门头沟区人民法院经审理认为：关于父母离婚后子女的抚养问题，应当从有利于子女身心健康、保障子女的合法权益出发，结合父母双方的抚养能力和抚养条件等具体情况妥善解决。根据查明的事实，房某与荆某现均有稳定的住所，房某的父母愿意协助房某照顾荆1，荆某的父母一直协助荆某照顾荆1，荆某负担了荆1上幼儿园的相关费用。从上述事实来看，房某与荆某抚养子女的条件相当，考虑到房某与荆某分居近四年，在此期间荆1长期由荆某的父母负责照顾，从荆1的年龄及适应能力角度考虑，不宜改变其业已习惯的生活环境，故判定荆1由荆某直接抚养。

房某不服北京市门头沟区人民法院一审判决，向北京市第一中级人民法院提起上诉。

北京市第一中级人民法院经审理认为：综合全案情况，本院认为现阶段由房某抚养婚生子荆1更为适宜，一审法院对此判决失当。具体理由如下：首先，荆1年龄尚幼，截至目前尚不足5周岁，在心理上对母亲有天然的较强依赖性，其健康成长需要母亲的关爱和教育。其次，相比较而言，房某目前在北京的工作、生活更加稳定，有更多的时间和精力可以照顾荆1，对于荆1的学习教育及成长更为有利。荆1自出生后与父母在北京共同生活，并在北京上幼儿园，但目前因荆某工作地点原因，孩子又被带至山东生活学习，致使孩子的成长环境发生了较大变化，处于一种不稳定状态。本案审理过程中，本院先后两次通知双方当事人来院询问谈话、开庭，荆某本人均因工作原因没有到庭，本院相信荆某不是故意为之，但可以看出其目前事业处于发展阶段，精力不可避免受到更多牵扯，在教育陪伴孩子方面可能会心有余而力不足。虽然之前荆某父母长时间帮助照顾荆1，但荆某、房某本人作为孩子父母的作用不可替代，其能够对孩子付出的时间精力仍应当作为优先考虑因素。最后，荆某在婚姻关系存续期间确有不当行为，对于夫妻感情造成了一定的负面影响，从保护妇女、未成年人权益的角度出发，现阶段由房某抚养荆1也更符合法律的精神和原则。双方之后应当本着对孩子、家庭负责的态度行使权利、履行义务。

综上所述，北京市第一中级人民法院依照《中华人民共和国婚姻法》第三十六条、第三十八条，《中华人民共和国未成年人保护法》第五十二条第二款，《中华人民共和国民事诉讼法》第一百七十条第一款第二项之规定，判决如下：

一、维持北京市门头沟区人民法院民事判决第一项、第四项；

二、撤销北京市门头沟区人民法院民事判决第二项、第三项、第五项；

三、婚生子荆1由房某自行抚养；

四、自本判决生效之日起，荆某每月可探望荆1四次，房某负有协助义务；

五、驳回房某的其他上诉请求；

六、驳回荆某的其他诉讼请求。

【法官后语】

当前，离婚纠纷案件中当事人呈现年轻化态势，随之而来的就是多数离婚案件中都涉及未成年子女抚养问题。事实上，在面对父母感情破裂进行离婚诉讼时，大多数未成年子女只能接受这一现实，被动地成为情感或者物质利益上的受害者。因此，如何在离婚诉讼中保护未成年子女的利益是需要严肃对待的问题。笔者认为，在处理离婚诉讼中涉未成年子女问题时，应当始终坚持最有利于未成年子女的原则，最大限度地保护未成年子女的合法权益。这也是《中华人民共和国民法典》第一千零八十四条予以明确规定的原则。在这一原则指引下，法官在具体判定时应当重点把握以下四点：

一是要全面审查父母双方的优势和劣势。夫妻双方离婚之后往往在很多方面会显示出较大差异，衡量判断一方是否更加适宜抚养未成年子女，需要综合审查父母各方面抚养条件。具体审查过程中，法官不仅需要关注父母双方的经济状况，还需要对案件中所涉情感、精神等层面的因素加以审查分析，不可偏废，从而避免只强调容易量化的收入、房产等物质因素，而忽略了未成年子女的情感需求。

一般来说，审查的内容主要包括：父母双方的健康状况、工作收入、住房、文化教育程度、个人品行、能够投入的时间精力、抚养现状等。在比较衡量上述因素时并不存在所谓唯一正确的标准，法官需要紧紧围绕最有利于未成年子女的原则，结合具体案情、生活常识、审判经验综合予以认定。

二是要准确厘清父母自身条件与外在助力之间的优先次序。审判实务中，除比较离婚父母双方自身所存在的优势条件之外，离婚双方往往还会将能够得到的外在抚养助力作为优势予以阐释。这些抚养助力往往来自未成年子女的祖父母或者外祖父母。祖父母或者外祖父母的助力作为一方优势予以考量符合我国的现实国情。但需要注意的是，适用这一规定的前提是离婚的父或母的抚养条件相当。也就是说，未成年子女的父或母自身所具备的条件是首先需要予以比较和考量的，而不能简单地将祖父母、外祖父母的条件与父母的条件进行比较得出结论。例如，如果未成年子女在父母婚姻关系存续期间由祖父母帮助抚养，而在父母离婚后，比较而言母亲自身更具抚养优势，则一般应当判决由母亲抚养。因为父母才是抚养未成年子女的第一主体，在子女成长过程中的角色和作用无法替代。

三是要正确把握子女个人意愿在案件中的具体适用。对于适龄未成年子女而言，在面对父母离婚而不得不选择只与一方生活时，其根据过往与父母共同生活的经历，往往能有一个更愿意与哪一方生活的倾向性意见。因此，审判实务中，法院应通过合适方式询问有表达意愿能力子女的意见，并将该意见作为判决抚养权归属时的重要优先因素予以考虑。但需要注意的是，子女个人意愿只是众多考量因素中的一部分，并不是全部，并不能以未成年子女的意愿表达代替法官的综合判断。未成年子女受制于其认知的局限性，其对于很多事物的判断存在过于感性甚至片面的缺陷。例如，父母教育子女是严厉还是宽松，在合理程度内只是教育方式的不同，子女只要认为其自身能够适应，两种环境任一选择均可。但如果一方教育宽松的程度到了子女可以沉迷游戏、经常逃课甚至休学在家，则严重影响了未成年子女受教育的权利，而这种情况下的子女往往不会主动要求改变生活环境，会愿意选择继续与采取这种教育方式的父或母共同生活。处理此类案件时，子女的选择往往具有一定的“欺骗性”，但法官不能就此放任这种损害未成年子女利益的状态持续，要对子女表达的抚养意愿予以否定评价，通过综合判断作出符合未成年子女长远利益的抚养权归属判决。

四是要注重发挥法院判决的社会价值导向作用。当前审判实务中，部分当事人为了获得未成年子女的抚养权，采取了过激甚至非法手段，诸如抢夺隐匿子女、不让对方接触子女，甚至利用暴力手段威胁恐吓对方等方式。对于上述事实如果查实，法院应当旗帜鲜明地予以反对，并让相关当事人承担不利后果。在此情况下，不能以一方控制子女而就简单地将子女判决由其抚养，而应当将此类行为作为一方抚养子女的负面不利因素予以考虑。因为采取上述行为的当事人虽然名义上为了显示其具有获得子女抚养权的强烈意愿和对子女有深厚感情，但其行为实质上可能造成子女与另外一方情感割裂，甚至给子女造成永久性心理阴影，最终损害的还是未成年子女的利益。法院通过对这种自私自利甚至是违法行为的否定评价，彰显法律的公平与正义，为社会公众提供正确的价值导向和行为指引。此外，对于夫妻一方在婚内对另外一方有家庭暴力或者存在出轨行为等情形，也应当作为判决抚养权时的减分因素予以考虑，从而更加符合法律的精神和原则。

编写人：北京市第一中级人民法院　杨磊　谷文博

084 调解确认共同抚养下，一方起诉要求子女由其单方抚养的认定标准

——曾某诉蒋某抚养案

【案件基本信息】

1. 裁判书字号

北京市第二中级人民法院（2020）京02民终7719号民事判决书

2. 案由：抚养纠纷

3. 当事人

原告（被上诉人）：曾某

被告（上诉人）：蒋某

【基本案情】

曾某与蒋某原系夫妻，于2002年3月22日登记结婚，2010年5月5日生有一子蒋小某。2017年8月16日，北京市第一中级人民法院出具民事调解书，确认蒋某、曾某离婚，蒋小某由蒋某与曾某共同抚养，蒋小某现就读的学校不变。后双方就共同抚养问题未协商一致，未能达成具体的共同抚养方案，双方离婚后蒋小某随曾某生活至今。2018年3月，蒋某诉至北京市朝阳区人民法院，要求婚生子蒋小某由其抚养，曾某每月支付抚养费6000元至蒋小某18周岁止。同年7月30日，北京市朝阳区人民法院出具（2018）京0105民初26234号民事判决书，判决驳回蒋某的全部诉讼请求，后该案上诉至北京市第三中级人民法院，该院于2018年11月7日出具（2018）京03民终13716号民事判决书，判决：驳回上诉，维持原判。

现，曾某诉至北京市房山区人民法院，要求婚生子蒋小某由其抚养，蒋某每月支付抚养费直至蒋小某年满18周岁止。庭审中双方均表示未再婚。另法院依曾某申请至蒋某所在单位××研究所调取了蒋某的收入情况，该单位出具了蒋某2019年1月至11月的收入情况，其月均收入为9589.55元，住房公积金月均为1223.73元。经法庭询问，蒋小某表示其愿意随母亲共同生活。

【案件焦点】

业经法院生效法律文书确定共同抚养子女的情况下，一方能否起诉要求变更子女由其单方抚养。

【法院裁判要旨】

北京市房山区人民法院经审理认为：夫妻双方离婚后，父母对子女仍有抚养教育的权利和义务，父母子女的关系不因父母离婚而消除。本案中，蒋某、曾某在人民法院诉讼离婚，一审判决婚生子蒋小某由曾某抚养后，二审期间，经人民法院主持调解，确定婚生子由双方共同抚养。但经法院调解后，双方就共同抚养蒋小某的问题一直未能友好协商，也未能达成共同抚养孩子的具体方案，蒋小某一直随曾某生活已近三年，诉讼中法院两次征询蒋小某的意见，其均表示愿意随曾某生活。遂判决，蒋小某由曾某抚养，蒋某自本判决生效当月起每月给付蒋小某抚养费3000元，至蒋小某年满18周岁时止；驳回曾某的其他诉讼请求。

蒋某不服一审判决，提出上诉。北京市第二中级人民法院经审理认为：子女抚养问题应当从有利于子女身心健康，保障子女的合法权益出发，结合父母双方的抚养能力和抚养条件等具体情况确定。人民法院确定子女抚养权，应当尊重限制民事行为能力未成年人的真实意愿，按照最有利于未成年人的原则处理。本案中，蒋小某自曾某与蒋某于2015年分居后，主要随母亲曾某共同生活。2017年，法院生效调解书确认蒋小某由二人共同抚养。后双方就共同抚养问题一直未能协商一致，亦未达成共同抚养的具体方案，蒋小某一直随曾某生活至今，已形成稳定的学习生活状态。一审审理中，法院依法两次征询蒋小某的意见，蒋小某均表示愿意随曾某共同生活。一审法院综合考虑蒋小某的实际需要、具体生活、教育情况及成长环境，结合蒋小某的意愿，认定蒋小某目前由曾某抚养为宜，应属适当。蒋某上诉主张曾某对蒋小某蒙骗、驯化，使其表达与身心不相符的意见，缺乏事实依据，法院不予采信。关于蒋某主张其再生育的能力存在严重缺陷，其在一审中提交其2016年精子质量检查报告复印件一份及医院于2015年9月28日对其初诊诊断为弱精症、畸精症的病历资料复印件一页，上述证据均非原件，且作出时间距本次诉讼时间较长，不足以证明蒋某目前存在生育缺陷。蒋某上诉主张其与曾某因离婚产生的其他矛盾纠纷并非本案确定蒋小某抚养权的法定事由。蒋某坚持上诉请求及理由，主张曾某存在对蒋小某健康成长不利的情况，事实及法律依据不足，不予支持。故判决：

驳回上诉，维持原判。

【法官后语】

《中华人民共和国民法典》第一千零八十四条第二款、第三款规定，离婚后，父母对于子女仍有抚养、教育、保护的权利和义务。离婚后，已满两周岁的子女，父母双方对抚养问题协议不成的，由人民法院根据双方的具体情况，按照最有利于未成年子女的原则判决，子女已满八周岁的，应当尊重其真实意愿。

处理子女抚养问题的总原则为“最有利于未成年子女”的原则。在审判实务中，处理子女抚养问题时，按照抚养权主体不同分为单方抚养和共同抚养，但两种抚养方式仅有抚养人主体差异，考量适用的原则均为最有利于未成年子女原则。单方抚养是处理子女抚养权问题的常规做法，具有可操作性强、执行度高的优点。父母离婚后，因父母亲密关系的解除，不再具有共同生活、共同抚育子女的现实基础，而使未成年子女必然发生随父或随母生活而与另一方分离的事实，所以单方抚养方式符合父母离婚后的子女生活客观事实，为社会大众理解并接受。共同抚养方式的出现是处理子女抚养权问题常规做法的突破。这种做法是坚持人和的家事纠纷审判理念，保障子女利益最大化、调和父母抚养权争夺矛盾最小化的创新和发展，在个案的处理中具有平衡双方心理关系、妥善化解矛盾的功用和价值。但共同抚养方式的弊端在后续执行中渐现。共同抚养在审判实务中的做法通常为轮流抚养，双方互不给付抚养费。但这种抚养方式必然冲击子女生活环境的稳定性、感情依赖的连续性和医疗、受教育的持续性等，对子女的健康成长实则不利。因此，共同抚养方式虽具有临时性定分止争的效果，但随着双方关系的持续恶化，必然触发变更共同抚养为单方抚养的法律诉讼。

审判实务中，人民法院对变更抚养关系持审慎态度。离婚后，抚养权问题一旦确定，非因法定事由原则上不支持变更，目的是维持未成年子女成长、生活环境的稳定，保障未成年子女的健康成长。但共同抚养有其特殊性，这种抚养方式实际上并未确定子女抚养权的单方归属，不存在变更后对子女既有成长环境重大改变影响其成长的不利因素；又如前所述，共同抚养现实操作中形同虚设、难以为继。此时，共同抚养皮囊下实际单方履行抚养义务的一方起诉要求变更子女由其单方抚养并由另一方支付抚养费的诉请，既符合子女的生活现状，又有利于子女的健康成长。

在处理变更共同抚养为单方抚养的案件时，除常规考虑抚养权变更的一般因素外，还要注意分析父母双方现阶段的抚养条件与共同抚养时的差异，妥善考虑社会效果与法律效果的统一。

就本案而言，曾某、蒋某的抚养条件较调解离婚时已发生较大变化。一方面，二人离婚至今已有三年，虽有共同抚养的外衣，但蒋小某实际一直跟随曾某共同生活，由曾某及曾某父母共同照顾，在曾某生活区附近接受医疗、教育服务等。生活成长环境、医疗服务环境、受教育环境均已稳定且持续。曾某有继续抚养蒋小某的意愿，曾某的父母均到庭表示愿意继续辅助曾某更好地抚育蒋小某。另一方面，蒋小某的年龄已由父母离婚时的六七岁成长为10岁的大龄儿，已经由无民事行为能力人成长为具备辨识情感依赖能力的限制民事行为能力人，已经具备表达真实意愿的能力。在案件审理过程中，审理法院两次征询蒋小某的意见，其均表示愿意跟随曾某继续生活。另，曾某提交的学历、经济收入、房产证明等亦证明了其抚养能力。故，在综合全案证据的基础上，按照最有利于未成年子女成长的原则，法院最终认为变更共同抚养为蒋小某由曾某单方抚养，由蒋某给付抚养费的方式更为适宜。

编写人：北京市房山区人民法院　王爱东　刘丽霞

085 主张支付抚养费逾期利息的请求不应支持

——魏某某诉魏某抚养费案

【案件基本信息】

1. 裁判书字号

四川省成都市中级人民法院（2019）川01民终15758号民事判决书

2. 案由：抚养费纠纷

3. 当事人

原告（被上诉人）：魏某某

被告（上诉人）：魏某

【基本案情】

何某与魏某于2008年4月21日在射洪县民政局登记结婚，婚后于2008年10月12日生育一子，即魏某某。2013年5月31日，魏某与何某在射洪县民政局登记离婚，双方达成《离婚协议书》，约定儿子魏某某由何某抚养，随其生活，魏某每月支付生活费3000元。离婚后至2016年12月，魏某按照协议每月向魏某某支付生活费3000元，自2017年1月起未支付生活费。

另查明，2019年5月7日，四川大学华西第二医院门诊病情证明书出具《中国—韦氏儿童智力表（C-WISC）测试报告》载明魏某某儿童智商为44，属于智力低下。

【案件焦点】

魏某是否应支付抚养费逾期利息。

【法院裁判要旨】

四川省成都市金牛区人民法院经审理认为：由于《离婚协议书》是魏某与何某离婚时在充分考虑了双方收入状况、负担能力的情况下就魏某某抚养事宜达成的协议，应为合法有效，对双方均有约束力。魏某在没有证据证明其收入锐减的情况下，应当按照《离婚协议书》支付魏某某抚养费。至于抚养费逾期利息，由于抚养费设立的初衷是保护离婚后未成年子女的合法权益，目的是努力使未成年子女的生活恢复到其父母离婚前的状态，本质是一种针对未成年人的保障，而非普通的金钱债务。关于生活费的给付方式、数额等虽约定在其父母的离婚协议中，但其给付的法律依据是身为父母应当抚养子女的法定义务，而非父母之间的约定，因此并不能按违反合同约定的相关法律规定来主张违约责任。魏某某有关抚养费逾期利息的主张，于法无据，不予支持。

魏某不服一审判决提起上诉。四川省成都市中级人民法院经审理认为：本案二审争议的焦点为一审法院所确定魏某向魏某某支付生活费的金额是否正确。上诉人魏某认为其与何某所签订的《离婚协议书》不是其个人真实意思表示，但是在本案审理过程中，魏某并未对此举证予以证实，本院对该上诉意见不予支持。上诉人魏某还认为何某已经实际从其个人的银行卡中取款 265530 元，超过应当支付的生活费。本院认为，魏某在与何某离婚后的财产支出情况并不能直接证实其支付魏某某生活费用的实际状况。即便魏某银行账户的存款由何某实际取款，也不足以证实该取款是用于支付魏某某的生活费。魏某与何某之间的纠纷不属于本案的审理范围。至于魏某认为魏某某名下房屋的租金应当抵扣其应当支付的生活费，因仅有魏某的陈述，并无其他证据对此予以证实，对此本院不予采信。

综上，魏某的上诉请求不能成立，应予以驳回。一审判决认定事实清楚，适用法律正确，应予维持。

四川省成都市中级人民法院依照《中华人民共和国民事诉讼法》第一百七十条第一款第一项之规定，判决：

驳回上诉，维持原判。

【法官后语】

父母一方违反离婚协议约定，长期不支付抚养费的情况下，儿童起诉未支付抚养费的一方要求其支付抚养费及资金占用利息，那么要求支付抚养费资金占用利息的请求是否能够得到支持？对此，目前我国相关法律并没有进行明确规定，司法实践中也存在不同的裁判观点，一审法院从保护儿童利益角度出发，认为抚养费给付的法律依据是身为父母应当抚养子女的法定义务，离婚协议中也并未对抚养费逾期利息进行约定，因此认定要求支付抚养费逾期利息的请求不应支持，二审法院予以维持。当离婚协议中并未对抚养费逾期利息进行约定时，未成年人起诉抚养费逾期利息的请求不应得到支持裁判观点具有十分重要的实践价值和理论指导意义。

《中华人民共和国婚姻法》第三十七条规定："离婚后，一方抚养的子女，另一方应负担必要的生活费和教育费的一部或全部，负担费用的多少和期限的长短，由双方协议；协议不成时，由人民法院判决。关于子女生活费和教育费的协议或判决，不妨碍子女在必要时向父母任何一方提出超过协议或判决原定数额的合理要求"。婚姻法中并没有对抚养费逾期利息的问题进行规定。2021 年 1 月 1 日开始实施的《中华人民共和国民法典》（以下简称《民法典》）第一千零八十五条规定："离婚后，子女由一方直接抚养的，另一方应当负担部分或者全部抚养费。负担费用的多少和期限的长短，由双方协议；协议不成时，由人民法院判决。前款规定的协议或者判决，不妨碍子女在必要时向父母任何一方提出超过协议或者判决原定数额的合理要求。”《民法典》在条文中明确使用了抚养费一词，但条文中没有规定抚养费逾期利息的问题。由于法律缺乏明确规定，在司法实践中，各地法院存在不同的裁判观点。有的法院认为抚养费具有人身属性，不同于一般的债权债务关系，就算父母双方在离婚协议中对未支付抚养费的逾期利息或违约金进行了相应约定，也不能够支持，原因是不能让另一方因未支付抚养费的行为而从中获利。有的法院则认为如果父母双方在离婚协议中对未支付抚养费的逾期利息或违约金进行了相关约定，按照意思自治原则，就应该支持。如果父母双方没有在离婚协议中进行相关规定，但垫付抚养费一方的金钱孳息损失显而易见，给予相应弥补符合公平的法律原则，并且对不承担抚养义务的一方给予利息惩罚，表达了法律对逃避法定义务行为的否定态度，有助于促进形成良好的社会道德风尚，也符合公正的法律原则。笔者认为，未支付抚养费一方不应承担违约责任，也不应支付抚养费的资金利息损失。

1. 抚养费具有鲜明的人身属性。抚养费是指父母从子女出生直至成年或在子女非因主观原因不能独立生活之前应当承担的涉及生活、教育、医疗的各类费用以及其他合理、必要的开支。它包含日常的生活费、教育费、医疗费等内容，民法典第一千零八十五条直接使用了抚养费一词，相较于婚姻法中的表述更为准确。从本质上讲，抚养费是一种针对未成年人的保障，是为了保护未成年人子女的合法权益。抚养费支付是一种特殊的债权债务关系，是一种基于具体特定的亲属关系而存在的，本质是属于人身权利范畴而非经济行为范畴。父母离婚时在离婚协议中未对抚养费逾期利息进行约定时，针对抚养费逾期利息问题，法院应当更多考虑抚养费的人身属性，而不宜将商品经济的财产法规直接适用于婚姻家庭领域。

2. 抚养费给付是父母的法定义务。《民法典》第一千零八十四条第一款、第二款规定“父母与子女的关系，不因父母离婚而消除。……离婚后，父母对于子女仍有抚养、教育、保护的权利和义务”。该条表明父母对子女负有基于法律的直接规定而产生的法定义务，该条是子女抚养费请求权的基础。抚养费请求权是作为被抚养对象的子女依法享有的权利，它与夫妻双方的婚姻关系状态、抚养费的分担约定等因素并无必然联系，父母对子女的抚养义务不因离婚而免除。离婚协议也只能约定抚养费的数额，而不能免除作为父母的法定义务。但更应该注意的是，支付抚养费仅仅是父母履行抚养义务的表现形式之一，父母离婚后的未成年子女是一个特殊的弱势群体，需要给予未成年子女特别的保护，这是一种特殊时期的特殊权益，要求未直接抚养子女一方履行抚养义务具有及时性和有效性，因此，当未直接抚养子女一方没有支付抚养费履行抚养义务时，从有利于儿童身心健康成长的原则出发，直接抚养子女一方应及时提醒未直接抚养子女一方履行抚养义务，支付抚养费，避免未直接抚养子女一方在儿童成长中缺位。

3. 遵从未成年人利益最大化原则。未成年人利益最大化已是国际社会的共识，未成年人利益最大化要求凡是涉及未成年人的任何事宜都必须以未成年人最大利益为重，以最有利于未成年人的角度为出发点，目的是使未成年人得到身体、心智、道德、精神等方面的发展。我国《民法典》中也有类似的表述，要求法院对抚养问题要按照最有利于未成年子女的原则判决。离婚家庭的子女在情绪情感、心理状态、智力发展、社会关系等方面与完好家庭的子女存在明显差异，家庭教育对子女成长至关重要。因此，从未成年子女的角度出发，当父母离婚后，未成年子女需要的不只是金钱上的给付，而更需要的是父母的关心关爱与陪护，父母的陪伴对未成年子女成长以及形成健全的人格至关重要，不能将抚养义务与支付抚养费简单画上等号。

4. 追讨抚养费不能成为一种获利手段。因抚养费本身具有人身属性，基于人身属性产生的债权债务关系并不适用诉讼时效，关于追讨抚养费的纠纷也不适用诉讼时效的规定。这有可能造成直接抚养未成年子女一方因未直接抚养未成年子女一方长期不履行支付抚养费义务而获利，从公平、公正原则出发，也不应支持抚养费逾期利息，从而督促直接抚养未成年子女一方及时主张权利。

5. 支持抚养费逾期利息无法律法规明确规定。逾期利息属于经济行为的范畴，合同法第二条明确排除了身份关系的协议适用合同法相关规定。《民法典》规定婚姻、收养、监护等有关身份关系的协议，适用有关身份关系的法律规定；没有规定的，可以根据其性质参照适用本编规定。《民法典》出台后，解决了身份关系协议的法律适用问题，但如前文所述，抚养费具有典型的人身属性，无法参照该条请求支付抚养费的逾期利息。最高人民法院于2015年发布博小某诉博某抚养费一案，该典型案例认为抚养费的给付并非基于合同，关于未支付抚养费的违约金条款于法无据，不应支持。从法律适用统一方面讲，基于合同而主张的资金利息损失，要求未支付抚养费的一方支付抚养费资金利息损失同样不能支持。

编写人：四川省成都市金牛区人民法院　胡敏　宋珊

086 亲情陪伴及抚育理念因素在抚养关系变更中的考量

——郭某火诉陈某珠变更抚养关系案

【案件基本信息】

1. 裁判书字号

福建省厦门市中级人民法院（2019）闽02民终260号民事判决书

2. 案由：变更抚养关系纠纷

3. 当事人

原告（被上诉人）：郭某火

被告（上诉人）：陈某珠

【基本案情】

郭某火与陈某珠于2012年3月27日登记结婚。2013年6月26日，郭某火、陈某珠生育婚生子郭某辰。2014年11月20日，厦门市思明区人民法院作出（2014）思民初字第13547号民事判决。判决准予郭某火、陈某珠离婚，婚生子郭某辰随陈某珠共同生活，郭某火每月支付抚养费1500元。郭某辰自2014年4月起被陈某珠寄养在郭某火叔父郭某远家中至今。

郭某火向一审法院起诉请求：1. 判令婚生子郭某辰变更为由郭某火抚养；2. 判令陈某珠每月支付郭某辰抚养费1500元。

【案件焦点】

在双方当事人都具备基本抚养能力的情况下，直接抚养方对幼儿的亲情陪伴条件及注重心理健康的抚育理念应成为考量抚养关系的重要因素之一。

【法院裁判要旨】

福建省厦门市思明区人民法院一审认为，确定子女随哪方共同生活，应当适用“未成年子女利益优先”原则。因此，首先应当考虑的是，抚养者能否提供足够抚养未成年子女的基本经济能力。其次应当考虑的是，抚养者能否提供让子女心理得以健康成长的安全环境和关爱。幼儿在正常的成长过程中，物质条件并非最重要的，在物质条件能满足其基本生存需要后，幼儿对关爱的情绪需求，远远超过对物质条件的需求。本案中，双方婚生子经法院判决由陈某珠直接抚养，然陈某珠却将其送到郭某火亲戚家中代养，纵使代养家庭对双方幼儿关爱有加，终究不能替代幼儿对亲生父母依恋的心理需求，以及幼儿在成长过程中对父母关爱的情感需求，陈某珠送养行为并未考虑直接抚养子女理所当然承担的除金钱给付之外的陪伴、教育等责任。因此，从保障未成年子女的权益角度考量，由郭某火直接抚养子女，更有利于保障未成年子女的权益。依照《中华人民共和国婚姻法》第三十六条第三款、第三十七条，《最高人民法院关于人民法院审理离婚案件处理子女抚养问题的若干具体意见》第十六条之规定，判决：

一、婚生子郭某辰由郭某火直接抚养，随郭某火共同生活；

二、陈某珠每月支付婚生子郭某辰的抚养费1500元直至婚生子郭某辰年满18周岁时止。

陈某珠不服，提出上诉，福建省厦门市中级人民法院认为，根据在案的证据及双方当事人的陈述，郭某火虽曾因经济犯罪受过刑事处罚，但其已接受完教育改造，且郭某火具备电工作业专业技能、于2018年4月重新组建家庭，目前尚未生育其他子女，生活状态稳定，诚然陈某珠的经济条件远优越于郭某火，但陈某珠在过去抚养郭某辰的过程中，长期将幼小的郭某辰寄养在他人家中，其自己则在异地做生意，其欲给孩子提供更好的经济条件虽无可厚非，但其忽略父母亲情陪伴对孩子的重要性则属理念之失当，特别是在与郭某火就孩子的抚养问题发生矛盾过程中，并未能认识到父亲在孩子成长过程中不可替代的作用，主张对方情绪失控当着孩子的面殴打他人等给孩子造成心理伤害，但其并未意识到自己同样具有保护孩子心理不受伤害的义务，在孩子父亲发生不当行为时也应给予孩子正面的疏导，避免给孩子造成二次伤害，而非一味强调对方的过错，甚至希望法庭对尚不满6周岁的孩子进行询问父亲的暴力行为给孩子留下的印象，因此，本院认为，经济条件不是决定抚养关系的决定性因素，父母亲情对孩子而言是同等重要的，子女与父母之间的亲密关系将对孩子的一生造成深远的影响，而郭某辰在过去的成长过程中父爱严重缺失，郭某辰尚年幼具备重新建立父子亲情的条件，郭某火现也有亲自抚养孩子的强烈意愿，且陈某珠的教育理念明显有待提高，一审法院暂将郭某辰变更为由郭某火直接抚养，并无不当，双方在今后应共同配合教育陪伴抚养孩子成长，相互支持相互监督，以孩子的健康成长为重，减少双方的矛盾，直接抚养一方也应充分重视另一方与孩子的情感维系，珍惜直接抚养孩子的机会。综上所述，陈某珠的上诉请求理由不足，不能成立，应予驳回；一审判决认定事实清楚，适用法律正确，应予维持。依照《中华人民共和国民事诉讼法》第一百七十条第一款第一项之规定，判决：

驳回上诉，维持原判。

【法官后语】

关于变更抚养关系，《最高人民法院关于适用〈中华人民共和国民法典〉婚姻家庭编的解释（一）》第五十六条[①]规定了三种法定变更抚养权[②]的情形，同时还规定了“有其他正当理由需要变更”，对于该兜底条款的适用并无具体的规定，司法实践中也少有总结，本文认为，本案属于可适用该条款的较为典型的情形之一，即将直接抚养方对幼儿的亲情陪伴条件及注重心理健康的抚育理念作为考量抚养关系的重要因素之一，可供司法实践中审理同类案件时参考。

随着经济社会的不断发展，抚养条件除了经济方面的硬件外，更需要关注父母本身的抚养理念这一软件。抚养离异家庭的孩子，本就只能由父母一方直接抚养，父母亲情缺位的可能性高于普通家庭，然而，在大多数抚养关系纠纷中，当事人更多的是关注双方能够提供给孩子的经济条件，并以此作为争取抚养关系的重要砝码，也就是更为注重物质条件的重要性，同时，往往极力寻找对方对孩子的“不好”，忽略己方对孩子心理健康的责任及作用。在双方当事人都具备基本抚养能力的情况下，除了经济物质条件的优劣之外，更应当考虑对孩子心理健康的影响，特别是对于幼儿，直接的亲情陪伴是十分重要的，直接抚养方的抚育理念亦不可忽视。

---

① 本案发生于《中华人民共和国民法典》实施之前，原适用的法条为《最高人民法院关于人民法院审理离婚案件处理子女抚养问题的若干具体意见》第十六条，该条规定与《最高人民法院关于适用〈中华人民共和国民法典〉婚姻家庭编的解释（一）》第五十六条内容一致。

② 三种法定情形为：（一）与子女共同生活的一方因患严重疾病或者因伤残无力继续抚养子女；（二）与子女共同生活的一方不尽抚养义务或有虐待子女行为，或者其与子女共同生活对子女身心健康确有不利影响；（三）已满八周岁的子女，愿随另一方生活，该方又有抚养能力。

本案双方当事人之间的经济物质条件虽有较大差别，且原告还曾因经济犯罪被判处过刑罚，但是法庭经过调查发现，原告所犯经济犯罪系轻罪，且服刑期间并无不良表现，同时，刑满释放后重新组建了家庭，具有电工的技术，具备抚养孩子的能力。虽然原告的经济条件与被告相比相差较大，但被告过度重视创造经济条件，长期将孩子寄养在他人家中，且其同时养育三个孩子，对与原告共同育有的孩子陪伴精力也受限，更为重要的是，其在诉讼过程中并未意识到自己对孩子的直接陪伴的重要性。故其在亲情陪伴及心理守护上存在明显缺失，加之，原告有抚养孩子的强烈愿望，应当给予原告平等的机会直接抚养孩子。法庭也旨在通过本案的审理，让当事人能够明白正确的抚育理念：除去给予孩子好的物质条件外，更应重视亲情陪伴以及孩子的心理健康。

编写人：福建省厦门市中级人民法院　陈丽英

087　现代辅助生育技术所涉父母子女间身份关系的认定

——王某甲诉宋某某变更抚养关系案

【案件基本信息】

1. 裁判书字号

北京市第一中级人民法院（2019）京01民终7366号民事判决书

2. 案由：变更抚养关系纠纷

3. 当事人

原告（上诉人）：王某甲

被告（被上诉人）：宋某某

【基本案情】

王某甲与宋某某（女）于1999年结婚。宋某某患有原发不孕症，于2007年接受了“腹腔镜全子宫+双附件切除+盆腔及腹主动脉旁淋巴结清扫术”，彻底丧失生育能力。2012年，王某甲与宋某某商议一致通过中介机构采用代孕的方式生育子女，精子由王某甲提供，代孕女性在医院建档产检、生产均使用宋某某的身份证，以宋某某的名义进行。2013年11月20日，王某乙、王某丙出生，出生医学证明上所载的父母分别为王某甲、宋某某，但实际与宋某某无血缘关系。

2017年2月7日，王某甲与宋某某经法院调解离婚，双方达成如下协议：“一、王某甲与宋某某离婚；二、婚生女王某乙和王某丙由宋某某抚养，王某甲不支付王某乙及王某丙的抚养费……”王某甲与宋某某离婚后，王某乙与王某丙一直随宋某某共同生活。王某甲以王某乙、王某丙非宋某某自然受孕出生，非宋某某婚生子女为由向法院起诉请求变更王某乙、王某丙的抚养权由其抚养。

【案件焦点】

1. 王某甲、宋某某分别与王某乙、王某丙的身份关系认定问题；2. 王某乙、王某丙的抚养权归属问题。

【法院裁判要旨】

北京市昌平区人民法院认为，首先，关于王某乙、王某丙与王某甲、宋某某之间的关系问题。王某甲与宋某某婚姻关系存续期间与其他女性生育王某乙、王某丙，两个孩子应属于王某甲的非婚生子女。宋某某与王某乙、王某丙之间已形成有抚养关系的继父母子女关系，其权利义务应当适用婚姻法对父母子女关系的有关规定。其次，关于王某乙、王某丙抚养权的问题，以不变更为宜。判决：驳回王某甲的诉讼请求。

北京市第一中级人民法院认为：一、王某甲、宋某某与王某乙、王某丙的身份关系认定问题。在夫妻关系存续期间，经双方一致同意运用现代辅助生育技术生育子女，在夫妻其中一方与所生子女无血缘关系的情况下，无论该子女是否在夫妻关系存续期间出生，都应视为夫妻双方的婚生子女。具体到本案，王某乙、王某丙为王某甲、宋某某在夫妻关系存续期间运用现代辅助生育技术所生，宋某某与王某乙、王某丙无血缘关系，以上事实，双方均无异议。关于是否经双方一致同意一节，综合王某甲与宋某某均陈述双方于2011年或2012年共同商议代孕生子事宜，及代孕女性在医院建档、产检直至生产的相关手续均使用宋某某的名义等事实，可充分证明本案所涉运用现代辅助生育技术系经王某甲、宋某某一致同意。综上，王某乙、王某丙应视为王某甲、宋某某的婚生子女。一审判决认定王某乙、王某丙为王某甲的非婚生子女，认定宋某某与王某乙、王某丙为继父母子女关系，均有不当，本院予以纠正。二、王某乙、王某丙的抚养权归属问题。在确认王某乙、王某丙为王某甲、宋某某婚生子女的前提下，就王某乙、王某丙的抚养权归属问题，本院再予确认，本着未成年人权益最大化原则，王某乙、王某丙宜由宋某某继续抚养，抚养权不予变更。综上所述，王某甲的上诉请求不能成立，应予驳回；一审判决认定的基本事实清楚，适用法律虽有不当之处，但判决结果正确，应予维持。判决：

驳回上诉，维持原判。

【法官后语】

本案一、二审争议的核心焦点问题，即是王某甲、宋某某分别与两个孩子王某乙、王某丙的身份关系认定问题。特别对于与两个孩子无血缘关系的宋某某一方，其与两个孩子身份关系的认定，既是司法裁判的难点，亦直接决定着孩子抚养权归属的走向。

一、专业背景：现代辅助生育技术基本概况

要处理好本案的法律问题，首先要对案件涉及的现代辅助生育技术等相关医学知识有所认知。人类辅助生殖（生育）技术（ART），是指对配子、胚胎或者基因物质进行体内外系统操作获得新生命的技术，包括人工授精（AI）和体外受精-胚胎移植（IVF-ET）及其衍生技术两大类[①]。随着现代科学技术的不断发展进步，相信辅助生育技术的内涵和外延也会不断发展变化。

根据中华人民共和国卫生部于2001年8月1日颁布并施行至今的《人类辅助生殖技术管理办法》及医疗领域实践情况，以上两大类技术形式，均在我国当前社会生活中有所应用。其一，人工授精技术，是将精子以非性交方式送入女性生殖道，以达到受孕目的的技术[②]。其二，体外受精-胚胎移植技术，即俗称的试管婴儿技术，是将不孕症患者夫妇的卵子与精子取出体外，在体外培养系统中受精并发育成胚胎后，将胚胎移植入子宫腔内以实现妊娠的技术[③]。在运用现代辅助生育技术的情况下，所生子女既可能与夫妻双方均有

---

① 中华医学会编著：《临床诊疗指南·辅助生殖技术与精子库分册》，人民卫生出版社2009年版，第58页。

② 中华医学会编著：《临床诊疗指南·辅助生殖技术与精子库分册》，人民卫生出版社2009年版，第60页。

③ 中华医学会编著：《临床诊疗指南·辅助生殖技术与精子库分册》，人民卫生出版社2009年版，第64页。

血缘关系，亦可能与其中一方无血缘关系。根据具体情况的不同，该无血缘关系一方既可能是男方，也可能是女方（详见下图）。

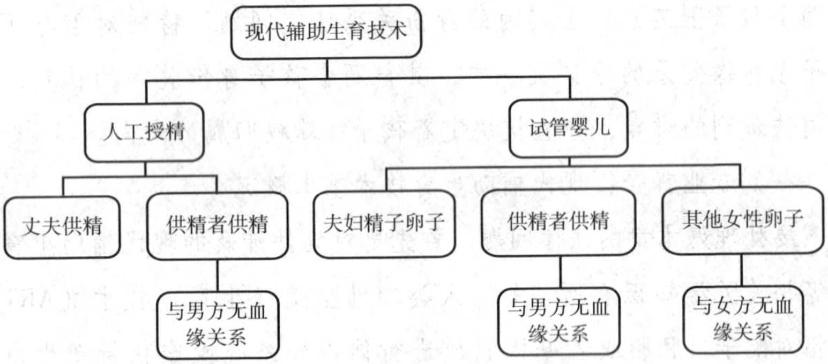

二、既有依据：现有法律规范的梳理与解读

经梳理，我国目前仍无直接涉及运用现代辅助生育技术所生子女身份关系认定的法律及司法解释，但有两份具有一定适用指导效力的规范性文件。一是最高人民法院于1991年作出的《最高人民法院关于夫妻离婚后人工授精所生子女的法律地位如何确定的复函》（已失效）（以下简称《复函》），主要内容为“经研究，我们认为，在夫妻关系存续期间，双方一致同意进行人工授精，所生子女应视为夫妻双方的婚生子女，父母子女之间权利义务关系适用《婚姻法》的有关规定”。二是最高人民法院2015年发布的第十批指导性案例中的指导案例50号（以下简称指导案例），其裁判要点之一为，夫妻关系存续期间，双方一致同意利用他人的精子进行人工授精并使女方受孕后，男方反悔，而女方坚持生出该子女的，不论该子女是否在夫妻关系存续期间出生，都应视为夫妻双方的婚生子女。

上述《复函》及指导案例所涉案件的案情存在相同之处，即在夫妻关系存续期间，经双方一致同意，运用他人（供精者）供精的人工授精方式这一现代辅助生育技术使女方受孕。不同之处在于，

《复函》所涉案件的子女出生于双方夫妻关系存续期间，而指导案例所涉案件的子女出生于双方夫妻关系结束之后。但《复函》及指导案例的意见均认为，两案所生子女应视为夫妻双方的婚生子女。综上，作出时间相差20余年的《复函》和指导案例通过一致性的意见，明确解决了涉及人工授精（供精者供精）这一部分运用现代辅助生育技术所生子女的身份关系认定问题，即无论该子女是否出生于夫妻关系存续期间，均应视为夫妻双方的婚生子女。

三、规则完善：基于《复函》和指导案例应确立的裁判规则

如前文所述，在我国当前运用现代辅助生育技术的医疗实践中，广泛存在人工授精和试管婴儿两种形式。《复函》和指导案例较好地解决了其中涉及人工授精形式的问题，但对于如本案所涉试管婴儿等其他现代辅助生育技术形式的案件，则无法直接指导适用，而司法实践的需求又是急迫的。我们认为，基于《复函》、指导案例确定的裁判规则和基本法理，对于涉及其他现代辅助生育技术形式的案件，可作如下的论证分析。

维度一：法律层面的推演分析。第一，人工授精技术和试管婴儿技术作为现代辅助生育技术中的不同技术手段，皆属于中立的、客观的医学科学技术，在法律评价上应无差别。第二，对于运用现代辅助生育技术所生子女与夫妻一方无血缘关系的情况，无论该无血缘关系一方为男方还是女方，根据我国现行各类法律规定所体现的男女平等精神，两种情况下所生子女与夫妻双方关系的认定应当是一致的。鉴于以上两点，对《复函》和指导案例的意见作合理的延伸理解适用，可得出如下结论，即在夫妻关系存续期间，经双方一致同意运用现代辅助生育技术生育子女，在夫妻其中一方与所生子女无血缘关系的情况下，无论该子女是否在夫妻关系存续期间出

生，都应视为夫妻双方的婚生子女。

维度二：人性伦理的正当抉择。除了上述法律层面的逻辑推演外，从情理及未成年人权益保护的角度，同样应将运用现代辅助生育技术所生与夫妻一方无血缘关系的子女，从法律上认定为夫妻双方的婚生子女。在医疗实践中，对于存在第三人提供精子或卵子的情况，无论从法律和伦理的层面，还是从避免争议纠纷的角度，第三人均应终生不与所生子女见面。在此情况下，如不能从法律层面将此类子女视为夫妻双方的婚生子女，就会在认定子女与无血缘关系一方父母的身份关系时存在法律上新的未解难题，如本案一审将宋某某与王某乙、王某丙认定为有抚养关系的继父母子女关系，显然与现行法律规定不符；更为不可接受的是，可能导致此类未成年子女的各项权益无法获得与其他家庭正常婚生子女同等的法律保护，严重背离我国已签署的《联合国儿童权利公约》所确立并已为我国司法实践多年践行的未成年人利益保护最大化原则，实不可取。

综上，运用现代辅助生育技术生育子女，在夫妻其中一方与所生子女无血缘关系的情况下，会产生父母子女间身份关系的认定问题。结论是，在夫妻关系存续期间，经双方一致同意运用现代辅助生育技术生育子女，在夫妻其中一方与所生子女无血缘关系的情况下，无论该子女是否在夫妻关系存续期间出生，都应视为夫妻双方的婚生子女。这里需明确三项要点：第一，所运用的现代辅助生育技术必须发生于夫妻关系存续期间，否则不能依据婚姻法得出所生子女为婚生子女之结论。第二，运用现代辅助生育技术必须经双方一致同意，这既是基于《复函》和指导案例的意见所延伸的实质要件，同时也是民事法律行为自愿原则的基本体现。对于一方非经另一方同意，采取不当手段运用现代辅助生育技术所生子女的身份关系认定问题，当另行探讨。第三，无论该子女出生于夫妻关系存续期间，还是出生于夫妻关系结束之后，均不影响认定为夫妻双方的婚生子女。

最后回到案件本身，在确认王某乙、王某丙应为王某甲、宋某某婚生子女的前提下，根据本案男女双方的抚养条件及能力、两个孩子出生后的居住生活情况等具体案情，并不难得出两个孩子宜由宋某某继续抚养之结论。

编写人：北京市第一中级人民法院　冯哲

088　亲子关系的法律推定

——徐某某诉卢某某抚养费案

【案件基本信息】

1. 裁判书字号

北京市第二中级人民法院（2018）京 02 民终 11410 号民事判决书

2. 案由：抚养费纠纷

3. 当事人

原告（被上诉人）：徐某某

被告（上诉人）：卢某某

【基本案情】

徐某某之母徐某在卢某某单位工作时与卢某某相识，卢某某系徐某的直属领导，后二人发生“关系”。1997 年 7 月徐某发现怀孕，1998 年 4 月徐某某出生。徐某某 2 岁时，徐某发现其发育迟缓，后经鉴定为：精神发育问题伴精神障碍。但卢某某对此不闻不问。徐某为徐某某治病多年，花费 40 余万元。现徐某某每月需生活费 4000 元左右；每月治疗、康复费用 1000 元；每月雇保姆照顾、护理费用 2600 元，徐某无力负担，多次与卢某某联系，卢某某置之不理，徐某某无奈诉至法院，要求判令被告每月支付原告生活费及保姆费。卢某某认为徐某某与卢某某不存在亲子关系，不同意徐某某的全部诉讼请求。

【案件焦点】

徐某某与卢某某是否存在亲子关系。

【法院裁判要旨】

北京市丰台区人民法院经审理认为：当事人一方起诉请求确认亲子关系，并提供必要证据予以证明，另一方没有相反证据又拒绝做亲子鉴定的，人民法院可以推定请求确认亲子关系一方的主张成立。本案中，徐某某提供的录音证据表明徐某与卢某某及卢某某战友张某全、顾某根就抚养徐某某问题进行商谈，徐某多次表示徐某某系卢某某之女，卢某某应共同负担起抚养责任，卢某某及其战友均未表示否认，仅就如何抚养徐某某事宜未能达成一致。卢某某虽质证表示不认可证明目的，并出具张某全、顾某根关于录音的说明，但其主张仅出于息事宁人及同情的考虑，协商解决徐某某抚养问题，与常理不符。本院认定徐某某对存在亲子关系已提供必要证据予以证明，卢某某没有相反证据且拒绝做亲子鉴定，本院推定徐某某与卢某某存在亲子关系。父母对子女负有法定抚养义务。非婚生子女享有与婚生子女同等的权利，任何人不得加以危害和歧视。不直接抚养非婚生子女的生父或生母，应当负担子女的生活费和教育费，直至子女能独立生活为止。本案中，徐某某智力残疾等级一级，生活不能自理，徐某某要求卢某某承担抚养义务，于法有据。关于生活费，本院结合徐某某的生活需求、卢某某的支付能力及当地的生活水平，酌定卢某某每月支付徐某某1500元，对徐某某请求过高部分，本院不予支持。关于保姆费，徐某某未提供证据予以佐证，本院不予支持。综上所述，依据《中华人民共和国婚姻法》第二十五条，《最高人民法院关于适用〈中华人民共和国婚姻法〉若干问题的解释（三）》第二条，《中华人民共和国民事诉讼法》第六十四条第一款之规定，判决如下：

一、被告卢某某自2018年8月起每月给付原告徐某某生活费1500元，至其能独立生活为止；

二、驳回原告徐某某的其他诉讼请求。

卢某某不服原审判决，提起上诉。北京市第二中级人民法院经审理认为：本案中，徐某某及其法定代理人已提交通话录音、短信截图、谈话录音、微信截图等证据证明徐某某之法定代理人徐某曾多次就徐某某抚养问题与卢某某及其战友进行商谈，卢某某虽不认可，但并未提供证据予以证明，且拒绝进行亲子鉴定，一审法院据此推定徐某某与卢某某存在亲子关系并无不当。

本案中，徐某某智力残疾等级一级，生活不能自理，一审法院根据徐某某的实际需求、卢某某的负担能力及当地生活水平，酌定卢某某每月支付徐某某生活费1500元亦属适当，本院予以维持。卢某某上诉认为一审法院推定双方之间存在亲子关系属适用法律错误，既不能提供相应证据又拒绝进行亲子鉴定，故本院对其上诉请求不予支持。

综上所述，卢某某的上诉请求不能成立，应予驳回。一审判决认定事实清楚，适用法律正确，本院应予维持。依照《中华人民共和国民事诉讼法》第一百七十条第一款第一项之规定，判决如下：

驳回上诉，维持原判。

【法官后语】

是否构成亲子关系属于身份关系的认定，在离婚纠纷、继承纠纷、抚养纠纷中均有涉及。目前，亲子鉴定技术准确率非常高，且检材的收集方法对人体健康不存在损害。但亲子鉴定涉及人身属性，必须双方配合才能启动，不能强制进行。在案件审理过程中，当事人基于胜诉把握、自身名誉以及其他家庭关系的考虑，坚决不同意进行亲子鉴定或者关于是否同意进行亲子鉴定产生意见反复的情形经常出现。一旦亲子关系一方拒绝做鉴定的，则鉴定程序无法进行，人民法院无法准确确认亲子关系是否存在。

基于此，《最高人民法院关于适用〈中华人民共和国婚姻法〉若干问题的解释（三）》（以下简称《婚姻法解释（三）》第二条规定："夫妻一方向人民法院起诉请求确认亲子关系不存在，并已提供必要证据予以证明，另一方没有相反证据又拒绝做亲子鉴定的，人民法院可以推定请求确认亲子关系不存在一方的主张成立。当事人一方起诉请求确认亲子关系，并提供必要证据予以证明，另一方没有相反证据又拒绝做亲子鉴定的，人民法院可以推定请求确认亲子关系一方的主张成立。"该条规定即对当事人拒绝做亲子鉴定时，如何认定亲子关系提供了法律依据。

该条规定一方面，使拒绝做亲子鉴定的一方承担不利后果，从而引导当事人更愿意接受亲子鉴定程序，更利于人民法院查明事实。

另一方面，在一方拒绝做亲子鉴定时，需要另一方提供"必要"证据时，才能适用上述规定。何谓"必要"证据，实践中，关于身份关系举证较为困难，故不应科以较为严格的举证责任，证据只需要达到民事诉讼中的高度盖然性标准即可。如当事人已经穷尽举证手段，其提供的证据已形成证据链条，法官在审查证据后能形成自由心证，即达到高度盖然性证明标准。

综上，本案在卢某某拒不同意做亲子关系鉴定的情况下，徐某某提供的证据形成了证据锁链，能达到高度盖然性证明标准。因此，法院认定徐某某的举证已达到必要证据的要求，根据《婚姻法解释（三）》的规定，认定徐某某与卢某某存在亲子关系。该案对《婚姻法解释（三）》第二条适用的前提以及“必要”证据的认定提供了有益的借鉴。

《中华人民共和国民法典》基于实践需要并吸收司法解释的相关内容，在第一千零七十三条新增了亲子关系异议之诉的规定，并对提起诉讼的主体及条件进行明确界定。诉讼主体方面采用穷尽式列举，一方面，将提起亲子关系确认之诉的主体限定在成年子女、父亲、母亲范围内，因未成年人缺乏民事行为能力和民事诉讼能力而被排除在适格原告范围内，若未成年人需要确认亲子关系，可以由其父亲或母亲作为原告提出；另一方面，考虑到亲子关系的安定性，不允许子女法律意义上的父或母之外的第三人作为原告提起亲子关系否认之诉。同时，为防止成年子女否认亲子关系后不再对法律意义上的父母承担赡养义务，成年子女不能够提起亲子关系否认之诉。要求提起亲子关系异议之诉应当有正当理由，原告应当提供充分证据证明其异议，若缺乏相关证据，而仅仅提出鉴定申请，则因申请亲子鉴定是对其所举证据的补充，而不是作为其主张的唯一证据而裁定不予受理。

《最高人民法院关于适用〈中华人民共和国民法典〉婚姻家庭

编的解释（一）》第三十九条基本保留了《婚姻法司法解释（三）》对一方当事人拒绝做亲子鉴定的处理规定。原告提供的“必要”的证据只要足以让法官形成心证，认为该证据已经可以达到确认相关事实的程度，则已达到举证责任转移的目的。若相对人既无相反证据又拒绝配合进行亲子鉴定时，法院可以据此推定不利于相对人的事实，这也符合间接强制鉴定的规则。

亲子关系存在与否的认定，关系到亲子身份关系的安定，婚姻、家庭的和谐稳定和未成年子女的利益，在处理这类问题时不能僵化适用间接强制鉴定规则，一味追求血缘真实，而要将“儿童利益最大原则”放在首位，综合考量婚姻、家庭的和谐稳定作出裁判。

编写人：北京市丰台区人民法院　张莹　邢昊

089 外祖父母主动或未明确拒绝照顾外孙，不构成无因管理及无因管理之债

——韦某添、吴某兰诉喻某刚、喻某抚养费案

【案件基本信息】

1. 裁判书字号

广西壮族自治区南宁市中级人民法院（2017）桂01民终第4505号民事判决书

2. 案由：抚养费纠纷

3. 当事人

原告（被上诉人）：韦某添、吴某兰

被告（上诉人）：喻某刚、喻某

【基本案情】

韦某宁系韦某添、吴某兰的女儿，于1997年9月24日和喻某刚结婚，婚后于2002年5月28日生育婚生儿子喻某。喻某刚原在柳州某部队服役，孩子喻某自出生后至2009年由母亲韦某宁携带并居住在韦某添、吴某兰家里，喻某自小体弱多病，日常生活由韦某宁、韦某添、吴某兰照顾。2009年喻某刚回到南宁市工作。因就读方便，喻某亦主要跟随韦某宁、韦某添、吴某兰居住生活。喻某刚夫妇月工资近2万元。2015年10月韦某宁因公身亡。2016年，喻某就读初中后跟随喻某刚居住。双方当事人因韦某宁遗产分配产生争执。

【案件焦点】

1. 被上诉人韦某添、吴某兰对上诉人喻某的照顾是否构成无因管理及无因管理之债；2. 上诉人喻某刚应否向被上诉人韦某添、吴某兰支付喻某的抚养费。

【法院裁判要旨】

广西壮族自治区南宁市青秀区人民法院经审理认为：关于喻某与韦某添、吴某兰居住及照顾的期间问题。本案系家庭纠纷，应根据公平原则和诚实信用原则，综合当事人举证能力等因素确定举证责任的承担。韦某添、吴某兰提交三份《证明》证明其居住在南宁市望州路25号1栋3单元××号房，并自2002年5月28日出生起至2016年3月一直照顾外孙喻某，该三份《证明》属证人证言，由韦某添、吴某兰的25位邻居或同事共同署名并留下联系方式，证明其陈述的事实高度可信，其证明责任即已完成。喻某刚、喻某认可自2002年5月28日在韦某添、吴某兰处居住，但认为2009年3月就搬离，则发生举证责任的转移，喻某刚、喻某应当就此承担举证责任，但其未能就搬离事宜进行举证，结合《证明》的内容以及双方的庭审陈述，确认韦某添、吴某兰自2002年5月28日出生起至2016年3月一直照顾其外孙喻某。

关于追索垫付抚养费及数额的问题。喻某自出生起和母亲韦某宁就居住在韦某添、吴某兰家中，并由共同生活的韦某添、吴某兰帮忙照顾，这是我国家庭中常见的生活关系和习惯。同住的祖父母、外祖父母多数出于亲情自愿协助抚养外孙，自愿在生活开销、教育投资、医疗费用等方面支出，该行为出于自愿应属无异。敬老爱幼为人伦之本，亦为法律所倡导，慈幼之于父母，依法而言即为养育义务之负担。子女抚育成年，当应自立生活，父母继以关心关爱，子女受之亦应念之，但此时并非父母所应负之法律义务。根据《中华人民共和国民法通则》第九十三条关于“没有法定的或者约定的义务，为避免他人利益受损失进行管理或者服务的，有权要求受益人偿付由此而支付的必要费用”之规定以及《最高人民法院关于贯彻执行〈中华人民共和国民法通则〉若干问题的意见（试行）》第一百三十二条关于“民法通则第九十三条规定的管理人或者服务人可以要求受益人偿付的必要费用，包括在管理或者服务活动中直接支出的费用，以及在该活动中受到的实际损失”之规定，没有法定或约定的义务，为他人利益进行管理或服务即构成无因管理，可要求受益人补偿业已付出的劳动及必要费用。本案中，韦某添、吴某兰作为喻某的外祖父母尚不具备须对外孙承担抚养的法定条件，女儿成家育儿，女婿在军服役，父母帮助育孙虽带有传统习俗的因素，但不能因此否定父母的帮助和付出使外孙及子女受益而免除其子女抚养责任，儿女切不能以为乃天经地义，须知父母养育儿女成人已属不易，儿女成家后尚要求父母继续无条件付出实为严苛，实乃法律所不能支持。因此，在父母照顾外孙未明确表示系不求回报的情况下，应认定其在生活开销、教育投资、医疗费用等方面花费支出为临时性的垫付，以解决女儿及女婿因工作原因无法照顾外孙的问题，其女儿及女婿理应知恩图报，负担偿还义务，方能彰显中华美德，亦为法律应有之义。至于事后父母是否向子女或女婿、媳妇追索，乃父母行使债权或放弃自己债权的范畴，与债权本身客观存在无涉。现因韦某添、吴某兰之女韦某宁因公去世引起家事纷争，韦某添、吴某兰提出诉求，应支持之，而女婿因在部队服役等客观原因未能善尽抚养义务，亦为难以兼顾。补偿的抚养费数额应考虑韦某添、吴某兰抚养的年限、帮带的方式以及当地的生活水平等因素，抚养喻某为其母亲韦某宁和父亲喻某刚的法定义务，喻某与其母亲韦某宁在韦某添、吴某兰处居住，喻某在韦某宁因上班以及其父亲喻某刚服役期间由韦某添、吴某兰照料，由韦某宁每月给予 300 元至 400 元作为其和儿子的生活费并承担主要的医疗费用，日常生活上仍依赖韦某添、吴某兰帮助照料，受益人为韦某宁和喻某刚，在韦某添、吴某兰未能提供相关票据的情况下，现韦某宁去世，故酌情认定喻某刚向韦某添、吴某兰补偿 40000 元。

关于诉讼时效问题，根据《最高人民法院关于审理民事案件适用诉讼时效制度若干问题的规定》第九条第一款关于“管理人因无因管理行为产生的给付必要管理费用、赔偿损失请求权的诉讼时效期间，从无因管理行为结束并且管理人知道或者应当知道本人之日起计算”之规定，本案中，因无因管理行为产生的给付必要管理费用、赔偿损失请求权应从无因管理行为结束之日即 2016 年 3 月起计算，现韦某添、吴某兰于 2017 年 2 月 8 日提起诉讼要求支付其抚养喻某的抚养费，该请求并未超过诉讼时效。

南宁市青秀区人民法院依照《中华人民共和国民法通则》第九十三条，《中华人民共和国婚姻法》第二十一条、第二十八条，《最高人民法院关于贯彻执行〈中华人民共和国民法通则〉若干问题的意见（试行）》第一百三十二条，《最高人民法院关于审理民事案件适用诉讼时效制度若干问题的规定》第九条之规定，作出如下判决：喻某刚向韦某添、吴某兰补偿40000元。

喻某刚、喻某持原审答辩意见提起上诉。南宁市中级人民法院经审理认为：韦某添、吴某兰作为喻某的外祖父母，对外孙喻某无法定抚养义务，其在与女儿韦某宁、外孙喻某共同居住期间主动帮助照顾喻某的生活、学习，不可否认其付出了时间、精力和金钱，此为亲人之间相互扶助的自愿行为，亦为中华民族传统生活习俗，喻某刚、喻某理应予以亲情回报，但韦某添、吴某兰帮助韦某宁照顾喻某的行为不构成法律意义上的无因管理，韦某添、吴某兰当时未拒绝照顾喻某并明确要求喻某的父母承担二人为喻某支出的费用，现在诉请追索喻某抚养费于法无据，依法不予支持。一审判决认定事实不清，适用法律不当，依法予以纠正。

南宁市中级人民法院依照《中华人民共和国民事诉讼法》第一百七十条第一款第二项之规定，作出如下判决：

一、撤销南宁市青秀区人民法院民事判决；

二、驳回韦某添、吴某兰的诉讼请求。

【法官后语】

本案适用《中华人民共和国民法总则》第一百二十一条关于无因管理的规定，即“没有法定的或者约定的义务，为避免他人利益受损失而进行管理的人，有权请求受益人偿还由此支出的必要费用”。而自

《中华人民共和国民法典》2021年1月1日正式颁布施行，对于“无因管理”的规范除第一百二十一条与《中华人民共和国民法总则》的规范一致外，余者均为新增条款，并被独立编册成章（第三编第二十八章），不仅系我国首次详设无因管理制度，更是初步建构起较完整的无因管理制度体系。新增的“无因管理”章节共分为六条规范，增设了管理人在管理事务时需符合受益人真实意思的制度规范（第九百七十九条），明确了受益人享有管理利益时应当在其获得的利益范围内向管理人承担必要费用或适当补偿损失的法律适用（第九百八十条），规定了管理人在事务管理过程中应履行的继续管理、通知与等待指示、报告与转交等义务（第九百八十一条至第九百八十三条），构建了无因管理追认制度并确认受益人事后追认的法律效果（第九百八十四条），一方面以立法的形式明确了无因管理的构成要件，另一方面也进一步实现了受益人与管理人之间的利益平衡。

民法意义上的无因管理之债。无因管理行为系管理人未受他人委托，亦无法律上的法定义务，而为避免他人利益受损，符合受益人真实意思自愿为他人管理事务或提供服务的事实行为。不论是对他人财产的保存、改良、占有、处分，还是为他人便利而提供生活服务、商业服务，均是基于他人事务需要一定管理的客观状态的事实行为。无因管理行为是债权债务产生的一定法定情形，即因无因管理的事实行为而在管理人与本人之间产生债权债务关系，其中管理人负有履行继续管理、将管理事实和情况通知、报告受益人、等待受益人的指示、将所获收益转交受益人等义务，而受益人则负有偿付管理人支出的必要管理费以及赔偿管理人遭受损失的义务。可见，无因管理是一种自发性的行为，人民法院在审理无因管理之债纠纷时应依法对无因管理行为人的合法权益及时予以保护。在关于当事人的管理行为是否属于无因管理认定方面，应当从无因管理的法律特征出发，行为人的管理行为只有同时满足符合他人真实意思、在事务管理过程中应履行继续管理、通知与等待指示、报告与转交义务五项要件时，才构成民法意义上的无因管理，才能产生无因管理之债。

对于外祖父母及祖父母帮忙照顾外孙子女、孙子女的行为是否构成民法上的无因管理，法律适用与理解的认知不统一，裁判规则亦争议较大。本案中，喻某系喻某刚与韦某宁生育的子女，喻某刚与韦某宁系喻某的法定抚养义务人。韦某添、吴某兰作为喻某的外祖父母，对外孙喻某并无法定抚养义务，亦未由其抚养照顾喻某的生活、教育。韦某添、吴某兰在与女儿韦某宁、外孙喻某共同居住期间主动帮助照顾与管理喻某的生活、学习，不可否认其付出了时间、精力和金钱，但这种照顾与管理系基于为祖孙之间、父母与子女之间这一十分贴近的血脉关系而相扶相持的道德行为，包含了外祖父母对外孙子女、外祖父母对其子女的情感寄托与亲情依赖，并非完全出于为了他人利益的考虑，亦无将管理情况及时通知、报告受益人韦某宁的义务，无需等待韦某宁的下一步指示，故无因管理之债的构成要件未能成就。另外，韦某添、吴某兰在与女儿韦某宁、外孙喻某共同居住期间主动帮助照顾与管理喻某的生活、学习，亦为中华民族传统尊老爱幼这一生活习俗的具体表现，与普通人之间、陌生人之间的管理与被管理具有本质上的区别。对于韦某添、吴某兰主动照顾或未明确拒绝照顾喻某的爱幼行为，喻某刚、喻某理应予以亲情回报。因此，韦某添、吴某兰主动照顾或未明确拒绝照顾喻某的行为不构成法律意义上的无因管理，故而不能产生无因管理之债，其向喻某刚、喻某追索喻某抚养费的诉请无法律依据，依法不应予以支持。

编写人：广西壮族自治区南宁市中级人民法院　覃尹柔

090 抚养费利息支持的法律适用及主体要求

——王某雁诉王某抚养费案

【案件基本信息】

1. 裁判书字号

福建省厦门市中级人民法院（2017）闽02民终第2193号民事判决书

2. 案由：抚养费纠纷

3. 当事人

原告（被上诉人）：王某雁

被告（上诉人）：王某

【基本案情】

王某雁之母蔡某华与王某原系夫妻关系，于1994年8月8日登记结婚。2004年3月27日蔡某华与王某共同生育王某雁。2006年7月25日，蔡某华与王某在民政局协议离婚，并于当天达成《离婚协议书》，约定：王某雁的抚养权、监护权归蔡某华所有；王某应按月支付王某雁抚养费，若王某在加拿大生活发展，每月支付抚养费500加币（加拿大币）；若王某在中国生活发展，每月支付抚养费人民币1000元，该笔抚养费由王某按月汇转入蔡某华母亲吴某珠指定的银行账户，由吴某珠安排管理。王某长期在加拿大生活发展，并于2009年2月、2010年8月、2011年8月三次共向王某雁支付抚养费达人民币28800元。除此之外，王某未再支付抚养费。

王某雁遂向一审法院起诉请求：判令王某向王某雁支付抚养费240860元（2006年7月25日至2014年12月25日，按500加币/月计，扣除王某已付的28800元，尚需支付240860元），2014年12月25日之后的抚养费按币500加币/月计至王某雁年满18周岁时止；判令王某向王某雁支付抚养费利息68888元（以拖欠的抚养费为基数，按年利率6%，从2007年8月25日计至王某实际付清之日止，现暂计至2014年12月25日为68888元）。

【案件焦点】

1. 被告未依离婚协议支付抚养费，原告提出抚养费利息的主张，是否可以适用合同法相关规定予以支持；2. 若适用合同法支持抚养费利息，原告主体资格是否应限于合同相对人。

【法院裁判要旨】

福建省厦门市思明区人民法院认为，案涉《离婚协议书》中抚养的相关约定，系双方的真实意思表示，不违反法律规定，合法有效。现王某雁主张王某应依《离婚协议书》中约定向其支付抚养费至18周岁时止，已支付部分予以抵扣，符合法律规定。王某迟延支付抚养费的行为系违约行为，依照合同法的规定，当事人一方不履行合同义务或者履行合同义务不符合约定的，应当承担违约责任。故王某雁诉求王某对其所拖欠的抚养费分段计付利息至实际付款之日止，符合法律规定。依照《中华人民共和国婚姻法》第三十六条第一款、第二款，第三十七条第一款；《中华人民共和国合同法》第一百零七条；《中华人民共和国民事诉讼法》第六十四条第一款的规定，判决：

一、王某应于判决生效之日起七日内支付王某雁2006年7月25日至2014年12月25日的抚养费240860元（已扣除被告已付的

28800元）；

二、王某应按500加币/月，计付2014年12月25日之后至王某雁18周岁时止的抚养费；

三、王某应按年利率6%的标准，对其从2007年8月25日开始所拖欠的抚养费分段计付利息至实际付款之日止。

王某不服，提出上诉。二审法院认为，本案王某雁诉求王某支付抚养费系基于抚养关系，并非基于离婚协议，虽然王某雁有权按涉案离婚协议约定的抚养费标准主张抚养费，但王某雁主张依照离婚协议的约定由王某支付抚养费的利息，于法无据。离婚协议书中关于抚养费负担的约定合法有效，对离婚双方王某与蔡某华均具有约束力，离婚协议中有关抚养费数额及支付方式的约定是基于身份关系产生，但亦具有财产性质，不属于不应适用合同法的情形，故王某以抚养费纠纷涉及身份关系为由提出本案不应适用合同法的上诉主张，不能成立，但王某主张王某雁不能基于离婚协议诉求抚养费利息的意见部分有理，予以采纳，故一审法院在本案中适用《中华人民共和国合同法》判决支持王某雁有关抚养费的利息请求，属适用法律不当。据此，依照《中华人民共和国民事诉讼法》第一百七十条第一款第二项之规定，判决：

一、维持原审民事判决之第一项、第二项；

二、变更福建省厦门市思明区人民法院民事判决之第三项为：驳回王某雁的其他诉讼请求。

【法官后语】

现行法律法规对子女抚养费利息并无明确规定，司法实践中，部分抚养费纠纷案件中当事人会提出利息主张，因抚养费具有身份属性，是否能适用合同法支持迟延履行的利息，存在一定争议，本案即涉及该问题的典型案例。同时，因抚养费纠纷主体具有一定特殊性，适用合同法的过程中，还应注意到主体是否符合合同相对性的问题。下文展开讨论。

一、抚养费纠纷是否可以适用合同法的相关规定支持迟延履行的利息

本案中对此问题双方当事人提出了两种不同的观点：一为案涉《离婚协议书》关于抚养费的约定涉及身份关系。《中华人民共和国合同法》第二条第二款明确规定："婚姻、收养、监护等有关身份关系的协议，适用其他法律的规定"，据此，本案抚养费纠纷不应适用合同法的规定。二为《中华人民共和国合同法》第二条规定合同法不适用于有关身份关系的协议，但离婚协议书属于合同法中的混合合同，并非单纯有关身份关系的协议，涉案离婚协议书约定了抚养费的支付，属于财产性的内容，故一审判决适用《中华人民共和国合同法》正确。

二审合议庭认为第二种观点可以采纳。离婚协议中涉及的抚养费的相关约定，虽然基于身份关系产生，但明显具有财产属性，本质上也是离异双方作为平等主体对子女抚养费达成的金钱给付的约定，不属于《中华人民共和国合同法》第二条第二款规定所指的单纯的设定身份关系的协议，一方依约抚养子女并花费了抚养费用，对于另一方迟延支付应付的抚养费提出主张，也符合债的属性，因此，当协议内容中明确约定抚养费的支付金额、支付时间和支付方式时，或者明确约定迟延支付抚养费的利息或违约金的，守约方提出利息主张的，法院依据合同法的相关规定判决予以支持，符合法理，与现行的民法通则、婚姻法等的规定并不冲突。本案上诉人提

出一审适用合同法属适用法律错误的观点不能成立。

本案前述争议系发生于《中华人民共和国民法典》实施之前，前文第二种观点现已在《中华人民共和国民法典》第四百六十四条第二款①中得以明确规定，婚姻、收养、监护等有关身份关系的协议可以参照适用《中华人民共和国民法典》合同编的规定。

二、适用合同相关法律规定支持抚养费及利息时，应考虑主张抚养费的主体问题

目前，主张子女抚养费的主体有两类情况，一类是子女作为原告起诉，另一类是离异双方中与子女共同生活的一方即父母其中一方作为原告起诉。两类主体在司法实践中都普遍存在，第一类主体的原告诉讼主体资格毋庸置疑，而第二类主体则有人主张不具有原告诉讼主体资格。本文的观点是，两类主体还是要区别对待，虽然都是主张抚养费，但由谁主张，法律依据有所不同。作为子女向父母一方主张抚养费，直接依据的是《中华人民共和国民法典》第一千零八十五条②的规定，而在离异双方就子女抚养费进行书面协议约定的情形下，作为离异双方中一方有权基于协议作为原告向另一方主张子女抚养费。两者不能混同，特别是本案的情形，是否支持利息，既已适用合同法予以判决，则主体也应符合合同相对性原则，

① 《中华人民共和国民法典》第四百六十四条第二款规定：婚姻、收养、监护等有关身份关系的协议，适用有关该身份关系的法律规定；没有规定的，可以根据其性质参照适用本编规定。

② 本案发生于《中华人民共和国民法典》实施之前，原依据的是《中华人民共和国婚姻法》第三十七条的相关规定，该条规定与《中华人民共和国民法典》第一千零八十五条的规定内容完全一致，具体规定为：离婚后，子女由一方直接抚养的，另一方应当负担部分或者全部抚养费。负担费用的多少和期限的长短，由双方协议；协议不成的，由人民法院判决。前款规定的协议或者判决，不妨碍子女在必要时向父母任何一方提出超过协议或者判决原定数额的合理要求。

离婚协议虽然为未成年子女设定的权益，但其约束力仍应在离婚双方。因此，在原告主体资格方面区分是必要的，否则会形成逻辑上的矛盾。子女作为原告起诉时，根据《中华人民共和国民法典》第一千零八十五条第二款的规定，可以按父母离婚协议中约定的抚养费标准提出抚养费主张，但其并不是离婚协议的双方当事人，不能直接按协议约定主张相关的迟延履行利息。而离异一方直接作为原告起诉时，则可以得到迟延履行利息的支持，利息的支持更多地为弥补抚养投入多的一方产生的损失，这也符合民法的基本原则。

本案中，一审法院没有注意区分不同主体起诉的法律依据，在子女起诉的情况下，又直接基于离婚协议中的约定适用合同法支持抚养费的利息主张，属于两种法律关系的混淆，因此，二审法院采纳了上诉人有关诉讼主体方面的意见对一审判决的利息部分作出了纠正。

编写人：福建省厦门市中级人民法院　陈丽英

091　离婚时未直接抚养子女方一次性支付抚养费后子女能否再请求其支付抚养费

——周某甲诉周某乙抚养费案

【案件基本信息】

1. 裁判书字号

重庆市第一中级人民法院（2016）渝01民终字第8169号民事判决书

2. 案由：抚养费纠纷

3. 当事人

原告（被上诉人）：周某甲

被告（上诉人）：周某乙

【基本案情】

刘某与周某乙于2000年1月1日登记结婚，婚后于2005年3月13日生育一子取名周某甲。2007年7月25日周某乙与刘某在重庆市铜梁县民政局签订离婚协议，协议第一条约定："婚生子周某甲由女方抚养，男方不负担小孩的任何费用。"同时还约定男方一次性给女方现金22000元，其中现金20000元作为婚生子周某甲的抚养费交给女方。从2014年9月1日起，周某乙没有再支付抚养费。现由于周某甲的母亲刘某常年多病，无固定收入，难以独自承担原告的抚养责任。故周某甲要求周某乙每月支付抚养费1000元至周某甲独立生活时为止。周某乙认为在2007年与周某甲的母亲刘某离婚时，已经一次性给付20000元作为抚养费，故不同意每月再支付1000元至周某甲独立生活时为止。

【案件焦点】

1. 离婚协议中关于一次性支付抚养费后，不再承担任何抚养费用的约定是否有效；2. 子女是否有权要求未直接抚养方一次性支付抚养费后，再按月另行支付抚养费。

【法院裁判要旨】

重庆市铜梁县人民法院经审理认为：父母与子女间的关系，不因父母离婚而消除。周某甲的父母离婚时，虽然约定周某甲由刘某抚养，周某乙不负担抚养费，但刘某不能做出对周某甲不利的承诺，因此协议的该项内容无效。周某乙已支付的20000元抚养费应视为其支付的是2007年至2012年的抚养费，遂依照《中华人民共和国婚姻法》第三十六条、第三十七条的规定，作出如下判决：

一、周某乙从2016年5月1日起于每月1日给付周某甲抚养费600元至原告年满18周岁；

二、驳回原告周某甲的其他诉讼请求。

周某乙提起上诉。重庆市第一中级人民法院经审理认为，周某乙与刘某签订的离婚协议系双方离婚时的真实意思表示，并未违反法律法规的强制性规定，应属于合法有效，协议双方当事人应当按照离婚协议的约定，履行自己的义务，故一审法院以刘某在签订离婚协议时作出对子女不利的承诺为由认定该协议内容无效，说理不当，予以纠正。

夫妻双方在离婚协议中签订不需要对方支付抚养费的约定，这是具有人身属性合同的法律关系；子女请求未直接抚养的一方支付抚养费，这是请求抚养费的法律关系。两者的主体不同，前者系夫妻双方，后者系子女与未直接抚养一方；两者的请求权基础不同，前者系合同权利，后者系法定义务。由此，不同的主体可以依据不同的法律关系提出自己的主张，两者并非冲突。周某甲提出要求周某乙支付抚养费的主张并非基于离婚协议，而是基于父母的法定义务，符合法律规定。《中华人民共和国婚姻法》第三十七条第二款规定，“关于子女生活费和教育费的协议或判决，不妨碍子女在必要时向父母任何一方提出超过协议或判决原定数额的合理要求”，明确了子女可以依据情势变更原则，在必要时要求增加抚养费。周某乙和刘某离婚时，周某甲仅2岁，现周某甲已11岁，周某乙近十年前支付的20000元抚养费已经不够花费，且周某甲的母亲刘某无固定工作，无力单独抚养周某甲，故周某甲主张周某乙支付抚养费的请求应予以支持。《最高人民法院关于人民法院审理离婚案件处理子女抚养问题的若干具体意见》第七条第一款规定，“子女抚育费的数额，可根据子女的实际需要、父母双方的负担能力和当地的实际生活水平确定”。周某甲处于上学年龄，学习费用和生活费用不断增加，周某乙称自己在打工，说明有收入来源，一审法院结合上述情况和当地生活水平，综合认定每月600元的抚养费，并无不当。

重庆市第一中级人民法院依照《中华人民共和国民事诉讼法》第一百七十条第一款第一项之规定，判决如下：

驳回上诉，维持原判。

【法官后语】

本案处理重点在于：对离婚协议中约定子女抚养费一次性支付的效力问题的理解，以及子女是否有权要求未直接抚养方一次性支付抚养费后，再按月另行支付抚养费。

一、离婚协议约定子女抚养费一次性支付的效力问题

夫妻双方在离婚时就子女的抚养问题达成一致意见，双方签订离婚协议约定，子女由一方抚养，未直接抚养方一次性支付抚养费后不再承担任何抚养费用，是基于双方真实的意思表示，并未违反法律法规的强制性规定，故该约定合法有效。根据《中华人民共和国婚姻法》第三十七条第一款规定，离婚后，一方抚养的子女，另一方应负担必要的生活费和教育费的部分或全部，负担费用的多少和期限的长短，由双方协议。可见，关于子女抚养费的负担及支付方式，属于意思自治的范畴，离婚协议约定子女抚养费一次性支付，法律上是予以认可的。

二、对抚养费的司法审查应贯彻儿童利益最大化原则

基于儿童利益最大化原则，应依法保障儿童在成长中得到父母的抚养和教育。父母对子女有法定的抚养义务，这种义务不因父母离婚而消失。根据《中华人民共和国婚姻法》第三十六条规定，离婚后，父母对于子女仍有抚养和教育的权利和义务。夫妻双方在离婚协议中签订一次性支付子女抚养费的约定，是具有人身属性合同的法律关系；子女请求未直接抚养方支付抚养费，是请求抚养费的法律关系。两者的主体不同，前者系夫妻双方，后者系子女与未直接抚养一方；两者的请求权基础不同，前者系合同权利，后者系法定权利。子女享有要求父母支付抚养费的法定权利，子女在必要时主张增加抚养费并非基于离婚协议，而是基于父母的法定义务。综合来讲，法院审查离婚后子女的抚养费问题，须基于儿童利益最大化原则，依法保护未成年人合法权益，从有利于未成年子女身心健康成长的角度出发，结合父母双方的抚养能力和抚养条件，合理保障儿童的受抚养权。

三、依情形变更主张增加抚养费亦应符合法定条件

根据《中华人民共和国婚姻法》第三十七条第二款规定，关于子女生活费和教育费的协议或判决，不妨碍子女在必要时向父母任何一方提出超过协议或判决原定数额的合理要求。这明确了子女可以依据情势变更原则，在必要时要求增加抚养费。法院对“在必要时”的审查，意味着符合法定条件时，子女主张增加抚养费可获支持。而《最高人民法院关于人民法院审理离婚案件处理子女抚养问题的若干具体意见》第十八条，对子女要求增加抚养费的限定条件进行了明确，“子女要求增加抚育费有下列情形之一，父或母有给付能力的，应予支持：(1) 原定抚育费数额不足以维持当地实际生活水平的；(2) 因子女患病、上学，实际需要已超过原定数额的；

(3) 有其他正当理由应当增加的"。本案被上诉人周某甲现11岁，正处于上学年龄，学费和生活费日渐增加，上诉人周某乙近10年前支付的20000元抚养费已不够花费，且周某乙有收入来源，周某甲主张增加抚养费符合法定条件，故法院依法判决周某乙自2016年5月起每月支付600元抚养费至周某甲年满18周岁。

由于本案判决发生在《中华人民共和国民法典》颁布之前，《中华人民共和国婚姻法》第三十六条、第三十七条相关内容被《中华人民共和国民法典》第一千零八十四条、第一千零八十五条吸收。

《中华人民共和国民法典》第一千零八十四条规定：父母与子女间的关系，不因父母离婚而消除。离婚后，子女无论由父或者母直接抚养，仍是父母双方的子女。

离婚后，父母对于子女仍有抚养、教育、保护的权利和义务。

离婚后，不满两周岁的子女，以由母亲直接抚养为原则。已满两周岁的子女，父母双方对抚养问题协议不成的，由人民法院根据双方的具体情况，按照最有利于未成年子女的原则判决。子女已满八周岁的，应当尊重其真实意愿。

《中华人民共和国民法典》第一千零八十五条规定：离婚后，子女由一方直接抚养的，另一方应当负担部分或者全部抚养费。负担费用的多少和期限的长短，由双方协议；协议不成的，由人民法院判决。

前款规定的协议或者判决，不妨碍子女在必要时向父母任何一方提出超过协议或者判决原定数额的合理要求。

编写人：重庆市第一中级人民法院　陈义熙　刘婷婷

092 从民法典视角下谈未成年子女有权要求未离婚父母支付抚养费

——田某光诉王某抚养费案

【案件基本信息】

1. 裁判书字号

新疆生产建设兵团第八师中级人民法院（2015）兵八民一终字第271号民事判决书

2. 案由：抚养费纠纷

3. 当事人

原告（上诉人）：田某光

被告（上诉人）：王某

【基本案情】

王某与原告之父（以下简称田某）于1998年6月28日登记结婚，婚后于1999年10月21日生育长子田某光，于2002年3月18日生育次子田某民。2006年3月，王某与田某来新疆打工，将田某光与田某民留于家中由祖父母抚养。同年4月2日，王某与田某自行签订《离婚协议书》一份，约定“两个孩子双方各自抚养一人，互不干涉，互不相帮，如一方不养应支付抚养费200元，每年共计2400元，至18岁”。2006年4月，田某民溺水身亡。王某于2006年与孙某某同居，其间于2008年生育一子孙某斌。现田某光以王某不尽抚养义务为由诉至法院要求王某承担抚养义务。

【案件焦点】

1. 田某光的祖父能否作为田某光的代理人代为主张抚养费；2. 父母未离婚，田某光能否要求王某支付抚养费；3. 子女要求父母负担抚养费有无时效的限制。

【法院裁判要旨】

石河子市人民法院经审理认为：抚养未成年子女是父母应尽的法定义务，父母除特殊情景下不能任意推卸责任。在父母不尽抚养义务的前提下，田某光作为限制行为能力人有权委托其祖父代为行使诉权。依照法律规定，即便是在父母的婚姻关系存续期间，未成年或者不能独立生活的子女也有请求不履行抚养义务的父母承担抚养费的权利。考虑到田某光生活及学习的费用开支较大，但因田某光尚有父亲田某应尽抚养之责，而王某又与他人非婚生育一子也需抚养，本院酌定王某负担 1000 元/月较为适宜。至于田某光要求王某负担自 2006 年 4 月至起诉时抚养费的请求，因王某与田某此前已达成“双方各抚养一个子女，如一方不抚养应支付抚养费 200 元”的协议，故王某应按协议承担抚养费。

依照《中华人民共和国婚姻法》第二十一条第一款、第二款，《最高人民法院关于适用〈中华人民共和国婚姻法〉若干问题的解释（三）》第三条之规定，判决如下：

一、王某自判决生效后当月起每月给付田某光抚养费 1000 元，至其年满 18 周岁时止；

二、王某于判决生效后立即给付田某光自 2006 年 4 月起至 2015 年 3 月止的抚养费 21600 元。

一审判决后，田某光以“王某与田某所签协议无效，原判抚养费过低”为由提起上诉。王某则以“原判抚养费过高、王某与田某已达成双方互不给付抚养费的协议、田某光主张抚养费已过诉讼时效和王某与田某非婚姻关系”为由提起上诉。

新疆生产建设兵团第八师中级人民法院经审理认为：王某与田某共同生活期间生育田某光，后将田某光留于家中交由祖父母抚养，长期未尽抚养义务，王某理应负担田某光的抚养费，原判酌定王某给付田某光抚养费1000元/月并无不当。因王某在一审中未主张诉讼时效，故对此上诉理由，二审不予采纳。

依照《中华人民共和国婚姻法》第二十一条第一款、第二款，《最高人民法院关于审理民事案件适用诉讼时效制度若干问题的规定》第四条第一款，《中华人民共和国民事诉讼法》第一百七十条第一款第二项之规定，判决如下：

一、维持：王某负担田某光自2006年4月起至2015年3月止的抚养费21600元；

二、变更：王某于2015年4月1日起给付田某光抚养费1000元/月，至田某光年满18周岁时止。

【法官后语】

1. 祖父母能否作为未成年人的代理人要求其父或母支付抚养费。根据《中华人民共和国民法典》（以下简称《民法典》）第二十六条第一款“父母对未成年子女负有抚养、教育和保护的义务”和第二十七条第一款“父母是未成年子女的监护人”的规定，监护包括抚养、教育和保护，监护是抚养的上位概念。父母对于自己子女的抚养义务是一种法定义务，这种法定义务是基于双方血缘上的联系，因此，不直接抚养子女的一方，需要通过向子女支付抚养费的形式来履行自己对子女的法定抚养义务，除特殊情景下不能任意推卸责任。实践中，存在许多父母双方均不履行抚养义务，将子女交由祖父母或外祖父母抚养的情形，从监护制度产生的依据来看，此为委托监护，其实质，父母仍是未成年子女的监护人，即使监护资格被撤销，依然要继续履行抚养义务。当然有些父母会给抚养人支付一些费用，有的则不然，如此一来可能会造成抚养人的经济负担加重，或是会出现影响未成年人成长的不利因素。在此情况下，祖父母可否代理未成年人向其父母要求支付抚养费呢？笔者的意见是持肯定态度。因为，未成年人的父母虽然是法定的监护人，但在其父母有能力却长期不尽抚养义务的前提下，理应剥夺父母的监护职责，但不能免除父母负担抚养费的法定义务，以防出现失职监护人故意“甩包袱”的现象，若发生此类情况，实际抚养人理应作为未成年人的代理人代为主张权利。本案原告已年满 16 周岁属于限制行为能力人，依据《民法典》第二十七条第二款第一项“未成年人的父母已经死亡或者没有监护能力的，由下列有监护能力的人按顺序担任监护人：（一）祖父母、外祖父母”的规定，原告可以委托其祖父代为主张权利，要求其母履行抚养义务。

2. 子女只要求父母一方支付抚养费的数额如何确定。根据《最高人民法院关于适用〈中华人民共和国民法典〉婚姻家庭编的解释（一）》（以下简称《婚姻家庭编解释（一）》）第四十九条“抚养费的数额，可以根据子女的实际需要、父母双方的负担能力和当地的实际生活水平确定。有固定收入的，抚养费一般可以按其月总收入的百分之二十至三十的比例给付。负担两个以上子女抚养费的，比例可以适当提高，但一般不得超过月总收入的百分之五十。无固定收入的，抚养费的数额可以依据当年总收入或者同行业平均收入，参照上述比例确定。有特殊情况的，可以适当提高或者降低上述比例”的规定，子女抚养费的确定，不能简单地拘泥于工资收入的20%~30%的法律规定，原因在于，从有利于子女身心健康、保护未成年人合法权益的角度出发，根据子女的实际需要、父母双方的负担能力和当地的实际生活水平综合确定。本案原告虽然只要求其母支付抚养费，但是应当考虑其父亦应承担抚养之责的情节，而且其母另有一个未成年子女需要抚养的现状，综合确定1000元/月较为适宜。一审只考虑到“判决生效”这一特定因素，忽略了前期抚养费只算到2015年3月，以致上诉审理后待判决生效时可能会产生空档，因此，二审法院对此予以改判是正确的。

3. 对于未离婚的父母，子女有无要求抚养费的权利。《婚姻家庭编解释（一）》第四十三条规定“婚姻关系存续期间，父母双方或者一方拒不履行抚养子女义务，未成年子女或者不能独立生活的成年子女请求支付抚养费的，人民法院应予支持”，由此可见，父母不履行抚养义务时，即便是在父母的婚姻关系存续期间，未成年或者不能独立生活的子女也有请求不履行抚养义务的父母承担抚养义务的权利，因此，原告田某光有权要求其母支付抚养费。

4. 子女要求父母负担抚养费有无时效的限制。抚养费的负担，在子女成年之前是一个持续的行为，而且当事人索要应当是常态，并非一定到法院诉讼才视为诉讼时效的中断，而且根据《民法典》第一百九十六条第一款第三项“下列请求权不适用诉讼时效的规定：（三）请求支付抚养费、赡养费或者扶养费”的规定，请求支付抚养费亦不适用诉讼时效的情形。本案被告王某长期不尽抚养义务，其间双方多次发生矛盾，而且王某之辩称意见亦于法相悖，故二审法院对王某此项上诉理由不予采纳，从新法的视角下表现出一定的前瞻性，应当予以肯定。

编写人：新疆维吾尔自治区石河子市人民法院　李宛秋

093 征询子女意愿并非变更抚养关系的唯一考虑因素

——陆甲诉蔡甲变更抚养关系案

【案件基本信息】

1. 裁判书字号

江苏省无锡市中级人民法院（2015）锡民终字第 1036 号民事判决书

2. 案由：变更抚养关系纠纷

3. 当事人

原告（上诉人）：陆甲

被告（被上诉人）：蔡甲

【基本案情】

陆甲与蔡甲于 2003 年 12 月 29 日办理结婚登记手续，于 2004 年 8 月 4 日生育女儿蔡乙。2009 年 9 月 28 日，法院立案受理陆甲诉蔡甲离婚纠纷一案，2009 年 10 月 15 日，经江阴市人民法院主持调解，双方当事人自愿达成调解协议，约定：一、陆甲与蔡甲离婚。二、女儿蔡乙由蔡甲抚养教育，陆甲一次性支付蔡乙自 2009 年 10 月起至其独立生活时止的抚养费人民币 46800 元，于 2009 年 10 月 25 日前付清。2009 年 12 月 23 日，陆甲起诉至江阴市人民法院，要求变更抚养关系，女儿蔡乙由其抚养。江阴市人民法院（2010）澄长民初字第0006号民事判决书认为陆甲与蔡甲离婚时，双方协议女儿由蔡甲抚养，陆甲称蔡甲不关心女儿，并经常恐吓、虐待女儿，因其提供的证据不足，对陆甲要求变更女儿蔡乙抚养关系的诉讼请求依法不予支持，故驳回其诉讼请求。

2013年11月，陆甲征得蔡甲同意后将蔡乙接走，随她一起生活。

陆甲于2015年1月5日再次诉至江阴市人民法院，称：蔡甲作为蔡乙的监护人对其不关心、不照顾，不交纳学杂费，不履行抚养义务。并且女儿自2013年11月以来一直随她生活，女儿现已满10周岁也明确表示愿随她生活。故现诉至法院，请求判令：女儿蔡乙由她抚养教育至独立生活时止，蔡甲承担自2013年11月起至女儿独立生活时止的抚养费。

庭审中，法院征求女儿蔡乙的意见，蔡乙明确表示要求随其母亲陆甲生活。

【案件焦点】

是否应因蔡乙的意愿而判决变更抚养关系。

【法院裁判要旨】

江苏省江阴市人民法院经审理认为：未成年人的父母是未成年人的监护人。本案中，蔡甲与陆甲经本院调解离婚，离婚协议明确约定蔡乙由蔡甲抚养教育，陆甲一次性支付蔡乙抚养费46800元，该离婚协议是双方真实意思的表示，且抚养费业已履行完毕。陆甲称蔡甲对女儿不关心、不照顾，不交纳学杂费，不履行抚养义务，但未提供相应的证据证明，故不予采信。虽然女儿蔡乙庭审中表示愿意与母亲一起生活，但考虑到女儿年纪尚小，其智力并不成熟，且现与母亲生活在一起，其受母亲影响的可能性较大。再考虑到女儿现在和母亲生活在一起并非系蔡甲虐待、遗弃所致，而是陆甲征得蔡甲同意后才将蔡乙接走的。综上所述，对蔡乙变更抚养关系的诉讼请求依法不予支持。

据此，依照《中华人民共和国民法通则》第四条，《最高人民法院关于人民法院审理离婚案件处理子女抚养问题的若干具体意见》第十六条之规定，判决如下：

驳回陆甲的诉讼请求。

陆甲不服一审判决，提起上诉。江苏省无锡市中级人民法院经审理认为：父母对未成年子女均有抚养教育的权利和义务，既要满足子女健康成长的物质需求，又要在思想上、品德上对子女关心和培养。而父母的共同参与，对未成年子女的性格养成极为有利。父母一方的缺位，或子女对父或母的敌视，均不利于子女形成积极向上的健全人格。就本案而言，考虑以下因素：1. 10周岁以上的未成年人，通常都有一定的辨别能力和判断能力，能够表达自己的意愿。但也要看到，蔡乙年仅11周岁，尚属于限制民事行为能力人，其认知水平的发展还不成熟；2. 经济条件是法院考量子女抚养问题归属的重要因素，陆甲虽称自己年收入在10万元左右，但未能进一步提供相应的劳动合同、发放工资凭条等证据来证明自己的实际收入水平；3. 尚无充分证据表明，蔡甲不尽抚养义务或对子女的身心健康可能造成不利影响。综上，本案抚养关系的变更，可待蔡乙进一步成长后，在充分考虑其本人意愿的基础上综合判断。原审法院对本案变更抚养关系的认定，系其裁量权的行使，其判决结果可予维持。依照《中华人民共和国民事诉讼法》第一百七十条第一款第一项的规定，判决如下：

驳回上诉，维持原判。

【法官后语】

本案的争议焦点为：在变更抚养关系的判决中，子女的意愿应计入何种程度的评价和考量。

《最高人民法院关于人民法院审理离婚案件处理子女抚养问题的若干具体意见》第十六条规定：一方要求变更子女抚养关系有下列情形之一的，应予支持。

（1）与子女共同生活的一方因患严重疾病或因伤残无力继续抚养子女的；

（2）与子女共同生活的一方不尽抚养义务或有虐待子女行为，或其与子女共同生活对子女身心健康确有不利影响的；

（3）十周岁以上未成年子女，愿随另一方生活，该方又有抚养能力的；

（4）有其他正当理由需要变更的。

民法典施行后，《最高人民法院关于人民法院审理离婚案件处理子女抚养问题的若干具体意见》虽然没有废止，但是《最高人民法院关于适用〈中华人民共和国民法典〉婚姻家庭编的解释（一）》第五十六条在维持该条的基本精神原则下，根据民法典限制民事行为能力年龄下调至8周岁对其第三款进行了修改，具体修改为：

具有下列情形之一，父母一方要求变更子女抚养关系的，人民法院应予支持：

（一）与子女共同生活的一方因患严重疾病或者因伤残无力继续抚养子女；

（二）与子女共同生活的一方不尽抚养义务或有虐待子女行为，或者其与子女共同生活对子女身心健康确有不利影响；

（三）已满八周岁的子女，愿随另一方生活，该方又有抚养能力；

（四）有其他正当理由需要变更。①

从文义上看，该条的四个条件是并列关系，即满足任何一个条件人民法院应支持变更抚养关系的诉讼请求。但从价值考量上“已满八周岁的子女，愿随另一方生活，该方又有抚养能力”并不能成为变更抚养关系的充分条件。

首先，从《中华人民共和国婚姻法》第三十六条第三款的规定来看，“离婚后，哺乳期内的子女，以随哺乳的母亲抚养为原则。哺乳期后的子女，如双方因抚养问题发生争执不能达成协议时，由人民法院根据子女的权益和双方的具体情况判决”民法典施行后，该条修改为第一千零八十四条“父母与子女间的关系，不因父母离婚而消除。离婚后，子女无论由父或者母直接抚养，仍是父母双方的子女。离婚后，父母对于子女仍有抚养、教育、保护的权利和义务。离婚后，不满两周岁的子女，以由母亲直接抚养为原则。已满两周岁的子女，父母双方对抚养问题协议不成的，由人民法院根据双方的具体情况，按照最有利于未成年子女的原则判决。子女已满八周岁的，应当尊重其真实意愿”。该条系判决离婚后子女抚养的总的原则。判决的考虑因素是子女的权益及双方的具体情况。民法典施行后，更加强调了应按照“最有利于未成年子女的原则判决”。司法实践中，法官判决一般需要考虑父母双方的个人素质、对子女的责任感、家庭环境、父母与子女的感情、父母的经济能力等因素；应考

① 下文的年龄表述“十周岁”在民法典施行后均随之下调至“八周岁”。

虑不能生育和再婚有困难的父或母的合理要求；8周岁以上有识别能力的子女，无论随父还是随母，应征求子女本人的意见等。因此8周岁以上的子女的意愿是判决子女抚养的一个因素，而非充分条件。

其次，子女的意愿的不确定性，造成了抚养关系的不确定性。要求变更抚养关系的子女，虽然年满8周岁，具有一定的辨识能力，但仍未成年，系限制民事权利能力人，其心智尚未完全成熟，不能合理地理解自己行为的性质和后果，通常表现为容易受外在影响。例如，如果父母哪一方对其好一些，就同意随那方生活；再如哪一方对其严格要求一些，就不愿意随那方生活。同时，子女在这个年龄，很容易受到成人诱导、诱骗甚至威胁，其表现出来的意愿是自己的真实意思，还是代为表达父母的意思，也难以确定。在司法实践中，亦经常出现子女第一次庭审中愿意随一方生活，第二次庭审中却愿意随另一方生活的情形。一审、二审中态度变化更是常见。因此将抚养关系的确定，决定于子女不成熟的看法并不科学。

最后，由于民事立法的多层次性以及民事基本法对民事特别法的统摄地位，在制定次级民事法律时，民法基本原则仍保持其立法准则的功能，据此确定次级民事立法的基本价值取向，以使其与民事基本法保持价值取向上的一致。子女抚养关系经过了法院判决，或者调解，是经过了法官相当缜密的思考而确定的，因此不能仅凭子女的意愿来推翻。而调解是当事人意思自治的结果，在实践中相当多的情形下存在争取抚养权的情形，父母中一方通常为了取得子女的抚养权会放弃应得的利益，如不同意离婚的同意离婚，分割夫妻财产时作出让步等，过了一年又来起诉变更抚养关系，这显然背离了诚实信用原则。

综上所述，我们认为在变更抚养关系的案件中，子女的意愿固然是需要考虑的重要因素，但并非唯一因素，法院仍需坚持按照民法典“最有利于未成年子女的原则判决”这一原则综合考虑，从而对于是否同意变更抚养关系进行判决。

编写人：江苏省江阴市人民法院　李峰

094 独自抚养非婚生子女的一方能否请求另一方补偿已发生的抚养费

——王某某诉夏某某抚养费案

【案件基本信息】

1. 裁判书字号

安徽省马鞍山市博望区人民法院（2014）博民一初字第00051号民事判决书

2. 案由：抚养费纠纷

3. 当事人

原告：王某某

被告：夏某某

【基本案情】

2002年2月，王某某与夏某某按当地习俗举行婚礼，并同居生活，双方未办理结婚登记手续。同年7月，双方分居生活。2003年2月1日，王某某生育一女，现取名王甲。2006年7月24日后，王某某因女儿抚养问题多次与夏某某发生纠纷。2007年2月6日，为女儿抚养权一事，经所在村委会调解达成协议：一、女儿王甲由乙方（王某某）带走，从此归她抚养，今后其生活费、上学费用等由王某某一人负担；二、甲方（夏某某）从此以后不再向乙方提供任何生活费用；三、今后任何一方不得再借口到另一方去找麻烦。次日，双方再次达成协议：一、王甲由王某某抚养，夏某某不得争夺抚养权；二、王甲今后生活情况与夏某某无关；三、王甲与夏某某不存在父女关系；四、双方不得再为此事发生争执。

王某某与王甲现居住在本市博某镇，就读四年级（住校）。王甲自出生后除2007年期间随夏某某生活2~3月外，其余时间和王某某一起生活，夏某某一直未支付子女抚养费。夏某某现已结婚，生育一子。在诉讼中，王甲表示愿随王某某生活。

另查明：根据王某某申请，经双方协商确定，本院委托南京医科大学司法鉴定所进行亲子关系鉴定。鉴定意见为：支持夏某某与王甲之间存在生物学亲子关系。王某某请求法院依法判令：一、非婚生女儿王甲由原告抚养；二、被告一次性给付原告自2003年2月起至2013年12月止的子女抚养费100000元，并按每月800元的标准负担自2014年1月起至王甲18周岁止的子女抚养费。

【案件焦点】

夏某某与王某某协议约定夏某某与王甲不具有父女关系是否有效，以及夏某某的子女抚养义务如何承担问题。

【法院裁判要旨】

安徽省马鞍山市博望区人民法院经审理认为：王某某与夏某某未办理结婚登记而同居生活并生育子女，根据《中华人民共和国婚姻法》（以下简称《婚姻法》）规定，非婚生子女王甲享有与婚生子女同等的权利，双方都有抚养的义务。关于王某某请求抚养女儿王甲的问题。王甲一直随王某某生活，且双方已就王甲由谁抚养有协议约定，夏某某也未对王甲由王某某抚养提出异议。因此，双方对于王甲的抚养问题并无纠纷，王某某的该项诉请理由不能成立，本院予以驳回。关于王某某请求夏某某支付其抚养女儿期间的抚养费问题。双方分别于2007年2月6日和2月7日，先后两次就王甲的抚养问题签订协议，前者约定了王甲的生活费、上学费用等由王某某一人负担，后者约定了王甲今后生活情况与夏某某无关。两份协议内容不一致，故应以后一份协议为双方最终约定，前一份协议对双方不再具有约束力。但后一份协议中，双方约定的“王甲与夏某某不存在父女关系”，与事实不符，且违反法律规定，该内容无效；双方约定的女儿抚养费内容不明确，而法律规定父母对子女有抚养教育的义务，故夏某某不直接抚养女儿，其应负担抚养费。王某某主张自2003年2月起至2013年12月抚养王甲期间的抚养费100000元，考虑到夏某某确未尽到抚养义务，根据公平原则，其应对王某某作出适当补偿，根据夏某某已婚并抚养一子等家庭实际情况，酌情确定20000元为宜，对超过部分不予支持。王某某主张自2014年1月起的抚养费，根据《婚姻法》等有关规定，该权利主张的主体应是王甲，可由王甲的法定代理人王某某另行诉讼解决。

安徽省马鞍山市博望区人民法院依照《中华人民共和国民法通则》第四条，《婚姻法》第二十五条，《中华人民共和国民事诉讼法》第一百四十二条的规定，作出如下判决：

一、被告夏某某于本判决生效后十日内，补偿原告王某某自2003年2月至2013年12月抚养女儿王甲期间的费用20000元；

二、驳回原告王某某的其他诉讼请求。

判决后，双方当事人均未上诉，本判决现已生效。

【法官后语】

本案具有一定的典型意义。现实生活中，男女双方未办理结婚登记而同居生育子女的情况时有发生，一旦感情破裂，极易引发双方就子女是否系亲生以及给付抚养费问题纠纷。通过对此类案件的正确裁判，可发挥司法裁判的示范引领作用，弘扬优良社会主义核心价值。

第一，亲子关系的确定。夏某某对王甲是否其亲生提出异议，为了查明案件事实，保护当事人的合法权益，使当事人权利义务的承担有更充分的依据，在征求当事人同意的情况下，法院进行亲子关系司法鉴定，确定了夏某某与王甲的父女关系。

第二，抚养费的承担。《婚姻法》第二十五条规定，非婚生子女享有与婚生子女同等的权利，任何人不得加以危害和歧视。不直接抚养非婚生子女的生父或生母，应当负担子女的生活费和教育费，直至子女能独立生活为止。2021 年 1 月 1 日，《中华人民共和国民法典》施行后，《中华人民共和国婚姻法》同时废止，但该法第二十五条的内容基本被《中华人民共和国民法典》第一千零七十一条①所吸收。夏某某作为不直接抚养子女的生父，应当给付未成年子女抚养费。在王某某独自抚养子女王甲期间，夏某某未履行给付子女抚养费的法定义务，应对王某某已承担的子女抚养费用进行补偿。故父母约定一方与非婚生子女不具有亲子关系没有法律效力，法院

---

① 《中华人民共和国民法典》第一千零七十一条：非婚生子女享有与婚生子女同等的权利，任何组织或者个人不得加以危害和歧视。

不直接抚养非婚生子女的生父或者生母，应当负担未成年子女或者不能独立生活的成年子女的抚养费。

判决夏某某对王某某独立抚养子女期间已经发生的抚养费用，给予一定的经济补偿。

第三，诉讼主体资格问题。王甲作为未成年人，具有向不直接抚养其的父亲主张抚养费的权利，应作为原告，由母亲王甲作为法定代理人行使诉讼权利，而不能由王某某作为原告主张子女抚养费。故王某某主张子女抚养费，因主体不适格而被法院驳回。

编写人：安徽省马鞍山市博望区人民法院　刘肇玄

095　亲子关系和一次性给付抚育费条件的认定

——吴甲诉吴乙抚养费案

【案件基本信息】

1. 裁判书字号

四川省成都市中级人民法院（2014）成少民终字第159号民事判决书

2. 案由：抚养费纠纷

3. 当事人

原告（上诉人）：吴甲

法定代理人：宋某某

被告（被上诉人）：吴乙

【基本案情】

原告吴甲诉称，原告系其母宋某某与被告吴乙的非婚生子，现跟随其母生活。被告吴乙系私营企业主，因陷于借贷纠纷无力偿还，现与原告失去联系，其资产已被冻结，且原告之母也因借贷纠纷出现经济困难。为解决原告的抚养问题，故诉至一审法院，请求判令：一、原告由母亲宋某某抚养，被告一次性支付原告抚养费60万元。二、本案诉讼费由被告承担。

被告吴乙未到庭，未作答辩。

根据当事人的陈述和上述有效证据，一审法院确认如下事实：原告之母宋某某与被告吴乙于2011年8月认识，双方同居生活，未办理结婚登记。2013年2月25日，原告吴甲出生，被告吴乙在医院的入院知情同意书等材料上多次以吴甲父亲的名义签字捺印。吴甲的出生医学证明载明，宋某某系其母亲、吴乙系其父亲。现被告吴乙下落不明，未履行抚养原告的义务，为解决原告的抚养问题，2013年10月，原告诉至本院，请求判令：一、原告由母亲宋某某抚养，被告一次性支付原告抚养费60万元。二、本案诉讼费由被告承担。

另查明，经青羊、新津等地法院审理查明，被告吴乙现已承担巨额债务。

【案件焦点】

非婚生子女与生父母关系的认定及权利义务关系。

【法院裁判要旨】

四川省新津市人民法院经审理认为：被告吴乙经法庭合法传唤无正当理由拒不到庭，其法律后果自行承担。本案中原告出示的证据可以推定宋某某系吴甲之母、吴乙系吴甲之父，被告吴乙未答辩也未提交证据，其举证不能的法律后果自行承担；非婚生子与婚生子享受同等的权利，其父母对其负有抚养义务，且被告吴乙现下落不明，客观上无法照顾原告，故对原告要求随其母宋某某生活，被告吴乙承担抚养义务的诉讼请求予以支持。关于原告主张的一次性支付其抚养费的诉讼请求，原告提供的证据不足以证明被告财产的实际状况，且经查明被告现存在巨额债务，不能认定被告具有一次性支付抚养费的能力，故对该项诉讼请求不予支持。

四川省成都市中级人民法院经审理认为：根据《中华人民共和国婚姻法》（以下简称《婚姻法》）第二十五条规定，非婚生子女享有与婚生子女同等的权利，任何人不得加以危害和歧视。不直接抚养非婚生子女的生父或生母，应当负担子女的生活费和教育费，直至子女能独立生活为止。上诉人吴甲在一审中提供的证据可以证明吴甲系吴乙之子，吴乙应承担抚养吴甲的义务。但是，最高人民法院《关于人民法院审理离婚案件处理子女抚养问题的若干具体意见》第八条规定，抚育费应定期给付，有条件的可以一次性给付，因吴乙目前下落不明，现有证据不足以证实吴乙具备一次性给付抚养费的条件，原审法院据此判决由吴乙按月支付吴甲生活费，在每年12月30日前付清并无不当。对上诉人吴甲上诉提出的改判由被上诉人吴乙一次性支付抚养费60万元的上诉请求，本院不予支持。关于上诉人吴甲申请对所有权人为李某琼、吴乙的房屋等进行司法鉴定问题，本院认为，本案纠纷的处理不涉及对吴乙与他人共有房屋的司法鉴定问题，对上诉人提出的该项申请，本院不予准许。综上，原审判决认定事实清楚，适用法律正确，本院予以维持。

【法官后语】

关于法律适用问题。根据《最高人民法院关于适用〈中华人民共和国民法典〉时间效力的若干规定》第一条第二款“民法典施行前的法律事实引起的民事纠纷案件，适用当时的法律、司法解释的规定，但是法律、司法解释另有规定的除外”的规定，本案发生于民法典施行前，故应当适用当时的法律及司法解释的规定。

非婚生子女，是指父母非婚姻关系所养育的子女，包括婚前、婚外性行为所生子女、养子女、有抚养关系的继子女以及未经丈夫同意、事后丈夫又不予认可的人工授精所生的子女。在我国司法实践中出现的非婚生子女权益未得到充分保护的主要原因是生父母基于各种原因逃避自身的法律责任，而我国《婚姻法》第二十五条对非婚生子女合法权益的保护是建立在非婚生子女与生父母关系明确的基础上，所以该类案件的裁判要点首先要解决的问题就是非婚生子女与生父母关系的认定。

一、非婚生子女与生父母关系如何认定

为了确定非婚生子女与其父母之间的权利义务，许多国家的亲属法中都设有准正和认领制度。

（一）准正。准正，即是指已出生的非婚生子女因生父母结婚或司法宣告而取得婚生子女资格的制度。该制度始于罗马法，现代大陆法系和英美法系国家，大都设立有准正制度，将尊重正式婚姻与保护非婚生子女的理念相联结；其形式有三种，1. 仅以生父母结婚为准正的要件，如德国民法典第 1719 条规定：“生父同生母结婚者，非婚生子女成为婚生子女。”2. 以生父母结婚和认领为准正的双重要件，如日本民法典第 789 条规定：“经父认领的子女，因其父母结婚而取得婚生子女的身份。”“婚姻中的父母认领的子女，自认领之时起，取得婚生子女的身份。”3. 宣告准正，指男女订立婚约后，因一方死亡或有婚姻障碍存在，使婚姻准正不能实现时，可依婚约一方当事人或子女的请求，由法官宣告子女为婚生子女的制度。德国、法国、瑞士等国的民法典，均有此规定。我国现行法律虽无书面的准正规则，但也确定了“非婚生子女享有与婚生子女同等的权利，任何人不得加以危害和歧视”的原则，且实践中也认可非婚生子女因生父母结婚而取得婚生子身份。

（二）认领。认领是非婚生子女的生父生母，特别是生父确认其为自己子女的法律程序，如德国民法典第1723条规定：“认领须由生父申请，经监护法院宣告认领”，其形式有两种：一是自愿认领，也称任意认领，即生父自愿承认该非婚生子女是自己的子女，愿意承担对子女的抚养义务。自愿认领一般须经生母同意方为有效。二是强制认领，又称生父的寻认或生父的搜索，即生父不自愿认领时，子女、生母或其他请求权人，可通过诉讼程序强制确认子女的生父，使其承担对子女的抚养义务。我国当时适用的《婚姻法》（已失效）未确定明确的认领制度，但在审判实践中还是适用强制认领的，如人民法院在必要时，可以委托专门的血液鉴定部门进行亲子鉴定，经鉴定证据确凿的，人民法院可以强制孩子的生父对其认领并负担子女出生以来的生活费和教育费，直至子女独立生活时为止。

本案就是典型的强制认领。虽然由于被告吴乙未到庭，无法进行亲子鉴定，但原告在本案中提供了相关证据证实了原告之母与被告同居的关系，特别是被告在原告出生前后以原告之父的名义在多份材料上签字捺印，按照《中华人民共和国民事诉讼法》第六十四条[①]“当事人对自己提出的主张，有责任提供证据”和《最高人民法院

① 该条已修改，现为《中华人民共和国民事诉讼法》第六十七条。

关于民事诉讼证据的若干规定》第七十五条①“有证据证明一方当事人持有证据无正当理由拒不提供，如果对方当事人主张该证据的内容不利于证据持有人，可以推定该主张成立”的规定，足以推定原告吴甲系被告吴乙之子。

由本案可以看出，根据我国当时适用的法律规定，要通过司法机关确认亲子关系，有以下四个方面需要注意：1. 认领人一般是非婚生子女的生父本人，因为生母与非婚生子女因分娩的客观事实，一般无须经过认领就已发生自然的父母子女关系；2. 被认领人必须是非婚生子女，婚生子女不存在生父认领问题；3. 生父母在认领时应具有完全民事行为能力，无民事行为能力或限制民事行为能力人的认领，不发生认领的法律效力；4. 主张亲子关系成立的一方应当举证证明认领人与被认领人之间可能存在事实上的血缘关系。

本案判决于民法典施行前，对于本案涉及的非婚生子女亲子关系的认定，按照当时的法律和司法解释尚无明确规定，本案审理时主要是通过法理分析和证据规则进行判断。随着民法典及相关司法解释的颁布施行，按照《中华人民共和国民法典》第一千零七十三条第一款规定“对亲子关系有异议且有正当理由的，父或者母可以向人民法院提起诉讼，请求确认或者否认亲子关系”及《最高人民法院关于适用〈中华人民共和国民法典〉婚姻家庭编的解释（一）》第三十九条第二款规定“父或者母以及成年子女起诉请求

---

① 该条已修改，现为《最高人民法院关于民事诉讼证据的若干规定》第九十五条“一方当事人控制证据无正当理由拒不提交，对待证事实负有举证责任的当事人主张该证据的内容不利于控制人的，人民法院可以认定该主张成立”。

确认亲子关系，并提供必要证据予以证明，另一方没有相反证据又拒绝做亲子鉴定的，人民法院可以认定确认亲子关系一方的主张成立”，现在这类案件终于有了明确的法律条款。

二、适用一次性支付抚育费的前提条件如何理解

对于未成年的非婚生子吴甲而言，其生父母均应当承担抚养义务，由于吴乙下落不明，客观上无法照顾吴甲，故吴甲只能随其母宋某某生活，按照《婚姻法》第三十七条[①]“离婚后，一方抚养的子女，另一方应负担必要的生活费和教育费的一部或全部，负担费用的多少和期限的长短，由双方协议；协议不成时，由人民法院判决”的规定，吴乙就应当支付相应的抚育费。而本案的第二个要点，也是原告吴甲的主要诉求就在于吴乙承担抚育费的方式，按照最高人民法院《关于审理离婚案件处理子女抚养问题的若干具体意见》[②]第八条“抚育费应定期给付，有条件的可一次性给付”的规定可以看出，定期给付抚育费才是法律确认的正常给付方式，一次性给付的方式只能在特殊情况下才能适用。从实践角度来看，在未成年人成年的数年或十几年的过程中，生活水平的变化、物价的上涨和突发事件的发生等因素都会对抚养费的给付金额产生不确定的影响，且由于缺乏有效监管，实践中曾经出现实际抚养孩子一方挥霍了一次性给付的抚养费的情况，故在我国现行法律体制内不宜判决一次性支付抚养费。

当然，也不是说一次性支付的方式完全不能适用，笔者认为，适用该方式至少应当满足三个条件：1. 支付抚育费的义务人具备一

---

① 该条现已被《中华人民共和国民法典》第一千零八十五条替代，但内容基本一致。

② 该意见现已废止。

次性支付的能力，而是否具备这种能力，需要对义务人的收入能力、财产状况和负债情况进行综合评估来确定。以本案为例，原告吴甲虽然提供了一些证据证明吴乙的资产状况，但未证明吴乙的收入能力和负债情况，而经过法院调查，证实吴乙经法院审理判决承担了大量债务，也就是说吴乙的实际经济状况并不像吴甲诉称的那么好，吴乙事实上不能一次性支付抚育费，故一、二审法院均未支持原告要求一次性支付抚育费的诉讼请求。2. 适用一次性支付的方式无损他人的合法权益，如本案中若适用该方式判决吴乙一次性支付吴甲抚育费，无疑会对那些已经进入或即将进入执行程序的债权人最终实现债权造成影响，对他们而言是极不公平的，且吴乙的财产有部分是与他人共有的，这也使执行工作存在困难。3. 管理抚育费的一方不会损害未成年子女的利益，可以通过对管理人的经济状况、道德水准等进行综合评估，降低管理人实施侵害行为的风险，增加对其进行监管的可能性，若管理人自身经济困难或存在赌博等恶习，那么其侵权的可能性就极大，不宜将巨额抚育费交到他手上。

综上所述，随着我国经济发展，社会道德教育和青少年性道德教育的滞后，非婚子女的问题日益严重，保护非婚生子女的合法权益也日益重要。但如何保护，需要对个案进行认真仔细的分析研究，不能只讲“保护”不讲“义务”，切实保护非婚生子女的“合法”权益，力争取得法律效果和社会效果的双赢。

编写人：四川省成都市新津区人民法院　邓万坤

096 婚姻存续期间能否要求一方支付抚养费

——付羽某诉付培某抚养费案

【案件基本信息】

1. 裁判书字号

河南省郑州市惠济区人民法院（2014）惠少民初字第1号民事判决书

2. 案由：抚养费纠纷

3. 当事人

原告：付羽某

被告：付培某

【基本案情】

原告付羽某的母亲韩鸣某与被告付培某于2012年12月7日结婚，于2013年9月18日生育一子付羽某。韩鸣某住院生育原告付羽某的医疗费用由被告付培某支付。自原告付羽某出生后，其母亲韩鸣某即带其离开单独居住至今，被告付培某未支付过原告付羽某抚养费。被告付培某现无固定收入。

原告付羽某的母亲韩鸣某称自怀孕后，无工作无经济来源，被告付培某对其不管不问也不给生活费，原告付羽某出生后被告付培某不尽丈夫及父亲的义务，其带着原告付羽某艰难生活。被告称原告母亲所诉不是事实，被告不但给原告买衣服，每月还支付生活费，一直对原告尽抚养义务，原告母亲韩鸣某私自带原告离家出走，致使被告不能经常见到原告，对原告成长及身心健康极为不利，双方尚未离婚，不应支付抚养费。

【案件焦点】

原告母亲和被告尚未离婚，被告是否应支付原告抚养费。

【法院裁判要旨】

河南省郑州市惠济区人民法院经审理认为：父母对子女有抚养教育的义务。婚姻关系存续期间，父母双方或者一方拒不履行抚养子女义务，未成年或者不能独立生活的子女请求支付抚养费的，人民法院应予支持。本案中，原告出生后，原告母亲即与被告分开居住，原告母亲带原告单独生活，被告未支付过原告的抚养费，故原告要求被告支付抚养费的请求，理由成立，符合法律规定，本院予以支持。被告所提供的证据不能证明其对原告本人尽到抚养义务，故其答辩意见不予采纳。因原告没有提供证据证实被告的实际收入情况，本院参照河南省统计局公布的 2013 年度河南省城镇居民人均可支配收入的标准，确定由被告付培某承担的抚养费为每月 400 元。原告过高部分的诉讼请求，本院不予支持。

河南省郑州市惠济区人民法院依照《中华人民共和国婚姻法》第二十一条、《最高人民法院关于适用〈中华人民共和国婚姻法〉若干问题的解释（三）》第三条、《中华人民共和国民事诉讼法》第六十四条第一款之规定，作出如下判决：

一、被告付培某于本判决生效后十日内按照每月人民币 400 元的标准一次性支付原告付羽某自 2013 年 10 月至判决生效之日的抚养费；

二、被告付培某于本判决生效后按照每月人民币 400 元的标准支付原告付羽某的抚养费至付羽某十八周岁；

三、驳回原告付羽某过高部分的诉讼请求。

判决后，双方当事人均未上诉，本判决现已生效。

【法官后语】

未成年子女要求支付抚养费，基本上都是在夫妻双方离婚时或离婚后才产生的，而在婚姻存续期间，由于夫妻双方财产为共有财产，是否能要求不尽抚养义务的一方支付抚养费，这是本案争议的要点。在《最高人民法院关于适用〈中华人民共和国婚姻法〉若干问题的解释（三）》（以下简称《婚姻法解释（三）》）出台之前，对此一直存在争议。笔者认为，抚养子女是父母应尽的法定义务，不管是婚内还是婚外、婚生子女抑或非婚生子女，父母的抚养义务是不变的，只要一方不履行该抚养义务，另一方完全有权利向其主张抚养费。《婚姻法解释（三）》第三条对此作出了明确规定：婚姻关系存续期间，父母双方或者一方拒不履行抚养子女义务，未成年或者不能独立生活的子女请求支付抚养费的，人民法院应予支持。在最新颁布实施的《中华人民共和国民法典》中，第一千零六十七条第一款规定："父母不履行抚养义务的，未成年子女或者不能独立生活的成年子女，有要求父母给付抚养费的权利。"该条明确了负有抚养义务的主体是父母。而与《中华人民共和国民法典》同时开始施行的《最高人民法院关于适用〈中华人民共和国民法典〉婚姻家庭编的解释（一）》，则在第四十三条中进一步明确规定："婚姻关系存续期间，父母双方或者一方拒不履行抚养子女义务，未成年子女或者不能独立生活的成年子女请求支付抚养费的，人民法院应予支持。"第四十二条规定："民法典第一千零六十七条所称'抚养费'，包括子女生活费、教育费、医疗费等费用。"

另外，《最高人民法院关于适用〈中华人民共和国民法典〉婚姻家庭编的解释（一）》第四十九条规定："抚养费的数额，可以根据子女的实际需要、父母双方的负担能力和当地的实际生活水平确定。有固定收入的，抚养费一般可以按其月总收入的百分之二十至三十的比例给付。负担两个以上子女抚养费的，比例可以适当提高，但一般不得超过月总收入的百分之五十。无固定收入的，抚养费的数额可以依据当年总收入或者同行业平均收入，参照上述比例确定。有特殊情况的，可以适当提高或者降低上述比例。”第五十条规定：“抚养费应当定期给付，有条件的可以一次性给付。”第五十一条规定：“父母一方无经济收入或者下落不明的，可以用其财物折抵抚养费。”上述规定，是确定子女抚养费数额和给付形式的法律依据，但在给付的具体数额和实际支付方式上，还要根据子女正常生活的实际需要，应能维持其衣、食、住、行、学、医的正常需求，并需要综合考虑父母双方的经济收入、费用支出、现有生活负担、履行义务的可能性和社会地位等因素，最终作出公平合理的判决。

编写人：河南省郑州市惠济区人民法院　楚云鹤

097　抚养人能否一次性支付非婚生子女的抚养费

——瞿某诉蔡某抚养费案

【案件基本信息】

1. 裁判书字号

福建省厦门市中级人民法院（2012）厦民终字第1656号民事判决书

2. 案由：抚养费纠纷

3. 当事人

被告（上诉人）：瞿某

原告（被上诉人）：蔡某

【基本案情】

瞿某与蔡某于2011年8月27日生育非婚生女瞿甲。瞿甲出生后一直由瞿某抚养。蔡某经济条件较好，拥有多处房产、车库，且投资经营两家企业。2011年6月26日，蔡某与其配偶孙某自愿协商签订一份协议，其中约定，由于蔡某与瞿某婚外交往并生育一女，蔡某为取得孙某的谅解，自愿与孙某约定在签订协议前所累积的所有夫妻共同财产，都归孙某一人所有，孙某可以随时要求办理以上所有相关财产的更名手续，蔡某必须无条件地配合办理。孙某同意与蔡某共同抚养瞿甲。

瞿某主张，非婚生女瞿甲尚在哺乳期，应当由其进行抚养。蔡某应根据其经济水平及厦门市的生活水平，向瞿某支付非婚生女瞿甲的抚养费。为此，请求判令：1. 非婚生女瞿甲由瞿某抚养；2. 蔡某向瞿某一次性支付瞿甲的抚养费648000元（按每月3000元标准，暂计至瞿甲18岁为648000元）。蔡某希望瞿甲跟随其一起生活，即使瞿甲随瞿某一起生活，瞿某要求支付的抚养费也过高，且一次性支付抚养费的要求与法律规定不符，其只能逐月支付抚养费。

【案件焦点】

当事人请求法院判决抚养人一次性支付非婚生子女的抚养费能否得到支持，在判决一次性支付抚养费的情况下，法院如何保护未成年被抚养人在内的各方当事人的合法权利。

【法院裁判要旨】

福建省厦门市思明区人民法院经审理认为，根据法律规定，父母对子女有抚养教育的义务，非婚生子女享有与婚生子女同等的权利，任何人不得加以危害和歧视。不直接抚养非婚生子女的生父或生母，应当负担子女的生活费和教育费，直至子女能独立生活为止。瞿某、蔡某对非婚生女瞿甲都有抚养的权利和义务，但哺乳期的子女以跟随哺乳的母亲抚养为宜，蔡某应当支付非婚生女瞿甲的部分生活费、教育费直至瞿甲独立生活为止。根据蔡某的经济水平及厦门市的生活水平，瞿某要求蔡某支付瞿甲成长至18周岁总计648000元的抚养费应予以支持。因瞿某无固定收入，其抚养能力不足以保障非婚生女瞿甲的生活所需，蔡某经济状况良好，有一次性支付抚养费的经济实力，为保障瞿甲的健康成长，对瞿某要求蔡某一次性支付抚养费的请求应予以支持。

福建省厦门市思明区人民法院依照《中华人民共和国婚姻法》第二十一条第一款、第二十五条，《中华人民共和国民事诉讼法》第六十四条第一款之规定，作出如下判决：

一、瞿某与蔡某的非婚生女瞿甲随瞿某共同生活；

二、蔡某于本判决生效之日起十日内，向瞿某一次性支付非婚生女瞿甲的抚养费648000元。

蔡某不服原审判决提起上诉，请求二审改判由蔡某抚养非婚生女瞿甲，瞿某按月支付瞿甲的生活费。厦门市中级人民法院经审理认为：蔡某、瞿某都有抚养瞿甲的义务。由于瞿甲尚属年幼，原审判决瞿甲由瞿某抚养并无不当，应予维持。根据蔡某的经济情况及厦门市的生活水平，原审判决蔡某按每月3000元的标准支付瞿甲抚养费属于合理范围的裁量，可予以维持。由于蔡某事后与孙某签订协议，约定之前积累的夫妻共同财产均归孙某所有，瞿某出于担心瞿甲的合法权益难以得到保障，要求蔡某一次性支付瞿甲的抚养费具有一定的合理性。但鉴于蔡某一次性支付的抚养费数额巨大，且瞿甲现仍为哺乳期的幼女，该笔费用能否被合理管理、使用直接关系到瞿甲未来的生活保障问题，蔡某一次性支付的抚养费在瞿甲成年以前应设立专户由蔡某、瞿某共同管理为宜。瞿某作为直接抚养瞿甲的监护人，可以按月从瞿甲的抚养费账户中支取3000元用于支付瞿甲的生活、教育等费用，蔡某有权对抚养费的使用情况进行监督，瞿某当月支取的抚养费金额如需超过3000元，应征得蔡某的同意。

福建省厦门市中级人民法院依照《中华人民共和国婚姻法》第二十五条，修改前的《中华人民共和国民事诉讼法》第一百五十三条第一款第一项、第二项之规定，作出如下判决：

一、维持厦门市思明区人民法院民事判决第一项；

二、变更厦门市思明区人民法院民事判决第二项为：蔡某于本判决生效之日起十五日内，一次性将抚养费648000元付至以瞿甲名义开立的银行账户，瞿某可按月支取3000元用于抚养瞿甲，蔡某有权对瞿甲抚养费的使用情况进行必要的监督，瞿某当月支取的抚养费如需超过3000元，应征得蔡某的同意；

三、驳回瞿某原审的其他诉讼请求；

四、驳回蔡某的上诉请求。

【法官后语】

由于本案的被抚养人尚处于哺乳期，判决被抚养人随母亲共同生活在事实和法律方面的争议不大，争议的主要问题在于抚养费的给付方式。无论是原来的《中华人民共和国婚姻法》还是最新颁布的《中华人民共和国民法典》婚姻家庭编对于抚养费的判决均只有原则性规定。例如,《中华人民共和国民法典》第一千零六十七条规定,“父母不履行抚养义务的,未成年子女或者不能独立生活的成年子女,有要求父母给付抚养费的权利。”即便是离婚案件中的抚养费,《中华人民共和国民法典》也只是在第一千零八十五条原则性规定,“离婚后,子女由一方直接抚养的,另一方应当负担部分或者全部抚养费。负担费用的多少和期限的长短,由双方协议;协议不成的,由人民法院判决。”因此,对于抚养费的判决,很大程度上需要办案的法官根据案件情况具体问题具体分析。

抚养费是未成年人学习、生活、医疗等基本生活需要的保障。与普通民事案件相比,抚养费的判决往往并非终局性的裁判。在抚养费判决生效后,基于生活的变动和父母子女经济状况发生变化,未成年子女仍然有权要求父母增加抚养费。对年幼的被抚养人而言,在其成年之前长达十几年的过程中,生活条件变化、物价上涨,以及突发事件等因素都会对抚养费的给付金额产生不确定的影响。基于上述原因,同时也为了避免给抚养人造成过重负担,法院通常判决抚养义务人定期支付抚养费。但是,也不能排除在特殊情况下,法院基于保护当事人权益的考虑,也可以判决抚养人一次性支付抚养费。但判决一次性支付抚养费必须以现实可能性和客观必要性为前置条件:

一、现实可能性

判决一次性支付抚养费应当以抚养义务人有相应的经济条件和履行能力为前提,否则,判决一次性支付抚养费将失去裁判的意义,且如因此造成抚养人生活困窘,将产生新的权利失衡,亦不符合司法公正的本意。

二、客观必要性

支付抚养费并非纯粹的金钱给付义务，而且还是被抚养人和抚养义务人之间亲情纽带的体现。就情理而言，一次性支付抚养费并非履行抚养义务的最佳方式。除非有证据或事实表明，抚养义务人存在逃避法定义务的行为，或者可能有无法按时支付抚养费的风险，法院才有必要对当事人请求一次性支付抚养费的诉求予以考虑。在本案中，由于作为被告的抚养人已经有了放弃夫妻共同财产的实际行为，上述事实给将来抚养费判决的履行带来较大的不确定性，因此判决抚养人一次性支付抚养费是有现实基础的。

在法院判决抚养人一次性支付全部抚养费的情况下，为避免直接抚养未成年人的监护人挥霍或者不合理地使用抚养费，导致被抚养人日后生活出现困难，二审判决在原审判决的基础上，对抚养费的支付和使用方式施加了新的限制。上述补充判决系二审法院依职权直接作出，这种做法可能引发二审判决是否符合程序，以及是否具有现实意义的争议。但是，根据家事纠纷的性质，这种裁判方式有其必要性：

第一，从维护个体权利的角度出发，家事纠纷涉及的权利主体往往不一定具有诉讼行为能力，其权利的实现很大程度上依赖于监护人或者法定代理人的诉讼行为，而监护人、法定代理人的诉讼能力以及其对被监护人权益的判断往往存在一定的不确定性。此时，法院应当发挥审判的职能作用，最大限度地保护不能亲自参加诉讼的权利人的利益。

第二，从公共利益的角度出发，家事纠纷所涉及的抚养、赡养、监护等权利除了本身具有的私权属性外，往往还有一定的社会属性。

法院在判决时应对裁判的法律效果、社会效果进行综合考量，以求得最佳的裁判效果。

第三，根据自由裁量权的法理，法官在法律没有明确规定的时候，有权根据案件的不同情况，对履行义务的方式作出个别的判决。由于法律并没有对抚养费的履行方式作出明确规定，法官可以在兼顾各方利益的情况下，选择最佳的裁判方式。

第四，从平衡权利义务的角度出发，二审对抚养费支取所施加的限制是必要的。该种限制构成了监护人的义务，如监护人滥用监护权或不当使用抚养费，被抚养人和抚养人均可以要求其承担相应责任。

编写人：福建省厦门市中级人民法院　张南日

098　未成年子女可在父母婚姻关系存续期间主张抚养费

——陈乙诉陈甲抚养费案

【案件基本信息】

1. 裁判书字号

福建省厦门市翔安区人民法院（2012）翔民初字第712号民事判决书

2. 案由：抚养费纠纷

3. 当事人

原告：陈乙

被告：陈甲

【基本案情】

沈某与陈甲于2011年4月6日结婚，不久即分居。2011年12月16日，沈某生育一子即本案原告陈乙，除陈甲探望陈乙时购买物品花费400元外，陈乙的抚养费用均由沈某负担。2012年3月22日，陈甲委托福建鼎力司法鉴定中心对陈乙与陈甲、沈某之间是否存在亲生血缘关系进行亲子鉴定，该中心于2012年3月27日出具第56号法医物证学司法鉴定意见书，支持陈乙与沈某、陈甲的亲生血缘关系。另查明，陈甲系福建省帆船帆板运动管理中心帆船运动员；根据该中心出具的证明，陈甲的月工资为2844元（包括职务工资860元、级别工资825元、岗位工资64元、职务津贴100元、地区补贴770元和考勤奖225元）。

【案件焦点】

陈甲是否应当承担抚养费。

【法院裁判要旨】

福建省厦门市翔安区人民法院经审理认为：父母对子女有抚养教育的义务，父母不履行义务时，未成年的或不能独立生活的子女，有要求父母付给抚养费的权利。在沈某与被告陈甲的婚姻关系存续期间，陈甲拒不履行抚养原告陈乙的义务，因此，陈乙有权请求其支付抚养费，故其主张陈甲自2011年12月起支付抚养费的诉讼请求，法院予以支持。但是，对于抚养费的数额，陈乙主张的每月5000元过高，本院根据陈乙的实际需要、陈甲与沈某的负担能力和厦门市实际生活水平，酌定陈甲应每月支付陈乙抚养费1000元。至于陈乙请求陈甲支付住院费3000元和生活用品等费用3000元的主张，因该费用亦属抚养费范畴，法院不予支持。

福建省厦门市翔安区人民法院依照《中华人民共和国婚姻法》第二十一条、《最高人民法院关于适用〈中华人民共和国婚姻法〉若干问题的解释（一）》第二十一条、《最高人民法院关于适用〈中华人民共和国婚姻法〉若干问题的解释（三）》第三条之规定，作出如下判决：

一、陈甲应于本判决生效之日起十五日内向陈乙支付2011年12月至2012年6月的抚养费7000元；

二、陈甲应自2012年7月起支付陈乙抚养费每月1000元，该抚养费每年分两次支付，即于每年的6月1日和12月1日前各支付6000元；

三、驳回陈乙的其余诉讼请求。

宣判后，双方均未提出上诉，判决已发生法律效力。

【法官后语】

近年来，婚姻关系存续期间夫妻双方或一方不履行子女抚养义务、不承担抚养费用的情形有上升趋势，有些是外出务工人员不履行抚养子女义务，有些是由于夫妻出现感情危机，一方不履行抚养义务。审判实践中对此类案件的法律适用存在争议，2011年8月12日实施的《最高人民法院关于适用〈中华人民共和国婚姻法〉若干问题的解释（三）》（以下简称《婚姻法司法解释（三）》）明确了这一问题的处理依据，其第三条明确规定，婚姻关系存续期间，父母双方或者一方不履行抚养子女义务，未成年或不能独立生活的子女可以行使抚养费请求权，以充分保护未成年子女的权益。实践中，此类案件的处理主要涉及抚养费数额的确定、与离婚纠纷案件中抚养费问题的差异和衔接、执行程序中的障碍等问题。

一、抚养费数额的确定

子女抚养费的确定，应当首先考虑未成年人的实际需要，这既是儿童最大利益原则的体现，亦是保障未成年人健康成长的客观要求。

《最高人民法院关于人民法院审理离婚案件处理子女抚养问题的若干具体意见》[1] 对子女抚养费数额的确定规定了三种考虑因素：子女的实际需要、父母双方的负担能力、当地的实际生活水平。按照儿童最大利益原则解释上述三种条件，在确定子女实际需要时，应当根据《婚姻法司法解释（三）》对子女抚养费范围的规定，从保障子女健康成长的角度来认定子女的实际需要，并根据这一实际需要，综合衡量当地的实际生活水平。

二、与离婚诉讼中抚养费处理的差异和衔接问题

不解除婚姻关系情形下的抚养费纠纷与离婚纠纷中抚养费问题具有一定的相通性，但也应注意两者之间存在婚姻关系解除与否的不同前提，故在此类案件的审理中应注意与离婚纠纷的差异与衔接。

虽然在不解除婚姻关系情形下的抚养费纠纷案件处理中，抚养费的数额计算是参照离婚案件中抚养费的处理，但在离婚纠纷案件中涉及抚养费时，往往会判决支付抚养费至被抚养人独立生活之日止，而对于不解除婚姻关系情形下主张抚养费的，因属夫妻关系存续期间，故在判决中不应确定抚养费的支付期间，只需确定抚养费的支付标准和支付方式。

类似本案的纠纷虽发生在夫妻关系存续期间，但因感情不和长

---

① 该司法解释已失效，相应规定见《最高人民法院关于适用〈中华人民共和国民法典〉婚姻家庭编的解释（一）》。

期分居等，将来离婚的可能性较大。本案原告陈乙之母沈某与陈甲开始分居时，陈甲就曾向法院提起离婚之诉，后因沈某系在妊娠期，故撤回起诉。在本案审理中，陈甲称待沈某分娩一年后将再次提起离婚之诉。在后续的离婚案件处理中，是否需要重新确定抚养费的支付标准？笔者认为，若离婚纠纷中抚养权的归属方与不解除婚姻关系情形下的抚养人一致时，不宜再抛开前案重新确定抚养费支付标准，而是应当按照前案判决所确定的标准确定抚养费，以保持判决的连续性，减少司法资源的浪费。如果离婚纠纷中抚养权的归属方与不解除婚姻关系情形下的抚养人不一致时，则应根据抚养人的条件重新确定抚养费支付标准。

三、关于新旧法律衔接的说明

本案所适用的法律条文主要有《中华人民共和国婚姻法》第二十一条、《最高人民法院关于适用〈中华人民共和国婚姻法〉若干问题的解释（一）》第二十一条、《婚姻法司法解释（三）》第三条。《中华人民共和国民法典》实施后，《中华人民共和国婚姻法》第二十一条已被《中华人民共和国民法典》第一千零六十七条取代；《最高人民法院关于适用〈中华人民共和国婚姻法〉若干问题的解释（一）》第二十一条、《婚姻法司法解释（三）》第三条已分别被《最高人民法院关于适用〈中华人民共和国民法典〉婚姻家庭编的解释（一）》第四十二条、第四十三条取代。上述法条内容未变化。

编写人：福建省厦门市翔安区人民法院　张春雷

(十)赡养纠纷

099 老人由丧偶儿媳赡养后向其他子女主张赡养费的，应予支持

——张桂某诉周丙、周乙赡养费案

【案件基本信息】

1. 裁判书字号

北京市第二中级人民法院（2020）京02民终9274号民事判决书

2. 案由：赡养费纠纷

3. 当事人

原告（上诉人）：张桂某

被告（被上诉人）：周丙、周乙

【基本案情】

张桂某、周某某夫妇育有四子一女，即周兰某（已故）、周甲（已故）、周乙、周丙、周丁（已故）。周某某已于2008年11月30日去世，张桂某年迈，生活需要他人照料，每月领取国家养老补贴，无其他收入。现张桂某与周甲之妻张世某共同生活。周乙、周丙均系某村农民，周丙为低保户，每月领取低保金。现张桂某因赡养事宜诉至法院，要求周乙、周丙支付2008年12月至2020年2月赡养费202400元。

【案件焦点】

老人由丧偶儿媳赡养后能否向其他子女主张赡养费。

【法院裁判要旨】

北京市房山区人民法院经审理认为：子女对父母有赡养扶助的义务，子女不履行赡养义务时，无劳动能力或生活困难的父母，有要求子女给付赡养费的权利。赡养费系基于血缘或抚养关系产生的子女对父母的法定义务，赡养费的数额应结合子女数和收入水平、父母的经济来源以及父母维持日常生活所需的实际开销等情况综合确定，而非单纯考虑子女的收入水平。根据我国法律规定，赡养父母是每个子女应尽的义务。某个子女在自愿的情况下支付比其他子女更多的医疗费用或者给予更多的生活照顾等是其履行赡养义务的方式，并不存在履行义务超出其应当承担份额的问题。依据本案事实，张桂某已年老丧失劳动能力，鉴于其现居住在张世某家，由张世某照顾其生活起居，其要求周乙、周丙支付赡养费用并无不当，周乙、周丙应向张桂某履行赡养义务。但张桂某现起诉要求周乙、周丙支付其2008年12月至2020年2月的赡养费的诉讼请求，没有法律依据，本院不予支持。据此，依据《中华人民共和国婚姻法》第二十一条之规定，判决如下：

驳回张桂某的全部诉讼请求。

张桂某不服一审法院判决，向北京市第二中级人民法院提起上诉。

北京市第二中级人民法院经审理认为：上诉人张桂某起诉时年满88周岁，早已丧失劳动能力，且行动不便，每月仅靠领取国家养老补贴700余元生活，无其他收入。无论是经济上还是生活上，均需要子女赡养及扶助。根据已查明的事实，张桂某在丈夫周某某去世后，一直与长子周甲一家共同生活，2009 年起曾在周丙家短暂居住 17 个月。周甲于 2015 年 12 月 1 日去世后至 2020 年 2 月，张桂某与周甲之妻张世某共同居住，由张世某照顾张桂某的衣食起居。我国法律规定，子女对父母有赡养扶助的义务，周甲在世时，其实际对张桂某履行了赡养义务，周丙也曾履行过部分赡养义务，故对于张桂某主张的 2015 年 12 月之前的赡养费，本院不予支持。

根据《中华人民共和国老年人权益保障法》第十四条规定，“赡养人应当履行对老年人经济上供养、生活上照料和精神上慰藉的义务，照顾老年人的特殊需要。赡养人是指老年人的子女以及其他依法负有赡养义务的人。赡养人的配偶应当协助赡养人履行赡养义务”。具体到本案来看，周甲去世前，张世某作为其配偶，亦是家庭成员，其应协助周甲履行赡养义务，但协助义务并非赡养义务，且上述规定只适用于夫妻关系存续期间。在周甲于 2015 年 12 月去世后，随着婚姻关系的终止，张世某协助的赡养义务也自然终止。故自 2015 年 12 月起，对张桂某负有赡养义务的子女只有周乙和周丙，张桂某在该阶段虽已由张世某代为照料及赡养，但不能因此免除周乙、周丙的赡养义务。一审法院查明事实清楚，但对于张桂某主张 2015 年 12 月至 2020 年 2 月的赡养费用未予支持，系适用法律错误，本院应予纠正。

赡养费的数额应当结合当地的经济水平、被赡养人的实际需要、赡养人的经济能力，综合予以确定，为此，本院酌定周丙、周乙每人向张桂某支付 2015 年 12 月至 2020 年 2 月的赡养费 2 万元。

综上所述，张桂某的部分上诉请求成立，本院予以支持。关于不合理的上诉请求，本院依法予以驳回。依照《中华人民共和国民事诉讼法》第一百七十条第一款第二项之规定，判决如下：

一、撤销北京市房山区人民法院民事判决；

二、周丙、周乙于本判决生效之日起七日内每人支付张桂某2015年12月至2020年2月期间的赡养费2万元；

三、驳回张桂某的其他诉讼请求。

【法官后语】

本案涉及丧偶儿媳对公婆有无赡养义务以及公婆由丧偶儿媳赡养的，是否免除其法定赡养义务人赡养义务的问题，具体分述如下：

一、丧偶儿媳对公婆无法定赡养义务

法定赡养义务是指基于法律所赋承的监护关系、继承关系、抚养关系，本着权利与义务对等原则而形成的家庭关系中子女及孙子女、外孙子女等其他依法负有赡养义务的人对老年人所承担的赡养扶助义务。

《中华人民共和国民法典》第二十六条第二款规定，成年子女对父母负有赡养、扶助和保护的义务；第一千零七十四条第二款规定，有负担能力的孙子女、外孙子女，对于子女已经死亡或者子女无力赡养的祖父母、外祖父母，有赡养的义务。据此，对老年人负有法定赡养义务的人主要系子女以及孙子女、外孙子女等与老年人具有血亲关系且依法负有赡养义务的人。儿媳没有赡养公婆的法定义务。

儿媳对公婆的赡养义务系基于婚姻关系产生。《中华人民共和国老年人权益保障法》第十四条第三款规定，“赡养人的配偶应当协助赡养人履行赡养义务”。据此，儿媳对公婆的赡养义务系基于婚姻关系产生的对配偶的协助赡养义务，随着一方去世，配偶的协助赡养义务也自然终止。因此，丧偶儿媳对公婆没有法定赡养义务。

二、老人由丧偶儿媳赡养的，不免除亲生子女的赡养义务

《中华人民共和国老年人权益保障法》第十四条第一款规定，赡养人应当履行对老年人经济上供养、生活上照料和精神上慰藉的义务，照顾老年人的特殊需要。《中华人民共和国民法典》第一千零六十七条第二款规定，成年子女不履行赡养义务的，缺乏劳动能力或者生活困难的父母，有要求成年子女给付赡养费的权利。

根据上述法律规定，赡养是强制性义务，法定赡养义务人的赡养义务并不因为他人的赡养行为而消失，不能因为他人的赡养行为而拒绝履行己方法定赡养义务。因此，老人由丧偶儿媳赡养的，不免除亲生子女的赡养义务。一旦该种纠纷进入司法渠道，该义务就可能得以某种方式实现。

三、本案适用情况分析

结合本案来看，张桂某步入老年，缺少劳动能力和相应生活来源，要求其子周乙、周丙给付赡养费用的主张于情合理、于法有据。张世某自其夫周甲于2015年12月去世后，其代为照料和赡养张桂某，并不能因此免除周乙、周丙的赡养义务。因此，周乙、周丙应当支付张桂某的赡养费用。孝敬老人自古以来就是中华民族的传统美德，在当今社会更应得到传承和发扬。《中华人民共和国民法典》第一千零四十三条规定，家庭应当树立优良家风、弘扬家庭美德，重视家庭文明建设。老有所养、老有所依是每一位老人的心愿，丧偶儿媳和丧偶女婿善待并赡养老人，给予老人关心和呵护，不仅给子女作出了好榜样，更是弘扬社会正能量、促进家风建设的具体体现。老人子女更应给予老人经济支持和精神慰藉，使老人能安享幸福晚年。因此，丧偶儿媳和丧偶女婿尽了主要赡养义务后，老人向其他子女主张在此期间赡养费的，法院应予支持。

虽然目前我国法律没有规定丧偶儿媳对公婆、丧偶女婿对岳父母负有赡养义务，但并不意味着这种赡养行为就是不被认可、是没有法律效力的。《中华人民共和国民法典》第一千一百二十九条规定，“丧偶儿媳对公婆，丧偶女婿对岳父母，尽了主要赡养义务的，作为第一顺序继承人”，这说明我国法律总体上对丧偶儿媳与丧偶女婿对老人尽孝是持肯定与鼓励态度的。在丧偶儿媳对公婆、丧偶女婿对岳父母尽到主要赡养义务的情况下，将其列入第一顺序继承人，体现权利与义务相一致的原则。还需注意的是，丧偶儿媳继承公婆遗产、丧偶女婿继承岳父母遗产，不与其再婚与否存在联系。实践中，以丧偶儿媳与丧偶女婿再婚为由，否认其继承公婆或岳父母遗产的行为是违法的。

编写人：北京市房山区人民法院　原丹丹

100　赡养人经济条件难以维持自身基本生存需要时可免除部分或全部赡养义务

——谭某某诉李某赡养案

【案件基本信息】

1. 裁判书字号

山东省济南市章丘区人民法院（2020）鲁 0181 民初 8500 号民事判决书

2. 案由：赡养纠纷

3. 当事人

原告：谭某某

被告：李某

【基本案情】

谭某某夫妇共育有两子一女，为李某、李某1、李某2。2013年4月21日，谭某某和李某、李某1签订赡养协议书，同日，李某向谭某某出具欠条，内容为“欠到2009~2011年生活费叁仟元整”。谭某某除春节前冬季外，基本跟随李某生活。2016年年底，李某被诊断为胃癌晚期，2017年年初，李某做胃癌切除手术，李某夫妇因此负有较大数额的债务。因李某患病，谭某某自2019年冬季起，未再跟随李某生活。

2020年5月22日，李某和妻子曹某玲协议离婚，约定共有的房屋归曹某玲所有。同年9月，谭某某欲到李某家居住，李某的前妻以房屋归其所有为由拒绝谭某某居住。现李某被诊断为胃恶性肿瘤术后复发Ⅳ期、胰腺继发恶性肿瘤。谭某某诉至法院，提出诉讼请求：1. 判令被告支付原告2009年至2020年10月的赡养费12000元，自2020年10月起，支付原告赡养费每年1200元，生活用煤每年1吨；2. 判令被告为原告提供居住房屋一处；3. 原告的医药费由被告承担一半；4. 案件受理费由被告承担。

【案件焦点】

赡养人因重大变故致使自身生命健康受到严重损害，在经济条件难以维持自身基本生存需要的情形下，是否还应支付赡养费用。

【法院裁判要旨】

山东省济南市章丘区人民法院经审理认为：谭某某年事已高，李某作为谭某某的子女依法应当履行赡养义务，在2019年冬季前，每年除春节前的冬季外，谭某某基本跟随李某生活，李某此前一直在正常履行必要的赡养义务。李某在2016年年底被诊断为胃癌晚期，在2017年年初做胃癌切除手术，之后又复发转移，在这种情形下，谭某某自2019年冬季起才未再跟随李某生活。李某身患重症治疗多年，其经济负担可想而知，李某考虑到其妻子背负的债务，在离婚时将房产协议给妻子个人所有，并非为逃避赡养义务。再者，李某并非谭某某唯一的赡养义务人，谭某某尚有其他子女可以履行赡养义务，即使没有其他赡养义务人，还可以申请政府救济。济南市章丘区人民法院依照《中华人民共和国婚姻法》第四条、第二十一条，《中华人民共和国老年人权益保障法》第十四条，作出如下判决：

驳回谭某某的诉讼请求。

判决后，双方当事人均未上诉，本判决现已生效。

【法官后语】

《中华人民共和国老年人权益保障法》第十四条规定，赡养人应当履行对老年人经济上供养、生活上照料和精神上慰藉的义务，照顾老年人的特殊需要。由此可以看出，赡养包括两大方面的内容：一是经济上提供供养，二是生活上进行照料和精神上予以慰藉。

就经济上的抚养义务而言，子女对父母有赡养扶助的义务，子女不履行赡养义务时，无劳动能力或生活困难的父母，只要其经济收入不足以满足正常的生活需要，有要求子女给付赡养费的权利。子女不能因为父母有退休收入或者有一定的经济来源就完全将父母置之不顾，这不仅违反法律规定，也不符合中华民族“百善孝为先”的传统美德。现实中，比较常见的是赡养人以经济困难为由不支付赡养费，在此情形下，应当视不同情况予以处理。赡养义务人没有履行赡养义务系因其自身患有严重的疾病或遭遇重大变故等特殊原因，生存权也因此受到了严重威胁，如赡养人有足够的经济能力的，那么其仍然应当承担经济上供养的赡养义务，但如果赡养人为维系生存在经济上已经难以为继，即使赡养人仍有一定的经济来源，也应当视为在经济上没有赡养能力，可以免除其经济上供养的赡养义务。

就精神上的抚养义务而言，近年来，随着生活水平的不断提高，老人对子女经济供养方面的要求越来越少，越来越多的老人更加注重精神层面的需求，涉及“精神赡养”的案件数量也有所上升。在道德角度，子女应当尽量顺从父母的心意，不仅要有孝心，更要有孝行，要无微不至地关怀，更要让老人感到心情愉悦。在不损害老人自身利益的情况下，要重视和肯定老人的想法和愿望，尊重老人的决定和选择，维护老人的尊严，减少老人的孤独感。在法律角度，精神赡养更是一种不容回避的法定义务，即使子女没有经济能力，也不能就此免除精神赡养的义务，而且精神赡养不以物质赡养能力为前提。在经济上没有赡养能力的赡养人，应当通过生活上照料和精神上慰藉老年人的方式来履行自己的赡养义务。

《中华人民共和国婚姻法》第二十一条第一款规定，子女对父母有赡养扶助的义务。《中华人民共和国民法典》第二十六条第二款规定，成年子女对父母负有赡养、扶助和保护的义务。老年人的合法权益依法应当予以保护，赡养义务非法定情形不能免除，这些情形一般是指被赡养的老年人对赡养人有严重犯罪行为。还有一种极端的情况是，赡养人既不具有经济上供养的赡养能力，也因身体健康原因不能在生活上照料和精神上慰藉需要赡养的老年人，在这种情况下，应当从生存权高于其他一切权利的原则出发，确保生存权居于优先地位，免除其全部或部分赡养义务。老年人没有其他赡养义务人的，可以申请社会救济以保障自身合法权益。

本案中，被赡养人谭某某在赡养义务人李某患病前长期跟随李某生活，李某已经履行了一定的赡养义务，现李某因维系生命需要大额的医疗费用支出且负有较大数额的债务，这些债务将来可能会由其借债时的妻子来清偿，其住房在李某离婚时协议给前妻个人所有，不具有逃避赡养义务的恶意。因此，应当予以认定赡养人李某现在经济上没有赡养能力，可以免除对被赡养人谭某某在经济上供养的赡养义务，法院遂判决驳回原告的诉讼请求。

编写人：山东省济南市章丘区人民法院　李舰

101　继子女对未尽抚养教育义务的继父母无赡养义务

——陈某诉蔡某、陈某梅赡养案

【案件基本信息】

1. 裁判书字号

江苏省如东县人民法院（2019）苏 0623 民初 4608 号民事判决书

2. 案由：赡养纠纷

3. 当事人

原告：陈某

被告：蔡某、陈某梅

【基本案情】

1983 年，陈某与姜某经人介绍相识后结婚；姜某与前夫育有一子蔡某、一女陈某梅随姜某共同生活，时年二人分别为 12 岁、

14岁。同年9月，陈某因犯盗窃罪，被江苏省如东县人民法院判处有期徒刑六年，于1989年9月刑满释放，陈某与姜某于2013年11月25日登记离婚。现陈某已年近80岁，无劳动能力和收入来源，故将蔡某、陈某梅起诉至法院，要求二人承担赡养义务，每月支付生活费1300元，平均负担其医疗费用支出。

【案件焦点】

1. 原、被告之间有无形成赡养关系；2. 两被告有无赡养原告的义务。

【法院裁判要旨】

江苏省如东县人民法院经审理认为：赡养人是指老年人的子女以及其他依法负有赡养义务的人。赡养人应当履行对老年人经济上供养、生活上照料和精神上慰藉的义务，照顾老年人的特殊需要。《中华人民共和国婚姻法》第二十一条规定：父母对子女有抚养教育的义务；子女对父母有赡养扶助的义务……子女不履行赡养义务时，无劳动能力的或生活困难的父母，有要求子女付给赡养费的权利。第二十七条第二款规定：继父或继母和受其抚养教育的继子女间的权利和义务，适用本法对父母子女关系的有关规定。本案中，被告母亲与陈某1983年结婚后，带二被告与陈某共同生活，原、被告之间系继父子、继父女关系，但陈某因犯罪于同年9月即被判处刑罚，至其刑满释放，未能对蔡某、陈某梅进行抚养教育。而且庭审中，双方均确认陈某未能就蔡某、陈某梅在成长、生活过程中的抚养、教育、婚嫁、置业等方面给予生活上照料、经济上资助，故双方未能形成事实上的抚养教育关系，双方之间的权利和义务不适用《中华人民共和国婚姻法》中对父母子女关系的有关规定，蔡某、陈某梅依法不应对陈某承担赡养义务。依照《中华人民共和国婚姻法》第二十一条、第二十七条，《中华人民共和国老年人权益保障法》第十四条，《中华人民共和国民事诉讼法》第六十四条之规定，判决如下：

驳回原告陈某的诉讼请求。

判决后，双方当事人均未上诉，本判决现已生效。

【法官后语】

随着我国人口老龄化问题突显，老年人赡养问题成为越来越受到人们关注的问题，就目前统计数据来看，离婚率持续攀高，离婚后再婚重组的家庭也在增加，随之而来关于继父母与继子女之间的纠纷频发。

《中华人民共和国民法典》第一千零六十七条第二款规定，“成年子女不履行赡养义务的，缺乏劳动能力或者生活困难的父母，有要求成年子女给付赡养费的权利”。赡养老人是每个成年子女应尽的法定义务，一般来说，继父母子女关系的产生来自父或母的再婚，这种关系的初始状态是一种姻亲关系，这种姻亲关系的当事人之间没有法定的赡养义务。只有当继父母对继子女进行了实质上的抚养和教育，形成了抚养和教育的关系，才能要求继子女履行赡养义务。

认定继父母是否对继子女进行了实质性的抚养和教育，应当把握以下几点：1. 再婚时继子女是否为未独立生活的未成年人。一般来讲只有未成年人需要抚养和教育，再婚时子女已经成年或者虽未成年但已经独立生活，如年满16周岁依靠自己工作独立生活的继子女，则一般不受继父母抚养和教育，未形成抚养和教育关系。2. 是否共同生活。虽然父母再婚时，继子女未成年，但双方并未生活在一起，一般也不能认定形成抚养和教育关系。3. 继父母是否负担了继子女的抚养和教育的费用。如果虽然生活在一起，但是并未负担继子女任何的费用也未照顾继子女学习、生活，也不能认定形成抚养和教育关系。4. 共同生活抚养教育未成年继子女持续时间的长短。形成抚养和教育关系，一般认为应当需要长期稳定时间，如抚养和教育的时间较短，也不应认定形成抚养和教育关系。5. 虽然继子女已经成年，但在继子女患病或者需要经济帮助时，继父母给予照顾或者重大经济帮助，继子女认可并接受其帮助的，也可以认定形成抚养和教育关系，当继父母需要赡养时，继子女应当尽赡养义务。

对于形成抚养和教育关系的继父母和继子女关系，《中华人民共和国民法典》第一千零七十二条第二款的规定沿用了原《中华人民共和国婚姻法》第二十七条第二款的规定，“继父或者继母和受其抚养教育的继子女之间的权利义务关系，适用本法关于父母子女关系的规定”，在继父母需要赡养时，继子女应当履行赡养义务。而未受继父或继母抚养和教育的继子女，则不适用《中华人民共和国民法典》中关于父母和子女关系的规定，无赡养继父或继母的义务。就本案而言，虽然原告与两被告母亲姜某结婚时，两被告均未成年，双方系继父子、继父女关系，但双方仅共同生活了数月，原告就因盗窃罪被判处六年有期徒刑被监禁，其刑满释放后，两被告均已经成年。原告未对两被告尽到实质性的抚养和教育义务，也未在经济上给予帮助，因此作为两继子女的被告无赡养原告陈某的义务，故法院判决驳回原告陈某的诉讼请求。

编写人：江苏省如东县人民法院　曾凡平　肖文明

102 在无事前约定下父母帮忙照看小孩不可向子女追索报酬

——林某琼诉黄某观、杨某妮抚养费案

【案件基本信息】

1. 裁判书字号

广东省清远市中级人民法院（2019）粤18民终931号民事判决书

2. 案由：抚养费纠纷

3. 当事人

原告（被上诉人）：林某琼

被告（上诉人）：黄某观

被告（被上诉人）：杨某妮

【基本案情】

林某琼与杨某妮系母女，黄某观与杨某妮系夫妻。2011年7月9日，两人生育了儿子黄某逸。由于黄某观、杨某妮均外出工作，小孩黄某逸出生后不久便交由林某琼携带，一直随林某琼在阳山县黎埠镇生活。直至2017年9月，小孩黄某逸因要到清远市就读小学才搬至清远市区与黄某观、杨某妮共同居住。林某琼称黄某观、杨某妮此前承诺每月向其支付1500元作为黄某逸的生活费及劳务费，但一直没有支付。2018年9月20日，杨某妮向林某琼立写《欠条》一份，承诺在2018年10月1日前向林某琼支付之前承诺的劳务费、抚养费等共计138000元，但该《欠条》黄某观没有签名按印，并予以否认。同年 9 月 28 日，黄某观因与杨某妮感情不和向广东省阳山县人民法院提起离婚诉讼，阳山县人民法院经审理判决不准双方离婚。而林某琼因黄某观对杨某妮提起离婚诉讼，故以此《欠条》为据向阳山县人民法院起诉要求黄某观、杨某妮共同向其支付抚养黄某逸期间的劳务费及抚养费共计 138000 元。

【案件焦点】

杨某妮、黄某观应否向林某琼支付抚养费。

【法院裁判要旨】

广东省阳山县人民法院经审理认为：黄某观、杨某妮外出工作，林某琼基于亲情自愿帮忙照看小孩黄某逸，林某琼与杨某妮签订的《欠条》并不足以证实杨某妮与黄某观之间存在向林某琼支付劳务费及抚养费的合意，林某琼亦无提供证据证明照顾小孩黄某逸期间垫付的具体抚养费用。但考虑到林某琼在携带小孩黄某逸期间确实会产生一定的抚养费用，该费用由林某琼先行垫付后，杨某妮、黄某观作为小孩黄某逸的父母，理应支付给林某琼。而林某琼在携带小孩黄某逸期间，黄某逸系跟随林某琼在黎埠镇居住生活，因此，综合考虑杨某妮、黄某观的实际情况以及黎埠镇当地的生活及消费水平等情形，酌定由被告杨某妮、黄某观共同补偿 20000 元给原告林某琼。

广东省阳山县人民法院依照《中华人民共和国婚姻法》第二十一条、《最高人民法院关于审理涉及夫妻债务纠纷案件适用法律有关问题的解释》第一条以及《中华人民共和国民事诉讼法》第六十四条之规定作出如下判决：

一、杨某妮、黄某观应在本判决发生法律效力之日起十日内支付补偿款20000元给林某琼；

二、驳回林某琼的其他诉讼请求。

黄某观不服一审判决，提出上诉。广东省清远市中级人民法院经审理认为：虽然抚养黄某逸是黄某观、杨某妮的法定义务，作为外祖母的林某琼此时并无法定的抚养义务。然而，黄某观、杨某妮外出工作，外祖母林某琼基于亲情帮忙照看黄某逸，是林某琼对其女儿杨某妮的爱护与体谅，是林某琼对外孙黄某逸的关心与呵护，且林某琼照顾其外孙黄某逸的行为，符合我国大多数普通家庭的生活习惯。另外，林某琼无提供证据证明照顾黄某逸期间垫付的具体抚养费用。因此黄某观不应向林某琼支付抚养费。阳山县人民法院酌定由黄某观、杨某妮补偿20000元给林某琼确有不当。

广东省清远市中级人民法院依照《中华人民共和国民事诉讼法》第一百七十条第一款第二项之规定作出如下判决：

一、撤销广东省阳山县人民法院（2018）粤1823民初1203号民事判决；

二、驳回林某琼的诉讼请求。

【法官后语】

一、祖父母、外祖父母一般情况下对未成年的孙子女、外孙子女并无法定抚养义务

根据《中华人民共和国民法典》第二十六条“父母对未成年子女负有抚养、教育和保护的义务。成年子女对父母负有赡养、扶助和保护的义务”。

本条是《中华人民共和国民法通则》中所没有的新规定，《中

华人民共和国民法典》延续了《中华人民共和国民法总则》关于监护制度的有关规定，确立了“以家庭监护为基础，以社会监护为补充，以国家监护为兜底”的监护制度体系。本条即规定了家庭中父母与子女之间的监护义务，充分体现了基于家庭成员独立人格和平等地位之上的敬老爱幼的社会主义核心价值观。

《中华人民共和国民法典》第一千零六十七条第一款“父母不履行抚养义务的，未成年子女或者不能独立生活的成年子女，有要求父母给付抚养费的权利”的规定，明确父母对于未成年子女具有法定的抚养义务，父母是未成年或不能独立生活的成年子女的法定抚养义务人，如果父母不履行抚养义务，可以要求其支付抚养费。另外，根据《中华人民共和国民法典》第一千零七十四条“有负担能力的祖父母、外祖父母，对于父母已经死亡或者父母无力抚养的未成年孙子女、外孙子女，有抚养的义务”的规定可以看出，有负担能力的祖父母、外祖父母只有在父母已经死亡或者父母无力抚养的情况下，才对未成年的孙子女、外孙子女有抚养的义务。因此，本案中抚养黄某逸是黄某观、杨某妮的法定义务，作为外祖母的林某琼此时并无法定的抚养义务。

二、基于传统习俗或血缘亲属之情自愿为子女帮忙照顾孩子，属于道义上的行为，并非民事法律行为

《中华人民共和国民法典》第一百三十三条规定，民事法律行为是民事主体通过意思表示设立、变更、终止民事法律关系的行为。根据民法典关于民事法律行为的定义，其核心概念有二：一是意思表示和设立、变更、终止民事法律关系，其中意思表示是民事法律行为的本质特征，而设立、变更、终止民事法律关系则是行为主体欲通过意思表示所追求的法律效果。二是意思表示是法律行为的核

心要素。我国民法通说认为，意思表示是将欲发生私法上效果之意思表达于外部之行为，包括主观要素和客观要素。其中，主观要素一般包括行为意识、表示意思和效果意思。效果意思是希望引起特定法律后果的意识。

在我们中华民族的传统里，父母帮助子女携带小孩和子女孝顺、赡养父母一样，都是我们一代代传承的传统美德，而且在当代社会，男主外女主内的家庭生活方式已经发生改变，许多年轻夫妻会选择双双外出工作，在经济和时间的双重压力下，夫妻双方会选择将小孩交由自己的父母携带照顾。这不仅能减轻子女的生活压力，更是家庭和睦的催化剂，所以老人帮忙携带孙子女、外孙子女，如果要有一个好的家庭关系，就不应该将金钱作为带孙的交易条件，将亲情变成赤裸裸的金钱关系。孙子女、外孙子女的祖父母、外祖父母帮忙照顾是我国家庭普遍的生活方式和习惯。而民法典婚姻编也规定了家庭成员间有互相帮忙的义务，老人基于传统习俗或血缘亲属之情自愿为子女帮忙照顾孩子，这并非法律上的抚养行为，属于道义且不求回报的自愿行为，主观上没有产生特定法律后果的意思表示，并非民事法律行为，不足以发生民事法律后果，除非双方在事前就通过协议约定一定数额的报酬。因此，无论从法律角度，还是从伦理角度，本案中林某琼自愿为黄某逸支出的抚养费都应视为对黄某逸的赠与，林某琼向黄某观、杨某妮追索其已支付的抚养费没有相应的法律依据。故祖父母、外祖父母自愿帮忙携带照顾孙子女、外孙子女而向孙子女父母追索抚养费，不应得到支持。

编写人：广东省阳山县人民法院　何利君

103 赡养人有义务承担生活困难的被赡养人的城乡居民医疗保险参保费用

——祝甲诉祝乙等赡养案

【案件基本信息】

1. 裁判书字号

四川省蒲江县人民法院（2018）川 0131 民初 1522 号民事判决书

2. 案由：赡养纠纷

3. 当事人

原告：祝甲

被告：祝乙、祝丙、祝丁、祝戊、祝己

【基本案情】

原告祝甲与杨某某夫妻二人共同育有一子四女，分别为：祝乙、祝丙、祝丁、祝戊、祝己，并含辛茹苦地将五个子女抚养成人。原告身患直肠癌，妻子杨某某身患多种疾病，长期卧病在床，生活不能自理，原告夫妻二人日常生活十分困难。被告祝丙、祝丁、祝戊、祝己经常照顾原告，特别是生病时都积极履行赡养义务，唯有被告祝乙对父母不管不问。2009 年至今，原告因病治疗支付医药费 24337.15 元，被告祝丙垫付 3000 元，祝丁垫付 4000 元，祝己垫付 4000 元，其余部分全由祝戊垫付。原告 2010 年至 2018 年购买城乡居民医疗保险费用共计 4755 元，均由被告祝戊垫付。被告祝乙不履行赡养义务的行为让原告心寒。故起诉请求判令：1. 被告祝乙支付原告从 1999 年起至今的生活费 23000 元；2. 原告医疗费 24337.15 元由被告祝乙承担一半，被告祝丙、祝丁、祝戊、祝已共同承担一半；3. 原告 2010 年至 2018 年城乡居民医疗保险所缴纳的费用 4755 元，由被告祝乙承担一半，被告祝丙、祝丁、祝戊、祝已共同承担一半；4. 从 2018 年 1 月 1 日起，五被告每人每月支付原告生活费 200 元；5. 从 2018 年 1 月 1 日起，原告生存期间因伤、因病所产生的医疗费、交通费（以有效票据或以实际支出为准），由五被告各承担五分之一，该费用每月结算一次；6. 从 2018 年 1 月 1 日起，原告生存期间因伤、因病，若需人护理，护理费以每月 3000 元为标准，由五被告各承担五分之一，该费用每月结算一次；7. 本案诉讼费用由五被告共同支付。

被告祝丙、祝丁、祝戊、祝已答辩，对原告祝甲提出的诉讼请求及事实均不持异议。

被告祝乙未到庭，亦未提交书面答辩意见。

法院经审理查明，原告祝甲与妻子杨某某共生育祝乙、祝丙、祝丁、祝戊、祝已五个子女，并逐一抚养成年。1996 年，原告祝甲与妻子杨某某曾因赡养纠纷向本院起诉被告祝乙，本院审理后参照双方达成的赡养协议并结合实际情况，作出（1996）蒲民初字第 117 号《民事判决书》，判决：1. 祝甲、杨某某的责任田由祝乙耕种收割，祝乙从 1996 年起每年付清油 6 公斤，黄谷 600 公斤；2. 祝乙从 1996 年起每年付祝甲、杨某某二人医药费 80 元。此后，经法院强制执行，被告祝乙给付过一年的黄谷、清油，但后来，原告祝甲基于亲情和其他原因，未再申请强制执行过祝乙，祝乙也未履行过该判决书确定的义务。原告的责任田一直由被告祝乙耕种至今。原告祝甲与妻子杨某某一直独立生活至今。2009

年以后，原告祝甲患直肠癌、慢性结肠炎等多种疾病，其间多次就医治疗；扣除医疗保险报账后，个人累计支付医疗费23858.06元。因经济困难，上述费用全部来源于四个女儿的垫付，其中祝丙垫付3000元，祝丁垫付4000元，祝己垫付4000元，其余部分由祝戊垫付，祝乙分文未付。原告祝甲生病治疗期间主要由被告祝丙、祝丁、祝戊、祝己照顾护理。2010年至2018年，原告祝甲参保城乡居民医疗保险支付费用4755元，该款全部由被告祝戊垫付。现原告祝甲年老体弱，已无劳动能力和收入来源，也未参加农村养老保险和城镇居民养老保险，且患有严重疾病需长期治疗。另查明，庭审中，经本院释明后，原告祝甲自愿放弃要求被告祝乙支付1999年至今生活费的诉讼请求。

【案件焦点】

在年迈父母无固定或足够生活来源而依赖子女给付赡养费才能维系正常生活水平的情况下，父母无法自行承担城乡居民医疗保险参保费用时，参保费用是否应由子女承担。

【法院裁判要旨】

四川省蒲江县人民法院经审理认为，根据《中华人民共和国婚姻法》第二十一条第一款“父母对子女有抚养教育的义务；子女对父母有赡养扶助的义务”、第三款“子女不履行赡养义务时，无劳动能力的或生活困难的父母，有要求子女付给赡养费的权利”，《中华人民共和国老年人权益保障法》第十四条“赡养人应当履行对老年人经济上供养、生活上照料和精神上慰藉的义务，照顾老年人的特殊需要”、第十五条“赡养人应当使患病的老年人及时得到治疗和护理；对经济困难的老年人，应当提供医疗费用。对生活不能自理的老年人，赡养人应当承担照料责任”之规定，原告祝甲年老多病，既无劳动能力又无收入来源，五被告作为其子女，依法应当承担赡养义务。关于生活费的问题。本院于1996年判决的生活费标准两人全年6公斤清油、600公斤黄谷，已不符合原告祝甲现在的实际生活所需，应予调整。结合2016年四川农村居民人均消费性支出标准每年10192元，原告祝甲主张五被告每人每月支付生活费200元的诉讼请求，符合法律规定和本地实际，本院予以支持。关于2018年以前医疗费的问题。虽然本院（1996）蒲民初字第117号民事判决书已判令被告祝乙从1996年起每年给付祝甲、杨某某医疗费80元，但被告祝乙至今未履行过，且该费用已完全不能满足原告现在的医疗费用所需，在其余四被告已垫付原告医疗费的情况下，被告祝乙应对该费用予以分摊。结合被告祝乙耕种原告责任田地并获取收益和被告祝乙未照顾护理原告祝甲的事实，本院酌定由被告祝乙承担上述医疗费用的50%，即11929.03元，被告祝丙、祝丁、祝戊、祝己各承担12.5%，即2982.26元，因被告祝丙、祝丁、祝戊、祝己垫付部分均已超过上述标准，故四被告可不再支付。

关于2018年以后医疗费、交通费和护理费的问题。原告祝甲主张五被告从2018年1月1日起各自承担其因伤、因病产生的医疗费、交通费、护理费五分之一的诉讼请求，符合法律规定，本院予以支持。结合本地一般护工标准，原告主张护理费按每月3000元计算符合法律规定和本地实际，本院予以支持。

关于城乡居民医疗保险参保费用的问题。居民参加城乡居民医疗保险有利于减轻其因看病治疗而产生的经济负担，参加该保险每年需缴纳一定的参保费用，且参保费用每年随着物价和生活水平的上涨而有所提升。在年迈父母无固定或足够生活来源而依赖子女给付赡养费才能维系正常生活水平的情况下，其显然无法自行承担上述参保费用，在此情况下，参保费用由子女缴纳更为合理，且年迈父母参加医疗保险实际上也是减轻了子女承担父母医疗费的经济负担。故本案中，原告祝甲主张其2010年至2018年城乡居民医疗保险参保费用4755元由五被告按比例分担的诉讼请求合理合法，本院予以支持。结合实际，本院酌定由被告祝乙承担50%即2377.5元，被告祝丙、祝丁、祝戊、祝己各承担12.5%，即594.38元。因该费用已由被告祝戊垫付，故被告祝戊不再支付。

根据《中华人民共和国民事诉讼法》第一百四十四条“被告经传票传唤，无正当理由拒不到庭的，或者未经法庭许可中途退庭的，可以缺席判决”之规定，被告祝乙经本院合法传唤，无正当理由拒不到庭参加诉讼，由此产生的不利法律后果，应由其自行承担。

综上所述，原告祝甲的诉请部分成立。依照《中华人民共和国婚姻法》第二十一条第一款、第三款，《中华人民共和国老年人权益保障法》第十四条、第十五条和《中华人民共和国民事诉讼法》第一百四十四条之规定，判决如下：

一、自2018年1月1日起，被告祝乙、祝丙、祝戊、祝丁、祝己每人每月支付原告祝甲生活费200元，该项费用在每季度末的最后一日支付一次；

二、自2018年1月1日起，原告祝甲因伤、因病所产生的医疗费（扣除医疗保险报销后的剩余费用）、交通费以有效票据为准，由被告祝乙、祝丙、祝戊、祝丁、祝己各负担五分之一，该项费用在每季度末的最后一日结算支付一次；

三、自2018年1月1日起，原告祝甲因伤、因病按医嘱需人护理的，护理费按每月3000元标准，以实际护理时间计算，由被告祝乙、祝丙、祝戊、祝丁、祝己各负担五分之一，该项费用每季度末的最后一日结算支付一次；

四、被告祝乙于本判决生效之日十日起内向原告祝甲支付2018年以前已产生的医疗费11929.03元；

五、被告祝乙、祝丙、祝丁、祝己分别于本判决生效之日起十日内向原告祝甲支付2018年以前已产生的城乡居民医疗保险参保费用2377.5元、594.38元、594.38元、594.38元；

六、驳回原告祝甲的其余诉讼请求。

【法官后语】

本案纠纷发生在《中华人民共和国民法典》施行之前，应当适用当时的法律、司法解释的规定。当时的《中华人民共和国婚姻法》（已失效）中规定："父母对子女有抚养教育的义务；子女对父母有赡养扶助的义务""子女不履行赡养义务时，无劳动能力的或生活困难的父母，有要求子女付给赡养费的权利"，《中华人民共和国老年人权益保障法》中规定："赡养人应当履行对老年人经济上供养、生活上照料和精神上慰藉的义务，照顾老年人的特殊需要""赡养人应当使患病的老年人及时得到治疗和护理；对经济困难的老年人，应当提供医疗费用。对生活不能自理的老年人，赡养人应当承担照料责任"，虽然上述规定明确了子女对父母有赡养的义务，但这些法律规定相对比较笼统，制度规定也比较滞后，法院在处理此类案件时，由于可查询的法律依据少，法律条文的内容简略，在司法实践中的适用性并不强。

2021年1月1日，《中华人民共和国民法典》的正式施行，标志着我国民事权利保障进入“民法典时代”，《中华人民共和国民法典》对民事法律规定进行了系统整合，随之部分单行法被废止。《中华人民共和国民法典》第一千零六十七条第二款规定：“成年子女不履行赡养义务的，缺乏劳动能力或者生活困难的父母，有要求成年子女给付赡养费的权利”，该条规定以《中华人民共和国婚姻法》(已失效) 第二十一条第三款为基础，将赡养义务的主体由“子女”调整为“成年子女”，措词更为严谨，将请求成年子女给付赡养费的主体由“无劳动能力的或生活困难的父母”调整为“缺乏劳动能力或者生活困难的父母”，适当降低了请求给付赡养费的条件，更符合我国老年群体的养老现状，有利于保护老年人的合法权益，将成年子女的赡养义务落到实处。

目前，我国正处于人口老龄化阶段，年轻人口的数量减少，老龄人口不断增加，伴随人口老龄化现象的日渐严重，老年人的赡养已成为一个比较突出的社会问题。在司法实践中，赡养纠纷不仅仅是涉及老年人生活费，老年人由于年龄大，各项身体机能下降，肿瘤、心脑血管疾病、糖尿病等老年病的发病率高，随之将产生一定的医疗费用，对于年迈的老年群体来说医疗费用是笔不小的开支，所以医疗费用在赡养纠纷也亟待解决。在赡养纠纷案件中，若已产生具体数额的医疗费用，法官可以依据法律规定要求子女承担经济困难的父母的医疗费。但本案中，除了需要解决老年人的生活费、医疗费、护理费，还需解决老年人的城乡居民医疗保险参保费用，居民参加城乡居民医疗保险有利于减轻老年人因看病治疗而产生的经济负担，我国的法律对老年人的城乡居民医疗保险参保费用该如何分担均未有过明确的规定，在老年人要求子女承担其城乡居民医疗保险参保费用时，该如何处理？城乡居民医疗保险制度，旨在推进医药卫生体制改革、实现城乡居民公平享有基本医疗保险权益、促进社会公平正义、增进人民福祉，在参保人员发生的住院和门诊医药费用时，住院费用支付比例基本上保持在75%左右，能报销绝大部分因生病住院而产生的医疗费用，很大程度上可以减轻患者因患病而带来的经济压力，参加该医疗保险每年需缴纳一定的参保费用，且参保费用每年会跟随着物价和生活水平的上涨而有一定的提升。上了年纪的老年人，生病住院的概率较大，城乡居民医疗保险对其看病治疗来说有一定的保障，尤其是对无固定收入且生活困难的老年人来说显得更为重要，在年迈父母无固定或足够生活来源而依赖子女给付赡养费才能维系正常生活水平的情况下，让其自行承担城乡居民医疗保险的参保费用不太现实，在此情况下，参保费用由具有赡养义务的子女来缴纳更为合理，《中华人民共和国老年人权益保障法》第十五条规定“赡养人应当使患病的老年人及时得到治疗和护理；对经济困难的老年人，应当提供医疗费用。对生活不能自理的老年人，赡养人应当承担照料责任”，法律明确规定了对于经济困难的老年人，赡养人应当提供医疗费用，若老年人参加了城乡居民医疗保险，能报销一定比例的医疗费用，实际上也减轻了子女承担父母医疗费的经济负担，所以赡养人有义务承担生活困难的被赡养人的城乡居民医疗保险。

在本案中原告祝甲年老多病，身患直肠癌，妻子杨某某身患多种疾病，长期卧病在床，生活不能自理，夫妻二人日常生活十分困难，既无劳动能力又无收入来源，五被告作为其子女，理应承担赡养义务，支付生活费、护理费、医疗费等费用，原告祝甲参保了城乡居民医疗保险，在其生病住院时能报销一定比例的医疗费用，有益于减轻赡养人承担被赡养人医疗费的经济压力，故原告祝甲主张其2010年至2018年城乡居民医疗保险参保费用4755元由五被告按比例分担的诉讼请求是合理合法的。

编写人：四川省蒲江县人民法院　孙敏婕

104　继父母应当享有被赡养的权利

——李某某、闫某某诉闫某甲等赡养案

【案件基本信息】

1. 裁判书字号

黑龙江省拜泉县人民法院（2018）黑0231民初465号民事判决书

2. 案由：赡养纠纷

3. 当事人

原告：李某某、闫某某

被告：闫某甲、闫某乙、闫某丙、闫某丁、闫某戊

【基本案情】

闫某甲等五人互为亲兄妹，闫某某系闫某甲等五人的父亲，李某某系闫某甲等五人的继母。闫某某妻子去世后，闫某某与李某某结婚登记共同生活。闫某甲等五人成家后因家庭琐事，与李某某常年发生争吵，故闫某某与李某某二人独自居住，闫某甲等五人与闫某某二人也很少往来。2018年3月，闫某某与李某某以两人年老体弱，无劳动能力、无经济来源为由诉至法院，请求闫某甲等五人给付闫某某、李某某二人赡养费每人每年5000元。

【案件焦点】

1. 继父母是否应当享有被赡养的权利；2. 依据当地生活消费水平及个人经济收入确定赡养费的认定标准。

【法院裁判要旨】

黑龙江省拜泉县人民法院经审理认为：根据《中华人民共和国婚姻法》第二十一条第三款规定，子女不履行赡养义务时，无劳动能力的或生活困难的父母，有要求子女付给赡养费的权利。五被告系原告闫某某的子女，原告李某某虽然为继母但是也尽到了抚养、教育继子女的义务，赡养二原告是其应尽的法定义务。现二原告已年老体弱，无劳动能力，二原告要求五被告给付赡养费的诉求，本院应予支持。对于赡养费的数额问题，基于本案二原告的实际生活需要，五被告的负担能力和当地实际生活水平的考虑，确定五被告每人每年给付二原告每人赡养费1500元。依照《中华人民共和国婚姻法》第二十一条第三款，《中华人民共和国民事诉讼法》第六十四条第一款、第一百四十四条之规定，判决如下：

一、被告闫某甲、闫某乙、闫某丙、闫某丁、闫某戊自2018年起每人每年给付原告李某某赡养费1500元，此款于每年的12月30日前一次性给付，至终年时止；

二、被告闫某甲、闫某乙、闫某丙、闫某丁、闫某戊自2018年起每人每年给付原告闫某某赡养费1500元，此款于每年的12月30日前一次性给付，至终年时止。

【法官后语】

法律规定子女有对父母赡养救助的义务，父母经济困难时有权利要求子女支付赡养费，继父母和受其抚养教育的继子女之间的权利义务与亲生父母子女关系一致。继父母与继子女之间有抚养关系的，继子女应当对继父母承担赡养义务。《中华人民共和国民法典》颁布以后，相关的法律规定变更为《中华人民共和国民法典》第二十六条、第一千零六十七条、第一千零七十二条，上述法律条文对继父母与继子女的之间的权利义务关系并未作出调整，但将履行赡养义务的主体由“子女”调整为“成年子女”，将请求成年子女给付赡养费的主体由“无劳动能力的或生活困难的父母”调整为“缺乏劳动能力或者生活困难的父母”。将履行赡养义务的主体调整为“成年子女”相较之过去，排除了满16周岁但未满18周岁，以自己的劳动收入为主要生活来源的未成年子女的责任，体现了法律对于未成年人的关照。而将请求成年子女给付赡养费的主体调整为“缺乏劳动能力或者生活困难的父母”相较之过去，降低了对于劳动能力的认定条件，能够在实践中更好维护老年人的权益。

随着农村人口流动变化大，思想意识逐渐多元化，婚姻关系不再像以前的时候牢固，重组家庭比比皆是。多子女家庭经历父母重组之后，对继父母容易产生抗拒心理，继父母对继子女也因为责任感不足等原因，易对其照顾不周。长此以往，双方产生隔阂。等到家庭独立之后，因往来的联系切断，感情进一步淡化，又因为法律意识淡薄、对于无血缘关系的继父母缺乏尊重、共同生活期间易因琐事发生矛盾等原因，农村继子女对于继父母的赡养义务的意识淡漠甚至抗拒。因此，让双方当事人正确认识继父母子女的关系性质，适用有关法律对其赡养问题进行调整是十分必要的事情。虽然原、被告双方赡养关系是确定的事情，但是原告方提出的赡养费是否合理还需另行判断。本案中，原、被告所在地消费水平偏低；两原告没有劳动能力，但是身体健康，享有农村的分配土地、高龄补助、低保补助及相关扶贫优惠政策；五被告均为务农人员，年龄也偏高，无固定收入。部分被告身患疾病，生活压力比较大，故原告方索要赡养费每人每年 5000 元，从当地的经济水平、被赡养人的实际需求、赡养人的经济能力等方面看属于偏高，因此针对原告的诉求予以合理地降低。

大部分赡养纠纷案件以调解或者撤诉的方式结案，有利于化解家庭矛盾。但本案双方当事人积怨已深，同时因为法律意识淡薄、不承认继父母的旧思想等问题，调解难度大。通过判决的方式结案能让被告方明白赡养义务的强制性，发挥典型案件的社会教育作用，用实际案件警示群众，从根源上减少赡养纠纷的发生。

编写人：黑龙江省拜泉县人民法院　武志朋

105　未形成事实上的抚养关系是否需要承担赡养义务

——畜某金诉秦某梅赡养案

【案件基本信息】

1. 裁判书字号

江苏省镇江市中级人民法院（2018）苏 11 民终 1122 号民事判决书

2. 案由：赡养纠纷

3. 当事人

原告（上诉人）：畜某金

被告（被上诉人）：秦某梅

【基本案情】

原告与被告母亲秦某稳于1986年登记结婚，婚后夫妻分居两地，被告秦某梅系秦某稳于结婚前收养，自幼随母亲秦某稳一起生活、学习，由母亲与外婆一起照顾日常生活，所需抚养费由母亲独自承担。2015年4月20日，原告将其与秦某稳的夫妻共同房产拆迁款40万元通过中国工商银行转入被告账户，次日，被告将上述款项全部转入其母亲账户上。另查明，原告与被告母亲结婚前已育有二子，长子裔某甲，次子裔某乙，1985年7月原告离婚，当时长子裔某甲15岁随其母亲生活，次子裔某乙9岁随原告生活。2017年7月3日，原告诉至法院称被告系其养女，要求被告履行赡养义务。

【案件焦点】

未形成事实上的抚养关系是否需要承担赡养义务。

【法院裁判要旨】

根据《中华人民共和国婚姻法》第二十一条规定，父母对子女有抚养教育的义务，子女对父母有赡养扶助的义务。子女不履行赡养义务时，无劳动能力的或生活困难的父母，有要求子女付给赡养费的权利。《中华人民共和国婚姻法》第二十七条规定，继父或继母和受其抚养教育的继子女间的权利和义务，适用本法对父母子女关系的有关规定。

本案中，原、被告系继父女关系，虽在被告年幼时其母亲就与原告结婚，但婚后夫妻两地分居，被告从未与原告共同生活，未受原告抚养教育，一直由母亲及外婆抚养照顾，上学的费用均由被告母亲承担。上述事实不但有证人证言予以证实，原、被告当庭亦陈述一致。原告陈述视被告为亲生女儿将40万元拆迁款转给被告，现已查明拆迁款系原告与被告母亲共同财产，被告系代母亲领取。原告没有提交证据证明自己对被告尽到抚养教育义务，现诉请被告承担赡养义务于法无据，对被告“没有形成事实上的抚养关系，不承担赡养义务的”辩称予以采信。

但原告陈述，婚后周末时会和被告母亲各自带着孩子聚会，被告大学毕业后为其找工作花费很多钱，且被告成年后在被告母亲与原告离婚前，被告常常到原告家吃喝。经查明，原告现年老体迈多病，经济收入有限，而被告有固定的工作，经济条件较好。据此，根据公平原则被告应酌情对原告进行经济帮助。

【法官后语】

一、关于继子女在何种情况下才有赡养继父母的义务问题

通常情况下，继父母子女的关系属于姻亲关系，这种姻亲关系尚不属于法律的调整范围，只有随着继父母子女间共同生活，形成抚养教育关系，继父母与继子女之间才属于法律上的拟制血亲，具有与自然血亲的父母子女相同的权利和义务，此时才需要法律进行调整。

《中华人民共和国婚姻法》第二十七条第二款规定：“继父或继母和受其抚养教育的继子女间的权利和义务，适用本法对父母子女关系的有关规定。”因此是否受原告抚养教育，是被告作为继子女是否需要承担赡养义务的依据。本案原告与被告母亲虽原是夫妻关系，但其母亲与原告结婚后一直分居生活，其母亲有固定的工作、稳定的收入来源，被告一直随母亲生活，受母亲抚养教育并承担其费用。因此被告并未与原告共同生活，且在被告未成年期间原告也未从经

济上、生活上以及精神上对被告予以长期照料、教育、管教和保护。故双方未形成事实上的抚养关系，原告要求被告承担赡养义务没有事实和法律依据。

本案系《中华人民共和国民法典》实施前审理的案件，适用《中华人民共和国婚姻法》的相关规定。而《中华人民共和国民法典》关于继父母与继子女间的权利义务关系的内容延续了《中华人民共和国婚姻法》的规定，仅在文字上做了调整。《中华人民共和国民法典》第一千零七十二条第二款规定："继父或者继母和受其抚养教育的继子女间的权利义务关系，适用本法关于父母子女关系的规定。"

综上，无论是《民法典》实施前还是实施后，"受其抚养教育"都是继父母子女拟制血亲成立的前提。关于"受其抚养教育"的认定，我国立法对认定标准未有规定，理论上有不同的认识，实践中亦有较大争议。对抚养教育的方式和时间的长短上也存在很大的分歧。笔者认为，司法实践中要结合具体案情进行认定，在判断抚养教育时应当充分考虑抚养时间的长期性、持续性，经济与精神抚养的客观存在、家庭身份的融合程度以及继子女与继父母来往紧密度等因素综合认定。

二、关于原告基于与被告母亲的婚姻关系，而对被告的照顾或付出应当如何认定的问题

现实生活中，对于虽然没有形成事实上的继父母子女关系，但继父（或继母）基于与其生父（或生母）的婚姻关系，而对未成年继子女进行偶尔照顾或付出，或者在继子女成年之后为其工作或结婚而产生一定的经济支出。这种偶尔的照顾生活达不到抚养教育的标准，但实际付出了感情和金钱，在继父母年老体弱、经济困难时，

可以基于公平原则，由继子女在其成年之后根据实际情况对继父母予以适当的经济补偿。

编写人：江苏省句容市人民法院　吴红云　程时兰

106　子女在承担了赡养义务后，无权向其他子女追偿
——胡某翠诉胡某华追偿权案

【案件基本信息】

1. 裁判书字号

北京市房山区人民法院（2018）京0111民初16828号民事判决书

2. 案由：追偿权纠纷

3. 当事人

原告：胡某翠

被告：胡某华

【基本案情】

胡某华与胡某翠系胡某林、杨某梅之子女。2017年9月，胡某林因病在医院住院治疗，胡某翠为其支付了医疗费。后胡某林、杨某梅因赡养事宜将其三名子女诉至本院，要求三名子女支付赡养费及各支付胡某翠为其支付的医疗费2743.6元等事宜，本院判决三名子女每人每月支付胡某林、杨某梅赡养费800元等。关于胡某翠为胡某林、杨某梅支付医疗费的诉求，本院以该费用并非胡某林、杨某梅所支付为由，予以驳回。现胡某翠以其垫付胡某林医疗费为由，要求胡某华给付医疗费2743.6元，给付护理费、误工费900元。

【案件焦点】

作为赡养人之一的原告，是否可以就自己垫付的相关赡养费用向其他赡养人要求追偿。

【法院裁判要旨】

北京市房山区人民法院经审理认为：子女对父母有赡养扶助的义务。本案中，原告胡某翠曾于2017年为胡某林垫付过医疗费，属于履行其对父母的赡养扶助义务。胡某翠认为该医疗费应由胡某林的三名子女共同承担，故其起诉要求被告给付原告为胡某林垫付的医疗费2743.6元，因被告同意给付，故本院不持异议。原告要求被告给付胡某林在2017年住院期间的护理费、误工费之请求，缺乏证据佐证，本院不予支持。被告所做的“同意给付原告垫付的医疗费2743.6元”等合理答辩意见，本院予以采纳；其他不合理答辩意见，本院不予采纳。

北京市房山区人民法院依照《中华人民共和国婚姻法》第二十一条第一款之规定，作出如下判决：

一、被告胡某华于本判决生效后七日内给付原告胡某翠2743.6元；

二、驳回原告胡某翠的其他诉讼请求。

【法官后语】

本案的争议焦点在于作为赡养人之一的原告，是否可以就自己垫付的相关赡养费用向其他赡养人要求追偿。本案中，原告主张被告给付其多承担的医疗费，因被告同意给付，法院不持异议；原告要求被告给付其在照顾被赡养人期间的护理费、误工费的诉讼请求，法院予以驳回。

审理此类案件的关键在于解决多承担赡养义务的子女是否具有追偿权这一问题，司法实践中存有两种不同观点：第一种观点认为，子女对父母有赡养义务。父母跟随其中一个或部分子女生活多年，此子女多承担了赡养义务，此多承担的义务应视为此子女替其他子女多承担的赡养义务（相对于赡养均摊而言），未尽赡养义务的子女因此获得了利益，构成不当得利。根据不当得利的相关规定，没有合法根据，取得不当利益，造成他人损失的，应当将取得的不当利益返还受损失的人。再者，一部分子女多承担了赡养义务，其他子女未尽赡养义务或少尽赡养义务，显然是不公平的，故根据公平原则，多承担赡养义务的子女有权向其他子女追偿。第二种观点认为，我国婚姻法虽然明确规定了子女对父母有赡养义务，但并未规定在父母有多个子女的情况下各子女如何具体承担赡养义务的问题，且赡养本身是一个较为抽象和内容较多的一种行为，不仅包括赡养费的给付问题，还包括平时的照顾等诸多行为，因此父母有多个子女的情况下各子女应承担赡养义务的多少无法从法律层面上具体量化，不能简单地认为一个子女是替另一个子女在尽赡养义务。再者，对于多承担赡养义务的子女，我国继承法也有明确规定，其可以在继承时要求多分配遗产，因此虽然承担了多数的赡养义务的子女不享有向其他子女追偿的权利，但其享有了多分遗产的权利，故其合法权益并不会受到损害，其不享有追偿赡养费的权利也未违反公平原则。

笔者认为，前述第一种观点从保障多承担赡养义务的子女的权益角度考量有可借鉴之处，但此种处理方式是否于法有据值得商榷。与此问题相关的法律规定系《中华人民共和国民法典》第二十六条以及第一千零六十七条第二款，其中第二十六条规定，“成年子女对父母负有赡养、扶助和保护的义务”。第一千零六十七条第二款规定，“成年子女不履行赡养义务的，缺乏劳动能力或者生活困难的父母，有要求成年子女给付赡养费的权利”。由此可知，赡养父母是子女应尽的义务，此义务与他人是否应尽赡养义务或应尽多少赡养义务无关，故子女因赡养父母支付的赡养费用对其他子女无追偿的权利；再者，对于多承担赡养义务的子女，我国民法典继承编也有明确规定，其可以在继承时要求多分配遗产，这保障了多承担赡养义务子女的权益；另外，主张赡养费的权利是基于身份权所产生的，身份权具有专属性和不可让与性，因此请求此权利的主体是特定的，作为赡养人，并不具有请求该项权利的主体资格。因此，多承担赡养义务的子女在承担了赡养义务后，无权向其他子女主张追偿的权利。

编写人：北京市房山区人民法院　吴丽

107　子女之间签订的赡养协议能否对抗其赡养父母的义务

——陈某琼诉黎某华等赡养案

【案件基本信息】

1. 裁判书字号

广西壮族自治区贵港市平南县人民法院（2017）桂0821民初第988号民事判决书

2. 案由：赡养纠纷

3. 当事人

原告：陈某琼

被告：黎某华、黎某艺、黎某、黎某丽、黎某霞

【基本案情】

原告与其丈夫共生育有五个子女，即本案五被告。2002 年，原告到广东帮被告黎某艺照顾孩子。2005 年，被告黎某华、黎某艺分家并达成了口头协议，母亲即本案原告随被告黎某艺生活，父亲随被告黎某华生活。2013 年农历五月十七，被告的父亲去世。后因发生家庭矛盾，2014 年年初，在被告舅舅的主持下，被告黎某华、黎某艺再次达成了协议。其中，第四条约定："1. 自 2014 年起，母亲跟黎某艺吃，帮黎某艺带小孩，黎某艺负责日常生活费。医药费达 200 元以上由两兄弟负责（均分）。2. 如果母亲不能帮带小孩，或者黎某艺不用母亲帮带小孩时，母亲的生活费、医药费、保健费等一律由两兄弟负担。母亲百岁时，所用款项由两兄弟平均负担。……4. 母亲生活不能自理时，由两兄弟轮流照顾，生活费一样均摊。"现原告在平南县官成镇官成街租屋居住生活。被告黎某、黎某丽、黎某霞均已外嫁。2017 年 4 月 13 日，原告诉至本院，提起上述诉请。

【案件焦点】

黎某华、黎某艺签订的赡养协议是否成立。

【法院裁判要旨】

广西壮族自治区贵港市平南县人民法院经审理认为：父母对子女有抚养教育的义务，子女对父母有赡养扶助的义务，尊老爱幼是中华民族的美德，子女应当履行对老年人经济上供养、生活上照料和精神上关爱的义务，照顾老年人的特殊需要，原告年事已高，虽在处理家庭生活上有不当之处，但双方都应以互让互谅，建立和睦的家庭生活为基础，和谐处理好各种矛盾。本案中，原告育有五个子女，均有赡养能力。虽被告黎某华、黎某艺于2014年在舅舅的主持下签订了赡养协议，但根据《中华人民共和国老年人权益保障法》第二十条第一款之规定，“经老年人同意，赡养人之间可以就履行赡养义务签订协议。赡养协议的内容不得违反法律的规定和老年人的意愿”，子女之间可以就赡养义务进行分担，达成赡养义务分担协议，但子女提出的方案是要征得父母同意的。被告黎某华、黎某艺达成的赡养协议虽是双方的真实意思表示，但在实际履行时出现了难以克服的困难，且并无原告及另外三被告的签名确认。至于被告黎某华主张其因患病无法履行赡养义务，其提供的证据仅反映其在2003年及2016年进行治疗的情况，并不能证实其目前无能力赡养父母。原告现已年逾75，劳动能力已逐渐丧失，其有要求子女尽赡养义务的权利，赡养人亦依法应当履行对老年人经济上供养、生活上照料和精神上慰藉的义务，且居住要求系赡养义务中最基本、最主要的赡养内容，故原告请求五被告给付赡养费以及解决住房问题合法合理，本院予以支持。对于每人承担的赡养费及原告租房居住的费用，本院综合当地居民生活状况、被赡养人的实际需求及赡养人的经济能力等各项因素，酌定为被告黎某华、黎某艺、黎某、黎某丽、黎某霞每人每月支付赡养费250元（含房屋租金）给原告，给付时间自2017年7月起。关于今后医疗费，如实际发生，则由被告黎某华、黎某艺、黎某、黎某丽、黎某霞协商解决或平均分担。

广西壮族自治区贵港市平南县人民法院依照《中华人民共和国老年人权益保障法》第十六条、第十九条、第二十条以及《中华人民共和国婚姻法》第二十一条第一款、第三款的规定，判决如下：

一、被告黎某华、黎某艺、黎某、黎某丽、黎某霞自2017年7

月起每人每月支付赡养费（含房屋租金）250元给原告陈某琼；

二、原告陈某琼今后实际发生医疗费用，由被告黎某华、黎某艺、黎某、黎某丽、黎某霞协商解决或平均分担（按实际发票结算）；

三、驳回原告陈某琼的其他诉讼请求。

【法官后语】

法律规定子女有对父母赡养扶助的义务，父母经济困难时有权利要求子女支付赡养费，也包括基本医疗支出。但这不是说，父母经济水平良好时，子女就不需要赡养父母了，赡养义务是不能附加任何条件的，子女不得以任何理由拒绝履行赡养义务。在本案中，原告已逾高龄且无劳动能力，而被告黎某华不愿赡养原告的理由是其亦患重病，经济困难且当初兄弟之间已达成赡养协议，但该协议并未经过父母同意及其他兄弟姐妹的签字确认，并无法律效力，另外该协议在履行时亦出现了其他原因导致协议无法履行。

本案争议的焦点是被告黎某华、黎某艺签订的赡养协议是否成立的问题。认定该赡养协议的效力关键在于分析认定本案定性及适用法律问题。本案原告与被告系父母子女关系，两个儿子之间达成的赡养协议，应否适用合同法；被告黎某华以赡养协议对抗赡养义务，是否成立。综合本案证据，笔者认为被告黎某华的主张不成立，两个儿子之间达成的协议应适用婚姻法。主要理由如下：

1. 根据我国《中华人民共和国民法典》第四百六十四条的规定，合同是平等主体（自然人、法人、其他组织）之间设立、变更、终止民事法律关系的协议。本案被告黎某华、黎某艺达成的赡养父母协议，虽然也是一种设立民事法律关系的合同，但二者在合同主体、合同内容方面有着本质的区别。合同双方当事人是平等的主体，彼此间不存在身份上的关系，其合同的内容即权利义务是由双方通过签订合同设立的；而订立赡养协议的双方当事人是父母子女，不是合同意义上的平等主体，彼此间存在身份上的关系，其在赡养方面的权利义务是本已由法律所规定了的，双方通过签订合同规定这种权利义务，其目的只是约束义务人履行法定的赡养义务。由此可见，本案达成的赡养协议，属有身份关系的协议，而不属《中华人民共和国民法典》合同编所规定的合同。《中华人民共和国民法典》第四百六十四条第二款规定："婚姻、收养、监护等有关身份关系的协议，适用有关该身份关系的法律规定；没有规定的，可以根据其性质参照适用本编规定。"根据此规定，两被告达成的具有身份关系的协议，尽管是双方当事人合意的结果，符合《中华人民共和国民法典》合同编所规定的合同的某些特征，但不适用合同编的相关规定，而应适用婚姻家庭编的相关规定进行处理。

2. 这类协议如果有效，必须满足以下几方面的条件：（一）是否征得父母的同意。（二）是否有利于父母的物质生活和精神生活。（三）是否尽了物质和精神上的义务。（四）赡养行为是否符合老年人的实际需要。（五）协议是否根据赡养扶助权利、义务的变化而变化。如果协议符合上述要求，则有效，否则无效。

在有多个赡养义务人的情况下，作为承担赡养义务的一个整体，赡养义务人对赡养费用可以协商解决，如谁承担多少、承担与否等，但不得损害被赡养人的权利。在父母得到充分赡养的情况下，所订协议是有效的。子女按照协议各自承担赡养义务的行为视为全体子女都承担了赡养义务，但这并不能从法律上免除子女对父母任何一方的法定义务。当赡养人出现特殊情况难以赡养父母时，有能力的其他赡养人仍应承担赡养义务。

在实际生活中，特别是经济欠发达的农村地区，凡有两个以上儿子的家庭，在子女成家后，大都会通过舅舅、族人、村干部等作为见证人进行分家，几个儿子通过订立协议将父母二人分开赡养和生养死葬，互不干涉。这类赡养协议主要是为了解决一个儿子赡养父母二人压力过重的问题，包括物质上和精神上的付出。尽管这种赡养方式在农村地区十分普遍，但是这种方式只考虑到减轻子女的负担，却剥夺了父母二人共同生活的权利。

《中华人民共和国老年人权益保障法》第十四条第一款中规定："赡养人应当履行对老年人经济上供养、生活上照料和精神上慰藉的义务，照顾老年人的特殊需要。"赡养人对患病的老年人应当提供医疗费和护理。赡养人不得以放弃继承权或者其他理由，拒绝履行赡养义务。赡养人之间可以就履行赡养义务签订协议，并征得老年人同意。居委会、村委会或者赡养人所在的组织监督协议的履行。

编写人：广西壮族自治区贵港市平南县人民法院　杨思泉

108 直接赡养义务人存在过错情形下其他赡养义务人的赡养责任认定

——张某连诉李某明等赡养案

【案件基本信息】

1. 裁判书字号

重庆市忠县人民法院（2017）渝0233民初第4483号民事判决书

2. 案由：赡养纠纷

3. 当事人

原告：张某连

被告：李某明、李某桥、李某兰、李某芳

【基本案情】

张某连今年78岁，丧偶，体弱多病，基本丧失劳动能力。老人早前共生育有二子二女，均已成家。其年老逐渐丧失劳动能力后，由两个儿子即李某桥、李某明协议轮流赡养、照顾生活，外嫁的两个女儿偶尔回家看望母亲。2017年正月，按照原协议应由小儿子李某桥赡养，但李某桥全家需外出务工，原告不愿外出奔波，故独自一人在家生活，李某桥亦没有请人照顾母亲。独自生活期间，张某连因年老体弱，在做日常家务时摔倒，致左桡骨远端骨折，经住院治疗花费5万余元人民币，经农村医保报销后需自担费用为31739.84元。老人基本治愈出院后，生活无法自理，每月仅有105元的农村社保待遇。其两个儿子、两个女儿对该笔医疗费用的承担以及以后的赡养问题发生了较大争议，故诉讼来院要求依法调整。

原告张某连诉请四被告履行赡养义务。被告李某明辩称，自己已经按照轮流赡养的约定履行了赡养义务，且在原告住院时已垫付了2000元人民币，故不应再承担医疗费用。被告李某桥辩称，儿子、女儿应平摊医疗费用及赡养费用。被告李某兰辩称，原告受伤后，自己一直在负责护理及生活照顾，并垫付了3000元医疗费，故不同意承担该次受伤的医疗费用。被告李某芳辩称，自己已给付了5000元医疗费，尽到了当女儿的责任，且生活困难，不应再承担赡养义务。

【案件焦点】

因直接赡养义务人过错致被赡养人受到伤害，直接赡养义务人和其他赡养义务人应如何承担赡养责任。

【法院裁判要旨】

重庆市忠县人民法院经审理认为：根据《中华人民共和国婚姻法》第二十一条规定“……子女对父母有赡养扶助的义务。……子女不履行赡养义务时，无劳动能力的或生活困难的父母，有要求子女付给赡养费的权利……”《中华人民共和国老年人权益保障法》第十四条第一款、第二款规定“赡养人应当履行对老年人经济上供养、生活上照料和精神上慰藉的义务，照顾老年人的特殊需要。赡养人是指老年人的子女以及其他依法负有赡养义务的人”，以及《中华人民共和国老年人权益保障法》第十五条规定“赡养人应当使患病的老年人及时得到治疗和护理；对经济困难的老年人，应当提供医疗费用。对生活不能自理的老年人，赡养人应当承担照料责任；不能亲自照料的，可以按照老年人的意愿委托他人或者养老机构等照料”，本案原告年老多病，加之有伤在身，既需持续治疗，又需人照顾护理，因此应当由赡养义务人分担赡养义务。对于原告于2017年6月摔伤所发生医疗费用的分担问题，四被告存在争议。被告李某桥认为，本来是准备让原告随他们外出的，但原告宁愿独自在家，所以原告独自在家导致在做家务时摔伤不是他的责任。另外，原告摔伤属于意外，难以避免，这种意外无论原告跟随谁生活都可能发生，因此，原告摔伤所发生的医疗费用应由四名被告平均承担。而被告李某明、李某兰、李某芳均不同程度地认为，被告李某桥让原告独自一人在家，致做家务时摔伤，具有过错，应当承担主要责任，且自己按家庭实际情况分别承担了部分医疗费用，所以在该事件上已经尽到了子女的责任，不应再承担该笔医疗费用。本院认为，就原告摔伤事件而言，由于原告年迈、手脚不便以及自己注意力不够，其事故发生具有偶然性，基本属于意外事件。整个事件的发生，原告应当承担主要责任。而作为赡养义务人和共同生活人，被告李某桥不应仅负有给付赡养费的义务，还应满足照顾原告饮食起居的特殊需要，而其存在过于轻信老人生活能够自理的心理，未能满足老人的特殊需要，未能亲自或请人照顾原告，存在一定的过失，对摔伤事件应当承担次要责任。由于原告已丧失劳动能力，对于自己承担的主要责任部分，应由所有赡养义务人平均分担，即四被告共同分担。因此，对于原告于 2017 年 6 月摔伤所发生的自付费用 31739.84 元及送医费用 150 元，本院酌情认定，由被告李某桥负担 10889.84 元，被告李某明、李某兰、李某芳分别承担 7000 元。

对于今后原告医疗费用支出、生活费用负担以及生活护理问题，本院认为，四被告均由原告抚养成人成家，且均未举示其没有能力履行赡养义务的证据，故应当认定四被告均具有赡养原告的能力和条件，应根据法律规定由四名被告平均负担赡养义务。但本院考虑，原告没有前往养老院养老的意愿，而四被告均在农村，如直接判付生活费，可能会增加被告负担，也不利于原告的生活，故对于原告要求四被告每月给付生活费 200 元，平均负担医疗费用和轮流护理的主张，部分支持，本院综合考虑认为应由四被告轮流赡养并护理原告为宜。

对于被告李某明表明自愿履行与李某桥早前的赡养约定，即将赡养原告张某连至 2018 年正月初十的主张，不违反法律规定，本院予以支持。

重庆市忠县人民法院根据《中华人民共和国婚姻法》第二十一条，《中华人民共和国老年人权益保障法》第十四条、第十五条，《中华人民共和国民事诉讼法》第一百四十四条之规定，作出如下判决：

一、被告李某明、李某桥、李某兰、李某芳于本判决生效之日起十日内分别给付原告张某连人民币7000元、10889.84元、7000元、7000元（因该费用由李某桥垫付，被告李某明、李某兰、李某芳已部分履行，故可由被告李某明、李某兰、李某芳迳付被告李某桥5000元、4000元、2000元）。自本判决生效之日起，原告所发生的医疗费用的自付部分，由被告李某明、李某桥、李某兰、李某芳分别负担25%；

二、被告李某明赡养原告张某连至2018年正月初十后，由被告李某明、李某桥、李某兰、李某芳依序轮流赡养原告张某连，三个月一轮。若某被告拒绝赡养，则综合当地经济水平及养老院收费标准，由义务人按月给付赡养费1400元。并且，自本判决生效之日起，原告若在住院治疗中，医嘱需要陪床护理，四名被告应负同等履行护理义务，不履行护理义务者，按100元/天的标准给付护理费用；

三、驳回原告的其他诉讼请求。

【法官后语】

本案的争议焦点在于：1. 张某连老人因年老体弱在独自干家务时摔伤所发生的医疗费用应由四子女平均负担，还是应由直接赡养义务人李某桥主要负担；2. 被赡养人对与部分赡养义务人签订的赡养协议反悔而要求所有赡养义务人承担法定赡养义务是否应支持。

一、负有直接照顾护理责任的赡养义务人怠于履行部分义务的应当认定其存在过错

《中华人民共和国老年人权益保障法》第十四条第一款、第二款规定，赡养人应当履行对老年人经济上供养、生活上照料和精神上慰藉的义务，照顾老年人的特殊需要。赡养人是指老年人的子女以及其他依法负有赡养义务的人。同时，《中华人民共和国老年人权益保障法》第十五条规定，赡养人应当使患病的老年人及时得到治疗和护理；对经济困难的老年人，应当提供医疗费用。对生活不能自理的老年人，赡养人应当承担照料责任；不能亲自照料的，可以按照老年人的意愿委托他人或者养老机构等照料。由此可见，照料责任甚至照顾老年人的特殊需要是赡养义务人的责任内容，而这种责任实质是根据生活实际分摊到某一位或几位具体的赡养义务人的。怠于行使该项责任的，应视为赡养义务履行不充分，存在过错。本案原告年事已高，具有被特殊照料的必要，而被告李某桥在原告不愿随其外出奔波的情况下，基于与兄长之间的赡养协议①，应当对原告负有直接照料的义务，但在其疏于履行照料义务或对老人安置不妥当的情况下，使得原告不得不以年迈之躯亲自操持家务，致使意外受伤，李某桥消极行使照料职责的行为与原告丧失劳动能力的状态系原告受伤的原因力，故被告李某桥基于先前赡养协议存在过错，应当对原告受伤的后果承担部分过错责任。

---

① 《中华人民共和国老年人权益保障法》第二十条第一款规定：经老年人同意，赡养人之间可以就履行赡养义务签订协议。赡养协议的内容不得违反法律的规定和老年人的意愿。因此，本案当事人之间签订赡养协议系民事处分行为，合法有效，但不得违背老年人的意愿，本案中原告提起诉讼系改变意愿之行为。

二、其他赡养义务人并不能基于旧封建传统或赡养协议而拒绝履行赡养义务

子女平等观念已深植于广大乡村社会，但部分地区仍然存在养老靠儿的旧传统观念，故存在本案原告的两个儿子之间的赡养协议，而女儿仅凭心意履行赡养义务。从“不告不理”的法理理解，该种行为应认定为当事人之间的民事处分行为，一般法律不予干预。但是，根据已废止的《中华人民共和国婚姻法》第二十一条，现行《中华人民共和国民法典》第一千零六十七条规定，儿女具有平等的赡养义务，该义务并不因为协议或惯例而消弥。一旦该类纠纷进入司法渠道，该义务就可能得以某种方式体现。法律规定，赡养是法定的强制性义务，效力高于协议条款，除非征得赡养权利人同意，否则义务人不得以赡养协议对抗法定的赡养义务。本案中原告具有包括医疗服务在内的被赡养权利，其意外受伤遭受的损失，除因第三人过错应当承担的责任外，一般应由所有赡养义务人共同承担。故本案中原告因自身原因承担的医疗费用，由所有赡养义务人平均负担，以体现公平公正的法律要义。

编写人：重庆市忠县人民法院　邹德胜

109　赡养协议不免除赡养义务

——黄某英诉张桂某等赡养费案

【案件基本信息】

1. 裁判书字号

广东省惠州市中级人民法院（2014）惠中法民一终字第1013号

民事判决书

2. 案由：赡养费纠纷

3. 当事人

原告（被上诉人）：黄某英

被告（上诉人）：张桂某

被告：张来某、张伟某、张某娣

【基本案情】

原告与丈夫张某清（2004年1月1日病故）共生育了四个子女，分别是张某娣（女，1963年9月10日出生）、张来某（男，1965年8月6日出生）、张桂某（男，1967年2月8日出生）、张伟某（男，1969年9月4日出生）。原告今年75周岁，无退休养老金，患有高血压、视网膜病变、骨刺、腰椎增生、糖尿病、冠心病等多种疾病，无法自食其力，靠女儿张某娣在原告身边照顾生活。原告因赡养费问题与被告产生纠纷。

另查明：

1. 据2014年4月20日杨村镇杨村社区居委会、杨村派出所出具的《证明》，被上诉人黄某英年老多病，长期与女儿张某娣生活，一切由张某娣护理。

2. 上诉人张桂某二审提交两份材料：（1）广东省博罗县人民法院1990年12月9日作出的（1990）博杨法民字第26号民事判决书，该赡养纠纷一案的原告为本案被上诉人黄某英及其丈夫张某清，被告为本案上诉人张贵（桂）某，要求被告支付两原告赡养费。该案判决：被告张贵（桂）某每月给付原告张某清、黄某英赡养费人民币共40元。（2）落款时间为2014年10月26日的

《赡养老人说明书》，拟证明上述赡养纠纷案件两年后，通过家人协商，商定由上诉人和弟弟张伟某负责赡养父亲，母亲由长女张某娣和长子张来某负责赡养。张来某、张伟某作为证明人在该说明书上签名。

3. 张某娣二审提交两份证据：（1）张某娣出具的《关于赡养父母说明书》，称父母一直都是其一人在赡养，父亲生前也是和其住在一起，生活费、医疗费、吃穿住行都是其负担，母亲患有十多种疾病，每月看病药费都要三千多元，20 多年来都是其一人承担；费用应由姐弟四人平均分担；1990 年的判决书判决由四个子女平均负担父母的赡养费及医疗费，并没有判决父亲去世后就可以不理母亲……张来某在该说明上签名。（2）杨村社区居委会 2014 年 12 月 26 日出具的一份《证明》，内容为：张某清、黄某英两夫妇，生活一直以来均由张某娣一人承担赡养。

【案件焦点】

上诉人张桂某主张的赡养协议是否有效，能否免除其对母亲黄某英的赡养义务。

【法院裁判要旨】

广东省博罗县人民法院经审理认为：《中华人民共和国婚姻法》第二十一条明确规定，子女对父母有赡养扶助的义务，子女不履行赡养义务时，无劳动能力的或生活困难的父母，有要求子女付给赡养费的权利。因此，原告子女对原告有赡养的义务，现原告要求各被告履行赡养义务，本院依法予以支持。根据原告的实际年龄、劳动能力和被告的给付能力等情况，结合当地居民人均纯收入和消费性支出的相关标准，确定原告子女每月各应给付原告赡养费 300 元。

如有重大疾病，原告可根据实际开支另行主张权利。

广东省博罗县人民法院依照《中华人民共和国婚姻法》第二十一条，《中华人民共和国民事诉讼法》第一百四十四条的规定，作出如下判决：

一、被告张某娣、张来某、张桂某、张伟某自 2014 年 6 月起每月 20 日前各付给原告黄某英赡养费 300 元；

二、驳回原告黄某英的其他诉讼请求。

张桂某不服一审判决，提起上诉。广东省惠州市中级人民法院经审理认为：《中华人民共和国婚姻法》第二十一条规定，子女对父母有赡养扶助的义务，子女不履行赡养义务时，无劳动能力的或生活困难的父母，有要求子女付给赡养费的权利。张桂某作为被上诉人的儿子，依法对其母亲有赡养的义务。被上诉人诉请要求上诉人给付赡养费有法律依据。广东省博罗县人民法院（1990）博杨法民字第 26 号民事判决书判决张桂某每月给付父母赡养费人民币 40 元。随着时间迁移、物价调整，现黄某英要求子女增加赡养费的金额，符合实际需要。上诉人拟证明父母和四个子女之间曾经协商两个老人的赡养事宜，但张某娣对协商分开各自赡养父母的事实予以否认，且此类赡养约定亦不能有违法律规定、公序良俗和道德伦常，在父母一方去世后，另一方生活、治病等确实需要开支的，众子女仍须承担赡养义务。就本案而言，自父亲在 2004 年 1 月 1 日去世后，黄某英至今长期由女儿张某娣赡养照顾，现黄某英年迈多病，诉请要求各子女承担赡养的义务，有事实和法律依据，应予支持。一审判决黄某英的四个子女每个月各支付赡养费 300 元并无不当，应予维持。对于黄某英发生的重大疾病医疗费等重大开支四个子女亦应共同负担，黄某英可根据实际开支另行向子女主张权利。

广东省惠州市中级人民法院依照《中华人民共和国民事诉讼法》第一百七十条第一款第一项、第一百七十五条之规定，作出如下判决：

驳回上诉，维持原判。

【法官后语】

赡养协议作为一种民事法律行为，其效力除了首先应符合法定的民事法律行为生效必须同时满足的三个条件外，同时还不可存在法定的排除民事行为有效性的若干情形。原《中华人民共和国民法通则》（以下简称《民法通则》）第五十五条、现《中华人民共和国民法典》（以下简称《民法典》）第一百四十三条对民事法律行为生效条件作了规定。原《民法通则》第五十八条、现《民法典》第一百五十三条对民事法律行为的无效情形作了规定，其中均明确违背公序良俗的民事法律行为无效。

子女赡养父母是中华民族的传统美德，也是子女应尽的法定义务。原《中华人民共和国婚姻法》第二十一条、《民法典》第二十六条、第一千零六十七条对此均作了明确规定，成年子女对父母负有赡养、扶助和保护的义务，不履行赡养义务的，缺乏劳动能力或者生活困难的父母，有要求成年子女给付赡养费的权利，故赡养协议不能免除或转移子女的赡养义务，否则违背公序良俗应为无效。《中华人民共和国老年人权益保障法》对赡养协议首次进行了明确的规定。该法第二十条规定："经老年人同意，赡养人之间可以就履行赡养义务签订协议。赡养协议的内容不得违反法律的规定和老年人的意愿……"该规定再次强调了尊重被赡养老人的真实意愿、不得违反法律规定的两个关键点。实践中如只有口头协议，但父母和各赡养人都对曾协议的内容没有异议的，对口头协议的事实亦可认定。

本案中，上诉人虽主张曾有四姐弟分开分别赡养一个老人的口头协议，但现其姐姐对曾存在口头协议的事实提出异议，且居委会证明父亲去世前一直是女儿负责赡养照顾，上诉人没有尽到赡养义务。即使存在赡养协议，上诉人也没有按协议履行赡养义务。因此，上诉人的赡养义务依法不能免除。此类约定父母一方由子女分别赡养终老的协议，只是为了便于照顾和赡养费支付的一种方式，父母一方先行去世后，另一方的赡养责任仍应由众子女共同负担。如个别子女在照顾去世一方老人时确实负担了较多责任的，从公平原则的角度其对在世一方老人的赡养责任可适当调整。

编写人：广东省惠州市中级人民法院　曾莹

110 父母没有尽到足够的抚养义务能否成为成年子女拒绝履行赡养义务的理由

——黄甲诉黄乙赡养费案

【案件基本信息】

1. 裁判书字号

北京市第一中级人民法院（2010）民终字第 18557 号民事判决书

2. 案由：赡养纠纷

3. 当事人

原告（上诉人）：黄甲

被告（被上诉人）：黄乙

【基本案情】

原告黄甲与被告黄乙系父子关系，原告与被告之母张某于1978年7月9日生育被告，于1978年12月14日登记结婚，于2006年3月离婚。2008年10月22日，原告与徐某再婚，婚后无子女。被告已结婚，其妻现已怀孕。原告与徐某无工作，没有经济来源，享受最低生活保障每月400元。现原告患胃癌，需住院治疗。原告于2010年4月21日诉至本院，要求被告给付医疗费5万元。本案审理中，原告变更诉讼请求，要求被告每月给付赡养费800元，先行支付5年的赡养费、医疗费10万元。经调解，双方未达成一致意见。本案审理中，原告向本院提出了先予执行申请，本院于2010年6月29日作出（2010）房民初字第4942号民事裁定书，裁定被告给付原告医疗费4万元，后原告撤回了先予执行申请。

【法院裁判要旨】

北京市房山区人民法院认为：赡养父母是子女应尽的义务，子女不履行赡养义务时，无劳动能力的或生活困难的父母，有要求子女给付赡养费的权利，赡养费的给付数额，应根据父母的实际需要和子女的给付能力确定。现原告年老体弱，丧失劳动能力，生活不能自理，且身患癌症，被告理应尽赡养义务，故原告要求被告给付赡养费的理由正当，应予支持。具体的赡养方式及赡养费的数额，应根据被赡养人的实际需要和有利于被赡养人生活的原则，根据赡养义务人的现实情况和实际负担能力确定。原告要求被告给付医疗费10万元的诉讼请求，因原告未向法庭提供相关证据，故本院不予支持。

北京市房山区人民法院依照《中华人民共和国婚姻法》第二十一条第一款、第三款之规定，判决如下：

一、自2010年5月1日起，被告黄乙每月给付原告黄甲赡养费400元；

二、自2010年5月1日起，原告黄甲的医疗费用凭票据由被告黄乙负担；

三、驳回原告黄甲的其他诉讼请求。

二审法院北京市第一中级人民法院认为：原审判决并无不当。黄甲的上诉理由和请求，缺乏事实根据，本院不予支持。故依照《中华人民共和国民事诉讼法》第一百五十三条第一款第一项之规定，判决如下：驳回上诉，维持原判。

【法官后语】

根据《中华人民共和国民法典》第二十六条第二款“成年子女对父母负有赡养、扶助和保护的义务”，第一千零六十七条第二款“成年子女不履行赡养义务的，缺乏劳动能力或者生活困难的父母，有要求成年子女给付赡养费的权利”，赡养父母是子女的法定义务，成年子女对父母负有赡养、扶助和保护的义务。子女不履行赡养义务时，无劳动能力的或生活困难的父母，有要求子女给付赡养费的权利，赡养费的给付数额，应根据父母的实际需要和子女的给付能力确定。

本案中，原告黄甲在被告黄乙未成年时未尽足够的抚养义务，本案不同于一般赡养费纠纷之处就在于：父母没有尽到足够的抚养义务能否成为成年子女拒绝履行赡养义务的理由？这并不能免除被告黄乙对原告黄甲的赡养义务。子女不能将父母是否尽了抚养教育的义务作为自己履行赡养父母义务的基础和前提。子女赡养父母的义务是法定的和无附加条件的，不能轻易免除子女对父母的赡养义务。本案中，原告黄甲先是失业，后因犯罪被判入狱十几年，出狱后工作也是很不固定，这种情形可以理解为没有足够能力对黄乙尽抚养义务，黄乙不能以此为由拒绝对年老体弱且身患癌症的黄甲尽赡养义务。故原告要求被告给付赡养费的理由正当，应予支持。但是，具体的赡养方式及赡养费的数额，应根据被赡养人的实际需要和有利于被赡养人生活的原则，且根据赡养义务人的现实情况和实际负担能力确定。

但如果父母在子女未成年时具有抚养能力恶意不尽抚养义务，那么，在子女成年时是可以拒绝履行赡养义务的。因为让身心受到严重摧残的受害者再去赡养加害人，无论于法、于情、于理均说不过去。若子女不计前嫌自愿赡养伤害过自己的父母，法律则不予干涉。

编写人：北京市房山区人民法院　陈增

111　原告诉讼请求中原告在四被告家均有居住权利是否成立，如何实现

——韩杨氏诉韩甲等赡养案

【案件基本信息】

1. 裁判书字号

北京市昌平区人民法院（2010）昌民初字第06072号民事判决书

2. 案由：赡养纠纷

3. 当事人

原告：韩杨氏

被告：韩甲、韩乙、韩丙

【基本案情】

原、被告系母子关系。原告与韩某系夫妻关系，二人共生育六个子女，依次为长子韩甲、次子韩乙、三子韩丙、四子韩丁、长女韩戊、次女韩己。韩某于1989年去世。长子韩甲居住在甘肃省，很少回北京。原告在村里每年可领取4000元老人补助金和其他不定数额款项，并每月从国家领取200元老人补助金。现原告以被告乙、丙、丁不尽赡养义务为由，诉至我院，请求：1. 要求被告每月给付赡养费300元，原告在三被告家均有居住的权利；2. 要求被告负担今后的医疗费；3. 诉讼费由被告承担。庭审中，原告陈述自己生活费每月约1000元。被告韩乙愿意尽赡养义务但不能跟原告居住在一起。被告韩丙要求依据分家协议轮流尽赡养义务。被告韩丁同意提供住处。另查，1981年，原、被告达成分家协议，口头约定在被告韩丁处有原告一间半房居住。

【案件焦点】

原告诉讼请求中在三被告家居住权利是否成立，如何实现。

【法院裁判要旨】

北京市昌平区人民法院认为：成年子女应履行对父母的赡养义务。赡养包括经济上的供养、生活上的照料和精神上的慰藉。被告应在日常生活中关心照顾老人，考虑老人的情感需求，善待老人。原告要求被告每月给付300元赡养费，考虑原告收入情况和实际生活需求，由本院酌情确定赡养费数额。对于原告要求被告负担今后的医疗费的诉请，因子女都有赡养的义务，本院依法确认被告应承担的份额。原告要求被告提供居住地方，本院考虑该案的实际情况，确定原告在韩丁处居住。综上所述，本院依据《中华人民共和国婚姻法》第二十一条第三款之规定，判决如下：

一、被告韩甲、韩乙、韩丙自本判决生效之月起每月给付原告韩杨氏赡养费200元；

二、被告韩丁提供原告韩杨氏一间房屋供其居住；

三、原告韩杨氏今后产生的医疗费凭有效票据由被告韩甲、韩乙、韩丙各负担六分之一；

四、驳回原告韩杨氏其他诉讼请求。

【法官后语】

本案原、被告双方争议的焦点在于原告诉讼请求中在三被告家居住权利是否成立，如何实现？承办人认为其要求居住的权利成立，但不能单独就居住权成立作出判决，最重要的问题是要切实解决原告的生活居住问题。

本案中原告为年满87岁且居住在农村的老人，在其自身无住房的情况下，要求在四被告处有居住的权利，在法律上成立。但如果仅仅判决其此项诉讼请求成立，很可能会成为一纸空判，原因为二：一、存在不明确性，如何居住，可能会引起争议；二、有的被告可能会拒绝原告入住，且此案非一次性执行问题，可能会存在执行困难，则老人的居住权仍得不到保障。

本案的特殊性更在于，依据农村传统习俗，一般是由儿子赡养父母，女儿不参与赡养。原告有四个儿子，双方于1981年达成分家协议，并口头约定在被告韩丁处有原告一间半房居住。关于父母的赡养问题达成一致意见，父亲归韩甲和韩乙赡养，原告归韩丙和韩丁赡养。1984年韩乙结婚后和韩甲一直对父亲履行着赡养义务，直到1989年父亲去世。原告自1984年韩乙结婚后，一直以自己单过的形式和韩甲生活在一起。2008年2月，原告始至韩丙和韩丁两家轮流居住。后因原告和韩丙一家共同居住期间产生矛盾，韩丙拒绝原告到其家中居住，经法庭做调解工作，韩丙态度激烈，仍拒绝原告到其家中居住。而分家协议中原告有居住权的一间半房被被告韩丁拆除，并翻建成新房，原告表示已无自己住房。由于出现矛盾，原告无处可去，原告多次到法庭，请求法庭解决其居住问题。经法庭与村委会联系，村委会表示如果被告均拒绝赡养原告，则村委会可设法将原告送至敬老院，由各被告负担相关高额费用。如此，也并非解决了原告的生活居住问题。农村有句老话“养儿防老”，原告有四个儿子，在村人眼里，应该是多子多福，如在敬老院度过晚年，对老人心理亦是一种沉痛打击。经法庭多次询问被告韩丙意见，因担心村里福利发放和将来拆迁会引起争议，韩丙亦不同意原告到其家中居住。后法庭向原告做工作，原告同意到被告韩丁家中长久居住。韩丁亦同意原告到其处居住。本案依此作出判决。双方均未上诉。原告亦未到法庭反映过问题。

《中华人民共和国婚姻法》第二十一条第三款规定：子女不履行赡养义务时，无劳动能力的或生活困难的父母，有要求子女付给赡养费的权利。该条是对父母生存基本物质条件的满足。《中华人民共和国婚姻法》司法解释多次，亦未对赡养义务的具体内容进行解释。《中华人民共和国老年人权益保障法》第十三条规定赡养人应当妥善安排老年人的住房，不得强迫老年人迁居条件低劣的房屋。在此，承办人认为赡养老人自然包括对老人衣食住行方面提供便利或帮助，所以从实际上能切实保障韩杨氏的居住权出发，部分支持韩杨氏关于居住的诉讼请求。2021年1月1日起《中华人民共和国民法典》

施行。《中华人民共和国民法典》第一千零六十七条规定：成年子女不履行赡养义务的，缺乏劳动能力或生活困难的父母，有要求成年子女给付赡养费的权利。最高院婚姻家庭编司法解释亦未就赡养义务作具体解释。在中国社会日渐老龄化的现在，“空巢老人”渐次增多，在保障老人基本生存条件的前提下，希望民事法律能更具化赡养老人的内容，让已步入小康社会的老人们可以“老有所养、老有所依”，安度晚年！

编写人：北京市昌平区人民法院　王开艳

（十一）收养关系纠纷

112　基于“公序良俗”原则认定长期稳定的事实收养关系效力

——花某某、柯某诉柯某某确认收养关系无效案

【案件基本信息】

1. 裁判书字号

江苏省南通市中级人民法院（2020）苏 06 民终 3133 号民事判决书

2. 案由：确认收养关系无效纠纷

3. 当事人

原告（上诉人）：花某某、柯某

被告（被上诉人）：柯某某

【基本案情】

原告花某某、柯某系夫妻关系，于1975年4月26日登记结婚，1976年育有一子花甲。花甲自幼患有精神疾病，1985年被送至精神病院。花甲于1998年9月去世。被告柯某某出生后未满周岁即被柯某领养，抚育至成年，一直未在主管部门办理收养登记。1985年，花某某与柯某发生家庭矛盾，二人分居，花某某长期在南通工作生活，柯某携柯某某生活在平潮，双方10余年无来往。柯某某上小学四年级时，原告柯某带被告柯某某至原告花某某处。此后，原告花某某知道柯某收养柯某某的事实。为帮助柯某，花某某每年给付柯某数千元生活费。柯某某结婚时，两原告以柯某某父母身份参加婚礼。日常生活中，柯某某称呼两原告为“爸爸”“妈妈”。

2018年10月，江苏省南通市通州区人民法院判决柯某为无民事行为能力人，花某某为被申请人柯某的监护人。

上述判决作出后，原告花某某经诊断患有重疾（癌症晚期）。原告柯某因精神疾病发作送医院住院治疗。柯某出院后，原告花某某因病无力照顾柯某，柯某一直由柯某某照料。

后原告花某某和柯某向江苏省南通市通州区人民法院起诉，要求确认与被告柯某某的收养关系无效。

【案件焦点】

柯某系精神障碍患者，且与花某某婚后生育一子，其领养柯某某的行为是否有效。

【法院裁判要旨】

江苏省南通市通州区人民法院经审理认为：就原告花某某提出

的本案收养关系无效的理由，法院认为：首先，虽然原告柯某患有精神疾病时间较长，但精神疾病系医学概念，民事行为能力系法律概念，两者不能混同。原告柯某在2019年才经司法鉴定确认为无民事行为能力，但并不能就此推定其在1988年收养被告时无民事行为能力。其次，本案中，原、被告婚生子花甲自幼患有精神疾病，并不当然排除收养的合法性。

我国收养制度保护的是被收养人和收养人双方的合法权益。原告花某某援引的收养无效的法律规定，皆是着重保护被收养的未成年人的合法权益，以防出现不利于被收养人健康成长的情形。原告主张的无效情形并未阻碍被告健康成长。现两原告年老体弱，急需作为已经成年的义务人柯某某履行子女赡养义务，且原告花某某本人患有重病，无力履行对原告柯某的监护职责，事实上亦将照顾柯某的责任转交给了被告柯某某。而被告柯某某也认可其为原告女儿，并履行相应职责。若认定收养关系无效，并不利于保护收养人的合法权益。法院难以判定，通过诉讼的方式来否认柯某与柯某某的母女关系符合柯某收养柯某某的初衷。法院更难以判定，花某某作为柯某的法定监护人，通过诉讼的方式否定案涉收养关系的有效性，系符合监护人应当保护被监护人合法权益的法律规定。

原告花某某以柯某无民事行为能力及违反计划生育政策为由而主张该事实收养关系无效无事实和法律依据，对原告花某某该主张不予支持。

依照《中华人民共和国民法总则》第八条、第三十四条，《中华人民共和国收养法》第一条、第二条，《最高人民法院关于贯彻执行民事政策法律若干问题的意见》第二十八条之规定，判决如下：

驳回原告花某某、柯某要求确认收养关系无效的诉讼请求。

花某某、柯某不服一审判决，提出上诉。江苏省南通市中级人民法院经审理认为，花某某虽系柯某的法定监护人，但柯某一直跟随柯某某共同生活，由柯某某赡养，现花某某代为起诉确认案涉收养关系无效，侵害被监护人柯某的合法权益。况且，花某某自称身患癌症，与柯某长期分居，结合柯某的生活状况以及柯某某的赡养意愿，一审未认定案涉收养关系无效，并无不妥。花某某、柯某的上诉请求不能成立，应予驳回；一审判决认定事实清楚，适用法律正确，应予维持。依照《中华人民共和国民事诉讼法》第一百七十条第一款第一项规定，判决如下：

驳回上诉，维持原判。

【法官后语】

家庭是社会的基本单元，家庭关系反映了基本的人伦关系，家庭关系的稳定，与社会的和谐稳定息息相关。除了婚姻之外，收养也是构成家庭的方式之一。审判实践中，对于家庭关系效力案件的审理，如婚姻效力、收养效力，一旦认定无效，即发生自始无效的法律效力。审理结果不仅涉及案件双方当事人的重大利益，也关系到其近亲属以及整个社会的公共利益，故应当十分慎重，不宜轻易认定无效，特别是对于长期存在的家庭关系，应当尽量保持其稳定性。

一、关于收养案件的权利保护问题

《中华人民共和国民法典》（以下简称《民法典》）第一千零四十四条新增收养应当遵循最有利于被收养人的原则，应当视为我国收养制度也进入了以子女为本位的发展阶段。当然，在优先保护被收养子女利益的前提下，考虑到传统和民意，也应当兼顾保护收养人、被收养人、送养人各方的合法权益，不能忽视收养也存在安慰晚年的父母、养儿防老或承继事业的传统目的。涉及收养关系的案件中，在被收养人尚未成年时，应优先保护被收养人的权益，在收养人将被收养人抚养成人后，特别是收养人年老体弱后，急需被收养人承担子女赡养义务时，应当更注重于保护收养人的权益。

二、关于精神障碍患者收养子女行为的效力

本案中，原告花某某认为柯某是精神障碍患者，经法院确认为无民事行为能力人，在一审中主张柯某无民事行为能力，在二审中主张柯某患有不适宜、不应当收养子女的疾病，故应认定收养行为无效。

《民法典》第一百四十四条规定，“无民事行为能力人实施的民事法律行为无效”。第一千一百一十三条第一款规定，“有本法第一编关于民事法律行为无效规定情形或者违反本编规定的收养行为无效”。第一千零九十八条规定，“收养人应当同时具备下列条件……（二）有抚养、教育和保护被收养人的能力；（三）未患有在医学上认为不应当收养子女的疾病……”精神疾病是一个医学概念，在没有经过法定程序予以衔接的情况下，不能一概认定精神障碍患者为无民事行为能力人。判断成年人是否具备民事行为能力的标准为其能否辨认或完全辨认自己的行为，与其是否为医学意义上的精神障碍患者并无直接关联。精神疾病的内容十分丰富，不能认为“医学上认为不应当收养子女的疾病”应包含所有的精神疾病，也不能据此认为患有精神疾病的人无收养子女的能力和权利。本案中，虽然原告柯某有较长的精神病史，但直到2018年时才被鉴定为无民事行为能力。法院不能依据该判决推定其一直无民事行为能力。客观上，柯某已经将被收养人柯某某抚养成年，从结果上看柯某完成了抚养义务，即事实上也难以得出柯某无收养柯某某能力的结论。同时，该事实进一步佐证了精神障碍患者的民事行为能力并不必然受限。此外，结合法律并没有明确“医学上认为不应当收养子女的疾病”的具体内容，故对凡是精神障碍患者所实施的包含收养行为在内的民事法律行为的效力一概予以否定的话，既无现行法律上的依据，更不符合客观事实。

三、公序良俗原则在收养关系认定中的运用

“公序良俗”原则是民法的基本原则，是指民事主体的行为应当遵守公共秩序和社会的一般道德。《民法典》第八条规定，“民事主体从事民事活动，不得违反法律，不得违背公序良俗”。法院在审理具体案件时，既要判断涉诉法律事实是否合乎公序良俗，也要考虑审判结果是否有悖于公序良俗。公序良俗是法院裁判结果是否合理的重要标准。本案中，原告花某某诉称，二人在已有一子的情况下所为的收养行为不符合法律规定，应属无效。原收养法有关收养无效的法律规定，皆在保护被收养的未成年人的合法权益，以防出现不利于被收养人健康成长的情形。花某某主张的无效情形在客观上并未阻碍被告柯某某的健康成长，未与未成年子女利益最大化原则相冲突。审理中，经走访，周围群众均认可原告柯某与被告柯某某的母女关系，两人关系融洽，事实上柯某某正赡养柯某，表示如果法院认定收养无效，从情理上难以接受。法官认为，如果花某某主张的无效情形属实，进而支持了原告花某某的诉讼请求，此结果不仅未尊重客观事实，可能还会出现养女愿意赡养养父母而法院援引保护子女的相关法律规定而否认双方存在几十年的家庭关系的悖论。收养制度与公共秩序和良好风俗息息相关。花某某的诉讼行为，其目的是否认业已存在的几十年稳定合理的事实收养关系，如其目的实现，则会产生破坏人伦关系和家庭关系的后果，亦违反了“公序良俗”原则。

四、关于新旧法衔接的情况说明

关于收养的基本原则。《中华人民共和国收养法》第二条规定“收养应当有利于被收养的未成年人的抚养、成长，保障被收养人和收养人的合法权益，遵循平等自愿的原则，并不得违背社会公德”。即确立了有利于未成年人健康成长的原则。《民法典》第一千零四十四条第一款规定“收养应当遵循最有利于被收养人的原则，保障被收养人和收养人的合法权益。”在收养法的基础上，进一步明确了“最有利于被收养人的原则”。现代家庭法的显著特征之一就是从父母本位主义向子女本位主义过渡，被收养人是未成年人，并可归为弱势群体，保护弱者的原则正是通过倾斜对失衡的社会关系作出的必要矫正，实现法律意义上的实质平等。收养关系中，收养人将被收养人抚养成人，自身年老体弱后，其也会变为“弱者”，从实质正义考虑，保护收养人的合法权益也有重要的现实意义。

关于无效收养的认定。《中华人民共和国收养法》第二十五条规定“违反《中华人民共和国民法通则》第五十五条和本法规定的收养行为无法律效力。收养行为被人民法院确认无效的，从行为开始时起就没有法律效力。”《民法典》第一千一百一十三条规定“有本法第一编关于民事法律行为无效规定情形或者违反本编规定的收养行为无效。无效的收养行为自始没有法律约束力”。民法典的规定是对收养法规定的修改完善。违反民法典第一编的规定，包含：1. 收养关系当事人不具备相应的民事行为能力。2. 收养的意思表示不真实。3. 收养行为的性质或内容违反法律、行政法规的强制性规定或者违背公序良俗。违反本编规定的收养行为包含：1. 收养行为欠缺法定的实质要件。2. 收养行为欠缺法定的形式要件。与收养法相比，民法典取消了“收养不得违背计划生育的法律、法规。”放宽了收养人的条件（从无子女变成只有一名子女）和收养子女的人数限制。无论是旧法还是新法，都明确了收养无效的法律后果就是自始无效，即具有溯及力。无论是从坚持“最有利于被收养人的原则”出发，还是保障被收养人和收养人的合法权益考虑，对于部分不完全满足收养条件的收养行为，应综合考虑被收养人在收养家庭中的生活情况，收养关系的和谐稳定程度，宣告收养无效后的社会效果，以作出最有利的裁判。

编写人：江苏省南通市通州区人民法院　刘杨

（十二）监护权纠纷

113　形成事实抚养关系的继父母对继子女的监护权依法受保护

——张某某诉沈某某监护权案

【案件基本信息】

1. 裁判书字号

北京市朝阳区人民法院（2019）京0105民初32213号民事判决书

2. 案由：监护权纠纷

3. 当事人

原告：张某某

被告：沈某某

【基本案情】

原告张某某系被监护人王甲之继母，被告沈某某系王甲之生母。1998 年沈某某与案外人王乙登记结婚，2004 年 3 月 19 日生育王甲。2008 年 6 月 10 日，沈某某与王乙经北京市朝阳区人民法院（2008）朝民初字第×××号民事调解书调解离婚，确认婚生女王甲由王乙抚养。2016 年 2 月，沈某某与案外人再婚并育有一女。2018 年 8 月 23 日，张某某与王乙登记结婚，婚后未生育共同子女。同年 12 月 11 日，王乙去世。王甲一直与张某某共同生活。张某某诉称虽然其与王乙于 2018 年登记结婚，但自 2010 年起其与王甲、王乙共同生活，原告无其他子女，视王甲为己出，付出了很多精力和爱心，但在沈某某得知王乙去世后，欲带走王甲。张某某认为其具有抚养王甲的经济条件，北京优质的教育资源更利于王甲成长，且王甲适应了与其稳定的生活，愿意继续与其一起生活，故诉至法院，请求法院判决被监护人王甲由原告监护。

【案件焦点】

1. 被监护人王甲的生父去世，作为继母的张某某是否享有对王甲的监护资格，即张某某是否为本案适格主体；2. 张某某（继母）与沈某某（生母）谁更适合作为王甲的监护人，即形成事实抚养关系的继父母与未取得子女抚养权的生父母同时主张子女监护权时判定监护权归属的考量因素。

【法院裁判要旨】

北京市朝阳区人民法院经审理认为：父母是未成年子女的监护人，依法对子女享有监护权并承担监护义务。这里的"父母"包括生父母、养父母及形成抚养关系的继父母。本案中，张某某与王乙虽于2018年8月登记结婚，但根据张某某提交的证据及被监护人王甲本人陈述，张某某与王甲确系共同生活多年，王甲受张某某抚养教育的事实客观存在，双方已形成事实上的抚养关系，该关系并不会因王乙的去世而自行解除，其权利义务应当适用《中华人民共和国婚姻法》关于父母子女关系的规定，故对于沈某某所述张某某与王甲未形成稳定的抚养关系，张某某主体不适格的抗辩意见，不予采信，张某某依法具有监护资格，有权利主张对王甲的监护权。

关于张某某与沈某某谁更适合作为王甲的监护人。第一，张某某与王甲共同生活多年，相知相熟相亲，其具备继续抚养王甲的身体条件及经济条件；第二，张某某与王甲共同生活期间，王甲身体健康、学习成绩优异，这离不开张某某的精心照料和用心付出；第三，通过庭审陈述可知，张某某与王甲之间虽无血缘关系，但通过日常生活点滴已建立深厚的母子感情，且在王乙去世后，双方均表达出想要继续共同生活的意愿，由张某某担任王甲的监护人，系王甲情之所至和心之所向；第四，沈某某虽为王甲的生母，但自王甲4周岁起便不与王甲共同生活，且沈某某已经再婚并又孕育子女，突然改变家庭结构和生活环境不利于王甲的健康成长。综上，张某某虽为继母，但更适宜担任王甲的监护人。

综上，北京市朝阳区人民法院依照《中华人民共和国民法总则》第二十七条、第三十一条、第三十四条之规定，判决如下：

自本判决生效之日起，被监护人王甲由原告张某某承担监护义务。

【法官后语】

未成年人保护工作是当今社会高度关注的“热点”，以未成年人权益保护为核心的未成年人监护制度作为婚姻家庭法中的一项重要制度一直广受探讨。本案涉及的是重组家庭中未成年人监护问题，该问题关系未成年人切身利益，应当予以重视。结合本案争议焦点，现就未成年人监护资格的取得及监护权归属问题作以下阐述。

一、本案监护资格的取得

沈某某自然取得对王甲的监护资格。我国传统伦理秩序建立在血缘关系之上，血缘关系赋予家庭伦理浓厚的亲情性，是最本真的情感形态，由此形成了“血浓于水”的伦理观念及以血缘关系为基础的伦理规范。基于传统伦理规范的指引，自然血亲关系在家庭观念中当居首位，在我国婚姻家庭法的立法过程中影响巨大。比如对于未成年人的监护，民法总则采用“共同监护”的理念，规定父母是未成年人的监护人，婚姻法又规定父母与子女间的关系不因父母离婚而消除，因此离异父母基于自然血亲关系均享有对子女的监护权。就本案而言，被告沈某某作为王甲之亲生母亲，虽未取得对王甲的抚养权，但基于身份关系依法仍具有对王甲的监护资格，依然享有监护权。

张某某承继取得对王甲的监护资格。俗话说“生身之恩大于人，养育之恩大于天”，知恩图报是中华民族的传统美德。为追求实质正义，传承优良家风，促进重组家庭关系的和谐稳定，我国以善良风俗为依托，规定了拟制血亲关系。我国法律规定，形成抚养教育之事实方成立拟制血亲的继父母子女关系。该关系本身的建立是基于权利义务对等原则，于情于理，无论是继父母与生父母离婚还是生父母一方去世均不应造成继父母监护权的自然终止。通过审理，本案不难确认张某某与王甲事实抚养关系的存在，二者母子感情已经超越血缘主义的偏见，且已形成稳定的家庭亲子关系，难得而可贵。张某某依法享有对王甲的监护资格，此权利合理合法，应当受保护。

二、本案监护权归属的考量因素

1. 以未成年人最大利益为原则

未成年人最大利益原则最早出现在1959年的《儿童权利宣言》第二条规定，1989年联合国国际人权委员会《儿童权利公约》正式将未成年人最大利益原则确立为处理未成年人事务的指导原则，根据该公约的要求，未成年人的最大利益应当成为所有公私主体在处理涉及未成年人的有关事项时最重要的考量因素，此后该原则得到了国际社会的广泛认可。我国法律虽然没有明确规定未成年人最大利益原则，但是2017年民法总则已经开始关注“被监护人最大利益”，如该法第三十一条、第三十五条及第三十六条均规定“按照最有利于被监护人的原则”处理相关监护事宜。

随着社会文明的进步，优先保护未成年人的利益已成为社会之共识，但未成年人不应当仅仅成为我们保护的对象，更应成为具有独立意识和独立人格的权利主体。当今社会，人们的法治意识不断增强，固有的传统观念正在逐步改变，在未成年人保护问题上，我国亦努力与《儿童权利公约》的精神保持一致，坚决保障未成年人的最大利益，以促使其健康快乐成长。

2. 依次考虑监护人的监护能力、未成年人情感需求、生活环境和家庭结构关系等因素综合判定监护权归属

关于监护人的监护能力。我国监护制度采用“大监护”的概念，将亲权与监护统一纳入监护权范畴，故在我国现行法中，监护不只是监护人的一项权利，更是监护人的义务和职责。民法典第三十四条规定，监护人的职责是代理被监护人实施民事法律行为，保护被监护人的人身权利、财产权利以及其他合法权益等。监护人只有具备监护能力，才能履行监护职责，故监护能力应为判定监护权归属

的首要因素。此处的监护能力应当包含监护人健康的身体条件及一定的经济能力，如此方能保障未成年人的基本生活需求。

关于未成年人情感需求。如前所述，社会文明的发展正使人们将未成年人视为独立的权利主体，倾听未成年人的内心意愿，尊重未成年人的独立意志。司法实践中，我国对未成年子女利益保护的方向亦从简单维系子女生存转向促进子女全面健康成长，比如对于8周岁以上的具有一定认知能力的未成年人，判定抚养权或监护权归属时会重点考虑其本身的情感倾向，以满足其内心所需。在监护问题上，只要监护人具备一定的监护能力，未成年人心之所向将是判定监护权归属的第二考量因素。

关于生活环境和家庭结构关系。生活环境和家庭结构关系是影响未成年人个性发展和心理素质成长的主要因素。根据家庭社会学理论，家庭结构类型决定了家庭职能、家庭环境的不同，影响着家庭观念的变化，重组家庭的儿童在同伴关系、亲子关系、情绪障碍、自我控制等方面，与完整家庭的儿童相比都存在不同程度的差异。根据近年来刑事审判的统计，未成年人犯罪的概率在逐年上升，主要原因就是家庭的不和睦及家庭教育的缺失。因此，在监护问题上，能为未成年人提供一个好的家庭生活环境，是判定监护权归属的重要考量因素。

监护制度的构建与发展，是未成年人保护的重要一环。2017年《中华人民共和国民法总则》第二十七条规定了未成年子女的监护人及有监护资格主体的监护顺序，由此确立了我国未成年人法定监护制度体系。2021年《中华人民共和国民法典》延续了《中华人民共和国民法总则》中关于未成年人监护的相关规定，继续坚持“未成年人最大利益”原则，传递未成年人保护立法的精神和理念。望本案能使大家对未成年人监护制度拥有更为深入的了解。笔者相信，随着我国立法的不断完善，未成年人监护制度必将能够更好地保障未成年人的合法权益，为未成年人的全面、健康成长提供更有力的司法保护。

编写人：北京市朝阳区人民法院　李丹　王楠

114　基于跨国代孕产生的父母子女关系认定问题
——陶某诉尹某霖监护权案

【案件基本信息】

1. 裁判书字号

云南省昆明市中级人民法院（2019）云01民终2092号民事裁定书

2. 案由：监护权纠纷

3. 当事人

原告（上诉人）：陶某

被告（被上诉人）：尹某霖

【基本案情】

原告陶某与被告尹某霖于2009年7月9日登记结婚，婚后经美国加利福尼亚州某公司介绍及安排，陶某与尹某霖于2012年1月24日作为“受助父母”一方签署《卵子捐赠合同》，约定由卵子捐赠人提取的卵子与“受助父亲”的精子用于试管内受精；2012年1月23日陶某与尹某霖作为“受助父母”一方签署《妊娠亲子协议》，约定由代孕人替“受助父母”怀上孩子；10月31日，三胞胎陶某量、陶某杰、陶某闰出生，并获加利福尼亚州圣贝纳迪诺县公共卫生局颁发的加利福尼亚州出生证明。2014 年 4 月 25 日陶某与尹某霖在云南省昆明市五华区民政局办理协议离婚，在离婚协议中双方约定陶某量、陶某杰、陶某闰由陶某抚养，尹某霖不支付抚养费用。

离婚后，陶某认为陶某量、陶某杰、陶某闰系美国国籍，护照需要法定监护人也即陶某与尹某霖签字配合办理换证，但在原告多次通知被告尹某霖配合办理时，尹某霖以各种理由拖延办理，导致婚生子陶某量、陶某杰、陶某闰的护照过期，目前出行、旅游严重受阻亦无法正常到国外接受教育，故向原审法院提出如下诉讼请求：判令被告尹某霖配合办理其婚生子陶某量、陶某杰、陶某闰的护照签字换证手续，履行监护人义务。

【案件焦点】

尹某霖是否与陶某量、陶某杰、陶某闰形成自然血亲或拟制血亲的母子关系。

【法院裁判要旨】

被告尹某霖是否与陶某量、陶某杰、陶某闰形成自然血亲的母子关系？

1. 原被告双方均认可本案所涉的三个孩子为第三人捐赠卵子通过人工辅助生殖技术代孕出生，被告尹某霖并非三个孩子的“基因母亲”，也非三个孩子的“孕生母亲”。

2. 美国加利福尼亚州圣贝纳迪诺县高级法院作出的亲子关系判决依托于《妊娠亲子协议》，一审法院认为本案中的《妊娠亲子协议》及美国加利福尼亚州圣贝纳迪诺县高级法院作出的亲子关系判决无法赋予被告尹某霖母亲身份及其与陶某量、陶某杰、陶某闰的母子关系，理由为：第一，依据《中华人民共和国民法总则》第八条“民事主体从事民事活动，不得违反法律，不得违背公序良俗”，《中华人民共和国民法通则》第六条“民事活动必须遵守法律，法律没有规定的，应当遵守国家政策”及第七条“民事活动应当尊重社会公德，不得损害社会公共利益，破坏国家经济计划，扰乱社会经济秩序”。现行法律未明确规定禁止“代孕”行为，但对于实施人类辅助生殖技术，原卫生部出台《人类精子库管理办法》第三条规定“精子的采集和提供应当遵守当事人自愿和符合社会伦理原则。任何单位和个人不得以营利为目的进行精子的采集与提供活动”，《人类辅助生殖技术管理办法》第三条规定，“禁止以任何形式买卖配子、合子、胚胎。医疗机构和医务人员不得实施任何形式的代孕技术”，《人类辅助生殖技术和人类精子库伦理原则》中第三项保护后代原则第四条规定“医务人员不得对近亲间及任何不符合伦理、道德原则的精子和卵子实施人类辅助生殖技术”，第五条规定“医务人员不得实施代孕技术”。以上行政规章虽无法直接作为确认“代孕”的法律依据，但国家及实施辅助生殖技术的行业有其鲜明的禁止立场，明确禁止通过代孕技术而由婚姻共同体之外的第三人完成有偿代孕的过程。第二，“代孕协议”以协议方式将女性的子宫通过有偿代孕协议确定为为委托代孕人提供生育服务的工具，是对女性最基本尊严以及社会伦理、道德等公共利益和秩序的严重违反，依据《中华人民共和国涉外民事关系法律适用法》第五条“外国法律的适用将损害中华人民共和国社会公共利益的，适用中华人民共和国法律”，美国加利福尼亚州圣贝纳迪诺县高级法院作出的亲子关系判决认为被告尹某霖作为三名孩子“合法自然母亲”，一审法院依法不予认可。综上，一审法院认为被告尹某霖未与陶某量、陶某杰、陶某闰形成自然血亲的母子关系。

被告尹某霖是否与陶某量、陶某杰、陶某闰形成拟制血亲的母子关系？在我国法律规定的父母子女关系中，除自然血亲关系外还包含拟制血亲关系，即养父母子女关系和有抚养关系的继父母子女关系。

1. 被告尹某霖未与陶某量、陶某杰、陶某闰形成事实收养关系。《中华人民共和国收养法》第十五条规定“收养应当向县级以上人民政府民政部门登记。收养关系自登记之日起成立”。本案中没有证据证实被告尹某霖与陶某量、陶某杰、陶某闰具备形成收养关系法定条件的相关事实，一审法院认为本案不存在合法的养父母子女关系。

2. 被告尹某霖未与陶某量、陶某杰、陶某闰形成继父母子女关系。继父母子女间的权利义务关系，既不同于生父母子女关系，也不同于养父母子女关系；生父母子女之间的权利义务是无条件的，源于自然血亲产生；养父母子女之间的权利义务取决于收养关系是否合法有效，而继父母子女之间的权利义务依据《中华人民共和国婚姻法》第二十七条第二款规定产生，即继父母子女关系适用《中华人民共和国婚姻法》第二十一条的规定，继父母与继子女之间只有存在事实上的“抚养教育”关系，才能具备为法律所认可的继父母子女关系，即需要通过继父母是否为继子女给付了经济上的抚养支出、是否存在共同生活的事实、继父母对继子女的抚养是否在时间上满足了持续性的要求以及继父母在主观上是否具有抚养继子女的意愿等方面综合予以判断。本案中，2012 年 10 月 31 日三个孩子在美国加利福尼亚州出生，原告陶某与被告尹某霖于 2014 年 4 月 25 日协议离婚，离婚协议约定三个孩子由原告陶某抚养，被告尹某霖不支付抚养费用，离婚后被告尹某霖未对三个孩子进行过探望。结合以上案件事实，一审法院认为被告尹某霖与三个孩子共同生活的时间较短，其主观上也没有抚养三个孩子的意愿，故被告尹某霖未与陶某量、陶某杰、陶某闰形成继父母子女关系。综上，一审法院认为，因被告尹某霖未与陶某量、陶某杰、陶某闰形成母子关系，故对于原告要求判令被告尹某霖配合办理其婚生子陶某量、陶某杰、陶某闰的护照签字换证手续，履行监护人义务的诉讼请求，一审法院不予支持。应当说明的是，一审法院在审理过程中查阅了相关资料并了解了国际社会对于跨国代孕的最新发展动态，对于跨国代孕所引发的纠纷，不同国家在案件裁判结果上存在巨大分歧，本案的审理立足于我国法律、社会伦理道德及国家政策，并非对联合国《儿童权利公约》所确立的儿童最大利益原则的放弃，本案所涉三名具有美国国籍的跨国代孕孩子享有不可剥夺的生存权和发展权。

云南省昆明市五华区人民法院依照《中华人民共和国民法总则》第八条、第二十六条第一款、第二十七条第一款，《中华人民共和国民法通则》第六条、第七条及《中华人民共和国民事诉讼法》第六十四条、第一百一十八条之规定，判决：驳回原告陶某的全部诉讼请求。

一审判决宣判后，陶某不服，向本院提起上诉。双方当事人对一审判决认定的法律事实无异议，本院予以确认。二审在查明案件事实及审阅证据后，组织双方当事人进行调解，并向上诉人释法，后上诉人陶某向本院申请撤回上诉。本院依照《中华人民共和国民事诉讼法》第一百七十三条规定，裁定：

准许上诉人陶某撤回上诉。

一审判决自本裁定送达之日起发生法律效力。

【法官后语】

我国2001年发布的《人类辅助生殖技术管理办法》明确规定医疗技术人员不得实施代孕技术，否则将根据本法第二十二条规定对其有关主管人员进行行政处分，构成犯罪的，依法追究刑事责任；2003年公布的《人类辅助生殖技术和人类精子库伦理原则》也体现了我国对代孕的零容忍立场，其中基于社会公益原则，规定了医务人员必须严格执行国家人口和计划生育政策，不得对不符合条件的人员实施新型辅助生殖手术。但由于以上法规只明确禁止了医疗机构和医务人员实施代孕，导致代孕的地下产业链不断发展，更有财力雄厚者寻求跨国代孕，严重影响了社会秩序。代孕导致了夫妻关系、父母身份、性别关系等发生转变，因此形成了更为复杂的自然亲子关系，也引发了很多纠纷。在我们此前听闻的案例中，多数争议是当事人争抢代孕儿童的监护权，那么如果出现了当事人不要代孕儿童的监护权或者跨国法律冲突应当如何处理。

本案中的三胞胎孩子是用原告陶某的精子和捐赠卵子通过试管授精形成胚胎后移植至代孕人的子宫后孕育出生的，也是我们平常所说的代孕宝宝，但三个代孕宝宝是在美国经《代孕协议》产生，通过美国加利福尼亚州圣贝纳迪诺县高级法院制作的法院文书确定了一定的亲权，并且依据美国法律取得了美国国籍，那么似乎可以理解为三个宝宝是合法代孕产生的，但有关亲权能否就得到保障？本案双方当事人的争议实质并不是要获得代孕宝宝的监护权，而是原告要求被告行使监护权，即陶某量、陶某杰、陶某闰虽系美国国籍，但出生后一直在中国生活，他们所取得的美国护照有效期为五年，现需要法定监护人也即原告陶某与被告尹某霖签字配合办理换证。但被告尹某霖认为三个代孕宝宝系由原告陶某提供精子，通过在美国购买卵子，协议委托他人代孕产生，现被告和原告已经离婚，尹某霖既不是孩子的生理母亲也没有和孩子形成事实上的抚养关系，所以不愿意协助配合办理换证。也就是说被告尹某霖与三个孩子没有亲缘联系，也没有抚育三个孩子的愿望和要求。在实际生活中，很多夫妻离婚后形同陌路，甚至似仇敌，所以被告不愿意协助三个孩子更换护照的抗辩，不论从法理上还是情理上都是说得通的，一审判决也对此进行了详细阐述。

我国目前尚未出台专门针对跨国代孕的法律，在实际案例中，主要是依据其他法律法规来对代孕产生的亲权进行调整，这在司法实践中也是一个难点。在此前的案例中，无论代孕行为是否合法，我们都是采取保护代孕儿童的态度，也就是儿童利益最大化原则，这在之前的上海、无锡代孕案例中都有体现。但在本案中如果采用儿童利益最大化就意味着被告的合法权益受到了侵犯，用法律强制被告为人母亲势必成为勉为其难之举。此外，陶某量、陶某杰、陶某闰系美国国籍，由美国法院确定的亲权是否和我国法律存在冲突也是应当考虑的。解决跨国代孕中的法律冲突主要有两种方法。第一种是直接方法，即通过各国的国内实体法或是双边、多边国际公约直接调整跨国代孕涉及的各方当事人的权利义务。但此方法的适用领域有限，尤其是跨国代孕带有人身性质，因不同国家的历史传统不同，很难在此方面达成共识。第二种方法是间接方法，即通过冲突规范的指引来确定调整涉外民事法律关系的实体法，而不是直接规定权利义务等。本案一审、二审在实体审理上均是采用第二种方法，即并非对《儿童权利公约》所确立的儿童最大利益原则的放弃，但同时兼顾保护我国公民的合法利益。因此，代孕儿童虽然和其他儿童一样有不可剥夺的生存和发展权利，但并不是通过“合法”

的跨国代孕就能够避免诸多是非，或许不让一个幼小的生命从出生就融入争议与纠纷才是儿童最大利益原则。

编写人：云南省昆明市中级人民法院　李城橙

115　监护应以最有利于未成年人健康成长为原则

——申请人邹某某申请撤销监护人资格案

【案件基本信息】

1. 裁判书字号

广东省广州市花都区人民法院（2019）粤 0114 民特 10 号民事判决书

2. 案由：申请撤销监护人资格纠纷

3. 当事人

申请人：邹某某

被申请人：温某甲、温某乙、赖某某

【基本案情】

温某甲与邹某甲于 2004 年 6 月 16 日登记结婚，同年 10 月 13 日生育了女儿邹某乙，邹某乙出生后不久，母亲温某甲离家出走至今，未履行抚养邹某乙的义务，邹某乙先后由其父亲邹某甲、祖母陈某某抚养照顾，后其父亲、祖母先后去世，祖父已于 1985 年去世。邹某乙的外祖父为温某乙，外祖母为赖某某，两人未抚养照顾过邹某乙。邹某某与邹某甲是胞姐弟关系。父亲、祖母去世后，邹某乙一直由邹某某抚养照顾至今，共同居住在广州市花都区花东镇某村。邹某某认为温某甲、温某乙、赖某某从未履行过对邹某乙的监护职责，未照顾过邹某乙，其本人务农为生，有监护能力，愿意照顾邹某乙，故申请撤销邹某乙母亲及外祖父母的监护人资格，指定其作为邹某乙的监护人。经询问邹某乙，其确认前述情况，表示其现在中学就读，同意邹某某作为其监护人。邹某乙所在村村民委员会出具证明表示同意邹某某作为邹某乙的监护人。

被申请人温某甲、温某乙、赖某某均未到庭。

【案件焦点】

1. 邹某某是否可基于法律规定及现实情况取得邹某乙的监护权；2. 何种情况下可撤销温某甲、温某乙、赖某某的监护资格；3. 监护权纠纷的处理应如何体现未成年人利益最大化原则。

【法院裁判要旨】

广州市花都区人民法院经审理认为：邹某乙的父亲、祖父母已经去世，母亲温某甲自邹某乙出生后便离家出走至今，其间未履行对邹某乙的监护职责和抚养义务，对邹某乙的成长造成了不利的影响，在邹某乙的母亲离家、父亲去世、祖母去世后，邹某乙的外祖父母温某乙、赖某某亦从未携带照料过邹某乙，故可确认其三人目前不适宜担任邹某乙的监护人，应撤销其三人作为邹某乙监护人的资格。邹某某与邹某甲是胞姐弟关系（即邹某某为邹某乙的姑母），在邹某乙祖母去世后，一直抚养照顾邹某乙，使邹某乙有所依靠，顺利就学及健康成长，且邹某某、邹某乙所在地村民委员会亦同意邹某某作为邹某乙的监护人，因此，按照目前最有利于被监护人邹某乙的原则，邹某某申请指定其为邹某乙的监护人，合理有据，予以支持。

广州市花都区人民法院依照《中华人民共和国民法总则》第二十六条、第二十七条、第三十六条,《中华人民共和国未成年人保护法》第五十三条的规定，判决如下：

一、撤销被申请人温某甲、温某乙、赖某某对邹某乙的监护人资格；

二、指定申请人邹某某为邹某乙的监护人。

【法官后语】

未成年人属于无民事行为能力人或限制民事行为能力人，法律设置监护权以保护未成年人权利，监护权是监护人对被监护人的人身、财产以及其他合法权益进行监督、保护的身份权。监护权取得的方式可以分为自然取得、承继取得以及法院或者其他有权机关指定取得。

《中华人民共和国民法典》第二十六条第一款规定：“父母对未成年子女负有抚养、教育和保护的义务。”据此，未成年人的父母系其法定第一顺序监护人，这属于监护权的自然取得。第二十七条规定：“父母是未成年子女的监护人。未成年人的父母已经死亡或者没有监护能力的，由下列有监护能力的人按顺序担任监护人：（一）祖父母、外祖父母；（二）兄、姐；（三）其他愿意担任监护人的个人或者组织，但是须经未成年人住所地的居民委员会、村民委员会或者民政部门同意。”据此，如果未成年人的父母没有监护能力或者不正当履行监护义务的，个人或者组织可由村委会、居委会或者法院、民政部门指定取得监护权。但如果父母或者其他近亲属均不履行抚养或监护义务，从而导致未成年人事实上由其他远亲或者其他个人进行照顾的，如亲生母亲改嫁或离家出走多年不归，严重影响了未成年人的健康成长的，其他个人或者组织可根据《中华人民共和国民法典》第三十六条“监护人有下列情形之一的，人民法院根据有关个人或者组织的申请，撤销其监护人资格，安排必要的临时监护措施，并按照最有利于被监护人的原则依法指定监护人：（一）实施严重损害被监护人身心健康的行为；（二）怠于履行监护职责，或者无法履行监护职责且拒绝将监护职责部分或者全部委托给他人，导致被监护人处于危困状态；（三）实施严重侵害被监护人合法权益的其他行为”的规定，申请撤销其监护资格，另行指定监护人。

指定监护人应当以最有利于未成年人成长为原则。就本案而言，经调查，邹某乙的母亲、外祖父母虽然健在，但均不履行监护职责，对邹某乙不闻不问，依法可撤销其监护资格。邹某乙的姑母虽然并非其近亲属，却长期对其进行关心照料，应准许其作为未成年人的监护人。同时，邹某某表示当地村民委员会担心邹某乙的母亲及外祖父母事后索要邹某乙的监护权，不愿意为其指定监护人，其没有相应的文件，在为邹某乙办理上学、就医等事宜上困难重重。为了查清事实，法院调查询问了邹某乙所在地的村民委员会，其出具了意见证明邹某某长期照顾邹某乙的生活起居，同意邹某某作为邹某乙的监护人。另外，《中华人民共和国民法典》第三十一条第二款规定：“居民委员会、村民委员会、民政部门或者人民法院应当尊重被监护人的真实意愿，按照最有利于被监护人的原则在依法具有监护资格的人中指定监护人。”作为被监护人，如其能明确表达自己意志的，应当听取其意见。法院参考民法典关于民事行为能力的规定及离婚案件处理子女抚养权的规定，认为邹某乙已年满8周岁，属于限制民事行为能力人，有一定的意思能力，为了充分尊重被监护人的真实意愿，法院询问了邹某乙的意见，综合考虑，认为由其姑母对其进行监护最有利于其抚养、教育和身心健康发展，故按照最有利于被监护人的原则，指定邹某某作为邹某乙的监护人。

2020年修订的《中华人民共和国未成年人保护法》确立了“最有利于未成年人”原则，体现了未成年人保护理念的巨大进步。虽然《中华人民共和国民法典》第一编总则关于监护并未明确规定以最有利于未成年人健康成长为监护原则，但规定了在监护人的确定有争议的情况下，须按照最有利于被监护人的原则指定监护人，这一点，延续了《中华人民共和国民法总则》的规定，也与《中华人民共和国民法典》第五编婚姻家庭关于离婚确定抚养权按照最有利于未成年子女的原则进行判决的精神相一致。由此可见，作为被监护人的未成年人的监护原则，基于未成年人保护理念，理应以最有利于其抚养、教育、身心健康成长为首要选择。人民法院在审理涉及未成年人监护权的婚姻家庭类案件，在具体的适用中，应基于个案评估和权衡，选择最有利于未成人的情形，从而实现未成年人利益最大化。在该原则指导下，取得未成年人监护权的监护人应当妥善行使监护权，不得任意妄为，除为了维护被监护人利益外，不得处分被监护人的财产。在作出与被监护人利益相关的决定时，应当根据被监护人的年龄、智力状况，尊重被监护人的真实意愿。对被监护人有能力独立处理的事务，监护人不得干涉。

编写人：广东省广州市花都区人民法院　陈佩勤

116 未成年人遭受监护人侵害的民法保护

——瑞安市民政局与鲍某某、朱某某申请撤销监护人资格案

【案件基本信息】

1. 裁判书字号

浙江省瑞安市人民法院（2018）浙0381民特399号民事判决书

2. 案由：申请撤销监护人资格纠纷

3. 当事人

申请人：瑞安市民政局

被申请人：鲍某某、朱某某

【基本案情】

鲍某某、朱某某系夫妻关系，于2005年左右抱养弃婴小隐（女，2003年出生），2014年7月至瑞安市民政局办理收养登记手续。2013年至2014年11月，鲍某某多次对小隐实施性侵行为。2018年8月17日，鲍某某因涉嫌猥亵儿童罪被瑞安市公安局立案侦查并被刑事拘留，2018年8月30日被执行逮捕。

瑞安市民政局认为，鲍某某作为监护人，在监护期间严重侵害未成年被监护人身心健康，事发后，朱某某拒绝继续抚养被监护人，且没有其他亲属愿意承担监护责任。故申请依法撤销二人的监护人资格。

瑞安市人民检察院支持起诉称，瑞安市民政局提起的申请，符合法律规定。

鲍某某、朱某某对民政部门提起的申请及检察机关出具的支持

起诉书陈述的事实均无异议。案件审理期间，法院询问了小隐的个人意愿，并核实了其生活现状。小隐已年满15周岁，具有与其年龄相适的思考判断能力，其本人不愿意再回到收养家庭生活，已在瑞安市社会福利院居住。

【案件焦点】

在监护人实施侵害行为后，如何保护年幼的被监护人的合法权益。

【法院裁判要旨】

浙江省瑞安市人民法院经审理认为：监护人应当履行监护职责，保护被监护人的人身、财产及其他合法权益。鲍某某利用养父身份对养女小隐实施性侵行为，漠视法律、罔顾伦理道德，严重侵害了未成年人身心健康。朱某某系小隐的监护人，但明确表示不再履行抚养义务。为维护未成年人小隐的合法权益，应撤销被申请人鲍某某、朱某某的监护人资格。现无其他具有申请撤销监护人资格的个人或组织提起诉讼，瑞安市民政局申请要求撤销鲍某某、朱某某的监护人资格于法有据，予以支持。因没有合适人员和其他单位担任小隐的监护人，法院指定瑞安市民政局担任监护人，由其所属福利机构收留抚养小隐。

浙江省瑞安市人民法院依照《中华人民共和国民法总则》第三十六条，《最高人民法院、最高人民检察院、公安部、民政部关于依法处理监护人侵害未成年人权益行为若干问题的意见》第二十七条、第三十五条、第三十六条规定，判决如下：

一、撤销鲍某某、朱某某作为小隐监护人的资格；

二、指定瑞安市民政局为小隐的监护人。

【法官后语】

本案系因被监护人（养女）受到监护人侵害，由民政部门申请撤销监护人（父母）资格的案件。该案较之其他申请撤销监护人资格的案件，情节极为恶劣。

监护人本应是未成年人人身、财产及其他合法权益的保护人，倘若监护人实施侵害被监护人的行为，则对未成年人身心健康的损害更为严重。性侵行为的社会危害性远超一般家暴行为，会给未成年人造成巨大的身心创伤。国家除应采取刑法手段严厉打击监护人侵害被监护人的违法犯罪行为外，有必要运用公权力妥善处理遭受侵害的未成年人的监护问题。

一、民政部门是申请撤销监护人资格的适格主体

在撤销父母监护权案件中，受到监护侵害的未成年人虽然是与本案有直接利害关系的人，但其行为认知能力和行为控制能力有限，并不能够独立进行诉讼行为。《中华人民共和国民法典》第三十六条对可撤销监护人资格的个人和组织作出明确规定，包括其他依法具有监护资格的人，居民委员会、村民委员会、学校、医疗机构、妇女联合会、残疾人联合会、未成年人保护组织、依法设立的老年人组织、民政部门等。前款规定的个人和民政部门以外的组织未及时向人民法院申请撤销监护人资格的，民政部门应当向人民法院申请。可以看出，民政部门在民法监护架构体系中承担着较为重要的公职主体角色，这也体现了国家已经意识到不能将监护限于“私益性”，而应积极承担公益性监护职责，运用国家公权力进行适当干预，规范监护人的行为，最大化保护未成年人的合法权益。

二、检察机关不仅可作为未成年人权益代表人支持起诉，还应及时尽到监护干预的责任

《中华人民共和国民事诉讼法》第十五条规定，“机关、社会团体、企业事业单位对损害国家、集体或者个人民事权益的行为，可以支持受损害的单位或者个人向人民法院起诉”。为加强对遭受监护侵害以及处于监护缺失未成年人的综合司法保护，2014年12月，最高人民法院、最高人民检察院、公安部、民政部联合制定并下发《关于依法处理监护人侵害未成年人权益行为若干问题的意见》，明确了法院、检察院、公安部、民政部等部门对遭受监护人侵害以及监护缺失未成年人的监护干预与综合保护职责。本案中，一方面检察机关负责对监护侵害犯罪提起公诉，并及时告知未成年人及其临时照料人依法申请撤销监护人资格或书面建议民政部门、未成年人救助保护机构向法院提起申请撤销监护人资格诉讼，对公安机关、人民法院办理监护侵害案件依法实行法律监督；另一方面检察机关作为未成年人权益代表人出庭，是人民法院家事审判方式改革的成果，亦是检察机关对涉未成年人的抚养权、监护权等民事案件在审判监督领域的有益探索，发挥了良好的社会效果。

三、妥善处理未成年人的心理修复和生活教育问题

最高人民法院、最高人民检察院、公安部、民政部《关于依法处理监护人侵害未成年人权益行为若干问题的意见》第三十六条规定，判决撤销监护人资格，未成年人有其他监护人的，应当由其他监护人承担监护职责。没有其他监护人的，人民法院根据最有利于未成年人的原则，在《中华人民共和国民法通则》第十六条第二款、

第四款①规定的人员和单位中指定监护人。指定个人担任监护人的，应当综合考虑其意愿、品行、身体状况、经济条件、与未成年人的生活情感联系以及有表达能力的未成年人的意愿等。没有合适人员和其他单位担任监护人的，人民法院应当指定民政部门担任监护人，由其所属儿童福利机构收留抚养。由此可知，在判决撤销监护人资格时，未成年人有其他监护人的，应当由其他监护人承担监护责任；没有其他监护人的，法院应指定个人担任监护人；没有合适的个人和其他单位担任监护人的，法院应当指定民政部门担任监护人，由其所属的儿童福利机构承担具体的抚养责任。《中华人民共和国民法典》第三十一条、第三十六条规定中也提出了在确定指定监护人时不仅要按照最有利于被监护人的原则，还应当尊重被监护人的真实

---

① 《中华人民共和国民法通则》（现已废止）第十六条：未成年人的父母是未成年人的监护人。未成年人的父母已经死亡或者没有监护能力的，由下列人员中有监护能力的人担任监护人：（一）祖父母、外祖父母；（二）兄、姐；（三）关系密切的其他亲属、朋友愿意承担监护责任，经未成年人的父、母的所在单位或者未成年人住所地的居民委员会、村民委员会同意的。对担任监护人有争议的，由未成年人的父、母的所在单位或者未成年人住所地的居民委员会、村民委员会在近亲属中指定。对指定不服提起诉讼的，由人民法院裁决。没有第一款、第二款规定的监护人的，由未成年人的父、母的所在单位或者未成年人住所地的居民委员会、村民委员会或者民政部门担任监护人。

《中华人民共和国民法典》第二十七条：父母是未成年子女的监护人。未成年人的父母已经死亡或者没有监护能力的，由下列有监护能力的人按顺序担任监护人：（一）祖父母、外祖父母；（二）兄、姐；（三）其他愿意担任监护人的个人或者组织，但是须经未成年人住所地的居民委员会、村民委员会或者民政部门同意。

第三十一条：对监护人的确定有争议的，由被监护人住所地的居民委员会、村民委员会或者民政部门指定监护人，有关当事人对指定不服的，可以向人民法院申请指定监护人；有关当事人也可以直接向人民法院申请指定监护人。居民委员会、村民委员会、民政部门或者人民法院应当尊重被监护人的真实意愿，按照最有利于被监护人的原则在依法具有监护资格的人中指定监护人。依据本条第一款规定指定监护人前，被监护人的人身权利、财产权利以及其他合法权益处于无人保护状态的，由被监护人住所地的居民委员会、村民委员会、法律规定的有关组织或者民政部门担任临时监护人。监护人被指定后，不得擅自变更；擅自变更的，不免除被指定的监护人的责任。

意愿。本案中，被申请人的监护资格被依法撤销后，因没有合适人员和其他单位担任小隐的监护人，在询问了小隐的个人意愿后，法院综合所有情况，指定由民政部门担任监护人，由其所属福利机构收留抚养小隐。监护人的指定是严格根据民法典相关立法精神指引，从最有利于被监护人的角度进行综合评估，力求更好地保护未成年人的生存权、受教育权、医疗保障等权利。通过公权力的介入，由检察机关、人民法院启动司法救助程序，为受害人进行必要的心理评估，制订心理治疗方案，帮助其创后心理愈合。

监护位于民法典第一编总则的第二节，相关法条相较于民法通则有较大增减删改，原民法通则仅有第十六条至第十九条共 4 条法条，而《民法典》则从第二十六条到第三十九条共 14 条法条，对监护相关的权利义务、主体适格等做了全面的规定，完善了监护制度，加强了对未成年人监护的民法保护。

编写人：浙江省瑞安市人民法院　陈丽霞　周昕昕

117　监护人的指定

——周某东等申请指定监护人案

【案件基本信息】

1. 裁判书字号

江苏省如皋市人民法院（2018）苏 0682 民特 17 号民事判决书

2. 案由：申请法院指定监护人纠纷

3. 当事人

申请人：周某东、周某、周某兰、周某琴

被申请人：符某萍

【基本案情】

申请人系被申请人子女。被申请人符某萍与丈夫周甲生有三子两女，分别为长子周某峰（已故）、长女周某兰、次子周某东、次女周某琴、三子周某，均已成家立业。符某萍的父母均已经去世，周甲于1999年病故，长子周某峰于2000年去世。被申请人符某萍系如皋市技工学校离休职工，两个女儿均在南通市工作、生活，现已退休，两个儿子均在如皋市工作、生活。子女成家后，被申请人一直单独居住，由保姆负责照料生活。自丈夫与长子相继去世后，符某萍精神受到打击，智力状况严重下降。2006年被申请人所居住房屋被拆迁，周某东擅自动用拆迁款6万余元开设账户投资炒股。2008年4月开始，兄弟二人协商轮流照管被申请人，但因周某认为周某东侵占周家财产双方发生争议，该项计划未能实施，此后申请人周某单独照管被申请人，保管并支配被申请人的财产等。2014年10月，申请人周某将被申请人接回其家中进行照料。在周某负责照料期间，其中有两年春节因女儿回国，家中无法居住，让符某萍跟随保姆回家过年。周某同时认可2008年至2010年被申请人存在被开水烫伤住院、被汽车撞伤住院治疗及数次走失事实。

2015年5月，申请人周某兰以同学聚会需见母亲为由，将被申请人从周某家中接出，后被周某东接走未再送回，兄弟二人的矛盾进一步激化并打起了多场官司。2015年，经如皋法院判决，宣告符某萍为无民事行为能力人。审理过程中，周某东将符某萍的工资卡挂失，因与周某之间争议工资卡问题一直未能补办。自2015年5月至今，被申请人符某萍的生活起居由申请人周某东照料，费用由周某东垫付。其间，申请人周某东以有家事处理，不便照料被申请人为由，将符某萍分别送至他人家中寄养照料一年多时间。自2016年12月被申请人被周某东安排租住在如皋市一出租屋内，与保姆一起生活至今。

另查，2006年至2016年被申请人的单位如皋市技工学校多次组织调解，虽曾形成一致意见，但因申请人不按协议执行等原因未果。

又查，符某萍工资由2007年每月2600元左右逐渐上涨至2017年每月8661元，每年按照13个月计发工资。另享受本市高龄老人政府补贴、离退休干部其他补贴等相关待遇。

审理中，本院释明后，申请人周某东及周某均对自身的错误行为有了清醒认识，向本院书面具结悔过，承认分别照管母亲期间存在过错，并承诺将母亲的拆迁款如数返还。

【案件焦点】

对本案中无民事行为能力却又渴望亲情的被申请人符某萍，如何为其指定最有利于维护其权益的监护人。

【法院裁判要旨】

江苏省如皋市人民法院经审理认为：本案中，被申请人符某萍年事已高，且自2007年生活无法自理，需要专人全天照料。2015年11月，经其成年子女申请，本院认定其为无民事行为能力人，故被申请人需要有监护人代为实施民事法律行为，而被申请人的父母、配偶均已去世，其四位成年子女即本案的四位申请人为其第一顺位的监护人，因无法协议确定监护人，现申请法院指定，符合法律规定。

被申请人罹患老年痴呆症，与人无法正常沟通交流，出现记忆力丧失、无法辨认来人等相应症状，确需监护人进行监护，现四申请人均申请作为监护人，本院根据审理查明事实，结合证据，综合判断申请人是否具备监护人资格：

申请人周某东具备监护人资格。一、自 2015 年 5 月至今负责安排被申请人的生活起居并支付相应的费用，履行对母亲符某萍的赡养义务；二、虽然在 2007 年被申请人精神状况有所下降的情况下，私自带被申请人开设账户用拆迁款进行炒股，收益归其所有，后在其他申请人发现后才将事实说出并承诺将该部分款项如数交出，作为被申请人财产或遗产进行处理。2015 年至 2016 年，周某东将被申请人完全送至他人寄养，对被申请人的身心健康造成了不利的影响。但经本院释明后，已有深刻的认识，并诚心悔过，本院确认其具备监护资格。

申请人周某具备监护人资格。一、2008 年至 2014 年，周某曾负责照料被申请人，代为保管申请人的财产，用于支付被申请人的生活费、保姆费等相应费用，并与被申请人共同生活大半年时间，负责照料被申请人，履行了对母亲的赡养义务；二、虽然在安排被申请人生活和管理财产过程中，被申请人相继发生重大意外事故，导致被申请人受伤并住院治疗，未充分履行监护义务；且至少两个春节由保姆将被申请人带回家，存在怠于履行监护职责，损害被申请人的身心健康行为，但经释明后，已有深刻的认识，并诚心悔过，本院确认其具备监护人资格。

关于申请人周某兰及周某琴，虽庭前向本院提交申请，但经本院传票传唤无正当理由拒不到庭，本院视为其放弃监护申请处理。此外，两申请人长期在南通市生活居住，被申请人已长期适应如皋市生活，两申请人照顾较为不便，同时申请人周某兰患有重疾，自身尚需他人照料，难以胜任监护人的监护责任，申请人周某琴因子女原因，在深圳为子女照看小孩，本院多次通知其到庭调解，均以照顾小孩为由拒不到庭，对被申请人的生活及处境等无暇顾及，均不宜作为被申请人符某萍的监护人。

据此判决：指定周某东、周某为符某萍的监护人。本判决已生效。

【法官后语】

本案中，虽被申请人的两个儿子存在未充分履行监护义务的行为，在各自分别监护老人期间发生了有损老人权益的情形，但经过法庭教育及悔过反省，充分认识到自身存在的错误，当庭写下书面具结悔过书，保证今后不再犯类似的错误，再结合老人对两个儿子的依赖程度及老人长期以来形成的生活习惯等实际情况，指定老人的两个儿子共同监护为宜。

民法总则实施之前，当事人对监护权有争议的，需由精神障碍患者所在单位或居委会、村委会在近亲属中指定。对指定不服的由人民法院裁决。而民法总则施行之后，当事人对监护权有争议的，可以向人民法院直接申请指定，这也是该案的来由。对照法律的规定，本案中被申请人的四个子女均有监护的权利，事实上也是由生活在如皋市的两个儿子一直履行监护义务，只是因为2015年的一件事情使得兄弟二人产生矛盾，老人的工资卡被银行冻结，老二用自己的退休工资一直垫付着老人的赡养费用。这也说明了老人的两个儿子事实上具备监护的能力，在本案的审理过程中经过法庭的教育认识到自身存在的错误和对监护人义务存在的误区，及时悔过。所以判决两个儿子共同监护也是有法律依据的。

同时，本案的处理取得了较好的社会效果。俗话说：家庭是社会的细胞，家庭和睦社会才能和谐。人民法院是处理家事案件的终极机关，也是各类家事矛盾纠纷的聚集点，所以家事法官在处理家事案件中更要注重法律效果和社会效果的双重作用。起诉到法院的家事案件更多的是家风建设的缺乏及亲情观念的淡薄，本案中的四个子女之所以十多年在老人单位的主持下一直未能就老人的监护人达成一致意见，正是源于上述原因。通过本案的前期调查了解和法庭庭审，家事法官内心产生了极大的纠结，虽然老人什么人都不记得，什么事情也想不起来，但唯独她的两个儿子她却记得清清楚楚，其对于两个儿子也表现得非常依赖。所以，如果撤销了他们的监护权，想必老人见儿子的机会越来越少，如果仅仅指定其中一个，也会使得他们之间的隔阂进一步加深或者为老人的赡养互相扯皮，均不会取得较好的效果。所以在考虑到老人的护理照料及晚年生活的幸福指数的前提下，在两个兄弟出具书面具结悔过书之后，最终法院判决了兄弟二人共同担任监护人。判决后，法官们继续组织兄弟二人进行调解，解决老人监护的具体问题，形成协议，并对协议的履行情况进行回访。到目前为止，老人的监护问题已经得到彻底解决，老人也在兄弟二人的监护之下过上了幸福的晚年生活。以上举动引起了央视媒体的关注，夕阳红栏目组专程赶到如皋市拍摄五天，并在社会与法频道播出该案，引起了广泛的社会反响。至此，本案取得了较好的社会效果。

本案虽发生在民法典施行之前，但本案适用的法律规定新法与旧法未发生改变，《中华人民共和国民法典》第三十一条规定：对监护人的确定有争议的，当事人可以直接向人民法院申请指定监护人。居委会、村委会、民政部门或人民法院应当尊重被监护人的真实意愿，按照最有利于被监护人的原则在依法具有监护资格的人中指定监护人。以上规定，与《中华人民共和国民法总则》规定的要义一致，同时《中华人民共和国民法典》婚姻家庭编中第一千零四十三条，关于婚姻家庭倡导性规定：家庭应当树立优良家风，弘扬家庭美德，重视家庭文明建设。家庭成员应当敬老爱幼，互相帮助，维护平等、和睦、文明的婚姻家庭关系。该规定宣扬每个家庭都应树立传承好的家风，孝老敬老，世代传承。而让每位老年人过上幸福美满的晚年生活，正是全社会的目标和责任。

编写人：江苏省如皋市人民法院　宗爱萍

118　离婚案件中非经法定程序不得随意变更法定监护关系

——王某诉徐某离婚案

【案件基本信息】

1. 裁判书字号

北京市第二中级人民法院（2018）京 02 民终 1883 号民事判决书

2. 案由：离婚纠纷

3. 当事人

原告（被上诉人）：徐某

被告（上诉人）：王某

【基本案情】

原告于 1995 年患精神分裂症，现为无民事行为能力人。2006 年 2 月 22 日原、被告登记结婚，2008 年 8 月 21 日生育一子徐某某。婚后初期双方感情尚好，后因家务琐事被告与原告及其家人产生矛盾，2014 年原告曾离家出走，2015 年原告住进安定医院，2015 年 12 月 10 日至今原告住进康家乐老年病医院治疗养病。2016 年 6 月原告曾向法院起诉离婚，后撤诉。现原告之母作为其法定代理人代原告提起离婚之诉。

庭审中，原告之母刘某提交了残疾人证、精神鉴定报告、民事判决书、老年病医院证明，用以证明原告系无民事行为能力人，原告曾经失踪，现一直在医院住院治疗。原告另提交被告的暂住人口信息表，以证明被告一直居住在 402 号房屋。原告还提交了保险单、饭费收据、住院费收据、徐某某教育培训费收据、安定医院住院收据，用以证明上述费用均为原告之母支付，故原告本人无力承担孩子抚养费。原告还提交了 402 号房屋产权证，以证明该房屋的产权人系原告之兄徐某一，并非原、被告的共同财产。

【案件焦点】

离婚纠纷中一方法定监护人是否可以非经法定程序予以变更，也就是在夫妻双方婚姻存续期间，无民事行为能力一方的父母不经法定监护人确定程序能否代为提起离婚诉讼。

【法院裁判要旨】

北京市东城区人民法院经审理认为：本案中，原告主张夫妻感情破裂且已两次起诉离婚，被告亦表示同意离婚，因此可以认定夫妻感情确已破裂，故法院准许离婚。原告现系无民事行为能力人，同时无工作收入，暂不能履行抚养义务，被告一直抚养照顾儿子，从有利于子女的生活成长考虑，应先将儿子判归被告自行抚养，待原告身体、经济条件允许时，被告可另诉给付抚养费。原、被告婚后无共同房产，曾居住在402号房屋，现该房产权为原告之兄所有，故原、被告离婚后均应自行解决住房，庭审中，原告法定代理人表示愿意出资6万元对被告居住进行补偿，法院支持。据此，法院判决如下：

一、准予徐某与王某离婚；

二、双方之子徐某某由王某自行抚养；

三、离婚后双方自行解决住房；

四、自本判决生效后七日内，徐某给付王某住房补偿款6万元。

王某不服一审法院判决，提出上诉。北京市第二中级人民法院经审理认为：徐某与王某结婚之前即存在患有精神疾病的可能性，故双方婚姻关系是否存在无效情况应由当事人与利害关系人以及相关部门予以确定。鉴于目前徐某与王某已经办理了结婚登记手续且如涉案当事人与利害关系人及相关部门对此亦无争议，则考虑到现徐某已被法院生效裁决确定为无民事行为能力人，在涉及徐某与王某离婚纠纷且目前对于徐某的法定监护人尚存较大争议的前提下，应首先通过法定程序重新确定徐某的监护人资格。在上述问题未能得到有效解决前，涉案当事人对本案尚无诉权，故徐某之母作为徐某监护人代替徐某提起本案离婚诉讼应属程序不当，应裁定驳回其起诉。鉴于一审法院在对于徐某监护人资格纠纷尚未确定前即对本案进行实体审理不当，本院对此予以撤销。

北京市第二中级人民法院依照《中华人民共和国民事诉讼法》第一百一十九条，以及《最高人民法院关于适用〈中华人民共和国民事诉讼法〉的解释》第三百三十条之规定，作出如下裁定：

撤销原判，驳回起诉。

【法官后语】

婚姻家庭是社会的基本细胞，也是受婚姻法及相关法律维护和保卫的基本社会单位，因此如果在婚姻家庭生活中出现不和谐甚至导致家庭破裂因素时，就要严格依照相关法律规定来对婚姻中出现的问题进行有效规制及处理，只有这样才能真正使健康的家庭拥有快乐的生活，存在问题的家庭通过有效救助焕发新的生机，而最终通过法律梳理确定死亡的婚姻也会使涉案当事人获得解脱。

本案中就双方婚姻家庭是否已经彻底破裂问题，在无矛盾的夫妻生活中，如夫妻一方丧失行为能力，则在其相关权利受到侵害时夫妻另一方理应是其法定监护人来为其维护权益，这也是夫妻间高度融合存在深厚的夫妻感情基础所决定的。然而审判实践中新情况、新问题不断涌现，如夫妻一方丧失行为能力后，作为丧失行为能力一方的父母担心夫妻另一方不能很好地予以照顾，甚至担心对方将家庭财产私自处理后再抛弃无行为能力一方，故自行作为无行为能力一方的监护人并以无行为能力人一方名义直接起诉离婚，此时形成诉讼后法院是否就此直接考虑到婚姻纠纷中的特殊性，以及该婚姻关系背后的利益关系，且鉴于无行为能力人母亲亦系其近亲属而不必过分苛求法定监护关系的选定问题呢？答案应当是否定的，因为法律已经明确了监护关系的监护人顺序，而依照该规定夫妻关系中的一方应属于另一方的第一法定监护人，而如果发生法定监护人的变更时，应当通过法定特别程序来加以变更，而依照该规定即使出现了夫妻间的矛盾，作为无行为能力一方的父母也不能当然成为其法定监护人。因此，从法定程序是为了保证实体权利的正常行使角度出发，即使作为无行为能力人的父母是出于对其子女的善意考虑，也不能当然成为其子女的法定监护人而行使婚姻中的权利。而只有在通过法定监护关系变更的特别程序后，作为无行为能力一方的新的法定监护人方可代表婚姻中无行为能力一方依法主张权利。

因此，本案二审中从严格程序主义原则出发，对于婚姻中无行为能力人一方父母作为监护人主张离婚的请求未得到法律上的支持。

编写人：北京市第二中级人民法院　郭文彤

119 检察机关支持起诉撤销监护权案件如何审理

——杜某与黄某申请撤销监护人资格案

【案件基本信息】

1. 裁判书字号

福建省泉州市洛江区人民法院（2018）闽0504民特2号民事判决书

2. 案由：申请撤销监护人资格纠纷

3. 当事人

申请人：杜某

被申请人：黄某

【基本案情】

杜某与黄某原系夫妻关系，于2012年12月2日生育一儿子杜小某。2016年9月4日，黄某因家庭琐事与杜某发生争吵产生自杀念头，并诱骗杜小某与其一起喝下致命的剧毒农药，黄某因此犯故意杀人罪（未遂），被判处有期徒刑三年。现杜某与黄某已协议离婚，双方约定杜小某归杜某抚养。

【案件焦点】

1. 申请人撤销监护人资格的申请是否符合规定；2. 检察机关支持起诉撤销监护权案件如何开庭审理。

【法院裁判要旨】

福建省泉州市洛江区人民法院认为：监护人员应当履行监护职责，保护被监护人的身心健康，照顾被监护人的生活，对被监护人进行管理和教育，履行相应的监护职责。但黄某作为监护人，故意诱骗被监护人杜小某喝下致命的剧毒农药，黄某的行为已严重损害被监护人的身心健康并构成犯罪。现杜某申请撤销黄某监护人资格，符合法律规定，应予以准许。泉州市洛江区人民法院依照《中华人民共和国民法总则》（以下简称《民法总则》）第三十六条第一款第一项，《中华人民共和国民事诉讼法》第一百七十八条，《最高人民法院关于贯彻执行〈中华人民共和国民法通则〉若干问题的意见（试行）》第二十一条之规定，作出如下判决：

撤销黄某为杜小某的监护人的资格。本判决已生效。

【法官后语】

实务中，撤销监护人资格案件数量不多，检察机关对此支持起诉的更少。本案作为福建省泉州市首起检察机关支持起诉的撤销监护权案件，对其进行探讨，有助于对该类型案件的审理提供参考。

一、撤销监护人资格的理由和主体限制

父母对未成年子女的监护资格不仅是自然权利，也是宪法赋予的权利。宽泛地撤销监护人资格制度不仅有违利益平衡原则，亦不利于未成年子女的成长，因为父母与子女的亲子关系对未成年子女的身心健康发展影响是巨大的，是其他监护人和社会无法代替的。我国撤销监护人资格的理由经历了从1991年《中华人民共和国未成年人保护法》仅强调“教育不改”而不论是否严重侵害被监护人合法权益的较宽控制，到2017年《中华人民共和国民法总则》强调父母监护人资格只有在其实施“严重损害”被监护人身心健康或合法权益行为时（包括怠于履行监护职责，或者无法履行监护职责并且拒绝将监护职责部分或者全部委托给他人，导致被监护人处于危困状态情形）才能被撤销的从严控制之转变，体现了立法在剥夺父母对未成年子女的监护人资格问题上的慎重。

根据2014年最高人民法院、最高人民检察院、公安部、民政部联合发布《关于依法处理监护人侵害未成年人权益行为若干问题的意见》（以下简称《意见》）第三十五条规定，当事人可申请撤销监护人资格的理由具体包括以下七种情形：（一）性侵害、出卖、遗弃、虐待、暴力伤害未成年人，严重损害未成年人身心健康的；（二）将未成年人置于无人监管和照看的状态，导致未成年人面临死亡或者严重伤害危险，经教育不改的；（三）拒不履行监护职责长达六个月以上，导致未成年人流离失所或者生活无着的；（四）有吸毒、赌博、长期酗酒等恶习无法正确履行监护职责或者因服刑等原因无法履行监护职责，且拒绝将监护职责部分或者全部委托给他人，致使未成年人处于困境或者危险状态的；（五）胁迫、诱骗、利用未成年人乞讨，经公安机关和未成年人救助保护机构等部门三次以上批评教育拒不改正，严重影响未成年人正常生活和学习的；（六）教唆、利用未成年人实施违法犯罪行为，情节恶劣的；（七）有其他严重侵害未成年人合法权益行为的。

根据《中华人民共和国民法典》第三十六条第二款规定，可申请撤销监护人资格的当事人包括：其他依法具有监护资格的人，居民委员会、村民委员会、学校、医疗机构、妇女联合会、残疾人联合会、未成年人保护组织、依法设立的老年人组织、民政部门等。

二、检察机关介入申请撤销监护人资格案件的法律依据

人民检察院作为检察机关，不仅有权对民事诉讼实行法律监督，根据《中华人民共和国民事诉讼法》第十五条规定，对于“机关、社会团体、企业事业单位对损害国家、集体或者个人民事权益的行为”，其还可以支持受损害的单位或者个人向人民法院起诉，即检察机关还享有支持起诉的权利。因此，检察机关以支持起诉方式介入法院审理的申请撤销监护人资格案件具有法律依据。对此，《意见》第三十条、第三十一条进一步作出规定：监护人因监护侵害行为被提起公诉的案件，人民检察院应当书面告知未成年人及其临时照料人有权依法申请撤销监护人资格。对于监护侵害行为符合本意见第三十五条规定情形而相关单位和人员没有提起诉讼的，人民检察院应当书面建议当地民政部门或者未成年人救助保护机构向人民法院申请撤销监护人资格。

本案中，检察机关在对黄某的监护侵害行为即故意杀人犯罪提起公诉后，向杜某告知有权依法申请撤销黄某的监护人资格，并在杜某行使申请撤销监护权提起诉讼时予以支持起诉，符合相关法律规定。

三、申请撤销监护人资格案件的审理程序

根据《意见》规定，人民法院审理撤销监护人资格案件，比照民事诉讼法规定的特别程序进行，并应当全面审查调查评估报告等证据材料，听取被申请人、有表达能力的未成年人以及村（居）民

委员会、学校、邻居等的意见。但在是否应当开庭的问题上，《意见》没有明确规定。

案件审理中，案件承办法官通过调阅卷宗、实地走访等形式了解受害人生活现状，并组织当事人、检察机关办案人员到黄某服刑监狱开庭，在查清案情的同时较好地保护了被申请人黄某的诉讼权利。本案的裁决，无论从程序上，还是实体处理上，都是公平公正的，取得了良好的法律效果和社会效果。

编写人：福建省泉州市洛江区人民法院　林前枢　林海岚

120　出卖亲生儿依法应撤销其监护权

——德化县民政局诉阿某撤销监护人资格案

【案件基本信息】

1. 裁判书字号

福建省德化县人民法院（2018）闽0526民特34号民事判决书

2. 案由：撤销监护人资格纠纷

3. 当事人

申请人：德化县民政局

被申请人：阿某

【基本案情】

被监护人华某朝，系阿某与赤某（已故）的亲生子，华某朝出生后，阿某伙同赤某通过中间人介绍，将华某朝卖予他人。案发后，华某朝被公安机关解救，由德化县民政局先安置在泉州福利院生活，后又将其安置在辖区内一寄养家庭生活。

经实地走访查明被监护人华某朝的祖母及外祖父均已去世，本案诉讼期间，其祖父赤黑甲和外祖母赤黑乙均有抚养华某朝的意愿，但赤黑甲年事已高，其自身尚需其他子女赡养，赤黑乙腿脚不好，靠养殖和种植玉米、土豆维持生计，尚有未成年子女需要其抚养。且案发前，赤黑甲和赤黑乙已经获知华某朝被卖的事实，但均未想要将华某朝接回抚养。另，被申请人阿某的另外三名子女尚未成年，现均由孩子的伯父赤黑丙抚养。

【案件焦点】

是否应该撤销阿某对华某朝的监护权及撤销监护权后如何重新指定新的监护人。

【法院裁判要旨】

法院认为，父母是未成年子女当然的监护人，但若父母不履行监护职责，甚至对未成年人实施侵害行为，再让其担任监护人将严重危害子女的成长。本案中，阿某以非法牟利为目的，将亲生子华某朝卖予他人，其行为已严重侵害了华某朝的身心健康，故阿某不宜再担任华某朝的监护人。撤销监护权之后对新的监护人的指定，事关该未成年人的健康成长，应着重考虑真正有利于未成年人的成长，按照最有利于未成年人的原则进行指定。本案中，华某朝的祖父赤黑甲虽有抚养华某朝的意愿，但其年事已高，自身尚需其他子女赡养，不具备抚养华某朝的经济条件和身体条件；华某朝的外祖母赤黑乙虽也有抚养华某朝的意愿，但其尚有未成年子女需要抚养，且身体状况不好，无论经济方面还是身体方面均不具备抚养华某朝的能力；华某朝的姐姐和哥哥均未成年，现其三人均由伯父赤黑丙抚养，也不具备监护华某朝的能力。华某朝在福建出生后至今一直在当地生活，其亲生父母的家乡四川省凉山州，对他来说是完全陌生的地方，从血缘上讲，华某朝的祖父赤黑甲和外祖母赤黑乙是除了华某朝父母以外最亲近的人，但华某朝自出生后从未与赤黑甲及赤黑乙见过面，其二人明知华某朝被卖的事实，但案发前均无意将其接回抚养，更没有与华某朝建立亲情，华某朝年仅3岁，若指定由远在凉山的祖父或外祖母抚养，不利于保障其身心健康，这与保障“未成年人权益最大化”的精神背道而驰。华某朝被解救后由德化县民政局进行了妥善安置，由德化县民政局抚养华某朝，客观上有利于保护其隐私，更有利于其健康成长，故德化县民政局提出撤销阿某对华某朝的监护权，并指定德化县民政局为华某朝的监护人的诉求合理合法，且德化县民政局系有监护资格的未成年人保护组织，能够给华某朝一个较好的生活和成长环境，故德化县民政局的诉求应予以支持。

【法官后语】

撤销父母监护权是国家保护未成年人合法权益的一项重要制度。通常情况下，父母是未成年人当然的监护人，但若父母不履行监护职责，甚至对子女实施虐待、性侵或者出卖的侵害行为，再让其继续担任监护人将严重危害子女的成长。根据《中华人民共和国民法典》《中华人民共和国未成年人保护法》等规定，未成年人的祖父母、外祖父母、兄、姐以及民政部门等均有权向人民法院申请撤销实施侵害行为的监护人的监护权。撤销监护权之后对新的监护人的指定，事关该未成年人的健康成长，应着重考虑真正有利于未成年人的成长，按照最为未成年人权益最大化的原则进行指定。

本案有两个方面值得探讨：一是是否应该撤销阿某对华某朝的监护权；二是撤销监护权后如何重新指定新的监护人。

一、是否应该撤销阿某对华某朝的监护权

作为一项重要的民事法律制度，监护制度为未成年人的健康成长提供保障，当个体的合法权益哪怕是遭到家庭成员的侵害，司法也有义务进行救助。具体到本案，首先，阿某以非法牟利为目的，将出生不足二十天的亲生子华某朝卖给他人，其行为已严重侵害了华某朝的身心健康，符合《中华人民共和国民法典》第三十六条规定的撤销监护权的情形；其次，阿某现在监狱服刑，也无法承担监护职责；最后，阿某以经济困难为由明确表示同意法院撤销其对华某朝的监护权，可见阿某无意抚养华某朝，即使阿某刑满释放，也很难与华某朝建立亲情，无法给其提供家庭温暖和母爱的关怀，从保护未成年人身心健康的角度考虑，阿某的确不宜再担任华某朝的监护人，撤销阿某对华某朝的监护资格是对华某朝权益的法律保护。

二、撤销监护权后如何重新指定新的监护人

监护权制度关系到未成年人的健康成长，撤销监护权之后对新的监护人的指定，应从“最有利于未成年人的原则”在《中华人民共和国民法典》第二十八条规定的有监护能力的人员中进行指定，也就是说，既要考虑法律规定的顺序又要考虑备选人员的实际情况。《最高人民法院、最高人民检察院、公安部、民政部关于依法处理监护人侵害未成年人权益行为若干问题的意见》（以下简称《意见》）第三十六条明确规定：人民法院根据最有利于未成年人的原则，在法律规定的人员和单位中指定监护人，指定个人担任监护人的，应当综合考虑其意愿、品行、身体状况、经济条件、与未成年人的生活情感联系以及有表达能力的未成年人的意愿等。

本案中，赤黑甲和赤黑乙虽有抚养华某朝的意愿，但其二人在身体和经济方面均不具备抚养华某朝的条件，且华某朝出生后一直在福建生活，与赤黑甲、赤黑乙从未谋面，双方更无情感联系，若将华某朝指定由其二人抚养，势必会给华某朝造成二次伤害。赤黑甲、赤黑乙均已获知华某朝被出卖的事实，但案发前二人均无意将其接回抚养，可见二人抚养华某朝的意愿并不强烈。综合上述因素，赤黑甲、赤黑乙并不是华某朝最佳的监护人选。另外，华某朝的兄、姐均未成年，也不具备抚养华某朝的能力，此外也没有其他人员和单位表示有能力有意愿担任华某朝的监护人。

《意见》第三十六条规定："没有合适人员和其他单位担任监护人的，人民法院应当指定民政部门担任监护人，由其所属儿童福利机构收留抚养。"本案中，华某朝被解救后由德化县民政局进行了妥善安置，由德化县民政局抚养华某朝，客观上有利于保护其隐私，更有利于其健康成长。从法律角度看，德化县民政局系有监护资格的未成年人保护组织；从现实角度看，德化县民政局在案发后对华某朝进行了妥善安置，能够给华某朝一个较好的生活和成长环境。综上，指定德化县民政局为华某朝的监护人，是对"最有利于未成年人的原则"的遵行。

编写人：福建省德化县人民法院　李平

121 《中华人民共和国未成年人保护法》第十九条在监护权案中的适用

——曹某生、黄某秀诉朱某民、刘某红监护权案

【案件基本信息】

1. 裁判书字号

江西省分宜县人民法院（2018）赣0521民初790号民事判决书

2. 案由：监护权纠纷

3. 当事人

原告：曹某生、黄某秀

被告：朱某民、刘某红

【基本案情】

曹某生、黄某秀于1993年登记结婚，婚后生育了二男一女后，黄某秀于2008年又怀孕，同年8月27日在江西省新余市渝水区姚圩中心卫生院产下一女婴（当时未取名），因曹某生、黄某秀当时不适合抚养小孩，于是交由曹某生妹妹曹某英暂时抚养。因朱某民、刘某红结婚后未生育小孩，曹某英在得知朱某民想抱养小孩后，便通过朱某民的亲属联系，将女婴抱送到朱某民父母家，之后由朱某民、刘某红抚养。2008年，朱某民、刘某红办理了小孩于2008年12月1日出生的假证明，办理了户口登记，取名朱某辰，但至今未向民政部门办理小孩收养登记。朱某辰在分宜县城上幼儿园、上小学。2016年9月19日，朱某民因涉嫌犯罪被刑事拘留，2017年9月被判处有期徒刑八年。2018年5月，本

院在刘某红第二次起诉要求与朱某民离婚的情况下，判决准予离婚、小孩朱某辰由刘某红直接抚养。曹某生、黄某秀至今仍生活在农村，文化程度低，起诉前，曹某生、黄某秀在朱某民的亲属安排下，看望小孩朱某辰，但与刘某红、小孩闹得不愉快。庭审中，朱某辰主动向法院出具书面材料一份，内容为朱某辰坚决要求跟随刘某红生活，无论曹某生、黄某秀是亲生父母还是有血缘关系，接她还是纠缠她都不去。

【案件焦点】

在未办理收养登记情况下 10 岁小孩朱某辰应由亲生父母还是事实上的养母监护。

【法院裁判要旨】

江西省分宜县人民法院经审理认为：确定小孩由谁抚养，应将小孩的利益置于首要地位，应从孩子的立场考虑其心理、情感之需求，以及生活环境对其的影响，以小孩的需求作为确定监护权的衡量标准。刘某红抱养朱某辰虽未办理收养登记，但已与其形成了收养事实，朱某辰在刘某红、朱某民的监护下健康成长，基于以下理由，朱某辰暂由刘某红直接抚养更为妥当。

朱某辰的意愿是坚决要求跟随刘某红生活。朱某辰已年近 10 周岁，具有一定的认知和判断能力，其出具的书面说明表明其对亲生父母、亲情等是有认知的；同时，该年龄段的小孩，思想不成熟，对事物敏感，生长环境不稳定，更不利于其成长。为此，《中华人民共和国未成年人保护法》第十四条规定："父母或者其他监护人应当根据未成年人的年龄和智力发展状况，在作出与未成年人权益有关的决定时告知其本人，并听取他们的意见。"现小孩强烈要求跟随刘某红生活，应听取其本人意见，如曹某生、黄某秀强行要求抚养小孩，极易导致不利的后果。

刘某红现有条件不利于朱某辰成长。朱某民2016年被刑事拘留之后，小孩一直随刘某红在县城生活、学习，小孩生活现状没有改变，证明刘某红具有抚养并监护小孩的能力；刘某红现已40多岁，有正常收入，没有生育小孩，虽与朱某民离婚，但不足以导致对小孩成长不利。曹某生、黄某秀认为刘某红现无能力抚养且对朱某辰亦未尽相关监护责任，没有提交证据证实，而其至今仍生活在农村，文化程度低，现有条件不利于小孩生活、就学。

曹某生、黄某秀提出要求带回小孩，违背了诚实信用原则，社会效果差。根据本地的习俗，父母将小孩送养后，在小孩未成年前一般是不探视接触。曹某生、黄某秀将朱某辰送养后，十年来一直未对朱某辰尽义务也没有探视，也印证了这点。刘某红、朱某民现已抚养朱某辰十年，并与其建立了深厚的感情，如小孩由曹某生、黄某秀抚养，对他们是一种割舍、打击。曹某生、黄某秀想直接抚养小孩，心情可以理解，但身边已有儿女，不因少了朱某辰而不能享受天伦之乐，也不因朱某辰不在身边抚养就割断了亲情。

综上所述，本院判决朱某辰由刘某红抚养。

判决后，双方当事人均未上诉，本判决现已生效。

【法官后语】

本案的争议焦点是在未办理收养登记情况下10岁小孩朱某辰应由亲生父母还是事实上的养母监护。一种意见认为，刘某红未办理收养登记手续，是不合法收养，与小孩不存在收养关系，也就没有监护小孩的权利，小孩亲生父母是当然的监护权人，故应支持曹某生、黄某秀的诉讼请求。另一种意见认为，在涉及未成年人监护权的案件中，维护未成年人的合法权益是法律必须首先考虑的问题。本案刘某红、朱某民收养小孩虽没有办理收养登记，但已形成收养事实，小孩10岁了已有一定的辨别能力，小孩朱某辰强烈要求跟随刘某红生活，根据《中华人民共和国未成年人保护法》（2012年修正）第十四条规定，应听取小孩本人意见，由刘某红直接抚养。

分宜县人民法院采纳了第二种意见。理由为：

1. 不改变小孩现有生活环境有利于小孩成长。曹某生、黄某秀的其他小孩均已成年，居住在农村，如要抚养朱某辰需在分宜县城租房，为辅导其学习需聘请家教，刘某红现能提供小孩在县城入学、居住的条件，同时其提交了收入证明，足以维持两人的现有生活。

2. 小孩已满10岁，已具有一定的认知和判断能力，但该年龄段的小孩思想不成熟，对事物敏感，生长环境不稳定，容易做出对其不利的行为。法官多次与小孩沟通，其表现出来如不随刘某红生活的担心与恐惧，同时认为曹某生、黄某秀从其出生起就抛弃了她，不愿意随曹某生、黄某秀生活，并主动向法院出具书面说明，表达自己的意愿，死都要随刘某红生活。

3. 小孩由刘某红抚养体现了最佳的社会效果。本案争议是小孩抚养问题，如判决由曹某生、黄某秀抚养，小孩不愿意去，法院强制执行难，判决结果不能实现，小孩的监护架空，极不利于小孩的监管和成长，同时曹某生、黄某秀与小孩的亲情无法加深，与刘某红间的关系更僵立，对此时需要亲情的小孩来说更无益。另外刘某红、朱某民婚后没有生育小孩，刘某红现已40多岁，有能力抚养小孩，现与小孩朱某辰生活十年，已与小孩建立了深厚的感情。如今后两原告能适时地给予朱某辰亲情，朱某辰的成长多了两个亲人陪伴，会更健康快乐。

4. 本案的处理符合《最高人民法院关于进一步深化家事审判方式和工作机制改革的意见（试行）》第二条“牢固树立人性化的审判理念，对当事人的保护要从身份利益、财产利益延伸到人格利益、安全利益和情感利益，保护当事人隐私，注重人文关怀……”的精神。

综上，本案处理不是简单以是否办理收养登记为依据确认被告对小孩享有监护权，而是以是否有利于小孩成长原则进行处理，直接适用《中华人民共和国未成年人保护法》第十四条，突破了当时《中华人民共和国民法总则》关于监护权的规定，判决小孩朱某辰由刘某红抚养，体现了司法的人民性，尊重了社情民意。当然，收养小孩应办理合法的收养手续，才能更好地保护权益，但本案收养已成事实，在法律效果与社会效果不能相一致的情况下，以社会效果为重作出判决，是对现有事实的权宜，如出现对朱某辰成长不利的情况，曹某生、黄某秀还可主张对小孩的监护权。判决后，曹某生、黄某秀未提起上诉。

5.《中华人民共和国未成年人保护法》于2020年进行修订，将原第十四条“父母或者其他监护人应当根据未成年人的年龄和智力发展状况，在作出与未成年人权益有关的决定时告知其本人，并听取他们的意见”，修改成第十九条“未成年人的父母或者其他监护人应当根据未成年人的年龄和智力发展状况，在作出与未成年人权益有关的决定前，听取未成年人的意见，充分考虑其真实意愿”，更能体现处理未成年人的权益要充分尊重未成年人的自己意愿。“决定时”改成“决定前”“听取他们的意见”改成“听取未成年人的意见，充分考虑其真实意愿”，旨在让未成年人对自己的权益有时间充分地考虑清楚如何处分，而不是在监护人做决定时简单地表达“是”还是“不是”。所以本案当时处理充分尊重小孩朱某辰意愿，符合法律发展规律。

编写人：江西省分宜县人民法院　袁群英

122　未成年人父母的监护人资格在何种情形下可被撤销的适用

——吴某国诉吴某剑、谢某美申请变更监护人案

【案件基本信息】

1. 裁判书字号

江苏省兴化市人民法院（2018）苏1281民特61号民事判决书

2. 案由：申请变更监护人

3. 当事人

申请人：吴某国

被申请人：吴某剑、谢某美

【基本案情】

被申请人吴某剑、谢某美于2006年12月18日登记结婚，两人在婚姻关系存续期间生育一女吴某芸（2007年7月12日出生）、一子吴某洋（2013年1月9日出生）。被申请人吴某剑、谢某美于2018年1月22日协议离婚，离婚协议中约定，两婚生子女均由吴某剑抚养，谢某美无须支付抚养费。2018年2月12日，被申请人吴某剑为与谢某美复婚而向父母索要房产，将两名婚生子女吴某芸、吴某洋带至兴化市同悦家园11号楼2单元4××室楼

下车库内，将车库大门锁上后拔下车库内摩托车的油管放出汽油。为阻止申请人进入车库，吴某剑手持打火机预备点火，其女儿吴某芸见状上前抢夺打火机，在争执过程中，吴某剑的右手大拇指撞在摩托车保险杠上，车库内瞬间起火，造成吴某剑、吴某芸、吴某洋不同程度烧伤。事故发生后，吴某剑及两子女被送至医院抢救。吴某芸、吴某洋住院治疗期间的所有医疗费用均为申请人所筹集。经鉴定，吴某芸、吴某洋构成重伤二级，仍需继续治疗。

2018 年 5 月 17 日，被申请人吴某剑因涉嫌放火罪被兴化市公安局刑事拘留，并羁押于兴化市看守所。被申请人谢某美在与吴某剑离婚后未对吴某芸、吴某洋进行过探视，在两婚生子女烧伤后住院治疗期间也未进行探视，更未支付任何医疗费用，至今音信全无。两被申请人的婚生子女吴某芸、吴某洋一直由申请人与其妻子王巧女共同抚养。申请人吴某国向法院提出请求：1. 撤销被申请人吴某剑、谢某美对婚生子女吴某芸、吴某洋的监护权；2. 指定申请人吴某国为孙子女吴某芸、吴某洋的监护人。

【案件焦点】

被申请人吴某剑、谢某美的行为是否符合法律规定的可以撤销监护权的情形。

【法院裁判要旨】

江苏省兴化市人民法院经审理认为：监护人应当履行监护职责，保护被监护人的人身安全，照顾被监护人的生活。监护人不履行监护职责或侵害被监护人合法权益的，应承担责任，人民法院可根据有关人员申请，撤销其监护人的资格。本案中，被申请人吴某剑为达到复婚的目的，以其婚生未成年子女的人身安全为要挟，向父母索要房产，最终导致其子女吴某芸、吴某洋被严重烧伤。经鉴定，吴某芸、吴某洋构成重伤二级。因此，被申请人吴某剑的行为属于法律规定的实施严重损害被监护人身心健康的行为，该行为给两未成年子女的身体以及心理均造成了极大的伤害。至于被申请人谢某美，其在两子女被烧伤后住院治疗期间，从未进行过探视，也未履行法律规定的照看等法定义务，置两子女的生活于不顾，音信全无，属于法律规定的怠于履行监护职责的情形。综上，申请人申请撤销两被申请人的监护资格，符合法律规定，本院予以支持。检察机关出庭支持起诉，其意见本院予以采纳。

申请人与吴某芸、吴某洋是孙子女关系，其在与两孙子女长期生活中已实际履行了监护职责，由申请人作为吴某芸、吴某洋的监护人有利于两未成年人今后的健康成长。同时，申请人也具备履行监护职责的能力。因此，本院依法指定申请人吴某国为吴某芸、吴某洋的监护人。

江苏省兴化市人民法院依照《中华人民共和国民法总则》第三十六条、《中华人民共和国民事诉讼法》第一百七十八条之规定，判决如下：

一、撤销吴某剑、谢某美为吴某芸、吴某洋的监护人资格；

二、指定吴某国为吴某芸、吴某洋的监护人。

本判决为终审判决。

【法官后语】

父母是未成年子女的法定监护人，有保护被监护人的身体健康，照顾被监护人的生活、管理和保护被监护人的财产等义务。监护制度为未成年人的健康成长提供了保障，但是对未成年人监护的社会干预是有必要的，监护中出现的一些问题需要社会作为外界力量的介入和干预。设定撤销监护人资格，是为了更好地保护被监护人的利益，也体现了对监护人失职行为的惩罚，在世界各地立法中已是通例。在《中华人民共和国民法总则》颁布实施前，《中华人民共和国民法通则》以及《中华人民共和国未成年人保护法》中均有撤销监护权的规定，但未能得到有效执行，《最高人民法院、最高人民检察院、公安部、民政部关于依法处理监护人侵害未成年人权益行为若干问题的意见》（以下简称《意见》）则对监护人侵害未成年人权益的行为进行了细化规定，为审判实践提供了依据。《中华人民共和国民法总则》则在《意见》的基础上对于在何种情形下，哪些个人或者组织有权向人民法院申请撤销监护人资格进行了明确。《中华人民共和国民法典》颁布实施后，对于撤销监护权的规定则与《中华人民共和国民法总则》相一致，在第三十六条列举了撤销监护人资格的三种情形，这三种情形都属于严重侵害被监护人权益的情形。本案中，被申请人吴某剑以及谢某美的行为属于法律规定的可以被依法撤销监护权的情形，申请人吴某国作为两未成年人的祖父有权按照法律规定申请撤销两被申请人的监护权。

另外，在我国家庭观念浓厚的国情下，剥夺未成年人的家庭会给未成年人的成长造成很大的心理阴影。在父母的监护人资格被撤销后，另行指定监护人时，人民法院应当从对未成年人“特殊”“优先”保护的原则和最有利于被监护人的原则出发。同时，应当听取被监护人及其亲属、居民委员会、村民委员会和民政部门的意见，根据监护能力、监护意愿、未成年人本人意愿等选择合适的监护人。在指定监护人时，可以参照《中华人民共和国民法典》第二十七条规定的未成年人的父母已经死亡或者没有监护能力的担任监护人的顺序进行考察。即应从（一）祖父母、外祖父母；（二）兄、姐等人员中优先考虑，没有前述规定的监护人的，再考虑其他愿意担任监护人的个人或者组织。另外，《中华人民共和国民法典》第一千零七十四条亦明确规定有负担能力的祖父母、外祖父母，对于父母已经死亡或者父母无力抚养的未成年孙子女、外孙子女，有抚养的义务。本案中，申请人为两未成年人的祖父，在发生涉案烧伤事故前，两未成年人也主要随祖父母生活，感情融洽。在事故发生后，两未成年人的医疗费也是由祖父母筹集，相应的护理也是由祖父母来实施，申请人也有一定的劳动能力。同时，经征求能够自主表达意愿的吴某芸的意见时，吴某芸也表示同意由其祖父母照顾，因而指定申请人作为两名未成年人的监护人最有利于他们的后续治疗和今后的健康成长。

当然，剥夺监护权只是法律设定的一种紧急救助，未成年子女的父母在相关事由消除后可以根据法律规定向法院申请恢复监护权。

编写人：江苏省兴化市人民法院　邹小敏

123　以居委会为申请人的撤销监护资格案件，能否要求指定民政部门为监护人

——M居委会诉高某某、许某某撤销监护资格案

【案件基本信息】

1. 裁判书字号

江苏省南京市江宁区人民法院（2018）苏0115民特13号民事判决书

2. 案由：撤销监护资格纠纷

3. 当事人

申请人：M 居委会

被申请人：高某某、许某某

【基本案情】

被申请人高某某系申请人 M 居委会居民，与被申请人许某某于 2016 年 3 月 21 日共同生育一子许小某。被申请人许某某因贩卖毒品罪被判处无期徒刑，现于常州市女子监狱服刑。被申请人高某某因吸毒，多次被行政处罚；2018 年 5 月 3 日，被申请人高某某被公安机关决定强制隔离戒毒两年；同日，被申请人高某某因涉嫌贩卖毒品罪被检察机关批准逮捕，现羁押于江宁区看守所。因许小某幼小无人照看，申请人 M 居委会采取临时监护措施，将其安置在母婴护理公司照料。M 居委会申请：1. 撤销被申请人高某某、许某某对许小某的监护资格；2. 指定其或民政局为许小某的监护人。

【案件焦点】

撤销监护人监护资格案件中，监护人监护资格已撤销，被监护人其他亲属就监护权归属未产生争议时，申请人是否有权申请法院指定民政部门为监护人。

【法院裁判要旨】

江苏省南京市江宁区人民法院经审理认为：许小某年幼，被申请人高某某、许某某作为其监护人，在无法履行监护职责时未将监护职责委托给他人，导致许小某处于危困状态。申请人 M 居委会对许小某采取临时监护措施后申请撤销高某某、许某某的监护资格合法有据，本院予以支持。撤销高某某、许某某监护资格后，对许小某具有监护资格的人之间可以协议确定监护人，对监护人的确定有争议的，由被监护人住所地的居民委员会或者民政部门指定监护人，有关当事人对指定不服的，可以向人民法院申请指定监护人；有关当事人也可以直接向人民法院申请指定监护人。没有依法具有监护资格的人的，监护人由民政部门担任，也可以由具备履行监护职责条件的被监护人住所地的居民委员会担任。现对许小某监护人的确定未存在争议，对许小某应承担监护职责的主体亦已由相关法律规定明确，故M居委会要求指定其或民政局为许小某监护人的申请本院不予支持。

江苏省南京市江宁区人民法院依照《中华人民共和国民法总则》第三十条、第三十一条、第三十二条、第三十六条，《中华人民共和国民事诉讼法》第一百七十八条之规定，判决如下：

一、撤销许某某、高某某为许小某的监护人的资格；

二、驳回申请人M居委会的其他申请。

现该判决已生效。因M居委会不具备履行监护职责的条件，许小某监护人由民政部门担任。

【法官后语】

本案作为《中华人民共和国民法总则》生效以来，南京市江宁区法院辖区内首起以居民委员会为申请人提起的撤销监护资格案件，判决撤销无法履行监护职责的高某某、许某某的监护资格并无争议。而监护人监护资格撤销后，被监护人的其他亲属并无履行监护职责的能力，也未就监护权归属发生争议，此时，作为申请人的居委会是否有申请法院指定民政部门为监护人的必要。

根据《中华人民共和国民法总则》第三十一条第一款规定：“对监护人的确定有争议的，由被监护人住所地的居民委员会、村民委员会或者民政部门指定监护人，有关当事人对指定不服的，可以向人民法院申请指定监护人；有关当事人也可以直接向人民法院申请指定监护人。”第三十二条规定：“没有依法具有监护资格的人的，监护人由民政部门担任，也可以由具备履行监护职责条件的被监护人住所地的居民委员会、村民委员会担任。”由此可见，居民委员会、民政部门均系有权依法指定监护人的主体，而非有权向人民法院申请指定监护人的主体。当具有监护能力的当事人之间就监护权归属无争议或被监护人没有其他具有监护资格的人作为监护人时，民政部门或具备监护条件的居委会不是人民法院指定承担监护人的对象，而是依法应担任监护人的主体。换言之，作为监护人是民政部门或有条件的居委会的法定义务，而非法定权利。

本案中，许小某因监护人无法履行监护职责且无其他亲属具有监护能力而即将陷于危殆情境，此时，其所在的M居委会及时申请撤销许小某监护人的监护资格实际已为许小某进一步办理申请社会福利的相关手续提供了法律依据。现M社区并不具备监护条件（该社区因无福利机构和专职从事保育工作的人员，只能将许小某委托收费高昂的母婴护理中心照料），民政部门即应依法担任许小某的监护人，承担对许小某的监护职责。鉴于《中华人民共和国民法总则》对监护人范围及监护责任的明确规定，M社区既不具备要求法院指定监护人的条件，又无要求法院指定监护人的必要。故，法院为避免妨害民政部门作为案外人的诉讼权利以及避免居委会与民政部门之间因是否具备监护职责条件等问题产生纠纷而延宕被监护人接受妥善监护进程的目的，依法驳回了M社区要求指定其或民政部门为监护人的诉请。本案判决作出后，民政部门已主动承担了许小某的监护责任，将许小某安置在社会福利机构，并为许小某办理了申请相关社会福利的手续。

《中华人民共和国民法典》在总则编对监护制度作出规定，充分体现对被监护人意愿的尊重，建立了以家庭监护为基础、社会监护为补充、国家监护为兜底的当代监护体系。《中华人民共和国民法典》在原《中华人民共和国民法通则》有关依法确定监护人的规定的基础上，增设遗嘱指定监护人、协议监护、意定监护等规定，发展并充实了监护人确定机制，为实现最有利于被监护人的原则提供了更大可能性。第三十二条是关于没有依法具有监护资格的人时监护人确立的规定，政府是未成年人最终的保护主体，民政部门的职责包括承担受监护被侵害未成年人的国家监护责任；同时保留了未成年人和无民事行为能力与限制民事行为能力成年人住所地的村民委员会、居民委员会担任监护人的责任，这是立足于我国国情而设立的具有中国特色的监护制度。“具备履行监护职责条件”，是指居民委员会、村民委员会有能力履行监护人的职责，代理被监护人实施民事法律行为，保护被监护人的人身权利、财产权利以及其他合法权益等。法律对履行监护人职责的能力是有很高要求的，鉴于居委会、村委会作为基层群众自治组织的性质，很可能缺乏专业人员与条件，为最大限度地保护未成年人如果出现没有依法具有监护资格的人的情况，还是首先考虑由民政部门担任监护人。

编写人：江苏省南京市江宁区人民法院　张赜　吉时

124 单位对精神障碍患者进行照顾是否构成监护法律关系

——董某全诉清华大学、精神病康复医院监护权案

【案件基本信息】

1. 裁判书字号

北京市第二中级人民法院（2017）京02民终第6829号民事判决书

2. 案由：监护权纠纷

3. 当事人

原告（上诉人）：董某全

被告（被上诉人）：清华大学、精神病康复医院

【基本案情】

原告系董某成之弟弟。董某成于1972年被分配至清华大学电机工程与应用电子技术系，后董某成生病住院。1983年7月12日至2007年1月5日，董某成因诊断为精神分裂症入住北京市安康医院治疗；2007年1月6日，董某成转至精神病康复医院进行康复治疗。2014年9月13日，董某成在精神病康复医院摔伤致骨折被送至北京北亚骨科医院进行治疗。因北京北亚骨科医院没有精神科疾病诊治能力，建议将董某成转往综合医院诊治，后精神病康复医院将董某成送至武警二院进行手术治疗，因医院需家属签字，原告认为耽误时间表示不愿意签字。在董某成被认定为精神分裂症后，由清华大学向相关医院支付费用并进行财物结算。董某成发病后，未有相关人员或者组织向相关部门申请确定为无民事行为能力人或限制民事行为能力人，亦未有相关人员或者组织为

董某成指定监护人。现原告请求法院判令二被告带董某成去医院做断肢的治疗；由第一被告向原告告知董某成自1972年至现在的财产情况（工资、奖金、奖励、工资升级、社保、公积金、住房、房屋分配、医疗等）。

庭审过程中，原告及二被告均不申请对董某成进行行为能力鉴定，亦不申请指定监护人。同时，被告清华大学称自董某成入职至依法办理退休期间，其一直向董某成发放在职工资。

另查明，董某成无配偶、子女；父母去世。

【案件焦点】

单位对精神障碍患者的照顾行为是否构成监护法律关系。

【法院裁判要旨】

北京市房山区人民法院经审理认为：本案的争议焦点为董某成与清华大学、精神病康复医院之间是否存在监护法律关系。根据《中华人民共和国民法通则》第十七条的规定，无民事行为能力或者限制民事行为能力的精神病人，由下列人员担任监护人：（一）配偶；（二）父母；（三）成年子女；（四）其他近亲属；（五）关系密切的其他亲属、朋友愿意承担监护责任，经精神病人的所在单位或者住所地的居民委员会、村民委员会同意的。对担任监护人有争议的，由精神病人的所在单位或者住所地的居民委员会、村民委员会在近亲属中指定。对指定不服提起诉讼的，由人民法院裁决。没有第一款规定的监护人的，由精神病人的所在单位或者住所地的居民委员会、村民委员会或者民政部门担任监护人。因此，在精神障碍患者有其他近亲属的情况下，精神障碍患者所在的单位不担任监护人。原告起诉称清华大学在民法通则出台前对董某成进行了监管和照顾，已经形成事实上的监护法律关系，本院认为在民法通则施行前法律、政策没有规定的，可以参照民法通则，根据民法通则规定监护人的确定需经过相关部门或者组织的指定程序，而不能以事实上的照顾和管理行为确定监护人。现原告提出的证据不足以证明被告清华大学与董某成之间形成法律上的监护关系，因此原告起诉要求被告清华大学带董某成去医院做断肢的治疗及向原告告知董某成自 1972 年至现在的财产情况（工资、奖金、奖励、工资升级、社保、公积金、住房、房屋分配、医疗等）没有法律依据，故本院不予支持。另，原告亦未提出充足证据予以证实董某成与精神病康复医院之间存在监护法律关系，因此原告要求精神病康复医院履行监护职责带董某成去医院做断肢的治疗的请求，没有事实和法律依据。

同时，本院指出，被告清华大学在单位社会职能逐渐弱化的今天依然能秉持其校训中“厚德载物”的原则，不辞辛苦，多年来对其职工董某成予以生活上的照顾和精神上的慰藉，使董某成在过去的 40 余年无人监护的处境下享受了单位所给予的温暖和人文关怀。被告清华大学发扬传统美德的行为应受到社会的传承与学习。中华民族传统美德中的团结、互助更是亲属之间行为的准则。亲属之间的行为原本负载了更多的伦理精神，在做出行为之时不能将经济利益置于首位，将人伦亲情推至幕后。精神障碍患者的监护人原本具有更多的职责和义务，作为亲属不能仅考虑利益而推脱监护责任，更应该考虑家庭亲属的互助互爱。原告为其兄长主张权利，希望原告在以后的生活中能积极传承家庭的伦理美德，承担亲属之间的义务。

北京市房山区人民法院根据《中华人民共和国民法通则》第十七条，裁定如下：

驳回原告董某全的起诉。

董某全不服一审判决，提出上诉。北京市第二中级人民法院经审理认为：本案争议焦点有二，一是董某成与清华大学、精神病康复医院之间是否存在监护法律关系，二是董某全的诉讼请求是否应当支持。

关于争议焦点一，根据法律规定，无民事行为能力或者限制民事行为能力的精神病人，由其配偶、父母、成年子女、其他近亲属以及愿意承担监护责任的关系密切的其他亲属、朋友担任监护人，愿意承担监护责任的关系密切的其他亲属、朋友担任监护人的，需经精神病人的所在单位或者住所地的居民委员会、村民委员会同意。对担任监护人有争议的，由精神病人所在单位或者住所地的居民委员会、村民委员会在近亲属中指定。对指定不服提起诉讼的，由人民法院裁决。因此在精神病人有其他近亲属的情况下，其所在单位不担任监护人，故董某全以清华大学对董某成长期照顾管理为由主张清华大学与董某成之间存在监护法律关系，同时主张精神病康复医院系董某成的实际监护人，因缺乏法律依据，均难以采信。

关于争议焦点二，董某全以清华大学、精神病康复医院应当对董某成履行监护职责为由，主张由清华大学、精神病康复医院对董某成进行治疗，缺乏合法依据。对于董某全要求清华大学告知其董某成相关财产信息一节，鉴于董某全系以非董某成监护人的身份提出此项请求，故清华大学没有向其告知董某成财产信息的义务。董某全的诉讼请求，没有法律依据，应予以驳回。

北京市第二中级人民法院根据《中华人民共和国民法通则》第十七条、《中华人民共和国民事诉讼法》第一百七十条第一款第二项之规定，判决如下：

一、撤销北京市房山区人民法院（2016）京 0111 民初第 10468 号民事裁定；

二、驳回董某全的全部诉讼请求。

【法官后语】

监护是对无民事行为能力人和限制民事行为能力人的人身和财产权益进行监督、管理和保护，弥补其民事行为能力不足的民事制度。在审判实务中，无民事行为能力人或限制民事行为能力人在监护关系尚未确定而又遭受人身、财产损害时，其权利往往无法得到充分保障。本案是依据《中华人民共和国民法通则》进行裁判的。在 2021 年 1 月《中华人民共和国民法典》实施后，新的法律规定对监护行为及监护权进行了系统全面的规定。

具体到本案中，主要涉及以下三个问题：

一、精神障碍患者是否当然成为被监护人

《最高人民法院关于贯彻执行〈中华人民共和国民法通则〉若干问题的意见（试行）》规定，对于当事人是否患有精神病，人民法院应当根据司法精神病学鉴定或者参照医院的诊断、鉴定确认。在不具备诊断、鉴定条件的情况下，也可以参照群众公认的当事人的精神状态认定，但应以利害关系人没有异议为限。本案中，董某全及双方当事人虽然没有申请做司法鉴定，但董某成因诊断为精神分裂症入住北京市安康医院治疗。2007 年 1 月 6 日至今，董某成转至精神病康复医院一直进行康复治疗，双方当事人对于董某成精神障碍患者的情况均予以认可。故法院也可根据当事人公认的精神状态进行认定。

精神障碍患者通常不具有从事民事交往活动所必需的智商和心

理状态，所以《中华人民共和国民法通则》将被监护人的范围限定为未成年人和“无民事行为能力或者限制民事行为能力的精神病人”两类。本案依据《中华人民共和国民法通则》裁判确认董某全属于被监护人范围。

值得注意的是，新实施的《中华人民共和国民法典》第二十一条、第二十二条对《中华人民共和国民法通则》第十三条规定进行了较大改动，将“不能辨认自己行为的精神病人”修改为“不能辨认自己行为的成年人”“不能完全辨认自己行为的成年人”。将精神障碍者、智力障碍者、身体障碍者以及老年人因精神上、心理上、身体上的疾病等原因而不能辨认或者不能完全辨认自身行为的成年人归入无民事行为能力人、限制民事行为能力人范畴，依程序被认定为被监护人，从而扩大了被监护人的范围。也就是说，依据《中华人民共和国民法典》，是否属于被监护人的范围，应以民事行为能力为标准。董某全在40多年前被确诊为精神分裂症，经过多年的康复治疗，其是否依然为无民事行为能力人或限制民事行为能力人，是否当然属于被监护人的范围，笔者认为“不能辨认自己行为”应为一种客观状态，需考虑其实际行为能力，经利害关系人申请认定后再确定为妥。

实务中存在成年人客观上已经符合无民事行为能力或限制民事行为能力认定标准，但没有利害关系人或利害关系人不愿向法院提出认定申请的情形。如果任由该情形发展下去，则一方面不利于保护该成年人的合法人身或财产权益，另一方面不利于维护交易安全，也不能实现对他人合法权益、社会公共利益造成侵害的归责。更重要的是，如果该成年人不被认定为无民事行为能力人或限制民事行为能力人，则无法及时确定其监护人。

比较《中华人民共和国民法通则》,《中华人民共和国民法典》总则编第二十四条的规定将申请认定行为能力的主体增加了“有关组织”，并列举了“有关组织”的范围，为成年被监护人补充了家庭监护之外的社会监护。本案中，原告董某全及精神病康复医院均可以申请认定董某成的民事行为能力。经人民法院认定后，董某成的民事行为能力才能成为确定状态，进而可以按照《中华人民共和国民法典》第二十八条之规定，按顺序担任监护人，防止具有监护资格的人之间相互推诿。

二、单位对精神病职工的照顾行为是否属于监护行为

无论是《中华人民共和国民法通则》第十七条，还是修改后的《中华人民共和国民法典》第二十八条，均没有将精神障碍患者所在单位及治疗医院明确列为监护人的范围。即使单位出于对职工道义上的责任、医院出于对病人治疗的责任而对其进行长期的照顾，这种照顾行为也不属于监护行为。本案中，清华大学出于对本单位职工董某成的关心爱护而帮助其进行治疗并协助进行医疗费用的报销，但不能以此说明董某成与清华大学之间存在监护法律关系。同样，精神病康复医院也仅仅是对病人的止常治疗照看，个存在事实监护的情形。

值得探讨的是，《中华人民共和国民法典》第二十八条规定修改为，无民事行为能力或者限制民事行为能力的成年人，由下列有监护能力的人按顺序担任监护人：（一）配偶；（二）父母、子女；（三）其他近亲属；（四）其他愿意担任监护人的个人或者组织，但是须经被监护人住所地的居民委员会、村民委员会或者民政部门同意。根据该条强制性规定，监护人应为有监护资格的人依顺序确定，只有不存在前一顺序的监护人或者前一顺序的监护人没有监护能力

的情况下，后一顺序的人才有资格成为实际的法定监护人，因此《中华人民共和国民法典》直接以法定顺序的形式来确定监护人，减少了确定监护人的程序问题，以防止具有监护资格的人之间互相推诿。如两个或者两个以上具有监护资格的人均愿意担任监护人的情况下，依据规定的顺序确定监护人或者进行协商，协商不成的根据规定的监护争议解决程序处理。本案中，根据《中华人民共和国民法典》的规定，董某成父母去世且无配偶和子女，其近亲属——胞弟董某全就应当依顺序成为监护人。董某全作为近亲属，却仅考虑利益而推脱监护责任，没有承担亲属间的帮扶义务，不能积极传承家庭的伦理美德，是不被提倡的。

三、非监护人的近亲属是否具有诉讼资格

虽然原告董某全是董某成的近亲属，但两者是完全独立的民事主体，原告董某全对董某成也没有法律上的监护关系。那么，董某全作为非监护人，是否可以认为近亲属的人身财产权遭受损害而具有诉讼资格呢？

监护权纠纷是指因行使监护权而发生的民事争议。监护权纠纷除监护权人认为其依法行使的监护权被他人侵害引发的纠纷外，还应包括监护人怠于行使监护权或侵害了被监护人合法权益，其他有监护资格的人或者单位向人民法院起诉，要求监护人承担民事责任而引发的纠纷。

本案中，原告董某全认为清华大学和精神病康复医院是哥哥董某成的监护人，且监护人没有正当行使监护权，致使被监护人董某成受到人身损害，故董某全作为近亲属起诉“监护人”，董某全是本案的适格主体。

编写人：北京市房山区人民法院　郭艳茹　曾慧

125 如何确定未成年人的指定监护人

——北京市西城区民政局诉刘某申请撤销监护人资格案

【案件基本信息】

1. 裁判书字号

北京市海淀区人民法院（2017）京0108民特第531号民事判决书

2. 案由：申请撤销监护人资格纠纷

3. 当事人

申请人：北京市西城区民政局

被申请人：刘某

【基本案情】

被申请人刘某于2002年捡拾一名刚出生不久的女婴，取名为小芳（女，未成年人），并正式办理收养手续。北京市西城区民政局诉称，刘某作为监护人长期对小芳实施辱骂、殴打等家庭暴力行为，强迫其彻夜捡拾废品导致睡眠严重不足影响休息、学习，且刘某怠于履行监护职责，放任其男友王某对小芳进行暴力殴打，并导致小芳多次遭受他人犯罪侵害，处于危困状态。而西城区民政局所属的西城区救助管理咨询站作为临时庇护机构，近一年来对小芳给予了及时有效的临时监护、生活照顾、学习帮助，故申请撤销刘某监护人资格并由西城区民政局作为小芳的监护人。刘某辩称，不同意西城区民政局要求撤销她监护人资格的申请，其没有打骂小芳，也没有因监护不力导致小芳遭受他人犯罪侵害，其愿意继续抚养小芳直至成年。

【案件焦点】

西城区民政局是否符合条件申请作为小芳的指定监护人。

【法院裁判要旨】

北京市海淀区人民法院经审理认为：父母或者其他监护人应当为子女创造良好、和睦的家庭环境，依法履行对未成年人的监护职责和抚养义务，禁止对未成年人实施家庭暴力。被申请人刘某系小芳养母，作为监护人长期对小芳实施辱骂、殴打等家庭暴力行为，强迫其彻夜捡拾废品导致睡眠严重不足影响休息、学习。且刘某未尽监护义务，致使小芳在2010年至2016年间多次被家庭成员于某强奸，并放任其男友王某长期辱骂、暴力殴打小芳，严重侵害了小芳的合法权益，损害了未成年人的身心健康。鉴于刘某不仅本人长期实施严重损害被监护人小芳身心健康的行为，且怠于履行监护职责，导致小芳多次遭受王某的暴力伤害和于某的犯罪侵害，处于危困状态，确属依法应撤销其监护人资格的情形。

父母是未成年子女的监护人。未成年人的父母已经死亡或者没有监护能力的，由下列有监护能力的人按顺序担任监护人：（一）祖父母、外祖父母；（二）兄、姐；（三）其他愿意担任监护人的个人或者组织，但是须经未成年人住所地的居民委员会、村民委员会或者民政部门同意。小芳自幼被刘某捡拾并办理收养手续，本案不具备符合上述法律规定的依法具有监护人资格的其他个人或组织。判决撤销监护人资格，未成年人有其他监护人的，应当由其他监护人承担监护职责，没有依法具有监护资格的人的，监护人由民政部门担任，也可以由具备履行监护职责条件的被监护人住所地的居民委员会、村民委员会担任。西城区民政局所属的西城区救助管理咨询站作为临时庇护机构，自 2016 年 10 月至今，积极履行庇护照料职责，对小芳给予了及时有效的临时监护、生活照顾、学习帮助，并聘请专业社工对小芳进行心理疏导、情感抚慰等观护教育辅导。根据最有利于未成年人的原则，为维护小芳的合法权益，综合考虑其本人意愿，申请人北京市西城区民政局申请撤销被申请人刘某为小芳的监护人资格，由申请人北京市西城区民政局担任小芳的监护人的理由成立，本院予以支持。

北京市海淀区人民法院依照《中华人民共和国民法总则》第二十七条、第三十二条、第三十六条，《中华人民共和国反家庭暴力法》第二十一条第一款，《中华人民共和国未成年人保护法》第十条、第五十三条以及《中华人民共和国民事诉讼法》第一百七十八条之规定，判决如下：

一、撤销刘某为小芳的监护人的资格；

二、指定北京市西城区民政局为小芳的监护人。

本判决已生效。

【法官后语】

西城区民政局作为撤销监护权的申请人，同时又申请作为指定监护人，西城区民政局能否作为小芳的指定监护人，又该如何认定。

《中华人民共和国民法典》第三十二条规定：没有依法具有监护资格的人的，监护人由民政部门担任，也可以由具备履行监护职责条件的被监护人住所地的居民委员会、村民委员会担任。民政部门要作为监护人，承担起国家兜底监护的责任，应当考虑以下因素：

首先，当下要缺乏具有监护资格的人。指定监护人是在配偶、父母、成年子女、其他近亲属、关系密切的其他亲属几个序列无法实现的前提下产生的。本案中，未成年人小芳曾是被刘某捡拾来的弃婴，其亲生父母及近亲属已无法查知。另，刘某作为其养母，已被撤销监护资格，目前小芳身边缺乏具有监护资格的人。

其次，“儿童最大利益”作为未成年保护的首要原则，落实到监护制度当中，即《中华人民共和国民法典》规定的“最有利于被监护人原则”。西城区民政局要成为指定监护人，必须符合“最有利于被监护人原则”。一方面，西城区民政局作为小芳原先居住地的民政部门，相对比较了解小芳的家庭关系、健康状况等，适宜担任监护人，同时也符合民政部门的性质和职责。另一方面，西城区民政局的人员、经费等条件比小芳所在的居委会相对充裕，且西城区民政局所属的西城区救助管理咨询站作为临时庇护机构，自 2016 年以来始终积极履行庇护照料职责，对小芳给予了及时有效的临时监护、生活照顾、学习帮助，并聘请专业社工对小芳进行心理疏导、情感抚慰等观护教育辅导。因此，相对于居委会或村委会而言，西城区民政局具有更好的监护能力，能够更好地承担起监护责任，有利于保障小芳的合法权益。

最后，尊重被监护人的真实意愿。随着监护功能定位的转变，我国监护制度也在最大限度地尊重被监护人的真实意愿。为了解小芳的生活近况和个人意愿，承办法官决定到小芳接受紧急庇护的场所登门探访。同时鉴于小芳长期遭受家庭暴力以及他人犯罪侵害，身心健康严重受损。为帮助她走出童年的心理阴影，法官专门聘请北京市青少年法律心理咨询中心的心理专家一同前往。考虑到小芳是初三学生，课业压力繁重，法官一行于工作日晚上七点赶赴西城区救助站，通过实地考察及与帮扶社工座谈，了解了小芳一年来接受紧急庇护期间的生活居住环境及学习、成长情况等。通过面对面的交流谈心，心理专家及时洞察了小芳不想再面对刘某的心理顾虑，予以了循循善诱的心理抚慰和支持。小芳向法官袒露了自己的心声，勇敢表达自己的真实意愿，表示同意西城区民政局作为自己的指定监护人。

综上，在依法撤销刘某为小芳的监护人的资格后，指定北京市西城区民政局为小芳的监护人。

编写人：北京市海淀区人民法院　宋小盟

126　未成年人监护权的撤销和变更指定

——上海市儿童临时看护中心诉沈某敢、昌某莎撤销监护人资格案

【案件基本信息】

1. 裁判书字号

上海市宝山区人民法院（2017）沪0113民特第107号民事判决书

2. 案由：申请撤销监护人资格纠纷

3. 当事人

申请人：上海市儿童临时看护中心

被申请人：沈某敢、昌某莎

第三人：颍上县社会（儿童）福利院

【基本案情】

被申请人沈某敢、昌某莎原系夫妻，2013年2月22日，生育一子名沈某杰（未报户籍）。2015年3月9日，被申请人沈某敢、昌某莎经民政部门协议离婚，约定孩子沈某杰由被申请人沈某敢抚

养。2015 年 6 月 24 日，群众发现沈某杰被丢弃在上海市宝山区泗塘四村 46 号底楼楼道内，遂报警。公安机关接报后于次日将被监护人沈某杰送至宝山区中西医结合医院看护，同年 7 月 15 日转送至申请人处。其间，公安机关多次要求沈某敢将被监护人沈某杰领回抚养，但沈某敢均以没有能力为由拒绝抚养。沈某杰的生母昌某莎则下落不明。2016 年 6 月 24 日，公安机关对沈某敢作出行政警告处罚。2017 年 6 月，上海市宝山区人民法院以遗弃罪判处被申请人沈某敢有期徒刑一年。被监护人沈某杰尚且年幼，无民事行为能力，需监护人履行监护职责，因被监护人未报户籍，而其父母户籍均在安徽省，经申请人与安徽省民政部门沟通，现第三人可作为沈某杰的监护人。因此，申请人请求撤销被申请人沈某敢、昌某莎的监护人资格，指定第三人为沈某杰的监护人。

申请人上海市儿童临时看护中心向本院提出申请：1. 请求撤销被申请人沈某敢、昌某莎作为被监护人沈某杰（看护中心取名为“秦某一”）的监护人资格；2. 请求指定第三人颍上县社会（儿童）福利院作为沈某杰的监护人。

被申请人沈某敢称，申请人所述孩子沈某杰的情况属实。孩子从小由自己母亲帮助抚养，自己与昌某莎离婚后，自己母亲不愿意也无法再帮助抚养孩子，现自己身体又有残疾，工作不稳定，收入不高，在上海又没有住房，无法履行监护职责。经考虑，同意申请人的请求。

被申请人昌某莎未作答辩。

第三人颍上县社会（儿童）福利院同意申请人的请求，愿意担任被监护人沈某杰的监护人。

【案件焦点】

是否应该撤销被申请人监护权人的资格。

【法院裁判要旨】

上海市宝山区人民法院经审理后认为，父母是未成年子女的法定监护人，有保护未成年人身体健康、照看未成年人生活等义务。未成年人的健康成长关系到祖国的未来和希望，关系到社会发展的稳定和谐。父母对子女的抚养不仅是血缘亲情的表现，更是应当承担的法定义务。被申请人沈某敢、昌某莎对年幼没有独立生活能力的沈某杰负有抚养义务而拒绝抚养，未尽到监护责任，为保护被监护人沈某杰的身心健康及权益，本院依法准许申请人撤销被申请人沈某敢、昌某莎监护人资格的申请，指定第三人作为沈某杰的监护人，更好地保障沈某杰的生命健康权、受教育权等民事权利。据此，依照《中华人民共和国民法总则》第三十六条及《中华人民共和国民事诉讼法》第一百七十八条之规定，判决：

一、撤销被申请人沈某敢、昌某莎为沈某杰的监护人的资格；

二、指定第三人颍上县社会（儿童）福利院为沈某杰的监护人。

本判决为终审判决。

【法官后语】

本案中，涉案未成年人的父母离婚后，孩子抚养权归父亲，并跟随父亲生活。然而，孩子的父母皆未尽抚养和监护义务，将孩子随意丢弃，在公安机关多次要求未成年人父亲带回孩子无果并进行行政处罚后，孩子父亲仍然拒绝带回，造成未成年人在申请人处滞留长达2年。在未成年人另一法定监护人母亲下落不明、其他亲属又拒绝担任监护人的情况下，上海市儿童临时看护中心提起撤销监护权诉讼，并在与被申请人户籍所在地民政部门沟通后，经法院程序，指定第三人颍上县社会（儿童）福利院担任孩子的监护人。

一、从“沉睡”到彻底苏醒：新旧法衔接

随着全社会对于儿童个体权利的逐渐重视，抚养孩子不仅是“家事”，更是“国家的事”这一观念逐渐被人们所接受。儿童的最高监护权在国家逐渐成为国际准则的国家监护主义（国家亲权）理念得到普及，父母不再独享监护权。监护权的缺位对于未成年人的生存、生活、学习都将产生巨大的负面影响，对未成年人监护权的行使不仅是权利，更是责任与义务。

1987 年《中华人民共和国民法通则》第十八条就规定：人民法院可以根据有关人员或者单位的申请，撤销监护权。2006 年《中华人民共和国未成年人保护法》第五十三条规定：父母或者其他监护人不履行监护职责或者侵害被监护的未成年人的合法权益，经教育不改的，人民法院可以根据有关人员或者有关单位的申请，撤销其监护人的资格，依法另行指定监护人。但是上述条款因为主体责任不明确、程序不明朗等原因缺乏可操作性，被学者和实务界人士戏称为“僵尸”条款。总的来说，撤销监护权最主要的两个难点即在于“谁来提、谁来接”的问题。2015 年 1 月 1 日实施的两高两部《关于依法处理监护人侵害未成年人权益行为若干问题的意见》（以下简称《意见》）被称为唤醒撤销监护权沉睡条款之举。《意见》出台实施后，各地撤销未成年人监护权的案件不断涌现。2017 年《中华人民共和国民法总则》第三十六条也规定了相应的撤销监护权和临时监护的条款。《中华人民共和国民法典》（以下简称《民法典》）第三十六条继续保留了相关法条。

本案及之前由上海市静安区人民法院审理的上海市首例民政部

门提起申请撤销监护权案件中，皆是由上海市儿童临时看护中心提起申请。本案更是在考虑综合情况，由两地民政部门沟通后，法院异地指定第三人颍上县社会（儿童）福利院作为被监护人新监护人。

二、基本法理：儿童利益最大原则

父母是孩子天生的最好监护人。剥夺撤销父母或近亲属等的监护权属于不得已为之的“无奈”抉择。在诸如由于父母的虐待或忽视，或父母分居而必须确定儿童居住地点的特殊情况下，这种裁决可能有必要。撤销监护权的标准应当始终围绕“儿童最大（佳）利益”理念。实践中，撤销监护权的适用情况一般有：

（一）对于未成年人主动实施的伤害行为。主要表现在性侵、遗弃、虐待、故意伤害被监护人等。一般在撤销监护权特殊程序民事案件前都会涉及监护人刑事案件，如本案中监护人最终被判处遗弃罪。

（二）监护人怠于履行抚养和监护义务的行为。例如将未成年人置于无人监管和照顾的状态，导致未成年人面临死亡或者严重伤害的；不履行监护职责6个月以上，导致未成年人生活无着落。

（三）利用未成年人进行违法犯罪和恶意谋利等行为。例如教唆、利用被监护人进行卖淫行为，胁迫、诱骗未成年人进行乞讨、盗窃等。2017年6月，安徽省蚌山区人民法院审理的全国首例异地撤销监护权案例中，因8岁湖南籍幼童在安徽被盗窃团伙唆使盗窃，后被公安机关送至蚌埠市救助管理站，蚌埠市救助管理站向当地法院申请撤销孩子父母监护权，并指定孩子爷爷奶奶为监护人。2017年12月，湖南省道县法院审理的全国首例检察机关督促异地撤销监护权案件中，就是上海检察机关在处理盗窃犯罪团伙中，发现两名幼童被父母送入盗窃团伙参与盗窃活动，后公安机关将孩子送回原籍，检察机关向当地政府发出检察建议，督促当地职能部门撤销孩子父母监护权。

从父母或家人身边将孩子带离交给国家、集体有关组织或者其他个人监护，必须谨慎。在本案中，法院针对被监护人的亲属等进行了充分的走访调查，对被监护人的祖母做了工作，但最后祖母表示无力监护，也确实不适合监护，而其父亲除实施遗弃被监护人外，在经济条件等方面也确实欠缺能力，母亲更是多次表示放弃抚养孩子且下落不明，无其他亲属或关系密切的人愿意和有能力担任监护人。综合考虑，由民政部门下的儿童福利院作为其监护人最为合适，也保留了以后寄送、送养符合条件的家庭个人的可能性。

三、适用难点：如何更加完善撤销监护权制度

在处理撤销变更监护权案件中，要尽最大努力使未成年人尽快脱离无人监护的状态。本案中，从公安部门到检察院、法院、民政部门，体现了跨专业、跨部门、跨地域特点，检察院出庭支持起诉，法律援助中心指派援助律师，前后工作衔接紧密，尤其是上海和安徽两地的民政部门高效率的沟通合作，得以快速确定撤销后的监护人。从撤销到落实指定监护人整个过程相对顺畅。

第一，赋予儿童福利机构等救助性组织临时监护的功能。一般来说，在撤销监护权之前，应对监护人侵害未成年人的行为进行及时、有效的干预，必要时可将未成年人暂时寄养在临时照管机构。2021 年新修订的《中华人民共和国未成年人保护法》第九十二条规定了临时监护的相关事宜，给予监护人一定的观察期。在实际操作中，从发现监护人侵害行为到撤销监护人监护权应当设立合理的过渡缓冲期间，否则很容易从以前的“不敢管”滑向简单机械地直接撤销。临时监护等措施需要坚强的儿童福利资源作支撑。2015 年 7

月，上海市徐汇区成立了儿童福利指导服务中心，对儿童信息、福利帮扶等进行监测报告。2017 年 12 月，北京市民政局成立儿童福利和保护处，负责儿童福利、收养和保护等工作。各地民政福利部门的努力，让撤销监护权制度“底气”更足。

第二，指定监护后赋予未成年人更多的生活选择方式。要探索强制剥夺、自愿撤销、委托转移、直接申请指定等多种监护权变更模式。对于孩子成长，最好就是使其置于正常的家庭环境中。2015 年 2 月，在江苏徐州铜山区人民法院判决的全国首例民政部门申请撤销监护人资格案件中，虽然监护权最后由民政局取得，但在经过各种调查评估后，发现使涉案未成年人继续生活在临时照顾的好心人张某家中更有利于孩子的成长，所以最后以民政局担任监护人、民政局授权个人助养未成年人的方式，继续保持被监护人生活的稳定性。在指定监护人方面，需要特别尊重听取未成年人尤其是 8 周岁以上未成年人的意愿。在后续的帮教回访中，还要充分发挥社会组织和人员的力量。

第三，加强指定监护后未成年人监护情况的监督考察。撤销监护权是未成年人监护制度的最后一张“底牌”，是极端情况下的特别措施。实践中，对于有心无力的监护人，在撤销转移监护权后，也要保留撤销回转的可能性。《民法典》第三十七条规定了依法负担被监护人抚养费的监护人，被人民法院撤销监护人资格后，应当继续履行负担的义务。2021 年新修订的《中华人民共和国未成年人保护法》第九十三条也规定临时监护期间，经民政部门评估，监护人重新具备履行监护职责条件的，民政部门可以将未成年人送回监护人抚养。相关规定要求撤销监护权案件需要有足够向后延伸的工作。

编写人：上海市宝山区人民法院　周羚敏

（十三）探望权纠纷

127 探望权的变更应以“最大化保护子女利益”原则为重要依据

——王甲诉王乙探望权案

【案件基本信息】

1. 裁判书字号

北京市丰台区人民法院（2020）京0106民初23330号民事判决书

2. 案由：探望权纠纷

3. 当事人

原告：王甲

被告：王乙

【基本案情】

王甲与王乙于2012年2月22日登记结婚，2015年4月14日生育一子王丙。从2016年1月2日开始，王甲与王乙分居至今，王丙随王乙及祖父母共同生活。王甲与王乙均为听力及语言多重残疾人，王乙残疾等级为二级，王甲残疾等级为一级。2018年，王乙诉至法院要求与王甲离婚，并处理王丙的抚养问题及分割夫妻共同财产。2019年6月25日，法院判决，婚生子王丙由王乙抚养，王甲自2019年7月起每月给付抚养费400元，自王丙年满18周岁止。自本判决书生效之日起，王甲每月前往王丙居所对其进行探望2次，王乙应予协助。该判决现已生效。现王甲以王乙在离婚后无故阻挠其行使探望权为由，向法院提出诉讼请求，要求变更探望方式为每月探望王丙两次，时间为每月第二个周六、周日，第四个周六、周日，周六上午10时接走，周日下午3时送回。另查，王丙患有先天性的大前庭导水管综合征，如照料不周，可能导致听力损伤。在王丙多次就医的病历中，相关医嘱均要求："保护听力，避免头部磕碰及头部剧烈晃动，避免哭闹。"

【案件焦点】

1. 在没有新证据、新事实的情况下，是否可以变更探望权行使方式；2. "最大化保护子女利益"原则适用于探望权变更的关键要素有哪些。

【法院裁判要旨】

北京市丰台区人民法院经审理认为：离婚后，不直接抚养子女的父或者母，有探望子女的权利，另一方有协助的义务。行使探望权利的方式、时间由当事人协议，协议不成时，由人民法院判决。已生效的判决书已对王丙的探望方式进行确定，王甲在本案提交的证据材料均已在上述案件中提交过，承办法官在作出上述判决时已综合进行考量，现王甲未提供证据证明在上述判决作出后，出现新情况影响其实现生效判决确定的探望权利进而需要更改探望方式，并且鉴于王丙的门诊病历中的医嘱对王丙的日常照料提出了高于一般儿童的要求。综上，现暂不宜按照王甲的要求变更探望方式。依照《中华人民共和国婚姻法》第三十八条之规定，判决如下：

驳回王甲的诉讼请求。

【法官后语】

探望权，是指父母离婚后，不直接抚养子女的一方依法享有对未与之共同生活的子女进行探视、看望、交往的权利。[①]《中华人民共和国民法典》（以下简称《民法典》）第一千零八十四条明确规定了父母离婚后其与子女之间的权利义务关系，其立法目的在于明确父母抚养、教育和保护子女的义务不会因父母婚姻关系的消灭而受到影响，未直接抚养子女的一方享有对子女的探望权利并承担一定的抚养费用。

一、探望权立法的价值属性

探望权作为落实未成年子女监护制度的重要内容，是父母在离婚后履行对于子女抚养、教育、保护义务的重要基础条件。《民法典》第一千零八十四条第三款对于抚养权的规定，意味着不与子女一起生活的一方享有探望子女的权利。与此对应的是，《民法典》第一千零八十六条对探望权进行了规定，其内容基本沿袭了原婚姻法第三十八条中关于探望权的规定，即“离婚后，不直接抚养子女的父或者母，有探望子女的权利，另一方有协助的义务”。事实上，直接抚养子女一方的抚养权和未直接抚养子女一方的探望权，共同构成了离婚后父母对子女亲权的主要内容。[②]《民法典》将探望权确定为亲权范畴，并不意味着探望权仅是父母的权利，其更为重要的目的是最大化保护子女利益。

最大化保护子女利益，是指最大化地考量和保护未成年子女的精神和物质利益。在日常生活中，父母作为子女的启蒙老师，其价值判断和言行举止直接对子女成长产生影响，尤其是离异家庭的未成年子女，在心智未成熟的前提下，心理承受能力更加敏感脆弱，

---

① 马俊驹、余延满：《民法原论》，法律出版社2010年版，第849页。

② 最高人民法院民法典贯彻实施工作领导小组主编：《中华人民共和国民法典婚姻家庭编继承编理解与适用》，人民法院出版社2020年版，第298页。

父母的离异情况极易对其产生负面影响。因此，探望权作为父母履行抚养义务的重要媒介，在确定、变更探望权的方式和内容过程中，应体现最大化保护子女利益的价值取向，由“夫妻双方本位”向“子女个人本位”转变，减少父母离异对子女成长的消极影响，尽可能为子女的健康成长提供良好的条件。

二、探望权的基本内容

依据《民法典》及相关司法解释，探望权围绕最大化保护子女利益原则，基本内容可分为成立条件、具体内容和中止探望权等方面。其中，探望权的成立条件可以由当事人进行协议约定，当协议不成时，由人民法院进行判决确定。探望权的内容具体包括主体、时间、地点、方式等具体内容要素。主体要素包括未成年子女、直接抚养子女的父或母及其他对未成年子女负担抚养、教育义务的法定监护人。时间、地点要素为具体行使探视权所涉及的时间、地点的内容。方式要素为行使探视权的具体方式，在实践中可分为以下三种类型：第一种是直接探视型，即探望权人直接前往子女居住场所进行探视。本案中，王甲直接到王乙居住处对婚生子王丙进行探视，即为该种情形。第二种是共同生活型，即探望权人将子女直接带到自身居住场所一起共同生活一段时间，并由探望权人对子女进行照料。第三种是陪伴交流型，即探望权人在第三方地点与子女进行见面、交流。此外，《民法典》第一千零八十六条第三款基于最大化保护子女利益原则，明确了探望权中止的情形，即当未抚养子女的一方存在不利于子女身心健康的情形，① 应依法中止其探望权。

① 《中华人民共和国民法典》第一千零八十六条第三款：“父或者母探望子女，不利于子女身心健康的，由人民法院依法中止探望；中止的事由消失后，应当恢复探望。”

三、司法实践中处理探望权变更的关键要素

我国立法并未明确探望权变更的具体情形，但在司法实践中，探望权的内容也随着双方抚养条件、子女身体条件、子女成长需要等因素的变化，由双方当事人进行约定变更或向人民法院提起诉讼进行变更。这对于前者而言，应当首先允许当事人就探望权内容变更进行约定，而对于进入司法程序的后者，人民法院基于最大化保护子女利益原则，应重点结合以下情况进行判断：(1）是否有利于最大化保护子女成长。积极为子女营造良好的成长条件，是当事人行使探望权的重要条件。因此，应重点审查双方当事人的实际情况，本着有利于子女成长原则确定是否变更探望权的方式、时间。(2）尊重当事人的意思自治原则和协商原则。探望权属于私权属性，在双方当事人针对探望权产生纠纷时，法院应当秉持协商解决优先，鼓励双方通过自主协商实现纠纷实质性化解。(3）考虑未成年子女生活条件变化对其构成的影响。如果当事人在离婚前处于长期分居，未成年子女长期随一方生活，且该生活状态对未成年子女未产生不利影响，应维持其现有生活的稳定性和连贯性。同时，还可以考虑祖父母、外祖父母对孙子女、外孙子女表现疼爱的“隔代亲”影响，尤其是未成年子女长期随祖父母或者外祖父母共同生活，且祖父母或者外祖父母愿意和有能力帮助子女履行抚养义务的，可以作为优先条件予以考虑。(4）兼顾有利于探望权的实现。变更探望权内容的基础在于发生新事实、新情况，且新事实、新情况导致原有探望权的行使已不利于子女的健康成长。在原有判决已经基于从子女利益最大化的角度对探望权进行明确的前提下，作为案件原告方应该就判决作出之后需变更探望权内容的新事实、新情况承担举证责任。

结合以上几个方面的分析，具体到本案中，王甲和王乙就探望权变更未能达成协议，故诉至法院。对于涉及的探望权变更问题，可从以下方面进行分析：首先，从保护子女成长角度来看，婚生子女王丙因患有先天性的大前庭导水管综合征，可能对其听力造成损伤，对其日常照料和外界保护提出高于照顾一般儿童的要求。而王甲与王乙均是耳聋残疾，且均同父母居住，无自身独立的居所，两者条件相似，且在王丙患有先天性疾病的前提下，从医学角度上看应尽量避免外界刺激，在无特殊情形之下，应以维持原先生活状况为宜。其次，从子女现有生活条件来看，王丙从王甲和王乙在2016年开始分居至今一直随着祖父母、王乙一起生活，在此期间也没有严重不利于王丙健康成长的情形。最后，从有利于探望权实现角度来看，王甲仅对原先案件的证据材料进行提交，未提供出现新情况需要更改探望方式的证明，故缺少变更探望权的事实基础。因此，综上几个方面的考量，法院作出暂不按照王甲要求变更探望权的判决。

编写人：北京市丰台区人民法院　陈志博　郑娟

128　祖父母、外祖父母的隔代探望权依法应予保护

——张某、梁某诉吕某探望权案

【案件基本信息】

1. 裁判书字号

北京市朝阳区人民法院（2020）京0105民初11661号民事判决书

2. 案由：探望权纠纷

3. 当事人

原告：张某、梁某

被告：吕某

【基本案情】

张甲系张某、梁某的独生女。吕某与张甲于2013年4月20日登记结婚，于2015年1月5日生育一女吕乙。

张甲、吕某婚后在北京居住，吕乙亦在北京出生。张某、梁某经常居住地位于天津。

吕乙出生后，张某、梁某及吕某的父母即开始轮流来北京协助吕某、张甲抚养吕乙。吕乙两个月大时，张某、梁某还将吕乙带至天津抚养半年。将吕乙送回北京后，二人还是经常来北京参与对吕乙的照顾和养育。

2019年2月7日，张甲因一氧化碳中毒去世。后吕乙由吕某抚养。同年端午节期间，吕乙在天津和张某、梁某同住一周。10月，张某、梁某到北京吕某的住处，与吕某发生口头冲突，张某、梁某此后未再探望吕乙。目前，吕乙就读于吕某住所附近的幼儿园。

张某、梁某诉至法院，认为二人将吕乙从小带大，张甲的去世对二人打击很大，吕某还不允许二人探望吕乙，给二人造成更大的伤害，故要求：每年寒暑假及“五一”“十一”长假安排吕乙在天津逗留，以便张某和梁某探望吕乙。吕某表示经查询相关法条，张某、梁某作为外祖父母在法律上没有探望权，二人可以短期来京探望，不同意假期探望。

【案件焦点】

1. 张某、梁某是否享有对吕乙的探望权；2. 张某、梁某如果享有探望权，则行使探望权的方式应如何确定。

【法院裁判要旨】

北京市朝阳区人民法院经审理认为：首先，《中华人民共和国婚姻法》规定，夫妻离婚的不直接抚养子女的一方享有探望权。该规定虽未赋予父母之外的其他亲属以探望权，但也未作否定性禁止。本案中，张某、梁某具有经常照料、养育吕乙的事实。祖辈与孙辈在长期的共同生活中，形成了生活上和感情上的相互依赖。尤其是张某、梁某之独女张甲的早逝，更使吕乙成为张某、梁某重要的精神寄托和牵挂。吕乙在失去母亲后若仍能得到外祖父母的关爱，也有利于其健康成长。故张某、梁某提出的隔代探望诉求，不违反法律规定，符合我国尊老爱幼的家庭伦理道德，有利于未成年人的身心健康，应当予以支持。

其次，对未成年人行使探望权，既应有利于维系亲子关系，也应不影响未成年人的正常生活。吕乙居住在北京，年纪尚幼，对熟悉环境的依赖度较高，张某、梁某应以到北京探望更为妥当。本院将权衡当事人的各自主张，考虑实际情况，对探望频次和时间予以确定。

北京市朝阳区人民法院依照《中华人民共和国民法总则》第三条、第八条，《中华人民共和国婚姻法》第三十八条规定，作出如下判决：

一、原告张某、梁某于本判决生效之月的第一个星期六开始（若已错过，则自判决生效之月的下一个月的第一个星期六开始），每两个月至被告吕某处探望吕乙两天（星期六和星期日），探望期间原告张某、梁某可自行安排与吕乙相处，但不得将吕乙带离北京，被告吕某需予以配合；

二、原告张某、梁某于本判决生效后每年的“五一”假期可至被告吕某处探望吕乙两天，每年的“十一”假期可至被告吕某处探望吕乙三天，探望期间原告张某、梁某可自行安排与吕乙相处，但不得将吕乙带离北京，被告吕某需予以配合；

三、驳回原告张某、梁某的其他诉讼请求。

宣判后，双方均未上诉，判决已发生法律效力。

【法官后语】

隔代探望问题一直是婚姻家庭纠纷中一个富有争议性的问题。2016年最高人民法院《第八次全国法院民事商事审判工作会议（民事部分）纪要》第三条规定，祖父母、外祖父母对父母已经死亡或者父母无力抚养的未成年孙子女、外孙子女尽了抚养义务，其定期探望孙子女、外孙子女的权利应当得到尊重，并有权通过诉讼方式获得司法保护。《中华人民共和国民法典》（以下简称《民法典》）中虽未直接确立隔代探望权制度，但不排除法院根据具体情况支持当事人隔代探望的请求。下面结合本案具体情况就隔代探望问题予以简要分析。

一、隔代探望权的法律属性

未成年人父母的探望权是亲权的一项内容，直接源于父母和子女之间的身份关系。父母离婚后，亲权被一分为二，与子女共同居住生活并直接抚养的一方享有直接的抚养权和监护权，不与子女共同生活的一方享有探望权。[①]（外）祖父母的隔代探望权属于亲属权

---

① 最高人民法院民事审判第一庭编著：《最高人民法院民法典婚姻家庭编司法解释（一）理解与适用》，人民法院出版社2021年版，第573页。

范畴，其派生于、依托于亲权，是亲权的一种延伸和有益补充。[①] 隔代探望权具有以下法律属性：第一，身份权属性。隔代探望权基于明确的身份关系，权利主体通常为未成年人三代以内直系长辈血亲。第二，亲属权属性。亲权、配偶权、亲属权，这三种身份权组成了完整的身份权体系，（外）祖父母对未成年人享有的亲属权是构建未成年人所涉身份关系的重要一环，是对未成年人身份权益保护而言不可或缺的一部分。第三，人格和精神权益属性。（外）祖父母探望权的实现是与未成年人面对面情感交流的过程，满足探望人抚养、教育、保护、照顾未成年人的感情需要，未成年人从中继续享受到（外）祖父母给予的关爱和温暖，达成双方情感上的满足和精神上的愉悦。

二、确认隔代探望权的理论基础

（一）遵循未成年人利益最大化原则

探望权制度是涉及未成年人利益的重要制度，应当将未成年人利益作为最重要的考量因素。（外）祖父母是未成年人的重要亲属，在中国又往往有隔代养育、“含饴弄孙”以达“天伦之乐”的家庭抚养模式和传统。祖辈与孙辈的“隔代亲”更是被公众所认知。如果将未成年人与祖辈情感交流的权利予以褫夺，尤其是在未成年人父母一方已去世的情况下（如本案的情形），对未成年人认知已去世的父母一方的其他亲属、享有完整和正常的亲属权利，或者享受父系或母系祖辈亲属的关爱和保护，都是十分不利的。

（二）权利与义务相适应原则

《民法典》第一千零七十四条规定：“有负担能力的祖父母、外

---

① 此为通说，另有一种理论认为隔代探望权属于（外）祖父母的独立权利，并非亲权的延伸。

祖父母，对于父母已经死亡或者父母无力抚养的未成年孙子女、外孙子女，有抚养的义务。有负担能力的孙子女、外孙子女，对于子女已经死亡或者子女无力赡养的祖父母、外祖父母，有赡养的义务。”法律规定，（外）祖父母对（外）孙子女在一定情况下有法定抚养义务，（外）祖父母尽了法定抚养义务后，根据权利与义务相一致原则，当然应当享有相应的探望权。另外，《民法典》第一千一百二十八条第一款也规定了代为继承的制度，即“被继承人的子女先于被继承人死亡的，由被继承人的子女的直系晚辈血亲代位继承”。那么，在赋予未成年人要求（外）祖父母进行抚养的权利和继承（外）祖父母遗产的权利的情况下，也应当赋予（外）祖父母与（外）孙子女进行交往的权利。

（三）尊重亲情和家庭伦理的原则

《民法典》规定，从事民事活动以不违背公序良俗为基本原则。保护隔代探望权，对于支撑家庭关系、满足祖孙两代人情感需求，保护老年人和未成年人权益，弘扬中华民族爱子孝亲的传统美德，都具有重要的作用。

（四）“法无禁止即可为”的私法自治精神

“法无禁止即可为”作为私法自治的基本价值理念，也是民法领域的基本原则之一。对私权利来说，只有法律法规有明确禁止性规定的情况下，相关行为才被禁止，否则个人行为皆属可为。虽然《民法典》中仅对父母离婚后未直接抚养子女的父或母的探望权有所规定，但未禁止（外）祖父母进行探望，故对隔代探望权的认定及保护仍有空间。另外，从目的解释出发，设立探望权的目的是保护未成年人的利益，维护其身心健康，保证其快乐成长。而（外）祖父母对未成年人的探望，恰恰可以使未成年人感受到不一样的关爱，符合立法目的。

三、赋予隔代探望权应考量的因素

(一)(外)祖父母对(外)孙子女履行了抚养义务

隔代探望权毕竟与基于亲权的探望权不同，其并不是直接依托于法律条文的权利，故(外)祖父母与(外)孙子女之间的亲情关系、情感需求、生活模式应当成为法院进行衡量的重要因素。如果祖孙之间已经形成了长期共同生活、互相依赖的紧密关系，则(外)祖父母的探望权更应得到保护。反之，如果祖辈与孙辈本来并无密切的生活交集和情感关联，祖辈出于与直接抚养人有矛盾等种种其他原因径行主张探望，则不应予以支持。

(二)不直接抚养未成年人的父或母的状况

父母离婚后，不直接抚养未成年人的一方享有法定的探望权，通常如果该方能够正常行使探望权，则该方父母即未成年人的(外)祖父母往往没有直接探望未成年人的迫切需求，他们的探望需求可以通过未成年人父母的探望行为予以直接(陪同探望)或间接(委托探望)解决。但如果不直接抚养未成年人的父或母出现某些特定情况，(外)祖父母的探望需求则会凸显。一般有以下几种情况：第一，不直接抚养未成年人的父或母死亡；第二，不直接抚养未成年人的父或母丧失民事行为能力；第三，不直接抚养未成年人的父或母被限制人身自由(如被羁押等)。上述情况中，由于父母探望权的缺失或受阻，使(外)祖父母探望权的补充功能更应得到重视。尤其是本案这种外祖父母同时又是失独老人的情况，张某、梁某的丧女之痛，对吕乙的怜惜之情，自然投射到对吕乙进行探望的诉求上；吕乙幼年丧母，也需要来自亲人们更多的温情和关爱，外祖父母定期的探望，可以继续维系其与母系家庭成员的交往和亲情。

（三）行使探望权不能影响未成年人的正常生活

未成年人权益最大化原则应当贯穿于适用探望权制度的全程。（外）祖父母的探望权虽然在某些特定情况下应当予以保护，但老年人毕竟是成年人，如果其探望确实会影响未成年人的生活，如在探望中有对未成年人不利的举动，探望的频次和方式与未成年人生活状况不合拍等，均可以协商或通过诉讼进行调整。在（外）祖父母探望行为严重危害未成年人权益的时候，也应终止其探望。（外）祖父母行使探望权也往往会与直接抚养未成年人的抚养人生活安宁权发生冲突，实践中就有祖父母探望孙子女的行为严重影响了该孙子女母亲重建家庭正常生活的案例。在这种情况下，显然应限制隔代探望权的行使。

（四）参考年满8周岁以上未成年人的意愿

《民法典》第十九条规定：八周岁以上的未成年人为限制民事行为能力人，可以独立实施纯获利益的民事法律行为或者与其年龄、智力相适应的民事法律行为。年满8周岁的未成年人已经具有一定的识别能力，可以感受到（外）祖父母的态度是否友善、可亲，是否没有虐待、伤害行为，可以对是否愿意（外）祖父母进行探望作出明确的判断。这时法官应当考虑未成年人的意愿，对于未成年人表示不愿意接受探望的，也应当耐心询问、详查原委，如果能够确定（外）祖父母确有不良行为，则不应支持其探望权的主张。

四、确定隔代探望权行使方式时应注意的问题

（一）探望地点的确定

在确定探望地点时，应具体分析（外）祖父母的居住地点、（外）孙子女的年龄、学习状况、抚养人的工作及休息时间等，选择对各方都最具有便捷性的地点进行探望。在未成年人居住地与（外）

祖父母居住地不在一地（如本案）的情况下，应权衡利弊，选择不影响未成年人惯常生活模式的地点作为探望地。

（二）探望频率的确定

法官应在实现未成年人最大利益的基础上，结合（外）祖父母的工作情况、未成年人抚养人的工作情况、未成年人的年龄和假期情况等，确定探望频率。实践中，（外）祖父母一般都是老年人，过多的探望也不利于其身体健康，同时也会打扰未成年人的生活。在本案中，法官确定两个月一次的探望频次，并以“五一”“十一”假期探望作为补充，既满足了祖辈想定期了解孙辈生活情况的愿望，也使尚在学龄的孩子不至于太过分心。

（三）对探望方式的探索

在传统探望权案件中，法院的判决一般是由探望人到被探望人住处或指定、约定的地点进行探望，这样就可以通过直接接触的方式了解被探望人的生活状况，增进双方的感情。但隔代探望中，老年探望人的行动能力、身体条件有差异，有的老年人行动不便，实地探望勉为其难。这时，可以积极探索利用现代科技手段，进行线上探望。当然，线上探望的情感感受毕竟没有面对面交流来得真切，可以将多种探望途径混合适用，增加线上探望的频次，也辅以实地探望的环节，使祖孙两代人能够全方位地生活在彼此的亲情之中。

综上，隔代探望权的制度性规定虽未纳入《民法典》的法律规范范畴，但并不意味着法院在审理此类纠纷时处于完全无法可依的境地。“法无禁止即可为”的私法自治法理、监护制度的延伸价值、直系血亲亲属身份权益的保护、未成年人利益最大化的司法理念、公序良俗在司法实践中的运用，均可以成为法院进行裁判的依托。在确定具体探望方式的时候，需要法官切实查明双方实际生活情况，结合情感、隐私、风俗习惯等伦理因素，找到实现探望权的最佳路径，彰显中华民族尊老爱幼的传统美德，维护家庭关系的和谐与稳定。

编写人：北京市朝阳区人民法院　李戈

129　如何合理确定探视时间和地点

——刘某诉刁某探望权案

【案件基本信息】

1. 裁判书字号

广东省广州市中级人民法院（2015）穗中法少民终字第39号民事判决书

2. 案由：探望权纠纷

3. 当事人

原告（被上诉人）：刘某

被告（上诉人）：刁某

【基本案情】

2013年原告刘某与被告刁某经判决离婚，双方的小孩刘某沛判决由被告携带抚养，但对探视权没有做出处理。现被告及小孩已经无法联系上，原告实际上已无法探视小孩。原告每月支付抚养费，却无法探视小孩，给原告造成了很大的精神困扰。故原告起诉要求被告协助其每月在广州探视刘某沛一次，即每个月第三周星期六早上9：00由其到被告的住所地广州市海珠区接小孩进行探视，到星期日下午4：00将小孩送回被告的住所地广州市海珠区。本案诉讼费用由被告承担。

被告刁某辩称：不同意原告的诉讼请求。因被告已不在广州市海珠区居住，该房屋已出租。被告自2014年年初离婚后到苏州上班，刘某沛在江苏省常熟市上幼儿园，由被告及其父母携带抚养，在江苏共同工作生活，因此希望探视的地点是小孩的居住地。同意原告每周一次或两次到小孩的居住地进行探视。

被告提交了“英语培训中心”于2014年5月8日出具的《入学证明》，证实刘某沛于2014年5月8日入学。另有《天虹服装城场地租赁合同》，证实被告向常熟天虹服装城管理有限公司租赁位于常熟市招商北路场地，建筑面积54.34平方米，该场地仅限于作经营办公之用途。被告称，上述租赁场地实为商住两用，但对此并未提交证据予以证实。原告则认为被告租住上述商铺不利于儿子的成长，且无法证实被告及儿子长期在江苏居住的事实。因被告的房产及户籍所在地均位于广州市海珠区，故在广州对儿子进行探视是合情合法的。

诉讼中，被告称，对于其将刘某沛带离广州一事已与原告进行协商，但并无提交证据予以证实，原告对此亦予以否认。

【案件焦点】

双方就探望权行使方式协商不一致的情况下，如何确定探望权行使的具体时间和地点。

【法院裁判要旨】

广州市海珠区人民法院经审理认为：刁某户籍地位于广州市海珠区，儿子此前亦在广州生活，对广州的生活环境相对熟悉。刁某在离婚后，改变了儿子的生活环境，该行为系重大事项，应与刘某进行充分协商再作出决定，现刁某在未经刘某许可的情况下，将儿子带离广州，导致刘某无法实现对儿子的探视权。基于前述原因并从公平的角度考虑，刘某要求在广州进行探视合理合法。

广州市海珠区人民法院依照《中华人民共和国婚姻法》第三十八条第一款之规定，作出如下判决：

原告刘某在本判决书生效之日起，每月有权探视儿子刘某沛一次，具体探视时间和方式如下：原告在每月的第三周周六上午 9 时到被告的住所地广州市海珠区接回儿子刘某沛进行探视，至当周周日下午 4 时将儿子刘某沛送回上址。

刁某不服一审判决，提起上诉。广州市中级人民法院经审理认为：刘某行使探望权，应不影响刁某与儿子正常的生活、学习，同时亦应有利于培养、维系父子亲情。根据双方的陈述和刁某提交的一系列证据，可认定刁某已携带儿子在苏州、常熟市工作和生活，这是刁某选择职业与居住地的自由权利，其选择之优劣对错，并不属于法院评判的范围。原判认为刁某将儿子带至江苏生活一事应首先征得刘某的同意，意味着如果刘某不同意的话，刁某除非把小孩交给刘某带养，否则只能按照刘某的单方意愿在广州市居住生活，这是对刁某个人择业自由与迁徙自由的无端限制。另外，刁某作为儿子的母亲和携带抚养人，显然在为其选择未来生活的地方一事上应拥有更大的发言权。由于儿子随母亲刁某生活，自然亦跟随母亲迁徙，事实上儿子已在常熟市入读幼儿园。若探视地点安排在广州，刁某需定期携带儿子往返于广州与常熟，经济支出较大，时间耗费长，将严重影响刁某与儿子正常的生活和学习。此外，刁某原住处广州市海珠区已出租，在该址已无法进行探视，若刁某携带儿子到广州给刘某探视，还需另觅他处居住。而且，刘某目前居住在深圳市而非广州市，即刘某、刁某均不在广州居住生活。可见，原判确定探视地点在广州，严重忽视刁某一方的利益，探视安排不合理，应调整为由刘某到常熟市探望儿子。至于具体的探视时间安排，考虑到两地相距较远的特殊性，认为宜确定一段集中探视时间。

广州市中级人民法院依照《中华人民共和国民事诉讼法》第一百七十条第一款第二项的规定，作出如下判决：

变更广州市海珠区人民法院（2014）穗海法少民初字第112号民事判决为：自本判决生效之日起，刘某每个季度有权探视儿子刘某沛一次，具体探视时间和方式如下：刘某在每个季度的第一周周六上午9时到刁某的住处接走刘某沛进行探视，至当周周日下午4时将儿子刘某沛送回原处。在刘某沛的寒、暑假期间，刘某在假期第一天到刁某的住处接走刘某沛进行探视，至第七天将儿子刘某沛送回原处。刁某应给予配合，提供便利。

【法官后语】

本案争议焦点是抚养人带小孩迁徙到别处生活、学习是否必须同另一方事先协商并征得同意？这是利益平衡的过程，在探视权与择业权、迁徙权存在冲突的情况下，不能绝对地为了保护一种权利而忽视另一种权利，应当具体问题具体分析。改变小孩的生活环境确属重大事项，在改变之前应当事先告知对方，告知是必须的，否则，另一方连小孩迁徙到哪居住都不知道，何谈探视权的行使，也是显失公平和有违协助探视义务的。而是否征得同意应当视原居住地与迁徙地的距离而言，距离不是太远且交通方便的，不需要征得同意的只需事先告知；距离太远的，应当事先征得对方同意，如出国出境这一情形，探视地点也应从便于另一方探视权行使的角度来确定。距离的远近要综合两地的交通、是否已跨越边境等因素来考量，总的衡量原则是迁徙的距离不至于等同剥夺了对方的探视权。结合本案，广州与江苏两地距离在当今国内的交通情况之下，并不属于距离太远的情形，且从“探视”一词本身的含义来看，如果一个人要探视他人，通常是自己去到他人的住处探望，而不是他人走到某个地点等着你来探望；此外，不影响携带抚养人与被抚养人正常的生活、学习和探视成本等因素也应予以考量，刘某一人往返两地所带来的成本显然要小于刁某和小孩两人为此往返的成本和给其二人生活、学习带来的不利。所以，基于两权相害取其轻的原则，将探视地点确定为江苏更妥当。综上分析，裁判探视权地点的出发点应当基于“子女利益最大原则”和“利益平衡原则”，应当以被抚养人便于长期生活、学习的居住地为优先，以其他居住地为例外。

关于探视时间的确定，应当综合考量双方距离远近、不影响小孩学习和生活等因素来合理安排平时定期探视的次数、间隔时间和是否选择集中探视的方式。本案中二审法院安排了寒、暑假集中探视和间隔季度进行探视的方式是值得借鉴的。

随着民法典及民法典中婚姻家庭编司法解释的出台，对探视权的中止、恢复以及强制执行作了进一步延伸，在司法实践中需要注意的是：1. 有关中止或恢复探望的诉讼，不应作为新的独立的诉讼来对待，而是在履行有关生效法律文书的过程中发生的事情，应将其纳入执行程序中予以解决。探望权是父母基于对子女的亲权而享有的一项法定权利，探望的中止，并不是对探望权进行实质性的处分，对于当事人而言也并非探望权最终被剥夺，只是暂时性地对权利的行使状况加以限制，待中止探望的情形消失后，当事人仍能依法行使探望权。由于决定中止、恢复探望关系到当事人权利的行使问题，也与未成年子女的健康成长密切相关，法官应当对此类问题慎重对待，在充分听取双方意见、认真开展调查研究的基础上作出决定。一方向法院提出中止探望请求的，人民法院应当听取另一方的意见并查明真实情况，再作出是否中止探望的裁定。同样，探望权人向法院请求恢复探望的，人民法院也要征求另一方当事人的意见，并切实查清不利于子女健康成长的情形是否确已消失，再决定是否应当恢复探望。

2. 应正确认定中止探望的情形。探望权的行使不以父母一方给付抚养费为前提，与父母是否再婚、是否再生育其他子女均没有联系。实践中，常常发生直接抚养子女的一方阻挠、拒绝对方探望子女或者不为对方探望子女提供协助和方便的情形，探望权人在此情况下往往采用拒付抚养费的方式予以对抗。事实上，探望权与抚养费的给付并无直接联系，无论是否给付抚养费，探望权的权利人仍享有探望子女的法定权利；同时，中止探望也不意味着免除给付抚养费的法定义务。给付抚养费是父母基于父母子女关系的存在而产生的，是无条件的法定义务；而探望权是父母监护权的延伸，只有在特定情形下才能中止。当探望权人不履行给付抚养费的义务，或者与子女共同生活的一方拒绝对方探望子女时，权利人可以依法请求人民法院强制执行，而不是二者直接相互抵消。另外，离婚过错方的过错也并非导致中止探望的法定事由，即使离婚是因为夫妻一方的重大过错所导致，也应当在夫妻关系之间追究责任，而不影响该当事人作为父母一方依法享有的探望权，但是其过错严重危及子女身心健康，符合本条规定情形的除外。

3. 关于探望权强制执行的具体措施方面，需要注意以下问题：如果有监护权的一方父母拒不履行协助另一方探望子女的义务，人民法院可否据此依当事人的申请而直接变更抚养关系？对此，我国法律并未作出具体规定。笔者认为，离婚后直接抚养子女的一方拒不履行协助另一方探望子女的义务，并不能必然导致抚养关系的变更，更不能直接导致监护权的撤销，监护人的确定、变更，以及撤销、恢复监护人资格等问题，仍应当依据《中华人民共和国民法典》关于监护的相关规定执行。此外，探望权的执行程序上应赋予一定的灵活性。为了有利于探望权案件的正确执行，裁判文书应对探望的方式、时间、地点作出详细规定，以免执行中引出麻烦。但是，假如由于孩子上课或其他正当原因，致使申请人的探望权无法按法律文书的规定实现时，这种过细的规定又将使得探望权的执行陷于尴尬的境地。所以，法律文书在细化探望方式的同时，还应当作出一定的灵活规定，如写明：如果遇到特殊原因致使无法按以上规定实现探望权时，可由双方另行协商探望的时间、地点等，这既保证了法律文书的严肃性，又使得执行工作具有很大的机动性和灵活性

编写人：广东省广州市海珠区人民法院　张慧超

（十四）分家析产纠纷

130　以配偶不得再婚为条件的附义务遗嘱不发生法律效力

——李甲诉李乙、张某分家析产案

【案件基本信息】

1. 裁判书字号

北京市朝阳区人民法院（2020）京 0105 民初 52628 号民事判决书

2. 案由：分家析产纠纷

3. 当事人

原告：李甲

被告：李乙、张某

【基本案情】

案外人王某与李乙原系夫妻，双方育有一女李甲。王某于2013年12月去世。李乙与张某于2015年6月登记结婚。李乙与北京市朝阳区管庄农工商联合公司签订了《管庄乡咸宁侯村腾退安置协议书》，约定：乙方在腾退范围内居住正式房屋10间，建筑面积126.54平方米。乙方被安置人口3人，分别是产权人李乙，之妻张某，之女李甲。甲方应支付乙方各项补偿款合计2014683.42元。乙方应支付给甲方安置用房款合计463942.8元。根据补偿安置，甲方应在本协议签订后，交房验收之日起十五日内，向乙方支付腾退安置差价款1550 740.62元。乙方在2018年11月14日前腾空房屋。

李甲提交王某《遗嘱》，载明：本人王某去世后涉案房产的一半两层楼房由我的女儿李甲继承，另一半财产一层半楼房给我的丈夫李乙。但前提是李乙不许再婚，如再婚，李乙将视为自动放弃其所有的房产及财产，而由李甲继承。如李乙不再结婚，李甲在李乙有生之年不尽到赡养义务，李甲将无权继承。后，李甲、李乙、张某因分家析产纠纷诉至法院。

【案件焦点】

1. 被继承人在遗嘱中列明继承人所附义务，当该义务是以配偶一方不得再婚为条件时，该义务的效力如何认定；2. 李甲作为涉诉协议书被列明的实际安置人口，关于其应享有的拆迁利益范围如何认定。

【法院裁判要旨】

北京市朝阳区人民法院经审理认为，区位补偿价是对宅基地使用权人的补偿，李甲与李乙均为户籍登记在涉诉宅院的集体组织成员，应各自享有二分之一份额的区位补偿价。房屋及地上物补偿款，该房屋系李乙与王某婚姻关系存续期间所建，应属夫妻共同财产。对于王某生前所立遗嘱，部分内容将李乙是否结婚、李甲是否履行赡养义务等作为附加义务，涉及人身关系及法定义务，本院对遗嘱内容中与法律规定、社会公序良俗相悖部分，不作为分割相应补偿款的依据。另因李乙自身残疾，与张某结婚有助于维护其正常生活，故李乙结婚事由也不属于法律规定的附义务遗嘱“没有正当理由”不履行义务的情形，此外，法律还规定，遗嘱应对缺乏劳动能力又没有生活来源的继承人保留必要的遗产份额。据此，根据李乙、王某夫妻财产共同共有，结合王某《遗嘱》内容合法有效部分，考虑李乙自身残疾情况，认定房屋及地上物补偿款由李乙占有四分之三份额，由李甲占有四分之一份额；关于搬家补助费，因李甲在腾退之前搬离涉诉宅院，故不应享有该项拆迁利益；关于空调拆装费、有线电视补偿，结合腾退时各方实际居住生活情况，认定前述拆迁利益属于李乙和张某二人；关于物业补贴和供暖补贴，在李乙、张某、李甲未就安置房屋分配取得一致意见之前，酌情认定由三人均分为宜；关于提前腾退奖，涉诉宅院顺利腾退取决于每一名被腾退人的配合，本院酌情认定由三人均分为宜；关于租金补贴，本院根据李乙和李甲各自对涉诉宅院房屋享有份额，结合拆迁政策规定，酌情确定由李甲获得四分之一份额；关于提前签约奖，与腾退时对涉诉宅院享有相关权益人员相关，本院酌情认定由三人均分为宜；关于营业执照补贴，本院结合拆迁政策认定由李乙、李甲各享有二分之一份额；关于特困户补贴，发放条件是以该户整体情况作为考量因素，结合发放时户内人员认定李甲享有三分之一份额；关于咸宁侯村综合整治配合奖，根据拆迁政策，该奖励应在三人之间均分。

综上所述，北京市朝阳区人民法院依照《中华人民共和国民法总则》第三条、第一百一十三条，《中华人民共和国民事诉讼法》第六十四条之规定，判决如下：

一、被告李乙、被告张某于本判决生效之日起七日内向原告李甲给付487359元；

二、驳回原告李甲的其他诉讼请求。

【法官后语】

司法实践中，有时存在被继承人在去世之前留有附义务条件的遗嘱，以其配偶是否再婚作为该配偶是否享有继承遗产权利的限定条件。设置该附加条件的目的，往往是担心子女的年龄尚幼，配偶一方再婚之后忽视对子女的抚养，影响子女今后的生活保障。本案中，被继承人去世之前，既担心配偶一方再婚，新组建家庭可能侵害子女合法权益的实现；同时，也担心子女一方成年之后对配偶不尽赡养义务，影响配偶一方晚年生活保障。透过遗嘱，可以看到被继承人去世之前内心之焦虑，希望以附加条件确保其配偶和子女各方利益均能得到保障，达到平衡，也体现出被继承人弥留之际对其配偶和子女满含眷恋与不舍之情。

《中华人民共和国民法典》婚姻家庭编当中的“实行婚姻自由”基本原则继续沿用了《中华人民共和国婚姻法》的相关规定，该原则历经长期司法实践已深入人心。婚姻自由、结婚自愿是法律赋予符合结婚条件公民的基本权利，任何组织和个人均不得强迫与干涉。

夫妻一方去世之后，婚姻关系自行终止，另外一方有选择再婚的权利；同时，公民去世时可以依法处理自己的个人财产，这也是法律赋予公民基于物权所享有的处分权利。此时，公民的两种权利在一定情形下发生碰撞。就冲突的解决办法，有观点认为，继承人当然可以通过选择再婚、放弃遗产以获得婚姻自由权利的实现，选择权仍在继承人一方，被继承人所附条件并未对继承人的婚姻自由形成不可克服之法律障碍。故被继承人在遗嘱中以其配偶是否再婚作为该配偶是否享有继承权的限定条件，既未限制继承人婚姻自由，也体现被继承人遗产处分权利，该条件应该具有法律效力。但是，这一判断未免过于简单，未充分考量相关法律的立法本意以及民法典整体立法体系中各个法律规定之间的内在联系。《中华人民共和国民法典》物权编中虽然取消了原《中华人民共和国物权法》第七条关于“物权的取得和行使，应当遵守法律，尊重社会公德，不得损害公共利益和他人合法权益”的规定，但是，第七条规定的立法精神被统一吸收到《中华人民共和国民法典》的总则编第一百三十二条中，即民事主体不得滥用民事权利损害国家利益、社会公共利益或者他人合法权益。被继承人将其配偶是否再婚设定为该配偶是否享有继承权的限定条件，该义务本身就含有干预他人婚姻选择权利的内容，其实质是让他人在缔结婚姻与获得继承遗产之间做出选择和取舍，在婚姻与物质之间设置了硬性连接，为他人的婚姻选择设定了相应的物质后果，义务内容本身影响公民各项权利充分行使和实现，设定义务的行为存在权利滥用之虞，如无其他特殊情形存在时，法院应该对所附条件认定为无效。同时需要说明，对于前述附条件遗嘱的法律效力不可一概而论，作出抽象判断。鉴于个案的多样性和具体事实情形的复杂性，法院在审查被继承人遗嘱中设定继承人不得再婚条件是否构成无效时，还应并行将诚实信用原则、公平原则等一并纳入考量范围，综合审查案件相关事实背景、继承人再婚婚姻情况、其他继承人有无特殊需要被救济情况等，以判断法院作出附条件无效认定之后，是否存在造成各方当事人之间利益严重失衡的后果。此外，所附条件无效，并不意味着遗嘱整体内容均无效，其他有效部分，法院仍应尊重被继承人的遗产处理决定。

具体到本案，审理法院在确认遗嘱分配时，坚持“遗嘱内容中与法律规定、社会公序良俗相悖部分，不作为分割相应补偿款的依据”这一原则，对有关人身权利限制的条款与遗产分配的条款的效力认定进行区分，在维护公平正义、平衡各方当事人权益的基础上，部分尊重了被继承人遗产处理的决定。

编写人：北京市朝阳区人民法院　云凝

131　离婚时夫妻共同财产在拆迁利益中的判断及分配

——王某宏诉王某荣等分家析产案

【案件基本信息】

1. 裁判书字号

北京市第一中级人民法院（2020）京01民终5487号民事判决书

2. 案由：分家析产纠纷

3. 当事人

原告（上诉人）：王某宏

被告（被上诉人）：王某荣、王某征、王某娥、张某臣、张某然、王某

【基本案情】

王某与王某荣系夫妻关系，二人婚后生育三个子女，即王某征、王某娥、王某苗。王某娥与张某臣系夫妻关系，二人婚后生育一子张某然。王某宏与王某征原系夫妻关系，2010年10月13日结婚，婚后未生育子女。2018年12月10日，王某宏与王某征协议离婚，并签署《离婚协议书》，内容为："双方婚后因感情不和，导致夫妻感情破裂，现协议离婚并达成如下协议：一、王某征与王某宏自愿离婚。二、双方婚后子女抚养问题：婚后无共同子女，无抚养问题。三、双方婚姻存续期间共同财产：坐落于北京市昌平区3号院三区某房屋的一居室归女方王某宏所有。离婚后男方王某征一次性付给女方王某宏伍万元整（人民币）作为补偿，再无任何纠纷。四、双方婚姻存续期间无共同债权及债务，若有债务在谁名下的债务由谁负责偿还。"2018年1月12日，王某（乙方、被腾退人）与东沙屯村委会签订《补偿协议》《房屋安置协议》，约定：被腾退房屋坐落于北京市昌平区百善镇东沙屯村×号，宅基地面积为551.45平方米，其中：宅基地面积控制标准267平方米，超出宅基地控制标准的面积为284.45平方米，被腾退房屋的首层建筑面积为476.62平方米，总建筑面积为705.42平方米。乙方家庭成员在腾退范围内有户口并认定为安置人口共7人，分别是王某、王某荣、王某娥、张某臣、张某然、王某征、王某宏。甲方应支付乙方腾退补偿补助款总额为3252330元。原告认为上述拆迁利益中应当有其相应份额，故诉至法院，要求被告支付涉案房屋拆迁款。

【案件焦点】

1. 王某宏和王某征的夫妻共同财产如何界定；2. ×号院中是否有王某宏的拆迁利益；3. 离婚协议中关于夫妻共同财产的分割是否视为对拆迁利益已经进行分配。

【法院裁判要旨】

北京市昌平区人民法院经审理认为：本案系分家析产纠纷，本案主要存在以下三个争议焦点：

第一，×号院东房5间是否属于王某宏和王某征的夫妻共同财产。被告辩称签署《分家协议》是为了分户，如果王某征名下没有固定房产就无法分户，且该协议中已经约定东房5间归王某征个人所有，不是给王某宏和王某征夫妻共有。本院认为，根据王某宏的户口簿显示，王某宏的户口已经在2013年12月迁入×号院，系在签署《分家协议》之前，且被告没有提供其他证据证明东房5间系给予王某征的个人财产，鉴于当时王某宏和王某征处于夫妻关系存续期间，本院认为该东房5间应认定为王某宏和王某征的夫妻共同财产，对于被告的辩解本院不予采信。

第二，×号院中是否有王某宏的拆迁利益。本案中，×号院已被拆迁腾退，六被告不要求法院对其每人享有的拆迁利益单独进行分割，本院对此不持异议。因东房5间属于王某宏和王某征的夫妻共同财产，故本院认为×号院中有属于王某宏的拆迁利益，双方当事人可以参照其所占房屋份额对与房屋有关的腾退补偿、补助及奖励款进行分割，但对于王某宏和王某征因此而获得的拆迁利益应当认定为夫妻共同财产。

第三，离婚协议中关于夫妻共同财产的分割是否视为对拆迁利益已经进行分配。本案中，在王某宏和王某征夫妻关系存续期间，根据现有证据表明仅有东房5间属于夫妻共同财产，双方离婚时涉案房屋已经拆迁腾退，王某宏知晓涉案院落已经转化为拆迁利益，王某宏亦认可属于王某征和王某宏的拆迁利益属于夫妻共同财产，且六被告均认可《离婚协议书》中关于财产的处分，故本院认为对于3号院三区某房屋和5万元钱款的分割，应当认定为王某宏和王某征已经对夫妻共同财产进行了分割，即已经以离婚协议财产分割的方式对拆迁利益进行了分配，双方再无任何纠纷。王某宏主张对2018年2月发放的3万元和2019年发放的整村腾退完成奖271350元进行分割，于法无据，本院不予支持。因此，对于王某宏要求六被告支付其×号院拆迁款507475.71元的诉讼请求，于法无据，本院不予支持。遂判决：驳回王某宏的诉讼请求。

王某宏不服一审判决，提出上诉，请求撤销一审判决，发回重审。

北京市第一中级人民法院认为：一审法院认定的事实正确，予以确认。本案争议焦点是王某宏与王某征签订的《离婚协议书》是否已将二人的财产问题处理完毕。

根据已经查明的事实，王某宏与王某征于2018年12月10日签订了《离婚协议书》。《离婚协议书》中对拆迁安置利益以及一次性补偿问题作出了约定，且表明双方再无任何纠纷。由于双方居住的3号院在2018年1月就已启动拆迁安置的协议签订工作，对于补偿政策、补偿数额、安置利益等已经明确，作为家庭成员的王某宏不可能不知晓相关的事实。在此情形下，其与王某征就离婚财产分配达成协议，协议内容本身也包含有拆迁安置利益，故应该认为双方就财产问题已经一次性解决。王某宏称《离婚协议书》中处理的只是夫妻共同财产，而非家庭共同财产，但因双方依据《分家协议》已经获得院内部分房屋权利，故而应认为王某宏知道其与王某征婚内财产的范围，因此，王某宏的上诉主张，本院不予支持。对于27万余元的整村腾退完成奖励，依据一审法院调取的材料，该奖励政策在签订拆迁协议时业已明确，王某宏称其不知晓显属不实，在已明确该项奖励的前提下，应认为王某宏依据《离婚协议书》对财产利益已经处分完毕。另经本院审查，王某宏上诉认为的一审法院程序违法，剥夺其质证权利的事实不存在。

综上所述，王某宏的上诉请求不能成立，应予驳回；一审判决认定事实清楚，适用法律正确，程序合法，应予维持。依照《中华人民共和国民事诉讼法》第一百七十条第一款第一项，《最高人民法院关于适用〈中华人民共和国民事诉讼法〉的解释》第九十条之规定，判决如下：

驳回上诉，维持原判。

【法官后语】

夫妻双方感情确已破裂的情况下，在终结婚姻关系的同时需要对夫妻财产关系进行清理，随着现代社会夫妻财产形式越来越复杂，与其他利益关系的交织也不断涌现，例如与拆迁利益、家庭共有财产相互混同，如何正确处理好夫妻财产关系与其他财产利益关系成为家事审判中非常重要的方面。

一、我国法律法规中对夫妻共同财产的界定

按照《中华人民共和国民法典》（以下简称《民法典》）第一千零六十二条的规定，夫妻在婚姻关系存续期间所得的下列财产，为夫妻的共同财产，归夫妻共同所有：（一）工资、奖金、劳务报酬；

（二）生产、经营、投资的收益；（三）知识产权的收益；（四）继承或者受赠的财产，但是本法第一千零六十三条第三项规定的除外；（五）其他应当归共同所有的财产。按照上述界定，夫妻共同财产仅限于夫妻婚姻关系存续期间所取得财产，除此之外的均不属于夫妻共同财产。

可见，夫妻共同财产应当是夫妻婚姻关系存续期间而产生的财产，在存在继承或赠与的情况下，遗嘱或赠与合同中确定只归一方的财产属于个人财产，不应当纳入夫妻共同财产的范围。另外，夫妻共同财产在财产形式上发生转化的情况下，不影响夫妻共同财产的共有属性。例如因拆迁导致原夫妻共同所有的房屋灭失，签署房屋拆迁补偿安置协议后取得的拆迁利益依然属于夫妻共同财产，在离婚诉讼中应当进行分割。

二、夫妻共同财产与其他利益混同时的分割

在离婚案件中，夫妻共同财产多与拆迁利益、家庭共有财产等发生混同，此类案件中的审理焦点之一便是从相关利益中判断是否存在夫妻共同财产。

1. 拆迁利益中的夫妻共同财产的判断

在原房屋中存在夫妻共同财产的情况下，签订房屋拆迁安置补偿协议后原房屋被拆除灭失，因此需要对拆迁利益中属于夫妻共同共有的部分进行判断。

首先要明确法律关系，以固定主体范围、财产范围，如基于继承法律关系确定全部继承人和遗产范围，抑或是基于家庭共有关系确定家庭财产及分配人范围；其次审查请求权基础进行财产分配，即审查当事人主张的分割方式及依据，对诸如遗产、家庭财产及夫妻共同财产进行依法分配，若判断属于夫妻共同财产的范围方可在离婚诉讼中进行财产分割。

在具体分割方式上，当事人可以参照其所占原房屋份额对房屋有关的腾退补偿、补助及奖励款进行分割，进而明确夫妻共同财产在拆迁利益中的范围。

2. 家庭共有财产中夫妻共同财产的判断

《民法典》第三百零八条规定：共有人对共有的不动产或者动产没有约定为按份共有或者共同共有，或者约定不明确的，除共有人具有家庭关系等外，视为按份共有。对于家庭共有财产，现行法虽未作明确规定，但通说认为应属共同共有的一种形式。因此在处理宅基地上房屋的拆迁转化利益时，应首先审查对象家庭对于建造、翻修房屋是否存在内部协议，若存在内部协议且该协议对房屋份额、分割方式进行了明确约定的，应参照协议约定份额对相应拆迁利益进行分割；若家庭内部不存在协议或协议仅列明出资、出力情况而未明确约定各家庭成员份额、分割方式的，应当以等分为原则，对于能够证明自己对房屋建造、翻修贡献明显高于其他家庭成员的人，可以结合其贡献情况，予以多分。

根据《民法典》第二百九十九条规定："共同共有人对共有的不动产或者动产共同享有所有权。"家庭共有是共同共有的一种形式，一般认为构成家庭共有财产应当具备以下几个方面：一是共有人只限于对家庭财产的形成作出过贡献的家庭成员；二是在共同生活期间取得；三是以维持家庭成员共同生活为目的；四是以家庭共同生活关系的存在为前提。因此，如非宅基地使用权人在建房时为宅基地使用权人且在该房屋内共同生活，则构成对房屋的共有。否则，其出资出力行为应根据具体情况确认为债权、赠与或帮扶。

因此，在厘清家庭共有财产的归属范围和财产范围后，再对属于夫妻共同财产的范围进行分割，确保公平合理，不损害他人合法权益。

三、离婚协议签订后一方取得的财产不属于夫妻共同财产

双方当事人在离婚协议签订时对夫妻共同财产的情况明知且无异议的，应当认定双方就财产分割问题已经达成一致，离婚协议合法有效。对于在离婚协议签订时的其他财产，在无任何证据能够证明存在一方合法利益的情况下，应当认定离婚协议就财产分割事项达成一致，一方当事人再行起诉时，应当不予支持。

编写人：北京市昌平区人民法院　张焱　梁伟伟

132　债权人代位析产在婚姻家事案件中的法律适用与构成要件

——李某诉王某、刘某债权人代位析产案

【案件基本信息】

1. 裁判书字号

北京市第一中级人民法院（2020）京01民终3138号民事判决书

2. 案由：债权人代位析产纠纷

3. 当事人

原告（被上诉人）：李某

被告（上诉人）：王某、刘某

【基本案情】

1991 年 8 月 26 日，王某与刘某登记结婚。婚后双方购买坐落于北京市昌平区某别墅 38 号楼 17 号、别墅 35 号楼 08 号两套房屋，登记在刘某名下。

2017 年，债权人李某作为原告以民间借贷纠纷为由将王某、刘某起诉至北京市朝阳区人民法院，要求判令王某、刘某偿还借款及利息。法院对此作出生效裁判文书，判定王某向李某偿还本金及相应利息。上述两案诉讼过程中，李某申请财产保全，北京市朝阳区人民法院裁定对涉案两套房产采取了查封措施。

2018 年 3 月 16 日，王某与刘某签署《离婚协议书》，协议书中关于财产处理事项约定："各自名下的车辆归各自所有，各自银行账户的现金以及有价证券归各自所有。"关于房屋产权处理事项约定："无争议。"同日，刘某、王某办理了离婚登记。

北京市朝阳区人民法院对被执行人王某的财产查询反馈作出了终本裁定，王某现已无足额可供执行的其他财产。为了确保债权实现，李某向法院提起债权人代位析产之诉，认为双方所签离婚协议存在恶意逃债之嫌，应析出王某在诉争房屋中的份额后予以执行，故请求法院确认诉争房屋系王某、刘某夫妻共有，由二人各自享有 50%的份额。

【案件焦点】

1. 债权人代位析产在婚姻家事案件中的法律适用与构成要件；2. 离婚协议中财产约定为"无争议"的解释与适用；3. 被执行人无足额可供执行的其他财产之债权人轮候查封债务人的其他财产是否阻碍代位析产纠纷的提出；4. 代位析产纠纷中夫妻共同财产的析产份额问题。

【法院裁判要旨】

北京市昌平区人民法院经审理认为：根据2004年最高人民法院发布的《关于人民法院民事执行中查封、扣押、冻结财产的规定》（以下简称《查扣冻规定》）第十四条之规定，共有人提起析产诉讼或者申请执行人代位提起析产诉讼的，人民法院应当准许。李某作为权利人，依据上述规定提起代位析产于法有据。王某与刘某在离婚时关于房屋产权处理事项约定为“无争议”，法院认为，离婚时双方未将婚姻关系存续期间共有的财产予以明确，此行为并不符合常理，且容易引起歧义，双方在离婚协议中关于房屋产权处理事项的约定应视为双方未对共有财产进行分割。王某与刘某在签订离婚协议时明确知道李某系王某的债权人，王某欠李某的债务尚未清偿完毕，且涉案房屋也因该项债务被人民法院依法查封，在此情形下双方依然将涉案房屋的所有权约定归刘某所有，导致李某的债权无法顺利实现，王某与刘某存在恶意串通损害李某合法利益的嫌疑，因此法院对王某、刘某的主张无法采信。现王某与刘某已经离婚，按照夫妻共同财产分配的一般原则，对夫妻共同财产二人应各占50%产权份额。因此，李某要求确认涉案房产由王某、刘某各占50%的诉讼请求于法有据，法院予以支持。

北京市昌平区人民法院依照《中华人民共和国物权法》第九十五条、第九十九条，《中华人民共和国婚姻法》第十七条、第十九条，《查扣冻规定》（2004年）第十四条之规定，判决：

一、确认北京市昌平区某别墅35号楼08号房屋王某与刘某各享有50%的份额；

二、确认北京市昌平区某别墅38号楼17号房屋王某与刘某各享有50%的份额。

刘某不服一审判决，提出上诉。北京市第一中级人民法院依照原《中华人民共和国婚姻法》第十七条、第三十九条，原《中华人民共和国物权法》第九十五条，《查扣冻规定》（2004 年）第十四条、第二十六条，《中华人民共和国民事诉讼法》第一百七十条第一款第一项之规定，作出如下判决：

驳回上诉，维持原判。

【法官后语】

债权人代位析产纠纷是婚姻家庭案件中近年来出现的新类型案件，系由债权人提起诉讼对债务人的夫妻共同财产予以分割的一种特殊夫妻财产分割方式，其法律依据仅为《查扣冻规定》（2020 年修正）第十二条。由于该类案件法律适用条款单一，且涉及婚姻家事、合同、执行程序等多重法律关系，在类案审理时如何把握裁判要件是审理此类案件的重点。本文从保护债权人利益的角度出发，兼顾维护债务人配偶一方的合法权益，以解构债权人代位析产纠纷法律要件为切入点，对此类案件裁判思路进行梳理探析，为债权人后续衔接执行分配和实现债权提供行权保障。

一、债权人代位析产纠纷的请求权基础和案由沿革

债权人代位析产纠纷的法律依据为《查扣冻规定》（2020 年修正）第十二条。根据该条的相关规定“共有人协议分割共有财产，并经债权人认可的，人民法院可以认定有效……申请执行人代位提起析产诉讼的，人民法院应当准许”。关于此类案件的案由选择，在 2021 年之前未有单独对应的案由。司法实践中，此类案件散落分布在债权人代位权纠纷、共有物分割纠纷以及婚姻家庭案件纠纷等诸多案由中。2021 年 1 月 1 日生效的《最高人民法院关于印发修改后

的〈民事案件案由规定〉的通知》中，在共有纠纷项下增加了债权人代位析产纠纷。至此，此类案件正式有了其对应的案由。

二、债权人代位析产纠纷的构成要件

本文认为应符合如下构成要件：(1) 诉争财产为债务人（被执行人）与他人的共有财产；(2) 共有财产已被法院采取查扣冻等措施；(3) 共有人未协议分割共有财产，或在执行过程中协议分割未经债权人认可；(4) 被执行人无足额可供执行的其他财产。

就上述四个要件，在司法实践中易引发争议的是债权人是否只能在执行程序中提起代位析产诉讼以及在执行程序中是否需要进入终结（本次）执行。对上述问题有以下两种不同观点：

观点一：债权人代位析产纠纷的基础是债权人代位权。根据民法典合同编第五百三十五条规定的合同保全的立法精神，当债务人怠于行使权利，不予分割共有财产，影响债权人实现债权的，债权人即可提起代位析产纠纷。

观点二：债权人代位析产纠纷不同于债权人代位权纠纷之处在于“析产”。对应的法律依据为《查扣冻规定》（2020 年修正）第十二条，其目的是解决执行程序中被执行人与其他人的共有财产被人民法院采取查扣冻措施时，如何在保障债权人顺利实现债权的同时，保护共有人的合法利益。因此债权人只能在执行程序中提出，且需要满足债务人已无其他财产可供执行的条件。

笔者同意第二种观点。理由是：(1) 债权进入执行程序意味着债权的真实性及债权数额均已经生效法律文书所确认。债权人代位析产诉讼解决的是析分共有财产，并不包含审查债权真实性及数额之法律关系。(2) 合同保全上的债权人代位权针对的是债务人的债权，即债务人怠于行使其债权或者与该债权有关的从权利，影响债权人的到期债权实现的，债权人可以向人民法院请求以自己的名义代位行使债务人对相对人的权利。而债权人代位析产诉讼针对的是债务人与他人的共有财产，审判实践中主要为共同共有之物上权利。故提起该类诉讼不能参照适用民法典合同编之规定。(3) 该类案件的法律依据源自《查扣冻规定》，其适用前提必然是在民事执行程序中。(4) 保障债权人顺利实现债权，不能以损害共有人合法利益为代价。因此需要满足被执行人已无足额可供执行的其他财产为前提要件。

值得说明的是，此类案件常见为债权人对债务人夫妻提起诉讼。此时债务人夫妻可能尚在婚姻关系存续期间或已离婚但未实际分割夫妻共同财产。在夫妻法定财产制下婚后所得财产一般为夫妻共同财产，故债权人起诉夫妻双方要求析分共有财产具有适法合理性。但在男女同居、父母子女等家庭关系中，由于财产并非绝对共有状态，即便债务人恶意将财产移转至其他同居人或其他家庭成员名下，债权人亦不能选择代位析产纠纷起诉，而可以通过债权人撤销之诉来予以解决。

三、离婚协议中财产约定为“无争议”的解释与适用

《中华人民共和国民法典》第一千零七十八条规定，“婚姻登记机关查明双方确实是自愿离婚，并已经对子女抚养、财产以及债务处理等事项协商一致的，予以登记，发给离婚证”。根据上述规定，在离婚协议中男女双方应当就夫妻共同财产如何分割作出明确具体的约定。审判实践中发现，双方在签订《离婚协议》时选择对于部分财产进行明确约定，但对某些大额财产却约定为“无争议”。此时对于“无争议”应作何种解释，是本案的审理焦点。若认为“无争议”代表已分割，则涉案财产不再具备提起代位析产的前提要件。

对此本文认为，双方对于财产约定为“无争议”，实际上未就该财产权属如何分割作出明确意思表示，属于约定不明，在法律上应视为双方在《离婚协议》中对“无争议”财产未作分割处置。具体到本案，双方在《离婚协议书》中对其他财产与房屋的约定方式明显不同，双方在明知一方对外负债且房屋已被人民法院查封的情形下对房屋约定为“无争议”，并不能以此得出房屋归女方所有之意思表示，应视为双方在离婚协议中对诉争房屋未作分割处置。

四、被执行人无足额可供执行的其他财产之债权人轮候查封债务人的其他财产是否阻碍本案代位析产纠纷的提出

由上面论述可知，被执行人是否存在其他可供执行的财产是债权人提起代位析产诉讼的要件之一。本案中，债权人在执行案件中已进入终结（本次）执行程序，债权人认为债务人已无可供执行的其他财产。债务人对此抗辩称债权人轮候查封了债务人在海南的某处房产，因此不能就涉案北京房产提起代位析产诉讼。本文认为，对某一标的物的轮候查封属效力待定，只有在先查封解除或自动失效后，轮候查封才自动生效。债权人李某虽然轮候查封了债务人王某在海南的某处房产，但其只是普通债权人，其查封并未生效，不能以此认定债权人能够确定执行债务人在海南的房产。轮候查封其他财产并非实质意义上的查封，其不能阻碍债权人在本案中提起代位析产诉讼。

编写人：北京市第一中级人民法院　吴扬新

133 被拆迁安置人基于身份关系可享有拆迁安置财产权益

——姚某诉靳某等分家析产案

【案件基本信息】

1. 裁判书字号

北京市第二中级人民法院（2019）京02民终12558号民事判决书

2. 案由：分家析产纠纷

3. 当事人

原告（被上诉人）：姚某

被告（上诉人）：靳某、白甲、白乙、白丙

【基本案情】

靳某与白甲系夫妻，白丙为靳某与白甲之子。姚某与白丙原系夫妻，2006年3月20日登记结婚，婚后育有一女白乙。白丙与姚某2018年7月因离婚纠纷诉至一审法院，一审法院于2019年3月18日作出（2018）京0106民初24607号民事判决书，载明："双方均认可，原、被告自2016年12月开始分居……原告在与被告婚姻存续期间，与他人同居，并育有一子……判决如下：一、原告白丙与被告姚某离婚；二、婚生女白乙由原告白丙自行抚养，被告姚某每月可探望白乙两次，以孩子意愿为准；三、原告白丙于本判决书生效之日起十日内给付被告姚某赔偿款50000元。"

2012年8月20日，靳某（乙方）与北京市丰台区××乡××村腾退办公室（甲方）签订《安置补偿协议》，约定：一、乙方腾退的宅基地位于×号，确认宅基地面积164平方米，建筑面积114平方米。在册人口2人，应安置人口5人，分别是：户主：靳某；之夫：白甲；之子：白丙；之儿媳：姚某；之孙女：白乙。二、腾退补偿款：甲方按照腾退补偿标准给予乙方宅基地补偿款1148000元；房屋重置成新价及附属物92046元；共计1240046元。三、奖励费：提前搬家奖10000元、工程配合奖100000元；期限内腾退补偿奖励费246000元。四、补助费：重点村综合补助费246000元；搬家补助费3280元；期房补助费144344元。五、周转补助费：自2012年8月至2013年7月周转补助费按1500元/人/月标准计算共计90000元。六、奖励费、补助费及周转补助费统称为腾退所得款总计839624元。七、腾退安置面积311.68平方米；购房总款：1443440元。指标内面积250平方米（3800元/平方米），购房款950000元；指标外面积61.68平方米（8000元/平方米），购房款493440元。共计购房4套，总建筑面积311.68平方米。八、结算款项：乙方补偿款及所得款抵扣购房款后余款为636230元。

同日，靳某（乙方）与某房地产经纪有限公司（甲方）签订《××村宅基地腾退回迁安置房认定单》，约定：合计人口：5人；人均安置面积合计250平方米；共计认定4套；总建筑面积311.68平方米：××园×号楼5单元201号（以下简称201号）2居室，建筑面积77.92平方米，房款296096元；××园×号楼5单元202号（以下简称202号）2居室，建筑面积77.92平方米，房款296096元；××园×号楼5单元301号（以下简称301号）2居室，建筑面积77.92平方米，房款296096元；××园×号楼5单元302号

（以下简称302号）2居室，建筑面积77.92平方米，房款555152元，总购房款1443440元。

另查，《××村“城乡一体化”改造宅基地腾退补偿安置方案》规定：每宗宅基地为一产权户。宅基地补偿价为7000元/平方米。第五章腾退奖励和补助：1. 提前搬家奖：5000元/产权户。2. 工程配合奖：100000元/产权户。3. 按认定宅基地面积给予规定期限内腾退奖励费1500元/平方米。4. 重点村综合整治补助费：1500元/平方米。5. 搬家补助费：20元/平方米……9. 安置周转费：选择定向安置方式的被腾退人，腾退人在与其签订定向补偿安置协议时，给予周转补助费为每月每人1500元。周转补助期自腾退房屋之日起至办理定向安置房入住手续之日止，每年发放一次。10. 期房补助费：以被腾退户购买安置房总房款的10%作为期房补助费。

再查，2013年8月至2016年12月周转补助费按照每人每月1500元发放至靳某账户。靳某等四人称，拆迁房屋腾退后，靳某使用周转补助费租住两套一居室，靳某、白甲、白乙、白丙、姚某共同居住。姚某认可租房及居住事实，但认为租金为白丙支付。

关于安置房屋使用情况，靳某等四人称安置房于2016年5月交付，交付状态为毛坯房，装修后于2017年1月开始使用：其中301号房屋闲置，出租一两个月后闲置至今；靳某、白甲居住使用302号房屋；201号、202号房屋自2017年1月开始出租，每月租金4000元，但有承租人变更的闲置期，并非始终处于出租状态。姚某称安置房系通过中介出租，每月租金五六千元。双方均认可，因姚某与白丙离婚纠纷，姚某未居住使用过安置房屋。

庭审中，双方均认可，拆迁院落原宅基地使用权人为靳某，安置房屋产权登记证书尚未办理。关于建房情况，姚某称其未参与建房，但对房屋装修有贡献，关于白丙是否参与建房并不清楚。靳某等四人称姚某、白丙均未参与建房，房屋系靳某、白甲所建。关于腾退补偿及所得款余款，靳某等四人称均由靳某领取，现在靳某、白甲处，被告四人的份额不需要进行分割。

经一审核实，301号房号变更为××园×号楼×号。

二审审理期间，双方当事人均未提交新的证据。靳某、白甲、白乙、白丙表示不同意姚某居住使用301号安置房屋，同意给付姚某安置指标面积折价款21万元，经法院询问，姚某不同意折价方式及折价款的数额，经法院主持调解，双方未能就此协商达成一致意见。

【案件焦点】

1. 姚某不是涉案宅基地使用权人，也不是涉案房屋所有权人，其基于身份关系作为被拆迁安置人是否享有拆迁安置财产权益；2. 村集体的拆迁安置补偿方案能否作为姚某主张财产权利的法律依据。

【法院裁判要旨】

北京市丰台区人民法院经审理认为：家庭共有财产是家庭成员在共同生活期间共同创造所得的财产。

本案诉争的房屋及腾退补偿及所得款系×号宅基地拆迁所得。被拆迁院落内房屋为靳某、白甲所建，姚某称其曾参与房屋装修，但未提供证据予以佐证，法院不予采信。根据《××村“城乡一体化”改造宅基地腾退补偿安置方案》，宅基地补偿款、房屋重置成新价及附属物作价、腾退补偿奖励费、重点村综合补助费、搬家补助费均归靳某、白甲所有；提前搬家奖、工程配合奖，白丙、姚某共计应得44000元；因姚某、白丙共享有100平方米安置面积，故二人期房补助费应得38000元。

姚某与白丙应得份额为二人夫妻关系存续期间共同财产，因白丙在婚姻存续期间存在过错，故分割时姚某可以适当多分。靳某、白甲、白乙、白丙庭审中表示四人的份额不需要进行分割，故其余腾退补偿款归靳某、白甲、白乙、白丙共同所有。现腾退补偿款均在靳某、白甲处，其应当向姚某给付50000元。

2012年8月至2016年12月周转补助费虽由靳某领取，但已实际用于租房支出，姚某亦居住使用租赁房屋，且并未支付房屋租金，其要求分割周转补助费，本院不予支持。

姚某作为拆迁被安置人，应享有相应的安置权益。依据《××村宅基地腾退回迁安置房认定单》，可以确认靳某选购201号、202号、301号、302号房屋时使用了安置人口姚某优惠购房指标，故姚某主张有权居住使用301号安置房屋，并无不当，法院予以支持。姚某要求上述房屋归其所有，因房屋产权证书尚未办理，不具备分割所有权条件，法院暂不分割，待房屋产权证书办理完毕时，可再行处理。

关于房屋租金收益，因201号、202号、301号、302号房屋尚未分割，姚某、靳某、白甲、白乙、白丙对上述房屋均有权使用，而靳某、白甲、白乙、白丙将部分房屋出租，姚某作为使用权人有权分割已经产生的租金收益，具体份额，根据房屋出租时间、租金情况以及姚某、靳某、白甲、白乙、白丙所占房屋份额及对房屋的贡献，由法院酌定。姚某对301号房屋并不享有排他性居住使用权，且安置房屋将来的居住使用及出租情况，法院无法确定，姚某要求靳某、白甲、白乙、白丙给付判决之日起至实际腾退之日止的房屋租金收益，法院不予支持。综上所述，依照《中华人民共和国物权法》第三十条、第九十九条之规定，判决如下：

一、坐落于丰台区××乡××村×号腾退补偿款636230元归被告靳某、白甲、白乙、白丙共同所有；

二、被告靳某、白甲、白乙、白丙于本判决生效之日起十日内给付原告姚某补偿款50000元；

三、原告姚某有权居住使用位于北京市丰台区××园×号楼×号房屋；

四、被告靳某、白甲、白乙、白丙于本判决生效之日起十日内给付原告姚某2017年1月1日至2019年7月31日房屋租金收益46500元；

五、驳回原告姚某其他诉讼请求。如果未按本判决指定的期间履行给付金钱义务，应当依照《中华人民共和国民事诉讼法》第二百五十三条之规定，加倍支付迟延履行期间的债务利息。

靳某、白甲、白乙、白丙不服一审判决，提出上诉。北京市第二中级人民法院经审理认为：本案诉争的房屋及腾退补偿所得款项系×号拆迁所得，被拆迁院落内房屋为靳某、白甲所建，一审法院根据《××村“城乡一体化”改造宅基地腾退补偿安置方案》，确定宅基地补偿款、房屋重置成新价及附属物作价、腾退补偿奖励费、重点村综合补助费、搬家补助费均归靳某、白甲所有，确定提前搬家奖、工程配合奖，白丙、姚某共计应得44000元，因姚某、白丙共享有100平方米安置面积故二人期房补助费应得38000元，一审法院的该认定并无不当。姚某作为拆迁被安置人，应当分得安置补偿协议中的提前搬家奖、工程配合奖与期房补助费的相应份额，靳某、白甲、白乙、白丙上诉认为提前搬家奖、工程配合奖与期房补助费补偿没有姚某的份额，没有事实和法律依据，靳某、白甲、白乙、白丙的该项上诉请求不能成立，本院不予支持。姚某与白丙在安置补偿协议项下的应得份额为二人夫妻关系存续期间的共同财产，一审法院对上述款项酌情进行分割并判令靳某、白甲向姚某给付腾退补偿款 50000 元，该处理亦无不当，靳某、白甲、白乙、白丙对此所提异议不能成立，本院不予支持。

姚某作为拆迁被安置人，应享有相应的安置权益。依据《××村宅基地腾退回迁安置房认定单》，可以确认靳某选购 201 号、202 号、301 号、302 号房屋时使用了安置人口姚某优惠购房指标，201 号、202 号、301 号、302 号房屋尚未分割，姚某、靳某、白甲、白乙、白丙对上述房屋均有权使用。故姚某有权主张居住使用 301 号安置房屋。靳某、白甲、白乙、白丙不同意姚某居住使用 301 号安置房屋的理由不能成立，本院不予支持。关于靳某、白甲、白乙、白丙对给付姚某房屋租金收益所提异议，因靳某、白甲、白乙、白丙将部分安置房屋用于出租，姚某作为使用权人有权分割已经产生的租金收益，一审法院根据房屋出租时间、租金情况以及姚某、靳某、白甲、白乙、白丙所占房屋份额及对房屋的贡献，酌情确定靳某、白甲、白乙、白丙给付姚某 2017 年 1 月 1 日至 2019 年 7 月 31 日房屋租金收益 46500 元，并无不当。靳某、白甲、白乙、白丙提出的其支付了安置房屋的购房款、装修及购置家具等事宜，应当另行解决，靳某、白甲、白乙、白丙以此为由不同意支付姚某相应的房屋租金收益的上诉意见不能成立，靳某、白甲、白乙、白丙的该项上诉请求依据不足，本院不予支持。

综上所述，靳某、白甲、白乙、白丙的上诉请求不能成立，应予驳回。一审判决认定事实清楚，适用法律正确，应予维持。依照《中华人民共和国民事诉讼法》第一百七十条第一款第一项规定，判决如下：

驳回上诉，维持原判。

【法官后语】

本案主要解决的争议问题是作为嫁入的儿媳，姚某不是宅基地使用权人，不是房屋所有权人，其在涉案共有房屋的拆迁安置过程中是否可以享有相应的拆迁安置财产权益。本案明确了被拆迁安置人主张财产权利的权利基础。

一、姚某不是涉案宅基地使用权人，也不是涉案房屋所有权人，其基于身份关系作为被拆迁安置人是否享有拆迁安置财产权益

按照村集体制定的拆迁安置政策所确定的补偿原则，姚某户籍在涉案被拆迁房屋内，在安置补偿协议中被明确作为拆迁被安置人，因此，姚某应当分得安置补偿协议中与其作为被安置人身份相关的提前搬家奖、工程配合奖、期房补助费中的相应份额。而被拆迁院落内房屋为靳某、白甲所建，与宅基地和房屋权属相关的宅基地补偿款、房屋重置成新价及附属物作价、腾退补偿奖励费、搬家补助费等则应当均归宅基地使用权人及房屋所有权人靳某、白甲所有。对于双方争议的优惠购房指标，靳某在选购回迁安置房时用了安置人口姚某的优惠购房指标，在靳某（乙方）与某房地产经纪有限公司（甲方）签订的《××村宅基地腾退回迁安置房认定单》中约定了安置人口数为5人，及因此确定的安置面积合计250平方米，靳某取得的该优惠安置面积是基于姚某的身份因素取得的，因此，姚某

在安置面积中享有相应的财产权益。但该财产权益的份额划定或者该财产权益的具体实现，还要结合涉案各方权利人的实际情况、安置房屋购买出资情况等因素加以确定。在没有具体确认或者分割共有权益的情况下，姚某和其他权利人均有权居住使用安置房屋，并共同享有安置房屋的租金收益。姚某主张其享有优惠安置面积相应的房屋居住使用权和不能使用部分面积的租金收益权，不能因其不是宅基地使用权人、不是原房屋权利人就剥夺其拆迁安置利益。对于靳某等提出的购房出资、装修等其他款项，姚某同样应当共同分担，但这些争议的处理应当在其他相关权利人明确就姚某应承担的购买安置房的支出、装修支出等款项提出进行分担的诉讼主张的情况下予以处理。

二、村集体的拆迁安置补偿方案能否作为姚某主张财产权利的法律依据

对于涉及村民重要利益的宅基地使用方案、征地补偿费的使用分配方案等重要事项，村集体一般通过村民会议或者授权村民代表大会讨论表决形成决议，并依法依规上报备案。依法制定的村集体拆迁安置补偿方案，可以作为确定相关各方权益的法律依据。根据《中华人民共和国村民委员会组织法》的规定，对村民会议或者村民代表会议制定通过的拆迁安置补偿方案或者决定有异议的，或者认为该方案侵犯了村民的合法财产权利的，可以申请由乡镇人民政府责令改正。如果认为村民委员会或者村民委员会成员作出的决定侵害村民合法权益的，受侵害的村民也可以申请人民法院予以撤销，由责任人依法承担法律责任。本案中的《××村“城乡一体化”改造宅基地腾退补偿安置方案》规定了每宗宅基地为一产权户，并对宅基地补偿价及提前搬家奖、工程配合奖、搬家补助费、安置

周转费、期房补助费等腾退奖励和补助均有明确的规定。该安置补偿方案是拆迁人与被拆迁人签订安置补偿协议的根据，也是诉讼中确定各方权利义务的法律依据。在具体案件中确定各方财产权益及其份额，还要结合安置补偿协议中对被拆迁安置人、补偿项目的具体约定进行认定。

编写人：北京市第二中级人民法院　王平　祁欢

134　分家单中父母签字形式的瑕疵对分家单效力认定的影响

——李某某诉毛某甲等分家析产案

【案件基本信息】

1. 裁判书字号

北京市第二中级人民法院（2019）京02民终506号民事判决书

2. 案由：分家析产纠纷

3. 当事人

原告（上诉人）：李某某

被告（被上诉人）：毛某甲、毛某乙、毛某丙、毛某丁

【基本案情】

李某某与毛某某系夫妻，育有毛某甲、毛某乙、毛某丙、毛某丁四子。2007年12月25日，毛某某去世。涉案房屋坐落于北京市房山区琉璃河镇石村四街××号院，该院原系祖宅。2000年1月23日，毛某甲、毛某乙、毛某丙、毛某丁、毛某某共同签署分

家单，记载：1. 毛某丁分得红砖木制房三间，成材树1棵，位于小南街路南。2. 毛某乙分得红砖木制房四间，没有成材树，位于小南街路北。3. 毛某丙分得红砖木制房三间，成材树2棵、槐树10棵。4. 毛某甲分得红砖木制房四间，成材树2棵、槐树4棵，位于西北路东（原毛某丙的房屋归毛某甲所有）。分家后，毛某丁、毛某乙、毛某丙、毛某甲分别依照分家单取得相应宅院及房屋。毛某丁分得的宅院现为石村四街A号，毛某乙分得的宅院现为石村四街B号，毛某丙分得的房屋所在宅院即为涉案院落，坐落于北京市房山区琉璃河镇石村四街××号院，毛某甲分得的宅院现为石村三街C号。除毛某丙搬至房山区琉璃河镇西南召村居住外，其他三人一直在所分得的院落房屋居住至今。李某某及毛某某居住在毛某丙所分得的宅院即涉案院落内。毛某某去世后，李某某由毛某丁、毛某乙、毛某丙、毛某甲轮流赡养。2009年，毛某丁出资将北京市房山区琉璃河镇石村四街××号院翻建形成现在的北房三间、东房两间的房屋格局。毛某丙表示毛某丁在××号院内建房并未经过其同意，毛某丁认可其建房行为没有争得毛某丙同意，但坚持认为其建房是李某某授意，也是为李某某所建，故认为××号院内现有北房三间、东房两间应归其母亲李某某所有。现李某某起诉要求判令位于北京市房山区琉璃河镇石村四街××号院的北房三间、东房两间归其所有。对此，毛某丁表示，四街××号宅院是老人宅院，签分家单时毛某某、毛某丙、毛某丁在场，其他人都不在场，同意李某某的诉讼请求；毛某甲、毛某乙、毛某丙认为，分家单合法有效，各方均按分家单履行完毕多年，故均不同意李某某诉讼请求。

【案件焦点】

未经李某某签字的分家单是否有效。

【法院裁判要旨】

北京市房山区人民法院经审理认为：毛某丁、毛某乙、毛某丙、毛某甲、毛某某共同签署的分家单系各方当事人的真实意思表示，不违反法律、行政法规的禁止性规定，且已经履行完毕，各方均按照分家单的意思表示相安无事地居住使用多年，该分家单应属合法有效。李某某虽未在分家单上签字，但分家后其与毛某丁、毛某乙、毛某丙、毛某甲共同居住石村多年并未提出异议，视为其认可分家的事实。毛某丁未经毛某丙同意，以母亲李某某的名义擅自将涉案宅院内旧房拆除翻建成北房三间、东房两间，没有法律依据，继而李某某要求确认涉案房屋归其所有的诉讼请求，不予支持。

北京市房山区人民法院依据《中华人民共和国民事诉讼法》第六十四条之规定，作出如下判决：

驳回原告李某某的全部诉讼请求。

李某某不服一审判决，提出上诉。北京市第二中级人民法院经审理认为：分家单在我国农村广泛存在，形式不一，但并不是严格的法律术语，通常会涉及赡养、分家析产、继承、赠与等几方面的内容。本案中的分家单产生于近 19 年之前，虽在形式上欠缺李某某签字，但根据各方陈述、分家单内容，结合各方均按分家单对所涉院落居住使用多年之情形，综合考虑农村民俗习惯，可以认定该分家单系当事人真实意思表示，合法有效。一审法院根据本案证据认定分家单有效并认定确有分家之事实，并无不当。李某某上诉称其未参与分家，该分家单应属无效。对此，李某某虽未在分家单上签字，但在分家后其与毛某甲、毛某乙、毛某丙、毛某丁共同居住多年，考虑到四被告作为李某某之子各家轮流赡养李某某之情形，亦可印证其对此分家单不持异议。李某某关于分家单无效、涉案房屋应归其所有的主张缺乏事实和法律依据。北京市第二中级人民法院依据《中华人民共和国民事诉讼法》第一百七十条第一款第一项规定，作出如下判决：

驳回上诉，维持原判。

【法官后语】

分家单是农村地区常见的一种契约形式。依照农村习俗，子女成家后，应当与父母分开居住、生活，但现实情况中，分家已经不仅仅是子女个体在形式上与父母生活的分离，更重要的是涉及家庭内财产分配、债务负担、父母赡养等多方面内容，成为分配和约束家庭成员内部财产关系和人身关系的一种重要行为。而分家单，作为一种对分家行为的书面记载形式，更是持久维护家庭成员内部所涉财产关系和人身关系的凭证。分家单内容的合法性和明确性、形式的完备性和充分性是确保其法律效率的重要考量指标。分家单法律效力的存在与否又直接关系着家庭成员内部财产分配确定性，以及判定日后相互间侵权行为是否成立的依据。

分家单的效力与签字形式不无关系，实践中，分家单形成之后，如遇纠纷，不乏有子女因分家单上父或母一方签字形式存在瑕疵而对分家单的效力提出质疑，究竟能否以“一刀切”的方式根据主要家庭成员的事后否认和分家单上签字欠缺认定分家单无效，是大量以分家单为主要证据提起分家析产纠纷或继承纠纷案件所需释明的焦点问题，本案亦是如此。一般而言，分家单形成时间均已较长，除主要家庭成员外，还会邀请村级威望人士等见证人在场并在分家单上签字，而父母，尤其是母亲一方的签字并不完备的情形较为常见。对于父母或其一方签字缺失的分家单，如果有见证人的证言证明，或者各方均已按照分家单所安排内容实际履行多年未提出异议，则能够高度说明且认定分家单合法有效，仅以父母一方签字缺失的瑕疵抗辩分家单效力不应得到法院的支持。本案中，所涉分家单形成于19年前，各方对分家单签订时李某某是否知晓并在场一节各执一词，而当时场景又未能通过录音录像等方式予以固定，此时，一味地要求当事人对其主张分家单有效的意见进行举证，无疑加大了一方的证明责任，且没有实质意义，而法官通过对案件综合情况的把握，多角度、多因素考量，将法律思维和日常生活习惯相结合也能做出合理推断。李某某育有四子，宅基地及其地上物作为家庭重要财产内容，对其分配的执行程度高低决定了各家庭成员对分家单内容安排的认可与否。而本案中尽管李某某对分家事实不认可，但所涉家庭成员包括李某某本人均已按照分家单内容将宅基地及其地上物予以分割并居住使用多年，分家单中涉及的关于父母即毛某某与李某某的赡养问题的安排，也与近年来各家轮流赡养李某某的情形相吻合，这也能够印证李某某对分家单内容并不持异议，成为最终判定分家单合法有效的有力佐证，进而毛某丁在李某某授意下擅自在毛某丙所分宅院内建房的行为也被认定为侵权，李某某的诉讼请求无法得到支持。

目前，关于分家单效力的认定成为农村地区分家析产纠纷、继承纠纷、排除妨害纠纷等案件中的焦点和难点问题，在存在一定时间和历史跨度的个案中，我们不能仅以当下合同成立和生效的范式标准去衡量之前的契约形式，而应该综合案件的整体情况、既有事实，在充分调查和相互印证的基础上对分家单的效力做出认定。

本案的认定是法律规定对合同要件和风俗习惯、事实行为的综合判断，并非夫妻一方契约订立效力必然约束和代表另一方。但关于夫妻双方因日常生活需要所达成的合意的对外效力，《中华人民共和国民法典》实施后，确有新的规定即夫妻双方家事代理权制度，家事代理权在《中华人民共和国民法典》颁布之前关于婚姻法解释中有相似的意思表示，此次将夫妻之间家事代理权入典是对其立法地位的相应提升，也体现出法律对日常生活中普遍行为方式的尊重和认同。《中华人民共和国民法典》规定，夫妻一方因家庭日常生活需要而实施的民事法律行为，对夫妻双方发生效力，但是夫妻一方与相对人另有约定的除外；夫妻之间对一方可以实施的民事法律行为范围的限制，不得对抗善意相对人。可以说，该条法律规定最大亮点是夫妻双方可以在不违反法律的情况下就对方的民事法律行为达成协议，但是，该协议仅在夫妻之间有效，不得对抗善意第三方，这是对善意第三人的保护，也是市场交易安全的保证，它防止夫妻一方以限制夫妻之间的协议为由破坏社会秩序，从而维护社会稳定与和谐，体现了立法宗旨。从这一立法宗旨出发，也不难得出在对内家庭协议的订立上，也不必然要求夫妻双方在家庭成员内部协议订立上的零瑕疵性，如果结合家庭成员现实履行情况、日常行为习惯等能够确认内部协议的效力，那么法律还是倾向于维护现已稳定多年的秩序安排，避免因些许的形式瑕疵而以更大的成本破坏多数人因遵循约定而实现的利益，从这点来说，也能够看出民法典在契约关系和家庭关系以及其与外部第三人关系之间立法宗旨的一致性和沿革性。

编写人：北京市房山区人民法院　刘婷婷

135 夫妻共同财产与家庭共有财产的认定标准

——陈甲诉刘某等分家析产案

【案件基本信息】

1. 裁判书字号

福建省泉州市中级人民法院（2019）闽05民终5383号民事判决书

2. 案由：分家析产纠纷

3. 当事人

原告（被上诉人）：陈甲

被告（上诉人）：陈乙（曾用名陈戊）、刘某、陈丙

【基本案情】

陈丁与刘某系夫妻，二人先后育有陈甲、陈乙、陈丙。1989年12月5日，陈丁与刘某因住房困难，以陈乙的名义向安溪县人民政府等单位申请动用空杂地70平方米、建房三层、建筑面积210平方米，安溪县人民政府于1991年8月23日批准其申请。安溪县土地管理局先后颁发了福建省建设用地许可证及土地使用权证。

1992年至1994年，陈丁与刘某完成了址在安溪县凤城镇中山路××号房屋第1~2层的建设。2004年至2005年，在以陈乙为主参与下，完成了址在安溪县凤城镇中山路××号房屋第3~5层的建设，其中第4~5层并未办理加层建设审批手续。陈丁于2008年去世。陈丁去世后，因家庭成员未能对上述房产的分割进行协商解决，

陈甲向一审法院提起诉讼。2019 年 3 月 12 日，陈甲依法申请评估，福建鑫八闽价格鉴定评估有限公司作出评估意见书，认定价格评估标的在价格评估基准日的市场价格（按每层面积等于土地证面积计算），合计 2730466 元。其中一楼（地下负一层）面积 97.27 平方米，单价 1278 元/平方米，评估金额 124311 元；二楼店面（地上一层）面积 97.27 平方米，单价 14313 元/平方米，评估金额 1392226 元；三楼住宅（地上二层）面积 97.27 平方米，单价 4260 元/平方米，评估金额 414370 元；四楼住宅（地上三层）面积 97.27 平方米，单价 4160 元/平方米，评估金额 404643 元。陈甲为此支付评估费 20000 元。审理中，陈丙自愿放弃在本案中享有的相关权益。

【案件焦点】

涉案房产系夫妻共同财产还是家庭共有财产。

【法院裁判要旨】

福建省安溪县人民法院经审理认为：首先，关于涉案房屋的财产性质。农村审批建房及颁发土地使用权证过程中，往往是一个家庭成员作为申请人，其他成员作为共同居住人一起进行宅基地审批手续。故本案涉案农村建房用地虽以陈乙作为申请人呈报并获得批准，土地使用权证也仅登记陈乙一人，但土地使用权证仅是依据审批表进行办理的，土地使用权证并非房产权属证明，故不能据此认定涉案房屋为土地使用权人一人所有，即本案宅基地审批表上的申请人和土地使用证上的使用者均为陈乙，但所建造的房屋并非其个人财产。

1. 关于涉案房屋第 1~2 层的问题。陈乙虽申请证人刘某民、黄某庆出庭作证，但证明力较弱，并无法证明涉案房屋确系陈乙的，且陈乙又未能提供其他证据予以佐证。同时，结合《中华人民共和国物权法》第一百四十二条规定，建设用地使用权人建造的建筑物、构筑物及其附属设施的所有权属于建设用地使用权人，但有相反证据证明的除外。在建房时陈乙年仅13周岁，尚未成年，其体力、能力尚不足以帮助建房，陈甲自认其未参与出资和建设涉案房屋第1~2层，系其父母自行建设的。因此，涉案房屋第1~2层应认定为陈丁与刘某建设的，系陈丁与刘某共同共有的，较为符合常理。刘某、陈乙辩解涉案房屋系以陈乙名义申请并获得批准及陈丁、刘某未参与建设涉案房屋的第1~2层，陈乙系涉案房屋的所有人的意见，依据不足，本院不予采纳。

2. 关于涉案房屋第3层的问题。陈乙虽申请证人王某河、谢某其、李某民、陈某炳及黄某乐等人出庭作证，但证据证明能力较弱，且陈乙未能提供其他证据予以佐证，但结合陈乙提供的黄某乐出具的清单及建房时陈乙已成年，其体力能够帮助其产生产权份额，故认定以陈乙为主参与了涉案房屋第3层的建设；陈甲诉称其参与出资和建设涉案房屋第3层，但依据不足，不予采纳，若其有其他充分证据，可再行另案主张；陈乙辩解涉案房屋第3层系一人出资建设的，同样依据不足，本院同样不予采纳。

3. 关于涉案房屋第4~5层的问题。由于涉案房屋第4~5层未经审批建设，故不予处理。

关于财产分配的原则：

1. 关于涉案房屋第1~2层的问题。陈丁去世后，对属于陈丁的那一半遗产即（97.27平方米×1278元/平方米+97.27平方米×14313元/平方米）/2=758268.5元，各继承人都没有表示过放弃继承，根据《中华人民共和国继承法》第二十五条第一款规定，应视为均已接受继承，涉案房屋第1~2层应属各继承人共同共有，当事人之间为此发生之诉讼，可按析产案件处理，并参照财产来源、管理使用及实际需要等情况，进行具体分割。本案涉案房屋第1~2层分割应根据《中华人民共和国物权法》第九十九条及《最高人民法院关于贯彻执行〈中华人民共和国民法通则〉若干问题的意见（试行）》第九十条的规定，结合本案案件事实，在陈甲、陈乙及刘某对共同共有财产无约定，也未能对共同共有财产的分割进行协商，且陈甲常年居住在台湾地区的前提下，陈甲诉求对共有财产进行分割，并按照评估价值进行经济补偿，于法有据，本院予以支持；根据本案的房产性质、建房用途、家庭成员的年龄、体力强度等综合考虑对房屋份额进行分割，且鉴于陈丙已放弃其在本案享有的相关权益，故本院按刘某占50%即379134.26元，陈甲、陈乙各占25%即189567.125元予以分割，考虑涉案房屋现为刘某、陈乙共同使用管理，故由刘某、陈乙共同补偿给陈甲189567.125元。

2. 关于涉案房屋第3层的问题。鉴于陈甲诉称其参与出资和建设涉案房屋第3层的依据不足，故本院对涉案房屋第3层暂不予处理，双方当事人若有其他充分证据，再行另案主张。综上，陈甲诉求合法有据的部分，本院予以支持；刘某及陈乙辩解合法合理的部分，本院予以采纳；陈丙自愿放弃在本案中享有的相关权益，系其自行处分的权利，且未违反法律法规的强制性、禁止性规定，予以采纳。现陈丙经本院合法传唤，无正当理由拒不到庭参加诉讼，视为自愿放弃诉讼权利，由此产生的法律后果由其自行承担。本院依法缺席审理，在查明事实后，可依法径行判决。依照《中华人民共和国物权法》第九条、第九十九条、第一百条、第一百四十二条，《中华人民共和国民法通则》第七十八条，《中华人民共和国继承法》第二十五条第一款，《最高人民法院关于贯彻执行〈中华人民共和国民法通则〉若干问题的意见（试行）》第九十条，《中华人民共和国民事诉讼法》第十三条第二款、第六十四条第一款、第一百四十四条及《最高人民法院关于适用〈中华人民共和国民事诉讼法〉的解释》第九十条规定，判决如下：

一、刘某、陈乙应于本判决生效之日起十日内共同补偿给陈甲189567.125元；

二、驳回陈甲的其他诉讼请求。

刘某、陈乙不服原审判决，提起上诉。福建省泉州市中级人民法院认为：

一、涉案房屋的权属问题

涉案房屋于1989年申请用地进行基建时，陈乙、陈甲、陈丙均年幼（陈甲13岁、陈乙11岁、陈丙1岁），三人均缺乏经济收入来源，根本无能力出资或出力参与房屋建设，涉案房屋的建设方只能为三人之父母，即陈丁与刘某夫妻二人。故一审认定涉案房屋第1~2层为陈丁与刘某夫妻共同财产，符合客观实际，二审维持该认定。刘某、陈乙主张涉案房屋一层至五层均由陈乙出资建设，于事实不符，不予采信。

二、涉案房产第1~2层的分割问题

陈丁去世后，各继承人均未表示放弃继承，应视为均已接受继承。对此应按析产案件处理，并根据实际情况进行具体分割。一审法院根据评估意见，在陈丙明确表示放弃其在本案享有的相关权益情形下，结合诉争房产的性质、用途、现时使用情况等因素，对属陈丁的份额部分（价值758268.5元），按刘某占50%，陈甲、陈乙各占25%予以分割，并基于涉案房屋现状（现为刘某、陈乙共同管理使用），判令刘某、陈乙共同支付陈甲相应的折价补偿款189567.125元，处理结果恰当，予以维持。刘某、陈乙认为陈甲无权参与分割诉争房屋第1~2层，缺乏事实和法律依据，不予采信。

三、诉争房屋第3~5层的处理问题

从现有证据分析，陈甲主张其参与出资和建设涉案房屋第3层的依据并不充分。一审法院对涉案房屋第3层暂不予处理并无不当，对此陈甲也不持异议。当然，当事人若有新的证据或出现新的事实，仍可另案主张。至于诉争房屋第4~5层部分系未经审批建设，属违章建筑，一审不予确权处理并无不当。

综上所述，刘某、陈乙的上诉请求不能成立，应予驳回；一审判决认定事实清楚，适用法律正确，应予维持。

福建省泉州市中级人民法院依照《中华人民共和国民事诉讼法》第一百七十条第一款第一项规定，判决如下：

驳回上诉，维持原判。

【法官后语】

在广大农村，宅基地和房屋是农民最重要的财产权利，随着我国城镇化进程进一步加快，涉及农村宅基地、分家析产等纠纷也不断增多。在分家析产纠纷案件中，往往带有一定的特殊性，经常伴着个人财产、夫妻共同财产及家庭共有财产交织杂糅的情况，因此对分家析产纠纷这类案件的处理，应当首先确认待分割财产的性质。

所谓夫妻共同财产是指在夫妻关系存续期间，夫妻所共同拥有的财产，主要包括工资、奖金，生产、经营的收益，以及不属夫妻一方继承或受赠所得的其他应当归于夫妻共同所有的财产。而家庭共有财产则是指家庭成员在家庭共同生活关系存续期间共同创造、共同所得，供全体家庭成员生活、生产的共有财产。即家庭成员共同劳动、提供出资所取得的财产为家庭共有财产。

家庭共有财产，是指全体或部分家庭成员共同所有的财产。要形成家庭共有财产，应具备以下几个要件：1. 家庭关系的存在是形成该项财产的前提。这就是说，该项财产的几个所有人都是同一家庭的成员，他们之间存在亲属关系，并且共同生活。2. 须以家庭成员的劳动收入或其他收入共同形成。这是家庭共有财产与夫妻共同财产的一大区别。夫妻之间，双方均有收入或只有一方有收入，都不影响共有关系的形成。而家庭共有财产则不同，家庭共有财产的来源是家庭成员的共同收入，只有有收入的家庭成员才能成为家庭财产的共有人。3. 家庭共有财产是为了维持家庭成员的生活或生产而形成的财产，如果家庭成员用自己的收入购置自己个人所需物品，则不是家庭共有财产。4. 形成家庭共有财产须有家庭成员间主观上的共有意思表示。如果对某项财产，家庭成员都付出了代价，且也用于家庭生活之中，仅凭这些还不一定就能肯定它为家庭共有财产。因为在家庭成员的主观上还须有形成共有的意思。以上四个条件，笔者认为是形成家庭共有财产的标准，也是家庭共有财产的法律特征。用此标准去衡量，家庭共有财产可能是家庭的全部财产（个人生活用品除外），也可能是家庭中的某些特定财产。而家庭成员可能全部是共有人，也可能只有部分是共有人。

在审判实践中，对于未成年子女是否享有对家庭共有财产的共有权问题，存在两种不同观点：第一种观点认为，家庭共有财产是指家庭成员的共同财产的总和，包括夫妻共同财产，子女通过继承等方式所取得的财产，因此，任何家庭成员都对家庭共有财产享有共有权，未成年子女也不例外；第二种观点认为，未成年子女不能享有对家庭共有财产的共有权，只有那些对家庭共有财产的产生、积累和增值作出过贡献的人，才享有对家庭共有财产的共有权。笔者认为，家庭共有财产是家庭成员在家庭共同生活关系存续期间共同创造、共同所得的共有财产，如果未成年子女没有对家庭财产的产生、积累和增值作出贡献，则不能享有对家庭共有财产的共有权。

结合本案案情，笔者认为，农村审批建房及颁发土地使用权证过程中，往往是一个家庭成员作为申请人，其他成员作为共同居住人一起进行宅基地审批手续。故本案涉案农村建房用地虽以陈乙作为申请人呈报并获得批准，土地使用权证也仅登记陈乙一人，但土地使用权证仅是依据审批表进行办理的，土地使用权证并非房产权属证明，故不能据此就认定涉案房屋为土地使用权人一人所有，即本案宅基地审批表上的申请人和土地使用证上的使用者均为陈乙，但所建造的房屋并非其个人财产。对于涉案房屋第 1~2 层财产性质的问题。陈乙虽申请证人刘某民、黄某庆出庭作证，但证明力较弱，并无法证明涉案房屋确系陈乙的，且陈乙又未能提供其他证据予以佐证。同时，结合物权法第一百四十二条规定，建设用地使用权人建造的建筑物、构筑物及其附属设施的所有权属于建设用地使用权人，但有相反证据证明的除外。在建房时陈乙年仅 13 周岁，尚未成年，其体力、能力尚不足以帮助建房，因此，涉案房屋第 1~2 层虽是以陈乙的名义去申请审批建设的，但仍然应认定为陈丁与刘某建设的，系陈丁与刘某共同共有的，较为符合常理。故一审、二审对涉案房屋的财产性质的认定还是比较妥当的。

本案系一起典型的个人财产、家庭共同财产、夫妻共同财产交织的分家析产案件，虽该案于民法典施行前判决，但结合《中华人民共和国民法典》第三百五十二条及第一千零六十二条的规定，上述分析从公平角度出发，没有机械地按照权利外观来进行划分，而应将对于共有财产的贡献作为一项重要的考量因素，进而作出对涉案房产性质的认定及分割，与现在施行的民法典的立法精神和社会主义核心价值观的价值取向亦是契合的。

编写人：福建省安溪县人民法院　李裕鹏

136　家庭共有财产的分割应经全体共有人同意

——李某存诉李某城分家析产案

【案件基本信息】

1. 裁判书字号

广东省揭阳市中级人民法院（2020）粤 52 民终 259 号民事判决书

2. 案由：分家析产纠纷

3. 当事人

原告（上诉人）：李某存

被告（被上诉人）：李某城

第三人：李某盛、李甲欢、李某群、李乙欢、李某周、李某贞

【基本案情】

李某葵与妻子何某美（均已去世）共生育六子女，分别为本案原告李某存、被告李某城、第三人李某盛、李某裕（已去世）、李某周、李某贞。1991 年 9 月 22 日，原揭阳县国土局、原揭阳县

人民政府核发《集体土地建设使用证》，其中记载土地使用者为李某葵。1993年3月5日，李某城以承交人身份与内畔村经济联合社签订土地使用权转让合同，确认揭氮公路中心以北33米处起点13米止属转让范围，次日，李某城缴纳鉴证费260元。1994年11月20日，揭阳市榕城区国土局和揭阳市榕城区人民政府核发《集体土地建设用地使用证》，载明土地使用者为李某城。1996年农历七月初一，李某存、李某城、李某盛、李某裕、李某周在同村长辈的见证下对部分家庭共有财产进行分配，并由见证人李某松执笔书写一份总《分书》和四份小《分书》，交上述各当事人存执。五份《分书》除明确各人分得的财产情况外，李某松均在过后分别添加了“埔尾埔地、厂地、地磅权属归某存/某周/某城/某盛/某裕”字样。原、被告因涉案标的物的权属问题发生争议，原告于2018年5月28日诉至本院，请求：一、判决确认原被告及家庭成员李某盛、李某裕、李某周于1996年农历七月初一签署的《分书》合法有效。二、判决确认：1. 位于揭阳市梅云镇内畔村揭氮公路中心以北33米处起点13米止范围内四间“厝地”使用权，及地上四间房屋所有权，归属原告享有；2. 位于揭阳市梅云镇内畔村“埔尾”（土名）共计2375.2平方米“厂地”（集体建设用地，地号分别为G10/G11/G12）使用权，及地上所建厂房等建筑物、地磅等附着物所有权，归属原告享有。三、判决被告协助原告办理：1. 上述四间“厝地”使用权变更登记手续，到内畔经济联合社将《土地使用权转让合同》承交人变更为原告；2. 上述“埔尾”（土名）“厂地”使用权变更登记手续，到当地不动产登记部门办理将该土地之集体土地建设用地使用证（新证为不动产权证)“土地使用者”变更登记为原告。四、判决被告停止侵害、排除妨碍，被告不得继续侵犯原告对上述土地和地上建筑物、附着物的正常权益。五、本案诉讼费用均由被告承担。

【案件焦点】

未经共同共有人一致同意，对家庭共有财产予以处分的行为是否有效。

【法院裁判要旨】

广东省揭阳市榕城区人民法院认为，本案属于分家析产纠纷。李某存作为本案原告，诉讼主体资格适格。家庭成员有权对家庭共有财产进行分割处理，在不违反法律强制性规定、不损害第三人合法权益的情况下，各方当事人基于真实意思表示达成的协议内容应属有效。本案中，原告提供的《分书》签订至今已有较长时间，各方在按照协议内容（不含“埔尾埔地、厂地、地磅权属归某存”字样）履行期间并未发生其他争议，李某贞作为家庭成员之一，在庭审中表示对分家情况没有意见，在没有证据证明分家协议违反法律的强制性规定、损害第三人的合法权益的情形下，应认定《分书》中除“埔尾埔地、厂地、地磅权属归某存”外的内容合法有效。经鉴定，总《分书》上“埔尾埔地、厂地、地磅权属归某存”字迹的形成时间明显晚于该份分书上其他书写字迹和四份小《分书》上除“埔尾埔地、厂地、地磅权属归某周/某城/某盛/某裕”外的其他书写字迹，该鉴定结果与证人李某松的证言相互印证，共同证明在1996年分家析产时并未对争议标的物进行分割，总《分书》上书写的“埔尾埔地、厂地、地磅权属归某存”是原告在没有经过其他家庭成员协商一致的情况下私自增加的，且事后没有得到追认，故该部分内容没有发生效力。根据《中华人民共和国民事诉讼法》第六十四条第一款规定，当事人对自己提出的主张，有责任提供证据。原告提供的证据无法证明其为本案争议标的物的使用权者和所有权者，应承担举证不能的不利后果，本院对原告请求确权、要求被告协助办理产权变更登记、要求被告停止侵害等诉讼请求依法予以驳回，并由原告承担两次司法鉴定的费用。

一审法院作出上述判决后，原告向广东省揭阳市中级人民法院提起上诉。广东省揭阳市中级人民法院判决：

驳回上诉，维持原判。

【法官后语】

分家析产，是指家庭成员分割家庭共有财产各自生活的行为，由此产生的纠纷，称为分家析产纠纷。其前提是存在家庭共有财产，同时，家庭共有财产分割法律关系产生的法律事实通常是共有人的合意。民法典编纂前，分家析产纠纷由民法总则、物权法等法律调整，民法典施行后，分家析产纠纷由民法典物权编及相应司法解释调整。家庭共有财产属于全体家庭成员共同共有。依照各地不同风俗习惯，一般由家族长辈、村干部等主持见证，家庭成员协商一致，对共有财产进行分割，并形成析产文书。

《中华人民共和国民法典》对共同共有进行了详细的规定，第三百零一条规定："处分共有的不动产或者动产以及对共有的不动产或者动产作重大修缮、变更性质或者用途的，应当经占份额三分之二以上的按份共有人或者全体共同共有人同意，但是共有人之间另有约定的除外。"家庭共有财产，除了家庭全体成员有约定为按份共有外，应为全体家庭成员共同共有。因此，经全体共同共有人一致同意，可对共有财产进行分割，这是共有人对所有物享有的处分权。

分家析产是对家庭内部财产的处分，由于家庭生活的自治性，对于家庭财产的取得和使用，家庭成员内部最为清楚，家庭以外的人则较难明晰。因此，分家析产应当以家庭成员协商为原则。在民间，通常采用析产文书的形式将各方的权利义务予以确定。各地对析产文书称呼不同，如本案所称的“分书”等。关于析产文书的法律效力，在不违反法律强制性规定、不损害第三人合法权益的情况下，应尊重当事人意思自治，经共同共有人真实意思表示达成的文书应属有效。

本案中，司法鉴定结果和证人（即分家见证人）证言相互印证，共同证明原告提交的总《分书》上书写的“埔尾埔地、厂地、地磅权属归某存”字样，是原告在没有经过其他家庭成员协商一致的情况下私自增加的，且事后没有得到追认。涉案标的物在分家时并未进行分割，原告的行为损害了其他家庭成员的利益，分书中相应内容没有发生效力。综上，本案原告无法证明享有争议标的物的所有权，其诉讼请求无法得到支持。

编写人：广东省揭阳市榕城区人民法院　林桂滨　陈熳纯

137　老分家单的效力

——王某诉于某等分家析产案

【案件基本信息】

1. 裁判书字号

北京市第三中级人民法院（2018）京 03 民终 12688 号民事判决书

2. 案由：分家析产纠纷

3. 当事人

原告：王某

被告：王某1、于某、刘某1、刘某2、刘某3、王某2

【基本案情】

王某3与王某4系夫妻关系，二人共育有四名子女，即王某2、王某5、王某和王某6，王某3于1988年去世，王某4于1994年去世，王某5于2006年去世、王某6于2009年去世，于某与王某5系夫妻关系，二人共育有一子即王某1。刘某1、刘某2、刘某3系王某6的子女。1983年11月21日，经王某3、王某4做主，见证人张某、闻某、陈某作证，给王某和王某5分家，将涉诉的房屋分给了原告王某所有，现有《分居草契》为证。涉诉宅院的集体土地建设用地使用证登记在王某4名下，因为原告王某一家在石景山区居住，所以，原告分得房屋给付于某和王某1照看。2017年2月23日，于某和王某1提出在涉诉宅院内修建两层楼房，王某不同意，于某和王某1将涉诉宅院的大门紧锁，不让王某进入涉诉宅院。

【案件焦点】

1983年签署的老的分家单的效力。

【法院裁判要旨】

北京市顺义区人民法院经审理认为：分家系农村较为常见的家庭财产处理方式。本案中王某与于某、王某1对《分居草契》均认可其真实性，刘某3、刘某1、刘某2、王某2对《分居草契》未发表质证意见，本院视其为放弃质证的权利，本院对《分居草契》的真实性予以确认。该分居草契系当事人真实意思表示，不违反法律规定，故对该分居草契的效力，本院予以确认，王某依据该分居草契要求北正房五间归其所有的诉讼请求，本院予以支持。根据房地一体原则，王某亦取得了涉诉宅院的使用权。其后，虽然王某1、王某5、于某在涉诉宅院内对北正房五间进行装修，北正房西侧修建耳房一间、新建厕所和洗澡间各一间、搭建棚子二间、修建院墙和大门，对北正房五间进行装修、对院内硬化了地面、透水砖铺设地面、修建花墙以及在花墙南侧铺设水泥方砖地面，但根据《中华人民共和国土地管理法》第六十二条规定，农村村民一户只能拥有一处宅基地，且于某一家在涉诉村另有新批的宅基地，故王某1、王某5、于某所建的北正房西侧修建耳房一间、新建厕所和洗澡间各一间、搭建棚子二间、院墙和大门、硬化了地面、透水砖铺设地面、修建花墙以及在花墙南侧铺设水泥方砖地面仍应归原告王某所有。

北京市顺义区人民法院判决如下：

位于北京市顺义区赵全营镇×村×宅院内北正房五间、北正房西侧耳房一间、洗澡间一间、厕所一间、棚子二间、院墙、大门归原告王某所有。

北京市第三中级人民法院经审理同意一审法院裁判意见，判决：驳回上诉，维持原判。

【法官后语】

本案争议的焦点是1983年签署的分家单的效力问题。

本案处理重点是在王某非涉诉院落所在的集体经济组织成员的

情况下，在《中华人民共和国土地管理法》颁布实施之前签署的分家单的效力问题。按照《中华人民共和国土地管理法》的规定，宅基地使用权是农村集体经济组织成员享有的权利，与享有者特定的身份相联系，非本集体经济组织成员无权取得或变相取得。本案中，王某的户籍所在地为北京市石景山区，居民户口性质为非涉诉院落所在的北京市顺义区赵全营镇某村的集体经济组织成员，那么这种情况下，涉案的于1983年11月签署的《分居草契》是否有效呢？庭审中，王某、王某1和于某等人均认可《分居草契》的真实性，故法院对该分家草契的真实性予以确认。根据《中华人民共和国物权法》之规定，所有权人对自己的不动产或者动产，依法享有占有、使用、收益和处分的权利。物权的取得可以是原始取得，也可以是继受取得。但随着《中华人民共和国民法典》的实施，《中华人民共和国物权法》随之废止。根据现行《中华人民共和国民法典》第二百四十条之规定，所有权人对自己的不动产或者动产，依法享有占有、使用、收益和处分的权利。在中国广大农村地区，分家系较为常见的家庭财产处理方式，家庭成员通过签署《分家单》的形式将家庭共有财产由共有状态变更为某个或多个家庭成员所有，这也属于中国农村的传统习俗，考虑到《中华人民共和国土地管理法》是于1987年1月1日正式实施，晚于本案中《分居草契》的签署时间，故当时签署该分居草契时并不违反法律法规的规定，且自签署该分居草契至今已经有30余年的时间，王某1、于某在涉诉村落亦有宅基地，特别是现在王某之父母和王某之兄王某5均已去世，综上，法院基于上述之特定事实考虑，故对本案中这种依照传统习俗签署的《分居草契》予以尊重，故本案中的《分居草契》是有效的，王某依据《分居草契》取得涉诉房屋的所有权，依据房地一体原则，王某取得了涉诉宅基地的使用权。依据《中华人民共和国土地管理法》第六十二条规定，农村村民一户只能拥有一处宅基地，因王某1、于某在北京市顺义区赵全营镇北郎中村另有新批的宅基地，故王某1、于某虽然在涉诉宅院内的北正房进行了修缮和添附，但上述建筑物及构筑物仍应归原告王某所有。综上，法院最终判决位于北京市顺义区赵全营镇某村某宅院内房屋归原告王某所有。

编写人：北京市顺义区人民法院　谢衍明

138　分家析产纠纷中涉农村房屋拆迁利益分割的裁量要点
——李某某诉张某某等分家析产案

【案件基本信息】

1. 裁判书字号

北京市海淀区人民法院（2018）京0108民初31号民事判决书

2. 案由：分家析产纠纷

3. 当事人

原告：李某某

被告：张某某、郭某某、张某1

第三人：张某2、李某1

【基本案情】

张某某与郭某某系夫妻关系，二人育有一子张某1。张某某与张某2系兄妹关系，张某2与李某1系母女关系。张某1与李某某于2011年登记结婚，于2017年经北京市海淀区人民法院出具（2017）

京0108民初15650号调解书调解离婚。

2011年12月31日，六郎庄村委会（甲方）与被腾退人张某某（乙方）签订《六郎庄搬迁腾退补偿安置协议书》，达成如下协议：一、甲、乙双方确认，乙方合法有效的宅基地面积为25平方米，安置人口5人，分别是张某某、郭某某、张某1、李某某（现孕）。二、乙方置换、购买安置房如下：1.501号2居室；2.102号2居室；3.×1号2居室……七、款项结算：应得各项补偿、补助、奖励共计1942035元；同日，六郎庄村委会（甲方）与被腾退人张某2（乙方）签订《六郎庄搬迁腾退补偿安置协议书》，达成如下协议：乙方置换、购买安置房如下：1.×2号房屋1居室；2.×3号房屋1居室。后张某2与张某某签订协议书，约定张某2自愿将×3号房屋变更为张某某。张某某与张某2、李某1于大栅栏服务所签订协议书，约定张某某自愿将×1号房屋变更为张某2、李某1。张某2与李某某于大栅栏服务所签订协议书，约定张某2自愿将×2号房屋变更为李某某。

李某某主张其与当时腹中胎儿享有每人50平方米安置面积，提供六郎庄搬迁腾退方案，载明第十二条、本地区搬迁腾退实行宅基地面积置换，按照认定的合法有效宅基地面积1∶1置换安置楼房建筑面积。对被拆除的合法有效宅基地内房屋及附属物按照重置成新价给予补偿。被搬迁人家中人口多而合法有效宅基地面积少的，按1∶1比例置换安置房后，可按认定人口人均50平方米补足安置房面积，补足的部分按照每平方米4500元购买。

庭审中，双方均认可被拆迁房屋由张某某购买，并出资出力建设。李某某未对房屋建设出资出力。

庭审中，双方均认可张某2与张某某按照各自拆迁协议领取协议中载明的款项，均认可张某2实际持有×1号房屋的周转费，张某某实际持有×2、×3号房屋的周转费。

另查，拆迁协议中载明“李某某（现孕）”，后李某某腹中胎儿流产。张某某、郭某某、张某1在本案中表示不要求对安置房屋及拆迁款进行具体分割。

【案件焦点】

1. 拆迁协议中的共居人，对于拆迁利益，包括拆迁款及安置房屋，享有何种权益；2. 为胎儿预留的拆迁利益，若胎儿娩出时为死体的，该部分利益如何处理。

【法院裁判要旨】

不动产可以由两个以上个人共有。共有人在共有的基础丧失或者有重大理由需要分割时可以请求分割。本案中，李某某系拆迁协议上的共居人。拆迁单位与张某某签订的拆迁补偿协议中明确统计了在册人口及实际居住人口共计5人，其中李某某腹中胎儿流产，胎儿娩出时为死体的，其民事权利能力自始不存在，故李某某腹中胎儿因未出生，不享有拆迁利益，上述拆迁协议中的安置人口张某某、郭某某、张某1、李某某应享有拆迁补偿。关于李某某主张的分割安置房屋面积，结合拆迁政策，李某某享有50平方米购房指标，但李某某未对被拆迁房屋出资出力，亦未出资购买安置房屋，其仅对安置房屋享有一定居住利益，其有权对拆迁所置换的房屋享有居住的权利。根据张某某与张某2、李某1签订的协议，可以确认，张某某与张某2、李某1自愿将房屋的居住使用权利进行了交换，并且双方按交换后的房屋领取了相应的周转费用，此协议内容系双方真实的意思表示。张某2与李某某签订协议，自愿将×2号房屋变更为李某某居住使用，亦是双方家庭中对于拆迁所得房屋的分配，不违反法律规定，双方均应按此约定履行。关于李某某主张的拆迁补偿款及周转费一节，因拆迁补偿款中有对于房屋等的补偿，亦有对安置人口中个人的补偿，故此中包含李某某的部分，应当归李某某所有。对于周转费，因周转费系对安置人口支付，李某某在婚姻存续期间与张某1及家人共同生活，此费用不应再向李某某支付。对于李某某与张某1离婚后的周转费，应当归李某某所有，具体数额本院依据六郎庄腾退方案及拆迁协议予以分割。综上，北京市海淀区人民法院依据《中华人民共和国物权法》第九十三条、第九十九条、第一百条之规定，判决如下：

一、×2号房屋由李某某居住使用；

二、张某某于本判决生效之日起三十日内给付李某某拆迁补偿款326725元；

三、张某某于本判决生效之日起三十日内给付李某某周转费15000元。

判决后，双方当事人均未上诉，本判决现已生效。

【法官后语】

本案的争议焦点有两个：

1. 拆迁协议中的共居人，对于拆迁利益，包括拆迁款及安置房屋，享有何种权益？其中补偿款包括针对宅基地的补偿，如区位补偿价；针对被安置人口的补偿，如周转费等。其中宅基地建房批示列明被安置人的，被安置人可获得针对宅基地的补偿款及安置房屋；对建房、翻建、扩建出资出力的，可获得与房屋等有关地上物的补偿款；针对被安置人的补偿，拆迁协议上的被安置人均可获得。本案中，李某某未在宅基地建房批示上，亦未对建房出资出力，故仅能分割周转费。

安置房屋取得方式分为“通过宅基地面积一比一置换”及“按安置人口给予人均优惠购房指标后由被安置人购买”两种。本案中由于被拆迁房屋的宅基地面积仅25平方米，安置房屋面积259平方米，故本案中应当属于后一种安置房取得方式，在此种取得方式下，若被安置人个人优惠购房指标面积大于或等于其中一套安置房面积且被安置人购买该房屋的，应认定被安置人享有该套安置房所有权；若面积不足或已被他人使用购房指标购买房屋的，安置房屋由他人取得，可综合考量购房指标所包含的财产价值、诉争房屋当地的腾退搬迁安置办法、诉争房屋现尚未取得产权登记等确定购房指标的经济价值，以此给予被安置人补偿。同时，安置房屋一般按照经济适用房管理，待一定条件成就可办理商品房所有权证书，可以上市交易，基于公平原则，建议以安置房屋买卖合同签订时诉争房屋周边普通商品房的市场价格作为计算基数，扣除优惠购房面积内的优惠购房价款酌情计算补偿金额。

本案中，虽然李某某享有50平方米购房指标，但是其并未购买该安置房屋，但有协议书认可将房屋归李某某所有，属于安置人之间对安置房屋的分配，应按照协议约定履行，而该房屋目前还未能办理房屋产权证书，故本案中判决该房屋归李某某居住使用。

2. 为胎儿预留的拆迁利益，若胎儿娩出时为死体的，该部分利益如何处理？根据《中华人民共和国民法典》第十六条规定，涉及遗产继承、接受赠与等胎儿利益保护的，胎儿视为具有民事权利能力。但是，胎儿娩出时为死体的，其民事权利能力自始不存在。本案中李某某流产，胎儿娩出时即为死体，故本案中的胎儿不是民事主体，其民事权利能力自始不存在，为其预留的拆迁利益，拆迁单位可以以不当得利起诉收回该部分利益。

若胎儿出生时为活体，存活一段时间后死亡，哪怕一段时间为一秒钟，该产出的胎儿也可作为自然人获得为其预留的优惠购房面积。根据《中华人民共和国民法典》第十三条：自然人从出生时起到死亡时止，具有民事权利能力，依法享有民事权利，承担民事义务。那么胎儿只要脱离母体后存活一段时间，在那段存活的时间中其就是自然人，可以享有民事权利，获得为其预留的份额，若其在存活一段时间后死亡，其所取得的预留份额将作为遗产，由其继承人进行继承。

3. 本案判决于民法典编纂之前，本案所依据的《中华人民共和国物权法》现已经废止，本案所引用的《中华人民共和国物权法》第九十三条、第九十九条、第一百条对应《中华人民共和国民法典》第二百九十七条、第三百零三条、第三百零四条，民法典并未对物权法中的上述法条进行较大修改，基本沿用上述法条。

编写人：北京市海淀区人民法院　刘艳　宋窈

139　分家协议中继承期待权放弃的效力认定

——李某1诉李某4等分家析产、继承案

【案件基本信息】

1. 裁判书字号

北京市朝阳区人民法院（2018）京0105民初29383号民事判决书

2. 案由：分家析产、继承纠纷

3. 当事人

原告：李某1

被告：纪某、李某2、李某3、李某4

【基本案情】

纪某与李某5为夫妻关系，二人生育李某2、李某3、李某4、李某1四人。位于北京市朝阳区团结湖南里8号楼9×房屋于2001年2月27日登记于李某5名下。李某5于2017年7月18日去世。

李某1提交2011年9月18日签署的《家庭会议》，其内容为："议程：按照父亲、母亲的意愿，把他们积累了一生的存款给四个子女的现住房买下来（按照买房合同的价格）房产证的价格。李某1248000元。李某246000元（余款未定），余款2000元9.28已付。李某3316250元、李某4116250元。在父母居住期间，楼上15层×号就是李某3、李某1的房子，将来楼下9层×号房子归李某1，楼上15层×号归李某3。大家一致同意。将来，子女要孝敬父母，让老人高兴地安度晚年，负责到底。"纪某、李某3、李某2、李某1均认可上述《家庭会议》内容和签字。李某4认可李某4的签字，但认为"116250元"以下的内容为后填写上去的，不认可其真实性，不清楚李某5的签字是否为本人书写，同时不申请进行笔迹鉴定。经询，李某4认可收到了一笔6万元，一笔2000元，认为《家庭会议》就是父母将一生的存款交予各子女，让各子女购买各自的房屋。

诉讼中，李某4提交《北京市朝阳区劳动能力鉴定委员会劳动能力鉴定、确认结论通知书》、《就业失业登记证》、医疗保险手册，以此说明李某4无劳动能力，涉案房屋按照法定继承应予以多分。

【案件焦点】

1. 被继承人李某5的遗产范围及案由确定；2.《家庭会议》是否属于遗嘱以及涉及继承部分意思表示的效力认定。

【法院裁判要旨】

北京市朝阳区人民法院经审理认为：遗产是公民死亡时遗留的个人合法财产。夫妻在婚姻关系存续期间所得的共同所有的财产，除有约定的外，如果分割遗产，应当先将共同所有的财产的一半分出为配偶所有，其余的为被继承人的遗产。本案中，位于北京市朝阳区团结湖南里8号楼9×房屋系李某5与纪某婚姻关系存续期间所得的夫妻共同财产。现李某5去世，则上述房屋的50%份额应作为被继承人李某5的遗产。

关于《家庭会议》，纪某、李某2、李某3、李某1认可其真实性。李某4认可其签字，但认为内容有后添加的，不认可真实性。本院认为，从《家庭会议》的书写篇幅和书写习惯、签字人数，结合《家庭会议》的实际履行情况，本院认可《家庭会议》的真实性。李某1认为《家庭会议》系被继承人李某5的遗嘱。未严格按照法律规定的形式要件作出的遗嘱，人民法院应认定无效。故《家庭会议》不符合法律规定的遗嘱形式要件，并非被继承人李某5的遗嘱，应按照法定继承处理。对生活有特殊困难的缺乏劳动能力的继承人，分配遗产时，应当予以照顾。本案中，李某4的证据材料仅能体现其缺乏劳动能力，但未就其经济状况予以举证说明，故李某4要求在法定继承中予以照顾的主张本院不予支持。

民事主体从事民事活动，应当遵循公平原则，合理确定各方的权利和义务，应当遵循诚信原则，秉持诚实，恪守承诺。《家庭会议》系李某5和纪某夫妻对家庭财产以及四个子女房屋分配的安排，且除本案涉案房屋外其余钱款以及房屋均已按照《家庭会议》决定的内容进行了处分。《家庭会议》中“将来，楼下9层×号房子归李某1，大家一致同意”系被继承人李某5的法定继承人纪某、李某3、李某2、李某4在继承开始前所作出放弃继承期待权的承诺。李某4现要求按照法定继承涉案房屋，但是李某4在《家庭会议》中作出的放弃表示，系在分家等合意行为中作出，涉及继承权之外其他权利义务的安排。李某4继续享有继承权有违相关习俗并导致显失公平。故本院对李某4请求继承遗产的请求不予支持。综上，被继承人李某5所有的涉案房屋50%份额应由李某1单独继承。

北京市朝阳区人民法院依照《中华人民共和国民法总则》第六条、第七条，《中华人民共和国继承法》第三条、第十三条、第十七条、第二十六条之规定，判决如下：

一、位于北京市朝阳区团结湖南里8号楼9×房屋的50%份额由被告纪某所有；

二、位于北京市朝阳区团结湖南里8号楼9×房屋中被继承人李某5所有的50%份额由原告李某1单独继承；

三、驳回原告李某1的其他诉讼请求。

宣判后，原告及被告双方均未提起上诉，现判决书已生效。

【法官后语】

在家事案件审理中，应遵循诉讼经济原则和家事事件一并处理原则。司法实践中，涉及家庭成员间继承纠纷时，由于家庭财产混合在一起，往往需要先进行析产才能处理继承纠纷。在继承纠纷案件中，如家庭共有财产的全部共有权人均是继承人并已经参加到继承纠纷案件中，则法院有能力在同一纠纷案件中查明分家析产及继承所涉及的事实，并一次解决分家析产和继承纠纷。本案中，涉案房屋系李某5与纪某在婚姻存续期间取得的夫妻共同财产，根据《中华人民共和国继承法》第二十六条规定，应首先从涉案房屋中析出属于被继承人李某5遗产的份额。《中华人民共和国民法典》第一千一百五十三条沿袭了《中华人民共和国继承法》的规定。夫妻在婚姻关系存续期间所得的共同所有的财产分割的顺序，除有约定的以外，如果分割遗产，应当先将共同所有的财产的一半分出为配偶所有，其余的为被继承人的遗产。就是说，第一，在没有约定的情况下，分割遗产时应先将夫妻在婚姻关系存续期间所得的共同所有的财产的配偶所有的一半分出来（即平均分），余下的进行遗产分割；第二，在有约定的情况下，就应当在分割遗产时按照约定先将夫妻在婚姻关系存续期间所得的共同所有的财产的配偶应得的财产分出来，这个财产可能是一半，也可能不是一半，或者小于、多于一半。另外，李某1主张本案为遗嘱继承纠纷，李某4主张本案为法定继承纠纷，本案应对多个继承类请求一并予以审理。故本案案由应列为分家析产、继承纠纷，这也符合诉讼经济原则和家事事件一并处理原则。

本案的争议焦点在于对《家庭会议》的认定。李某1认为《家庭会议》系被继承人李某5的遗嘱，故应按照《家庭会议》进行遗嘱继承。为了确保遗嘱的可靠性，减少纠纷发生，法律规定立遗嘱必须采用一定的形式，并且这些形式必须符合生效条件才能有效。遗嘱的内容与形式都要符合法律规定。遗嘱的形式是指遗嘱人表述自己意愿处分自己遗产的方式。由于遗嘱具有改变法定继承人范围、继承顺序和遗产份额以及设立遗赠、遗托等效力，对继承权和受遗赠权的实际取得与消失产生重大影响，所以以法律对遗嘱人处分自己遗产的意思表示方式作了较为严格的规定。《中华人民共和国继承法》第十七条明确了遗嘱的形式。为确保遗嘱的可靠性，有公证遗嘱、自书遗嘱、代书遗嘱、录音遗嘱、口头遗嘱五种，不符合形式要件的遗嘱无效。《中华人民共和国民法典》第一千一百三十四条至第一千一百三十九条沿袭了《中华人民共和国继承法》的规定。本案的《家庭会议》系家庭成员对财产分配的协议，不符合遗嘱的形式要件，不属于遗嘱，本案应按照法定继承处理，被继承人李某5的法定继承人为纪某、李某3、李某2、李某4和李某1。

所谓放弃继承，是指继承人不接受被继承人遗产的意思表示。放弃继承也是一种单方法律行为。继承人放弃继承后，不再享有其放弃的继承人遗产的继承权。《中华人民共和国继承法》第二十五条第一款规定，继承开始后，继承人放弃继承的，应当在遗产处理前，作出放弃继承的表示。就是说，要在继承开始后遗产处理前这段时间内进行。对此，《最高人民法院关于贯彻执行〈中华人民共和国继承法〉若干问题的意见》第四十九条也有明确的规定。按照规定，继承人放弃继承的意思表示，应当在继承开始后、遗产分割前作出。学理上讲，遗产分割后再表示放弃的，这已不是继承法所称的继承权，而是民法中所称的财产的所有权。《中华人民共和国民法典》第一千一百二十四条沿袭了《中华人民共和国继承法》的规定。继承开始前继承人享有的只是继承的期待权，并非继承权。但对于当事人在继承开始前作出放弃继承意思表示的，即放弃继承期待权的意思表示，是否能够发生放弃继承的法律效力，现行法律并未作出明确规定。本案中，《家庭会议》虽然不是遗嘱，但是其中“将来楼下9层×号房子归李某1，楼上15层×号归李某3。大家一致同意”涉及继承部分的意思表示，应认定为被继承人李某5的法定继承人纪某、李某3、李某2、李某4在继承开始前所作出的放弃继承期待权的承诺。且《家庭会议》系李某5、纪某夫妻二人与全部子女就购房款、房屋的分配所作出的分家协议，也是父母在均衡各方利益后与部分子女就放弃继承所达成的分家协议。此时如否定该放弃继承意思表示的效力则可能会导致各方利益的失衡，且也与长期普遍被当前民众所接受的风俗习惯相悖。本案中，若李某4继续享有继承权，有违相关习俗并导致显失公平，故本院承认《家庭会议》中法定继承人在继承开始前对继承期待权放弃的效力，涉案房屋中属于被继承人李某5的遗产份额应由李某1单独继承。

编写人：北京市朝阳区人民法院　胡东方

140　共有关系的认定及共有物的分割问题分析

——李某兰诉李某平等分家析产、继承案

【案件基本信息】

1. 裁判书字号

北京市第一中级人民法院（2018）京01民终8079号民事判决书

2. 案由：分家析产、继承纠纷

3. 当事人

原告（上诉人）：李某兰

被告（被上诉人）：李某平、王甲、王某章、王某芝、王某玲

【基本案情】

李某兰向一审法院起诉请求：判令献陵村73号院内北房东首3间、东房2间归李某兰所有，并允许其在院中垒墙独立使用东院。

一审法院认定事实：李某兰与王某系夫妻关系，二人生育二子二女，即王某章、王某青、王某芝、王某玲。王某青与李某平系夫妻关系，婚后生育一子王甲。王某青于2012年2月12日死亡，王某于2016年2月25日死亡。王某父亲王某海于1964年死亡，母亲王高氏于1976年死亡。

王某青与李某平于1985年2月登记结婚，婚后与李某兰、王某夫妇共同在献陵73号院内居住生活，该院内有王某、李某兰所建北房4间。王某、李某兰、王某青、李某平在上述宅院共同生活期间将献陵村73号院原有北房4间拆除后建北房6间、东西房各2间（东房两间中靠北的一间为厨房，靠南的一间为过道）、西跨院北房1间和南棚子1间，北房与东房、西房之间分别建有棚子各1间。王某青死亡后，王某、李某兰仍居住在献陵村73号院内至王某死亡。位于献陵村64号院原有北房三间，王某章于1979年结婚后与王某、李某兰分开单过，献陵村64号院一直由王某章居住使用，该院内现有北房4间、东西房各2间、南房4间，宅基地使用权人登记为王某章。

王某在中国邮政储蓄银行共有银行账户7个，其中尾号为1159的账户于2016年2月17日分别支取1万元、2000元，于2016年8月2日支取8012.46元，现账户余额为零；尾号为9070的账户为定期储蓄账户，现有余额10560.41元；尾号为8070的账户为定期储蓄账户，王某章于2016年2月23日支取10983.65元，现该账户余额为零；尾号为3583的账户为定期储蓄账户，王某的亲属于2016年3月16日以王某的名义将该账户内的10612.04元取出，现该账户余额为零；尾号为2310的账户为定期储蓄账户，王某章于2016年2月15日将该账户内的10303元取出，现该账户内余额为零；尾号为7906的账户为定期储蓄账户，王某章于2016年7月27日将该账户内的10904.52元取出，现该账户内余额为零；尾号为8060的账户尚未销户，该账户内的余额为1万元。李某兰主张王某的银行卡均在其手中，王某去世后王某章帮助其办理了王某一部分账户的销户手续，王某青和王某住院期间花费了一部分存款，王某去世后办理后事花费了一部分存款，另案中已查明剩余的存款2万余元也已花完，用于李某兰看病。李某平、王甲对上述存款支出不认可。王某章、王某芝、王某玲对李某兰的陈述无异议，另均表示将其继承份额赠与李某兰。

【案件焦点】

1. 李某兰是否有权请求对诉争房屋进行分割；2. 在具体的分割方式上能否采取实物分割。

【法院裁判要旨】

北京市昌平区人民法院经审理认为：献陵村64号院和献陵村73号院均属于老宅院，根据两宅院的居住使用情况以及当地的风俗习惯，两宅院原房屋均视为李某兰、王某对王某章和王某青的赠与行为，献陵村64号院现房屋为王某章投资建设，且涉案宅基地也登记在其名下，故李某平、王甲主张该宅院房屋应作为遗产进行分割，依据不足，本院不予支持。献陵村73号院，现有房屋是在李某平、王某青与王某、李某兰共同生活期间所建，且王某有相应的收入，同时结合现有证据，该院房屋应属李某平、王某青与王某、李某兰共有，具体份额本院根据现有证据，酌定为李某兰、王某为30%份额，李某平、王某青为70%份额。根据法律规定，继承从被继承人死亡时开始，继承开始后，由被继承人的配偶、子女、父母继承。被继承人的子女先于被继承人死亡的，由被继承人的子女的晚辈直系血亲代位继承。对生活有特殊困难的缺乏劳动能力的继承人，分配遗产时，应当予以照顾。遗产在家庭共有财产之中的，遗产分割时，应当先分出他人的财产。本案中，王某青于2012年死亡，其份额（35%）应由李某兰、王某、李某平和王甲继承，每人继承份额8.75%；王某于2016年死亡，其份额（15%+8.75%=23.75%）由李某兰、王某章、王某芝、王某玲及王甲继承，因王某章、王某芝、王某玲均表示将其继承份额赠与李某兰，故李某兰应继承份额为19%，王甲继承4.75%。综上，献陵村73号院内房屋，李某兰享有份额为42.75%，李某平享有份额为43.75%，王甲享有份额为13.5%。现李某兰要求对献陵村73号院的共有物房屋进行分割符合法律规定，但对共有物的分割应有利于生产和生活需要，以不损害共有物效用为原则，本案中，诉争房屋为宅基地房屋，考虑到宅基地以户为单位，同时考虑该院房屋结构和布局，如进行实物分割不利于共有人的生产和生活，也会导致共有人之间的矛盾加剧等，同时，李某平、王甲也表示同意李某兰在诉争宅院内房屋居住生活，因此，李某兰主张对诉争房屋进行实物分割不符合法律规定，审理中，经本院向其释明，是否变更诉讼请求，要求对共有房屋享有的份额进行货币补偿，其仍坚持原诉讼请求，故其诉讼请求本院难以支持。同时指出，李某平、王甲要求继承王某存款8.3万元，根据本院调取的银行查询结果，双方产生争议后，王某的剩余存款为

20560.41 元，该款属李某兰、王某夫妻共同存款，其中二分之一作为王某的遗产进行分割，王甲、李某平主张分割 8.3 万元，超出部分依据不足，本院不予支持，李某兰主张该款已用于医疗费等支出，未提交证据，本院不予支持。上述存款依法应由李某兰、王某章、王某芝、王某玲和王甲继承，考虑到李某兰年事已高，并丧失劳动能力，故应适当多分，同时，王某章、王某芝、王某玲均表示将其各自应继承的份额赠与李某兰，本院不持异议，故李某兰应继承上述存款（遗产）额为 8580 元，王甲继承 1700 元，此外，李某平与王某、李某兰虽共同生活多年，但未提交其对王某、李某兰尽主要赡养义务的相关证据，故李某平主张参与继承王某遗产的诉讼请求，证据不足，本院不予支持。判决：

一、驳回原告李某兰的诉讼请求；

二、王某生前存款 20560.41 元，原告李某兰分得 18860.41 元，被告王甲继承 1700 元（由原告李某兰给付），于本判决生效后十日内执行；

三、驳回被告李某平、王甲的其他诉讼请求。

李某兰不服一审判决提起上诉。北京市第一中级人民法院经审理认为：家庭成员应共有在共同生活期间由全体家庭成员出资出力翻建、新建共同居住的房屋。李某兰、王某夫妇与王某青、李某平共同在献陵村 73 号院居住生活，并且将原有的北房四间翻建、新建，故该院内房屋应当属于李某兰、王某夫妇与王某青、李某平夫妇的夫妻共同财产。继承从被继承人死亡时开始，继承开始后，由被继承人的配偶、子女、父母继承。被继承人的子女先于被继承人死亡的，由被继承人的子女的晚辈直系血亲代位继承。对生活有特殊困难的缺乏劳动能力的继承人，分配遗产时，应当予以照顾。遗产在家庭共有财产之中的，遗产分割时，应当先分出他人的财产。本案中，王某青先于王某去世，献陵村 73 号院内房屋属于王某青的份额及属于王某的份额应分别由其继承人继承。因李某兰年事已高，缺乏劳动能力，且其一直在献陵村 73 号院内居住生活，故李某兰要求对献陵村 73 号院进行分割的诉讼请求，本院予以支持。就献陵村 73 号院内房屋的分割，本院从有利于生产生活，不损害遗产效用的角度酌情予以分割。根据相关证明，献陵村 73 号院内北房六间、东西房各两间建设时经过审批、西跨院及棚子各一间建设时未经审批，本院在分割上述房屋时予以考虑。综上，判决：

一、维持北京市昌平区人民法院民事判决第二项、第三项；

二、撤销北京市昌平区人民法院民事判决第一项；

三、位于北京市昌平区十三陵镇献陵村 73 号院内北房东首三间及东房两间归李某兰所有，北房西首三间及西房两间归李某平及王甲所有，西跨院一间及棚子一间由李某平及王甲使用，李某平、王甲享有对东房靠南一间即过道的通行权；

四、驳回李某兰的其他诉讼请求；

五、驳回李某兰的其他上诉请求。

【法官后语】

本案的诉求包含两个不同层次的主张：一是李某兰是否有权请求对诉争房屋进行分割；二是在具体的分割方式上能否采取实物分割。对于第一层主张，主要问题在于共有关系的认定以及共有物进行分割的条件认定，一审法院与二审法院均给出了肯定的答复，作为诉争房屋的共有人有权主张对房屋的分割；第二层主张，主要问题是共有物分割的方式、方法及依据、标准，由于我国现行法律只有对遗产分割的原则性规定，并无共同继承遗产分割具体而明确的规则，故在结合个案情况时一审法院与二审法院做出了不同的处理。我们认为，审理此类案件时应当重点把握以下四点：

一、析产继承纠纷中共有关系的认定标准及类型

根据《中华人民共和国民法典》第二百九十七条（原《中华人民共和国物权法》第九十三条）的规定，不动产或者动产可以由两个以上组织、个人共有。共有包括按份共有和共同共有。第二百九十八条（原第九十四条）规定，按份共有人对共有的不动产或者动产按照其份额享有所有权。第二百九十九条（原第九十五条）规定，共同共有人对共有的不动产或者动产共同享有所有权。上述法律条文是共有关系的法律依据，规定了共有关系的基础及种类。由于农村房屋的特殊性质，以及其形成过程的长期性、复杂性，析产继承纠纷中作为遗产的农村房屋可能呈现出法律关系复杂、权利人难以确定、权属界定不清的特点。但是，虽然析产继承纠纷共有关系的认定面临上述问题，其仍然要基于法律之规定，其核心问题是判断是否存在共有关系，如果存在，进而考察共有关系的类型及权利人。这是析产继承纠纷应审查的基本事实问题及应判断的基础法律关系。所以，析产继承纠纷中，不应局限于农村房屋的特殊性，而是应判断诉争房屋是否存在共有关系，以及判断该共有关系是按份共有还是共同共有，在此基础上对后续法律问题进行判断。

二、析产继承纠纷中共有物分割的成立条件

《中华人民共和国民法典》第三百零三条（原《中华人民共和国物权法》第九十九条）规定，共有人约定不得分割共有的不动产或者动产，以维持共有关系的，应当按照约定，但是共有人有重大

理由需要分割的，可以请求分割；没有约定或者约定不明确的，按份共有人可以随时请求分割，共同共有人在共有的基础丧失或者有重大理由需要分割时可以请求分割。因分割造成其他共有人损害的，应当给予赔偿。分家析产，一般认识上是指父母与已婚子女就家庭财产分配和父母赡养问题等所达成协议并由一个较大规模的家庭形成数个较小规模的家庭单位。分家析产其涉及的内容比较广泛，涵盖家庭生活的方方面面，一般包括家庭财产分配、遗产继承、老人赡养和子女抚养等事项。判断是否存在分家析产及分家析产的条件是否成就，主要考虑是否对分家析产的基本单位的家庭以及家庭单位分裂解体为数个小的家庭单位具有必要性。如果确实存在分家析产的必要性，那么，析产继承案件中的房屋作为分家析产的物质表现也应当进行审查处理，并应按照民法典物权编的相关规定进行认定。所以，在认定存在大的家庭单位且该家庭单位已无法维持的情况下，应当对与该家庭单位的共有财产进行审查处理。

三、析产继承纠纷中共有物分割的依据及标准

析产继承纠纷共有物分割的条件成立之后，需要选择共有物分割的具体方式方法，此时需要对共有物分割方式方法进行判断及选择，并确定其依据。析产继承纠纷中，对于作为诉争标的的房屋进行共有物分割，主要应审查遗产房屋的相关事实基础。主要包括房屋的初始权利人、房屋的形成过程、对房屋形成作出贡献的主体、当事人目前的生产生活状况、房屋构造等。其中，对房屋初始权利人的审查应当是重中之重，分割方法的选择宜优先考虑初始权利人的需求。在农村涉宅基地房屋继承案件中，常出现继承人或继承人以外的人以在被继承人生前翻扩建宅基地房屋时有贡献为由，主张

享有宅基地上房屋共有权或在继承中多分宅基地房屋。笔者认为这种主张混淆了两种不同的法律关系，即基于继承获得的物权请求权和基于翻扩建贡献的债权请求权。翻扩建的行为虽在一定程度上增加了宅基地上房屋的价值，但其对继承物权归属并无影响，并非影响宅基地上房屋遗产份额划分的因素。

四、析产继承纠纷中共有物的分割方式方法

区分情形确定共有物的具体分割方式，以追求共有物效益的最大利用并保护当事人的权益。具体而言，应当区分主张分割的主体是宅基地初始权利人（多为父母）还是已分家另过的子女。根据《中华人民共和国民法典》第三百零四条（原《中华人民共和国物权法》第一百条）规定，共有的不动产或者动产可以分割并且不会因分割减损价值的，应当对实物予以分割；难以分割或者因分割会减损价值的，应当对折价或者拍卖、变卖取得的价款予以分割。该条宣示了遗产分割中的三种实现方法，即实物分割、折价分割和拍卖、变卖分割。根据条文的语词顺序，分割实现时首先要考虑共有物是否可以实物分割，在不适于实物分割的情况下，可以考虑折价分割或拍卖、变卖分割。这与《中华人民共和国民法典》第一千一百五十六条第二款（原《中华人民共和国继承法》第二十九条第二款）的规定“不宜分割的遗产，可以采取折价、适当补偿或者共有等方法处理”保持一致。因此，对于宅基地初始权利人主张分割的，在不损害遗产效用的同时应优先考虑分割实物。因初始权利人系宅基地使用权的初始获得者，地上房屋的建造也是基于宅基地使用权的获得，且其一般长期居住在共同继承的房屋内，对房屋有着较深的情感寄托，在进行分家析产、继承分割时应首先考虑初始权利人对房屋的需求，以其分得房屋为宜。对于已分家另过的子女，我们认为，如果其已经另行取得宅基地，再行主张分割则违反了“一户一宅”的宅基地使用原则，也侵害了与父母共同居住儿女的宅基地使用权，既违背农村习俗也有失公平，因此对其继承分割的主张不宜支持。如果该子女仍为农村集体经济组织成员身份且未新分宅基地的，由于其社员福利仍在该宅基地上，这种情况下我们认为该子女与其他户内成员一样享有权利，在不影响初始权利人居住使用的情况下可以进行实物分割。

具体到本案中，献陵村73号院原有四间北房系王某、李某兰夫妻所建，李某兰作为房屋的初始权利人请求对献陵村73号院的共有物房屋进行分割符合法律规定。但一、二审法院在应否对诉争房屋进行实物分割这一问题上做出相反的处理，原因在于一审法院认为本案诉争房屋为宅基地房屋，宅基地以户为单位，如进行实物分割不利于共有人的生产和生活，也会导致共有人之间的矛盾加剧，故不宜对房屋进行分割。二审法院则认为在分割遗产中的房屋时，应从有利于发挥其使用效用和继承人实际需要的角度出发，依据优先考虑初始权利人需求，兼顾各继承人利益的原则进行处理。李某兰系诉争房屋初始权利人，现有房屋是在原有房屋的基础上翻建、新建所形成，且李某兰长期居住在诉争房屋内，并无其他居所，对诉争房屋进行分割并不会损害房屋功能及结构。因此，二审法院改判有利于平衡双方当事人的利益，也切实保障了李某兰作为房屋初始权利人的合法权益，是正确的。

编写人：北京市第一中级人民法院　方硕

141 居民以出资建房为由主张农村宅基地上的房屋归其所有不能得到支持

——李甲、马某诉李乙、王某分家析产案

【案件基本信息】

1. 裁判书字号

北京市丰台区人民法院（2017）京0106民初第469号民事判决书

2. 案由：分家析产纠纷

3. 当事人

原告：李甲、马某

被告：李乙、王某

【基本案情】

李丙与仇某系夫妻，双方共育有二子五女，长子李丁，次子李乙，长女李戊，次女李己，三女李庚（曾用名李辛），四女李壬，五女李癸。1978年8月7日，李乙与王某登记结婚，双方均系初婚，婚后育有一女李甲。2005年12月28日，李甲与马某登记结婚。

诉讼中，李甲提交1974年社员盖房占地申请书，载明："姓名：李丙；全家人口：十一口；原有房：二间；申请盖：四间；社员申请盖房占地原因：现有人十一口，共有房二间，有一部分人口住别人房，因此申请盖房四间；大队意见：同意在宅旁非耕自留地盖房；公社审批意见：同意占地（自留地）贰分伍厘，盖房四间；区委审批意见：同意占耕地贰分伍厘，盖房四间。"双方均认可位于北京市丰台区长辛店镇赵辛店村×号（以下简称×号）

院落系1974年审批给李丙的宅基地，并陈述李丙和李乙于1975年出资在×号新建北房四间、东边厨房一间。李甲提交1992年村民建房审批表，载明："户主姓名：仇某；人口：4；原有间数：正房5、配房2；占地性质：原拆原盖；申请间数：5；家庭成员：仇某、李乙、王某、李甲；申请理由：1. 年久失修、漏雨；2. 屋内潮湿；村委会意见：同意原房基地翻盖；村公所审批意见：同意原宅翻建。"双方均认可于1992年李乙、王某共同出资将原有北房4间拆除，翻建北房4间，将原有的东边厨房1间拆除，新建东房1间、新建西房1间。庭审中，李甲、马某、李乙、王某均认可于2011年原、被告四人共同出资在×号院内新建南房2间。李甲、马某系城镇居民。诉讼中，李丁、李戊、李己、李庚、李壬、李癸均表示不主张×号院落内的房屋权利。

【案件焦点】

居民能否以建房出资为由主张农村宅基地上的房屋归其所有。

【法院裁判要旨】

北京市丰台区人民法院经审理认为：集体土地使用权是农村集体经济组织及其成员以及符合法律规定的其他组织和个人在法律规定的范围内对集体所有的土地享有的用益物权，集体土地使用的主体为特殊民事主体，主要为集体经济组织成员。本案中，二原告要求判令×号院内南房2间归其所有，但因其并非涉诉房屋所在地集体经济组织的成员，因而无权使用该组织所有之集体土地，故李甲、马某以分家析产为由，主张涉案房屋的所有权，缺乏事实和法律依据，本院不予支持。

北京市丰台区人民法院依照《中华人民共和国民法通则》第五

条之规定，作出如下判决：

驳回李甲、马某的诉讼请求。

【法官后语】

我国实行土地的国家所有制和集体所有制，在此基础上设立建设用地使用权和宅基地使用权，以满足不同主体用地的需求。两种土地使用权的根本区别在于：建设用地使用权一般不存在对使用主体身份的限制，而宅基地的使用主体原则上限定为本村村民。根据《中华人民共和国土地管理法》的规定，宅基地使用权通过申请取得，一户村民只能申请一处宅基地。根据上述规定，只要是一户农村家庭的成员，无论男女老幼，都是宅基地使用权的权利主体。该权利的主体范围可因家庭成员的变化而发生变化，如生育子女会发生权利主体范围的扩大，子女成人后单独立户或家庭成员死亡会发生权利主体范围的缩小。然而，农房所有权主体的变动与宅基地使用权主体的变动在方向上截然不同，生育子女、子女单独立户都不影响农房所有权的主体范围，而作为农房共有人的家庭成员死亡后则因继承的原因很可能增加农房所有人的主体范围。宅基地使用权主体和房屋所有权主体因变动方式的不同而不同，进而产生房地冲突。这与城市房屋所有权变动过程中的房地权利一体变动存在根本区别。

在审理农房权属纠纷案件中应贯彻“房地一体”原则，就是要改变过去那种单纯从房屋权属变动情况确定房屋归属的做法，将地权的取得和变动作为房屋确权和分割的依据。在确定宅基地的使用权人后，在该宅基地上再建造房屋原则上归宅基地使用权人所有。因继承、共建、户籍变动等原因造成农房所有人和宅基地使用权人出现不一致时，在房产分割过程中，房屋依然归宅基地使用权人所有，由其对其他权利人进行折价补偿。

实践中，成年子女与父母生活一段时间后，因出嫁或分家立户搬出祖宅，而后又以对祖宅建造有贡献为由起诉父母主张分割房产。此时，子女一般均已不符合获得宅基地使用权的条件。实践中对此类案件的把握不是很统一，因此有必要进行探讨。

《中华人民共和国物权法》第九十五条规定："共同共有人对共有的不动产或者动产共同享有所有权。"《中华人民共和国民法典》物权编第二百九十九条再次对该规定进行确认。说明我国法律在物权制度方面对该规定是一以贯之的，家庭共有是共同共有的一种重要情形。一般说来，家庭共有财产应当具有以下几方面特征：一是共有人只限于对家庭财产的形成作出过贡献的家庭成员；二是在共同生活期间取得；三是以维持家庭成员共同生活为目的；四是以家庭共同生活关系的存在为前提。实践中，存在出嫁女出嫁后户口未迁移，在他处未取得居住条件，以对父母建房有贡献为由要求分割房屋以满足居住需要的案件。笔者认为，此类案件也需分情况处理。如其仍为本村集体经济组织成员的，可以按其贡献取得相应间数的农房以满足其居住需要；如其已加入其他集体经济组织的，其居住问题应通过其所加入的村集体解决；如其已转为城镇居民户口的，可通过申请保障房、要求折价补偿等方式解决居住问题，不支持其要求分割农房的主张。具体到本案中，原告二人均为居民户口，因其无法获得农村宅基地的使用权，故其要求分割共有房屋获得部分房屋所有权的诉讼请求，法院不予支持。

编写人：北京市丰台区人民法院　郭丽丽

142 分家协议能否免除女儿的赡养义务

——魏某平、赵某荣诉魏某久等分家析产案

【案件基本信息】

1. 裁判书字号

北京市密云县人民法院（2013）密民初字第2025号民事判决书

2. 案由：分家析产纠纷

3. 当事人

原告：魏某平、赵某荣

被告：魏某久、魏某才、魏某福、李某凤、李某华、魏某英、魏某艳

【基本案情】

二原告魏某平、赵某荣系夫妻关系，被告魏某久、魏某才、魏某英、魏某福、魏某艳系其子女，其中被告魏某福系智力残疾。被告李某凤系被告魏某久之妻，被告李某华系被告魏某才之妻。2011年12月18日，二原告在密云县新城子镇某村民委员会与七被告订立分家协议。协议内容为魏某久与魏某才哥俩关于赡养父母及房产分家事由具体如下：1. 魏某久负责赡养父亲，生老病死由其负责；2. 魏某才负责赡养母亲，生老病死由其负责；3. 父母有存款大约15000元，两儿子（魏某久和魏某才）平均对分；4. 家中老院子有正房三间，东面一间半归魏某久，西面一间半归魏某才，东面有空闲宅基地一间，由哥俩对分一人一半；5. 家中老宅院东下角有其三弟魏某福两间，魏某福永久享有从老院出行权利；6. 经魏某久与魏某才哥俩同意，魏某英和魏某艳不参与赡

养父母；7. 哥俩必须好好赡养父母，互相监督，哥俩无异议，立字为据，绝不反悔。二原告魏某平、赵某荣及被告魏某久、李某凤、魏某才、李某华、魏某英、魏某福、魏某艳均在协议书上面签字，其中魏某福的签字系魏某艳代签，北京市密云县新城子镇某村民委员会亦在证明人处盖章。协议签订后，原告魏某平跟随被告魏某久居住生活，原告赵某荣跟随被告魏某才居住生活。被告魏某福在分得的院落中东下角的两间房屋中居住。被告魏某才分得二原告7500元后，将该款返还给了原告赵某荣。二原告魏某平、赵某荣称被告魏某久分得7500元，但被告魏某久仅认可分得6000元。2012年9月1日，原告魏某平离开被告魏某久家，到魏某久所分得的东面一间半老房中居住，同日，原告赵某荣亦到魏某久所分得的东面一间半老房中与原告魏某平一起居住生活。

另查，分家协议中所涉及的三间北正房系1979年所建，魏某福所分得的两间房屋系原告魏某平祖上所遗留之房产。

【案件焦点】

如何认定分家协议的效力，分家协议能否免除女儿的赡养义务。

【法院裁判要旨】

北京市密云县人民法院经审理认为：民事活动应当遵循自愿、公平、等价有偿、诚实信用原则。依法成立的合同，对当事人具有法律约束力。当事人应当按照约定全面履行自己的义务。本案中，二原告与七被告于2011年12月18日所签订的协议，系对家庭财产的处置及二原告赡养问题的约定，具有分家及赡养性质。协议所涉及的三间北正房系1979年所建，根据建房时的家庭成员状况及农村建房的实际情况，该房应为家庭共同财产；协议所涉及的院落东下角两间房屋，应为原告魏某平继承祖上房产所得；协议所涉及的15000元存款为二原告的共同财产。协议对上述财产的处置，系在家庭成员自愿的情况下进行的，不违反法律法规的相关规定，应当有效。协议中虽约定二原告分别由魏某久和魏某才负责赡养，魏某英和魏某艳不参与赡养父母，但子女赡养父母既是法定义务，又是中华民族的传统美德，此种约定符合当地的风俗习惯，且不妨碍魏某英和魏某艳对父母尽赡养义务，亦应有效。根据本院查明的事实，该协议系在密云县新城子镇某村民委员会的见证下签订的，且双方当事人已实际履行了该协议，应当认定该协议是在双方自愿基础上签订的，故二原告称协议不是其真实意思表示的诉讼意见，本院不予采信。对于二原告称被告魏某久和魏某才现不尽赡养义务的诉讼意见，魏某久及魏某才予以否认，并表示愿意赡养二原告，故二原告可以通过正当途径解决其赡养问题。综上，对于二原告要求解除2011年12月18日所签订的协议，返还协议所处置的钱款之诉讼请求，本院不予支持。

北京市密云县人民法院依据《中华人民共和国民法通则》第四条，《中华人民共和国合同法》第六十条之规定，作出如下判决：

驳回原告魏某平、赵某荣的诉讼请求。

【法官后语】

本案的争议焦点在于，如何认定分家协议的效力，免除女儿赡养义务的分家协议是否有效？

关于分家协议的性质。分家协议属于当事人自愿处分自己财产的行为，一般是父母将自己的财产分给子女。根据原《中华人民共和国合同法》的规定，合同是平等主体的自然人、法人和其他组织之间设立、变更、终止民事权利义务关系的协议。《中华人民共和国民法典》（以下简称《民法典》）第四百六十四条规定，合同是民事主体之间设立、变更、终止法律关系的协议。上述规定对合同的界定内涵和外延均有所扩大。由此，分家协议在法律性质上属于民事合同。根据《民法典》的规定，依法成立的合同，自成立时生效，但是法律另有规定或者当事人另有约定的除外。分家协议只要是当事人意思表示、没有处分他人财产、不违反法律的强制性或禁止性规定，就自全体协议人签字时生效。实践中，重点审查以下问题：一是参与分家的主体需要具备相应的民事行为能力；二是行为人对分家行为的客体必须有充分的处分权；三是分家协议主体所达成的意思表示必须真实、合法、在意思表示“真实”认定上，一般以主体在分家协议上的签名为证明。一旦签名，则分家协议上所记载的相关权利义务应推定为其真实的意思表示。

在中国，分家是有其特定含义的，仅指兄弟之间以及兄弟与父母之间的分家，而不包括女儿在内。在分家协议中涉及女儿的内容往往是免除女儿的赡养义务。那么，赡养义务能否协议免除呢？原《中华人民共和国婚姻法》规定：子女对父母有赡养扶助的义务。子女不履行赡养义务时，无劳动能力的或生活困难的父母，有要求子女付给赡养费的权利。《民法典》第二十六条规定，成年子女对父母负有赡养、扶助和保护的义务。第一千零六十七条第二款规定，成年子女不履行赡养义务的，缺乏劳动能力或者生活困难的父母，有要求成年子女给付赡养费的权利。上述规定对赡养义务的履行主体及条件进行了限缩，将负有赡养义务的子女界定为“成年子女”，将履行赡养义务的条件明确为“缺乏劳动能力或者生活困难的父母”。综上，赡养义务是一种法定义务，赡养义务人不能自行免除义务，但被赡养权利人可以免除赡养人的义务。因为权利与义务是相对的，权利人可以自由处分自己的权利。当权利人放弃权利时，相对则免除了义务人的义务。赡养是被赡养人与赡养人之间的民事法律关系，被赡养权是一种相对权，也是一种请求权，是被赡养人请求赡养人履行赡养义务的权利。被赡养人请求赡养的权利与赡养人的赡养义务是相对的。被赡养人可以对自己应享受的被赡养的权利予以放弃，相对应的赡养人的赡养义务即被免除。但赡养义务是一种长期性、持续性的义务，不同于给付借款等一次性合同义务。一次性的义务如果被免除即不存在，而持续性的义务如被免除，则仅在被免除期间不再存在，如果权利人要求恢复履行，义务人则应当重新承担义务。故当赡养义务被免除后，被赡养人可以重新要求赡养人履行赡养义务，赡养义务人则自被要求恢复履行时重新承担赡养义务。

本案中，二原告通过分家协议对家庭共有财产及夫妻共同财产进行了分配，被告魏某久等七位被告均在协议书上签字，虽然智力残疾的魏某福签字系魏某艳代签，但村民委员会作了证明，说明上述分家协议是家庭成员自愿达成的，是真实的意思表示。同时协议中约定二原告分别由魏某久和魏某才负责赡养，魏某英和魏某艳不参与赡养父母，免除了女儿的法定赡养义务，是二原告作为被赡养人对自己请求赡养的权利进行的自由处分，不违反法律的强制性或禁止性规定。因此，上述分家协议是合法有效的。

编写人：北京市密云区人民法院　徐秀丽

143 分家析产中如何判断当事人是否有权参与分割农村房屋

——赵甲诉赵某某、张某某分家析产案

【案件基本信息】

1. 裁判书字号

北京市第三中级人民法院（2014）三中民终字第01561号民事判决书

2. 案由：分家析产纠纷

3. 当事人

原告（上诉人）：赵甲

被告（被上诉人）：赵某某、张某某

【基本案情】

赵某某与张某某系夫妻关系，赵某某与赵甲、赵乙（本案第三人）系继父子、父女关系，张某某与赵甲、赵乙系母子、继母女关系；1974年，赵某某与其父赵某金在位于北京市密云县西田各庄镇仓头村共同建设北正房四间；2010年7月19日晚7时许，北京市密云县西田各庄镇仓头村北正房倒塌，将赵某某、张某某、赵甲压倒在屋内，导致赵某某、张某某、赵甲受伤；后赵甲、赵某某、张某某、赵乙共同出资对该房屋进行翻建，建设北正房五间、西厢房一间；事发后，密云县民政局、密云县西田各庄镇人民政府、密云县西田各庄镇仓头村民委员会、红十字会给予赵某某家庭补助26000元，上述补助款中的部分款项用于支付赵某某、张某某、赵甲治伤的医疗费用，部分用于房屋建设；建房过程中，原有房屋的部分建筑材料用于房屋建设；现赵甲诉于法院，要求依法分割位于北京市密云县西田各庄镇仓头村房屋及宅基地使用权，法院依法追加赵乙作为本案第三人参加诉讼。

【案件焦点】

分家析产案件中，当事人具备哪些条件才有权参与农村房屋分割。

【法院裁判要旨】

家庭共有财产是指家庭成员在家庭共同生活关系存续期间共同创造、共同劳动所得的财产，家庭共有财产属于家庭成员共同所有；赵甲要求将个人财产从家庭财产中析出，不违反法律规定，本院予以准许；在涉诉房屋的建设过程中，赵某某、张某某、赵甲共同居住生活，赵甲的收入为家庭收入的主要来源，对房屋建设的贡献较多，赵乙在涉诉房屋建设过程中虽未与赵某某、张某某、赵甲共同居住生活，但其对房屋建设亦有出资，故本院根据公平合理、矜老恤幼的原则，同时考虑家庭共有财产的产生原因的复杂性和多样性，根据共同共有人对共有财产的贡献的大小，以及依各共有人生产、生活的实际情况对涉诉房屋予以分割；宅基地使用权是宅基地使用权人依法对集体所有的土地享有占有和使用的权利，宅基地的确认及审批属行政行为，不属于法院管辖范围，故对赵甲要求分割宅基地使用权的诉讼请求，本院不予支持；赵某某、赵乙关于不同意分割房产的答辩意见，缺乏法律依据，本院不予支持；鉴于各方坚持自己的房屋份额，不同意对房屋份额折价，故本院根据有利各方今后的生产生活，不破坏房屋使用价值的原则，依据各方应分得的房屋份额对涉诉房屋进行分配；应当指出，诉讼各方是亲属，在生活中产生矛盾在所难免，各方应互谅互让，求大同，存小异，心平气和地化解家务纠纷，避免因生活琐事伤害彼此亲情；综上所述，依据《中华人民共和国物权法》第九十九条、第一百条、第一百五十二条，《最高人民法院关于民事诉讼证据的若干规定》第二条之规定，判决如下：

一、坐落于北京市密云县西田各庄镇仓头村的北正房五间中西数第一间及西厢房一间归原告赵甲所有；

二、坐落于北京市密云县西田各庄镇仓头村的北正房五间中的西数第二间、第三间、第四间归被告赵某某、张某某共同所有；

三、坐落于北京市密云县西田各庄镇仓头村的北正房五间中的西数第五间归第三人赵乙所有。

【法官后语】

本案属于比较典型的农村分家析产案件，一些可能要拆迁地区的村民想通过分割房屋、分立户口的形式多分得拆迁补偿款；二则我国农村地区还存在一些传统观念，如出嫁的女儿对其娘家的房屋没有权利继承，即没有共有权，无权参与分割。

因此本案主要解决的是对农村房屋的分割问题。而针对房屋分割，其焦点问题是关于共有资格的问题。

本案原告赵甲，被告赵某某、张某某，户口均在涉诉房屋内，赵甲、赵某某、张某某在老房时就一直共同居住，在老房倒塌后，翻建新房屋时也是共同出资出力的，三人的医疗费补偿款均有部分用于房屋翻建，对于该房屋享有共有权是没有异议的。关键在于第三人赵乙对于涉诉房屋是否享有共有权、是否有权参与分割该房屋。一、二审法院均认为赵乙享有共有权，支持其参与该房屋的分割，笔者也赞同该观点。

首先，本案涉诉房屋翻建之前是本案被告赵某某及其父所建，而赵乙系赵某某亲生女儿，从小一直随同父亲居住生活。即使是后来有十年的时间不在该房屋居住，但是其户口也一直在该房屋。根据我国农村集体经济组织成员的相关规定，只要户口在该集体经济组织所在地，便是该集体经济组织的一员，对于其自家分得的在该集体经济组织范围内的宅基地及其所建附着物享有共有权。据此，赵乙的户口一直在该涉诉房屋内，即使不在该房屋居住，但是一直保有该房屋的共有权。

其次，在原有房屋倒塌之后，原告、被告及赵乙等均对该房屋的翻建有出资出力。根据法院查明的事实，当时原告赵甲，被告赵某某、张某某被倒塌的房屋压伤，三人的医疗补助款有部分用于翻建新房屋，所以原告赵甲、被告赵某某、张某某对翻建房屋有出资无疑。但是鉴于补助款中并没有第三人赵乙的，所以原告主张赵乙并未对该房屋的翻建出资。但是一方面，翻建房屋用的材料有一部分是用的原有房屋的材料，而这部分材料其中就有赵乙的一部分；另一方面，原告有主张说赵乙借钱给原告及二被告翻建新房，即主张赵乙的出资是对原告及二被告的借款，但是原告未能出具证据予以证明，赵乙亦不承认是借款，而是新建房屋的出资。根据我国民事诉讼法的规定，民事案件依据谁主张谁证明的原则，原告必须对自己的主张提供证据予以证明，否则法院将不予采信。笔者认为，原告既未能举证，则其主张不能相信。因此，赵乙对翻建的房屋是有出资，既有材料的出资，又有实际金钱的出资，其对该房屋享有共有权是无异议的。

最后，本案原告之所以认为第三人赵乙没有权利分割该涉诉房屋，主要是认为赵乙长期未与原被告双方共同居住于该房屋，据此认为，只有原被告双方才有权分割该房屋，在起诉时亦未将赵乙列入当事人之列。而根据相关规定及学界理论，对于房屋是否享有共有权，主要是依据以下两个方面进行判断：一方面，是当事人是否实际对房屋的新建出资出力。本案中赵乙作为原有老房屋的继承人之一，其既享有继承该宅基地的使用权的权力，亦有权继承该老房屋的建筑材料，而新建房屋既是在原有老房屋的宅基地上翻建的，同时也是利用了原有老房屋中可以利用的建筑材料建设而成的，从这个方面说，赵乙对于新建的房屋自然是有出资的。另一方面，赵乙虽然十来年未与原被告共同在该房屋居住，但是其户口一直在该房屋，并未迁出。此处根据我国一般社会习俗，一个人长期不在家居住，但是只要其户口在该房屋，房屋是其出资建设的，该房屋就永远属于他，其所有权不会因为其长期不住而消失不见。

近两年此类分家析产案件在北京周边农村地区比较常见，有些是因为城区扩建要拆迁，还有些是因为一些国家重点项目建设用地的需要，也有对一些农村地区进行拆迁。一些村民为了获得更多的拆迁补贴，想方设法将原有的房屋分割，然后进行分户。或是有些户口已经迁出至外地的，得知老家将要进行拆迁，于是想着以继承的名义，将户口再行迁回来。

因此，法院在审理此类案件时，需要小心求证，查明当事人起诉的原因、目的；实际勘察涉诉房屋的实际面积、位置、间数等情况；查清各方当事人的户口、与该涉诉房屋的关系，如是占有使用还是享有共有所有权等。在查明事实的情况下，既争取为有实际纠纷的当事人解决纠纷，又尽量避免助长当事人恶意分户、串通分户等多获取拆迁补贴的行为。

此类案件的审理结果，有着十分重要的现实意义。在很多农村地区，基本认为出嫁的女儿对于父母家的房屋没有继承权。而上述案件的裁判恰恰反驳了这种观点，支持了出嫁女儿或者说长期不在家居住的女儿同样享有对其娘家房屋的所有权，有权利继承或是分割，只要其户口尚在该房屋；而对于在原有房屋基础上翻建的房屋，只有其有出资，同样享有共有权，分割时有权参与分割。此类案件的审理结果，有必要在广大农村地区进行广泛的宣传，扩大案件审理结果的影响力。让广大农民了解我国民法典物权编等法律法规对于农村房屋所有权的相关规定及继承法关于子女对于房屋继承权的相关规定，避免出现老人百年后子女因为争夺房屋的所有权而大打出手的情况，引导争议各方按照法律的规定进行协议分割，既能大大减少法院的工作量，又有助于减少矛盾纠纷、促进社会和谐。

编写人：北京市密云区人民法院　何琴玲

144　“农转非”居民是否有权取得农村房屋所有权

——周某林诉周某明、周某芬分家析产、法定继承案

【案件基本信息】

1. 裁判书字号

江苏省太仓市人民法院（2011）太民初字第0299号民事判决书

2. 案由：分家析产、法定继承纠纷

3. 当事人

原告：周某林

被告：周某明、周某芬

【基本案情】

周某、唐某娣夫妻共有子女五人，即唐某成、唐某明、唐某萍、唐某华和唐某忠。根据唐某明、唐某萍、唐某华、唐某忠的陈述，唐某华的父、母亲均已先于唐某华死亡。

1957 年 7 月 16 日，唐某华与原告周某林登记结婚，婚后生育子女二人，即被告周某明、周某芬。原告周某林原系浏河家具厂职工，于 1983 年 8 月 10 日退休，于 1984 年 3 月 14 日将户口迁入浏河镇新闸村 50 组（原桃源村 5 组）唐某华户。1984 年 3 月 14 日，被告周某明由于顶替原告周某林工作原因，将户口从浏河镇新闸村 50 组唐某华户迁入浏河家具厂，为非农业户。1987 年 1 月，被告周某明结婚后，居住于浏河镇新华街 x 号。1988 年 9 月 6 日，被告周某芬因转居将户口迁出浏河镇新闸村 50 组唐某华户。2008 年 6 月 23 日，唐某华因病死亡。

1988 年 2 月，原告周某林因翻建坐落于浏河镇新闸村 50 组（原桃源村 5 组）的旧宅需要，向村、镇等单位申请宅基地使用权。同年 3 月 24 日，原太仓县浏河镇人民政府作出太浏地（88）第 237 号《关于农村村民建房申请土地的批复》，同意周某林使用原宅基地翻建楼房。房屋建成后，周某林分别于 1990 年 10 月 10 日、1998 年 12 月 29 日取得宅基地使用权证、村镇房屋所有权证，且两证均登记在唐某华名下。

庭审中，被告周某明主张其系上述系争房屋的实际出资人，至少一半份额应归其所有。为此，根据被告周某明的申请，闻某南、金某扬、周某品、陆某兴、徐某娟、沈某明、徐某明、陈某民、郁某平等人到庭为其作证。

就系争房屋的权属问题，被告周某芬陈述：建房时，其已经结婚，只是由于客观原因无法将其户口及女儿的户口由唐某华户迁出，所以长期留在唐某华户；对原告周某林主张系争房屋是其与唐某华夫妻共同财产的意见，没有异议。

针对系争房屋的处理问题，太仓市人民法院依法于2011年8月30日征求唐某明、唐某萍、唐某成、唐某忠的意见，其均表示愿意将属其所有的遗产份额让与被告周某明。对此，被告周某明也表示认可。

【案件焦点】

系争房屋的权属问题。

【法院裁判要旨】

江苏省太仓市人民法院经审理认为：一、建房前，原告周某林的户口迁入原桃源村唐某华户而取得唐某华户的家庭成员资格，并代表唐某华户办理宅基地报批手续，故应认定原告周某林是系争房屋的共有人之一。二、唐某华户取得宅基地使用权时，被告周某明的户口已迁出唐某华户而丧失唐某华户的家庭成员资格，因此被告周某明不属于唐某华户的宅基地使用权人，故被告周某明以出资建房为由主张对该宅基地上的房屋享有共有份额的意见，不应采纳。三、被告周某芬虽主张对系争房屋有出资，但表示建房时其和女儿的户口只是暂时保留在唐某华户，且认可系争房屋是周某林、唐某玉华的夫妻共同财产，故被告周某芬亦不属于系争房屋的共有人。综上所述，系争房屋是由周某林、唐某华共同生活期间取得宅基地使用权并投资建造，属于周某林、唐某华的夫妻共同财产。需要说明的是，被告周某明、周某芬如认为对系争房屋有出资，并且该出资不属于赠与性质，可以向债务人主张债权，即要求债务人返还出资款，而不能以此对债务人的财产主张所有权。

根据《中华人民共和国继承法》的规定，夫妻在婚姻关系存续期间所得的共同财产，除有约定外，如果分割遗产，应当先将共有财产的一半分出为配偶所有，剩余一半为被继承人的遗产；男、女享有平等的继承权。本案中，系争房屋是周某林、唐某华的夫妻共同财产，因此该房屋一半份额属原告周某林所有，另一半份额属唐某华所有。由于唐某华生前未有遗嘱，其一半份额应按法定继承处理，由其配偶、父母、子女继承。因唐某华的父亲唐某成先于唐某华死亡，故唐某华的一半份额应由其配偶周某林、母亲唐某娣、儿子周某明、女儿周某芬各继承四分之一份额。现唐某娣于遗产分割前死亡，故唐某娣继承的四分之一份额由其合法继承人唐某明、唐某萍、唐某华、唐某忠转继承，又因唐某明、唐某萍、唐某华、唐某忠与被告周某明之间存在合法、有效的赠与行为，故属于唐某明、唐某萍、唐某华、唐某忠共同转继承唐玉华的四分之一份额归被告周某明所有。综上所述，依照《中华人民共和国土地管理法》第六十二条第一款，《中华人民共和国物权法》第一百五十二条，《中华人民共和国继承法》第五条、第九条、第十条、第十三条第一款、第二十六条第一款，《中华人民共和国婚姻法》第十七条第一款，《最高人民法院关于贯彻执行〈中华人民共和国继承法〉若干问题的意见》第五十二条之规定，于 2011 年 10 月 28 日民事判决如下：

唐某华名下的坐落于太仓市浏河镇新闸村 50 组（原桃源村 5 组）的三上四下楼房一幢及平房一间（建筑面积合计 308. 32 平方

米)，其中八分之五份额属原告周某林所有，四分之一份额属被告周某明所有，八分之一份额属被告周某芬所有。

【法官后语】

虽然本案发生在十余年前，判决所适用的《中华人民共和国婚姻法》《中华人民共和国继承法》等法律、司法解释均已废止，但是本案是典型的针对农村房屋的分家析产、继承纠纷案件，在推进新型城镇化和乡村振兴、深化城乡融合发展的新时代，该案仍具有一定普遍性和代表性。现结合2021年1月1日起施行的《中华人民共和国民法典》，就“农转非”居民是否有权取得农村房屋所有权问题进行分析说明。

一、城镇居民能否基于建造行为取得农村房屋所有权

我国实行农村土地集体所有制度，农民对其宅基地不享有所有权，而只享有使用权，城镇居民（包括农转非的城镇居民，即本为农村居民后转为非农业户口居民）不得享有宅基地所有权。现行《中华人民共和国土地管理法》第六十二条规定：“农村村民一户只能拥有一处宅基地，其宅基地的面积不得超过省、自治区、直辖市规定的标准。农村村民出卖、出租、赠与住宅后，再申请宅基地的，不予批准。”根据《中华人民共和国民法典》第三百六十二条规定，宅基地使用权为用益物权，宅基地使用权人无权处分。国务院及原国土资源部的有关文件则明确禁止城镇居民在农村购置宅基地、违法建造房屋等。2004年10月28日，国务院《关于深化改革严格土地管理的决定》强调：“加强农村宅基地管理，禁止城镇居民在农村购置宅基地。”同年11月2日，原国土资源部《关于加强农村宅基地管理的意见》第十三条规定：“严禁城镇居民在农村购置宅基地，

严禁为城镇居民在农村购买和违法建造的住宅发放土地使用证。”2007年12月30日，国务院办公厅《关于严格执行有关农村集体建设用地法律和政策的通知》再次重申：“城镇居民不得到农村购买宅基地、农村住宅或小产权房。”可见，根据我国现行法律和政策规定，城镇居民因不具备或丧失农村集体经济组织成员资格，而无法取得宅基地使用权，故无权在宅基地上建造房屋。

本案中，周某明原系农村居民，但在唐某华家庭取得宅基地前已“农转非”，转为城镇居民，故周某明无权享有宅基地使用权，也无权在唐某华家庭申请的宅基地上建造房屋。审理中，周某明主张对系争房屋有出资，对此，本案判决被告周某明如认为对系争房屋有出资，并且该出资不属于赠与性质，可以向债务人主张债权，即要求债务人返还出资款，而不能基于出资建造行为主张房屋的所有权。

二、城镇居民能否继承取得农村房屋所有权

该问题涉及房屋与其占用范围内土地的关系。我国现行法律将土地与房屋等建筑物是分别作为独立的不动产对待的，分别办理权属证书，并承认房屋为公民的私人财产。根据法理分析，既然房屋可以独立于宅基地存在，且法律认可房屋属于私人财产，那么当房屋所有权人死亡后，应当允许其继承人继承取得农村房屋所有权。一方面，现行法律虽禁止农村房屋以买卖等方式流转，但并未禁止继承取得，因此，允许继承取得农村房屋与“法无禁止即自由”原则并无冲突。另一方面，我国人口流动性较大，因升学、就业、入伍等原因，大量农民转为城镇居民，如果一概禁止城镇居民继承农村房屋，将导致大量农村房屋处于无人继承又无人受遗赠状态，不利于调动农民创造财富的积极性，也不利于资源合理化配置。

本案中，尽管当事人周某林、周某明、周某芬均已迁出唐某华户，或转为城镇居民，或转为外村村民，但仍有权继承取得涉案房屋的相应份额，只是无法取得宅基地使用权。在涉案房屋所占宅基地转为国有建设用地或法律允许城镇居民、外村村民取得宅基地时，周某林、周某明、周某芬仍可取得该块土地的使用权。

编写人：江苏省太仓市人民法院　郭玉昆

二、继承纠纷

（一）法定继承纷纷

145 继承人骗取公证的事实认定和继承份额确定
——王某某诉符某某继承案

【案件基本信息】

1. 裁判书字号

湖北省武汉市中级人民法院（2020）鄂01民终10482号民事判决书

2. 案由：继承纠纷

3. 当事人

原告（上诉人、被上诉人）：王某某

被告（上诉人、被上诉人）：符某某

【基本案情】

原告王某某与被继承人符某甲系母子关系，符某甲与被告符某某系养父子关系，双方于1995年办理了收养登记手续。

符某甲的父母符某丙、王某某于20世纪60年代离婚，符某甲与其胞弟符某乙随父亲符某丙生活，符某丙于2015年2月11日去世。王某某离婚后又另组家庭生育一子一女。2019年11月24日，符某甲因病去世，生前未订立遗嘱，其遗产有位于武汉市武昌区的房屋一套及位于武汉市青山区的拆迁还建房一套，另有银行存款99253.10元、符某甲的医疗费用报销款49758.33元，合计149011.43元。其中含符某甲的丧葬费、抚恤金73658元。

2019年11月4日，符某甲因病住院，王某某委托符某甲同母异父的弟弟戈某照顾符某甲并办理住院事宜。符某甲去世后，丧葬事宜亦由王某某委托戈某操办。在此期间，王某某垫付住院相关费用63276.39元、丧葬费用8521元，合计71797.39元。12月13日，符某某向公证处虚构王某某已经死亡的事实，骗取公证处出具相应的公证书。依据公证书公证的相关内容，符某某已将被继承人符某甲名下银行存款取走并将位于武汉市武昌区的房屋一套过户到其名下。现王某某认为符某某对符某甲未尽到抚养、照顾义务，并虚构事实，骗取公证，将被继承人的遗产转移至其名下，严重违反法律规定，故诉至法院请求判令被继承人符某甲的所有遗产由王某某继承。

【案件焦点】

继承人虚构事实骗取公证继承文书的，能否推翻公证确认的事实并减少该继承人的继承份额。

【法院裁判要旨】

湖北省武汉市青山区人民法院经审理认为：本案被继承人符某甲去世前未订立遗嘱，故应按照法定继承办理。被继承人符某甲的第一顺位继承人为王某某与符某某。

关于本案所涉公证书的效力认定问题。根据《最高人民法院关于适用〈中华人民共和国民事诉讼法〉的解释》第九十三条规定，已为有效公证文书所证明的事实，当事人无须举证证明，当事人有相反证据足以推翻的除外。符某某在办理继承权公证时，明知王某某在世，却隐瞒该事实骗取公证，导致公证机构遗漏了继承人王某某。王某某在开庭时提交了在籍工人登记表、证人证言等证据证明其系被继承人符某甲的亲生母亲，符某某在案件审理过程中也自认其在作公证前知晓原告王某某的存在，上述证据足以推翻公证书认定的符某某系符某甲唯一继承人的事实。因人民法院无法撤销公证机构出具的公证书，故仅对该公证书的效力不予认可。

关于被继承人符某甲的遗产如何分割的问题。因符某甲生病住院期间以及去世后的丧葬事宜均由王某某委托戈某操办，且符某某在符某甲去世后存在虚构“被继承人符某甲母亲姓周、于20世纪70年代的时候去世”的事实、获得公证书且将被继承人符某甲的财产转移至其名下的行为，存在侵吞遗产的故意。根据《中华人民共和国继承法》（以下简称《继承法》）第二十四条、《最高人民法院关于贯彻执行〈中华人民共和国继承法〉若干问题的意见》第五十九条规定，人民法院对故意侵吞遗产的继承人，可以酌情减少其应继承的份额。《继承法》第二十九条规定，遗产分割不应损害遗产的效用，不宜分割的遗产可以采取折价、适当补偿或者共有等方法处理。本案中房产即属于不宜分割的遗产，考虑到双方矛盾已深，不宜采用共有方法。综合本案案情、现有房屋的权属现状，以及对符某某存在虚构事实获取公证、侵吞遗产行为应予以少分遗产的考虑，酌情判令位于武汉市武昌区的房屋一套归符某某所有，位于武汉市青山区的拆迁还建房一套归王某某所有，由符某某支付王某某房屋补偿款200000元。被继承人符某甲遗产中的银行存款75353.43元，扣除王某某为被继承人垫付的医疗费63276.39元，剩余12077.04元由王某某继承。

关于被继承人符某甲的丧葬费、抚恤金如何分割的问题。根据《继承法》的规定，遗产是公民死亡时遗留的个人合法财产，而丧葬费、抚恤金系被继承人去世后其生前工作单位及有关部门给予被继承人办理丧事的费用及对被继承人家属的抚慰和经济补偿，不属于被继承人的遗产。王某某已垫付符某甲丧葬费8521元，应从被继承人符某甲的丧葬费、抚恤金73658元中扣除，扣除后剩余的丧葬费、抚恤金65137元比照被继承人的遗产进行处理，故酌情判令王某某享有40000元、被告符某某享有25137元。考虑到目前被继承人符某甲的遗产及丧葬费、抚恤金均由符某某占有或领取，故上述被继承人符某甲的银行存款及丧葬费、抚恤金分配后应由符某某向王某某支付123874.43元。

湖北省武汉市青山区人民法院依照《继承法》第二条、第三条、第五条、第十条、第十三条第一款、第二十四条、第二十五条第一款、第二十九条，《最高人民法院关于贯彻执行〈中华人民共和国继承法〉若干问题的意见》第五十九条，《中华人民共和国民事诉讼法》第六十四条、第一百四十二条规定，判决如下：

一、被继承人符某甲名下的位于武汉市青山区的拆迁还建房一套归原告王某某所有；

二、被继承人符某甲名下的位于武汉市武昌区的房屋一套归被告符某某所有；

三、被告符某某支付原告王某某房屋补偿款200000元；

四、被继承人符某甲的丧葬费、抚恤金73658元由原告王某某享有48521元（含原告王某某已垫付的丧葬费8521元）、被告符某某享有25137元；

五、被继承人符某甲的银行存款75353.43元（含原告王某某已付的医疗费63276.39元）由原告王某某继承；

六、上述第三项、第四项、第五项由被告符某某于本判决生效之日起两个月内支付原告王某某323874.43元；

七、驳回原告王某某的其他诉讼请求。

王某某、符某某均不服一审判决，提起上诉。湖北省武汉市中级人民法院同意一审裁判意见，并认为酌定对被继承人符某甲的财产进行分割，是一审法院行使自由裁量权的行为，其分割份额与本案事实相符，且符合法律的规定，应予维持。

综上，湖北省武汉市中级人民法院依照《中华人民共和国民事诉讼法》第一百七十条第一款第一项规定，判决如下：

驳回上诉，维持原判。

【法官后语】

对于虚构事实骗取继承权公证书的，本案提供了可供参考的思路：法院可以根据查明的事实推翻公证确认的事实，认定继承人的行为构成侵吞遗产，减少其继承份额。

一、法院查明的事实与公证书所载事实不符的，法院可以直接推翻公证书公证的内容

公证书本是民事诉讼中免除当事人证明责任而径行认定事实的证据，具有较强的证明力。然而公证书在民事诉讼中并非可以绝对地免除当事人的举证义务，《最高人民法院关于适用〈中华人民共和国民事诉讼法〉的解释》第九十三条第二款明确规定："前款第二项至第四项规定的事实，当事人有相反证据足以反驳的除外；第五项至第七项规定的事实，当事人有相反证据足以推翻的除外。"因此，在公证书依法作出且未被公证机构撤销、变更的情况下，其记

载的事实属于当事人免予举证即可认定的事实，除有相反证据推翻外应当予以认定。

“足以推翻”的含义是相对方提供相反证据，足以证实待证事实的相反事实存在，从而排除待证事实存在的可能性。在推翻过程中，相对方对特定的事实（生效裁判、生效裁决、公证文书记载事实的相反事实）负证明责任，其为推翻提供的证据属于本证。可以看出，“足以推翻”对证据的证明力要求是比较高的，标准是“证伪”+“证是”，不只要证明不是什么，还要证明是什么，形成了举证责任的转移。具体到本案中，原告提交了在籍工人登记表、证人证言等证据证明其作为被继承人亲生母亲的继承人资格，该事实明确，足以推翻继承权公证书认定的被告为被继承人唯一继承人的事实。故法院查明的事实与公证书所载事实不符的，法院可以直接推翻公证书公证的内容。

二、以虚构事实骗取公证书的行为性质

本案中以虚构事实骗取公证书的行为与侵吞被害人遗产之间系手段与目的之关联。公证制度是我国司法制度的组成部分，是国家预防纠纷、维护法制、巩固法律秩序的一种司法手段。任何法律行为和有法律意义的文书、事实经过公证证明，即意味着公证机构证明了它的真实性、合法性，即产生法律上的证据效力。首先，被告以提供虚假陈述的方式骗取公证书后实施了转移继承财产的行为，损害了公证机关出具公证文书的公信力，违反了《中华人民共和国公证法》第四十四条的规定，应当承担相应的法律责任。其次，符某某骗取公证文书进而转移被继承人遗产的行为，变合法保管为非法占有，具有恶意侵占遗产之故意，违反了《中华人民共和国民法典》第一千一百五十一条规定的遗产保管人的妥善保管义务，应当认定为侵吞遗产的不法行为。

面对虚假公证行为应当如何予以救济?《中华人民共和国公证法》第四十四条明确规定了骗取公证书的法律责任——给他人造成损失的,依法承担民事责任。违反治安管理的,依法给予治安管理处罚。构成犯罪的,依法追究刑事责任。但是骗取公证书的行为并未被直接定为犯罪,只有当骗取公证书的行为构成其他刑事犯罪时,司法机关才能以我国刑法中规定的有关刑法罪名追究刑事责任,例如伪造、变造、买卖国家机关公文、证件、印章罪等。而对于其他虚假公证行为,例如使用伪造、变造的虚假证明材料的行为,冒名顶替、虚假陈述骗取公证的行为等,无法直接定罪,公检法等机构均难以追究行为人的刑事责任,不能对这类行为进行有效的惩戒。当我们的合法权益被虚假公证行为侵害时,首先可以向公证机构提起公证投诉复查程序。如果公证书的内容违法或者与事实不符,公证机构会撤销该公证书并予以公告,公证书的内容也就自始无效了。其次可以向人民法院提起诉讼,请求法院将被继承人的遗产重新分配。本案中,对骗取公证的当事人在分割遗产上予以少分的处理,有效惩戒了骗取公证的行为,对未来类似案例的处理可以起到一定的导向作用,也维护了司法行为在公众心中的公平公信形象。

三、虚假公证以侵吞遗产对遗产分割份额之影响

本案一方当事人存在隐瞒事实骗取公证并转移遗产的不法行为,根据《最高人民法院关于适用〈中华人民共和国民法典〉继承编的解释(一)》第四十三条规定,人民法院对故意隐匿、侵吞或者争抢遗产的继承人,可以酌情减少其应继承的遗产。本案继承人符某某虚构、隐瞒事实骗取公证并转移遗产的行为具有明显的侵吞遗产

故意，严重损害了其他继承人的合法权益，且有损公证机关公信力，应当予以惩戒，适当减少其应分得的遗产份额。本案最终判决判令位于武汉市武昌区的房屋一套归被告符某某所有，位于武汉市青山区的拆迁还建房一套归原告王某某所有，由被告符某某支付原告王某某房屋补偿款。该做法不仅进一步平衡了双方当事人间的利益，而且避免了房产分割给当事人增加产权过户等烦琐事宜，同时也便于执行，利于减少矛盾。

综上，本案判决在公证机构办理的继承权公证遗漏继承人的情况下，采信相反证据直接推翻公证书所证明的事实，认定当事人存在虚构陈述骗取公证书的失信行为，并对其应继承的遗产份额予以少分，保护了被遗漏继承人的合法权益，使其免予进行公证投诉复查程序，大大减少了当事人的维权时间及精力。该判决另考虑到了房屋所有权现状和便于执行、利益平衡等因素，处理方式有利于纠纷的解决，做到了司法裁判社会效果与法律效果的有机统一，将为此类案件的裁判提供一定的依据和借鉴。

编写人：湖北省武汉市青山区人民法院　胡阳　雷岑岑

146　被继承人已故兄弟姐妹之子女代位继承法律适用

——童甲诉童乙等继承案

【案件基本信息】

1. 裁判书字号

湖北省武汉市青山区人民法院（2021）鄂0107民初637号民事判决书

2. 案由：继承纠纷

3. 当事人

原告：童甲

被告：童乙、童丙、童丁

【基本案情】

被继承人李某原为武汉某公司职工，在其母亲去世后被其舅舅童戊收养。2019 年 9 月 10 日李某去世，生前未婚、无子女。童戊与妻子刘某育有一子童己。童己与妻子武某育有四子、二女，分别为原告童甲，被告童乙、童丙、童丁以及童庚（2011 年去世）、童辛（2009 年去世）。刘某、童戊均先于李某去世，2017 年 6 月 13 日童己去世。李某去世后，遗留房屋一套，银行存款若干元。李某生前未留有遗嘱或遗赠扶养协议。李某去世前生病住院及去世后的丧葬事宜均由童甲照顾、操办。李某的生父已于 1995 年 7 月 13 日去世，生前只育有李某。

童甲起诉至法院，请求法院判令其有权继承被继承人李某名下的全部遗产。被告童乙、童丙、童丁应诉后均向法院表示自愿放弃对被继承人李某遗产的继承权，并同意被继承人李某的遗产均由原告童甲继承。

【案件焦点】

童甲是否具有代位继承李某遗产的资格。

【法院裁判要旨】

湖北省武汉市青山区人民法院经审理认为：因被继承人李某未婚、无子女，而其养父母、生父母、兄长均先于其去世，依照《中华人民共和国民法典》第一千一百二十八条规定："被继承人的子女先于被继承人死亡的，由被继承人的子女的直系晚辈血亲代位继承。被继承人的兄弟姐妹先于被继承人死亡的，由被继承人的兄弟姐妹的子女代位继承。代位继承人一般只能继承被代位继承人有权继承的遗产份额。"被继承人李某的遗产应由童己的子女继承。童己共育有四子、二女，分别为原告童甲，被告童乙、童丙、童丁以及童庚（2011年9月12日去世）、童辛（2009年5月4日因去世被注销户口）。而被告童乙、童丙、童丁均表示自愿放弃对被继承人李某遗产的继承权，并同意被继承人李某的遗产均由原告童甲继承，故本案的原告童甲有权继承被继承人李某的全部遗产，即被继承人李某名下房屋以及银行存款共计若干元均由原告童甲继承。

湖北省武汉市青山区人民法院依照《最高人民法院关于适用〈中华人民共和国民法典〉时间效力的若干规定》第三条，《中华人民共和国民法典》第一千一百二十一条第一款、第一千一百二十二条第一款、第一千一百二十四条第一款、第一千一百二十七条、第一千一百二十八条第二款，《中华人民共和国民事诉讼法》第六十四条、第一百四十二条、第一百四十四条规定，作出如下判决：

被继承人李某名下的全部遗产均由原告童甲继承，即被继承人李某名下的房屋一套以及银行存款均应由原告童甲继承。

【法官后语】

一、代位继承需满足的条件

代位继承是指被继承人的子女先于被继承人死亡时，由被继承人子女的晚辈直系血亲代替先死亡的长辈直系血亲继承被继承人的遗产；在被继承人无配偶、子女、父母继承其财产，被继承人的兄弟姐妹又先于被继承人死亡时，由被继承人兄弟姐妹的子女代替先死亡的父母继承被继承人遗产的一项法定继承制度。① 先于被继承人死亡的继承人称为被代位继承人或本位继承人，代替被代位继承人取得遗产的直系卑血亲称为代位继承人。在代位继承中，代位继承人只能继承被代位继承人所得的遗产份额。代位继承需满足以下条件：

1. 享有继承权的被代位继承人必须先于被继承人死亡。被代位继承人在继承开始前死亡，是发生代位继承的前提条件。如果被代位继承人于继承开始后死亡，则因继承已经开始，遗产已经为被代位人取得，只是尚未来得及分割遗产。此时，只发生转继承而无代位继承，即被代位人应继承的遗产份额转由其法定继承人或者遗嘱继承人继承。

2. 先死亡的被代位人必须是被继承人的子女或兄弟姐妹，其他继承人如被继承人的配偶、父母、祖父母、外祖父母等先于被继承人死亡不发生代位继承。被继承人的子女，不仅包括婚生子女、非婚生子女，还包括养子女、形成扶养关系的继子女。被继承人的兄弟姐妹，不仅包括同父母的兄弟姐妹、同父异母或同母异父的兄弟姐妹，还包括养兄弟姐妹和有扶养关系的继兄弟姐妹。

3. 代位继承人必须是被继承人的子女的直系晚辈血亲或被继承人的兄弟姐妹的子女。被继承人的子女的直系晚辈血亲，如子女、

---

① 最高人民法院民法典贯彻实施工作领导小组主编：《中华人民共和国民法典理解与适用》，人民法院出版社 2020 年版，第 533 页。

孙子女、外孙子女、曾孙子女、外曾孙子女都可以代位继承，不受辈数的限制，即子女可以代父或母之位，继承祖父母或者外祖父母的遗产，孙子女亦可以代祖父母或者外祖父母之位，继承曾祖父母或者外曾祖父母的遗产。同时，被继承人的养子女、已形成扶养关系的继子女所生子女可代位继承；被继承人亲生子女的养子女可代位继承；被继承人养子女的养子女可代位继承；与被继承人已形成扶养关系的继子女的养子女也可以代位继承，即拟制的直系血亲之间也发生代位继承。被继承人的兄弟姐妹被列为被代位人后，代位继承人限于被代位人的子女而非其直系晚辈血亲，除子女、养子女、已形成扶养关系的继子女外，被继承人的兄弟姐妹的其他继承人不发生代位继承。

应特别明确的是，被继承人的子女的直系晚辈血亲与被继承人的兄弟姐妹的子女不能同时代位继承。根据《中华人民共和国民法典》（以下简称《民法典》）第一千一百二十七条第二款规定，继承开始后，由第一顺序继承人继承，第二顺序继承人不继承。因此，当被继承人有配偶、子女、父母任意一人作为第一顺位继承人继承遗产，或被继承人的子女的直系晚辈血亲代位继承遗产时，被继承人的兄弟姐妹不能继承，该兄弟姐妹的子女亦不能代位继承。当第一顺序继承人全部死亡，如存在被继承人的子女的直系晚辈血亲作为代位继承人时，只能发生该直系晚辈血亲的代位继承，不发生第二顺序继承人的本位继承，也就不发生被继承人的兄弟姐妹的子女代位继承。只有在被继承人没有第一顺位继承人，且没有被继承人的子女的直系晚辈血亲代位继承的情况下，被继承人的兄弟姐妹的子女才能够代位继承被继承人的遗产。

4. 被代位人生前必须享有继承权，如被代位继承人基于法定事由丧失继承权，则连带引起代位继承权的消灭。关于代位继承的法律性质，存在两种学说，一种是代表权说，一种是固有权说。代表权说认为，代位继承是代位继承人代表被代位继承人参加继承，行使被代位继承人的权利。在被代位继承人丧失或者放弃继承权的情况下，不能再由他人代位继承。固有权说认为，代位继承权是法律赋予代位继承人的固有权利，并不是基于被代位继承人的继承权而继承。因此，只要被代位继承人不能继承，代位继承人就可以代位继承。根据人大法工委的解释，民法典最终没有采纳固有权说，而是采纳代表权说，主要理由是：确定代位继承发生原因时，要综合考虑被继承人的意愿、遗产应发挥的功能、公序良俗等多方面因素，允许继承人在丧失继承权时可以由其直系晚辈血亲代位继承，违背丧失继承权制度的目的，容易引发道德风险，也不符合社会公众关于公平正义的期待。《最高人民法院关于适用〈中华人民共和国民法典〉继承编的解释（一）》第十七条采代表权说，在继承人丧失继承权的情况下，其直系晚辈血亲不得代位继承。

5. 代位继承人无论人数多少，被代位人无论是否全部死亡，原则上代位继承人只能继承被代位人有权继承的份额。这是因为代位继承人是代替被代位人的地位而继承遗产的，其只能取得被代位人应有的份额。

6. 代位继承只适用于法定继承，在遗嘱继承中不发生代位继承，在遗赠中也不发生代位受遗赠。也就是说，如果遗嘱人通过遗嘱指定了子女以外的人作为继承人，该继承人先于遗嘱人死亡的，在遗嘱人死亡后，该继承人的直系晚辈血亲不能通过代位继承继承遗产。这是因为遗嘱中指定的继承人或受遗赠人先于立遗嘱人死亡，将会导致遗嘱失效。当被继承人死亡时，只能按法定继承处理，不能根据遗嘱代位继承。

值得注意的是，被继承人的子女的代位继承人与被继承人的兄弟姐妹的代位继承人的亲等限制有所不同。被继承人子女的代位继承人为其直系晚辈血亲，不受辈分的限制，但是在代位继承时以辈分大者优先。被继承人的兄弟姐妹的代位继承人仅限于其子女，这主要是由于兄弟姐妹属于旁系血亲，如果将旁系血亲的代位继承人的范围规定得过于宽泛，就会使与被继承人没有太多血缘以及情感联系的人取得遗产。因此，要对旁系血亲的代位继承人进行一定程度的限制。

二、本案适用情况

本案中被继承人李某没有第一顺位继承人，第二顺位继承人也先于被继承人死亡，其也没有子女，亦不具有子女的直系晚辈血亲进行代位继承。若依照原继承法的规定，本案中不存在有继承资格的继承人，李某的财产应收归国家所有。然依据《民法典》继承编新修改的代位继承相关规定，被继承人李某一生未婚，未生育子女，而其养父母、生父母、兄长均先于其去世，童甲是被继承人李某的侄子，且满足代位继承条件，享有代位继承权。本案中被继承人李某虽然是在《民法典》实施前去世的，但根据《最高人民法院关于适用〈中华人民共和国民法典〉时间效力的若干规定》第三条、第十四条，当时遗产未处理，其兄弟姐妹的子女请求代位继承的，可以适用《民法典》第一千一百二十八条第二款和第三款的规定。故法院最终判决童甲继承李某的全部财产。

本案通过适用《民法典》代位继承制度的新规定，判决被继承人的侄子童甲继承李某的全部财产，解决被继承人财产无人继承的问题，让具有亲密血缘关系或情感联系的亲属继承，增加了公民合法财产在家族中延续的可能，既符合中华民族的伦理传统又符合善良风俗的要求，同时也加大了对私产的保护。

三、侄甥纳入代位继承人范围的积极意义

为了更好地延续、分配逝者的遗产，《民法典》在编纂过程中考虑到我国独生子女家庭较多的现状，将被继承人的侄甥也纳入代位继承人的范围。一方面能够很好地解决遗产无人继承的窘境，增加公民合法财产在家族中延续的可能，体现中国传统的家族传承理念；另一方面，也体现出国家不与民争利的基本原则。自罗马法以来，西方国家民法理论中对私人财产权的保护，在法律层面对继承人范围的规定一直都是相当宽泛的。例如，在早期的民法中，自家人、近宗亲属或同一亲等的近亲属、族人等都属于继承人的范围。特别是近代以来，为了最大限度地保护私有财产，使被继承人的财产不致因死亡而分散、外流，确保私有财产的存续和发展，在法律上将法定继承人的范围规定得相当宽泛。我国民法典新增兄弟姐妹子女代位继承的规定，不仅符合中国的传统理念和善良风俗，也与国际立法趋势相契合，具有合理性和必要性。

《民法典》扩大代位继承人范围有利于鼓励被继承人得到近亲属的积极赡养，以前的《继承法》将法定继承人的范围规定得过窄，许多没有直系亲属的老人，虽然有其他近亲属，但这些近亲属（例如侄甥）不属于法定继承人的范围，在法律上也没有赡养被继承人的法定义务，又不能依法继承被继承人的遗产，可能会导致被继承人落入老无所养的境况。当前，把侄甥纳入代位继承人的范围，在一定程度上将鼓励侄甥等近亲属积极赡养无直系亲属的被继承人，同时保障私有财产在血缘家族内部流转，促进亲属关系的发展，加强亲属之间的交流与沟通，引导人们重视亲情，鼓励亲属间相互扶助、养老育幼、共同守望，既符合我国历史传统和民族习惯，也有利于彰显中华民族的尊老爱幼优良传统与传统善良风俗，积极弘扬社会主义核心价值观，促进社会和谐稳定发展。

编写人：湖北省高级人民法院　宋森军

湖北省武汉市青山区人民法院　胡阳

147　农村小产权房使用权可作为遗产继承

——张女诉张男继承案

【案件基本信息】

1. 裁判书字号

山东省德州市中级人民法院（2021）鲁14民申168号民事裁定书

2. 案由：继承纠纷

3. 当事人

原告（上诉人、再审申请人）：张女

被告（被上诉人、被申请人）：张男

【基本案情】

张男与张女系同父异母兄妹，其父亲张某于1987年去世，生前为东北某林场员工，张男于1976年接替张某在林场的工作，户口随之迁出山东张村。2010年，张男退休后回到山东。张女的生母王某一直居住在张村，直至2009年张村拆迁完毕，王某搬入张村社区102室（案涉房产，为农村拆迁改造的小产权房）中居住，102室燃气卡、水电费单据的用户名均为王某。王某于2019年去世，其生前录有录音遗嘱，指定102室由张女继承。张女以102室系父母遗产为由向法院起诉请求分割，主张其应继承份额为15万元。张男辩称，旧房是张男个人所建，拆旧房换来的102室与王某没有任何关系。

【案件焦点】

张女能否继承与案涉小产权房相关的权益。

【法院裁判要旨】

山东省齐河县人民法院经审理认为：张女除提供案涉房产的燃气卡、水电费单据外无其他证据，诉讼中又变更了起诉状中的案涉房产楼号，案涉房产是否为遗产不明确，无法认定案涉房产102室系遗产，张女主张分割，亦无依据。依照《中华人民共和国民事诉讼法》第三十九条第二款、第六十四条、第一百三十四条第一款、第一百五十二条规定，判决：

驳回张女的诉讼请求。

张女不服一审判决，提出上诉。

山东省德州市中级人民法院经审理认为：案涉房产尚未取得所有权证书，无法根据不动产登记情况对涉案楼房的性质作出认定。张女亦无法证明旧房由其父母生前出资建设，主张系父母去世后的遗产无事实及法律依据。依照《中华人民共和国民事诉讼法》第一百七十条第一款第一项规定，判决：

驳回上诉，维持原判。

张女不服二审判决，申请再审。

山东省德州市中级人民法院经审查认为：被继承人王某生前系张村村民，并始终在张村居住，因旧房被拆迁而搬入案涉房产，其生前对案涉房产享有使用权和收益权。案涉房产为农村拆迁改造的小产权房，小产权房不具有不动产登记权证，其所有权在法律上无法进行确认，也无法进行分割继承，但，小产权房的使用权及收益权属于公民合法遗产范围，可以继承。本案中，因张女的诉讼请求并不明确，且一审、二审均是围绕案涉房产所有权进行审查，故一审、二审处理并无不当。但张女可基于本院再审审查的论述，另行起诉主张权利，必要时可申请司法鉴定，对小产权房的使用价值进行鉴定后作价分割。若本案房产未来可确权，张女可待案涉房产所有权人确定后再主张权利。原审法院裁判并无不当，张女的再审申请不属于《中华人民共和国民事诉讼法》第二百条规定的再审事由。依照《中华人民共和国民事诉讼法》第二百零四条第一款、《最高人民法院关于适用〈中华人民共和国民事诉讼法〉的解释》第三百九十五条第二款规定，裁定：

驳回张女的再审申请。

【法官后语】

农村宅基地制度改革是全面推进乡村振兴的一项重要内容，事关农村社会稳定和发展大局。虽然农村小产权房并非法律意义上可以确权登记的不动产，亦因其特殊性而被限制转让和交易，但其使用、居住的权益是现实存在的，使用权也是财产权，也会因权利人死亡、离婚而产生继承、分割等问题，在司法实践中围绕农村小产权房的纷争时有发生。

一、小产权房的性质

小产权房一般是指在农村集体土地上建设的房屋，其建设未办理相关证件，亦未缴纳土地出让金等费用，依法不得确权发证。“小产权房”的形成有两种情况：一是在集体建设用地上建成，即“宅基地”上建成的房屋，只属于该农村的集体所有者，不具有非法性，但是本集体经济组织以外的人不能购买；二是在集体企业用地或者占用耕地违法建设的房屋，具有非法性。所谓的小产权房产权证不是由国家房管部门颁发，而是由乡镇政府颁发，亦称“乡产权房”，不构成法律意义上的房屋产权。“小产权房”不是法律概念，而是人们在社会实践中形成的一种约定俗成的称谓。但是小产权房本身属于法律意义上的物，能够被占有、使用、收益，因此会成为相关民事法律关系的标的，成为法律的调整对象，同样也能因使用权人死亡事实发生，进入继承法律关系的范畴。

二、不具有违法性的小产权房使用权可作为自然人的遗产

《中华人民共和国民法典》第一千一百二十二条规定：“遗产是自然人死亡时遗留的个人合法财产。依照法律规定或者根据其性质不得继承的遗产，不得继承。”该条以概括辅以排除的方式明确了自然人死亡时遗留的财产范围，意在强调除法律规定或者根据财产性质不得继承的外，自然人死亡时遗留的个人合法财产均为遗产，这一立法模式给法院在审判实践中的认定留有较大空间。为充分保护继承人的继承权益，应对遗产的“类型、范围”作出合理界定，即能否作为遗产的关键是自然人死亡时遗留的个人财产是否合法，是否属于法律规定或者根据其性质不得继承的财产。

司法实践普遍认为，农村小产权房的所有权无法确认，亦无法进行份额的分割继承，所以小产权房的产权归属问题不属于人民法

院民事案件受理范围，但是被继承人生前对其小产权房是能够占有、使用和收益的，该种权利是被继承人生前的合法权利，也是体现财产利益的财产权，应属于权利人的遗产范围，可以继承，也可以成为遗赠的标的。鉴于农村小产权房的使用权可以继承，可对其使用权及在一定程度上的收益进行分割，必要时可申请鉴定并作价分割，但要充分考虑农村小产权房的流转限制等因素对其使用价值的影响。

三、审理小产权房使用权纠纷案件应注意的问题

由于小产权房产权归属的复杂性、权利主体的限定性和处理依据的政策性，人民法院审理相关案件时应在准确把握司法权和行政权界限的前提下，强调对当事人财产权、继承权的保护。本案当事人在一、二审中的争议焦点集中于涉案房产在安置前后的所有关系，在涉案房产不能取得产权登记的情况下，其诉求难以获得支持。再审审查在认为本案不存在申请再审的法定事由的同时，论述了小产权房使用权可列入遗产范围的合理性并向当事人释明了另行主张权利的路径。对相关纠纷的处理，有的地方法院出台了相关指引，如《北京市高级人民法院民一庭关于审理婚姻纠纷案件若干疑难问题的参考意见》第三十五条【小产权房分割】分三款对涉及小产权房所有权归属、使用权归属及分割、裁判说理进行了规定。[①] 本案从我国经济社会发展实际出发，围绕因农村宅基地而产生的小产权房的继

---

① 《北京市高级人民法院民一庭关于审理婚姻纠纷案件若干疑难问题的参考意见》第三十五条【小产权房分割】：对于已被有权机关认定为违法建筑的小产权房，不予处理；但违法建筑已经行政程序合法化的，可以对其所有权归属做出处理。对于虽未经行政准建，但长期存在且未受到行政处罚的房屋，可以对其使用做出处理。在处理使用时，人民法院应向当事人释明变更相关诉讼请求。在处理相关房屋的使用归属时，能分割的进行分割，不能分割的可采用协商、竞价、询价等方式进行给予适当补偿。在涉小产权房分割案件中，应在判决论理部分中明确使用处理的判决内容不代表对小产权房合法性的认定，不能以此对抗行政处罚、不能作为产权归属证明或拆迁依据等。

承问题，对当事人的权利内容、权利构成以及诉求途径辨法析理，与农村发展及我国社会实际紧密相连，对于以“充分利用农村资产、增加农民财产权益”为目的的农村产权制度改革，具有积极的意义。

编写人：山东省德州市中级人民法院　张小雪　尚敏

148　继子女是否享有继承权的认定

——王某平、王某祥诉王某等法定继承案

【案件基本信息】

1. 裁判书字号

湖北省宜昌市中级人民法院（2019）鄂05民终1537号民事判决书

2. 案由：法定继承纠纷

3. 当事人

原告（被上诉人）：王某平、王某祥

被告（上诉人）：王某

被告：郭某、陈某伦

【基本案情】

王某驹与周某秀生前共生育王某平、王某祥、王某勤三子。2016年7月24日王某驹病故，2019年3月9日周某秀病故。王某勤与其前妻谭某玲生育一女王某，王某勤与谭某玲离婚后，于2005年8月16日与郭某登记结婚，郭某与前夫于1994年8月4日生育一子陈某伦，陈某伦在其母郭某与王某勤结婚后一直随其二人共同生活，由其母郭某与继父王某勤共同抚养至成年。2016年8月25日王某勤病故。

王某驹与周某秀于1998年共同购买了位于秭归县茅坪镇××大道××号的房屋一套（以下简称案涉房屋）及储藏间一间（面积约10平方米，无产权证件）。截至2019年3月18日，周某秀的银行存款余额为2171.87元。

周某秀的父母先于周某秀死亡，王某驹的父母也先于王某驹死亡。王某平生于1962年2月21日。

周某秀于2019年1月17日以王某、郭某、陈某伦为被告向法院提起本案法定继承诉讼，诉讼过程中，一审法院依法追加王某平、王某祥为本案原告参加诉讼。周某秀及王某平、王某祥认为，案涉房屋系周某秀与王某驹生前的共有财产，王某驹死亡后，该房屋的一半属于王某驹的遗产，应由周某秀及王某平、王某祥及王某勤继承，遗产分割前王某勤死亡，王某勤应继承的遗产份额转由周某秀和王某、郭某、陈某伦继承。2019年3月9日，周某秀病故。王某平、王某祥继续参加诉讼，将诉讼请求变更为请求判令王某平、王某祥与王某、郭某、陈某伦共同继承周某秀和王某驹的遗产，案涉房屋由王某平、王某祥所有，王某、郭某、陈某伦应继承的份额由王某平、王某祥折价补偿。双方同意对王某驹与周某秀共同购买的房屋及储藏间作价55万元与周某秀的存款2171.87元在本案中一并处理。

【案件焦点】

如何认定继子女具有继承权和代位继承权。

【法院裁判要旨】

湖北省秭归县人民法院法院经审理认为：诉讼过程中周某秀死亡，按照法律规定本案应继续进行审理。虽然周某秀无法提供结婚证、登记证明证实王某驹与周某秀已登记结婚以及登记结婚的准确时间，但其二人的长子王某平生于1962年2月21日，按照推理二人共同生活了54年之久，双方已形成事实婚姻关系。案涉房屋、储藏间应属于王某驹与周某秀的夫妻共同财产。案涉房屋及储藏间购买于1998年，王某驹于2016年7月24日死亡。王某驹死亡后，其遗产（房屋及储藏间的一半份额）应由第一顺序继承人即周某秀、王某平、王某祥及王某勤平均继承，即各自应继承案涉房屋及储藏间的1/8份额，王某勤在继承开始后遗产分割前死亡，其应继承的遗产份额转由其法定继承人即周某秀、郭某、王某、陈某伦平均继承，即每人继承案涉房屋及储藏间1/32的份额。周某秀在诉讼过程中死亡，其遗产以及其死亡前应继承的遗产份额应由其法定继承人即王某平、王某祥和王某勤继承，因王某勤先于被继承人周某秀死亡，其应继承的遗产份额应由其晚辈直系血亲代位继承。《中华人民共和国婚姻法》第二十七条第二款规定，继父或继母和受其抚养教育的继子女间的权利和义务，适用本法对父母子女关系的有关规定。《中华人民共和国继承法》第十条第三款规定，本法所说的子女，包括婚生子女、非婚生子女、养子女和有扶养关系的继子女。陈某伦跟随王某勤和郭某共同生活时尚未成年，与王某勤形成了扶养关系，根据上述法律规定，陈某伦对王某勤应继承的遗产份额享有转继承和代位继承的权利。综上，对案涉房屋及储藏间，王某平、王某祥各应继承22/64的份额，王某、陈某伦各应继承9/64的份额，郭某应继承2/64的份额；案涉银行存款2171.87元为周某秀的遗产，应由王某平、王某祥继承和陈某伦、王某代位继承，其中王某平、王某祥应各继承 1/3 的份额，陈某伦、王某各应继承 1/6 的份额。遗产分割应当有利于生产生活，不损害遗产的效用，不宜分割的遗产，可以采取折价、适当补偿或共有等方法处理。案涉房屋及储藏间不宜进行分割，同时双方因本案遗产诉争已心生隔阂，如果只确定各自享有的份额而共同共有，既不利于生活，也给今后财产的最终处理留下隐患，因此对王某平、王某祥要求分得案涉房屋及储藏间，并按郭某、王某、陈某伦应继承的份额支付其相应对价的请求，予以支持。

湖北省秭归县人民法院判决：

一、案涉房屋和储藏间由王某平、王某祥享有所有权和使用权，王某平、王某祥于本判决生效后三日内共同折价补偿王某 77343. 75 元，补偿陈某伦 77343. 75 元，补偿郭某 17187. 50 元。王某、陈某伦、郭某在收到王某平、王某祥上述款项后三日内协助王某平、王某祥办理上述房屋的产权变更登记手续。

二、周某秀的银行存款 2171. 87 元，由王某平、王某祥各继承 723. 96 元，由王某、陈某伦各继承 361. 98 元。

王某不服一审判决，提起上诉。湖北省宜昌市中级人民法院认为：双方当事人的主要争议焦点，一是遗产范围的问题；二是陈某伦是否享有继承权以及能否代位继承的问题。1. 遗产是公民死亡时遗留的个人合法财产。王某主张周某秀死亡前后有大额存款，王某平、王某祥有隐匿和侵吞存款行为，并无证据证明，不予采信。2. 关于陈某伦是否享有继承权以及能否代位继承的问题。郭某与王某勤再婚时，陈某伦尚未成年，其跟随生母郭某与继父王某勤共同生活直至王某勤去世。在没有证据证明郭某与王某勤约定夫妻财产分别制的情况下，郭某与王某勤婚姻关系存续期间的各自收入应当认定为夫妻共同财产，而且共同生活期间，王某勤承担了陈某伦的部分学习教育和生活费用开支，足以认定陈某伦是与王某勤形成扶养关系的继子，则陈某伦应是王某勤的法定继承人。《中华人民共和国继承法》第十一条规定："被继承人的子女先于被继承人死亡的，由被继承人的子女的晚辈直系血亲代位继承。代位继承人一般只能继承他的父亲或者母亲有权继承的遗产份额。"根据上述法律规定，被继承人的子女的晚辈直系血亲享有代位继承权，晚辈直系血亲应包括自然血亲和拟制血亲。《最高人民法院关于贯彻执行〈中华人民共和国继承法〉若干问题的意见》第二十六条为了界定容易发生争议的涉及拟制血亲的继承人中如何认定代位继承的问题，列举了四种情形，但并非所有法定情形，亦不表示其他涉及拟制血亲的情形不符合代位继承的规定。根据继承法关于代位继承的规定，陈某伦是与王某勤形成扶养关系的继子，属于王某勤的晚辈直系血亲，即其是被继承人周某秀的亲生子王某勤的具有扶养关系的继子，因此陈某伦应当享有代位继承权。这也符合继承法关于代位继承的立法本意。一审法院据此认定陈某伦依法继承本案所涉遗产具有法律依据，并无不当。一审法院认定各法定继承人各自享有的遗产份额，比例计算正确无误，王某主张陈某伦不享有继承权、一审分割遗产计算比例有误的理由不能成立，不予采信。

二审法院判决：

驳回上诉，维持原判。

【法官后语】

关于继子女是否享有法定继承权，《中华人民共和国继承法》（以下简称《继承法》）和自2021年1月1日起施行的《中华人民共和国民法典》（以下简称《民法典》）都规定，第一顺序继承人为配偶、子女、父母。同时，《民法典》第一千一百二十七条第三款沿袭《继承法》第十条第三款规定："本法所说的子女，包括婚生子女、非婚生子女、养子女和有扶养关系的继子女。"由此可知，有扶养关系的继子女属于第一顺序继承人中子女的范围，即有扶养关系的继子女享有法定继承权。据此，继子女享有法定继承权的前提条件是继父母与继子女之间形成扶养关系。我国婚姻法及继承法规定的"扶养关系"中的"扶养"应从广义上理解，其涵盖了继父母对继子女的抚养教育、继子女对继父母的赡养、继兄弟姐妹间的扶养等形态。笔者在此结合本案例主要探讨继父母对继子女的抚养教育这一层面。关于如何界定继父母与继子女之间是否形成扶养关系，目前我国相关法律并没有具体明确的规定。《民法典》第一千零七十二条沿袭《婚姻法》第二十七条第二款，仅对继父母与继子女间的权利义务关系作出原则规定："继父或继母和受其抚养教育的继子女间的权利和义务，适用本法对父母子女关系的有关规定。"基于此规定，有观点认为，继子女受继父母经济上的供养，即继父母负担继子女全部或部分生活费和教育费，同时继父母和继子女共同生活，对继子女形成了教育和生活上的照料，才能认定继父母和继子女之间形成扶养关系。也有观点认为，形成扶养关系要符合四个条件：1. 形成抚养关系的继子女在其生父与继母或生母与继父再婚时尚未成年；2. 形成抚养关系的继父或继母的配偶应享有直接的抚养权；3. 形成抚养关系的继父或继母与继子女应共同生活；4. 抚养事实达到一定年限，有的认为至少要达到 2 年，也有的认为要超过 3 年。笔者认为，上述两种观点均说明了继父母和继子女形成扶养关系的认定重点是未成年继子女与继父母共同生活，且继父母对继子女有教育、生活上的照料及支付教育、生活费等抚养事实。第二种观点对抚养事实年限提出要求，量化认定标准，更有利于在司法实践中结合具体案情具体把握。

本案中，一审法院和二审法院从三个方面重点论述了王某勤与陈某伦之间形成扶养关系的事实：1. 陈某伦在郭某与王某勤结婚时未成年；2. 陈某伦在郭某与王某勤婚后随二人共同生活至成年，共同生活年限较长；3. 共同生活期间，王某勤承担了陈某伦的部分学习教育和生活费用开支。这三个方面的论述也符合前述两种观点。一审法院和二审法院综合考量后认定二者之间形成了扶养关系，在陈某伦不存在丧失继承权情形的前提下，认定陈某伦对王某勤的遗产享有法定继承权具有事实和法律依据。

本案还涉及继子女是否享有代位继承权的问题，根据《继承法》第十一条规定："被继承人的子女先于被继承人死亡的，由被继承人的子女的晚辈直系血亲代位继承。""代位继承人一般只能继承他的父亲或者母亲有权继承的遗产份额。"《民法典》第一千一百二十八条第一款和第三款规定："被继承人的子女先于被继承人死亡的，由被继承人的子女的直系晚辈血亲代位继承。代位继承人一般只能继承被代位继承人有权继承的遗产份额。"在已认定陈某伦是与王某勤形成扶养关系的继子的前提下，他们之间就是一种法律上的拟制血亲关系，视同自然血亲的父母子女间的法律关系，从而可认定陈某伦是被继承人周某秀的亲生子王某勤的直系晚辈血亲，则陈某伦对被代位继承人王某勤有权继承的遗产份额当然享有代位继承权。

此外，《最高人民法院关于适用〈中华人民共和国民法典〉继承编的解释（一）》第十四条、第十五条沿袭了《最高人民法院关于贯彻执行〈中华人民共和国继承法〉若干问题的意见》第二十五条、第二十六条的规定，第十四条规定："被继承人的孙子女、外孙子女、曾孙子女、外曾孙子女都可以代位继承，代位继承人不受辈数的限制。”第十五条规定：“被继承人的养子女、已形成扶养关系的继子女的生子女可以代位继承；被继承人亲生子女的养子女可以代位继承；被继承人养子女的养子女可以代位继承；与被继承人形成扶养关系的继子女的养子女也可以代位继承。”这两条对代位继承中直系晚辈血亲范围的规定，体现了婚生子女、养子女和有扶养关系的继子女在代位继承中享有同等的法律地位，但本案属于被继承人亲生子女的有扶养关系的继子女的情形，不在第十五条规定的几种情形之列。是严格依照司法解释列举情形进行认定，还是根据法律规定和法理进行认定，笔者认为应选择后者，因此，一审法院和二审法院从立法本意出发作出判决，是公允的。

现实生活中，人们日益追求婚姻的高质量，离婚率居高不下，再婚离婚率较高。再婚关系的不稳定导致继父母与继子女间的关系不稳定，为了有效保护未成年子女的被抚养权、受教育权以及继父母年老丧失劳动能力后的被赡养权，有必要规范继父母与继子女形成扶养关系的认定。建议最高人民法院从司法实务层面，以司法解释的形式对此从两个方面予以明确。一是主观上有形成扶养关系的意愿，可要求再婚男女在登记结婚时，明确对配偶子女的抚养意愿。这又表现为两种情形，若有收养意愿，按收养法的规定办理收养登记；若无收养意愿，或不具有收养条件的，可形成抚养关系。二是客观上必须对未成年子女进行了抚养，可规定继父母与继子女共同生活，给予生活、教育等方面的照料和费用，且达到一定年限，从法律或司法实务层面体现权利义务对等。这样既有利于未成年人健康成长，又有利于老年人安度晚年，还有利于继承权确认。

编写人：湖北省秭归县人民法院　潘媛媛　杜云宏

149 承包人死亡后征地取得的土地补偿费不属于遗产

——徐某芝、刘某翠诉刘某军、刘某琼法定继承案

【案件基本信息】

1. 裁判书字号

重庆市第一中级人民法院（2019）渝01民终961号民事判决书

2. 案由：法定继承纠纷

3. 当事人

原告（被上诉人）：徐某芝、刘某翠

被告（上诉人）：刘某军、刘某琼

【基本案情】

徐某芝与刘某荣共生育三个子女，分别为刘某军、刘某琼和刘某翠。刘某荣于1996年去世。徐某芝、刘某荣与刘某军在家庭承包地被征收前属同户籍。2017年，刘某军所属户籍的承包地被两江新区征收。村委会出具的证明载明“刘某荣应得土地费41143.9元”，该款项被刘某军领取。后，徐某芝、刘某翠、刘某军、刘某琼四人因土地征收补偿费用继承问题产生纠纷。

【案件焦点】

以家庭承包方式承包土地的承包方即农户的某一成员死亡后，因土地被征收所取得的土地补偿费是否属于死者的遗产。

【法院裁判要旨】

重庆市渝北区人民法院经审理认为：刘某荣去世后未留有遗嘱，亦未曾有遗赠扶养协议，故其遗产应按照法定继承处理。刘某荣获

得的土地补偿费 41143.9 元应作为遗产由法定继承人继承。徐某芝、刘某翠、刘某军、刘某琼均是法定第一顺位继承人，依法有权继承刘某荣的遗产，即平均继承该遗产，每人继承 10285 元。现土地补偿费由刘某军领取，故应由刘某军将款项支付给徐某芝、刘某翠。遂判决：

一、刘某军于本判决生效后五日内支付徐某芝、刘某翠各自 10285 元；

二、驳回徐某芝、刘某翠的其他诉讼请求。

刘某军、刘某琼不服一审判决，提起上诉。重庆市第一中级人民法院经审理认为：根据《中华人民共和国农村土地承包法》第十六条第一款规定，“家庭承包的承包方是本集体经济组织的农户”，而不是农户成员。在土地承包期内，承包户中某个或者部分成员死亡的情况下，土地承包经营权并不消灭，承包地仍由其他家庭成员继续承包经营，不发生继承问题；当家庭成员全部死亡时，土地承包经营权消灭，由发包方收回承包地。征地补偿款以家庭为单位发放，以家庭承包的土地面积确定补偿款，家庭内部分配问题，由家庭内部自行解决。对已死亡或丧失农户成员资格的人，自然无法获得补偿，只有现有农户成员才能获得。同时，土地征收补偿款的主要目的是对失地农民预期损失的补偿，是对农民将来生产、生活的保障，已经去世的家庭成员，不能成为享受补偿的权利主体，土地征收补偿款不属于承包收益。本案中，徐某芝、刘某荣、刘某军等五人在土地被征收前属于同户籍，刘某荣于 1996 年死亡，依照法律规定，从死亡之日起即丧失集体经济组织成员资格，但作为承包方的农户的其他成员还存在，因此土地承包经营权不消灭，由该户中的其他家庭成员根据承包合同继续承包。而刘某荣在征地发生前已经死亡，其不属于享受补偿的权利主体，故征地补偿款不属于刘某荣死亡时存在的承包收益，也不属于死亡时遗留的个人合法财产，不能依照《中华人民共和国继承法》作为遗产继承，该款项应由同户籍家庭成员共同享有。遂判决：

一、撤销重庆市渝北区人民法院（2018）渝 0112 民初 23471 号民事判决；

二、驳回徐某芝、刘某翠的诉讼请求。

【法官后语】

妥善审理与土地征收补偿相关的案件，不仅有利于社会公共利益的有效实现，也有利于农村集体经济组织和农村村民土地权益的保护，保障国家建设的顺利进行。本案所涉问题的实质为，土地补偿费的性质和遗产范围的认定。生效判决认为，以家庭承包方式承包土地的承包方即农户的某一成员死亡后，因土地被征收所取得的土地补偿费不属于死者的遗产，具体理由如下：

1. 农户成员死亡不发生土地承包经营权的继承。尽管学界对土地承包经营权能否继承的争论从未停息，但从目前的司法实践来看，否定土地承包经营权可继承性的观点为通说。《中华人民共和国农村土地承包法》第十六条第一款规定，家庭承包的承包方是本集体经济组织的农户。一方面，家庭承包方式下，土地承包经营权系以农户为基本单位进行承包，而不是以农户成员个人为单位进行承包。土地承包经营权具有福利性和社会保障功能，是农民赖以生存的基础。另一方面，土地承包经营权具有身份属性，非本集体经济组织成员不能取得土地承包经营权。《中华人民共和国继承法》关于继承人范围及继承顺序的规定，并无身份属性的限制，若允许继承土地承包经营权，必然导致土地承包经营权流向非本集体经济组织成员乃至城镇居民。为此，《中华人民共和国继承法》和《中华人民共和国农村土地承包法》一直没有规定家庭承包方式的土地承包经营权的继承，而仅规定了承包收益的继承。《中华人民共和国民法典》没有对此问题予以回应，但根据《最高人民法院关于适用〈中华人民共和国民法典〉继承编的解释（一）》第二条规定，承包人死亡时尚未取得承包收益的，可继承财产则为死者生前对承包所投入的资金和所付出的劳动及其增值和孳息所对应的折价或补偿。因此，在土地承包期内，承包户中的某个或者部分成员死亡的，土地承包经营权并不消灭，承包地仍由剩余的家庭成员组成的户继续承包经营；农户的所有成员全部死亡的，土地承包经营权消灭，由发包方收回承包地。

2. 土地补偿费是对农户丧失土地承包经营权的补偿。《中华人民共和国土地管理法》第四十八条第二款规定，征收土地应当依法及时足额支付土地补偿费、安置补助费以及农村村民住宅、其他地上附着物和青苗等的补偿费用，并安排被征地农民的社会保障费用。土地是农民基本的生活保障，土地补偿费就是补偿因征收土地而对被征地农民生产生活所造成的影响。按照《重庆市土地管理规定》第四十一条第三款规定，土地补偿费和安置补助费应专项用于发展生产、安置人员。根据《重庆市土地管理规定》第三十九条第二款规定，征用土地的土地补偿费为该耕地被征用前3年平均年产值的6倍至10倍，征用土地的安置补助费按照需要安置的农业人口数计算。可见，安置补助费是对人的补助，而土地补偿费是对土地承包经营权的补偿。另外，土地补偿费的主要补偿对象为被征地农户或其他依法享有土地承包经营权的成员。根据重庆市的相关规定，已确权确地到户的土地被部分征收或征用的，其土地补偿费以不低于80%的比例支付给被征地农户；未确权确地到户的土地被征收征用后，其土地补偿费和安置补助费以不低于80%的比例平均支付给征地补偿安置方案确定时，本集体经济组织依法享有土地承包经营权的成员。

3. 征地补偿安置方案确定时间是认定土地补偿费是否属于遗产的关键。《最高人民法院关于审理涉及农村土地承包纠纷案件适用法律问题的解释》第二十二条规定："农村集体经济组织或者村民委员会、村民小组，可以依照法律规定的民主议定程序，决定在本集体经济组织内部分配已经收到的土地补偿费。征地补偿安置方案确定时已经具有本集体经济组织成员资格的人，请求支付相应份额的，应予支持……"征地补偿安置方案确定时间是确定被安置人员数量、补偿标准的重要依据，只有在征地补偿安置方案确定时具有本集体经济组织成员资格的人，才有获得土地补偿费的资格。因此，应当以征地补偿安置方案确定时间和农民丧失成员资格时间的先后认定土地补偿费是否属于遗产。具体来说，一是征地补偿安置方案确定之前死亡的村民没有获得土地补偿费的资格，即使是其生前的土地承包经营权对应的土地补偿费也不属于其遗产；二是征地补偿安置方案确定之后死亡的村民可以获得土地补偿费，在其死亡后才发放该部分土地补偿费的，应当纳入遗产范围，由继承人依法继承。

本案中，当地村委会出具的证明载明"刘某荣应得土地费41143.9元"，结合刘某荣1996年去世及土地征用时间为2017年的事实，可以认定村委会证明的内容应是原刘某荣户承包土地所对应的土地补偿费为41143.9元。由于土地承包经营权不存在继承问题，且本案属于已确权确地到户的土地被征收的情形，案涉土地补偿费41143.9元依法属于征地补偿安置方案确定时的被征地农户所有，也就是属于在征地补偿安置方案确定时刘某荣户中尚生存的户内成员所有。

编写人：重庆市第一中级人民法院　郝晶晶　杨红平

150　遗产分割协议与遗嘱冲突时的效力认定

——王甲等诉王丙法定继承案

【案件基本信息】

1. 裁判书字号

北京市第二中级人民法院（2019）京02民终9815号民事判决书

2. 案由：法定继承纠纷

3. 当事人

原告（被上诉人、再审被申请人）：王甲、王乙、郑某

被告（上诉人、再审申请人）：王丙

【基本案情】

被继承人王戊与张某育有三名子女，即王乙、王丙、王丁。王戊于2009年3月11日死亡，张某于2016年1月5日因交通事故死亡。王丁与郑某系夫妻，育有一子王甲。王丁于2016年9月13日死亡，生前无遗嘱。

王戊、张某生前共有A号与B号房屋两套。2003年12月8日，王戊与张某在北京市公证处订立公证遗嘱，将A号房屋中属于其二人的份额留给王丙继承。王戊去世后，张某向王丙出示上述遗嘱。2014年8月15日起，王丙将A号房屋对外出租，收取租金208000元。B号房屋由王丙居住。2016年2月1日，王丁、王乙、王丙三人签订《协议书》一份，内容为：父母遗产，三人均分。

王甲、王乙、郑某认为王丁、王乙、王丙已经达成协议约定父母遗产三人均分，故涉案两套房屋及相应的房屋租金均应由三人均分，且因王丙未尽赡养义务，其不应分得遗产，故要求涉案两套房屋由王甲、王乙、郑某继承。对于王丁应继承王戊和张某的遗产，王甲同意放弃继承，由郑某继承。王丙称协议书确实是其本人所签，但该协议是清点父母生前生活用品时由王丁出具，约定的范围是母亲交通事故的赔偿款及父母的生活用品，不包括两套房产，该协议在约定上以及财产处分权上有重大瑕疵，属于约定不明的协议，不应该被认定为有效，故要求按照公证遗嘱由其继承A号房屋，且因其尽赡养义务多，故对B号房屋的继承应多分份额。

【案件焦点】

继承人之间签署的遗产分割协议与被继承人订立的遗嘱内容发生冲突时，应如何继承遗产。

【法院裁判要旨】

北京市西城区人民法院经审理认为：对于涉案两套房屋的继承，王丁、王乙、王丙于2016年2月1日签订《协议书》，明确约定父母遗产三人均分，该协议书系各方当事人的真实意思表示，内容不违反法律、法规的强制性规定，当属合法有效，对王丁、王乙、王丙均具有约束力，王丁、王乙、王丙均应按约履行。庭审中，王甲、郑某、王乙均明确表示认可该协议书，并同意按照该协议书分割遗产，本院对此不持异议。王丙虽辩称其与王丁、王乙签订的协议书所涉及的财产范围系母亲的死亡赔偿金及父母的生活用品，但未向本院提交证据予以证明，对该项抗辩意见不予采信。对于王丙辩称的王戊与张某已经立有公证遗嘱将A号房屋留给其继承，故A号房屋应由其继承的意见，经庭审查明，王丙自认在王戊去世后其已经得知遗嘱，在其已经得知公证遗嘱的情况下仍签订协议书，系对其权利的自行处分，王丙应按照协议书内容履行，故对王丙的上述意见，无法支持。综上，本院对于涉案两套房屋的分割，按照王丁、王乙、王丙达成的协议，由三人平均继承。

对于房屋租金，A号房屋已由王丙对外出租，该部分租金应依法予以均等分割。B号房屋并未出租，郑某、王乙、王甲亦未向王丙表示过入住该房屋，王丙并未侵犯三原告对该房屋的权利，对三原告要求王丙支付B号房屋租金的意见，不予支持。

北京市西城区人民法院依照《中华人民共和国继承法》第二条、第五条、第十条、第十三条、第十五条，《中华人民共和国民法总则》第一百三十六条、第一百四十三条，《最高人民法院关于适用〈中华人民共和国民事诉讼法〉的解释》第九十条规定，判决如下：

一、A号房屋由郑某、王乙、王丙共同继承，每人各继承1/3份额；

二、B号房屋由郑某、王乙、王丙共同继承，每人各继承1/3份额；

三、A号房屋自2014年8月15日至2018年12月15日租金

208000 元，自本判决生效后 15 日内由王丙支付郑某 69333 元、王乙 69333 元；

四、驳回王甲、郑某、王丙的其他诉讼请求。

王丙不服一审判决，提起上诉。北京市第二中级人民法院经审理认为：王丙在已经知晓公证遗嘱内容的前提下，仍然与其他二位继承人王丁、王乙签署协议，且王丙并未举证证明该协议存在无效或应被撤销之情形，该协议应认定为王丁、王乙、王丙的真实意思表示，故对于被继承人王戊与张某所留之遗产，应按照协议内容进行继承分割。综上，判决如下：驳回上诉，维持原判。

王丙不服二审判决，以协议书约定不明、各方在签订协议书时未取得遗产处分权故协议书存在重大瑕疵为由，向北京市高级人民法院申请再审。北京市高级人民法院经审查认为：虽公证遗嘱内容显示房屋由王丙继承，但王丙在已经知晓遗嘱内容的前提下，仍然与其他二位继承人签署协议约定遗产均分，且王丙未举证证明该协议存在无效或应撤销之情形，应按照协议内容进行遗产分割。两审法院根据协议内容及本案实际情况确定房屋由三人平均继承，并无不妥。综上，作出驳回再审申请的裁定。

【法官后语】

民法典与继承法均鼓励继承人本着互谅互让、和睦团结的精神通过协商的方式处理遗产继承问题，确定遗产分割的时间、办法和份额，同时规定自然人可以以订立遗嘱的形式处分个人财产。因此，从法律规定的角度看，遗产继承人可以就遗产继承问题协商并达成协议，从而妥善处理遗产继承问题。被继承人亦可在生前订立遗嘱，指定遗产继承人。当继承人签署的遗产分割协议与被继承人订立的遗嘱同时存在且内容发生冲突时，二者的效力如何认定？应依照何者继承遗产？房屋租金是否属于遗产？这是本案的审理重点。

一、遗产分割协议的效力

遗产分割协议系继承人之间关于遗产继承事宜达成的合意。根据民法典的规定，婚姻、收养、监护等有关身份关系的协议，适用有关该身份关系的法律规定；没有规定的，可以根据其性质参照适用合同编规定。实践中有观点认为因遗产分割协议涉及身份关系，而不应适用合同编的规定，其实不然。遗产分割协议虽系涉及身份关系的继承人订立，但其中包含了财产内容，应与无财产内容的收养合同、监护协议区分开来。从法律规定和司法实践来看，对遗产分割协议予以正确认定，应从以下三个方面进行审查。

第一是协议主体范围。首先，协议各方应具备相应的民事行为能力；其次，协议各方应当是合法继承人；最后，民法典继承编对于遗产继承确定了顺序，协议主体应当是同一顺序继承人。实践中最为常见的就是被继承人的各第一顺序继承人对遗产分割的协商处理。

第二是协议内容。首先，协议内容应当处分的是被继承人死亡时遗留的个人合法财产，而不能处分被继承人遗产以外的财产；其次，协议内容要符合公序良俗，各继承人不得恶意串通以遗产分割的形式来损害第三人的合法权益；最后，协议内容不得违反法律、行政法规的强制性规定。若协议存在重大误解、欺诈等情形，则受误解方、受欺诈方享有撤销权。要求撤销协议的，其应对协议存在的可撤销情形承担举证责任且在法定期限内行使撤销权。

第三是合议的真实性。即各方达成的遗产分割协议是否系各继承人的真实意思表示。对于成年人来说，其作为完全民事行为能力人对于遗产分割的认识通常不会存在问题；对于未成年人来说，则应由其监护人作为其法定代理人维护其继承利益。

本案三位继承人签署遗产分割协议，该协议系具备完全民事行为能力的继承人自愿签署，协议内容虽与被继承人所留遗嘱相冲突，但未违反法律、行政法规的强制性规定，亦不与公序良俗相违背，当属合法有效。若协议存在重大误解、欺诈等情形，则受误解方、受欺诈方享有撤销权。要求撤销协议的，其应对协议存在的可撤销情形承担举证责任且在法定期限内行使撤销权。本案中王丙虽称其存在重大误解，但未提供证据证明，亦未起诉请求撤销协议，故法院未支持其该项意见。

本案协议书约定“父母遗产，三人均分”，该协议当属约定明确的协议，其标的物即为二被继承人所留遗产。王丙主张协议书仅用于处理父母的生活用品及母亲的死亡赔偿金，而不包括涉案房屋，但未提供证据证明，故一、二审及再审法院均未支持其该项意见。

二、遗产分割协议与遗嘱发生冲突时的适用

遗产分割协议虽系财产内容的协议，但协议方系具有身份关系的家庭成员，其在签署协议时对于遗产的认识尤其是自身可继承遗产份额的期待，影响协议的适用。若继承人知晓遗嘱存在，仍自愿签署遗产分割协议，应视为其自愿放弃遗嘱继承，自行处分其权利，其应信守协议并依约履行。可以明确的是，法律规定遗嘱继承优先于法定继承，体现了对被继承人意愿的尊重，但遗嘱继承人或受遗赠人亦有选择是否接受遗嘱继承或遗赠的权利，应优先考虑遗嘱继承人或受遗赠人的意愿。若继承人在签署协议后才知晓被继承人留有与协议书内容相冲突的遗嘱，要求按照遗嘱分割遗产的，应考虑协议书关于冲突部分遗产的约定是否是其真实意思表示及是否存在重大误解，若非其真实意思表示或存在对遗产的重大误解，则依据遗嘱处理，对于未发生冲突的遗产，仍应按照协议书履行。

三、房屋租金的性质

房屋租金系因租赁这一民事法律活动而产生的合法收益，属于法定孳息的范畴。继承案件中，房屋租金因遗产房屋而产生，可作为遗产在继承案件中一并分割。本案中，A 号房屋从 2014 年开始出租，王甲、郑某、王乙要求继承房屋租金，各继承人应根据其继承房屋的份额享有相应比例的租金数额，因租金均由王丙收取，故法院判决王丙按照比例支付其他继承人相应款项。关于张某去世前的租金部分，因涉案房屋租金一直由王丙收取并保管，现并无证据证明张某在其去世前将该部分租金赠与王丙，王丙本人亦无此抗辩，故该部分租金虽由王丙收取，但性质上仍属于张某的财产，在张某去世后该部分租金转化为张某的遗产，应随房屋一并予以继承分割，且王丙亦未举证证明各继承人就张某遗产进行过继承，故法院对该部分租金一并作出分割。

四、遗产分割协议的延伸

实践中，除继承人间就遗产继承订立分割协议外，还存在继承人在被继承人生前订立财产分割协议、被继承人与继承人共同订立遗产分割协议的情形。关于继承人在被继承人生前订立财产分割协议，有观点认为因订立协议时被继承人尚未去世，应属无权处分。笔者认为，该种生前的财产分割协议可以视为附期限附条件的合同，期限即被继承人去世，条件即被继承人对遗产无其他处分行为，法定继承人签署该协议实际上是对其个人期待利益的处分，不应简单地认定为对他人财产的无权处分。关于被继承人与继承人共同订立遗产分割协议，在符合继承法关于遗嘱要件的规定时，该协议可以视为被继承人订立的遗嘱，若其签署协议后，又单独订立遗嘱，则应按照继承法关于遗嘱效力的规定进行认定。

编写人：北京市西城区人民法院　陈思桦

151 继承人以外的对被继承人扶养较多的人有权对损害其利益的调解书提起撤销之诉

——刘某诉德某、张某第三人撤销之诉案

【案件基本信息】

1. 裁判书字号

北京市第一中级人民法院（2019）京01民终11443号民事判决书

2. 案由：第三人撤销之诉（法定继承纠纷）

3. 当事人

原告（被上诉人）：刘某

被告（上诉人）：德某

被告：张某

【基本案情】

薛某与张某云于1985年9月结婚，二人生育一子张某，后二人于1990年经法院调解离婚。1991年8月，薛某与包某再婚，后二人于1992年5月27日经法院调解离婚。1996年薛某办理了户籍变更登记，婚姻状况显示为离婚。1997年6月9日，德某与薛某登记结婚。2008年9月5日，薛某在未与德某解除婚姻关系的情况下，使用1996年婚姻状况为离婚的户口本与刘某再次登记结婚。2017年8月30日，薛某因病去世。2019年9月3日，北京市昌平区人民法院判决确认刘某与薛某于2008年9月5日缔结的婚姻关系无效。2017年10月16日，德某与张某在北京市昌平区人民法院达成（2017）京0114民初16853号民事调解书，内容如下：一、登记在被继承人薛某名下位于北京市昌平区天通中苑某房屋由德某继承，德某于2019年4月15日前支付张某上述房屋折价款800000元；二、张某于2017年11月18日前配合德某办理上述房屋的产权转移登记手续；三、案件受理费4400元，由德某负担。刘某表示自2008年起至薛某死亡，其一直与薛某共同生活，尽到了扶养义务，并向法院提供了1995年10月26日薛某向北京某医院人事处出具的辞职申请，北京市城镇登记失业人员求职证，以及由北京市昌平区天通苑北街道办事处天通中苑第一社区居民委员会加盖印章予以确认的情况说明、住院费用清单等证明。刘某主张德某和张某在自己不知情的情况下达成民事调解书，严重侵犯了其合法权益，故起诉要求撤销（2017）京0114民初16853号民事调解书第一项、第二项内容。

【案件焦点】

1. 继承人以外的对被继承人扶养较多的人是否有权提起撤销之诉；2. 刘某对薛某是否尽到了较多扶养义务。

【法院裁判要旨】

北京市昌平区人民法院经审理认为：继承人以外的对被继承人扶养较多的人，可以分配给他们适当的遗产。自2008年刘某与薛某领取结婚证后，双方以夫妻关系生活直至薛某死亡。结合刘某提供的薛某收入证明、患病的证明，以及刘某支付医疗费的证据，可以认定刘某与薛某共同生活期间对薛某尽到了较多的扶养义务。

对当事人双方的诉讼标的，第三人认为有独立请求权的，有权提起诉讼。第三人因不能归责于本人的事由未参加诉讼，但有证据证明发生法律效力的判决、裁定、调解书的部分或者全部内容错误，损害其民事权益的，可以自知道或者应当知道其民事权益受到损害之日起六个月内，向作出该判决、裁定、调解书的人民法院提起诉讼。人民法院经审理，诉讼请求成立的，应当改变或者撤销原判决、裁定、调解书；诉讼请求不成立的，驳回诉讼请求。本案中，德某与张某在未通知刘某的情况下达成的调解协议侵犯了刘某的合法权益，故对刘某要求撤销（2017）京0114民初16853号民事调解书的请求，本院予以支持。

综上所述，依照《中华人民共和国继承法》第十四条、《中华人民共和国民事诉讼法》第五十六条之规定，判决如下：

一、撤销（2017）京0114民初16853号民事调解书第一项、第二项内容；

二、驳回德某的全部诉讼请求。

德某不服原审判决，提起上诉。北京市第一中级人民法院认为：刘某与薛某于2008年9月5日经民政部门登记结婚，之后双方共同生活直至薛某死亡，双方的婚姻关系后虽被确认无效，但根据刘某提交的相关证据，可以认定刘某对薛某尽了较多的扶养义务。根据继承法关于“继承人以外的对被继承人扶养较多的人，可以分给他们适当的遗产”的规定，刘某有权对未参加的对被继承人薛某遗产分割的原诉案件提出撤销之诉。一审法院根据查明的事实，认定德某与张某在未通知刘某的情况下达成的调解协议侵犯了刘某的合法权益，对刘某要求撤销（2017）京 0114 民初 16853 号民事调解书的请求予以支持，符合法律规定，判决并无不当。德某主张其与张某就涉案房屋达成的调解协议合法有效，无证据支持，对其所述，不予采信。综上所述，德某的上诉请求不能成立，应予驳回；一审判决认定事实清楚，适用法律正确，应予维持。依照《中华人民共和国民事诉讼法》第一百七十条第一款第一项规定，判决如下：

驳回上诉，维持原判。

【法官后语】

本案在处理过程中出现两种观点。一种观点认为，刘某和薛某的婚姻关系被法院生效判决确认无效，刘某不是法定继承人，在德某诉张某的法定继承纠纷案件中，刘某既不属于有独立请求权的第三人，也不属于无独立请求权的第三人，其主体不适格，故不能提起第三人撤销之诉，应当裁定驳回起诉。另一种观点认为，虽然刘某和薛某的婚姻无效，但作为法定继承人德某、张某以外的对被继承人薛某尽了较多扶养义务的人，根据继承法相关规定，刘某可以获得适当的遗产，但德某和张某在法定继承纠纷的诉讼中未通知刘某参加诉讼，德某和张某达成的调解协议侵犯了刘某的合法权益，故刘某有权提起第三人撤销之诉撤销原调解书中的相关内容。

我们认为，第二种观点是适当的。第三人撤销之诉是赋予案外人对错误生效裁判的自我救济程序，主要是保护受错误生效裁判损害的未参加原诉的第三人的权益。根据《中华人民共和国民法典》（以下简称《民法典》）第一千一百三十一条的规定，对继承人以外的依靠被继承人扶养的人，或者继承人以外的对被继承人扶养较多的人，可以分给适当的遗产。本条是关于酌情分得遗产权的规定，该请求权为独立的请求权，在继承人以外的对被继承人扶养较多的人依法取得遗产的权利受到侵害时，其有权以独立的主体资格起诉。当然，其分得的遗产份额并非固定，具体份额需要根据生活状况、遗产数额、继承人情况等综合予以认定。

第三人撤销之诉是赋予案外人对错误生效裁判的自我救济程序，主要是保护受错误生效裁判损害的未参加原诉的第三人的权益。回归到本案，虽然刘某和薛某的婚姻关系被法院确认为无效，但综合本案查明的事实和证据，该婚姻登记是基于薛某对刘某隐瞒了结婚的事实，使用未及时办理婚姻状况变更登记的户口本，导致婚姻登记机构对薛某的实际婚姻状况作出错误判断办理结婚登记。而刘某在整个过程中主观上不存在恶意，对于婚姻的无效亦不存在过错。相反，刘某从登记结婚后一直与薛某共同生活，并照顾薛某的生活起居直至薛某生病死亡。因此，刘某作为对被继承人扶养较多的继承人以外的人，有权部分分得被继承人遗产，且不违背公序良俗。刘某获得遗产的权利因德某和张某达成调解书遭受侵害，属于因不能归责于本人的事由未参加原审诉讼的有独立请求权的第三人，因此刘某主体适格，有权提起第三人撤销之诉，又因其获得遗产的权利受到侵害，故最终判决撤销原审调解书的相关内容。

继承人以外对被继承人扶养较多的人，主要是指在被继承人生前对被继承人有较多的物质扶助、经济支持、精神抚慰或联系较为紧密的非继承人。之所以将该类人的权利以法律的形式予以确认，主要是基于被继承人财产处分意思的延续、维持扶养关系的稳定以及行为报偿理论。对被继承人负有法定扶养义务的继承人，法律已经通过法定继承人的范围和顺序的规定对其加以保护，而那些与被继承人没有任何血缘、婚姻关系的人，无法定义务，却在被继承人生前尽到了较多的扶养义务，如不对此类行为予以适当的回报和鼓励，不仅有违公平，更不利于弘扬良好的社会风气。可见，遗产酌情分配请求权既是基于对被继承人生前财产处分意思的延续和保障弱者生存权利的需要，亦是对他人的扶养扶助行为报偿的需要。《民法典》第一千一百三十一条再次对酌情分得遗产权的确认，顺应了学术界和司法界的普遍观点，符合我国的实际国情。当代家庭结构的变化以及共同生活方式的改变，出现非法定扶养义务人或者熟人相互协助扶养的扶养模式，是对传统家庭内部扶养方式的一种有效补充，法律对该类互相帮助扶养关系加以规范和鼓励，便是酌情取得遗产请求权的应有之义。

编写人：北京市昌平区人民法院　程杰　张焱

152　书证提出命令的适用前提分析

——谭某诉周某等继承案

【案件基本信息】

1. 裁判书字号

北京市第一中级人民法院（2019）京01民终324号民事判决书

2. 案由：继承纠纷

3. 当事人

原告（被上诉人）：谭某

被告（上诉人）：周某

被告：周甲、周乙

【基本案情】

周丙与周某、周甲分别系兄妹、姐弟关系，周乙系周丙堂妹，谭某与周丙系朋友关系。2011 年 7 月 23 日，周丙因中毒死亡。周丙未生育子女，父母均先于其去世。周某、周甲于 2013 年将涉案房屋以 290 万元的价格出售，且将周丙的存款取走。上述款项由周某、周甲平分。谭某向法庭提交署名为周丙的《遗嘱》复印件一份，载明涉案房产由周某、周甲、周乙、谭某共同享有，钱款由上述四人平均享有，落款日期为 2010 年 9 月 20 日。2011 年，周某向公安机关申请要求调查周丙死因，并提交《关于周丙死因立案调查的申请》（以下简称《申请》），其中提到“周甲发现遗嘱，谭某是四个平分遗产的继承人之一，除了我和周甲是法定继承人外，还有一人是周乙”。《申请》未被受理。谭某要求确认周丙所立遗嘱有效，并继承涉案房屋出售价格的 1/4 即 725000 元，以及周丙存款、现金的 1/4 即 140411 元。周某、周甲、周乙认为谭某提供的遗嘱是复印件，不能出示原件，不认可遗嘱真实性，并表示不清楚遗嘱原件的下落。

【案件焦点】

谭某提交的遗嘱复印件是否真实，能否作为认定本案事实的证据。

【法院裁判要旨】

北京市海淀区人民法院经审理认为：根据在案证据可以认定遗嘱的存在及其内容与谭某提交的《遗嘱》复印件内容的一致性，同时亦可推定该遗嘱原件处于被告一方控制之下。现三人不能提供遗嘱原件，亦不能就复印件进行反证，故根据《最高人民法院关于民事诉讼证据的若干规定》（以下简称《证据规则》）第七十五条规定的证据推定原则，法院对该复印件的真实性和遗嘱效力予以确认。周甲、周某应直接给付谭某相应款项。

依照《中华人民共和国继承法》第十六条、第二十二条第一款、第二十五条第二款、第二十七条第一项，《中华人民共和国民事诉讼法》第六十四条第一款、第六十五条第一款、第七十条第一款及《证据规则》第七十五条规定，判决：

一、确认周丙设立的遗嘱有效；

二、涉案房屋售房款及周丙遗留钱款的1/4份额归谭某所有。

周某不服一审判决，提起上诉。北京市第一中级人民法院经审理认为，本案二审争议焦点是：一审法院在认定“遗嘱真实”的程序和结论方面是否符合法律规定。周某主张谭某没有在举证期限届满前提出申请，原审法院也没有书面裁定责令周某出示原件，违反法定程序。关于一审法院是否违反《最高人民法院关于适用〈中华人民共和国民事诉讼法〉的解释》（2015年）（以下简称《解释》）第一百一十二条规定的问题，法院认为，适用书证提出命令的前提在于因一方当事人控制书证拒不提交，从而导致负有举证责任的一方因欠缺书证证据而产生案件事实真伪不明的状态。那么从另一角度而言，如果负有举证责任的一方提供的证据虽然没有提交书证原件，但如果结合其他案件事实能够作出判断从而排除案件事实真伪不明的状态时，就无需适用《解释》第一百一十二条之规定处理。因而，本案程序是否有问题，就转变为谭某所提供的遗嘱复印件是否已经能够证明案件事实的问题。

谭某并非被继承人周丙的亲属，因此其持有遗嘱复印件而非原件符合常理。周某对遗嘱真实性不予认可，但未提供任何证据证明。相反，依据一审卷宗记录记载，以及周某提交给公安机关的《申请》，周某对遗嘱内容的描述与本案遗嘱复印件高度一致，法院认为谭某所提供的证据证明标准已经达到高度可能性。根据《中华人民共和国民事诉讼法》第七十条以及《解释》第一百一十一条第二款之规定，遗嘱复印件应作为认定本案事实的证据，一审认定遗嘱真实的结论正确。在此基础上，本案不应该适用证明妨害规则处理。一审法院虽然在证据认定中适用了《证据规则》规定，但不影响本案结论。

北京市第一中级人民法院依照《中华人民共和国民事诉讼法》第七十条、第一百七十条第一款第一项，《解释》第一百零八条第一款、第一百一十一条第二款、第三百三十四条规定，判决：

驳回上诉，维持原判。

【法官后语】

当事人控制书证原件拒不提交，法院是否应作出“书证提出命令”，应审查该行为是否导致案件事实真伪不明。若结合其他案件事实能够判断待证事实具有高度可能性，从而排除真伪不明的状态，则无需适用证明妨害规则处理。

一、本案的法律适用

一审法院根据证据推定原则认定本案遗嘱复印件真实时，适用了《证据规则》第七十五条，该条款是证明妨害规则的一般规定。但2015年《解释》第一百一十二条系对《证据规则》第七十五条的修改，针对的亦是书证适用中的证明妨害问题。两个条文具有前后衔接的新旧关系，故依据《解释》第五百五十二条有关解释适用问题的规定，在处理涉及证明妨害问题时，应适用《解释》第一百一十二条处理。

依据该条款规定并结合最高人民法院《民事诉讼文书样式》中

有关“申请书证提出命令”的民事裁定文书样式及解释可知，适用《解释》第一百一十二条的“书证提出命令”时，应该遵循相应的程序要求，即申请人首先要证明或依据日常生活经验推定，书证在被申请人控制之下；申请人应提出书面申请；人民法院应该出具民事裁定书并对拒不提交后果予以告知。如果本案应该适用该规范，那么显然一审法院在程序方面具有瑕疵。然而，生效裁判认为，本案并非当然适用《解释》第一百一十二条之规定处理。这就涉及证明妨害规则和“书证提出命令”的适用条件问题。

二、“书证提出命令”的适用条件

“书证提出命令”系《解释》所创设的制度，《解释》的相关规定对作出该命令的程序性限定条件、操作程序和责任后果进行了明确。最高人民法院新修订的《证据规则》（以下简称《新证据规则》，2020 年 5 月 1 日施行）第四十五条至第四十八条对书证提出命令的申请条件、审查处理、客体范围及后果作出更为详细系统的规定，从而确立了我国“书证提出命令”制度的基本内容。该制度在消减证据偏在、平衡当事人举证能力、促进案件真实的发现等方面具有积极意义，但若不对文书提出义务的范围加以限制，亦会引发权利滥用和对其他利益的侵害。因此，《新证据规则》第四十六条第二款规定，当事人申请提交的书证不明确、书证对于待证事实的证明无必要、待证事实对于裁判结果无实质性影响、书证未在对方当事人控制之下等情形的，人民法院不予准许。上述规定可见，并非所有在对方当事人控制之下的书证，都应适用“书证提出命令”。

法院作出“书证提出命令”，意味着以公权力对证据控制人施加义务和负担，故应慎重考虑发出命令的必要性。对当事人的申请是否准许，应综合考量待证事实是否因该书证不被提出而真伪不明，除了该证据之外，负有举证责任的当事人是否无法通过其他证据证明案件的主要事实。本案审理时，《新证据规则》虽未施行，但依据证明妨害规则的基本法理亦可知“书证提出命令”的作出前提，是因欠缺书证证据而导致案件事实真伪不明。而本案中，当事人提交了遗嘱复印件，根据《民事诉讼法》第七十条之规定可知，当事人提交的复印件只会影响到证据的证明力，并非没有任何证明效力。《解释》第一百一十一条第二款规定，对当事人提交的复印件等，人民法院应当结合其他证据和案件具体情况，审查判断书证复制品等能否作为认定案件事实的根据。本案一审笔录及《申请》等其他证据显示，周某对遗嘱内容的描述与本案遗嘱复印件高度一致。因此，结合案件相关事实并遵照上述原则，可以确认遗嘱复印件真实有效。此时，本案待证事实已经不因遗嘱原件未被提出而真伪不明，故已无适用书证提出命令之必要。

编写人：北京市第一中级人民法院　王国庆　葛媛媛

153　使用已故配偶的工龄购买的房改房屋是否属于死亡配偶的遗产

——李某诉李某权等继承案

【案件基本信息】

1. 裁判书字号

北京市丰台区人民法院（2018）京0106民初8626号民事判决书

2. 案由：继承纠纷

3. 当事人

原告：李某

被告：李某权、李某桦、李某珍、沈某芳

【基本案情】

于某民与李某一系夫妻关系，李某一系再婚，其与前妻育有一女李某珍。李某一与于某民婚后育有一子李某璞，两女李某权、李某桦，李某璞与沈某芳系夫妻关系，婚后育有一女李某。李某一于1984年死亡，于某民于2012年死亡，李某璞于2018年2月8日死亡。位于北京市丰台区卢沟桥北里××号房屋登记在于某民名下，涉案房屋原为于某民单位北京首钢某公司的自管公房，1996年7月于某民使用其与李某一双方的工龄购买该房屋。房产证颁发日期是1999年4月27日。被告认为涉诉房屋虽登记在于某民名下，但涉案房屋应为于某民与李某一的夫妻共同财产。二人去世后该房屋应为双方遗产。双方生前未留有遗嘱，其法定继承人应按法律规定继承，李某权和李某桦应享有2/3的房屋份额，李某璞享有1/3的房屋份额。李某权和李某桦主张将涉案房屋判归其共同所有，给付李某和沈某芳该房屋1/3的折价款。

【案件焦点】

使用已故配偶的工龄购买的房屋是否属于该配偶的遗产。

【法院裁判要旨】

北京市丰台区人民法院经审理认为：关于诉争房屋的权属性质，诉争房屋系被继承人于某民在其配偶李某一去世后签订购房协议并取得房屋所有权证，而非夫妻关系存续期间取得，虽然购买诉争房屋时，使用了李某一的工龄，但折扣工龄并非将诉争房屋认定为夫妻共同财产的法定事由，不能将该诉争房屋认定为于某民与李某一的夫妻共同财产。但是，诉争房屋是在计算了李某一的工龄后出售给于某民的公有住房，李某一的工龄在计算房价时体现了可量化的经济价值，属于财产性利益，若未使用李某一的工龄，于某民必定要以高于实际支付的价格购得房屋，因此，李某一的工龄在购买诉争房屋过程中，应视为一种财产性权益，具有财产价值，该政策性福利所对应的财产价值应作为李某一的遗产份额。李某一去世时并未留有遗嘱，对诉争房屋中属于李某一的遗产按照法定继承予以分割。具体数额本院根据购房时李某一的工龄价值在购买房屋款项所占比例，结合诉争房屋的现状现值予以酌定。据此作出如下判决：

一、位于北京市丰台区卢沟桥北里××号房屋由李某继承所有，李某桦、李某权、李某珍、沈某芳于本判决生效之日起十日内协助李某办理房屋所有权转移登记手续；

二、李某于本判决生效之日起十日内向李某桦、李某权各支付房屋折价款343261.87元；

三、驳回李某的其他诉讼请求。

【法官后语】

一、《中华人民共和国民法典》关于遗产范围的认定规则

《中华人民共和国民法典》继承编第一千一百二十二条规定："遗产是自然人死亡时遗留的个人合法财产。""依照法律规定或者根据其性质不得继承的遗产，不得继承。"这一条文是对原《中华人民共和国继承法》第三条对遗产范围规定作出的重要修改，由过去

“正面概括加列举”模式改变为“正面概括加反面排除”模式。原《中华人民共和国继承法》规定的“正面概括加列举”模式是不适当的，概括的遗产范围加上具体的遗产列举再加上兜底条款，本身重复，另外，对遗产的列举是无法穷尽的，实践中意义不大。《中华人民共和国民法典》所采取的“正面概括加反面排除”模式，并未对遗产的范围进行列举，在概括遗产范围后，再规定依照法律规定或者根据其性质不得继承的遗产，不得继承。根据该条规定，自然人死亡时遗留的个人合法财产，都属于遗产。这种正面概括规定，大大拓展了遗产的范围，只要属于个人的合法财产，在其死亡时，就全部转化为遗产。

二、购买方房屋出资与房改房产权的取得

物权的取得往往是通过合同、继承、划拨、判决等方式。在购买房改房屋过程中，取得房屋所有权的前提是支付房屋对价，诉争房屋系已故配偶死亡后签订购房协议并支付房屋对价方能取得房屋所有权证，该房产并非夫妻关系存续期间取得，虽然购买诉争房屋时，使用了已故配偶的工龄，但折扣工龄并非将诉争房屋认定为夫妻共同财产的法定事由，因此不能将该诉争房屋认定为夫妻共同财产。但应当指出的是，因为在购买房改房屋时，计算了已故配偶的工龄，已故配偶的工龄在计算房价时体现了可量化的经济价值，属于财产性利益，若未使用已故配偶的工龄，购房人必定要以高于实际支付的价格购得房屋，因此，已故配偶的工龄在购买诉争房屋过程中，应视为一种财产性权益，具有财产价值，该政策性福利所对应的财产价值应作为已故配偶的遗产份额。

此外，根据法律规定，遗产是自然人死亡时遗留的个人合法财产，死亡一方在世时并未取得房屋所有权，只是取得了房屋的承租权。公民死亡后不再具有民事权利能力，也不享有民事权利及承担民事义务。健在一方取得房屋所有权时，死亡一方的民事权利能力因其死亡而终止，故其并不具备取得房屋所有权的主体资格，因此，即使使用了已故配偶的工龄，在法律上也无法直接等同于为已故配偶创设房屋所有权。

三、本案审理思路及类案裁判指引

《最高人民法院关于在享受本人工龄和已死亡配偶生前工龄优惠后所购公房是否属夫妻共同财产的函的复函》（〔2000〕法民字第4号）：“……夫妻一方死亡后，如果遗产没有分割，应予查明购房款是夫妻双方的共同积蓄，还是配偶一方的个人所得，以此确认所购房屋是夫妻共同财产还是个人财产；如果购房款是夫妻双方的共同积蓄，所购房屋应视为夫妻共同财产。”根据该批复的规定，夫妻一方死亡后，购房款如果是夫妻共同积蓄，则所购房屋有可能认定为夫妻共同财产。但是2013年4月8日最高人民法院发布《最高人民法院关于废止1997年7月1日至2011年12月31日期间发布的部分司法解释和司法解释性质文件（第十批）的决定》（法释〔2013〕7号），决定对〔2000〕法民字第4号复函予以废止，原因为与现行房改政策不一致。对该问题最高院现无明确统一的官方意见，导致实践中出现不一致情况。

2018年6月11日，北京市高级人民法院审判委员会〔2018〕第9次会议通过《北京市高级人民法院关于审理继承纠纷案件若干疑难问题的解答》，其中第六条明确指出“按成本价或标准价购买公房时，依国家有关政策折算已死亡配偶一方工龄而获得政策性福利的，该政策性福利所对应财产价值的个人部分应作为已死亡配偶的遗产予以继承。该政策性福利所对应的财产价值计算参考公式：（已死亡配偶工龄对应财产价值的个人部分÷购买公房时房屋市值）×房屋现值”。根据该意见，该政策性福利所对应的财产价值认定为购房一方对已死亡配偶的一种金钱债务。即该部分财产价值转化为死亡配偶对购买房屋一方享有的债权，债权数额应以工龄所获政策福利折算后的价款为准，由继承人予以分割。目前北京市各级法院在实务中均是将工龄优惠折算成对应的金钱数额由已死亡配偶的继承人予以分割。

据此，在本案审理过程中，我们认为，购买房改房享有的工龄优惠具有人身属性且具有财产性质，属于财产权益，可以在折算后进行继承分配。首先，房改房具有特殊性，是特定历史条件下的产物，是根据国家房改政策的有关规定，单位将原公房通过优惠的形式出售给已经承租或使用该房屋的职工，职工对其享有部分产权或者全部产权。因此，房改房具有出售对象特殊、房屋价格特殊、该种福利优惠政策每个家庭只能享受一次等特点。从进行房改时国家政策的内容可以看出，职工的工龄优惠是一种十分重要的因素，是考虑到我国长期低工资制、住房福利性分配制度，房改房相当于将多年的工资差额，一次性补发给职工。从这个角度看，虽然职工生前没有实际取得工龄优惠，但工龄优惠实际来源于死者生前的贡献，应理解为个人的财产性利益。其次，鉴于每个个人、家庭只能享受一次，说明该福利具有极强的人身属性，已故配偶工龄优惠带有强烈的个人属性，因此，不能无视已故配偶的人身属性而将福利随意归于健在配偶一方。最后，遗产的形式不应拘泥于公民死亡时已有的物质财产，亦包含死亡后因其生前行为而转化的财产利益。随着财产内涵和外延的不断深化和扩展，不能狭隘地理解财产的性质和范围，符合财产或财产权益本质属性的财产利益属于遗产范围。因此，工龄优惠应认定为专属于已故配偶个人的财产性利益，折算成对应的金钱数额由已死亡配偶的继承人予以分割。

编写人：北京市丰台区人民法院　徐全影　张燕玲

154　违法建筑的继承不属于民事案件受理范围

——陈某宝诉陈某旭、石某选继承案

【案件基本信息】

1. 裁判书字号

福建省厦门市中级人民法院（2018）闽 02 民终 3987 号民事裁定书

2. 案由：继承纠纷

3. 诉讼双方：

原告（被上诉人）：陈某宝

被告（上诉人）：陈某旭、石某选

【基本案情】

陈某海与黄某花夫妻二人共生育子女 6 人，包括陈某（某美）、陈某瑶、陈某月、陈某福、陈某好、陈某宝。其中陈某福先于陈某海、黄某花去世，其与配偶石某选生育一子陈某旭。陈某好已故，未结婚生育子女。

1979 年，陈某海申请在厦门市湖里区高崎社建房，1 厅 5 房 1 春脚，面积 143 平方米。申请书上备注家庭人口 8 人，即陈某海与黄某花夫妻及其 6 个子女。

1995 年，陈某海申请补办换证。经审批，同意换证 188.54 平方米，补二层 166.47 平方米。申请书上载明户口人数 11 人，包括陈某海、黄某花、陈某瑶、陈某福、石某选、陈某宝、刘某治、陈某阳、刘某梅、刘某籍以及陈某旭。其中，刘某治系陈某瑶再婚配偶，刘某梅、刘某籍系刘某治与其前夫生育的子女。1999 年 8 月 11 日，刘某治与陈某瑶离婚。陈某阳、陈某旭均为陈某海孙辈，且均未成年。

2000 年，陈某海等人将原有住房推倒重建了三层半的楼房（其中第一层至第三层的面积约 169.32 平方米，第四层一间的面积约 27 平方米）。2008 年，石某选在陈某海等人建设的基础上对第一层至第三层进行了扩建，并加建了第四层、第五层，形成了厦门市湖里区高殿村高崎社×号房产目前的规模。

2003 年 5 月 15 日，陈某海与黄某花共同订立一份《遗嘱》并办理了公证。《遗嘱》内容如下："立遗嘱人的房屋坐落于湖里区高殿村高崎三组，持有 NO.00019××号《厦门市村镇个人建房用地许可证》，以陈某海的名义申请。因我们年龄较大，现为了防止日后子女纠纷，特立遗嘱如下：1. 夫妻双方若一方先去世后，其个人财产全部由在世的另一方继承。2. 若夫妻双方均未变更本遗嘱，待双方均去世后，上述房产将由长子陈某瑶、三女陈某宝和孙子陈某旭（已故次子陈某福的儿子）共同继承。"2003 年 9 月 10 日，陈某海去世。2016 年 12 月 5 日，黄某花去世。

黄某花去世后，陈某（某美）从黄某花的银行账户内取款 100900 元交给石某选保管。

【案件焦点】

违建房产是否属于遗产。

【法院裁判要旨】

福建省厦门市湖里区人民法院经审理认为：首先，讼争房屋翻建时没有取得合法的批建手续，事后也未补办相关手续，属于违法建筑。参照《最高人民法院关于适用〈中华人民共和国婚姻法〉若干问题的解释（二）》第二十一条第一款关于"离婚时双方对尚未取得所有权或者尚未取得完全所有权的房屋有争议且协商不成的，人民法院不宜判决房屋所有权的归属，应当根据实际情况判决由当事人使用"的规定，不宜判决房屋所有权的归属，仅能根据实际情况判决由当事人使用。因此，陈某宝请求确认房屋所有权的归属并且要求被告协助办理相应的产权过户登记手续缺乏事实和法律依据，不予支持。

其次，根据我国土地管理法的相关规定，农村村民一户只能拥有一处宅基地，因此以陈某海的名义申请的宅基地以及在此基础上建成的房产实为家庭成员的共有财产。1979 年最初申请建房时，家庭成员为陈某海、黄某花夫妻及其 6 个子女。根据对重建房产作出的贡献和陈某海、黄某花所立遗嘱，陈某宝合计对该部分房产享有 11/36 的使用权［1/6+（1/6+1/6/4）×2/3=11/36）］。陈某瑶亦享有 11/36 的使用权，石某选享有 5/24 的使用权（1/6+1/6/4=5/24），陈某旭享有 13/72 的使用权［（1/6+1/6/4）×2/3+1/6/4=13/72）］。又，陈某海等人重新建造的讼争房产第一层至第三层以及第四层的一间约 535 平方米（实际上不止 535 平方米，第四层的房间之外还有公共通道）。据此，陈某宝享有使用权的面积约 163 平方米

（535×11/36=163），与第一层的面积相差无几。又，第一层的两个楼梯系通往楼上的必由之路，其他使用权人也有合理使用的权利。因此，陈某宝请求将讼争房产第一层（扣除石某选扩建的部分）交付其使用合法合理，依法予以支持。

最后，关于黄某花留下的现金。石某选辩称现金 100900 元已经用于黄某花的丧葬事宜等，并未提交相关证据，酌情按照受诉法院所在地上一年度职工月平均工资标准，以六个月总额计算丧葬费为 32160 元，剩余 68740 元应作为黄某花的遗产进行分割。在黄某花就该部分遗产没有遗嘱或者遗赠扶养协议的情况下，陈某（某羡）、陈某瑶、陈某月、陈某宝各继承 1/5，即 13748 元，陈某旭作为陈某福的晚辈直系血亲代位继承 1/5，亦为 13748 元。为此，石某选作为该笔款项的保管方，依法应当支付陈某宝 13748 元。

福建省厦门市湖里区人民法院依照《中华人民共和国土地管理法》第六十二条第一款，《中华人民共和国物权法》第三十三条，《中华人民共和国继承法》第十条、第十一条、第十三条第一款、第十六条第一款和第二款，《中华人民共和国民事诉讼法》第六十四条第一款之规定，判决：

一、位于厦门市湖里区高殿村高崎社×号的农村自建房第一层至第三层以及第四层的一间，陈某宝享有 11/36 的使用权，陈某瑶享有 11/36 的使用权，石某选享有 5/24 的使用权，陈某旭享有 13/72 的使用权（上述使用权的行使不得对抗行政管理部门的有关规定）；

二、陈某瑶、石某选、陈某旭应于本判决生效之日起十日内将位于厦门市湖里区高殿村高崎社×号房产的第一层（扣除石某选扩建的部分）交付陈某宝使用；

三、石某选应于本判决生效之日起十日内支付陈某宝13748元；

四、驳回陈某宝的其他诉讼请求。

陈某旭、石某选不服一审判决，提起上诉。

福建省厦门市中级人民法院认为：依据《中华人民共和国继承法》第三条规定，遗产是公民死亡时遗留的个人合法财产。案涉厦门市湖里区高殿村高崎社×号房屋并非陈某海所持权属证书所指向之房屋，而是2000年陈某海等人将原房屋推倒后重新建设的。该房屋在建设时未取得任何批建手续，建成后也未取得任何权证，在现阶段无法确认为是陈某海遗留的个人合法财产。而该建筑本身目前也无任何手续，其使用面积也无任何测绘部门出具的测绘成果予以认定。在此情形下，陈某宝以继承及分家析产为由，要求确认该建筑的权利归属及内容（分割使用权），不属于人民法院民事案件受理范围，陈某宝关于该房屋的诉求一审法院予以审理不当，陈某宝的该部分起诉应予驳回。

福建省厦门市中级人民法院依照《最高人民法院关于适用〈中华人民共和国民事诉讼法〉的解释》第三百三十条规定，裁定如下：

驳回陈某宝要求确认被继承人陈某海、黄某花位于厦门市湖里区高殿村高崎社×号房屋产权过户手续，并腾出1/3的建筑面积，即第一层（除石某选扩建的部分）交由陈某宝使用的起诉。

【法官后语】

一、违章建筑的法律含义

在我国现行法律法规中，违章建筑与违法建筑并未作严格区分，是通用的概念，且其二者均未有法律意义上的定义。根据目前通说认为，其可定义为违反了《中华人民共和国土地管理法》《中华人民共和国城乡规划法》等法律以及政府部门规章制度的建筑。

如前所述，现行法律文本上并没有关于违章建筑和违法建筑的明确定义。但已经废止的《中华人民共和国城市规划法》第四十条中关于“违法建筑”的表述，即未经规划许可、建设用地许可或建筑工程施工许可，或未按许可的条件和内容擅自建造的建筑物、构筑物及设施，可为违法建筑的认定提供一个大致方向。该界定为《中华人民共和国城乡规划法》第六十四条沿用。

目前，我国通过法定许可制度对土地利用和工程规划进行规范管理。所以，人民法院对违章建筑认定的主要标准一般从程序上加以认定，即审查是否违反相关法律法规的禁止性规定，是否经过行政主管机关许可等；具体程序为，建设方按要求、按顺序提出申请：如申请《建设用地规划许可证》《建设用地批准书》《建设工程规划许可证》《建筑工程施工许可证》；再经由行政主管机关根据法律规定和具体情况，决定是否核发许可证。

因违章建筑是未取得相关许可或未按许可条件进行建造的建筑物、构筑物，故有法定许可权限的行政主管部门是对违章建筑进行认定和处理的当然主体。

二、人民法院不宜在民事审判中对违章建筑直接作出司法评价

目前，有观点认为法院也可以，甚至是应该在审判程序中径行对违章建筑进行认定，以避免当事人无法获得司法救济的可能。但是我们对该观点持反对意见。

首先，人民法院对违章建筑一般从程序上进行审查。如前所述，违章建筑是未取得相关许可或未按许可条件进行建造的建筑物、构筑物，故有法定许可权限的行政主管部门才是最终认定主体，这也是行政职能与司法职能分开的必然要求。

其次，根据现行法律规定，政府职能部门对未经批准建设的房屋可以一定行政程序补办报批手续，也就是说，对于违章建筑，当事人可先行从行政主管部门寻求效力补正。同时，当事人对行政主管部门作出违章建筑的认定有异议的，可以选择行政复议和行政诉讼寻求救济。故而，人民法院在审判阶段不宜未经政府建设部门认定就直接认定违章建筑。

三、违章建筑与继承问题

违章建筑是否可以继承，这涉及违章建筑的财产属性和继承法上遗产范围的认定。

建造人违法建造的事实行为应受到否定性评价，首先表现为无法获得不动产物权登记。也就是说，违法建筑虽然违反了公法，在公法范畴内应当受否定性的评价；但并不能因此完全排除其私法上的所有权利。

换言之，在私法领域，违法建筑在被有权机关依法拆除之前仍应作为一种财产性权益进行看待，可被实际利用并产生经济效益，发挥着“物尽其用”的功能，但为防止当事人利用法院判决将违章建筑合法化，避免出现司法职权逾权行政问题，人民法院不宜在民事审判中对违章建筑径行作出认定。

回到本案当中，涉讼房产的现况系经由陈某海等人和石某选分二次未经行政批准而建造，进而导致建造后未能依法取得相应的不动产权登记。该等房产虽然具有实际使用功能，但是，根据《中华人民共和国民法典》第一千一百二十二条规定，“遗产是自然人死亡时遗留的个人合法财产。依照法律规定或者根据其性质不得继承的遗产，不得继承”。由于违章建筑是非法的，它不属于遗产的范围，因此，继承人是无法基于继承事实继承被继承人的违章建筑的。涉讼房产因未经行政审批，不宜径行认定为遗产范围，以避免通过民事判决方式变相使违章建筑合法化。故而，本案最终就涉讼房产部分，径行裁定驳回陈某宝要求办理过户手续等起诉。

编写人：福建省厦门市中级人民法院　许莹

155　被继承人于土地征收期间死亡的，所获土地征收补偿款能否作为遗产继承

——郑某兰等诉郑某安等法定继承案

【案件基本信息】

1. 裁判书字号

安徽省淮南市中级人民法院（2018）皖 04 民终 1164 号民事判决书

2. 案由：法定继承纠纷

3. 当事人：

原告（上诉人）：郑某兰、郑某秀、郑某玲

被告（被上诉人）：郑某安、郑某敏、郑某乐

第三人：村民委员会

【基本案情】

郑某学与闫（颜）某华系夫妻关系，二人共生育六名子女：长子郑某平、长女郑某兰、次女郑某秀、次子郑某安、三子郑某乐、小女郑某玲，其中郑某平先于郑某学夫妇去世，郑某敏系郑某平之子。1995 年二轮承包土地时，郑某学一户得地人口为 9 口

人，包括郑某学、闫（颜）某华、郑某安家4口人、郑某玲家3口人。郑某学于2008年去世，闫（颜）某华于2011年去世。

2004年，郑某学承包经营户土地开始征收，至2016年年底征收完毕，征收单位给付的补偿款项由村民委员会交由村民小组发放到户。郑某学承包经营户的补偿款项由郑某安领取或他人领取后交给郑某安。

郑某乐、郑某玲在庭审过程中当庭表示放弃继承权。

【案件焦点】

被继承人于土地征收期间死亡的，所获土地征收补偿款能否作为遗产继承。

【法院裁判要旨】

安徽省淮南市大通区人民法院经审理认为，遗产是公民死亡时遗留的个人合法财产。本案诉争财产为土地补偿款，根据法律规定，我国农村集体土地实行的是家庭联产承包责任制，土地承包方是本集体经济组织的农户，即家庭承包是以农户为单位而不是以个人为单位，家庭成员之一死亡，并未导致农户消亡，农村土地承包合同并未终止，故以家庭为农村土地承包户的承包地并不发生继承，而征地补偿款是国家征收农村集体土地时补偿给村集体经济组织的，村集体经济组织又根据《中华人民共和国村民委员会组织法》和《中华人民共和国农村土地承包法》的规定分配给丧失承包地的农户，用于对失去土地农户的预期损失补偿及安置，以保障失地农户将来的生产生活，且农村征地补偿款的分配不是基于人口，而是基于土地对农户进行补偿。征地补偿款以家庭为单位发放，以家庭承包的土地面积确定补偿款。去世的家庭成员已经丧失了农户成员的身份，不属于享受补偿的权利主体。因此，征地补偿款从性质上看不属于承包收益，不能列入遗产范围。

结合本案，郑某学夫妇在农村享有土地的承包经营权，该部分土地在2004年开始被陆续征收并获得土地补偿款，现郑某兰、郑某秀、郑某玲要求将其父母生前名下的承包地补偿款作为遗产予以继承，因其未能举证证明郑某学夫妇死亡时遗留有个人合法财产，且郑某学夫妇死后所获得的土地补偿款不属于遗产范围，故对该项诉讼请求，不予支持。

综上所述，依照《中华人民共和国继承法》第三条、第四条，《中华人民共和国农村土地承包法》（2009年）第十五条、第十六条、第三十一条，《中华人民共和国民事诉讼法》第六十四条、第一百四十四条规定，判决如下：

驳回原告郑某兰、郑某秀、郑某玲的诉讼请求。

郑某兰、郑某秀、郑某玲不服一审判决，提出上诉。二审法院同意一审法院裁判意见，认为郑某学夫妇的补偿款系基于其生前的承包地被征用而获得的失地预期损失补偿，而郑某学夫妇生前承包的土地系以农户为单位承包，该农户包括郑某学夫妇在内共计9人，郑某学夫妇的去世并未导致该农户消亡，该农户与村委会之间的农村土地承包合同并未终止，故该涉案的土地补偿款属于该农户所有，并非属于遗产范围，判决：

驳回上诉，维持原判。

【法官后语】

《中华人民共和国农村土地承包法》（2018年）第十六条第一款规定："家庭承包的承包方是本集体经济组织的农户。"通过家庭承包方式取得的土地承包经营权的权利主体是本集体经济组织的农户，其本质特征是以本集体经济组织内部的农户家庭为单位实行农村土地承包经营，农户成员以具有本集体经济组织成员资格为前提。也就是说，家庭承包方式的农村土地承包经营权属于农户家庭，而不是属于某一个家庭成员。以家庭承包方式取得的承包经营权具有社会保障功能，其主要目的在于为承包农户的全体家庭成员提供基本的生活保障，而非成员的个人财产。在承包期内，当承包户中的一人或几人死亡时，承包地仍由其他家庭成员继续承包经营，不发生继承问题。死亡绝户的土地承包经营权应收归村集体经济组织管理。虽然《中华人民共和国民法典》将土地承包经营权物权化，也规定了土地承包期届满，由土地承包经营权人按照国家有关规定继续承包。但有一个不可忽略的前提，即这个承包农户中承包经营权人没有死亡。如果承包经营权人死亡，又尚在承包期内，应由该农户的其他家庭成员继续承包经营，如果承包农户家庭成员全部死亡的，应当由村集体经济组织依法终止该土地承包合同，收回该承包地，另行分配。这也就避免了出现符合条件的人无地可包或者一人承包数份土地的现象，否则，便会侵犯集体经济组织其他成员赖以生存的生产资料，对集体经济组织其他成员的合法权益造成损害。

值得注意的是，我国对土地承包经营权实行的是有区别的继承制度，对林地和通过“招标、拍卖、公开协商等方式”取得的荒山、荒沟、荒丘、荒滩经营权可以继承，这主要是考虑到林地和“四荒地”的承包，收益周期较长、投资大、风险大，如果不允许继承，很难使前一承包方在其死亡时获得因履行合同所获得的利益，不利于调动承包人的积极性。当然，继承人对林地和“四荒地”承包经营权的继承要以承包合同在承包期限为前提。

《中华人民共和国民法典》第一千一百二十二条第一款（原《中华人民共和国继承法》第三条）规定：“遗产是自然人死亡时遗留的个人合法财产。”农村土地承包经营权的标的是农地，其所有权属于农村集体经济组织，承包人不享有所有权，农村土地承包经营权不属于个人财产，故不发生继承问题。另外，还需注意土地承包收益和征地补偿款的区别。《中华人民共和国农村土地承包法》（2018年）第三十二条第一款规定：“承包人应得的承包收益，依照继承法的规定继承。”原继承法第四条规定：“个人承包应得的个人收益，依照本法规定继承……”可见法律允许继承的是承包经营所得的收益，而不是承包权本身。承包人在承包期内，所获得的收益是一种财产权利，构成公民私有财产的一部分，承包人死亡时其承包的所得收益应当依照继承法的规定继承。而征地补偿款是国家分配给丧失承包地的农户，用于对失去土地农户的预期损失补偿及安置，以保障失地农户将来的生产生活，且农村征地补偿款的分配不是基于人口，而是基于土地对农户进行补偿。征地补偿款以家庭为单位发放，以家庭承包的土地面积确定补偿款。两者性质的不同决定了前者可以继承而后者不可以继承。

编写人：安徽省淮南市大通区人民法院　余培

156 公租房承租权中具备物权特征的交换价值可作为被继承人遗产予以继承

——沈某华等诉沈某东继承案

【案件基本信息】

1. 裁判书字号

江苏省扬州市邗江区人民法院（2018）苏1003民初4069号民事判决书

2. 案由：继承纠纷

3. 当事人

原告：沈某华、卢红某、卢佰某

被告：沈某东

【基本案情】

沈某华、卢红某、卢佰某与沈某东均为钱某某子女，其中沈某华与沈某东系钱某某于第二次婚姻中与沈某所生。2000年，钱某某去世，2001年沈某去世。钱某某生前系某水箱有限公司（以下简称水箱公司）职工，位于扬州市文峰路案涉房屋系水箱公司福利分配给钱某某的公有住房，钱某某去世后，沈某东继续居住在案涉房屋内。2012年6月19日，水箱公司提供一份租赁合同文本，合同首部承租人为钱某某，尾部签字人为沈某东。2018年4月29日，沈某东与扬州市广陵区人民政府文峰街道办事处签订《扬州市广陵区国有土地房屋征收补偿协议书》，案涉房屋被征收，房屋及装饰装潢、附属物获补偿金426669元，固定设施移装费用

2298 元、各类补助补偿和奖励费用 33183 元、补偿金 84634 元、提前奖 30000 元，共计补偿 576784 元。沈某华、卢红某、卢佰某要求共同继承案涉房屋的拆迁补偿款，沈某东认为其母钱某某去世后，是其与水箱公司签订的租赁合同，最后的征收补偿协议书亦由其签订，故拆迁补偿款 576784 元属于沈某东的个人财产，而非钱某某的遗产，沈某华、卢红某、卢佰某无权要求继承。

【案件焦点】

1. 案涉房屋的拆迁补偿款属于钱某某的遗产还是沈某东的个人财产；2. 如补偿款属于遗产，应当如何分割。

【法院裁判要旨】

江苏省扬州市邗江区人民法院经审理认为：遗产是公民个人的合法财产，公有住房承租权具有永久占有、使用、支配等特征，与物权中的用益物权相似，其中的交易价值部分应为原承租人的个人财产，原承租人死亡后，该部分权益应属遗产之列。钱某某去世，案涉房屋承租权中的交易价值部分成为其遗产，即案涉房屋的拆迁补偿款系钱某某遗产，但其中如各类补助补偿和奖励费用、补偿金、提前奖是拆迁人补偿给被拆迁人的个人奖励，应当由被拆迁人即沈某东享有。沈某东与水箱公司继续签订租赁合同，是因为法律赋予共同居住人居住权而得以签订，其对租赁物仅享有占有、使用权，不享有租赁物交换价值的财产权，如拆迁安置权益。沈某东的辩称无法律依据，不应予以支持。继承从被继承人死亡时开始，继承开始后，没有遗嘱或遗赠扶养协议的，按照法定继承办理，由第一顺序继承人继承，与被继承人共同生活的继承人，分配遗产时，应当予以照顾。被继承人钱某某于 2000 年去世，其遗留的案涉房屋于

2018年拆迁，扣除被拆迁人个人享有的部分，剩余补偿款428967元应当由钱某某的法定继承人共同继承。沈某东与被继承人钱某某共同生活多年，亦承担了案涉房屋的维修义务，应当予以照顾，可以多分，故酌定沈某华、卢红某、卢佰某分别享有20%的遗产份额，沈某东享有40%的遗产份额。

江苏省扬州市邗江区人民法院依照《中华人民共和国继承法》第二条、第三条、第五条、第十条、第十三条规定，作出如下判决：

沈某华、卢红某、卢佰某分别继承位于扬州市文峰路案涉房屋的拆迁补偿款85793.4元。

【法官后语】

根据《中华人民共和国民法典》第一千一百二十二条规定，遗产是自然人死亡时遗留的个人合法财产。依照法律规定或根据其性质不得继承的遗产，不得继承。如与被继承人人身有关，由被继承人签订的演出合同上的权利义务，因其性质本身的人身依附性，决定了其不能作为遗产继承，法律禁止个人享有的，如自然资源权等权利也不得继承。本案中，案涉拆迁房屋补偿款，是当地政府征收文峰路房屋时，支付给被征收人的对价，即被征收房屋交换价值的具象化。拆迁补偿款归属主体，从征收补偿协议来看，属于承租人，而非出租人水箱公司。究其原因，是由公有住房承租权的物权化所决定的。公有住房简称公租房，是指国家以及国有企业、事业单位投资兴建的住宅，产权归国家或集体所有，业主仅享有承租权。它是我国计划经济时代的特殊产物，兼具国家社会保障功能和个人住房消费补偿福利等双重特征。公租房承租权的性质，一直是理论与实务中具有颇多争议的问题，一种观点认为，公有住房承租权源于承租人与公房管理部门签订的租赁合同，故应属于合同债权，公有住房仍然属于国家或集体所有的公共财产，一旦承租人死亡，国家或集体有权收回该房屋。如否认公有住房承租权的债权属性，原承租人就可以突破合同相对性，在租赁关系已经终止的情况下，向后来对使用权进行交易的产权人、承租人追索，显然于法、于理，解释不通。另一种观点认为，公有住房承租权是一种特殊用益物权，具有较强的物权特征。笔者同意第二种观点，公有住房承租权与私有房屋承租权有着鲜明的区别。首先，在租赁期限上，公租房承租权具有永续性，租期届满后自动续期，非因特定事由，房管部门不得终止租赁合同，承租人去世，其配偶子女可续租；其次，公有住房租金远低于市场价，一般仅为私有房屋租金市场价的5%，且租金基本用于房屋维修；再次，公租房承租权的取得者除具备特殊身份（如产权单位的职工、取得回迁房的原被拆迁房屋所有权人）外还需支付对价，计划经济时代公租房是作为实物工资分配给承租人，或在公房政策改革后通过市场置换出资取得，这一点与私有住房承租人只需支付租金即可取得承租权明显不同；最后，公租房承租权具有客观存在的交易价值，如遇房屋拆迁，承租人可获得拆迁补偿安置权益，还可以通过置换的方式将承租权以市场价格予以转让。上述的区别说明，公租房承租权不仅仅是单纯的债权，其具有的永久占有、使用、支配、转让等特征，与物权中的用益物权相似，具有明显的物权特征，是物权化的特殊债权。而公有住房承租权具备的物权特征决定，权利终止时间以物的消灭而非权利人民事权利能力消灭为节点。公有住房承租权中具备物权特征的交换价值，其经济性（如获得拆迁补偿权益）决定了其财产属性，其物权化决定了其不会因被继承人死亡而灭失，且其并非与被继承人人身有关的专属权利，依法可以作为被继承人遗产由继承人共同继承。实践中办理公有住房继承案件时，需注意以下几方面问题：首先，关于被继承人生前共同居住人的权利。根据《中华人民共和国民法典》第七百三十二条规定，承租人在房屋租赁期限内死亡的，与其生前共同居住的人或共同经营人可以按照原租赁合同租赁该房屋。公租房的租赁同样适用该法律规定，即共同居住人有权继续居住，享有公租房的占有、使用权。但共同居住人不享有具有物权特征的交换价值，即不享有被拆迁补偿权，该权益是被继承人在单位享有的实物工资的转化，属于被继承人个人财产，而非共同居住人占有公租房所享有的权利，占有本身不具有交换价值。其次，要查明征收补偿协议的具体内容，明确遗产范围。并非所有拆迁补偿款都是承租人享有的交换价值表现，有部分补偿款属于被拆迁人专有权利，在承租人与被拆迁人不统一的情况下，应当将上述补偿款排除在遗产范围外。如本案中，承租人是被继承人，被拆迁人是继承人之一，各类补助补偿和奖励费用、补偿金、提前奖是拆迁人补偿给被拆迁人的个人奖励，属于被拆迁人个人财产，不属于遗产范围。最后，应当按照民法典继承编规定的继承顺位进行继承。现实中，我国部分省市的现行办法规定，原承租人的共同居住人涉及公有住房的继承中享有优先权，甚至户口差异也能使得同一顺位继承人得到截然不同的结果。事实上，我们不能因为继承人没有和被继承人共同居住，就想当然地认为其所尽的赡养义务比共同居住人少，还是要结合庭审调查情况，查明继承人实际承担的赡养情况，并根据真实赡养义务的分配来综合考虑遗产的分配比例。

编写人：江苏省扬州市邗江区人民法院　王芳

157 继父母与完全丧失劳动能力的成年继子女之间是否构成扶养关系

——李甲等诉李丙法定继承案

【案件基本信息】

1. 裁判书字号

北京市第三中级人民法院（2018）京03民终11424号民事判决书

2. 案由：法定继承纠纷

3. 当事人

原告（被上诉人）：李甲

原告：苏甲、李乙

被告（上诉人）：李丙

【基本案情】

李己、贾甲原系夫妻，共育有三子，即李丙、李丁、李戊。李丁曾用名李庚（未婚、未生育子女），1968年出生，1983年其因遭电击致肢体二级残疾，无劳动能力。1985年10月7日，李己、贾甲主持分家："一、李丙分东院东头两间半，李戊分东院西头两间半，西院五间全部归李丁，但是父母在世由父母所掌权，久后父母不在因李丁有病残疾，全部权利归李丁……八、李丁因残疾如父母愿轮流过时，李丁同父母一起轮过，父母不在，李丁仍由哥俩照顾，所受分东西由哥俩均分……立约人李丙、李庚、李戊，中间人李某1、李某2、李某3、李某4，代笔人徐甲……"

1988年李己去世，生前未留有遗嘱。1989年，李甲与贾甲结婚，婚后未生育子女，李丁与李甲、贾甲共同生活并居住在北京市密云区某镇某村某号院内，即上述分家契约中所述的西院五间房内。2012年8月1日贾甲去世，未留有遗嘱，之后，李丁的生活仍由李甲照顾直至2016年11月12日李丁去世。2018年3月6日李戊去世，苏甲系李戊之妻，二人生育一女李乙。

【案件焦点】

1. 诉争房屋，即分家契约中所述的西院五间房，是否为李丁的遗产；2. 李丁是否完全丧失劳动能力；3. 李甲与李丁是否构成扶养关系、李甲是否为李丁的第一顺序继承人。

【法院裁判要旨】

北京市密云区人民法院经审理认为：对于第一个争议焦点，分家契约将诉争房屋的所有权分给了李丁，而对此产生异议的关键在于对分家契约第八条的理解不同，分家契约第八条应当认定为带有遗赠性质的条款，即只有在满足以下两项条件的前提下，诉争房屋才能由李丙、李戊二人均分：1. 李己、贾甲由李丙、李戊轮流赡养时一定要同时扶养李丁；2. 李己、贾甲去世后，由李丙、李戊保障李丁的生活起居。第八条同样可以理解为附条件生效的条款，附生效条件的民事法律行为只有在条件成就时才能生效。事实上，李己、贾甲、李丁未在李丙、李戊两家轮流居住生活，李己、贾甲去世后，李丙、李戊亦未对李丁进行过生活上的扶助、经济上的补助，反而是李甲扶养照顾李丁的生活起居，直至李丁去世。故该条件未成就，第八条便未生效，诉争房屋在李丁去世后应是李丁的遗产。

对于第二个争议焦点，李丙主张李丁在遭受电击后并未完全丧失劳动能力，对此，为查清李丁遭受电击后是否完全丧失劳动能力，法院依职权特意走访了李丁生前所在石某村的多名村干部及李丁附近的邻居，被走访村民一致认为李丁在电击后脑部受损，意识虽清楚但身体已无法正常行动，尤其在贾甲与李甲结婚后，李丁的身体越来越差，完全丧失了劳动能力，生活起居依靠贾甲与李甲照顾，贾甲去世以后，李丁便与李甲共同生活，生活起居由李甲照顾。

对于第三个争议焦点，李甲与李丁之间是否构成有扶养关系的继父子关系，对此应当明确“扶养”的含义，继承法中的扶养泛指亲属之间经济上的供养、生活上的照顾以及精神上的慰藉，既包括继父母对继子女的抚养，也包括继子女对继父母的赡养。本案中，李甲与贾甲登记结婚时，李丁虽已满 18 周岁，但因肢体二级残疾，完全丧失了劳动能力，在李甲与贾甲婚后以及贾甲去世之后，李丁与李甲共同生活 27 年之久，其间李甲一直照顾李丁的全部生活起居，根据继承法关于扶养的应有之义，可以认定李甲与李丁之间已形成了有扶养关系的继父子关系，李甲可以作为李丁的第一顺序继承人继承李丁的遗产。

综上，依照《中华人民共和国婚姻法》第二十一条、第二十七条，《最高人民法院关于适用〈中华人民共和国婚姻法〉若干问题的解释（一）》第二十条，《中华人民共和国继承法》第三条、第五条、第十条、第十三条、第二十九条规定，判决如下：

一、坐落于北京市密云区某镇某村某号院内的北正房五间由原告李甲继承；

二、驳回原告苏甲、李乙之诉讼请求。

李丙不服一审判决，提起上诉。北京市第三中级人民法院经审理认为：继子女与继父母是子女因其父亲或母亲再婚时与父或母的配偶之间形成的亲属关系，故继子女和继父母之间是一种姻亲关系。根据《中华人民共和国继承法》第十条、《中华人民共和国婚姻法》第二十七条、《最高人民法院关于贯彻执行民事政策法律若干问题的意见》第三十七条的规定，继子女与继父母并不必然形成法律上的权利义务关系，继父母对继子女的遗产是否享有法定继承权取决于继子女与继父母之间有无扶养关系。存在扶养关系的继子女与继父母在法律上已形成拟制血亲关系，相互间互为法定继承人。本案中，李丁没有妻子儿女，亲生父母均已去世。李甲与贾甲结婚成为李丁的继父时，李丁虽已满18周岁，但完全丧失劳动能力，全部生活起居均需他人照顾，且随着年龄的增长，身体越来越差，对照顾的要求也越来越高。故对于完全丧失劳动能力的残疾人李丁而言，是否需要扶养与其是否已成年并无关联，其需终身被扶养，且随其年龄的增长，因自身疾病的原因，需被扶养的需求更高。故本案认定是否构成扶养关系应结合被抚养人的具体情况进行分析和认定。

"扶养"是指特定亲属间一方对他方承担生活供养义务的法律关系。扶养关系是否存在可从以下几个方面考虑：1. 扶养时间的长期性。在继子女与继父母及其他家庭成员共同生活较长时间的情况下，家庭成员之间关系更为融洽，且能体现出继父母与继子女之间在主观上愿意建立亲密关系。2. 经济与精神扶养的客观存在。3. 家庭身份的融合性。继父母与继子女能够共同生活，互相照料。一审法院认定李甲作为被继承人李丁的第一顺序法定继承人继承李丁的遗产并无不当，本院予以确认。

综上所述，李丙的上诉请求和理由均不能成立，应予驳回；一审判决认定事实清楚，适用法律正确，应予维持。依照《中华人民共和国民事诉讼法》第一百七十条第一款第一项规定，判决如下：

驳回上诉，维持原判。

【法官后语】

本案纠纷不仅是继承资格争议，也关涉优良家风的价值引领。裁判时不仅要考虑案件法律适用问题，还应考虑社会主义核心价值观及优良家风的价值引领效果以及裁判的可执行性。

一、扶养关系的认定

李甲与李丁之间是否构成扶养关系，李甲能否作为第一顺序继承人继承李丁的遗产，对此争议存在两种不同的观点：

第一种观点认为，法定继承纠纷应严格确定法定继承人身份，李甲与贾甲结婚时，李丁已经成年，李丁与李甲之间不构成扶养关系，李甲不宜列为李丁的法定继承人，则被继承人李丁的第一顺序法定继承人均不存在，应由第二顺序继承人继承其遗产。根据继承法关于继承人以外的人酌情分得遗产的规定，在本案遗产分配过程中，应充分考虑李甲对李丁的扶养情况、李甲的血亲情况、李丁遗产分割后的效用等因素，妥善作出处理。

第二种观点则认为，继父母与成年继子女扶养关系的认定，不能仅以年龄为标准，应综合考虑成年继子女是否具备劳动能力、扶养时间的长期性、经济与精神扶养的客观存在以及家庭身份的融合性。本案裁判认同该种观点，这种观点也符合我国婚姻家庭法及民法典关于婚姻及继承的相关立法精神。本案中，李丁在遭受电击后完全丧失了劳动能力，且随着时间的推移，李丁的身体越来越差，李甲自与贾甲结婚时便开始照顾李丁的生活起居，直至李丁去世，共 27 年的时间，这期间李甲对李丁无论是经济上还是精神上都给予了无微不至的关怀，长时间的共同生活、相依为命，李甲与李丁已经成为不是父子却胜似父子的关系，因此应当认定李甲与李丁之间构成扶养关系，李甲应当作为李丁的第一顺序继承人继承李丁的遗产。

二、裁判时的综合考量

1. 社会主义核心价值观及优良家风的价值引领效果

本案裁判时法官充分考虑了社会主义核心价值观及优良家风的价值引领效果，裁判结果将影响该地区的民风塑造，李甲为与贾甲组建家庭，将自己原居住村唯一的房屋变卖，到贾甲家与贾甲、李丁共同生活，27 年来如亲生父亲般照顾李丁，而李丙作为李丁的亲生兄长，多年来却并未尽到对弟弟的照顾义务，现今李丁去世，李丙却将涉案房屋大门紧锁不准李甲继续在涉案房屋内居住，李甲年过八旬，无其他住所，送走了李丁而自己却无法在生活了 27 年的院落内孤身安度晚年，不符合社会主义核心价值观的基本理念，不利于弘扬家庭美德。

2. 房屋的效用价值及案件执行效果

法官在判决时还考虑到了涉案房屋分割后的效用价值以及案件的执行效果，由于案涉五间房屋在一个院落内，分割房屋使已经有积怨的当事人同院居住有可能埋下后续纠纷隐患。同时在已出现一方紧锁案涉院落大门的情况下，当事人的反复争执将会使案件的执行难度不断增大，法官在裁判时亦考虑了如何裁判能更有利于民事审判的审执衔接，力求最终达到纠纷彻底有效解决。

综上，法院在审理民事案件时，要兼顾法律在案件中的适用和案件的社会效果，突出裁判的价值引领，通过个案裁判达到弘扬社会主义核心价值观及家庭美德的作用，树立优良家风，引导全社会崇德向善。

编写人：北京市密云区人民法院　韩璀珺

158　继承人配偶对被继承人扶养义务较多可酌定分得遗产权

——杜甲诉杜乙、杜某强继承案

【案件基本信息】

1. 裁判书字号

天津市红桥区人民法院（2018）津0106民初252号民事判决书

2. 案由：继承纠纷

3. 当事人：

原告：杜甲

被告：杜乙、杜某强

第三人：李某

【基本案情】

被继承人杜某禄与其配偶穆某玉育有子女三人，即杜甲、杜乙、杜某强。穆某玉于2000年去世，杜某禄于2015年去世。杜某强与李某系夫妻，二人育有一子杜丙。诉争房屋原系公产房，于2010年4月被出售，产权登记在被继承人杜某禄名下。关于购买产权的出资来源，各方当事人存在争议，杜甲与杜某强认为系被继承人杜某禄出资，杜乙及李某认为系李某出资，但均未提交相应证据。杜某强与李某婚后居住于诉争房屋，后双方分居，杜某强搬离该房在外居住，李某、杜丙和杜某禄共同居住。杜某禄死亡后，诉争房屋由李某和杜丙实际居住。

被继承人杜某禄与穆某玉生前未留有遗嘱或遗赠扶养协议，继承人间虽就诉争房屋出售达成过一致意见，但并未就继承份额进行约定。当事人一致认可被继承人的遗产范围为诉争房屋，该房屋的市场价值为1200000元。

再审情况：该案第三人李某认为分配其遗产25%的份额较低，向天津一中院申请再审。一中院驳回再审申请，理由是原审法院已经充分考虑再审申请人李某与被继承人长期共同生活，对被继承人照顾较多的情况，再审申请人已分得25%的遗产。再审申请人没有提供新证据证实其主张，再审事由不符合法律规定。

【案件焦点】

第三人作为继承人的配偶对被继承人扶养较多，能否取得酌定分得遗产权。

【法院裁判要旨】

天津市红桥区人民法院经审理认为：继承人享有继承遗产的权利。本案中因不存在按照遗嘱或遗赠等分配遗产的情形，故应按照法定继承办理。对于法定继承，同一顺序继承人继承遗产的份额，一般应当均等。杜甲、杜乙、杜某强系本案被继承人的第一顺序继承人，且对被继承人均尽了赡养义务，故应平均继承遗产。第三人李某与被继承人长期在诉争房屋内共同生活，对被继承人的生活起居照顾较多，考虑到李某与杜某强长期分居的事实，可以认定李某对被继承人的照顾不是基于履行杜某强的赡养义务，故李某可以适当分得遗产，具体的遗产份额法院酌定为25%。杜乙认为其本人对被继承人尽的赡养义务较多，但未提供相应证据证明，故不予采纳。杜甲与杜乙、杜某强的遗产继承份额均为25%。考虑到各方当事人对遗产房屋的处理意见以及各自给付能力，诉争房屋应由杜甲继承所有，并由其给付杜乙、杜某强及李某经济补偿款。

综上所述，判决如下：

一、诉争房屋由原告杜甲继承所有；

二、原告杜甲自本判决书生效之日起三十日内，一次性给付被告杜乙财产补偿款300000元，一次性给付被告杜某强财产补偿款300000，一次性给付第三人李某财产补偿款300000元；

三、自本判决主文第二项原告的给付义务履行到位后十日内，被告杜乙、被告杜某强、第三人李某协助原告杜甲办理诉争房屋产权转移登记手续，产权转移登记手续相关费用由原告自行承担。

【法官后语】

《中华人民共和国民法典》第一千一百三十一条保留了继承人以外的对被继承人扶养较多的人可以分给适当遗产的规定。相较于《中华人民共和国继承法》对依靠被继承人扶养的人删除了“缺乏劳动力有没有生活来源”的规定，放宽了继承人以外可以酌情分得遗产人员的条件，兼顾了依靠被继承人扶养的人、对被继承人扶养较多的人与法定继承人的合法权益，保证了遗产分配的公平性。法律对该权利的性质是继承权还是债权、权利主体的范围、权利的构成要件等虽然没有明确的规定，但酌情分得遗产权的法理依据是尊重和维护被继承人生前稳定的扶养关系，故酌情分得遗产权的法律性质应当是类似于无因管理的法定债权。酌情分得遗产权应当满足以下构成要件：一是主体应是被继承人以外的人。二是尽到扶养较多的人非履行法定义务，也并非受到其他继承人的委托。三是“扶养较多”是指在被继承人生活上、精神上尽到超出常规礼节性、情谊性照顾的范围，例如与被继承人长期共同生活、尽到主要劳务付出或给予较大经济资助等。本案中被继承人儿媳与儿子因夫妻矛盾分居，儿媳与被继承人仍然共同生活，在生活起居、就医照料等方面所尽义务较多。儿媳与配偶分居、离婚后，与被继承人仍然保持先前的扶养关系，对被继承人扶养较多，不是基于夫妻的法定义务，而是出于对被继承人的感情或者道德方面的动机，其扶养行为受自己独立意志支配，被继承人从中受益，应当判定儿媳可以独立地适当分得遗产。

该案裁判对相关法条进行了解释：第三人与被继承人长期在诉争房屋内共同生活，第三人对被继承人的生活起居照顾较多，考虑到第三人李某与被告杜某强长期分居的事实，可以认定第三人对被继承人的照顾不是基于履行杜某强的赡养义务，故第三人可以适当分得遗产，具体的遗产份额法院酌定为25%。

编写人：天津市红桥区人民法院　南宝龙

159　生父（母）与继母（父）离婚后，原有扶养关系的继父母子女是否互有继承权

——韩某诉韩某岭等法定继承案

【案件基本信息】

1. 裁判书字号

天津市第二中级人民法院（2017）津02民终第7664号民事判决书

2. 案由：法定继承纠纷

3. 当事人

原告（上诉人）：韩某

原告（被上诉人）：韩某岭、韩某芹、韩某泉

被告（被上诉人）：韩某兰、韩某凤、韩某禄

【基本案情】

韩某岭、韩某芹、韩某泉、韩某兰、韩某凤、韩某禄及被继承人韩某成系兄弟姐妹关系，其父亲韩某德于1993年死亡，其母亲任某春于2011年死亡。

韩某系韩某成的继子女。1992年8月19日，韩某成与案外人孔某苓登记结婚，双方婚后与原告韩某（1985年11月1日出生，原名姜某娟，2000年1月更名为韩某）共同生活。

1998年，韩某成获得位于天津市东丽区新立街宝元村的涉诉房屋的使用权。2006年，韩某成取得该房屋的土地使用权证。

2005年11月14日，韩某成与孔某苓登记离婚，约定：韩某成名下坐落在天津市东丽区新立街宝元村中街北×条×排×号北房屋三间，系共同财产，二人各分房产一半。

2015年11月19日，韩某成死亡。现涉诉房屋由韩某及孔某苓占有使用。

【案件焦点】

在生父（母）与继母（父）离婚后，曾经有扶养关系的继父母子女关系是否当然解除，双方是否互有继承权利。

【法院裁判要旨】

天津市东丽区人民法院经审理认为：遗产是公民死亡时遗留的

个人合法财产。本案被继承人韩某成死亡后，留有其名下的涉诉房屋系遗产。就该遗产的处理，被继承人未立遗嘱，故应按照法定继承处理。韩某岭、韩某芹、韩某泉、韩某兰、韩某凤、韩某禄作为继承人韩某成的兄弟姐妹，应享有均等继承权，各继承遗产的1/6。

被继承人韩某成与韩某之母孔某苓于1992年8月19日结婚，于2005年11月14日离婚。与韩某母亲结婚后，被继承人韩某成对韩某尽了抚养义务，抚养韩某至成年，故韩某与被继承人韩某成形成有扶养关系的继父母子女关系，为拟制血亲。在被继承人韩某成与韩某之母2005年离婚至韩某成2015年死亡的十年间，韩某为年龄20岁至30岁之间的成年人，应对被继承人韩某成履行赡养义务，但韩某向法庭提交的证据并不能证明韩某对被继承人尽了相应的赡养义务，且韩某之母已于2005年与被继承人韩某成离婚，亦没有证据证明被继承人韩某成生前有同意韩某继承遗产的意愿，故即使拟制血亲关系不因婚姻关系的解除而全部解除，但基于本案以上因素，韩某主张继承被继承人遗产的主张，不予支持。

天津市东丽区人民法院依照《中华人民共和国继承法》第三条、第五条、第十条、第十三条的规定，作出如下判决：

一、涉诉房屋系遗产，由原告韩某岭、韩某芹、韩某泉及被告韩某兰、韩某凤、韩某禄各继承该遗产的1/6份额；

二、驳回原告韩某岭、韩某芹、韩某泉、韩某的其他诉讼请求。

韩某不服一审判决，提起上诉。天津市第二中级人民法院同意一审法院裁判意见，并认为，依据《中华人民共和国继承法》第十三条第四款规定，有扶养能力和有扶养条件的继承人，不尽扶养义务的，分配遗产时，应当不分或者少分。

天津市第二中级人民法院依照《中华人民共和国民事诉讼法》

第一百六十九条第一款、第一百七十条第一款第一项规定，作出判决：驳回上诉，维持原判。

【法官后语】

继子女通常是指夫或妻一方与前配偶所生的子女；继父母是指子女母亲或者父亲再婚的配偶。继父母和继子女的关系是由于生父母一方死亡，另一方带子女再婚后形成的。在通常情况下，继父母与继子女之间的关系属于姻亲范围，然而依据我国法律，仅仅凭生父或生母再婚这一事实，并不必然在继父母与继子女之间产生法律上父母子女之间的权利义务。只有在继父母将继子女收养为养子女或者继父母与继子女之间形成扶养关系，他们之间才能适用《中华人民共和国民法典》上的父母子女关系。

继父母与继子女关系分为三种形式。

第一种，名分型。也就是继父母与继子女之间未形成法律抚育关系，生父（母）与继母（父）再婚时，继子女已经成年可以独立生活，或虽未成年但仍由其生父母提供生活教育费用。名分型继父母子女关系，仅存在姻亲关系，随着生父母与继父母婚姻关系的存续与否而自然成立或终止，彼此之间并不发生法定的权利义务，即继父母对继子女没有抚养义务，继子女对继父母也没有赡养的义务，双方之间不产生相互继承的权利。

第二种，收养型。即继父或继母经继子女的生父母同意，已正式收养该子女，并履行法律手续后，继父母与继子女之间已经转为养父母与养子女关系，养父母与养子女之间的关系为法律拟制的直系血亲，同时，该子女与共同生活的生母（父）一方，仍为直系血亲，而不与子女共同生活的生父（母）的权利义务随之消失。而养父母子女之间的权利与义务适用子女父母之间的权利义务，养父母对养子女有抚养的义务，养子女对养父母有赡养的义务，养父母和养子女互有继承财产的权利，继子女对继父母的财产享有继承的权利。被收养后的继子女即使在生父（母）与继父（母）离婚后，双方之间的父母子女关系也不会自然解除。《中华人民共和国民法典》关于收养关系的解除规定了两种方式：一是协议解除，二是通过诉讼解除。关于协议解除规定了三种情形：1. 收养人在被收养人成年以前，不得解除收养关系，但是收养人、送养人双方协议解除的除外。2. 收养人不履行抚养义务，有虐待、遗弃等侵害未成年养子女合法权益行为的，送养人有权要求解除养父母与养子女间的收养关系。3. 养父母与成年养子女关系恶化、无法共同生活的，可以协议解除收养关系。上述三种情形协商不成的，均可向法院诉讼解除。因子女成年后虐待、遗弃养父母而解除收养关系的，养父母可以要求养子女补偿收养期间支出的生活费和教育费。继子女也适用未自然解除的继父母子女之间的继承，对继父母的财产享有法律所保护的继承权。

第三种，形成法律扶养关系。扶养是指扶养人对被扶养人精神上的关心、经济上的供给和日常生活的照料和帮助。以下三种情况下继父母与继子女之间构成扶养关系：1. 继父母抚养教育了未成年继子女；2. 成年继子女赡养扶助了继父母；3. 继父母抚养教育未成年继子女，继子女成年后又赡养扶助了继父母。只要存在上述三种情况中的一种，就应当认定为继父母与继子女之间扶养关系成立。除了生父（母）与继母（父）结婚这一法律事实之外，还以继父母与继子女之间形成扶养（包括抚养、赡养）关系为要件，这种继父母与继子女之间的关系为法律拟制的直系血亲。

关于形成法律扶养关系的继父母和继子女之间的法律权利和义务，《中华人民共和国民法典》第一千零七十二条规定，继父母与继子女间，不得虐待或者歧视。继父或者继母和受其抚养教育的继子女间的权利和义务关系，适用本法关于父母子女关系的有关规定。关于父母与子女的关系，《中华人民共和国民法典》规定了父母对子女有抚养和教育的义务，子女对父母有赡养扶助的义务。父母和子女有相互继承遗产的权利。而且《中华人民共和国民法典》关于法定继承人部分规定了子女包括有扶养关系的继子女。父母，包括有扶养关系的继父母。具体而言，（一）继父母对继子女有抚养和教育的义务。继父母不仅要保证继子女的生活所需，而且要保证继子女能接受正常的教育。对于不履行抚养义务的继父母，未成年的继子女或不能独立生活的继子女，有要求给付抚养费的权利。（二）继子女对继父母有赡养和扶助的义务。在通常情况下，受继父母抚养成人并独立生活的继子女，应当承担赡养继父母的义务。继子女不履行赡养义务时，无劳动能力或生活困难的继父母，有要求继子女支付赡养费的权利。（三）继父母和继子女之间有相互继承财产的权利。我国继承法第十条规定，遗产按照下列顺序继承：第一顺序：配偶、子女、父母；第二顺序：兄弟姐妹、祖父母、外祖父母……本法所说的子女，包括婚生子女、非婚生子女、养子女和有抚养关系的继子女……

本案即第三种继父母与继子女的关系。也就是形成抚养关系的继父母和继子女关系，一旦继父母与继子女之间形成了扶养关系，不仅包括继父母抚养了继子女，也包括继子女赡养了继父母，就产生了父母子女之间的权利义务关系，双方之间产生继承上的法律关系，有相互继承的权利。在本案中，上诉人韩某出生于1985年11

月1日，被继承人韩某成与原告韩某之母孔某苓于1992年8月19日结婚，于2005年11月14日离婚。被继承人韩某成与韩某之母孔某苓结婚时韩某成与韩某形成了继父与继子女的法律关系，当时韩某7岁，被继承人韩某成与孔某苓离婚时韩某已经20周岁，被继承人韩某成对韩某尽了抚养义务，双方形成了有抚养关系的继父母和继子女关系。

2005年11月14日离婚后，韩某与韩某成的继父与继子女的关系是否随着韩某生母与继父韩某成婚姻关系的解除而终止呢？根据1986年《最高人民法院关于继母与生父离婚后仍有权要求已与其形成抚养关系的继子女履行赡养义务的批复》的精神，继父母、继子女关系并不因继父（母）和生母（父）的离婚解除。同时《最高人民法院关于继父母与继子女形成的权利义务关系能否解除的批复》（1988年1月22日）规定，……继父母与继子女已形成的权利义务关系不能自然终止，一方起诉要求解除这种权利义务关系的，人民法院应视具体情况作出是否准许解除的调解或判决。法理上，所谓的“不能自然终止”的情形包括了继父母死亡，或者继父（母）与生母（父）离婚，即有扶养关系的继父母与继子女之间的关系并不因为继父母死亡，或者继父（母）与生母（父）离婚而终止。受继父母长期抚养、教育的继子女已成年的，继父母与继子女已经形成的身份关系和权利义务关系不能因离婚而自然解除，只有在继父母或继子女一方或双方提出解除继父母继子女关系并符合法律规定的条件下，才可以解除。因此本案中韩某与韩某成的继父与继子女的关系不会因为韩某生母与继父韩某成婚姻关系的解除而终止。

本案中，即便上诉人韩某的生母孔某苓与继父韩某成离婚，韩某成与韩某的继父继子女关系依然存在。作为继子女的韩某对继父韩某成有赡养和扶助的义务，双方之间有相互继承的权利。在此情况下，韩某是否有权继承韩某成的遗产成为本案的焦点问题。本案中被继承人韩某成在生前未留有遗嘱，应按法定继承处理。根据法院查明事实，在被继承人韩某成与上诉人之母2005年离婚至韩某成2015年死亡的十年间，上诉人韩某已经成年，在韩某成对韩某尽了抚养义务后，韩某没有提供充分证据证明其对韩某成尽了赡养义务。依照原《中华人民共和国继承法》第十三条第四款规定，有扶养能力和有扶养条件的继承人，不尽扶养义务的，分配遗产时，应当不分或者少分，在本案中，作为继承人的韩某未对被继承人韩某成履行法定赡养义务，因此法院判决驳回韩某对韩某成遗产的继承的诉讼请求。

编写人：天津市第二中级人民法院　吴文琦　任士强

160 被继承人子女怠于履行赡养义务对于其法定继承权的影响

——吴某某、吴某甲诉吴某乙、郑某某继承案

【案件基本信息】

1. 裁判书字号

广东省广州市中级人民法院（2016）粤01民终字第10448号民事判决书

2. 案由：继承纠纷

3. 当事人

原告（上诉人）：吴某某、吴某甲

被告（被上诉人）：吴某乙、郑某某

【基本案情】

吴某某、吴某甲与吴某丙是兄弟关系。其父吴某丁于1987年死亡，其母谭某某于2012年死亡。吴某丙与郑某某原是夫妻关系，二人于1983年11月6日生育女儿吴某乙。诉争房屋原是吴某丙于2011年通过继承和赠与取得的房产，登记在吴某丙一人名下。2012年3月29日，吴某丙与郑某某登记离婚，双方签订的协议书主要内容为：……二、无夫妻共同财产处理；三、无债权债务；四、男方给付女方人民币肆万元整作为偿还在婚姻期间借钱帮男方购买养老保险和医保费用……2013年10月25日，吴某丙死亡。2015年1月15日，吴某乙经公证确认：诉争房屋是吴某丙和郑某某的夫妻共同财产；吴某丙生前无遗嘱，亦未与他人签订遗赠扶养协议；吴某丙与郑某某只生育一名子女吴某乙，吴某丙的父母先于其死亡，吴某丙的上述遗产由吴某乙一人继承；继承后，郑某某、吴某乙各占诉争房屋1/2的产权。2015年9月29日，吴某乙与郑某某签订《广州市房地产赠与合同》，吴某乙将诉争房屋1/2的所有权份额赠与郑某某，郑某某愿意接受赠与。2015年9月30日，郑某某取得诉争房屋的产权证，诉争房屋目前登记在郑某某一人名下。

吴某丙原是广州市荔湾区×社区居民，与郑某某结婚后一直共同居住在诉争房屋内。2009年吴某乙结婚后搬离诉争房屋，不再与父母同住。2010年，因夫妻感情不和，郑某某自行搬离诉争房屋，此后吴某丙一人独自居住在诉争房屋，平时到吴某某家中与吴某某共同饮食，生病时主要由吴某甲陪同就医。吴某丙因无固定工作，经济困难，于2011年5月在×社区办理了低保救济。2013年

10月22日至25日，吴某丙因病住院，吴某某、吴某甲负责照顾。吴某丙死亡后丧葬事宜均由吴某某、吴某甲办理。吴某某、吴某甲提供×社区居委会出具的《证明》，主要内容：2011年至吴某丙死亡期间，吴某丙的一切生活和相关业务均由吴某某和吴某甲协助处理；在上述期间及吴某丙患病期间，居委会曾多次联系吴某乙协助吴某丙入院治疗及照顾父亲，但均被吴某乙拒绝。吴某某、吴某甲另提供《关于×社区居委会协调处理吴某丙死亡后丧事及遗产处理情况说明》，主要内容：2013年10月26日，吴某乙、吴某某、吴某甲在居委会见证下商量解决吴某丙丧事及遗留诉争房屋的产权问题，经协商，吴某某、吴某甲与吴某乙达成口头协议：吴某丙丧事由吴某某和吴某甲全部负责办理，吴某乙放弃吴某丙遗留诉争房屋继承权，并将继承权转让给吴某某、吴某甲。

【案件焦点】

1. 如何认定被继承人子女怠于履行赡养义务对于其法定继承权的影响；2. 口头放弃继承的效力应如何认定。

【法院裁判要旨】

广东省广州市荔湾区人民法院经审理认为：诉争房屋原系吴某丙于2011年通过继承和赠与取得所有权，属于吴某丙与郑某某的夫妻共同财产。吴某丙和郑某某离婚时，虽然在离婚协议上载明“无夫妻共同财产处理”，但这仅能反映当时双方不需要民政部门确认诉争房屋的分割方式，并不能因此认定诉争房屋不属夫妻共同财产或郑某某已放弃诉争房屋的产权。吴某某、吴某甲主张郑某某以取得40000元补偿作为放弃诉争房屋产权的条件，但根据离婚协议书，该40000元为吴某丙承诺偿还给郑某某的社会保险参保费用，与诉争房屋无关，故对吴某某、吴某甲的主张不予确认。

吴某丙于2013年10月25日死亡，其占诉争房屋的1/2产权份额属于其遗产。吴某丙生前没有订立遗嘱或者遗赠扶养协议，其遗产依法应按法定继承处理。吴某丙育有女儿吴某乙，吴某丙的父母均先于其死亡，故吴某丙的上述遗产依法应由吴某乙继承。吴某某、吴某甲虽然主张吴某乙拒绝赡养照顾吴某丙，但其提供的居委会证明、电话录音等，仅能证明吴某乙确实疏于照顾吴某丙，不能证明吴某乙遗弃、虐待吴某丙，故吴某乙依法仍享有继承权。吴某某、吴某甲主张吴某乙已放弃继承，根据《最高人民法院关于贯彻执行〈中华人民共和国继承法〉若干问题的意见》第四十七条："继承人放弃继承应当以书面形式向其他继承人表示。用口头方式表示放弃继承，本人承认，或有其他充分证据证明的，也应当认定其有效。"《关于×社区居委会协调处理吴某丙死亡后丧事及遗产处理情况说明》中虽然记载吴某乙曾与吴某某、吴某甲协商并口头同意放弃继承，但这仅能证明吴某乙在居委会本次调解过程中的意思表示，且吴某乙最终也没有以书面方式确认其放弃继承权，在吴某某、吴某甲没有其他充分证据证实吴某乙明确放弃继承权的情况下，本院对吴某某、吴某甲主张吴某乙放弃继承不予确认，在此情况下，吴某丙占诉争房屋的1/2产权份额应由吴某乙继承。但是，结合吴某乙、郑某某已先后于2009年、2010年搬离诉争房屋，吴某丙独自居住期间吴某乙疏于照顾吴某丙，而吴某某、吴某甲则在吴某丙生前照顾其饮食、陪同其就医、料理其住院事宜、办理其丧葬后事等情况，可认定吴某某、吴某甲确实为照顾吴某丙付出更多劳务，对吴某丙扶养较多，故他们虽然不是吴某丙的法定继承人，但可适当分得吴某丙的遗产。

吴某乙在继承后已将自有份额赠与郑某某所有，诉争房屋目前已登记在郑某某一人名下。考虑到遗产分割应当有利于生产和生活需要，不损毁遗产的效用，因此不宜再对诉争房屋进行分割。吴某乙在答辩中称愿意作金钱补偿，这作为对吴某某、吴某甲可适当分得吴某丙遗产的补偿，是合法和可行的，故本院酌情判决吴某乙向吴某某、吴某甲各支付10000元。

广东省广州市荔湾区人民法院依据《中华人民共和国继承法》第七条、第十条第一款和第二款、第十四条、第二十五条、第二十九条，《最高人民法院关于贯彻执行〈中华人民共和国继承法〉若干问题的意见》第四十七条，《最高人民法院关于民事诉讼证据的若干规定》第二条的规定，作出如下判决：

一、被告吴某乙于本判决发生法律效力之日起十日内，向原告吴某某补偿10000元；

二、被告吴某乙于本判决发生法律效力之日起十日内，向原告吴某甲补偿10000元；

三、驳回原告吴某某、吴某甲的其他诉讼请求。

吴某某、吴某甲不服一审判决，提出上诉。广州市中级人民法院经审理认为：《中华人民共和国继承法》第十四条规定："对继承人以外的依靠被继承人扶养的缺乏劳动能力又没有生活来源的人，或者继承人以外的对被继承人扶养较多的人，可以分给他们适当的遗产。"本案中，居委会已经出具证明证实吴某某、吴某甲对吴某丙扶养较多，可分给吴某某、吴某甲适当的遗产，但由于吴某丙的遗产即讼争房屋现已变更登记在郑某某名下，故原判出于利于生产和生活需要的考虑，判决吴某乙向吴某某、吴某甲各补偿10000元也是可行的，虽然补偿数额偏低，但考虑到吴某某、吴某甲已实际领取社保部门发放的68000多元的丧葬费和抚恤金，且其亦未提交充分证据证实扶养吴某丙的具体费用，故对此予以维持。

至于吴某某、吴某甲上诉主张吴某乙应不分或者少分遗产的问题，由于吴某乙系被继承人吴某丙唯一的法定继承人，且从吴某某、吴某甲提交的录音材料可以看出，吴某乙对吴某丙疏于照顾亦是事出有因，且有给钱用于吴某丙购买社保，故原判认为吴某乙确实疏于照顾吴某丙，而非遗弃、虐待吴某丙，认定吴某乙依法仍享有继承权并无不当，本院予以确认。因此，原审判决并无不当，予以维持。

广东省广州市中级人民法院依照《中华人民共和国民事诉讼法》第一百七十条第一款第（一）项之规定，判决如下：

驳回上诉，维持原判。

【法官后语】

本案是第二顺位法定继承人诉第一顺位法定继承人的继承纠纷，原告是被继承人的同胞兄弟，被告是被继承人的离异配偶及婚生女儿。现就本案的争议焦点一一分析如下。

1. 关于离婚协议中的“无夫妻共同财产处理”的效力认定问题。在不违反法律规定的前提下，夫妻双方出于真实自愿的意思表示，通过签署协议表示对离婚协议中内容的确认，具有法律效力。但本案中的“无夫妻共同财产处理”，只是夫妻双方在形式上确认不予处理，并不等同于否认夫妻共同财产的存在，亦不等同于夫妻任何一方表示对共同财产的消极放弃。因此本案的被告郑某某仍旧享有夫妻关系存续期间自己所占有的诉争房屋的1/2产权份额，不因离婚协议中的“无夫妻共同财产处理”而产生消极后果。

2. 关于被继承人子女怠于履行赡养义务对继承权的影响问题。

赡养是指子女在物质上和经济上为父母提供必要的生活条件，子女作为赡养人，应当履行对老年人经济上供养、生活上照料和精神上慰藉的义务，照顾老年人的特殊需要。现实生活中，常常发生被继承人的子女或部分子女因与被继承人异地生活、感情淡漠等原因，怠于履行赡养义务等情形。而被继承人因生活、就医等需要，往往只能依靠其他子女甚至求助继承人以外的人，例如兄弟姐妹、朋友、邻居等。因此各子女对父母的扶养不均等，或者继承人以外的人对被继承人在劳务、金钱上给予更多支持的情况不在少数。《中华人民共和国继承法》第十三条：同一顺序继承人继承遗产的份额，一般应当均等。对生活有特殊困难的缺乏劳动能力的继承人，分配遗产时，应当予以照顾。对被继承人尽了主要扶养义务或者与被继承人共同生活的继承人，分配遗产时，可以多分。有扶养能力和有扶养条件的继承人，不尽扶养义务的，分配遗产时，应当不分或者少分。第十四条："对继承人以外的依靠被继承人扶养的缺乏劳动能力又没有生活来源的人，或者继承人以外的对被继承人扶养较多的人，可以分给他们适当的遗产。"《最高人民法院关于贯彻执行〈中华人民共和国继承法〉若干问题的意见》第三十四条："有扶养能力和扶养条件的继承人虽然与被继承人共同生活，但对需要扶养的被继承人不尽扶养义务，分配遗产时，可以少分或者不分。"由此可得，被继承人子女怠于履行赡养义务对其继承份额的影响体现为：第一，同样作为法定继承人，若部分子女具有扶养能力和条件却怠于履行赡养义务，法律规定应当不分或者少分。第二，若继承人以外的人对被继承人尽到更多的扶养义务，则可适当分得遗产，即法定继承人实际继承取得的财产将会减少。但本案中原告的举证尚未能证明被告吴某乙对被继承人的疏于照顾达到遗弃、虐待的程度，因此不应该就此剥夺其继承权。《中华人民共和国民法典》第一千一百三十条、第一千一百三十一条，《最高人民法院关于适用〈中华人民共和国民法典〉继承编的解释（一）》第二十三条均延续了上述规定，可见民法典一如既往倡导树立优良家风、弘扬家庭美德，同时也体现了权利义务相一致的重要原则。

3. 关于口头放弃继承的效力认定问题。根据《最高人民法院关于贯彻执行〈中华人民共和国继承法〉若干问题的意见》第四十七条："继承人放弃继承应当以书面形式向其他继承人表示。用口头方式表示放弃继承，本人承认，或有其他充分证据证明的，也应当认定其有效。"由法条可知，放弃继承有两种方式，第一种是继承人以书面方式放弃继承。第二种是继承人以口头方式放弃继承，但需满足以下两个条件之一：（1）继承人本人承认；（2）有充分证据证明。在本案中，二原告提交的《关于×社区居委会协调处理吴某丙死亡后丧事及遗产处理情况说明》，证明被告吴某乙曾经与二原告协商并作出口头放弃继承的表示。在此前提下，关键在于被告吴某乙本人是否承认或二原告提供的证据是否达到了充分证明的程度。此外，在答辩过程中，被告吴某乙并无放弃法定继承权的意思表示。本院认为，二原告提供的证据虽然记载吴某乙曾与两原告协商并达成口头同意放弃继承，但这仅能证明吴某乙在居委会本次调解过程中的意思表示，且吴某乙最终也没有以书面方式确认其放弃继承权，在两原告没有其他充分证据证实吴某乙明确放弃继承权的情况下，对二原告主张吴某乙放弃继承不予确认。值得注意的是，民法典施行后，《最高人民法院关于适用〈中华人民共和国民法典〉继承编的解释（一）》第三十三条规定：继承人放弃继承应当以书面形式向遗产管理人或者其他继承人表示。第三十四条规定：在诉讼中，继承人向人民法院以口头方式表示放弃继承的，要制作笔录，由放弃继承的人签名。可见，法律规定的口头放弃继承的方式已发生改变，只有放弃继承的人在诉讼中作出其意思表示并在笔录上签名，才发生放弃继承的法律后果。

4. 关于第二顺位继承人能否取代第一顺位继承人的探讨。《中华人民共和国继承法》第十条规定，“遗产按照下列顺序继承：第一顺序：配偶、子女、父母。第二顺序：兄弟姐妹、祖父母、外祖父母。继承开始后，由第一顺序继承人继承，第二顺序继承人不继承。没有第一顺序继承人继承的，由第二顺序继承人继承……”本案中，被告郑某某、吴某乙是第一顺位继承人，二原告是第二顺位继承人，依照上述法律规定，二原告无权继承被继承人吴某丙的遗产。但如果第一顺位继承人存在以下两种法律规定的情况，第二顺位继承人也并非不能取而代之。第一种情况如《中华人民共和国继承法》第七条所规定：“继承人有下列行为之一的，丧失继承权：（一）故意杀害被继承人的；（二）为争夺遗产而杀害其他继承人的；（三）遗弃被继承人的，或者虐待被继承人情节严重的；（四）伪造、篡改或者销毁遗嘱，情节严重的。”本案中二原告正是基于被告吴某乙对被继承人疏于照顾的考虑，向法庭主张被告吴某乙无权继承遗产。第二种情况如《最高人民法院关于贯彻执行〈中华人民共和国继承法〉若干问题的意见》第四十七条所规定：“继承人放弃继承应当以书面形式向其他继承人表示。用口头方式表示放弃继承，本人承认，或有其他充分证据证明的，也应当认定其有效。”关于此规定上文已做了阐述，在此不再赘述，本案的二原告也正是基于被告吴某乙曾经口头表示放弃继承，由此主张兄弟二人有权继承。由此看出，在有第一顺位继承人继承遗产的情况下，第二顺位继承人也并非完全丧失主动权。但满足以上两种法律规定情形的情况并不常见，抑或者说，利用证据能充分证明此两种情况存在的举证难度也相当大。那么，就本案而言，二原告早与被继承人形成了紧密的扶养关系，其付出远远超出了二被告所应负担的义务，二原告的权利又该如何保障？基于对法理及《中华人民共和国继承法》第十四条“对继承人以外的依靠被继承人扶养的缺乏劳动能力又没有生活来源的人，或者继承人以外的对被继承人扶养较多的人，可以分给他们适当的遗产”规定的参照与考虑，二原告的权利理应受到保障。故本院在认定二原告确实为照顾被继承人吴某丙付出更多劳务、对吴某丙尽了较多扶养义务的事实上，判定二原告可适当分得吴某丙的遗产。

编写人：广东省广州市荔湾区人民法院　陈若琳　陈俊薇

161　财产分割纠纷中死亡赔偿金的性质认定及分配

——郭先某、余春某诉杨清某财产分割案

【案件基本信息】

1. 裁判书字号

湖北省当阳市人民法院（2013）鄂当阳民初字第00964号民事判决书

2. 案由：财产分割纠纷

3. 当事人

原告：郭先某、余春某

被告：杨清某

【基本案情】

2013年1月15日，郭先某、余春某及杨清某三人的母亲张安某因交通事故去世。就该机动车交通事故责任纠纷一案，法院于2013年5月8日作出（2013）鄂当阳民初字第00441号民事判决，判令：杨清某、郭先某、余春某的经济损失143172.01元（死亡赔偿金104200元，丧葬费17589.50元，精神损害赔偿抚慰金2万元，误工费582.51元，交通费800元）由中国太平洋财产保险股份有限公司宜昌中心支公司在交强险范围内赔偿11万元，由张颜某赔偿23220.41元，张颜某已赔偿16000元，还应赔偿7220.41元。2013年5月14日，杨清某、郭先某、余春某收到张颜某18000元（含已付16000元），并书面承诺放弃（2013）鄂当阳民初字第00441号民事判决中要求张颜某履行的其他赔偿款。2013年7月2日，郭先某、余春某委托杨清某在法院领取中国太平洋财产保险股份有限公司宜昌中心支公司赔偿款11万元。后三人因赔偿款分配产生纠纷，郭先某、余春某诉至法院，请求判令杨清某依法分别向郭先某、余春某支付38400元，合计76800元。2013年8月3日，余春某与杨清某达成《和解协议》，协议载明："余春某（甲方）与杨清某（乙方）达成以下协议：一、杨清某一次性付给余春某5000元，余春某放弃其在（2013）鄂当阳民初字第00964号案中的诉讼请求，作为杨清某多年扶养母亲张安某的补偿；二、余春某向人民法院申请撤诉；三、双方和解，维系亲密的亲情关系。"同日，余春某收到杨清某支付的5000元，并出具收条。

【案件焦点】

财产分割纠纷中死亡赔偿金的性质认定及如何分配。

【法院裁判要旨】

湖北省当阳市人民法院审理认为：本案中，张安某的死亡赔偿金及精神损害抚慰金共计128000元，丧葬费17589.50元应在分割上述赔偿款前先行扣除，剩余110410.50元，属于郭先某、余春某及杨清某共同共有。死亡赔偿金是对死者家属整体预期收入损失的一种财产性损害赔偿，也是对死者家属精神、心理损害的赔偿，应当根据与死者关系的远近、共同生活的亲密程度、分配权利人的生活状况等情况综合考虑、合理分配，如果有协议的按协议处理。余春某与杨清某之间签订了《和解协议》，按协议原告余春某已分得5000元。同时，张安某因交通事故去世前，自1990年丧失劳动能力以来，一直跟随杨清某居住生活，杨清某夫妻尽主要赡养义务，杨清某与死者张安某共同生活的亲密程度较高，并且，杨清某生活困难，经济状况较差，对赔偿款的依赖性较高。综合以上情况，应当对杨清某予以多分。按照上述原则，本院酌定支持郭先某分得30000元，杨清某分得75410.50元。据此，依照《中华人民共和国民法通则》第四条，《中华人民共和国合同法》第五十二条、第五十四条，《最高人民法院关于民事诉讼证据的若干规定》第二条、第五条第一款规定，判决：

一、张安某的死亡赔偿金及精神损害赔偿抚慰金105410.50元，由原告郭先某分得30000元，被告杨清某分得75410.50元；

二、驳回原告郭先某、余春某的其他诉讼请求。

【法官后语】

本案是死者近亲属之间关于死亡赔偿金的分配纠纷，这类案件是基层法院审判工作中的一个难点。首先法律法规及司法解释对此没有明确规定，其次该类案件涉及当事人众多且关系亲密，他们不仅要经受失去亲人的痛苦，又要遭受亲人对簿公堂的苦楚，死亡赔偿金分配得公平与否对其今后的生活乃至生存都有着重大的影响。要妥善解决此类纠纷，首先应明晰死亡赔偿金的性质，进而确定其分配原则。

一、死亡赔偿金的性质

1.“精神损害赔偿说”和“财产损害赔偿说”

理论界对死亡赔偿金性质的争论存在已久，从我国立法演变看，其性质的认定也发生过几次变化。“精神损害赔偿说”和“财产损害赔偿说”的争论尤为激烈。“精神损害赔偿说”认为：受害人的意外死亡，必然会给受害人的近亲属的心理和身体造成无形的侵害，死亡赔偿金就是用来补偿其近亲属在精神上受到的侵害，其性质是对受害人近亲属因其死亡产生的精神损害的赔偿。“财产损害赔偿说”认为：死亡赔偿金是对受害人余命期间的“逸失”财产的一种弥补，是对死者近亲属的财产损害赔偿。

《中华人民共和国侵权责任法》的出台统一了死亡赔偿金性质的混乱局面，认为死亡赔偿金是对财产损害的赔偿（现行《中华人民共和国民法典》沿袭了这一观点）。但对死亡赔偿金是针对死者自身的赔偿，还是对死者近亲属损害的赔偿依然未明确。笔者认为，基于亲属关系，侵权人致受害人死亡，其侵权行为给死者近亲属造成了损害，这种损害包括财产上的损失和非财产上的损失。财产方面的损害通常包括直接财产损害和间接财产损害。直接财产损害即受害人因侵权行为产生的医疗费、护理费等；间接财产损害即受害人因死亡而导致其余命年岁内可期待财产利益的逸失。以上财产损害也是死者家庭整体预期收入的损失。非财产损害是死者近亲属因死者死亡而承受的心理损害，即精神损害赔偿。按照我国民法理论中的法理基础，损害赔偿之目的在于“填平损害”，侵权人应就其行为造成的损害后果予以全面、足额的赔偿。据此，在民事赔偿诉讼中，受害人的近亲属在向侵权人主张财产损害赔偿即死亡赔偿金的同时，还可以向侵权人主张精神损害赔偿即精神抚慰金。死者近亲属对这些损害的请求赔偿权利缘于其与死者间的亲属身份权受到了侵害，其应该享有损害赔偿请求权。因此，死亡赔偿金并非对死者自身损害的赔偿，其性质是对死者近亲属因死者死亡导致的财产损害的赔偿，也是对死者家庭整体预期收入损失的赔偿。

2. “遗产性”和“非遗产性”

死亡赔偿金与遗产关系的争论，导致在司法实践中，各地法院判决不一的情形时有发生。本案中，无论是二原告还是被告均认为死亡赔偿金为死者张安某的遗产，只是在如何分配上产生争议。笔者认为，死亡赔偿金属于遗产的认识不当，其具有非遗产性。

(1) 从死亡赔偿金产生的时间角度分析

《中华人民共和国继承法》第三条（现行《中华人民共和国民法典》第一千一百二十二条）规定：“遗产是公民死亡时遗留的个人合法财产，包括：……”公民死亡的时间是划定遗产的特定时间界限。遗产是公民死亡时尚存的个人合法财产。死亡赔偿金是受害人因侵权行为致死之后才产生的，而不是公民死亡时所遗留的，因此不属于遗产。

(2) 从死亡赔偿金针对的对象角度分析

自然人的权利能力始于出生、终于死亡，当受害人的生命因侵权行为而消灭时，其权利能力不复存在，故人身损害赔偿请求权也随之消灭。笔者在前文业已论述，死亡赔偿金并非对死者自身损害的赔偿，而是死者的近亲属基于与死者间因亲属关系产生的身份权受到侵害，直接享有的向侵权人请求损害赔偿的权利。因此，权利的享有者为死者的近亲属，而非死者本身，当然也不能认定为死者的遗产。

(3) 从死亡赔偿金立法目的的角度分析

亲人的死亡带给近亲属无限的悲痛和长久的思念，死亡近亲属在物质和精神上都遭受重大打击，作为守护道德底线的“良法”，需要对其损害给予及时的救济，并警示他人尊重和敬畏生命。死亡赔偿金制度关心的是活人的世界和利益，其立法本意在于弥补死者近亲属的损害。《中华人民共和国继承法》（现行《中华人民共和国民法典》）规定，死者的继承人在继承遗产前必须先以遗产清偿死者身前的债务。如果将死亡赔偿金定性为遗产，将赋予死者生前的债权人请求权，要求分割死亡赔偿金以抵债。这极容易导致死者近亲属所遭受的损害最终并不能得到合理的弥补，无疑违背了死亡赔偿金制度的立法本意。因此，死亡赔偿金不宜认定为遗产。

二、死亡赔偿金的分配

1. 请求分配主体

请求分配主体即死亡赔偿金请求权利人。由前文分析可知，死亡赔偿金的请求主体即死者近亲属，至于哪些人为“近亲属”，是否像继承一样有先后顺序，当“近亲属”缺位时该由谁行使请求权，除近亲属以外，依靠死者生前扶养的人是否享有请求权，这些问题都是司法实践中面临的难题。由于没有明确的规定，导致审判实务中判决不一，有的甚至相互矛盾。上述问题急需新的立法或司法解释来予以解决。

笔者认为：(1)《最高人民法院关于贯彻执行〈中华人民共和国民法通则〉若干问题的意见（试行）》中关于“近亲属”的界定范围宽窄适中，《中华人民共和国继承法》（现行《中华人民共和国民法典》）中关于继承顺序较为科学，可以参照上述规定确定死亡赔偿金请求权的“近亲属”范围和请求顺序，即第一顺序：配偶、父母、子女；第二顺序：兄弟姐妹、祖父母、外祖父母、孙子女、外孙子女。丧偶的儿媳对公、婆，丧偶的女婿对岳父、岳母，尽了主要赡养义务的，可作为第一顺序请求人。只有第一顺序请求权人不存在时，才由第二顺序请求权人请求赔偿。(2) 当“近亲属”缺位时，像流浪汉发生交通事故，很难在短时间内找到其近亲属，可以由其他行政部门代为行使赔偿请求权，例如民政机关、公诉机关或设立相应的公益性维权机构。(3) 受害人生前扶养的没有亲属关系的未成年人、其他缺乏劳动能力又没有生活来源的成年人，是否享有赔偿请求权。这些人不属于近亲属范畴，但事实上与受害人的关系非常密切，受害人的死亡对他们的物质生活和精神生活的影响也非常重大。然而，死者生前对他们的扶养行为是基于自愿的一种慈善行为，并非法定义务。这种情况下，不宜扩大请求权主体，不宜认定这类主体享有赔偿请求权，他们需要依靠社会福利机构或慈善组织对其日后的生活予以救助。

2. 分配原则

死亡赔偿金原则上由赔偿权利人共同取得，属于权利人共同共有，权利人未请求分割的，人民法院不主动予以分割。在分割死亡赔偿金之前，应扣除已实际支付的医疗费、丧葬费等合理费用。当然，如果权利人明确表示放弃或转让的，也应尊重其意思表示。基于死亡赔偿金的共同共有性，有观点认为，对死亡赔偿金应实行等额分配。但是，笔者认为，死亡赔偿金作为一项特殊的财产，不能简单、机械地在权利人之间进行等额分配，因为这种形式上的均等可能导致实质上的不公。死亡赔偿金作为损害赔偿的一种，也应遵循损害赔偿的一般原则，即有损害才有赔偿，谁受到损害谁就得到赔偿，谁受到的损害越大谁得到的赔偿就越多。因此，人民法院对死亡赔偿金的分割应根据权利人与死者关系的亲疏远近，共同生活的亲密程度，权利人的经济、生活状况，对死亡赔偿金的依赖程度等情况综合考虑、合理分配，如果有协议的按协议处理。

三、本案死亡赔偿金的分配

根据上述分析，死亡赔偿金是对死者近亲属因死者死亡导致的财产损害的赔偿，也是对死者家庭整体预期收入损失的赔偿，属于赔偿权利人共同共有。本案中，余春某与杨清某签订《和解协议》，约定由杨清某支付余春某5000元，余春某放弃剩余死亡赔偿金的分割请求，双方的行为合法有效。死者张安某因交通事故去世前，一直跟随杨清某居住生活，由杨清某夫妇尽主要赡养义务，杨清某与张安某共同生活的亲密程度较高。并且，杨清某经济状况较差，对赔偿金的依赖性较高。综合以上情况，法院考虑对杨清某予以多分，对郭先某予以少分的分配方案合情、合理。

编写人：湖北省当阳市人民法院　文晓威

162 继承期待权处分协议的效力认定

——乔一诉乔二法定继承案

【案件基本信息】

1. 裁判书字号

上海市虹口区人民法院（2012）虹民一（民）初字第1156号民事判决书

2. 案由：法定继承纠纷

3. 当事人

原告：乔一

被告：乔二

【基本案情】

乔一、乔二和被继承人乔三系乔甲和谢甲夫妇的子女。乔三于2011年9月25日去世，其生前未婚，无子女。母亲谢甲和父亲乔甲亦分别于1991年和2002年去世。系争房屋系乔甲原住房的拆迁安置房，被安置对象为乔甲和乔三父子两人。乔三因患精神疾病长期住院，故系争房屋在乔甲去世后闲置。2007年12月18日，乔二出具承诺书，明确系争房屋所有权归乔一所有，其放弃与之相关的一切权利。2008年年初，乔一出资将系争房屋购买为自有产权房，权利人登记在乔三名下。2009年3月28日，乔一、乔二再次以书面协议形式明确系争房屋的权利归乔一所有，该协议书载明："乔一（甲方），乔二（乙方）就乔三的房产（系争房屋），在其去世后的继承分配事宜，经协商后达成协议如下：一、甲乙双方和乔三系同胞兄妹关系，乔三因多年患病一直由甲方担任他的监护人，负责照顾乔三的生活起居。二、乔三的房产，在2002年年底评估值为近人民币14万元。三、甲方于2002年12月已给付乙方6万元；乙方承诺：收到甲方给付的6万元后，待乔三去世之后，其房产归甲方所有。四、甲乙双方系同胞姐妹关系，因此，乙方收到甲方给付的6万元而不再出具收条。五、甲乙双方对乔三房产去世后归甲方所有无其他争议。"

乔一认为，其已将系争房屋的折价款给付乔二，乔三现已去世，而乔二却拒不按承诺书及协议书约定的义务协助乔一办理相关房屋权利变更登记手续，故诉至法院，要求依法确认系争房屋产权归乔一所有。乔二辩称，2002 年乔一虽实际交付了 7 万元，但其当时并未明确是系争房屋的折价款。2009 年 3 月，乔二在乔一拟定的协议书上签名确认，但自己对在协议书上草率签名的行为感到后悔，且自己从未明确表示放弃对乔三遗产的继承权，自己也不存在丧失继承权的情形，故主张系争房屋作为乔三的遗产依法应由乔一、乔二各半继承。

【案件焦点】

继承开始前继承人放弃继承期待权益的意思表示是否有效，可否撤销。

【法院裁判要旨】

上海市虹口区人民法院经审理认为：本案中，原、被告于 2009 年 3 月 28 日就系争房屋的权利归属等事项协商一致，并签订了涉案协议书。该协议书自原、被告签名确认时即告成立。虽协议书中约定处分的系争房屋系被继承人乔三的财产，但该处分不是在乔三生前对其财产进行现实处分，而是对原、被告可能实现的继承期待利益所作的约定，该约定并未损害乔三生前的财产利益，亦无证据证明存在道德风险，故涉案协议书合法有效。涉案协议书是一份既附条件又附期限的合同，称为附期限的合同，是因为系争房屋的权利归原告所有须以被继承人乔三去世这一事实的发生为基础；称为附条件的合同，是因为系争房屋的权利归原告所有须以系争房屋作为遗产继承时原、被告作为乔三的第二顺序法定继承人未丧失继承资格且乔三在生前未对系争房屋作处分等为前提。现被继承人乔三已去世且其他条件亦已成就，故涉案协议书已生效。涉案协议书成立、有效且已生效，该协议书具有一个合同完整的、全部的法律约束力，原、被告均不得擅自变更、解除合同。现涉案协议书不存在履行障碍，且原告已按约给付被告房屋折价款，故原告要求确认系争房屋的权利归原告所有，应予支持。

上海市虹口区人民法院依据《中华人民共和国继承法》第十条、第十三条，《中华人民共和国合同法》第八条、第六十条规定作出如下判决：

系争房屋产权归原告乔一所有。

【法官后语】

继承期待利益是否属于完全民事权利范畴，理论上仍存在争论。笔者认为，尽管此种期待利益是否能转化为财产权利，仍处在可能状态之中，但如果继承人对可能实现的继承期待利益进行处分，本身并未对被继承人和其他利益关系人的权利造成侵害，不妨将继承期待利益作为一种民事权利对待。根据民法典和继承编解释关于放弃继承的规定，法院在审查此类放弃继承期待利益协议时需要考量以下因素：当事人是否具有相应的民事行为能力；意思表示是否真实；协议内容是否违反法律、行政法规和社会公共利益；约定内容是否损害被继承人生前的财产利益。主要可从以下两方面来认定：

1. 继承期待权益处分协议的效力认定

继承开始前，继承人与被继承人之间存在一种私法上的结合关系，其使得继承人拥有依照法律规定或者被继承人生前所立的合法有效遗嘱获得被继承人财产的利益期待，继承期待利益在依法取得待定民事权利的部分构成要件之后，即能取得该完整权利，就其法律性质而言，不妨称之为一种民事权利，即继承期待权。继承期待权作为具体的民事权利，继承人作为权利人有权处分，且该处分不违反法律强制性规定和公序良俗，故合法有效。

2. 放弃继承期待利益的意思表示可否撤销

相较于对继承人通过继承权取得被继承人遗产的财产利益保护，对通过继承期待利益处分协议约定的财产利益保护更为重要。在本案中，涉案协议书以被继承人乔三去世为期限，同时又以系争房屋作为遗产继承时原、被告作为乔三的法定继承人未丧失继承资格，且乔三在生前未对系争房屋作出处分为条件，属于一份既附期限又附条件的合同。因此，在法定继承开始后，继承期待利益得以实现，取得完整的民事权利，在合同已有的法律约束力的基础上新产生了实际履行约定义务的法律约束力，协议书具有一个合同完整的、全部的法律约束力，原、被告均不得擅自变更、解除合同。

编写人：上海市虹口区人民法院　姚卫民　张宁

163　第二顺序继承人对被继承人扶养较多，可否酌情分得被继承人的遗产

——沈某诉钟某明法定继承案

【案件基本信息】

1. 裁判书字号

重庆市大渡口区人民法院（2010）渡法民初字第03339号民事判决书

2. 案由：法定继承纠纷

3. 当事人

原告：沈某

被告：钟某明

【基本案情】

钟某章生育子女钟某华和被告钟某明。钟某章系重庆A公司工人，于1963年因工负伤，眼球切除，于2000年2月5日死亡，其生前日常生活起居事务由钟某明予以照顾、料理。诉争房屋登记在钟某章名下。

钟某华系重庆B公司职工，1984年其与王某兰结婚，生育一女钟某。1987年，钟某华因受工伤，生活不能自理。1989年经法院判决，钟某华与王某兰离婚，钟某由王某兰抚养。王某兰与沈某某再婚后，其女钟某改名为沈某。钟某华离婚后一直未再婚，与其父亲钟某章在诉争房屋内居住，其大部分的日常生活起居事务由钟某明予以照顾、料理。钟某华于2010年3月12日死亡。

【争议焦点】

1. 作为第一顺序法定继承人对被继承人未尽主要赡养义务，是否具有继承权；2. 不是第一顺序法定继承人，却对被继承人尽了主要扶养义务，是否可以分得被继承人的遗产。

【法院裁判要旨】

重庆市大渡口区人民法院经审理认为：本案被继承人钟某章于2000年死亡时，未留有遗嘱，因此其遗产即诉争房屋应按法定继承处理，钟某华、钟某明均系被继承人钟某章的合法继承人，且均不存在继承权丧失的情形，因此，钟某华、钟某明对钟某章遗留的诉争房产依法享有继承权。同时，钟某华存在生活特殊困难、缺乏劳动能力的情形，而钟某明又对被继承人钟某章尽了主要的照顾、料理等赡养义务，综合上述情况，钟某华与钟某明应均等继承钟某章的遗产，即分别继承诉争房产的50%。

上述继承发生后，钟某明与钟某华未对该遗产进行分割，诉争房产属于钟某华与钟某明的共同财产。至钟某华2010年死亡时，应将其中属于钟某明的50%份额予以分出，剩余50%属于钟某华的遗产，同时，钟某华2010年死亡时，未留有遗嘱，其遗产也应按法定继承处理。沈某系被继承人钟某华的合法继承人，也不存在继承权丧失的情形，因此，沈某对钟某华遗留的诉争房产依法享有继承权。钟某明虽然不是钟某华的第一顺序继承人，但对被继承人钟某华扶养较多，可以分给其适当的遗产，并且在分配遗产时，按具体情况可以多于或者少于法定继承人沈某。综上，对于诉争房产中属于钟某华遗产的50%份额，沈某依法继承60%即总房产的30%，钟某明依法分得其中的40%即总房产的20%。

重庆市大渡口区人民法院依照《中华人民共和国民法通则》第七十五条、第七十六条，《中华人民共和国继承法》第三条、第五条、第十条，《中华人民共和国民事诉讼法》第四十条、第六十四条、第一百二十条、第一百二十八条，《最高人民法院关于民事诉讼证据的若干规定》第二条之规定，作出如下判决：

一、原告沈某对诉争房屋依法享有30%份额；

二、被告钟某明对诉争房屋依法享有70%份额；

三、驳回原告沈某的其他诉讼请求。

【法官后语】

继承权丧失又称为继承权的剥夺，是指因法律规定的某些事由使继承人丧失继承被继承人遗产的权利。本案原告沈某在其幼年时因其父母离婚，未与被继承人生活在一起，只是长时间没有来往，不属于继承法规定的继承权丧失的法定事由，因此，沈某具有法定的继承权。

被告钟某明是对被继承人扶养较多的人，依法享有的是酌情分得遗产权，并不因此当然取得继承权。首先，享有酌情分得遗产权的主体为法定继承人以外的与被继承人之间具有扶养关系的人。扶养关系既包括依靠被继承人抚养的情形，也包括对被继承人扶养较多的人。"抚养"主要指经济来源的提供、劳务帮助等方面的扶助。其次，酌情分得遗产权的宗旨在于创造一种新的遗产取得方式，使继承人以外的其他人可以基于正义、扶助等理念获得一定数量的遗产。再次，酌情分得遗产权分得的遗产份额不具有确定性，这也由于现实审判实践的复杂性决定无法规定统一的标准，在分配遗产时，对于法定继承人以外的人，可以综合考虑其与被继承人之间的扶养程度、遗产数额等因素，由当事人之间协商确定或者由法院确定适当的遗产份额。最后，与被继承人有扶养关系的继承人以外的人仅在遗产按照法定继承办理时才可以请求分给适当遗产。另《中华人民共和国民法典》第一千一百三十一条较继承法对于依靠被继承人扶养的人删除了"缺乏劳动能力又没有生活来源"的规定，放宽了继承人以外的可以酌情分得遗产人员的条件，兼顾了依靠被继承人扶养的人、对被继承人扶养较多的人与法定继承人的合法权益，从而保证了遗产分配的公平性。

本案中，原告沈某基于父母离婚的事实，未与其父亲即被继承人钟某华生活在一起，在被继承人生活不能自理的情况下，未尽主要赡养义务，而被告钟某明却对被继承人尽了较多的扶养义务。在本案的审理中，合议庭对权利义务一致性能否作为本案确认遗产份额的依据争议较大。一种意见认为，权利义务一致性只是一般民事活动的原则，而不适用于继承法中确认遗产的份额。因为遗产继承中继承权是基于血缘或婚姻关系而产生的，是来自特定身份关系的权利，它是以身份关系为前提，而不是以所尽义务为前提。如果遗产分割强调权利义务一致性，不利于公民实现继承权，有悖于婚姻家庭关系的实质。另一种意见认为，权利义务一致性是调整整个继承法律关系的原则，当然也适用于遗产份额的确认及分割，它有利于尊老爱幼传统美德的发扬，有利于家庭的和睦团结。笔者同意后一种意见，其理由：一是权利义务一致性原则是我国社会主义性质所决定的，也是社会主义继承制度的一个根本特点，它贯穿于继承法的始终，也适用于遗产份额的确认及分割，从某种意义上说，身份关系只提供取得继承权的可能性，而尽义务则是权利实现（分割财产）的必要条件。二是从继承法关于遗产分割的具体规定看，也充分体现了权利义务一致的原则。如《中华人民共和国继承法》第十三条第三款规定："对被继承人尽了主要扶养义务或者与被继承人共同生活的继承人，分配遗产时，可以多分"，第四款规定："有扶养能力和有扶养条件的继承人，不尽扶养义务的，分配遗产时，应当不分或者少分……"，都体现了权利义务的统一。三是从社会效果看，坚持权利义务一致，有利于调节婚姻家庭关系，对于有扶养赡养能力而不尽或少尽扶养赡养义务的人可以起到一定的制约作用，对于尽了较多扶养赡养义务的人也可以起一定的鼓励作用，有利于扭转社会风气，发扬养老育幼的社会风尚。当然，强调权利义务一致性不是绝对的，而是有条件的，即以继承人有能力尽义务为条件；同时也是有限制的，即只限制在法定继承范围，遗嘱继承中遗产分割不能强调权利义务一致，而应尊重遗嘱人的意愿；另外还是相对的，一致并非等于对等，更不是等价交换，况且在继承法律关系中的权利义务也是不可能对等的。本案在遵循权利与义务一致性的基础上考虑在继承法领域该原则应受一定的限制，从而作出判决。

编写人：重庆市大渡口区人民法院　首云翠

164　非婚同居期间一方购置、建设取得的财产所有权的认定

——周某英等诉龚某必等遗产分割案

【案件基本信息】

1. 裁判书字号

重庆市巫山县人民法院（2010）山民初字第1159号民事判决书

2. 案由：法定继承纠纷

3. 当事人

原告：龚某蒙、周某英

被告：龚某必、程某英

【基本案情】

程某英与龚某必生育二子龚某田、龚某军。1996年，龚某田在巫山县官渡镇龙某街新建砖混结构平房一幢，共二层。2001年，龚某田到北京务工，同年6月与周某英开始同居生活，于2007年8月18日生育一女龚某蒙。2008年7月25日，龚某田因病去世。

龚某田、周某英同居生活期间，龚某田于2004年委托其弟龚某军在其原1996年建的房屋上又新建房屋二层，新建部分未办理房屋权属证书。2006年，龚某田购北京现代轿车一辆，花去费用15万元，车辆登记在龚某田名下。龚某田去世时余下银行储蓄存款7.3万元。

龚某田去世后，其丧葬事宜由其亲属龚某军、田某群等共同办理，花去丧葬费用5.3万元，该款从存款7.3万元中支取。现余存款2万元，由龚某田父母龚某必、程某英保管。

2009年8月23日，龚某必、程某英以7万元的价格把现代轿车转让给第三人，已办理过户手续，7万元由龚某必、程某英保管。

现周某英、龚某蒙诉至法院，周某英请求平均分割2004年新建的房屋和余下的现金2万元，以及车辆转让价款7万元；龚某蒙请求对分割后属于龚某田的部分财产，由其与龚某必、程某英共同继承。

【争议焦点】

如何认定非婚同居期间一方购置、建设取得的财产所有权。

【法院裁判要旨】

重庆市巫山县人民法院经审理认为：周某英与龚某田系同居关系，其财产关系属一般财产关系，不能当然适用婚姻法规定的共同财产制。本案争议的房屋、车辆、存款不属于同居生活所需的财产，且周某英也未能证实争议财产属共同财产，故根据车辆登记、存款户名及房屋系在原龚某田房屋基础上添附的事实，推定房屋、车辆、存款为龚某田的个人财产。

龚某蒙、龚某必、程某英均为龚某田的第一顺序法定继承人，均依法享有继承权。根据本案实际情况，本院酌定龚某田遗产的40%由龚某蒙继承，其余60%由龚某必、程某英各继承30%。车辆转让价格、丧葬开支费用双方没有异议，本院予以确认。因原、被告双方只要求明确房屋权属份额，故本院根据当事人的意思表示，对房屋不进行具体分割，只裁决各方对房屋享有的权属份额。

重庆市巫山县人民法院依照《中华人民共和国民法通则》第七十八条，《中华人民共和国继承法》第十三条第一款、第二款，作出如下判决：

一、由二被告龚某必、程某英给付原告龚某蒙人民币3.6万元，限本判决生效后五日内一次性付清；

二、龚某田的遗产房屋一幢（坐落于巫山县官渡镇龙某街），由原告龚某蒙享有40%的份额，由被告龚某必、程某英各享有30%的份额；

三、驳回原告周某英的诉讼请求。

【法官后语】

一、非婚同居的性质

虽然对婚姻和非婚同居进行法律规制的目的都在于创设特定的生活秩序，但二者的重点却明显不同。婚姻行为的价值功能重在维持社会正常的新陈代谢秩序以及社会结构的完整，婚姻当事人之间的权利义务基本上由法律加以强制性规范，个人意志和自由受到严格限制，体现了强烈的国家意志。而非婚同居却恰恰相反，同居行为在当事人之间并不能产生法律上的权利义务关系，同居者选择非婚同居的目的在于逃避或解脱婚姻关系的束缚，可以自由地对同居关系、同居内容等进行完全自主的约定，从而获得比婚姻关系更大的自由，这充分体现了个体的意志而非国家的意志。财产关系作为非婚同居的重要内容，法律调整也就应以尊重个人财产价值为主——既不剥夺非婚同居者的财产，也不赋予其取得额外财产的权利，将财产分配方式交由同居者根据自己的需要去约定。在无约定时，由于同居者之间并不能产生夫妻之间的身份关系和权利义务关系，也就不能自动适用婚姻上的共有财产制，而只能按一般共有财产制处理，即同居期间个人所得的财产归个人所有；同居期间共同劳动所得和共同出资购置的财产由双方共同所有；同居期间为共同生活的需要购置和积累的财产由双方共同所有。

二、非婚同居财产的所有权认定

《最高人民法院关于人民法院审理未办结婚登记而以夫妻名义同居生活案件的若干意见》第十条规定，同居生活期间双方共同所得的收入和购置的财产，按一般共有财产处理；《最高人民法院关于适用〈中华人民共和国婚姻法〉若干问题的解释（一）》第十五条则规定，被宣告无效或被撤销的婚姻，当事人同居期间所得的财产，按共同共有处理。前者适用于非婚同居的事实婚姻，后者适用于婚姻无效或者被撤销的情形，由此可以看出，我国现行法律对于同居期间的财产归属采取了区别对待的原则，即婚姻无效或者被撤销的同居财产认定为共同共有，而非婚同居财产“按一般共有财产处理”。但我国民法理论中并无“一般共有”的概念，此处的一般共有应为按份共有。首先，上述若干意见第十条“共同所得”的立法本意是指双方共同经营、共同管理、共担风险的收入所得，是一种共同劳动所得，而不是一方劳动收入的所得，也不是同居生活期间的一切所得；其次，“购置的财产”同样是指共同出资购置的财产以及基于同居共同生活的需要购置的财产，但这种同居共同财产应仅以维持同居关系日常生活所需的基本物质保障为限。因此，非婚同居的共同财产仅包括“共同劳动所得、共同出资和为共同生活需要购置的财产”，除此以外同居者的个人劳动所得、受赠所得、投资所得及其非因共同生活需要所购置的个人财产，均应归个人所有，不属同居共同财产。

三、本案的裁判规则解析

非婚同居关系，不享有夫妻之间的权利和义务。夫妻共同财产关系是基于配偶身份而产生的，法律强调的是身份关系，并不要求夫妻双方付出同等的劳动、智力才能共同所有。由于本案当事人不具有配偶身份关系，对同居期间获得的财产并不当然享有共同所有的权利，当然当事人的自由选择需要得到尊重，其意思自治会得到保护和认可。鉴于非婚同居双方当事人没有稳定的和确定的身份关系，如果无双方事先约定，则各自财产仍归财产的最初取得人或所有人，无法证明原所有人的归双方共同共有。在审理同居关系纠纷时，对当事人同居期间所得的工资、奖金和生产、经营的收益以及通过继承、赠与等途径所得的合法收入，如无事先约定，原则上归其本人所有；如果双方在同居期间有共同购置的财产或有共同经营所得的收入，应当按照双方的出资份额、所作贡献等公平合理地予以分割。本案中，周某英请求平均分割涉案房屋、车辆转让款和现金，但并没有提交相关证据证明涉案财产有事先约定，或其有出资或其他贡献，因此不宜认定属于双方同居期间的共有财产。

综上，本案争议的车辆、房屋、存款已超出同居日常生活所需的范围，在无证据证实属同居共同财产时，不宜直接推定为同居共同财产，否则未出资一方会获得较大利益，这既与立法本意相冲突，也有违当事人选择非婚同居的初衷。

编写人：重庆市巫山县人民法院　蒋家富　张厚毅

（二）遗嘱继承纠纷

165 自书遗嘱真实性的司法认定
——滕乙等诉滕丁继承案

【案件基本信息】

1. 裁判书字号

北京市第一中级人民法院（2020）京01民终6560号民事判决书

2. 案由：继承纠纷

3. 当事人

原告（被上诉人）：滕乙、滕戊、孙某

被告（上诉人）：滕丁

【基本案情】

滕甲与郭某系夫妻，两人共生有子女三人：长子滕乙，次子滕丙，女儿滕丁。滕甲于1992年去世，郭某于2010年去世。滕丙与郭丙婚后生有一子滕戊，2001年3月9日滕丙与郭丙离异。2004年6月8日，滕丙与孙某再婚。2016年3月20日滕丙因病去世。

305号房屋系在滕甲去世后，由郭某向其单位购买，使用女方工龄21年，男方工龄35年。2008年10月22日，郭某取得305号房屋的产权证。各方均认可305号房屋现值为600万元，滕乙、滕戊、孙某要求折价补偿，滕丁主张房屋所有权。

滕丁主张滕丙留有遗嘱，将滕丙继承的305号房屋的份额由滕丁继承，为此滕丁提交了日期为2015年12月16日滕丙签字的“致滕丁妹妹的信”，该信内容主要为：滕乙对其母郭某的病情不闻不问，漠不关心。郭某退休后，一直是滕丁照顾，郭某的房产，我的份额由滕丁继承。我2015年因病住院，其间都由妻子孙某照料，儿子滕戊从没尽过作为儿子的义务。为了支付医疗费用，我卖掉了海淀区二里庄的住房，我看病所剩余额及属于我名下的财产全部由孙某继承。后，各方当事人因继承纠纷诉至法院。

经滕丁申请，法院委托中天司法鉴定中心对“致滕丁妹妹的信”全部书写内容及签字与样本中的字迹及签名是否为同一人书写进行鉴定，该中心出具情况说明：因目前样本材料多为签名字迹样本，其他字迹样本与检材内容字迹没有相同字，故此“致滕丁妹妹的信”中内容字迹不具备比对检验条件，不予受理全部书写内容字迹的鉴定委托，只对“滕丙”签名进行司法鉴定。对于签名的鉴定意见：检材的最后一行“滕丙”签名与样本签名是同一人所写。

【案件焦点】

2015年12月16日滕丙签字的遗嘱真实性如何认定。

【法院裁判要旨】

北京市海淀区人民法院经审理认为：郭某去世时未留有遗嘱，其遗产应按法定继承处理，由其继承人滕乙、滕丙、滕丁继承。滕丁主张的滕丙已通过“致滕丁妹妹的信”用立遗嘱的方式将滕丙继承的305号房屋中的遗产份额由其继承一节，因“致滕丁妹妹的信”中遗嘱内容的字体不具备比对检验条件，未能作出鉴定意见，故对该信中遗嘱内容是否为滕丙本人亲笔书写证据不足，滕丁应当承担举证不能的法律责任并承担不利后果，滕丙签名的“致滕丁妹妹的信”中的遗嘱内容无效。对于滕丙继承的其母亲遗产份额应按法定继承处理。滕丙继承的遗产房屋份额，为其与其妻孙某在婚姻关系存续期间所得的共同所有的财产，应先分出一半为孙某所有，另外一半为滕丙遗产，由孙某与滕戊继承。

据此，北京市海淀区人民法院判决：

一、郭某遗产305号房屋由滕丁继承；

二、滕丁于判决生效后六个月内给付滕乙房屋折价补偿款200万元；给付滕戊房屋折价补偿款50万元；给付孙某房屋折价补偿款150万元；

三、驳回滕乙、滕戊其他诉讼请求。

滕丁不服一审判决，提起上诉。

北京市第一中级人民法院经审理认为，滕丙签名的“致滕丁妹妹的信”中的遗嘱内容合法有效，理由如下：首先，根据《最高人民法院关于民事诉讼证据的若干规定》第九十二条第二款，私文书证由制作者或者其代理人签名、盖章或捺印的，推定为真实。经鉴定，检材的最后一行“滕丙”签名与样本签名是同一人所写，故从形式上可以推定该遗嘱的真实性。其次，根据鉴定机构出具的情况说明：因目前样本材料多为签名字迹样本，其他字迹样本与检材内容字迹没有相同字，故此“致滕丁妹妹的信”中内容字迹不具备比对检验条件，不予受理全部书写内容字迹的鉴定委托，只对“滕丙”签名进行司法鉴定。由于完成鉴定需要较为严格苛刻的条件，对遗嘱全文进行笔迹鉴定确实存在客观困难，因此，基于现有条件，对遗嘱全文是否为滕丙本人所书写，无法通过鉴定程序予以认定，但这不等于该遗嘱并非滕丙本人书写。最后，私文书证的真实性，由主张以私文书证证明案件事实的当事人承担举证责任。根据《最高人民法院关于适用〈中华人民共和国民事诉讼法〉的解释》第一百零八条规定，对负有举证证明责任的当事人提供的证据，人民法院经审查并结合相关事实，确信待证事实的存在具有高度可能性的，应当认定该事实存在。即本证的证明标准为高度盖然性证明标准，而非绝对确定的标准。检材的最后一行“滕丙”签名系滕丙本人所签，且该份遗嘱书证主文字迹、书写用笔的墨迹与落款处滕丙的签字并无明显区别，从形式上看较为一致，能够达到高度盖然性的证明标准，在无相反证据的情况下，应当认定滕丙遗嘱的真实性。综上，一审判决对证明标准的认定错误，本院予以纠正。夫妻在婚姻关系存续期间所得的共同所有的财产，除有约定的以外，如果分割遗产，应当先将共同所有的财产的一半分出为配偶所有，其余的为被继承人的遗产。故对于滕丙继承的305号房屋份额，为其与其妻孙某在婚姻关系存续期间所得的共同所有的财产，应先分出一半为孙某所有，另外一半为滕丙遗产。根据遗嘱内容，对于滕丙的遗产部分，由滕丁继承。

关于继承份额，对被继承人尽了主要扶养义务或者与被继承人共同生活的继承人，分配遗产时，可以多分。根据滕丁提交的生活缴费票据、穿刺检查同意书等证据，可以认定其对被继承人郭某尽了主要扶养义务，本院酌情予以多分。

综上所述，滕丁的上诉请求，合理部分本院予以支持，不合理部分本院予以驳回。依照《中华人民共和国民事诉讼法》第一百七十条第一款第二项规定，判决：

一、维持北京市海淀区人民法院民事判决第一项；

二、撤销北京市海淀区人民法院民事判决第二项、第三项；

三、滕丁于本判决生效后六个月内给付滕乙房屋折价补偿款 190 万元；

四、滕丁于本判决生效后六个月内给付孙某房屋折价补偿款 95 万元；

五、驳回滕乙、孙某其他诉讼请求；

六、驳回滕戊的诉讼请求。

【法官后语】

一、自书遗嘱的形式真实与实质真实

自书遗嘱属于典型的私文书证。在民事诉讼中，无论是公文书证还是私文书证，任何书证的真实性均包含两层意义：形式真实与实质真实。前者是指文书记载的陈述内容由其制作者所为，后者是指文书记载的陈述内容对于待证事实具有证明价值。具体到自书遗嘱，自书遗嘱的形式真实指自书遗嘱的记载内容均由遗嘱人亲笔书写完成，包括签名，注明年、月、日。自书遗嘱的实质真实指遗嘱记载的内容对遗产的处理具有证明价值，能够认定是遗嘱人的真实意愿，据此对遗产作出相应的处理。

形式真实与实质真实的区分，符合认识规律和证明的自然过程，因此，对书证真实性的判断，首先判断书证是否具备形式真实性，其次再判断书证是否具备实质真实性，如果书证不具备形式真实性，即无须再判断书证是否具备实质真实性。在审判实践中，当持有自书遗嘱的一方当事人向法院提交该遗嘱时，对方当事人往往以不知道遗嘱人立有遗嘱、自书遗嘱并非遗嘱人本人书写为由否认自书遗嘱的真实性，这针对的就是自书遗嘱的形式真实。对方当事人主张，自书遗嘱并非遗嘱人的真实意思表示，这针对的则是自书遗嘱的实质真实。在对自书遗嘱真实性的判断上，先判断形式真实性，在确认形式真实的基础上，再判断自书遗嘱的实质真实性。这是判断自书遗嘱真实性应当遵循的程序思维路径。

二、自书遗嘱真实性的举证责任

自书遗嘱的真实性包含形式真实与实质真实，自书遗嘱真实性的举证责任也相应分为两个层次：形式真实的举证责任和实质真实的举证责任。

对于形式真实的举证责任，根据《最高人民法院关于民事诉讼证据的若干规定》（2019年修正，以下简称《民事诉讼证据规定》）第九十二条第一款规定，私文书证的真实性，由主张以私文书证证明案件事实的当事人承担举证责任。即主张以私文书证证明案件事实的当事人，应当承担对私文书证真实性的举证责任，如果对方认可私文书证的真实性，当然可以免除提出书证一方当事人的证明责任；如果对方对书证的真实性提出异议，那么不是让对方提供反证，而是要求提出书证的一方当事人承担证明责任，此时，提出书证的一方当事人需要申请鉴定或者继续举证，否则就要承担举证不能的不利后果。在继承纠纷中，由于自书遗嘱完全由遗嘱人自行完成，而发生争议时，遗嘱人已经去世，故对于自书遗嘱真实性的判断往往要通过鉴定来辅助确认。根据前述规定，应由持有遗嘱并主张遗嘱真实的一方承担遗嘱真实性的举证证明责任，由该方提出鉴定申请，在因无足够的鉴定对比样本而导致遗嘱笔迹鉴定不能的情况下，法官对该遗嘱的真实性不予采信。

为了简化对私文书证形式真实的证明，《民事诉讼证据规定》第九十二条第二款进一步规定，私文书证由制作者或者其代理人签名、盖章或捺印的，推定为真实。此处的推定，是从已知的基础事实推论未知的推定事实，即在提出书证的当事人已证明私文书证由制作者或者其代理人签名、盖章或捺印的基础事实上，推定私文书证所记载的陈述内容由其制作者所为或者认可。

有争议的一个问题是，对自书遗嘱，是否适用《民事诉讼证据规定》第九十二条第二款。笔者认为，该款所规定的推定是一种法律上的立法技巧，目的是减轻援引私文书证一方当事人的举证责任，来平衡当事人之间的利益，当然，这种推定可以被否定或者被推翻，且推定并不改变第九十二条第一款规定的举证责任。例如，在自书遗嘱的内容笔迹、书写用笔的墨迹与签名存在明显差异的情况下，法官就不能作出这种推定；或者，有证据证明，遗嘱人文化水平有限，除签署自己姓名外，不可能书写遗嘱内容，推定就应当被推翻。但如果要求自书遗嘱的全部内容，包括签名、日期都通过鉴定确认是遗嘱人亲笔书写，由于完成鉴定需要较为严格苛刻的条件，对遗嘱全文进行笔迹鉴定确实存在客观困难，将导致大量自书遗嘱得不到确认，违背遗嘱人的真实意愿，故，在对自书遗嘱的真实性进行判断时，可以适用第九十二条第二款。

对于自书遗嘱实质真实的举证责任，法律依据仍然是《民事诉讼证据规定》第九十二条第一款，私文书证的真实性，由主张以私文书证证明案件事实的当事人承担举证责任。但在形式真实已经得到确认的前提下，根据第九十二条第二款，这种推定同时也是对私文书证实质真实性的推定，即在认定自书遗嘱由遗嘱人亲笔书写，签名，注明年、月、日的基础上，推定该自书遗嘱具备实质真实性。如果对方当事人主张，自书遗嘱并非遗嘱人的真实意思表示，此时，应当由其负举证证明责任，对方当事人如果不能证明自书遗嘱并非遗嘱人的真实意愿，就应当认定自书遗嘱的实质真实性。

三、自书遗嘱真实性的证明标准

在自书遗嘱真实性的判断问题上，必然涉及自书遗嘱真实性的证明标准。证明标准也称证明要求、证明度，是指在诉讼证明活动中，对于当事人之间争议的事实，法官根据证明的情况对该事实作出肯定性或者否定性评价的最低要求。《最高人民法院关于适用〈中华人民共和国民事诉讼法〉的解释》第一百零八条规定，“对负有举证证明责任的当事人提供的证据，人民法院经审查并结合相关事实，确信待证事实的存在具有高度可能性的，应当认定该事实存在。对一方当事人为反驳负有举证证明责任的当事人所主张事实而提供的证据，人民法院经审查并结合相关事实，认为待证事实真伪不明的，应当认定该事实不存在。法律对于待证事实所应达到的证明标准另有规定的，从其规定”。第一百零九条规定，“当事人对欺诈、胁迫、恶意串通事实的证明，以及对口头遗嘱或者赠与事实的证明，人民法院确信该待证事实存在的可能性能够排除合理怀疑的，应当认定该事实存在”。可见，对于口头遗嘱的证明，需要达到排除合理怀疑的证明标准，而对于其他遗嘱包括自书遗嘱的证明，人民法院确信待证事实的存在具有高度可能性的，就应当认定该事实存在。

本案中，从证明标准角度看，检材的最后一行“滕丙”签名系滕丙本人所签，基于现有条件，对遗嘱全文是否为滕丙本人所书写，无法通过鉴定程序予以认定，但这不等于该遗嘱并非滕丙本人书写，该份遗嘱书证主文字迹、书写用笔的墨迹与落款处滕丙的签字并无明显区别，从形式上看较为一致，同时，从自书遗嘱内容看，其中的一些表述细节符合遗嘱人的身份，与案件中的其他证据能够相互印证，进一步增强了法官的内心确信，能够达到高度盖然性的证明标准，在无相反证据的情况下，应当认定滕丙遗嘱的真实性。

编写人：北京市第一中级人民法院　何锐

166　调解类电视栏目视频录像证据效力的认定

——王甲诉王乙等遗嘱继承案

【案件基本信息】

1. 裁判书字号

山东省淄博市中级人民法院（2020）鲁03民终2649号民事判决书

2. 案由：遗嘱继承纠纷

3. 当事人

原告（被上诉人）：王甲

被告（上诉人）：王乙、王丙、王丁

被告：王戊、王己

【基本案情】

原告王甲和被告王戊、王乙、王丙、王丁、王己系王庚和韩某的子女。被继承人韩某于2015年2月5日死亡。涉案房屋四间登记在韩某名下（1991年登记）。在1976年3月6日分家析产的协议中，明确记载涉案西屋两间、大栏一间、大门一座及院落归王庚、韩某所有，该记载与1991年韩某的房屋产权证及附图记载一致。经法院现场察看，现仅存有西屋两间，大栏一间、大门一座已不存在。王甲起诉，要求确认对韩某遗留的房屋拥有100%继承权。

证明人王A、吕某、王B于2014年12月31日出具证明，证实其受韩某委托在韩某百年之后将其一切房产归王甲继承，其他人无权继承，有录音证明。但王甲并未提交其母韩某录音遗嘱的原始载体及录音资料；且在法院对王A、吕某及王B的调查笔录中，听过录音的证明人王B、吕某均陈述给韩某录音时不在场；而王A陈述是听韩某亲口说将房屋给王甲，没有录音。

韩某生前，市电视台相关栏目曾对其家庭纠纷进行调解，王甲提交电视台栏目第4分钟至第5分钟时间段的视频录像，栏目中的热心大妈在调解过程中问韩某，韩某仅是点头示意，当时参与调解的各方未能达成调解协议。

【案件焦点】

调解类电视栏目视频录像证据效力应如何认定。

【法院裁判要旨】

山东省淄博市张店区人民法院经审理认为：涉案房屋于1991年经登记机关确认为韩某所有，为韩某个人财产。原告提交遗嘱录音、证明等证实韩某生前表示将房屋留给原告，该录音形成于2014年12月31日之前。原告提交的市电视台相关调解栏目视频形成于2015年，在视频中韩某明确表示将房产留给原告。以上两份视听证据，相互印证，意思表示一致，是韩某真实的意思表示，对以上两份视听证据予以采信。韩某名下登记的房屋四间中，南屋两间已被拆除，西屋两间存在。原告主张按照遗嘱继承韩某名下西屋两间符合法律规定，予以支持。据此，一审判决：

韩某名下西屋两间由王甲继承。

王乙、王丙、王丁不服一审判决，提起上诉。山东省淄博市中级人民法院经审理认为，本案争议焦点为王甲主张确认其对其母韩某遗留的房屋享有100%的继承权是否具有事实及法律依据。王甲为了证实其诉讼请求成立，一是提交了2014年12月31日由证明人王A、吕某、王B出具的证明，主要证明王甲母亲有过录音遗嘱，将其房产全部由王甲继承；二是提交电视台相关调解栏目第4分钟至第5分钟时间段的视频录像，其中热心大妈问韩某，韩某仅是点头示意。但王甲在本案审理过程中，并未提交韩某的录音遗嘱原始载体及录音资料，且王A、吕某、王B三人对同时于2014年12月31日在王甲家的陈述事实相矛盾，且均不是王甲主张其母亲韩某立有录音遗嘱的见证人。故王甲主张其母立有“录音遗嘱”及以王A、吕某、王B签字的证明证实王甲母亲立有“录音遗嘱”，不符合《中华人民共和国继承法》第十七条第四款、第十八条的规定，于法无据。同时，王甲主张证明人王A、吕某、王B于2014年12月31日签字的证明条系代书遗嘱，但上述证明人王A、吕某、王B、王戊于2014年12月31日签字的证明条的形式及记载内容，均不符合《中华人民共和国继承法》第十七条第三款的规定，不属于代书遗嘱。关于王甲提交的电视台相关栏目第4分钟至第5分钟视频录像的证据效力问题。该栏目属于调解类栏目，参与调解的各方并未达成调解协议；该视频录像仅是第4分钟至第5分钟的情形，不是整个调解过程的全部情形，且只是热心大妈在调解过程中问韩某，韩某仅是点头示意；栏目调解过程中当事人发表的意见，既不能直接作为认定案件事实的依据，也不能作为韩某生前赠与或所立遗嘱予以认定。综上，王甲要求确认对韩某遗留的房屋拥有100%继承权的诉讼请求，证据不足，不予支持。据此，二审判决：

驳回王甲的诉讼请求。

【法官后语】

本案主要涉及调解类电视栏目视频录像证据效力的正确认定问题。

近年来，随着矛盾纠纷多元化解机制的建立和完善，不少电视台专门设置了调解类栏目。但关于调解类电视栏目视频录像的证据效力问题，司法实践中认识不一。本案中原告提供的证据之一正是典型的调解类电视栏目视频录像。关于该证据，一审法院对其证明效力予以确认并采信，二审法院则认为电视台栏目调解过程中当事人发表的意见不能直接作为认定案件事实的依据。因而司法实践中对于该调解类电视栏目视频录像证据效力的正确认定无疑是正确审理此类案件的关键。

从调解类电视栏目视频录像本身来看，其在民事诉讼证据中属于视听资料的范畴。因此，要想正确认定调解类电视栏目视频录像的证据效力，就必须对视听资料在实务中的效力认定予以准确把握。视听资料又称“音像资料”，是指借助电磁、光电、电子计算机设备等技术手段所记载和再现的声音、图像、数据等信息资料，是以图像和声音形式证明案件真实情况的证据，包括与案件事实有关的录音、录像、照片、胶片、声卡、视盘等。视听资料作为新的证据形式，是《中华人民共和国民事诉讼法》规定的八种法定证据形式之一，它具有直观、清晰、形象的特点，有助于司法机关客观公正地了解案情。但同时因其制作过程容易受到仪器设备、操作水平、环境条件的影响，加之其本身容易被伪造、添加、删减等，其易存在虚假的可能性。故对其只有经过严格的审查判断，才能作为定案的依据。《最高人民法院关于适用〈中华人民共和国民事诉讼法〉的解释》第一百一十六条规定：“视听资料包括录音资料和影像资料。电子数据是指通过电子邮件、电子数据交换、网上聊天记录、博客、微博客、手机短信、电子签名、域名等形成或者存储在电子介质中的信息。存储在电子介质中的录音资料和影像资料，适用电子数据的规定。”第一百零四条规定，人民法院应当组织当事人围绕证据的真实性、合法性以及与待证事实的关联性进行质证，并针对证据有无证明力和证明力大小进行说明和辩论。能够反映案件真实情况、与待证事实相关联、来源和形式符合法律规定的证据，应当作为认定案件事实的根据。据此，司法实践中人民法院对视听资料的审查判断，应当重点把握如下三个方面：

一、视听资料应当系原件且内容真实未经过剪辑、删改等，即必须确保视听资料的真实性和完整性

《最高人民法院关于民事诉讼证据的若干规定》第十五条规定，当事人以视听资料作为证据的，应当提供存储该视听资料的原始载体。当事人以电子数据作为证据的，应当提供原件。电子数据的制作者制作的与原件一致的副本，或者直接来源于电子数据的打印件或其他可以显示、识别的输出介质，视为电子数据的原件。第二十三条第一款、第二款规定，人民法院调查收集视听资料、电子数据，应当要求被调查人提供原始载体。提供原始载体确有困难的，可以提供复制件。提供复制件的，人民法院应当在调查笔录中说明其来源和制作经过。如同书证、物证一样，视听资料也适用最佳证据规则，调取视听资料应当调取原件。取得原件确有困难的，可以调取副本或者复制件，但应当附有不能调取原件的原因、复制过程和原件存放地点的说明，并由制作人员和原视听资料持有人签名或者盖章。因此，对于调解类电视栏目视频录像而言，当事人将其提供作为证据的，首先必须保证其原始性和完整性。

二、视听资料应当具备合法性和关联性

虽然视听资料具备传统证据形式所不具备的一些特点，但其作为证据形式的一种，与其他形式的证据一样，应当在保证真实性的基础上具备证据的合法性和关联性。当然证据的真实性是指证据形式上的真实性，即用于证明案件事实的视听资料必须在形式上是真实的；而证据的合法性和关联性则是对证据在内容上的基本要求。其中证据的合法性是指作为证据的收集主体、形式、内容、程序或提取方法必须符合法律的有关规定；证据的关联性是指作为民事证据的视听资料与案件待证事实存在内在联系。作为调解类电视栏目视频录像而言，既然是电视台制作完成，其在合法性上通常不会存在问题，毕竟电视台制作节目一般不会采取非法手段；但在关联性上，其节目内容所反映的情况是否与案件待证事实具有内在联系，则需要由人民法院根据节目内容进行具体判断。

三、视听资料应当结合其他证据予以综合认定

《中华人民共和国民事诉讼法》第七十四条规定，人民法院对视听资料，应当辨别真伪，并结合本案的其他证据，审查确定能否作为认定事实的根据。故司法实践中对于视听资料证据效力的审查判断，应结合案件的其他证据予以综合审查认定。而调解类电视栏目视频录像亦是如此。如果调解类电视栏目视频录像内容中能够明确反映出当事人所想证明的事实内容，则其可以直接作为定案证据。但现实中往往仅凭节目内容难以判断是否能够直接证明待证事实，毕竟调解类电视栏目从内容上来看更多的是在调解，其中的很多内容都具有不确定性，其内容到底能否具有证明力需要结合案件其他证据进行综合认定。

具体到本案中，涉案电视台栏目明显属于调解类电视栏目，在原告提供的该电视栏目录像中，参与调解的各方并未达成调解协议；

该视频录像也仅是第4分钟至第5分钟的情形，不是整个调解过程的全部记录，且只是热心大妈在调解过程中问韩某，韩某仅是点头示意。因此，该电视栏目录像从内容上来看并不具有直接明确证明原告主张的证明效力。也就是说，本案中电视台栏目调解过程中当事人发表的意见不能作为认定案件事实的依据，即不能作为韩某生前赠与或所立遗嘱来加以认定。

编写人：山东省淄博市张店区人民法院　刘晓辉

山东省淄博市中级人民法院　荣明潇

167 亲子关系推定的限制

——王甲诉徐乙继承案

【案件基本信息】

1. 裁判书字号

北京市第三中级人民法院（2020）京03民终14672号民事判决书

2. 案由：继承纠纷

3. 当事人

原告（被上诉人）：王甲

被告（上诉人）：徐乙

【基本案情】

徐甲于2014年9月19日死亡，徐乙为徐甲与其前妻李某之女。王甲于2007年2月19日出生于美国加利福尼亚州洛杉矶，在出生证明上记载的母亲名字处为WANGMOU，父亲名字处为空白。

位于海淀区涉案房屋以及朝阳区涉案房屋原均登记于徐甲名下。2016年1月29日，北京市东方公证处分别出具（2016）京东方内民证字第01696××及016××号公证书，以被继承人徐甲的父母均先于徐甲死亡，徐甲和其配偶李某于1993年1月19日离婚，且徐甲在离婚后未再婚，徐甲的独生女徐乙要求继承徐甲的上述遗产为由，证明被继承人徐甲的上述遗产由其独生女徐乙一人继承。依上述公证书及其他相关材料，该房屋于2016年12月20日及27日分别转移登记至徐乙名下。

王甲现持有一份打印遗嘱，主要内容为：本人徐甲69岁，因近期查体情况不好，随时可能发生危险，故于2014年5月20日自愿立此遗嘱：我的两套房子全部留给爱女王甲。我的现金、汽车、书、碟和一只猫（名叫blue）全部留给王甲处理。立遗嘱人处有徐甲手写的签字。打印遗嘱正文中，在“69岁”处，手写地将“9”划去，改为“8”，并在旁边签有徐甲的名字，在最后一段将“处理”二字涂掉，并在旁边签有徐甲的名字。

针对遗嘱的制作过程，王甲表示上述遗嘱系由徐甲在北京市家中自行打印并修改签字，当时在场的人员包括徐甲的好友刘某以及合作伙伴万某。后王甲、徐乙因继承权纠纷诉至法院。

【案件焦点】

1. 遗嘱的法律性质及效力；2. 王甲是否为徐甲的法定继承人，能否基于遗嘱继承诉争房产。

【法院裁判要旨】

北京市通州区人民法院经审理认为：本案的争议焦点之一，王甲持有的打印遗嘱是否有效。依据我国继承法的规定，自书遗嘱由遗嘱人亲笔书写，签名，注明年、月、日。具体到本案中的打印遗嘱，虽然现有证据无法显示该遗嘱的打印过程，但综观打印遗嘱的全文，徐甲对于打印内容的前、中、后部分的三处文字进行了修改，且在修改位置的空白处均进行了签字确认，可以看出其对于打印遗嘱全文的内容进行了仔细斟酌，对打印部分的内容理解知晓，最后在打印遗嘱的立遗嘱人处手写了签名，表示其对于打印内容的认可，遗嘱内容反映系其真实的意思表示。徐甲修改和签字的行为，可以推定其参与并完成了打印遗嘱的制作过程。虽然在立遗嘱人后未手写日期，但在打印内容中记载了遗嘱的书写时间为 2014 年 5 月 20 日，补足了遗嘱的书写时间要件。徐乙对于上述遗嘱中徐甲的签字不认可，并申请了笔迹鉴定，但未能按期预交鉴定费，法院视为其撤回鉴定申请，并承担相应的举证不能后果。故法院对于王甲提供的遗嘱的效力予以认可。

本案的争议焦点之二，关于王甲是否具有徐甲法定继承人资格。本案中，虽然王甲一方没有相关的证明文件证实其与徐甲之间的父女关系，但通过徐甲留下的打印遗嘱内容可知，徐甲本人认可王甲为其女儿的身份。该证据的形式为书证，徐乙虽然否认王甲的身份，但其提供的反驳证据主要为证人证言、录音材料等传来证据或间接证据，法院认为书证的证明力高于证人证言、录音等证据的证明力，再结合王甲一方提交的其他证据，法院认为王甲的主张具有高度的可能性，可以认定其与徐甲存在父女关系的事实。因本案不具备亲子鉴定的条件，王甲亦拒绝与徐乙进行亲缘关系鉴定，退一步讲，未来若确有其他证据否定了王甲与徐甲的父女关系，徐甲的上述遗嘱亦构成遗赠，王甲的行为符合法律规定的接受遗赠的条件，涉案的两套房屋亦应按照遗赠人的意思表示归属于王甲。

据此，一审法院判决：

一、位于朝阳区涉案房屋及位于海淀区涉案房屋由原告王甲继承；

二、被告徐乙于本判决书生效之日起十五日内协助原告王甲办理上述两套房屋的过户手续。

徐乙不服一审判决，提起上诉。

北京市第三中级人民法院经审理认为：1. 涉案遗嘱具备自书遗嘱的形式要件且系徐甲真实意思的反映。涉案遗嘱主文内容虽系打印形成，但综观遗嘱的全文，徐甲对于打印内容的前、中、后部分的三处文字进行了手写修改，并在修改位置的空白处均进行了签字确认，最后在遗嘱的立遗嘱人处亦手写了签名，刘某、万某两位证人出庭作证分别陈述了见证徐甲斟酌修改涉案遗嘱的过程。两位证人的证言内容与涉案遗嘱文本等其他证据之间可以相互印证，已形成较为完整的证据链，足以初步证实涉案遗嘱系徐甲本人制作完成，系其真实的意思表示。本案现有证据可以证实系徐甲本人完成了涉案遗嘱的制作修改过程并签名，该遗嘱可以认定为自书遗嘱。

2. 依本案现有情况，不应启动血缘鉴定。首先，王甲一方不同意进行血缘关系鉴定，强制要求其鉴定势必涉及对其人身实施强制，有违自愿原则。其次，王甲尚未成年，其现年满13周岁，依该年龄相应的认知水平，其对亲子鉴定的性质、作用、目的等均已具有一定认知，故无论鉴定结果如何，该鉴定行为本身势必对其心理造成重大负面影响，此亦系本案不宜启动亲子鉴定的重要考量因素。最后，亲子鉴定作为一种科学证据方法，亦有其自身局限性，兄弟姐妹之间血缘鉴定的准确率远低于父母子女之间鉴定的准确率，尚达不到准确认定真实血缘关系的程度，在徐甲已去世的情况下，通过启动徐乙与王甲之间的血缘鉴定，在徐乙与徐甲之间存在亲子关系的前提下亦无法保证鉴定结果可以客观反映王甲与徐甲之间的亲子关系。故对徐乙要求通过血缘鉴定方式以确定亲子关系的请求，法院不予采纳。

王甲不同意血缘鉴定，并不能据此推定其与徐甲不存在亲子关系。认定亲子关系应当兼顾身份关系的真实性和身份法律关系的安定性，提出亲子异议的权利人限于父母及成年子女，并不包括兄弟姐妹等其他亲属，且无论是请求确认或否认亲子关系均应首先承担相应的举证责任，形成合理的证据链条证明当事人之间可能存在或者不存在亲子关系，人民法院经审查并结合相关事实，认为确有必要的，才应准许当事人关于亲子鉴定的申请，此时对方拒绝配合进行亲子鉴定的，法院可推定亲子关系的存在或不存在。兄弟姐妹并非要求确认或否认亲子关系的权利人，当事人要求与同父（母）异母（父）的兄弟姐妹进行血缘关系鉴定以确认或否认亲子关系的，不应适用亲子关系的推定原则。本案中，徐甲本人已经去世，徐乙要求通过血缘关系鉴定的方式确定徐甲与王甲之间的亲子关系存在与否，不符合上述司法解释以及即将实施的民法典相应规定精神，王甲拒绝鉴定行为亦不应适用前述司法解释中的推定原则，据此否定其与徐甲之间的亲子关系。

本案中，可以认定王甲具有徐甲法定继承人身份，并依据涉案遗嘱继承诉争房产。亲子鉴定确系鉴别亲子关系的一个有效方法，但并非唯一方法，在未进行亲子鉴定的情形下同样可通过其他证据综合分析，作出正确判断。就本案而言，在涉案遗嘱中徐甲称王甲为其“爱女”，该遗嘱是徐甲的真实意思表示，可见徐甲本人认可其与王甲之间的亲子关系；结合王甲一方提供的其出生时以及成长过程的大量照片、证人证言等在案证据材料，可以证实徐甲与王某虽未登记结婚，但长期共同生活，王甲出生后亦由徐甲、王某共同养育并以一家人相称，即王甲系在徐甲、王某共同生活期间出生，且后者对王甲存在事实上的抚养关系；徐甲去世后，在其葬礼中由王甲怀抱徐甲遗像，按照我国社会的传统习俗，葬礼中一般由逝者的子女怀抱遗像，包括徐乙在内的徐甲家人未就王甲上述行为提出反对，亦佐证了徐甲与王甲以父女相称相待，而徐甲家人亦知悉认可上述情况。综合上述论述，依据本案现有证据及具体情况，法院有理由相信徐甲与王甲之间存在亲子关系这一事实。

北京市第三中级人民法院判决：

驳回上诉，维持原判。

【法官后语】

关于亲子关系异议之诉，原有规范依据为《最高人民法院关于适用〈中华人民共和国婚姻法〉若干问题的解释（三）》第二条，夫妻一方向人民法院起诉请求确认亲子关系不存在，并已提供必要证据予以证明，另一方没有相反证据又拒绝做亲子鉴定的，人民法院可以推定请求确认亲子关系不存在一方的主张成立。当事人一方起诉请求确认亲子关系，并提供必要证据予以证明，另一方没有相反证据又拒绝做亲子鉴定的，人民法院可以推定请求确认亲子关系一方的主张成立。2021 年 1 月 1 日开始实施的《中华人民共和国民法典》第一千零七十三条规定，对亲子关系有异议且有正当理由的，父或者母可以向人民法院提起诉讼，请求确认或者否认亲子关系。对亲子关系有异议且有正当理由的，成年子女可以向人民法院提起诉讼，请求确认亲子关系。《最高人民法院关于适用〈中华人民共和国民法典〉婚姻家庭编的解释（一）》（以下简称《婚姻家庭编解释一》）第三十九条规定，父或者母向人民法院起诉请求否认亲子关系，并已提供必要证据予以证明，另一方没有相反证据又拒绝做亲子鉴定的，人民法院可以认定否认亲子关系一方的主张成立。父或者母以及成年子女起诉请求确认亲子关系，并提供必要证据予以证明，另一方没有相反证据又拒绝做亲子鉴定的，人民法院可以认定确认亲子关系一方的主张成立。较之原婚姻法司法解释，民法典及其司法解释，将亲子异议之诉的范围扩展至不存在婚姻关系的父母及非婚生子女之间，但对于提出亲子关系之诉的权利人范围限于父母子女（其中确认之诉的权利人为父母及成年子女，对于提出亲子关系否认之诉的权利人仅为父母），以及对提出主张一方已提出必要证据，相对方拒绝配合进行亲子鉴定的法律后果（即推定主张一方的主张成立）则延续了原婚姻法司法解释的规定精神。

在非婚生父（母）或子女一方去世后，相关权利人因遗产继承等与身份相关的权利发生争议时，对于亲子关系应如何认定，应否启动亲属间的血缘鉴定以确定或排除亲子关系，以及在相对方不予配合的情况下能否作出不利推定等往往成为双方争议的焦点。对此，法律及司法解释并无明确规定，理论界及实践领域亦尚未形成统一观点，结合本案，笔者认为可参考以下原则及方式进行考量和处理。

1. 主张确认非婚生子女与父母存在亲子关系的一方，对于双方存在亲子关系的事实负有举证责任。

对于婚生子女，我国法律、司法解释虽均未明文规定婚生子女的推定规则，但此确为我国司法实践中所遵循的一般规则，即直接推定夫妻婚姻关系存续期间所生育子女与该夫妻之间具有亲子关系，而无须当事人对此另行举证证实，反之，提出否定前述亲子关系一方则需要提供相反证据以推翻上述推定。

对于非婚生子女而言，一方面，因父母之间并无法律认可的有效和稳定婚姻关系，使得其与父母的血缘关系较之婚生子女具有更大的不确定性；另一方面，非婚生子女亲子关系的确认，通常导致现有身份关系以及相关衍生权利义务的变化，亦可能对既有的家庭结构造成冲击和影响，因而对于非婚生子女的亲子关系的确认，应由主张存在亲子关系一方承担相应的举证责任，对该事实加以证明。

2. 亲子鉴定并非确认亲子关系的唯一方式，法官可通过现有证据及案件事实对是否存在亲子关系作出事实推定；在法官据此作出初步推定后，相对方否认推定事实存在的，负有提供反证以推翻上述推定的义务。

推定是根据某一事实的存在而作出的与之相关的另一事实存在或不存在的假定，其可免除主张推定事实的一方当事人的举证责任，从而把证明不存在推定事实的证明责任转移于对方当事人。推定以有无法律规定为标准，可分为法律推定及事实推定。法律推定是指法律明确规定的推定，而事实推定则是指法律没有明确规定，法官依据经验法则和逻辑推理，从已知事实推定事实存在的假定。亲子关系存在与否作为案件事实的一种，可以适用事实推定的方式予以认定。

在父（母）或子女一方去世的情形下，无法再通过亲子鉴定的方式确认亲子关系，而通过与去世一方其他亲属血缘鉴定的方式确定亲子关系的准确率，尚不足以达到准确认定的程度，如兄弟姐妹之间鉴定的准确率在60%~80%。此种情形下，可通过对相关证据及案件事实进行综合分析，运用生活经验及逻辑法则对是否存在亲子关系作出推定判断。实践中，笔者认为可着重围绕几个方面的事实进行审查：一是相关凭证记载，如子女的出生证明中记载的父母姓名，发生争议前个人既往档案、履历中所记载的父母子女情况等；二是双方共同生活的情况，是否存在父母对子女抚养教育的事实，子女对父母生养死葬的事实；三是双方之间对内对外对其身份关系的确认情况，包括双方相互之间以及对外是否以父母子女名义相称，去世一方生前对双方关系的自认等；四是其他家庭成员以及朋友、邻居等其他公众对双方亲子关系的认知情况等。

在法官结合查明的前述事实对存在亲子关系作出初步推定后，相应证明责任即转移至相对方，相对方否认推定事实存在的，则应提出相应反证以推翻上述推定，否则即应承担举证不能的不利后果，即法院认定推定事实存在。司法实践中，对于下列重要反证应予着重审查，即父母一方不具备生育能力的诊断证明等证据、怀孕时父母双方未同居的证据、子女与他人存在亲子关系的证据等。

3. 其他亲属要求通过血缘鉴定方式以确定或否认去世一方与相对方亲子关系的，在相对方不同意进行鉴定的情形下，不适用《婚姻家庭编解释一》第三十九条确立的推定规则。

《婚姻家庭编解释一》第三十九条第一款规定，父或者母向人民法院起诉请求否认亲子关系，并已提供必要证据予以证明，另一方没有相反证据又拒绝做亲子鉴定的，人民法院可以认定否认亲子关系一方的主张成立。但在父（母）或子女一方去世后，其他家庭成员要求通过血缘鉴定的方式以确定或否认亲子关系的，相对方不同意进行鉴定的情形下，不应比照适用上述推定规则。理由在于：其一，上述规定所确立的推定规则的基础在于，现代科技的发展使得亲子鉴定具有极高的准确率，且鉴定检材的收集方式不会对人体健康造成损害，在一方当事人已经就其所提出存在或不存在亲子关系的主张提出了相当的证据，但穷尽其举证能力仍不足以证实其主张成立的情况下，申请通过亲子鉴定的方式证明其主张，另一方当事人无正当理由不同意鉴定的，依据举证负担的公平原则，推定提出确认或否认亲子关系一方的主张成立。而如前文所述，其他亲属之间的血缘关系鉴定准确性不高，尚不足以据此对亲子关系作出准确认定，因此不具备适用前述推定规则的基础。其二，亲子鉴定仅是据以判断亲子关系存在与否的证据之一，而并非判断亲子关系的唯一方法。其三，亲子鉴定可能会对现有家庭结构造成极大冲击，生物学上血缘关系并非亲子关系成立的唯一要素，自然血缘关系是一种自然状态，而亲子关系的本质是一种社会关系，是法律对于自然人身份关系的确认，自然血缘关系与法律上的亲子关系相一致是现代社会中人们公认的一种理想状态，但由于种种原因，自然血缘关系与法律上亲子关系的不一致经常出现在人们的生活中，例如收养以及形成抚养关系的继子女与继父母即是如此。法律须平衡血缘关系与事实养育二者之间的关系，故而认定亲子关系应当以真实血缘关系为基础，但亦应兼顾亲子关系的安定性。故我国法律、司法解释对于提起亲子关系否认之诉的权利人的范围以及启动条件进行了限制。举重以明轻，除父母子女之外的其他亲属无权提起亲子关系否认之诉，自然亦应对其通过血缘鉴定的方式以否定亲子关系的存在予以限制。

编写人：北京市第三中级人民法院　赵霞　杨俊逸

168 自书遗嘱在全文笔迹鉴定未果情况下的效力认定

——张乙诉张甲、韩某分家析产、继承案

【案件基本信息】

1. 裁判书字号

北京市第二中级人民法院（2019）京02民终7559号民事判决书

2. 案由：分家析产、继承纠纷

3. 当事人

原告（被上诉人）：张乙

被告（上诉人）：张甲、韩某

【基本案情】

张某先与前妻尹某育有一女张乙，张某先与尹某离婚后，于2011年12月26日与韩某生育一子张甲。2015年1月30日，张某先与韩某登记结婚。2015年8月21日，张某先因病去世。

张某先名下有A号房屋一套，张某先与尹某协议离婚，约定A号房屋归张某先所有。张乙主张张某先生前留有遗嘱，女儿张乙是该房产的唯一继承人，为此提供《协议》一份，其中载有：丰台区×××A室，其女儿张乙将是该房产的唯一继承人。落款签名为张某先，时间为2010年6月10日。张甲及其法定代理人韩某不认可上述《协议》的真实性。经一审法院提示并告知相应法律后果，二人不申请对上述《协议》的笔迹进行司法鉴定。

张甲及韩某主张张某先于2014年已承诺并实际上把A号房屋

退还给单位，重新购买B号房屋，并交纳部分房款60万元，该行为是对《协议》内容的根本否定。一审法院前往张某先生前工作单位核实，发现A号房屋产权还在张某先名下，张某先有权购买B号房屋，但必须交回A号房屋，并交齐房款。张某先已交纳60万元，剩余房款已过交款期限。如果不继续购买B号房屋，所交的60万元可以退还给张某先家人。

双方当事人对一审法院调查的张某先名下基金、股票账户及张某先工亡后相关待遇情况均予以认可。

二审中，因张乙未能按鉴定机构要求提供比对样本对《协议》进行全文笔迹鉴定，后张乙变更鉴定申请对《协议》中的部分相同字进行笔迹鉴定，经二审法院委托，鉴定机构经鉴定认为《协议》第2行、第3行、第5行、第6行、第8行中的“张、某、先”书写字迹和落款处的“张某先”签名字迹与样本上的“张某先”签名字迹是同一人书写。张甲和韩某对鉴定意见不予认可，但未能提供推翻该鉴定意见的相反证据。

【案件焦点】

1.《协议》是否真实有效；2. A号房屋是否应当依据《协议》内容，按遗嘱继承处理。

【法院裁判要旨】

北京市丰台区人民法院经审理认为：直至张某先去世A号房屋仍系其个人财产，在张某先去世后应属于其遗产范围，可以在本案继承分割。《协议》是否为遗嘱，不应由文书的名称决定，上述协议中的内容符合遗嘱关于亲笔书写、签名和注明年、月、日的形式要件，能够认定系张某先的真实意思表示，该部分内容应是合法、有效的自书遗嘱。张某先生前的行为虽与前述遗嘱的意思表示相背离，但A号房屋并未因此在继承开始前发生灭失或所有权转移的情形，张某先的行为亦尚不足以认定撤销其在自书遗嘱中明确的意思表示。

鉴于张某先生前单位新职工住宅配售无法继续进行，涉及张某先已向其单位交纳的600000元购房款应退回，且其单位同意退回该款，张乙请求分割该款，该款作为债权可在本案分割，且考虑到该款系于张某先与韩某婚姻关系存续期间交纳，在无相反证据情况下，该款应属张某先与韩某的夫妻共同财产，故对该债权先进行析产后再作为张某先遗产予以分割。

北京市丰台区人民法院判决：

一、坐落于北京市丰台区的A号房屋归张乙所有；

二、在张某先生前工作单位的600000元购房款，其中100000元属于张乙，剩余部分属于韩某、张甲；

三、驳回张乙的其他诉讼请求。

张甲、韩某不服一审判决，提起上诉，坚持主张《协议》不是张某先书写。北京市第二中级人民法院经审理认为：北京长城司法鉴定所经鉴定认为《协议》第2行、第3行、第5行、第6行、第8行中的“张、某、先”书写字迹和落款处的“张某先”签名字迹与样本上的“张某先”签名字迹是同一人书写。经查，《协议》正文自上而下共9行，正文各行之间的行距及文字之间的间距相当，正文中有“张”字5个，“某”字3个，“先”字2个，且分散位于正文第2行、第3行、第5行、第6行、第8行中，结合北京长城司法鉴定所的上述鉴定意见、张某先的认知水平及自然人的正常书写习惯，《协议》系张某先本人书写具有高度可能性，对《协议》的真实性予以确认。虽然张甲、韩某对《协议》的真实性不予认可，但未提供充分证据加以证明，对其二人相关上诉主张不予采信。

北京市第二中级人民法院依照《中华人民共和国民事诉讼法》第一百七十条第一款第一项规定，作出如下判决：

驳回上诉，维持原判。

【法官后语】

本案是关于自书遗嘱真实性举证责任分配，及自书遗嘱全文笔迹鉴定未果的情况下，自书遗嘱效力认定的典型案例。

一、自书遗嘱真实性举证责任的分配

实践中，由于法官对“谁主张谁举证”存在不同认识和理解，自书遗嘱真实性的举证责任如何分配尚未完全统一，笔者认为自书遗嘱真实性的举证责任一般应分配给持有人一方。自书遗嘱属于私文书证，持有人之所以向法庭提交自书遗嘱，是希望依据自书遗嘱的内容获取更多更大的利益，且持有人一般在自书遗嘱形成时或者至少比提出异议的当事人更早知晓自书遗嘱的形成过程和内容，从证明条件和能力上权衡，持有人对证明自书遗嘱真实性往往处于相对主动的地位，将举证责任分配给持有人，在一定程度上也能敦促自书遗嘱持有人积极利用其主动地位，为证明自书遗嘱真实性提前做好准备。如果直接将举证责任分配给提出异议的一方当事人，在持有人伪造自书遗嘱提交法庭，且不积极配合笔迹鉴定的情况下，提出异议的一方当事人往往很难提出有力证据证明其主张，进而败诉，对于人民法院来说，此类虚假诉讼风险难以有效防范，从裁判效果上看，也是对诚实信用原则的严重破坏。

根据2020年5月1日施行的《最高人民法院关于民事诉讼证据

的若干规定》第九十二条第一款、第二款[1]及《中华人民共和国民法典》第一千一百三十四条[2]（原《中华人民共和国继承法》第十七条第二款）的规定，笔者认为持有遗嘱一方如能够证明该遗嘱无形式瑕疵，则应认定其已完成证明责任，推定该遗嘱真实。相对方若对遗嘱的真实性不认可，举证责任转移给否认遗嘱一方承担，其应当提供反证。否认遗嘱一方未提供反证，亦不申请鉴定或因客观原因无法鉴定的，则应由否认遗嘱一方承担举证不能的法律后果。否认遗嘱一方提供反证后，法院综合运用逻辑推理和日常生活经验等，对遗嘱的真实性难以形成内心确信的，持有遗嘱一方应继续举证，必要时应当对遗嘱的真实性申请鉴定，若不申请鉴定或因客观原因无法鉴定的，则应由持有遗嘱一方承担举证不能的法律后果。此外，一方当事人提供的书证是否属于遗嘱，不能仅依据书证的名称进行判断，而应根据书证的具体内容进行综合判断，如果书证中涉及自然人去世后遗留财产处分的内容，又符合遗嘱的法定形式要件，可以按遗嘱进行审查认定。本案中，虽然上诉人（原审原告）在一审中提供的书证名称为《协议》，但从该书证的内容看，涉及张某先名下A号房屋的继承，且符合自书遗嘱的法定形式要件，故可以按自书遗嘱进行审查认定。二审法院在审理中依被上诉人（原审原告）申请启动笔迹鉴定，就是将《协议》即自书遗嘱真实性的举证责任首先分配给持有人一方。

二、自书遗嘱在全文笔迹鉴定未果情况下的效力认定

申请笔迹鉴定是当事人在诉讼中举证证明自书遗嘱真实性的通

---

① 私文书证的真实性，由主张以私文书证证明案件事实的当事人承担举证责任。私文书证由制作者或者其代理人签名、盖章或捺印的，推定为真实。

② 自书遗嘱由遗嘱人亲笔书写，签名，注明年、月、日。

常做法，然而实践中，鉴定机构一般要求提供经双方当事人质证认可的，包含自书遗嘱全文80%内容的比对样本五份以上，才可以对自书遗嘱全文是否为被继承人书写进行笔迹鉴定，全文笔迹鉴定意见固然对认定自书遗嘱起着决定性的作用，但诉讼中最终能够进行全文笔迹鉴定的并不多见。首先，除非被继承人生前留有大量手稿材料，否则客观上申请人或者对方当事人很难提供符合上述条件的比对样本；其次，即使提供了符合数量要求的比对样本，如果对方当事人对比对样本真实性不认可，人民法院经审查亦无法确定真实性，全文笔迹鉴定往往因比对样本不足而无法进行，如此，笔迹鉴定在此类案件中所被赋予的“理想”作用难以充分发挥。

在此需要强调的是，自书遗嘱只能由遗嘱人亲笔书写，既包括遗产如何处理的主干部分，也包括遗嘱人的签名和注明的年、月、日。如果注明的年、月、日不齐全，或者有证据证明年、月、日可能是他人代写，即使遗嘱人的签名和主干部分是遗嘱人亲笔书写，该自书遗嘱仍应为无效。笔者认为，在全文笔迹鉴定未果的情况下，如果能够对自书遗嘱中的部分字迹进行笔迹鉴定（以下简称相同字笔迹鉴定），结合立遗嘱人自身情况和自然人书写习惯等，能够确信自书遗嘱全文（包括签名、落款日期）是立遗嘱人书写具有高度可能性，且不存在形式瑕疵的，应当认定持有人完成了对自书遗嘱真实性的举证责任。相同字笔迹鉴定与全文笔迹鉴定相比，一方面申请人客观上更有条件和能力提供符合条件的比对样本，另一方面可以在一定程度上降低对方当事人否认比对样本真实性的概率，笔迹鉴定在此类案件中的作用能够得到进一步发挥。

本案中，被上诉人起初申请对《协议》进行全文笔迹鉴定，因未能按照鉴定机构的要求，补充提供有与《协议》内容相同字迹的样本材料，之后变更申请进行相同字笔迹鉴定。经鉴定，《协议》正文中多处出现的“张、某、先”书写字迹和落款处的“张某先”签名字迹与样本上的“张某先”签名字迹是同一人书写。从《协议》的内容看，正文自上而下共9行，正文各行之间的行距及文字之间的间距相当，正文中有“张”字5个，“某”字3个，“先”字2个，且分散位于正文第2行、第3行、第5行、第6行、第8行中，如果《协议》中的全文不是张某先书写，仅在《协议》第2行、第3行、第5行、第6行、第8行中写上“张”字、“某”字或“先”字，在《协议》落款处签名，明显不合常理，在案亦无证据证明张某先生前有作出上述反常行为的可能，根据《最高人民法院关于适用〈中华人民共和国民事诉讼法〉的解释》第一百零八条第一款之规定，对负有举证证明责任的当事人提供的证据，人民法院经审查并结合相关事实，确信待证事实的存在具有高度可能性的，应当认定该事实存在。本案结合相同字笔迹鉴定的鉴定意见、张某先的认知水平及自然人的正常书写习惯等，认定《协议》系张某先本人书写具有高度可能性，被上诉人已完成证明责任，并对《协议》的真实性予以确认。虽然张甲、韩某对《协议》的真实性不予认可，但未提供反证，应承担举证不能的法律后果。鉴于《协议》中的部分内容、落款签名、日期符合自书遗嘱法定形式要件，法院最终对《协议》中属于自书遗嘱部分的效力予以确认。

编写人：北京市第二中级人民法院　陈光旭

169 涉外遗嘱继承的准据法选择与适用

——吴乙诉吴甲等继承案

【案件基本信息】

1. 裁判书字号

北京市第一中级人民法院（2019）京01民终5350号民事判决书

2. 案由：继承纠纷

3. 当事人

原告（被上诉人）：吴乙

被告（上诉人）：吴甲、赵甲

被告（被上诉人）：高甲、吴丙、吴丁

【基本案情】

吴父与赵母系夫妻，婚后生有三子一女，即吴乙、吴戊、吴甲、赵甲。吴父、赵母、吴乙、吴甲、赵甲均为澳大利亚国籍。吴戊与高甲系夫妻，婚后生有一子一女，即吴丙、吴丁。赵母、吴父分别于2010年、2014年在澳大利亚去世。吴戊于2018年去世。

吴父自其单位北京某大学分得涉案房屋，后购买，于2009年取得房产证，登记在吴父名下。2005年5月25日，吴父、赵母分别授权吴甲全权处理二人在北京某大学的事宜。2007年3月22日，吴父、赵母就上述委托事宜另行制作委托书，并经所在国公证认证。吴乙提交了经所在国公证认证的《临终遗嘱》，内容为：

立遗嘱人为本人，居于新南威尔士州某路某房。本人谨此撤销之前由本人在任何时间作出的所有遗嘱及遗嘱性质的处置，并宣布此为本人的临终遗嘱。本人指派本人儿子吴乙为本临终遗嘱的执行人和受托人，但若本人儿子吴乙先于本人离世，那么本人指派本人儿媳 Svetlana Wu 为遗嘱执行人和受托人……本人将本人所有财产，不论是动产还是不动产，不论何种性质位于何处，均遗赠并赠与我的受托人按照以下信托持有：1. 偿还我的所有合法债务、葬礼和遗嘱费用、州遗产税、联邦遗产税以及所有其他在本人死亡后或因本人死亡而应当支付的任何税项或税款。2. 为本人所述的儿子持有本人剩余遗产；若他先于本人离世，则为本人所述儿媳持有；而若儿媳亦先于本人离世，则为本人孙子 Andrew Nazarov Wu 持有。3. 在本人该份遗嘱里，提及本人受托人之处指暂时的一名或数名受托人，而任何提及单数之处均包括复数，反之亦然；提及任何一个性别之处包括其他性别。落款日期为 1995 年 9 月 7 日，落款处有吴父及见证人的签名。

吴乙主张赵母留有遗嘱，提交了经所在国公证认证的《临终遗嘱》，内容与吴父遗嘱相同，吴乙要求依法由其继承涉案房屋。高甲、吴丙、吴丁同意吴乙的诉讼请求。

吴甲、赵甲认为被继承人是澳大利亚国籍，死亡时经常居住地是新南威尔士州。新南威尔士州居民订立的遗嘱只对本州境内的财产有效，本案遗嘱对中国的遗产无效。

【案件焦点】

1. 本案遗嘱是否有效；2. 吴乙是否属遗嘱所确定的继承人；3. 本案遗嘱内容所涉及的财产是否包含涉案房屋。

【法院裁判要旨】

北京市海淀区人民法院经审理认为：本案应当适用澳大利亚新南威尔士州法律进行审理。遗嘱形式符合规定，具有法律效力，涉案房屋作为吴父、赵母的夫妻共同财产，二人去世后应作为遗产按照遗嘱由吴乙继承。判决涉案房屋由吴乙继承。

吴甲、赵甲不服原审判决，提起上诉。北京市第一中级人民法院经审理认为：

一、本案遗嘱是否有效

（一）对本案遗嘱争议问题的“识别”

吴甲和赵甲认为，案涉两份《临终遗嘱》只对澳大利亚新南威尔士州境内的遗产有效，对于境外的遗产，如果国家之间有协议的，应另行订立国际遗嘱或者是遗产所在地国家的遗嘱。所以，在澳大利亚新南威尔士州订立的遗嘱不能对处于中国境内的不动产发生效力。从国际私法理论的角度分析吴甲和赵甲的上述观点可知，二人的实质主张是，如果在新南威尔士州境内订立的一份遗嘱处分了境外财产，那么遗嘱的该部分内容无效，故应适用财产所在地的法律按照法定继承原则处理。这与吴甲、赵甲反复强调的一审判决混淆了中澳两国的司法管辖权的观点一致。因而，吴甲、赵甲所提出的该项异议，应识别为如下问题，即本案所涉遗嘱是否有效。

我国法律不承认“反致”和“转致”制度，故应适用澳大利亚实体法解决遗嘱是否有效的问题，而不管该国是否存在冲突规范以及冲突规范所确定的准据法如何。

（二）本案所应适用的准据法

遗嘱效力，适用遗嘱人立遗嘱时或者死亡时经常居所地法律或者国籍国法律。涉外民事关系适用外国法律，该国不同区域实施不同法律的，适用与该涉外民事关系有最密切联系区域的法律。澳大利亚各州有不同的法律体系，因吴父、赵母居住地、死亡地均为澳大利亚新南威尔士州，故确定最密切联系区域的法律为新南威尔士州继承法律规范。经询问，双方当事人对上述法律规范的适用无异议。诉讼中，吴乙向法院提供了经公证认证的新南威尔士州《继承法》，吴甲、赵甲对该法案的真实有效性不持异议，故本案的具体准据法应确定为该法案。一审法院对外国法的查明准确，本院予以确认。

（三）本案遗嘱的效力问题

依据对本案争议问题的识别，应根据新南威尔士州《继承法》确定该遗嘱的效力。二审审理中，吴甲、赵甲未能提供准确的法律依据。经审查，该法案中对本案争议问题确无明确规定。另外，吴甲、赵甲认为，在新南威尔士州处理遗嘱案件，除了必须有《监终遗嘱》外，还需向法院提供《财产清单》并由司法机关进行遗嘱认证，三者缺一不可，而本案吴乙提供的财产清单中并不包含本案涉案房屋。依据吴甲、赵甲提供的翻译文件内容，遗嘱认证只是一种确认效力的程序，而非遗嘱有效的必要条件。一审庭审中，双方也认可遗嘱一经订立即发生法律效力，当地高级法院的认证仅是遗嘱执行的依据。因此，财产清单是否包含涉案房屋，新南威尔士州最高法院对本案的遗嘱认证是否准确，均不涉及遗嘱本身的效力认定。

综上所述，吴甲、赵甲关于遗嘱无效，应该适用中国法处理的意见，欠缺相应的法律依据，本院对该上诉意见不予支持。

二、吴乙是否属遗嘱所确定的继承人

吴甲、赵甲否认吴乙属于遗嘱所确定的继承人的诉讼请求不成立，理由如下：

第一，本院通过查阅词典，发现案涉遗嘱中单词“devise”的法律词义为遗赠，不动产遗赠。而“bequeath”的法律词义为（按遗嘱的）遗赠（财产）。虽然本案未共同委托进行翻译，但被上诉人吴乙提供的翻译件更为贴合原意，本院对该翻译件准确性予以确认。

第二，遗嘱第二条的内容是“为本人所述的儿子持有本人剩余遗产；若他先于本人离世，则为本人所述儿媳持有；而若儿媳先于本人离世，则为本人孙子 Andrew Nazarov Wu 持有”。二审中，经本院询问，吴甲、赵甲认可 Andrew Nazarov Wu 是被上诉人吴乙之子，因此，从该句话的前后表述，完全可以确定“本人所述的儿子”即为被上诉人吴乙本人。

综上所述，吴甲、赵甲认为吴乙不属于遗嘱所确定的继承人的观点不能成立，本院不予采纳。

三、本案遗嘱内容所涉及的财产是否包含涉案房屋

虽然遗嘱订立时间为 1995 年 9 月 7 日，而涉案房屋取得房产证的时间是 2009 年 12 月 4 日，但不能因处分时该房屋尚未取得，就认定遗嘱处分的内容不包括涉案房屋。依据新南威尔士州《继承法》第四条规定，个人可以通过遗嘱处分其死亡时遗留的财产，无论签署遗嘱时，个人是否享有财产权利。因此，本案遗嘱处分其未来的可得财产合法有效。当然，亦不能以此认为遗嘱没有处理本案的涉案房屋。吴乙虽然在提供的财产清单上未列明中国境内的房产，但诉讼中吴乙对此已经进行了合理的解释，认为财产清单范围和实际财产范围并不需要一致。吴甲、赵甲亦未提供相应的法律规范指明该情形产生的法律后果，故而，仅仅以财产清单与实际财产范围不符便认为遗嘱未处分涉案房屋的理由亦不能成立。综上，判决：

驳回上诉，维持原判。

【法官后语】

实践中，面对涉外民事纠纷，法官往往争议于准据法的确定问题。但是，准据法的确定仅仅是涉外案件审理诸多环节中的一步。面对当事人财产类型和财产范围的不断扩大，涉外民事案件特别是涉外家事类纠纷逐渐增多，建立一套规范的符合国际私法理论的涉外审判思维就显得格外重要。本案系一起较为典型的涉外遗嘱继承纠纷，判决将涉外案件审理的主要思维框架予以勾勒，寄希望于整理类案思维，规范法律适用。本案涉及的主要问题包括争议问题的识别、冲突规范的确定、外国法的查明、准据法的适用及遗嘱效力的认定等。其中法院在本案中对以下问题进行了重点审查。

一、本案争议问题的“识别”

国际私法中的识别是指依据一定的法律观点或法律概念，对案件有关事实的性质作出“定性”或“分类”，把它归入特定的法律范畴，从而确定应援引哪一冲突规范的法律认识过程。它包括密切相关的两个方面，一是依据一定的法律正确地解释某一法律概念；二是依据该法律概念正确地判定特定事实的法律性质。[①] 由于各国法律观念和法律概念不一致，往往对同一事实构成作出不同的定性或分类，导致“识别的冲突”经常发生。因此，依据何种标准识别尤为必要。关于识别依据有多种学说，[②]《中华人民共和国涉外民事关系法律适用法》第八条规定“涉外民事关系的定性，适用法院地法律”即采纳了其中法院地法说。

本案中，吴乙主张应按照被继承人吴父、赵母在澳大利亚新南

① 李双元、欧福永主编：《国际私法》，北京大学出版社2018年版，第104页。

② 关于识别依据的主张包括法院地法说、准据法说、分析学与比较法学说、个案识别说、功能识别说等。

威尔士州订立的遗嘱由其继承相应遗产。吴甲、赵甲则认为该遗嘱仅对新南威尔士州境内遗产有效，对中国境内的不动产不产生效力，二人虽提出反对意见，但对遗嘱的真实性未提出异议。归纳诉辩双方的意见，可以探知双方争议焦点问题为遗嘱对中国境内遗产是否有效，此即法院对本案问题的识别，亦为本案援引正确冲突规范的前提。

二、本案中准据法的适用

国际私法上一般需要分别解决立嘱能力、遗嘱方式、遗嘱的解释、遗嘱的撤销和遗嘱的实质效力等问题的准据法。结合上述本案问题的识别，可以确定本案需要重点审查的是遗嘱实质效力的准据法。

（一）我国涉外遗嘱继承法律适用的规定

我国最早涉及遗产继承的法律规定集中在《中华人民共和国继承法》（1985 年 4 月 10 日颁布）中，其第三十六条第二款[①]对动产与不动产的准据法作了规定，但没有区分“涉外的法定继承”与“涉外的遗嘱继承”。随着立法的完善，对于涉外民事法律关系的冲突规范便集中在《中华人民共和国民法通则》（1986 年 4 月 12 日颁布）第八章涉外民事关系的法律适用中。其中第一百四十九条[②]的规定明确了不动产遗产的“法定继承”适用不动产所在地法律，但对遗嘱继承未有提及。之后《中华人民共和国涉外民事关系法律适用法》（2010 年 10 月 28 日颁布）颁布施行，依据新法优于旧法的

---

① 《中华人民共和国继承法》第三十六条第二款：“外国人继承在中华人民共和国境内的遗产或者继承在中华人民共和国境外的中国公民的遗产，动产适用被继承人住所地法律，不动产适用不动产所在地法律。”

② 《中华人民共和国民法通则》第一百四十九条：“遗产的法定继承，动产适用被继承人死亡时住所地法律，不动产适用不动产所在地法律。”

法律适用原则，该法成为我国处理涉外民事关系、处理涉外继承案件的特别法律适用规范。其中第五十一条[①]明确了该法优先于《中华人民共和国继承法》第三十六条和《中华人民共和国民法通则》第一百四十六条、第一百四十七条的规定适用。第三十一条延续了《中华人民共和国民法通则》第一百四十九条的表述，但仍未涉及不动产的遗嘱继承的法律适用。本案中被继承人所留遗产既涉及动产，亦涉及不动产，且为遗嘱继承。鉴于此，结合《中华人民共和国涉外民事关系法律适用法》第十二条、[②]第三十二条、[③]第三十三条[④]之规定，笔者理解我国对涉外遗嘱继承采用不区分动产与不动产的"统一主义"，即不以不动产所在地为不动产遗嘱的准据法，而是将准据法统一于属人法或被继承人本国法，或为被继承人经常居住地法或惯常住所地法。本案中被继承人吴父、赵母立遗嘱时及死亡时经常居住地均为澳大利亚新南威尔士州，故本案应适用的准据法为该地法律。

（二）外国法的查明

一般而言，外国法的查明方法包括三种：一是由当事人举证证

---

① 《中华人民共和国涉外民事关系法律适用法》第五十一条："《中华人民共和国民法通则》第一百四十六条、第一百四十七条，《中华人民共和国继承法》第三十六条，与本法的规定不一致的，适用本法。"

② 《中华人民共和国涉外民事关系法律适用法》第十二条："自然人的民事行为能力，适用经常居所地法律。自然人从事民事活动，依照经常居所地法律为无民事行为能力，依照行为地法律为有民事行为能力的，适用行为地法律，但涉及婚姻家庭、继承的除外。"

③ 《中华人民共和国涉外民事关系法律适用法》第三十二条："遗嘱方式，符合遗嘱人立遗嘱时或者死亡时经常居所地法律、国籍国法律或者遗嘱行为地法律的，遗嘱均为成立。"

④ 《中华人民共和国涉外民事关系法律适用法》第三十三条："遗嘱效力，适用遗嘱人立遗嘱时或者死亡时经常居所地法律或者国籍国法律。"

明，又称为“听讯原则”；二是法官依职权查明，无须当事人举证，也称为“调查原则”；三是法官依职权查明，但当事人亦负有协助的义务。当经过一切可能的方法和途径，仍不能查明外国法的内容时，关于法律适用的解决方法亦有多种主张。[①] 我国涉及外国法查明的法律主要规定于以下法律中：《中华人民共和国涉外民事关系法律适用法》第十条“涉外民事关系适用的外国法律，由人民法院、仲裁机构或者行政机关查明。当事人选择适用外国法律的，应当提供该国法律。不能查明外国法律或者该国法律没有规定的，适用中华人民共和国法律”；最高人民法院《关于适用〈中华人民共和国涉外民事关系法律适用法〉若干问题的解释（一）》第十七条第一款“人民法院通过由当事人提供、已对中华人民共和国生效的国际条约规定的途径、中外法律专家提供等合理途径仍不能获得外国法律的，可以认定为不能查明外国法律”；最高人民法院《关于贯彻执行〈中华人民共和国民法通则〉若干问题的意见（试行）》第一百九十三条“对于应当适用的外国法律，可通过下列途径查明：(1) 由当事人提供；(2) 由与我国订立司法协助协定的缔约对方的中央机关提供；(3) 由我国驻该国使领馆提供；(4) 由该国驻我国使馆提供；(5) 由中外法律专家提供。通过以上途径仍不能查明的，适用中华人民共和国法律”。本案中法院确定应适用的准据法为澳大利亚新南威尔士州相关法律，当事人向法院提供经公证认证的外国法律文件，因当事人提供外国法律可作为法院查明外国法的一种方式，经法庭

① 外国法不能查明时的法律适用主张有：(1) 直接适用内国法；(2) 推定外国法与内国法相同；(3) 驳回当事人的诉讼请求或抗辩；(4) 适用与本应适用的外国法相似的法律；(5) 适用一般法理或者一般法律原则；(6) 适用辅助性连结点再次选择准据法；(7) 适用与当事人有最密切联系的国家的法律。

询问双方当事人对该法律文件的真实性并无异议，故本案由当事人提供外国法，法院予以认定。

（三）外国法的适用

《中华人民共和国涉外民事关系法律适用法》第六条规定，涉外民事关系适用外国法律，该国不同区域实施不同法律的，适用与该涉外民事关系有最密切联系区域的法律。澳大利亚各州有不同的法律体系，因吴父、赵母居住地、死亡地均为澳大利亚新南威尔士州，故确定最密切联系区域的法律为新南威尔士州继承法律规范。《中华人民共和国涉外民事关系法律适用法》第九条规定，涉外民事关系适用的外国法律，不包括该国的法律适用法，从而否定了国际私法中的“反致”或“转致”制度。故本案应依据吴乙向法院提交的经公证认证的澳大利亚新南威尔士州《继承法》对该案实体法进行认定。

三、本案遗嘱的效力

遗嘱的效力，是指遗嘱人设立的遗嘱所发生的法律后果。遗嘱作为一种单方民事法律行为，只要有遗嘱人单独的意思表示就可以成立，但成立的遗嘱并不一定就能发生遗嘱人预期的法律后果，即未必有法律效果。[①] 只有具备法律规定的条件，才能有效地发生法律效力。也只有有效的遗嘱，才能被执行，才能使遗嘱人的意愿得以充分、完全地实现。在确定本案应适用的准据法后，法院查明澳大利亚新南威尔士州《继承法》第四条规定：“（1）个人可以通过遗嘱处置在其死亡时遗留的财产。（2）无论签署遗嘱时，个人是否享有财产权利，第（1）款均适用。（3）个人可通过遗嘱来处置其个

① 郭明瑞、房绍坤主编：《继承法》，法律出版社2004年版，第153页。

人代表在其本人死亡后以个人代表身份享有的财产。(4) 无论应享权利是否在个人死亡之日存在，第 (3) 款均适用。(5) 个人不得通过遗嘱来处置其本人在死亡时作为受托人身份持有的财产。”具体到本案中，被继承人吴父、赵母虽然在订立遗嘱时尚未取得涉案房屋的产权，但依据上述法条的规定，无论签署遗嘱时，个人是否享有财产权利，均可以通过遗嘱来处理，因此吴父、赵母所立遗嘱对中国境内的涉案房屋及其他财产具有效力。

四、处理涉外遗嘱继承纠纷时可遵循的审判思路

本案系一起较为典型的涉外遗嘱继承纠纷，可从中大致归纳以下审判思路。

第一步，识别案件争议问题。涉外遗嘱继承案件往往涉及人身、财产等多种法律关系，因此首先需要在纷繁复杂的法律关系中抽丝剥茧，识别出最核心的问题，从而确定下一步应适用何种冲突规范。这一步类似于日常审判中归纳争议焦点。第二步，确定准据法。依据上述识别的争议问题确定案件所应适用的准据法。遗嘱能力、遗嘱形式、遗嘱内容、遗嘱效力等不同问题所对应的准据法可能并不相同。因此需对应上述问题确定应适用我国法律还是外国法律。第三步，法律查明。若根据第二步，最终适用我国法律为准据法则相对容易，在此不再赘述。若最终适用外国法，则可依据我国最高人民法院《关于贯彻执行〈中华人民共和国民法通则〉若干问题的意见（试行）》第一百九十三条、《中华人民共和国涉外民事关系法律适用法》第十条、最高人民法院《关于适用〈中华人民共和国涉外民事关系法律适用法〉若干问题的解释（一）》第十七条等规定对外国法进行查明。第四步，法律适用。如上所述，对最终适用我国法律的情形不再赘述。在适用外国法时，应注意我国不承认“转

致”或“反致”，因此不适用外国的法律适用法。第五步，解决案件争议问题。在上述确定准据法、查明相关法律后，接下来需要法官结合个案具体情形，准确适用法律，对案件作出整体认定。

编写人：北京市第一中级人民法院　王国庆　方硕

170　遗嘱信托的效力认定规则及处理方式

——李某诉钦某、李某今遗嘱继承案

【案件基本信息】

1. 裁判书字号

上海市第二中级人民法院（2019）沪02民终1307号民事判决书

2. 案由：遗嘱继承纠纷

3. 当事人

原告（上诉人）：李某

被告（上诉人）：钦某（系被继承人李某丁妻子）、李某今

第三人：李某甲、李某乙、李某丙（均系被继承人的兄弟姐妹）

【基本案情】

1980年4月2日，被继承人李某丁与案外人李某莉登记结婚。婚后二人育有一女，即原告李某。2006年、2012年，李某丁与被告钦某先后生育李某今、李某佳（2015年5月30日死亡）。2012年5月28日，李某莉向法院起诉离婚。2013年2月16日，李某丁与李某莉经法院判决离婚。2013年9月5日，李某丁与钦某登记结婚。2015年8月11日，李某丁因病在上海某医院过世。过世前，李某丁于2015年8月1日写下自书遗嘱一份，内容如下：

（一）财产总计：1. 元普投资500万元（月月盈）招商证券托管；2. 上海银行易精灵及招商证券约500万元；3. 金家巷、青浦练塘前进街、海口房产各一套。（二）财产处理：1. 在上海再购买三房两厅房产一套，该房购买价650万元左右，只传承给下一代，永久不得出售（现有三套房产可出售，出售所得并入李某丁家族基金会，不出售则收租金）；2. 剩余350万元资金及房产出售款项约400万元和650万元房屋和其他资产约1400万元，成立“李某丁家族基金会”管理。（三）财产使用：妻子钦某、女儿李某今每月可领取生活费一万元整（现房租金5000元，再领现金5000元），所有医疗费全部报销，买房之前的房租全额领取。李某今国内学费全报。每年钦某、李某甲、李某乙、李某丙各从基金会领取管理费一万元。妻儿、三兄妹医疗费自费部分报销一半（住院大病）。（四）财产管理：由钦某、李某甲、李某乙、李某丙共同负责。新购650万元房产钦某、李某今、李某均有权居住，但不居住者，不能向居住者收取租金。

李某丁曾于2014年11月23日写下自书遗嘱一份，其中提及设立“李某丁家族信托基金会”。

李某丁过世时，钦某及李某丁名下财产中夫妻共同财产部分的价值为人民币8542396.42元及8876.03美元（含李某丁名下有价证券、理财产品、外汇以及第三人处为李某丁办丧事的余款）。另有海口房屋一套及三菱汽车一辆，系李某丁婚前财产。李某丁遗嘱中提及的金家巷房屋和青浦练塘房屋，均系公有住房。李某丁的遗产，扣除其婚前债务，经折价后总值为人民币4150421.28元及4438美元。李某丁的父母均先于其去世。

原告认为，李某丁、钦某婚前签署《婚前财产协议》，约定婚前财产以及婚姻关系存续期间取得的财产归各自所有。后因被告钦某拒不执行遗嘱，且擅自转移部分遗产，故诉请判令：1. 按照被继承人李某丁的遗嘱继承其遗产；2. 剩余遗产部分由原告与两被告依法继承分割。

被告认为，钦某与李某丁在婚前并未签署《婚前财产协议》，李某丁的遗嘱实际无法执行，遗产应按法定继承处理。

第三人认为，遗嘱应予执行，第三人愿意担任管理人和受托人。

【案件焦点】

1. 被继承人遗嘱真实意思的理解是否受遗嘱文字限制；2. 遗嘱信托的效力认定；3. 遗嘱信托的受托人资格认定。

【法院裁判要旨】

对于争议焦点一，上海市静安区人民法院认为：从遗嘱的内容来看，被继承人表达的意思是不对遗产进行分割，而是要将遗产作为一个整体，通过一个第三方进行管理，这个第三方被继承人命名为“李某丁家族基金会”，组成人员为其妻子及兄弟姐妹，管理方式为共同负责管理。被继承人还指定了部分财产的用途，指定了受益人，明确了管理人的报酬，并进一步在购买房屋一事上阐明其目的——“只传承给下一代，永久不得出售”，也就是要求实现所有权和收益权的分离。虽然被继承人没有直接在遗嘱中写明设立信托，但上述被继承人的意思表示符合信托的法律特征，应当识别为被继承人希望通过遗嘱的方式设立信托，实现家族财富的传承。

对于争议焦点二，一审法院认为：被继承人所立遗嘱，目的合法，所使用的书面形式以及内容要素均符合信托法的规定，依法有效成立信托。部分信托内容，因被继承人的遗产客观贬值，无法执行。但遗嘱中还有受益人收取信托利益等其他内容，上述内容与无法执行部分之间没有因果关系或前提关系。只要信托财产符合法律规定，即具备执行条件，可按照遗嘱执行。

对于争议焦点三，一审法院认为：立遗嘱人有权在遗嘱中指定遗嘱执行人，信托的委托人有权指定多个共同受托人。从李某丁遗嘱的上下文来看，李某丁指定的管理人即为遗嘱执行人和信托受托人。钦某亦为被指定的管理人之一，但其向法院明确拒绝该指定，故法院认定钦某不再列为遗嘱执行人、管理人和受托人。第三人李某甲、李某乙、李某丙向法院表示承诺信托，愿意履行相关法律义务，故法院确认信托成立，李某甲、李某乙、李某丙为遗嘱执行人、管理人和受托人，有权根据判决指定的范围接管李某丁的遗产。

综上，一审法院依据《中华人民共和国继承法》《中华人民共和国信托法》，判决：

一、确认李某丁通过 2015 年 8 月 1 日自书遗嘱设立信托有效，第三人李某乙、李某甲、李某丙为受托人，按照法律规定以及本判决确认的遗嘱内容履行受托人义务；

二、其余内容均为管理人接管信托财产以及共同财产分割，从略。

一审判决后，原、被告均上诉。上海市第二中级人民法院经审理认为：各方的上诉均应驳回。一审判决并无不当，二审法院予以认可。

二审法院补充认为：钦某在一审中曾向法院明确表示拒绝担任李某丁所立遗嘱指定的遗嘱执行人、信托管理人及受托人，在二审审理期间却又申请要求成为信托管理人之一，此举有悖诚信原则，故对该申请不予采纳。但李某甲、李某乙、李某丙作为受托人，均应当遵守信托文件的规定，为受益人的最大利益处理信托事务，而受托人管理信托财产，必须恪尽职守，认真履行诚实信用、谨慎有效管理的义务。受托人如若实施违反信托目的处分信托财产，或因受托人违背管理职责、处理信托事务不当，致使信托财产遭受损失，或者出现受托人将信托财产转为其自有财产等违法行径，受益人均可依法要求受托人承担恢复原状、赔偿损失等法律责任。

【法官后语】

本案是国内少见的认定遗嘱信托成立并执行的判决，被媒体称为“遗嘱信托第一案”或“首例可查遗嘱信托案”，并进行了广泛报道。《中华人民共和国民法典》（以下简称《民法典》）亦确认了遗嘱信托这一形式，结合本案，我们对遗嘱信托做进一步的解读。

第一，《民法典》明确了遗嘱信托是一种全新的遗嘱处分种类。《民法典》第一千一百三十三条第四款虽然只有寥寥十余字，却开创了在继承法律中明确规定遗嘱信托的先河。从此，遗嘱信托在继承法领域有了明确的法律依据，不再是“妾身未明”的状态。在《民法典》颁布前，遗嘱信托作为信托方式的一种，仅出现在《中华人民共和国信托法》（以下简称《信托法》）中，而《信托法》作为一部信托法律，并未对遗嘱处分的种类和遗嘱的效力进行规定，只是笼统地规定为“设立遗嘱信托，应当遵守继承法关于遗嘱的规定”。但是，《中华人民共和国继承法》（以下简称《继承法》）颁布于1985年，远早于《信托法》颁布的时间。这就导致《继承法》中并未为遗嘱信托预留接口或具体规定，从而为遗嘱信托的具体实施埋下了争议的隐患。《继承法》第十六条第一款规定了“公民可以依照本法规定立遗嘱处分个人财产”，而从该条第二款和第三款的内容来看，遗嘱处分的类型只有两种，即“指定由法定继承人的一人或数人继承”以及“赠给国家、集体或者法定继承人以外的人”，其中并无遗嘱信托。而信托既不是继承，也不是赠与。因此，如果从狭义的角度解读《继承法》关于遗嘱的规定，遗嘱中的信托内容是否可以被认定为有效内容，不无争议。本案中法院从尊重被继承人遗愿出发，确认了遗嘱信托的效力，是法院进行扩张解释以弥补法律缺陷的结果，但实体法依据依然不够严密。《民法典》第一千一百三十三条正式将遗嘱信托与遗嘱继承、遗赠并列，成为遗嘱处分的一种全新类型，也为今后处理遗嘱信托产生的纠纷提供了明确方向和有力依据。

第二，《民法典》第一千一百三十三条作为顶层设计，提供的是方向指引，遗嘱信托的形式要件与实质要件应当结合遗嘱以及《信托法》的规定进行把握。从遗嘱和信托两个方面来看，遗嘱信托必须采用书面形式，不仅要符合遗嘱的形式要件，还应当载明信托目的、委托人及受托人姓名、受益人范围、信托财产范围、受益人取得信托利益的形式和方法。但是，法院不应拘泥于遗嘱中是否使用了“信托”的名称，应以遗嘱是否具备了信托关系的法律特征为原则进行审查，从遗嘱的具体内容，分析其所产生的相应法律效力。

第三，《民法典》尊重被继承人的真实临终意愿，对此类信托的效力认定与执行应当从宽把握。受个人的知识水平以及认识水平所限，被继承人立下的遗嘱往往不能保证遗嘱中所列举的财产都能成功纳入信托，部分财产甚至不属于被继承人有权处分的范围。因此，在遇到此类情况时，法院应当本着最大化促成遗嘱有效的原则进行精准识别，将该部分内容进行剥离。部分信托内容无法执行的，不影响遗嘱中与之无关联的其余部分的效力，继续执行其余可执行的部分。从《民法典》关于遗嘱效力的条文来看，这种处理方法与《民法典》继承编的精神相合。

第四，《民法典》倡导自愿原则和诚信原则，对遗嘱信托中受托人的资格应当结合前述原则予以确定。信托可分为民事信托与营业信托，其中营业信托需要取得许可，而民事信托并非以营利为目的，仅发生在特定信赖关系的当事人之间，不需要行政许可，只要符合信托法规定的要件，受委托人信任的自然人就可以按照自愿原则成为受托人。因此，取得行政许可的信托机构和未经行政许可的自然人均可成为遗嘱信托的受托人。而受托人一旦明确表示拒绝作为信托管理人，为保障信托的有效运行，若无特殊情况，不得随意撤销拒绝的意思表示。对于明确表示同意作为管理人的受托人，其应为受益人的最大利益处理信托事务，并可根据遗嘱信托领取报酬；但对于受托人的失职行为致使信托财产遭受损失的，还应承担相应的法律责任。

编写人：上海市第二中级人民法院　李彦

上海市静安区人民法院　蒋洁

171 已故被继承人立遗嘱时行为能力确认规则

——隗乙诉侯甲继承案

【案件基本信息】

1. 裁判书字号

北京市第三中级人民法院（2019）京03民终5586号民事判决书

2. 案由：继承纠纷

3. 当事人

原告（被上诉人）：隗乙

被告（上诉人）：侯甲

【基本案情】

被继承人周某某与侯乙系夫妻，二人育有子女侯丙及被告侯甲，原告隗乙为侯丙之女。侯乙、周某某分别于1996年、2016年死亡。2004年1月18日，侯丙死亡。

涉案房屋登记在周某某名下，评估价为367.41万元。周某某名下留有银行存款，存折及存单均由侯甲持有。隗乙诉称，自母亲侯丙去世后，其一直与侯甲共同照顾周某某。周某某去世后，其与侯甲共同享有继承权。故要求分割涉案房屋及银行存款。

侯甲提交周某某所立《遗嘱》一份，主要内容为：侯甲出资购房并装修，周某某去世后，涉案房屋由侯甲继承。该遗嘱落款为“立遗嘱人周某某2001年12月19日”。隗乙不认可该遗嘱真实性。经释明，双方均不申请笔迹鉴定。

周某某曾被诊断患有精神分裂症，并多次住院治疗。其住院病历载明“意识清醒，情志低下，表情呆滞，生活懒散……对思维内容不肯暴露”“意识清楚、定向力完整”“意识清晰，定向力可，多人强制步入病房，兴奋、话多，冲动、接触差，步态久稳，存在言语性幻听，异常思维内容；情绪不稳，自诉情绪低落……拒绝接受检查治疗，无自知力。出院时……仍存在妄想内容，情感尚协调，无自知力”。

就另案周某某诉侯甲返还原物一案，法院曾委托中国法医学会司法鉴定中心对周某某的民事行为能力及诉讼行为能力进行鉴定。鉴定中心出具《法医精神病学鉴定意见书》，鉴定意见为：周某某系精神分裂症偏执型患者，目前仍处于疾病进展期，评定为限制民事行为能力，对该案无诉讼能力。

庭审中，关于周某某生前精神及身体状态，隗乙和侯甲都表示她需要吃药维持精神状态。

【案件焦点】

1. 被继承人周某某行为能力有无瑕疵，所订遗嘱是否有效；2. 被继承人周某某遗产应如何分配。

【法院裁判要旨】

北京市朝阳区人民法院经审理认为：根据周某某的门诊病历及鉴定报告，其因精神分裂症多次入院治疗，出院后，周某某未能坚持服用抗精神病药物治疗，病情不稳定，结合本案双方对周某某精神状态的自述，能够形成较为完整的证据链佐证原告的主张，故本院对于原告的主张予以采信。对于周某某所立遗嘱的效力，不予确认。关于被告所述涉案房屋由其购买，其并未就此提交充分证据予以佐证，不予支持。综上，涉案房屋及存款均应作为周某某的遗产由原、被告双方予以继承。结合本案查明的事实，可以认定被告对周某某尽到了较多的赡养义务，因此遗产分配时对其应予多分。鉴于涉案房屋由被告实际居住、相关存单原件均由被告持有，涉案房屋及存款归被告所有为宜，由被告给付原告相应补偿款项。综上所述，依照《中华人民共和国继承法》之规定，判决：

涉案房屋及周某某名下存款由侯甲继承，侯甲给付隗乙相应补偿款。

侯甲不服一审判决，提出上诉。北京市第三中级人民法院经审理认为：关于被继承人周某某订立的遗嘱是否有效一节。法律规定，无行为能力人或者限制行为能力人所立的遗嘱无效，遗嘱人立遗嘱时必须有行为能力。周某某自 1969 年开始即有精神分裂症状，系慢性精神分裂症患者，病程达数十年，曾间断在精神病医院门诊或住院治疗，未能坚持服用抗精神病药物治疗，病情不稳定，故 2012 年 11 月 9 日的鉴定意见认为周某某目前仍处于疾病进展期，评定其为限制民事行为能力人。侯甲主张周某某在订立遗嘱时具有完全民事行为能力，但其提交的证据不足以证明其该项主张。周某某患有精神分裂症数年且病情反复，在无充分有效的证据证明周某某在订立遗嘱时具有完全民事行为能力的情况下，一审法院对于周某某所立遗嘱的效力不予确定并无不当。侯甲的上诉请求不能成立，应予驳回；一审判决认定事实清楚，适用法律正确，应予维持。依照《中华人民共和国民事诉讼法》的规定，判决：

驳回上诉，维持原判。

【法官后语】

设立遗嘱属于无相对人的单方法律行为，于意思表示完成时成立。《中华人民共和国民法典》第一千一百四十三条规定："无民事行为能力人或者限制民事行为能力人所立的遗嘱无效。遗嘱必须表示遗嘱人的真实意思，受欺诈、胁迫所立的遗嘱无效。伪造的遗嘱无效。遗嘱被篡改的，篡改的内容无效。"本条是关于遗嘱实质要件的规定，主要包括遗嘱人要具有遗嘱能力、遗嘱人的意思表示要真实、遗嘱的内容要合法三个方面。因意思能力是行为能力的内核，行为能力瑕疵者所立遗嘱应属无效。原《最高人民法院关于贯彻执行〈中华人民共和国继承法〉若干问题的意见》第四十一条曾规定："遗嘱人立遗嘱时必须有行为能力……"遗嘱人是否具有遗嘱能力应以其订立遗嘱时的状况为准，即被继承人订立遗嘱时有无行为能力是判断遗嘱效力的重要标准。对于已故被继承人，因其所立遗嘱的效力直接影响继承人的合法权益，故对其行为能力是否存在瑕疵的判断更应谨慎。确定已故被继承人民事行为能力是否存在瑕疵，应以客观判断依据为主、以主观判断依据为辅、主客观依据相统一，以达到证明标准。

一、以客观判断依据为主

客观判断依据主要指案件中的被继承人生前鉴定意见、门诊病历等具有科学性、专业性、客观性的证据。首先，应以鉴定意见作为基础性判断标准，考虑精神疾病是否具有持续状态。关于有无精神疾病的判断必须参考医学上的具体指标，即使被继承人已经去世，但其在生前可能因为另诉或其他事由进行过司法精神病学鉴定，法官应根据该鉴定意见的表述对被继承人精神障碍的严重程度，特别是对精神障碍的"持续性"进行初步判断，以对被继承人订立遗嘱时的行为能力进行初步的合理性推测。本案中，由于被继承人生前与本案被告有过纠纷，在2012年诉讼时曾对其民事行为能力及诉讼行为能力进行鉴定，鉴定机构认为被继承人患偏执型精神分裂症且仍处于疾病进展期，应属限制民事行为能力人。根据鉴定意见中“进展期”的表述，可合理推定该精神疾病具有持续性，极有可能反复发作并病情加重，且根据鉴定意见表述可知被继承人对事物的实质性分析、判断理解能力均存在欠缺，无法自主作出主客观相一致的意思表达，不能完全辨认自己的行为，以上结论对本案而言仍有一定参考价值。其次，关于门诊病历、病史资料等诊断材料，应注重诊断日期。订立遗嘱前后的精神状态应作为判断行为能力的辅助标准，特别是针对精神病持续存在的患者而言。本案中，被继承人于2001年订立遗嘱，根据病历材料，在2001年前后被继承人因患有精神分裂症多次入院治疗，且病历多次载明被继承人存在妄想内容、无自知力等表现，结合上述鉴定意见可合理推测被继承人在订立遗嘱时不具有完全民事行为能力。

二、以主观判断依据为辅

主观判断依据主要是指案件当事人关于被继承人精神状态的相关陈述等。在类似案件中因无法启动鉴定，故对被继承人行为能力的判断还应询问案件当事人对被继承人精神状态的意见，以作出更为全面严谨的结论。原《最高人民法院关于贯彻执行〈中华人民共和国民法通则〉若干问题的意见（试行）》第七条曾规定：“……在不具备诊断、鉴定条件的情况下，也可以参照群众公认的当事人的精神状态认定，但应以利害关系人没有异议为限。”此法条虽提出可参照群众公认的当事人的精神状态认定，但对如何获取该群众意见、以何种形式呈现等细节问题并未规定，在司法实务中也较少出现此种形式。笔者认为，在继承纠纷中，实质上只需征询案件当事人的意见即可，原因有二：一是继承遗产纠纷所涉利益仅与案件当事人相关。只要案件当事人关于精神状态的表述一致且无异议，就应当予以认定。二是继承纠纷当事人一般与被继承人接触较多，对被继承人的精神状态更为了解，其表述具有较高可信度。在本案中，继承人范围仅包括原告和被告，原、被告对被继承人的精神状态表述是一致的，即均认为被继承人需要吃药才能维持精神状态，故按照当事人的自述，被继承人的确患有精神疾病且易反复发作，与多次住院的事实相符，其行为能力存在瑕疵。

三、主客观依据相统一

为了最大限度查明遗嘱内容的真实性，法院应在参照精神医学鉴定结果的基础上，综合其他调查结果，作出最终判断。在此过程中，应综合全案证据，按照“主客观依据相统一”的规则，即鉴定意见、门诊病历等客观判断依据中关于精神状态、行为能力的表述应当和当事人自述保持一致，双方当事人之间的自述也应当保持一致，形成环环相扣、相互印证的完整可用的证据链，以达到民事诉讼中“高度盖然性”的证明标准。本案中，被告主张按遗嘱进行分配，原告主张被继承人行为能力欠缺，遗嘱并非其真实意思表示，并提交鉴定意见、门诊病历等证据证明，而被告仅有证人证言等予以反驳，证明力较小，应承担举证不能的不利后果。综上，被继承人行为能力欠缺的事实已有充分证据佐证，对该事实法官的内心确信已经达到“高度盖然性”的证明标准，应认定被继承人所订立遗嘱无效，本案依照法定继承处理。

因继承纠纷多发生于被继承人去世后，在不具备鉴定条件的情况下如何确定遗嘱效力是审判难点。通过结合理论和审判实务，本案为对被继承人行为能力的判断提供了步骤清晰、具体可行的裁判思路，即以客观判断依据为主，以主观判断依据为辅，遵循“主客观依据相统一”规则且满足“高度盖然性”的证明标准。此种裁判思路可最大限度查明遗嘱意愿的真实性，保障继承人的合法权益。

编写人：北京市朝阳区人民法院　贾宜臻　王乐

172　共同遗嘱设立以及变更的效力认定

——王丙诉王丁继承案

【案件基本信息】

1. 裁判书字号

北京市第三中级人民法院（2018）京03民终14658号民事判决书

2. 案由：继承纠纷

3. 当事人

原告（上诉人）：王丙

被告（被上诉人）：王丁

【基本案情】

王甲、王乙系夫妻，二人于1974年收养一子王丙，1979年收养一女王丁。涉案29号院内有北房七间、厢房三间、两间棚子，系王甲与王乙二人所建。2010年王乙与王甲签订协议，写明：“王乙、王甲关于二十九号房产的处理意见：二十九号房产有七间北房，三间厢房，两间棚子，在王乙、王甲百年之后（‘在王乙、王甲百年之后'处画有一道横线，并摁有两个指印)，归女儿王丁所有，由王丁处理。北房后有一尺2寸滴水。"协议为王乙所书写，后有王乙、王甲的签字及书写协议的日期。下部王丙写有"我同意把老家的房给小丁的意见。王丙2010年×月×日"。尾部写明"本件一式三份，老家、丁、丙各一份"，并加盖北京市平谷区×镇×村村民委员会的印章。2017年9月王乙因病去世。同年10月王甲立下代书遗嘱，写明："立遗嘱人：王甲，为防止我故后，因遗产事宜发生纠纷，故立此遗嘱：我死亡之时遗留的属于我所有的合法财产全部由我的儿子王丙继承，其他（她）任何人不得继承我的财产。我的财产包括：坐落在29号北正房七间、西厢房三间、东边三间棚子等建筑物，属于我的财产份额和我继承丈夫王乙的财产份额及我去世时属于我的一切合法财产，全部由儿子王丙单独继承。王丙必须承担我生养死葬的义务，保障我的晚年生活。立遗嘱：王甲（右手中指指纹），见证人：王某平，代书人：刘某仲。2017年10月×日。"2018年王甲去世。现王丙提起诉讼，要求继承王乙和王甲的遗产。王丁不同意王丙的诉讼请求。

王丁曾向法院提起诉讼，要求依法确认29号院内房屋归其所有。案经一、二审，法院认为，因王丁无法证明将处理意见中的语句"在王乙、王甲百年之后"画掉系王乙、王甲对夫妻共同财产的先前共同处分行为的共同变更，故无法认定"在王乙、王甲百年之后"已作废，故判决驳回王丁的诉讼请求。

王甲曾向法院提出诉讼请求：要求1. 解除王甲与王丁的收养关系；2. 王丁每月给付王甲生活费3000元。案经一、二审，法院判决：解除王甲与王丁的收养关系，并驳回王甲的其他诉讼请求。

【案件焦点】

如何认定王甲与王乙订立的共同遗嘱的效力以及王乙去世后王甲对遗嘱变更的效力。

【法院裁判要旨】

北京市平谷区人民法院经审理认为：公民可以立遗嘱将个人财产指定由法定继承人的一人或者数人继承。代书遗嘱应当有两个以上见证人在场见证，由其中一人代书，注明年、月、日，并由代书人、其他见证人和遗嘱人签名。遗嘱人可以撤销、变更自己所立的遗嘱。立有数份遗嘱，内容相抵触的，以最后的遗嘱为准。涉诉房屋系王乙、王甲的夫妻共同财产，其二人书写的“处理意见”系遗嘱性质已由生效判决所确认，在王乙去世后王甲又立下代书遗嘱指定其遗产由王丙继承，故王乙的遗产应依“处理意见”由王丁继承，王甲遗产继承应以最后的代书遗嘱为准，由王丙继承。鉴于涉诉房屋系王乙、王甲的夫妻共同财产，本院酌情确定王丙、王丁各自继承该房屋50%的份额。

北京市平谷区人民法院依据《中华人民共和国继承法》第十六条、第十七条、第二十条规定，作出如下判决：

一、王丙、王丁对29号院内北正房7间、西厢房3间、东侧棚子2间各继承50%的份额；

二、驳回王丙的其他诉讼请求。

王丙不服一审判决，提出上诉。北京市第三中级人民法院经审理认为：王乙去世后王甲又立下代书遗嘱，而该代书遗嘱订立形式符合法律规定，在王丁不能提供相反证据证明该代书遗嘱无效的情况下，本院对该代书遗嘱的效力予以确认。根据代书遗嘱，王甲指定其遗产由王丙继承，即王甲对其遗产的处理方式予以变更。故王乙的遗产应依“处理意见”由王丁继承，王甲遗产继承应以最后的代书遗嘱为准，由王丙继承。鉴于涉诉房屋系王乙、王甲的夫妻共同财产，一审法院确定王丙、王丁各自继承该房屋50%的份额，并无不当，本院予以确认。

北京市第三中级人民法院经审理认为：依照《中华人民共和国民事诉讼法》第一百七十条第一款第一项规定，作出如下判决：

驳回上诉，维持原判。

【法官后语】

共同遗嘱是和单独遗嘱相对而言的。单独遗嘱是单个被继承人所作出的处分财产的意思表示；共同遗嘱则是两个或两个以上的遗嘱人达成合意、共同订立一份遗嘱，对其死亡后各自或共同的财产作出处分安排。司法实践中，共同遗嘱引发的纠纷正在逐年增多，也成为继承案件的重要类型，但原《中华人民共和国继承法》（以下简称《继承法》）和现行《中华人民共和国民法典》（以下简称《民法典》）并没有共同遗嘱的相关规定，法官在处理此类纠纷时存在法律适用的难题。本案例涉及典型的夫妻共同遗嘱，厘清共同遗嘱的效力以及变更与撤销等问题，对案件裁判至关重要。

一、共同遗嘱的形式

共同遗嘱多出现于家庭生活中，一般是夫妻二人共同订立一份遗嘱即夫妻共同遗嘱。此类遗嘱主要包括三种形式：一是相互型共同遗嘱，即订立遗嘱时均相互指定对方为自己的遗产继承人；二是共同指定第三人为受益人的遗嘱，也就是夫妻在订立共同遗嘱时将双方的共同财产或个人财产指定由第三人继承，最常见的就是共同指定子女在其死后继承财产；三是相互指定对方为自己的遗产继承人并规定死者将遗产留给某第三人。本案所涉及的共同遗嘱属于第二种形式。

二、共同遗嘱的效力

（一）能否认定有效

对于共同遗嘱的效力，无论是理论界还是实践中均存在颇多争议，但总体上来说，目前大都倾向于有限度地承认，即只承认主体为夫妻的共同遗嘱效力。笔者亦赞同这种观点，主要根据在于：1. 承认共同遗嘱的效力符合私法自治原则。遗嘱行为是一种私法上的行为，遗嘱人设立遗嘱的目的，是表明自己死亡后对遗产处分的意愿。在对遗嘱效力确认时，只要是遗嘱人真实意思表示且满足遗嘱的形式要件，应当认定为有效，而不应过度关注其行为的方式。2. 共同遗嘱是一种双方的合意行为，是基于立遗嘱人之间特定家庭关系而作出的，它不完全等同于契约等合意行为，这种与特定身份关系相联系的共同遗嘱有利于维护家庭和睦、社会稳定。3. 共同遗嘱符合我国当前的社会习惯，现实生活中的夫妻共同遗嘱很常见，且随着公民财产权利意识的增强和私法自治理念的深入，共同遗嘱有不断增加的趋势。

2018 年 6 月 11 日，北京市高级人民法院发布《关于审理继承纠纷案件若干疑难问题的解答》（以下简称《解答》），其中第十九条第一款规定：以夫妻双方名义共同订立的处理夫妻共同财产的遗嘱，符合遗嘱形式要件的应为有效。当事人仅以遗嘱内容为一方书写，不符合代书遗嘱相关形式要件为由请求认定遗嘱无效的，人民法院不予支持。根据《解答》内容，共同遗嘱只能由夫妻双方共同设立，且应当遵守遗嘱的形式要求，也就是说，在《民法典》施行以前，如夫妻共同遗嘱系原《继承法》规定的五种遗嘱形式之一，且符合形式要件，则应认定为有效。本案中王甲夫妻二人生前所订立的处分共同财产的意见是王乙所书写，有二人签名并注明年、月、日，符合自书遗嘱形式要件，故生效判决确定性质为有效遗嘱。现行《民法典》增加了打印遗嘱，因此共同遗嘱只要符合六种遗嘱形式要件的，应当认定为有效。

（二）生效时间

遗嘱是死因行为，一般是从被继承人死亡时开始生效。但共同遗嘱由于其特殊性，生效时间与一般遗嘱有所不同。就共同遗嘱本身而言，因形式不同致使生效时间亦有所不同。第一种形式，法律关系比较简单明确，一旦立遗嘱人一方去世，遗嘱立即生效，遗产由另一方继承。第二种形式，实践中往往夫妻处理的系双方共同财产，而一般情况下夫妻二人不会同时死亡，此时，夫妻中一方的死亡还不能使整个遗嘱发生法律效力，只能使遗嘱中涉及死去一方的财产内容发生法律效力，待另一方死亡后遗嘱才全部生效。第三种形式，其特别之处在于存在两个继承人，即生效时间出现两次：第一次是夫妻一方死亡，在先的相互遗嘱生效，在世一方继承遗产，第二次是夫妻另一方死亡后，全部遗产再由第三人继承。本案例中，夫妻双方在共同遗嘱中处理的房屋属于可分割遗产，王乙先于王甲去世，在王乙去世时其对财产的处分已经发生效力，即房屋中属于其的部分已经转移为王丁所有。

三、共同遗嘱的变更与撤销

共同遗嘱自订立到最终生效往往要经历一个漫长的过程，其间可能遭遇客观事实的变化导致共同遗嘱需要变更或撤销。根据2000年发布的《遗嘱公证细则》第十五条规定，两个以上的遗嘱人申请办理共同遗嘱公证的，公证处应当引导他们分别设立遗嘱。遗嘱人坚持申请办理共同遗嘱公证的，共同遗嘱中应当明确遗嘱变更、撤销及生效的条件。但是公证遗嘱仅是共同遗嘱的形式之一，对于未办理公证，亦未约定变更或撤销条件的，行使权利时的要求应区分不同时间段而定。

第一种情形：夫妻双方在世期间。

这种情形下，共同遗嘱虽有效成立，但是对夫妻双方应没有实质性约束，应充分尊重遗嘱自由及其财产所有权，夫妻任何一方均可单方面变更或撤销其遗嘱意思表示，但一方丧失遗嘱能力的除外。

第二种情形：夫妻一方先去世。

在世一方能否变更或撤销共同遗嘱是本案例值得探讨的问题。北京高院在《解答》中规定，夫妻一方先死亡的，在世一方有权撤销、变更遗嘱中涉及其财产部分的内容；但该共同遗嘱中存在不可分割的共同意思表示，上述撤销、变更遗嘱行为违背该共同意思表示的除外。按照先前划分的三种形式，如果共同遗嘱是第一种形式，在一方去世时已整体发生效力，无需考虑变更或撤销问题。对于第二种和第三种形式的共同遗嘱，一方去世之后，另一方只能对属于自己的财产部分行使变更权和撤销权，但行使该权利也有一定的限制，即不能违背不可分割的共同意思表示。这同时保障了去世一方以及在世一方的遗嘱自由，也给予在世一方因情势变更作出更改或撤销的权利。本案中王甲与王乙处分的是夫妻共同财产，王乙去世时，涉及其财产部分已经产生继承效力，王甲因此不能变更此部分财产归属的内容。但是因王甲与原遗嘱指定继承人王丁的关系发生改变，且共同遗嘱中并不存在不可分割的共同意思表示，其有权根据自己的意愿变更属于其本人部分的财产处理。因其在后遗嘱与共同遗嘱内容相背，故以其在后遗嘱为准，视为撤回共同遗嘱中其死因处分。

编写人：北京市平谷区人民法院 李晓彤 李建伟

173 继承开始前处分期待继承权协议的效力认定

——陈某穗诉陈某灵等遗嘱继承案

【案件基本信息】

1. 裁判书字号

广东省广州市越秀区人民法院（2018）粤0104民初14577号民事判决书

2. 案由：遗嘱继承纠纷

3. 当事人

原告：陈某穗

被告：陈某灵、陈某辉、陈某婷

【基本案情】

被继承人陈某然与陈某成婚后生育陈某穗、陈某赣、陈某灵子女三人。陈某赣与吴某玲婚后生育陈某辉，收养了陈某婷。陈某成于1988年去世，陈某赣于2003年去世，被继承人陈某然于2013年5月31日去世，陈某然的父母均先于陈某然去世。

陈某然于2008年6月5日立下遗嘱公证书，写明："在我去世后，将我坐落于广州市越秀区流花路的房屋交由儿子陈某穗、女儿陈某灵两人继承，各占二分之一，与其他人无涉。"

2010年1月23日，陈某穗与陈某灵签订《协议书》，写明经双方共同协商，根据公证书的内容：由于母亲陈某然年迈需要子女照顾，胞弟陈某穗同意搬入涉案房屋照顾母亲至终老。陈某灵同意以人民币8万元整将其在该房产的继承权等所有权利转让给陈某穗。陈某穗在本协议签订生效后7日内，付给陈某灵人民币3万元整。其余款项人民币8万元整在3年内付清。同日陈某灵出具《声明》，本人陈某灵自愿将我名下的位于流花路的房产的继承权给予我的弟弟陈某穗。2010年12月21日、2011年12月31日、2012年12月22日，陈某灵先后开出《收据》，分别写明收到陈某穗支付的3万元、2万元和3万元。现陈某穗起诉要求判决广州市越秀区流花路房屋产权归其一人所有。庭审过程中，陈某灵确认上述协议书签订后间隔一段时间陈某穗搬入诉争房屋与被继承人一起居住直至被继承人去世；另认为陈某穗没有按上述协议给足8万元，加上充抵的保姆费用后才有8万元，上述《收据》是受胁迫所写。但陈某灵没有提供受胁迫的证据。

【案件焦点】

陈某穗与陈某灵签订的放弃继承的协议书是否有效，诉争房屋是否应由陈某穗继承。

【法院裁判要旨】

广东省广州市越秀区人民法院经审理认为：1. 从陈某穗与陈某灵于2010年1月23日签订的《协议书》及于2010年1月26日签订的《补充协议》可见，双方知晓被继承人立下（2008）粤穗广证内字第7477号遗嘱公证书，即双方对诉争房屋有期待继承权。2. 陈某穗与陈某灵在对诉争房屋有期待继承权的情况下，签订协议约定陈某穗搬入诉争房屋照顾被继承人终老，陈某灵以8万元将其在诉争房产的继承权等所有权利转让给陈某穗，该协议是双方自愿签订，是对期待继承权的处分，陈某灵认为是受胁迫签订的，但没有提供证据证实，对此不予以采信。3. 陈某灵认为陈某穗没有按上述协议给足 8 万元，所写的《收据》是受胁迫所写，因陈某穗给付的 8 万元费用中是否抵扣了需给被继承人请保姆的费用等，这只是给付的形式，陈某灵对此也写了《收据》，但又没有提供受胁迫的证据，故应视为陈某穗已实际给付了 8 万元给陈某灵。从陈某穗与陈某灵的陈述及双方签订的《协议书》《补充协议》及陈某灵开出的《收据》可见，陈某穗已按协议约定履行搬入涉案房屋照顾被继承人终老及给付 8 万元给陈某灵的义务，即陈某穗已按协议约定履行了相应的义务。4. 继承权是一种混合的权利，包括身份权和财产权，现行法律并未规定继承人在继承开始前放弃继承权中财产部分的行为无效，意思自治是民法的基本原则，当事人可以自由处分自己的权利，同时也应对自己的行为负责。陈某灵作为完全民事行为能力人，与陈某穗签订协议时应当知道相关的法律后果，陈某灵在继承开始前已通过协议的形式放弃对诉争房屋的继承权，其应受该处分行为的法律约束，在继承开始后陈某灵又主张与陈某穗签订的放弃继承的协议书无效，从而主张继承权有违诚实信用原则，对此不予支持。综上，诉争房屋应由陈某穗继承。

广州市越秀区人民法院依照《中华人民共和国民法总则》第五条、第七条、第一百三十三条、第一百三十六条，《中华人民共和国继承法》第五条、第八条、第十六条第二款的规定，作出如下判决：

登记在被继承人陈某然名下的广州市越秀区流花路房屋由原告陈某穗继承。原、被告相互配合办理上述房屋的更名登记手续。

【法官后语】

继承人有期待继承权，现行法律并未对继承人在继承开始前放弃财产期待继承权的行为作限制性规定，根据意思自治的原则，当事人对财产期待继承权的处分协议是其真实意思表示，在协议不违反法律规定、不损害他人利益的情况下，当协议所附的条件成就时，该协议有效。所以继承开始前当事人放弃财产期待继承权的行为有效。理由如下：

1. 法律并无规定继承开始前继承人不能放弃财产期待继承权。本案发生在《中华人民共和国民法典》施行前，故根据《最高人民法院关于适用〈中华人民共和国民法典〉时间效力的若干规定》第一条，本案适用当时的法律及相关司法解释的规定。《中华人民共和国继承法》第二十五条第一款规定："继承开始后，继承人放弃继承的，应当在遗产处理前，作出放弃继承的表示。没有表示的，视为接受继承。"《最高人民法院关于贯彻执行〈中华人民共和国继承法〉若干问题的意见》第四十九条规定："继承人放弃继承的意思表示，应当在继承开始后、遗产分割前作出。遗产分割后表示放弃的不再是继承权，而是所有权。"在我国法律法规中，仅上述法律条文对放弃继承的时间作出了规定，并且是对继承开始后作出放弃继承表示的时间进行了规定，并未对继承开始前放弃期待继承权的时间作出规定。法无禁止即自由，故从法律的角度来看，继承开始前继承人可以对财产期待继承权作出放弃的意思表示。

2. 对期待继承权的放弃只能是财产部分。继承权是一种混合的权利，包括身份权和财产权。财产权可以放弃，但身份权具有人身专属性，不得转让也不得放弃。同时，不管继承人有无放弃继承财产，均不得放弃对被继承人生前的赡养、抚养等法定义务。因此，继承人在继承开始前放弃继承的只能是财产部分，放弃身份权部分的行为无效。本案争议的是在被继承人死亡前当事人签订的放弃继承诉争房屋的协议书是否有效，即继承人在继承开始前放弃的只是财产期待继承权。

3. 对财产期待继承权处分协议所附期限和条件已同时成就，协议有效。对期待继承权的处分协议是附期限的协议，因为该协议需以被继承人去世的事实作为生效的要件，若被继承人尚未去世，不发生继承，协议不生效。对期待继承权的处分协议是附条件的协议，因签订协议时所处分的是未来可能得到的财产，故当继承发生时，协议所处分的财产需仍然存在，且该处分人未丧失继承资格；同时当事人按协议履行了协议约定的相应义务，该处分协议才生效。本案被继承人已去世，没有订立新的遗嘱，即被告陈某灵期待继承权所依据的遗嘱仍有效，且原告与被告陈某灵签订协议约定的其他条件均已成就，故本案当事人对财产期待继承权签订的协议书有效。

4. 认定财产期待继承权处分协议的效力符合诚实信用的原则。民事主体从事民事活动，应当遵循诚信原则，秉持诚实，恪守承诺。本案原告陈某穗与被告陈某灵在知道被继承人立下遗嘱后签订《协议书》，约定原告陈某穗搬入涉案房屋照顾被继承人至其终老，被告陈某灵以80000元的价格将其在涉案房屋的继承权转让给原告。被告陈某灵作为完全民事行为能力人，对于“放弃继承”一事有认知能力，对于自己放弃继承遗产所带来的后果也有判断能力。在没有受到任何欺诈、胁迫的情况下，被告陈某灵作出放弃继承的意思表示，没有违反公序良俗及损害社会利益和他人利益，是其对自己权利的处分。原告陈某穗与被告陈某灵签订的《协议书》对双方具有法律约束力，原告陈某穗已按协议约定履行了相应义务，被告陈某灵也应当遵循诚实信用原则，按协议履行自己的承诺。民事主体从事民事活动应当诚实守信，倘若在双方签订的协议条件成就后认为继承人在继承开始前作出的放弃继承的表示无效，这等于变相纵容言而无信的行为，不仅与民法的基本原则相违背，同时也破坏稳定的社会秩序，不利于人与人之间的诚信和谐相处。

编写人：广东省广州市越秀区人民法院　曾志清　何芷君

174　无法确定遗产范围情况下遗产的分配

——蔡某、杨乙诉冯某、杨丙继承案

【案件基本信息】

1. 裁判书字号

江苏省无锡市惠山区人民法院（2017）苏0206民初第943号民事判决书

2. 案由：继承纠纷

3. 当事人

原告：蔡某、杨乙

被告：冯某、杨丙

【基本案情】

杨甲系蔡某的第三子，其父亲杨丁已于1996年3月死亡。杨甲与其前妻顾某生育一女杨乙，杨甲与前妻离婚后未再婚，但与冯某同居并生育一女杨丙。杨甲于2015年2月10日住院治疗，17日出院，2015年3月10日死亡。

2015年2月15日，杨甲在医院留下代书遗嘱一份，载明："大女儿杨乙得现金伍拾万元整，母亲蔡某养老费壹拾万元整，其他均由冯某安排，遗留下的债务债权和抚养小女儿杨丙成长，另外前妻顾某有权在杨甲老宅居住到终老，对杨甲在外的所有应收款均由孙某催讨，由贾某配合，催讨回来的现金和承兑均由冯某保管和支配。"代书人及见证人在遗嘱上签字。在场的还有杨甲的前妻、杨乙、冯某及杨甲的多名其他亲属、贾某等。

杨甲死亡后，由冯某出资39330元购买墓穴，支付丧葬费3158元。

杨甲生前经营石子加工，其与彭某曾于2015年2月7日签订《调解协议》一份，约定对双方合作多年经营的资产进行处理，作价1100万元。其中杨甲有550万元应收款作为其全部所得。另外彭某再支付杨甲5万元补偿。双方签字确认，证明人两人，其中一人为孙某。同时双方列有一份应收款清单，载明由杨甲收，与彭某无关，金额共计545万元左右。贾某到庭陈述除了杨甲已经要回的应收款，还有300多万元未要回；贾某陈述其将所有的应收款凭证交给了杨甲和冯某，其中冯某签收156.6万元，但冯某否认收到。

杨甲生前曾于2014年6月向魏某借款100万元。2015年2月21日，杨甲归还了魏某本金100万元及利息8万元。

冯某自2015年7月至2016年6月为杨丙投保多份人身保险，已支付保费81689元。

杨甲去世后，蔡某、杨乙一直未分得遗嘱约定的遗产份额，故诉至法院，请求判决冯某、杨丙按照遗嘱内容将遗产10万元分割给蔡某、遗产50万元分割给杨乙。

【案件焦点】

1. 杨甲的遗产范围如何认定；2. 杨甲的遗产如何分配。

【法院裁判要旨】

江苏省无锡市惠山区人民法院经审理认为：关于杨甲的遗产范围。《中华人民共和国继承法》第三条规定：遗产是公民死亡时遗留的个人合法财产，包括：（一）公民的收入；（二）公民的房屋、储蓄和生活用品；（三）公民的林木、牲畜和家禽；（四）公民的文物、图书资料；（五）法律允许公民所有的生产资料；（六）公民的著作权、专利权中的财产权利；（七）公民的其他合法财产。其中，公民可继承的其他合法财产包括有价证券和履行标的为财物的债权，但被继承人杨甲的债权并无相应的债权凭证以确定债务人及债权金额，故债权范围无法确认分割。对于按照遗嘱由孙某和贾某催回交由冯某保管的金额，由冯某签字的共计 156.6 万元的事实，予以确认，但上述款项催回的时间均在杨甲生前，虽均由冯某签字确认，但部分款项标注系给杨甲，且部分款项已经由杨甲于生前归还债务，故应当从中扣除由杨甲归还债务的金额。冯某抗辩应当扣除杨丙的保险费及抚养费，但该支出项目不属于清偿被继承人依法应当承担的债务，故不应从遗产中扣除；对于丧葬费用共计 3158 元从遗产中扣除，双方均无异议；但对于购买墓穴及用于丧葬的其他费用，也因不属于清偿被继承人依法应当承担的债务，故不予从遗产中扣除。综上，遗产范围应当为 48.2842 万元，根据现有证据，该遗产在冯某处，应当作为遗产予以分割。

关于杨甲遗产的分割方式。按照遗嘱由蔡某继承其中的 10 万元，但剩余金额不足以支付杨乙应得的份额，且遗嘱虽明确需留有杨丙的份额却并未明确杨丙应得金额或比例，如果全部由杨乙一人继承有违被继承人的本意，故由杨乙和杨丙两人平均分得 19.1421 万元更符合遗嘱本意及公平原则。且本判决并不妨碍蔡某与杨乙在冯某取得其他被继承人的债务人清偿后要求继续分割的诉权，也不妨碍被继承人的合法债权人要求各继承人在取得的遗产实际价值范围内偿还被继承人依法应当缴纳的税款和债务。

据此，江苏省无锡市惠山区人民法院依照《中华人民共和国继承法》第三条、第十条、第十六条、第十七条、第十八条、第三十三条规定，判决如下：

一、冯某应于本判决生效后十日内支付蔡某 10 万元，支付杨乙 19.1421 万元；

二、驳回蔡某和杨乙的其他诉讼请求。

【法官后语】

本案的难点为在无法确定被继承人遗产范围的情况下，如何分配遗产。遗产是自然人死亡时遗留的个人合法财产，在《中华人民共和国民法典》未出台前，《中华人民共和国继承法》及司法解释对遗产的范围进行列举，其中就包含了本案所涉及的履行标的为财物的债权。在无法确定遗产范围的情况下，预期可得债权虽应属于需要分割的遗产，但是该部分遗产仍存在不确定性，对其分配会影响到其他继承人乃至案外人的合法权益。遗产的分配需要充分尊重被继承人的意愿，维护继承人的合法利益，符合社会公序良俗。故本案属于将法律规定与法理相结合，以解决在无法确定遗产范围情况下的继承纠纷案件。现分析如下：

1. 遗产范围如何认定。尚未实现的债权，无法确定的遗产一般不宜在案件中直接分割。本案中，杨甲的代书遗嘱的订立符合法律规定，且继承人对遗嘱的真实性亦无异议，故对遗嘱的效力应予认定。关于杨甲遗产的范围，各方主要争议的遗产为在案外人处的已经偿付或尚未偿付的款项，出现了两处遗产范围不明确的情形。一是杨甲遗产总金额不明确，在遗嘱中杨甲并未明确说明其名下有多少财产，甚至有部分遗产仍未催讨回。二是杨甲给其小女儿杨丙的遗产金额不明确，仅说明将扣除蔡某、杨乙份额后的剩余遗产用于偿还债务与杨丙的抚养。杨甲在案外人彭某处有应收款550万元，该笔款项显然也是公民死亡时遗留的个人合法财产。即使该笔款项在案件审理过程中仍未催讨完毕，也理应将该款作为遗产按照遗嘱进行分配。但是本案涉及继承人要求按照遗嘱约定分配遗产金额的情形，这就出现应以现有财产进行遗产分配还是以所有财产（包括现有财产及预期可得财产）进行遗产分配的分歧。遗嘱中虽确定需对应收款进行催讨，但是至诉讼阶段，仍有大部分的应收款未能收回。一方面遗产涉及第三人财产利益问题，另一方面应收款中未催讨部分仅仅是可期待的债权，实际是否可以履行到位仍是未知数，法院也无法对未确定的遗产金额进行分割，故将第三方处的550万元应收款作为遗产总额在本案中进行分割是不可行的。

2. 遗产分配的原则。遗产的分割应当考虑到符合公序良俗，体现老有所养、幼有所依，考虑到被继承人的本人意志与继承人分割公平。本案中，若直接按照遗嘱分割遗产，则现有遗产金额尚不足以支付完毕。从杨甲所立遗嘱中可以看出，蔡某、杨乙所分遗产在杨甲总的遗产中并未占较大的比例，而其小女儿杨丙则可以分得扣除60万元遗产后的剩余大额遗产。因蔡某是死者杨甲的母亲，年事已高，属于生活有特殊困难的缺乏劳动能力的继承人，且其份额10万元已经明确为养老金，完全可以从现有的遗产中进行支付。剩余遗产由杨乙、杨丙平均分割。且杨甲应该也知道在其死后，应收款催讨可能存在困难，故也安排了冯某对遗产进行催讨、保管、支配，目的是实现遗产金额的最大化。遗产继承人中杨丙尚属于幼童，如果简单地按照遗嘱确定的金额进行分配，则会导致杨丙无遗产可供分割，也有违《中华人民共和国继承法》第十九条关于遗嘱特留份额的规定。同时，将蔡某与杨乙的遗产份额尽可能支付完后，也将大大减少蔡某、杨乙向冯某要求继续分割遗产的继承纠纷出现的可能性，促使冯某及时催讨杨甲的应收款项作为遗产进行分割。

综上，在无法确定遗产范围的情况下，可采取如下原则进行解决：1. 应当以现有遗产进行分配，分配尚未查清的遗产或尚未履行的债权，可能导致继承人的权利无法实现，增加其他诉讼风险。2. 在被继承人订有遗嘱的情况下，尊重被继承人订立遗嘱的真实意图。被继承人的真实意图不能仅仅考虑到遗嘱的书面意思表示，而应在结合相关法律规定，符合公序良俗的情况下进行判断。3. 积极促进纠纷化解，督促查清遗产范围。继承纠纷是要解决继承人之间的遗产分配的问题，考虑到可能存在尚未分配的遗产，所作出的裁决应当有利于遗产进一步查清，为后续遗产的分配创造有利条件。

编写人：江苏省无锡市惠山区人民法院　沈泽全

175 自书遗嘱笔迹鉴定的举证责任分配

——柯某晖诉谢某章等遗嘱继承案

【案件基本信息】

1. 裁判书字号

福建省安溪县人民法院（2014）安民初字第5042号民事判决书

2. 案由：遗嘱继承纠纷

3. 当事人

原告：柯某晖

被告：谢某章、谢某勇、谢某雄、柯某凤、柯某明

【基本案情】

被告柯某明与林某花（已故）于1988年1月8日登记结婚，二人均为再婚，婚后共同购买涉案208室套房一套。原告柯某晖与被告柯某凤系柯某明与前妻的婚生子女；被告谢某章、谢某勇、谢某雄系林某花与前夫的婚生子。柯某明与林某花结婚后，柯某晖长期与他们共同生活。林某花于2005年9月28日书写一份“声明”给柯某晖。“声明”载明：“1995年与我夫柯某明购置208室套房一套，我百年之后愿意将此套房应得的份额完全归柯某晖继承，永不反悔。声明人：林某花 见证人：柯元某。”见证人柯元某在“声明”书上签名。林某花于2014年7月20日病故。柯某晖于同年8月29日提起诉讼。诉讼中，谢某章、谢某勇、谢某雄申请鉴定“声明”中的声明人“林某花”是否为林某花生前本人所写。鉴定结论认为是同一人所写。谢某章、谢某勇、谢某雄支付鉴定费用2500元。

【案件焦点】

遗嘱是否为林某花（已故）亲笔书写，由原告还是被告承担举证责任。

【法院裁判要旨】

福建省安溪县人民法院经审理认为：原告柯某晖在被告柯某明与林某花结婚时，未满 18 周岁，且与林某花共同生活，双方存在抚养关系，已形成事实上的继母子关系。依法律规定，柯某晖对林某花的遗产享有法定的继承权。首先，柯某明与林某花婚后购置的 208 室套房一套，系其夫妻的共有财产，二人各自享有该房产的 1/2 份额。林某花生前以“声明”的形式，表示待其百年之后，将其所拥有的套房份额归柯某晖继承，系其处分自己个人合法财产的权利，该内容符合法律规定，形式上也符合自书遗嘱的要件，依法予以保护。被告谢某章、谢某勇、谢某雄及其代理人认为该“声明”经过司法鉴定，虽对“声明”落款处的声明人认同为林某花本人亲自书写，但“声明”中的内容是否为林某花本人所书写，无法明确，故不符合自书遗嘱的构成，同时也不符合代书遗嘱的要件。对此辩称，谢某章、谢某勇、谢某雄理应为此承担举证责任，但由于未能提供充分的证据，其应自行承担举证不能的法律后果。其次，谢某章、谢某勇、谢某雄认为林某花书写“声明”时受到外力影响，并非其内心的真实意思表示，对此，法院认为，“声明”中某些字眼的含义虽值得探究，但并无法改变其作为自书遗嘱的特性，而且从林某花书写“声明”至其病故，历经时间相当长，假若确非其内心的真实意思表示，其完全可以采取其他形式变更该“声明”，故谢某章、谢某勇、谢某雄的辩解意见于法于理不符，不予采纳。最后，谢某章、谢某勇、谢某雄及其代理人认为柯某晖不尽赡养义务，逼迫林某花将房子过户给他们等，不应享有继承的权利，同样无法提供相应的证据予以佐证，该辩解意见，不予采纳。柯某明同意柯某晖的诉讼请求，自愿放弃对林某花拥有的房屋份额的继承权，系其自行处分的权利，符合法律规定，予以采纳。谢某章、谢某勇、谢某雄认为柯某凤与林某花没有形成抚养关系，无任何继承权，因柯某凤于庭审前已书面表示放弃对林某花拥有的房屋份额的继承权，在本案中没有实际意义，故该辩解意见，不予采纳。

福建省安溪县人民法院依照《中华人民共和国婚姻法》第八条、第十七条、第二十四条第二款、第二十七条第二款，《中华人民共和国继承法》第二条、第三条第一款第二项、第五条、第十条、第十六条第一款及第二款、第十七条第二款，《中华人民共和国民事诉讼法》第十三条第二款、第六十四条第一款、第一百四十四条，《最高人民法院关于民事诉讼证据的若干规定》第二条、第七十条第一款第一项规定，判决如下：

被继承人林某花拥有的208室套房的1/2份额归原告柯某晖所有。

一审判决后双方均未提起上诉，该判决现已发生法律效力。

【法官后语】

本案的争议焦点在于林某花（已故）的“声明”是否为其本人亲笔书写。对于由谁来对遗嘱笔迹鉴定承担举证责任，有不同的意见：一种观点认为，应当由原告柯某晖提出鉴定申请。根据最高人民法院《关于适用〈中华人民共和国民事诉讼法〉的解释》第九十条第一款“当事人对自己提出的诉讼请求所依据的事实或者反驳对方诉讼请求所依据的事实，应当提供证据加以证明，但法律另有规定的除外”的规定，原告虽然提供了遗嘱，但被告否认是其母林某花亲笔所写，故需由原告进一步完成举证责任。另一种观点认为，应当由被告提出鉴定申请。理由是：原告提供遗嘱，其举证责任已经完成，现被告提出遗嘱系非林某花本人书写，应当提供证据加以证明。笔者认为，应当由被告承担举证责任，且由被告承担法律后果。

就本案来说，首先，原告提交了其母的自书遗嘱，其举证责任在一般情况下已经完成。现被告反驳称，遗嘱并非其母亲笔所写，根据最高人民法院《关于适用〈中华人民共和国民事诉讼法〉的解释》第九十条第一款“当事人对自己提出的诉讼请求所依据的事实或者反驳对方诉讼请求所依据的事实，应当提供证据加以证明，但法律另有规定的除外”之规定，被告对其提出的反驳意见应当负有举证责任。其次，就笔迹鉴定的事项来说，必须由被告提供其母生前的资料或者平常书写习惯文字等材料作为鉴定样本。经法院释明，因原告长期与林某花共同生活直至继母病故，故被告谢某章、谢某勇、谢某雄同意以原告提交的样本材料作为鉴定依据。法院依法委托福建历思司法鉴定所泉州分所进行鉴定。该所接受委托后回复法院“由于所提交的样本材料与检材内容字迹出现相同的单字极少，可比性极差，无法对‘声明’中的内容是否系林某花本人所写作出准确判断”。经法院再次释明，被告谢某章、谢某勇、谢某雄于2014年11月4日明确只申请鉴定“声明”中的声明人“林某花”是否为林某花生前本人所写。福建历思司法鉴定所泉州分所据此作出司法鉴定意见书，认为“声明”（即遗嘱）中落款处“林某花”的签名笔迹与所提供的样本中“林某花”的签名笔迹是同一人所写。最后，法院认为该自书遗嘱符合《中华人民共和国民法典》第一千一百三十四条对自书遗嘱形式上的相关规定，有签名，并且注明了年、月、日。虽然对遗嘱中的内容无法鉴定是否为林某花本人所写，但也无证据证明其是被迫所写，结合其他证人证言等证据材料，法院推定林某花的“声明”为其真实的意思表示，本着尊重死者的意愿，判决支持原告的诉讼请求，承认自书遗嘱的效力。

编写人：福建省安溪县人民法院　郑培春

176 探求遗嘱人的内心真意是遗嘱解释的首要原则

——简某权诉简某广等遗嘱继承案

【案件基本信息】

1. 裁判书字号

广东省广州市中级人民法院（2015）穗中法民一终字第2958号民事判决书

2. 案由：遗嘱继承纠纷

3. 当事人

原告（上诉人）：简某权

被告（被上诉人）：简某广、简某芳、简某云、简某娟

【基本案情】

罗某英于2003年9月12日去世，其父母先于罗某英去世。简某权和简某广、简某芳、简某云、简某娟系罗某英之子女。根据罗某英户籍和身份资料，罗某英于1931年12月18日出生，文化程度：小学。

2002年8月9日，罗某英写《遗言》一份：我本人过身后，愿意将现住房屋产权留给四子简某权，三女简某云有居住权，房屋不能出租或出卖，如有变动需经五个儿女签名同意。本人余下现金首饰留给五个儿女平分，部分金饰系三女简某云所买应归还。我房屋冷气、电视机、衣车系五女简某娟所买应归还。

罗某英生前一直与简某权一家共同居住在涉案房屋，现简某权仍在该房屋居住。简某权名下没有其他房屋。简某广、简某芳、简某云、简某娟婚后陆续搬出涉案房屋。

【案件焦点】

1. 涉案房屋是否为被继承人罗某英的个人遗产；2. 对于被继承人罗某英自书《遗言》如何解释及认定。

【法院裁判要旨】

广州市荔湾区人民法院经审理认为：从罗某英的《遗言》表述上分析，涉案房屋的处分权必须由五个子女同意才能行使，即原告不享有单独的处分权，故也不具备对该房产的完全物权。因此，本案按照法定继承处理，五个子女各享有涉案房屋1/5的产权。

广州市荔湾区人民法院依照《中华人民共和国继承法》第二条、第三条、第五条、第八条、第十条、第十三条第一款规定，作出如下判决：

一、罗某英遗下的涉案房屋，由简某权和简某广、简某芳、简某云、简某娟各继承1/5的产权；

二、简某广、简某芳、简某云、简某娟自本判决发生法律效力之日起十日内，协助简某权办理上述房产的变更登记手续；

三、简某云自本判决生效之日起十日内，向简某权支付案件公告费950元；

四、驳回简某权的其余诉讼请求。

简某权不服一审判决，提起上诉。广州市中级人民法院经审理认为：从《遗言》的文义来看，被继承人罗某英将涉案房屋产权遗留给简某权的意思表示是清晰明确的，其关于三女简某云有居住权、未经同意不能出租或出售等只是遗嘱附有的义务，系对继承人所有权的限制，而不是对所有权的否定，故简某权诉请继承涉案房屋全部产权份额有理，应予支持。

广州市中级人民法院依照《中华人民共和国继承法》第二条、第三条、第五条、第十七条、第二十一条，《中华人民共和国民事诉讼法》第一百七十条第一款第二项规定，判决如下：

一、维持广州市荔湾区人民法院（2014）穗荔法民一初字第1235号民事判决第二项、第三项。

二、撤销广州市荔湾区人民法院（2014）穗荔法民一初字第1235号民事判决第四项。

三、变更广州市荔湾区人民法院（2014）穗荔法民一初字第1235号民事判决第一项为：涉案房屋的全部所有权份额由简某权继承。

【法官后语】

被继承人罗某英自书《遗言》中对于涉案房屋的处分，有一定的歧义。一方面，其明确将涉案房屋的产权（所有权）遗留给四子简某权；另一方面，在遗嘱中又对该所有权中的核心权能——处分权予以限制，即未经其他四位继承人的同意，不得出租或出售。能否据此否认遗嘱的效力，进而适用法定继承，这既是双方当事人诉辩的焦点，也是一审、二审法院的分歧所在。

笔者认为，二审法院的处理思路是正确的，即《遗言》中关于三女简某云有居住权、未经同意不能出租或出售等只是遗嘱附有的义务，系对继承人所有权的限制，而不是对所有权的否定。理由如下：首先，从文义解释来看，罗某英在《遗言》中将涉案房屋产权遗留给四子简某权的意思表示是清晰明确的。其次，从整体解释来看，《遗言》中关于涉案房屋的表述，全文并无转折或但书，具有逻辑上的一体性，结合罗某英的年龄及文化程度，因此法院最后认定《遗言》中“原意”为笔误，实际应系“愿意”之义。再次，从目的解释来看，应坚持以探寻被继承人的内心真意为首要目标，力求符合遗嘱愿望，不能仅因遗嘱存在部分歧义而轻易否定其效力。本案《遗言》中对继承人所有权（主要是处分权）所附之义务，应解释为限制条件而非否定条件。最后，从利益平衡角度来看，遗嘱解释应结合遗嘱文本，综合考虑家庭和谐、养老扶幼、保护弱者的价值取向。将涉案房屋判令归简某权所有，体现了被继承人对条件最差的四子简某权舐犊之情的确认。虽然，这种利益平衡在裁判文书中没有明述，但其隐含的价值衡量在案件的处理结果中已然体现。

需要指出的是，本案的裁判思路与之后出台的《中华人民共和国民法总则》第一百四十二条第二款、《中华人民共和国民法典》第一编总则第一百四十二条第二款关于“无相对人的意思表示的解释，不能完全拘泥于所使用的词句，而应当结合相关条款、行为的性质和目的、习惯以及诚信原则，确定行为人的真实意思”的规定相一致。

编写人：广东省广州市中级人民法院　徐琳　陈丹

177 遗嘱解释规则的适用

——刘某某、刘丙诉李甲等继承案

【案件基本信息】

1. 裁判书字号

北京市第一中级人民法院（2014）一中民终字第4036号民事判决书

2. 案由：继承纠纷

3. 当事人

原告（上诉人）：刘某某

原告：刘丙

被告（被上诉人）：李甲、李乙

被告：丁某

【基本案情】

刘某梁与李某系夫妻，育有刘某荻、李甲、李乙。1990年6月刘某梁死亡，2010年10月李某死亡。刘某荻与丁系夫妻，育有刘丙、刘某某。1997年10月刘某荻死亡。李甲提交李某所立遗嘱一份，内容为：我李某留此遗嘱：①将我的私有房产权及房内一切设备物品及衣物交由我大女儿李甲全权处理；②我的银行存款及购买的国库债（三年期）交李甲保管处理；③此遗书交司法部门公证后并交李甲保存。李某。2008.8.24。李乙认可该遗嘱。刘丙、刘某某及丁对遗嘱不予认可。李某于1998年购买八〇六号房屋，于2001年10月11日取得房屋所有权证，还留有以下遗产：银行存款若干；有价证券等若干。八〇六号房屋价值经评估总价为487.98万元。

【案件焦点】

李某所立自书“遗嘱”的内容如何理解，李甲的身份如何认定。

【法院裁判要旨】

北京市海淀区人民法院经审理认为：刘丙、刘某某作为刘某荻的晚辈直系血亲，有权代位继承李某的遗产。李某所立遗嘱，虽未写明其所留遗产由李甲继承，但是该遗嘱表明其将自己所留遗产交由李甲全权处理，故应视为李某对其个人财产进行了明确的处分。李某所留遗产，应按其遗嘱继承。对于李某所留基金，其并未在遗嘱中进行处分，故该部分按照法定继承进行分割。

北京市海淀区人民法院依照《中华人民共和国继承法》第五条、第十条、第十一条、第十三条、第十六条、第十七条之规定，作出如下判决：

一、登记在李某名下的八〇六号房屋及李某名下银行存款共计460851.38元归李甲所有；

二、李某名下的基金份额归李甲所有，李甲于判决生效后七日内给付刘丙、刘某某补偿款各11250.55元；给付李乙补偿款17501.11元；

三、驳回刘丙、刘某某其他诉讼请求。

刘某某持原审起诉意见提起上诉。北京市第一中级人民法院经审理认为：本案的争议焦点是：李某所立自书“遗嘱”的内容是否具有遗嘱效力。遗嘱是指遗嘱人生前在法律允许的范围内，按照法律规定的方式对其遗产或其他事务所作的个人处分，并于遗嘱人死亡时发生效力的法律行为。遗嘱必须是遗嘱人的真实意思表示；需明确财产的归属。从李某所立遗嘱的字义上理解，李某死亡后，李某的房产及物品等由李甲全权处理，李某的银行存款交李甲保管处理。李某所立遗嘱的内容体现的实质是由李甲负责处理李某的遗产，不是由李甲个人继承李某的遗产。故原审法院依照李某的上述遗嘱，将李某名下的房屋、银行存款确认归李甲所有系认定事实和适用法律错误，予以纠正。因此，李某死亡后所遗留的全部个人财产，应当进行法定继承，刘某获先于李某死亡，根据原继承法第十一条，被继承人的子女先于被继承人死亡的，由被继承人的子女的晚辈直系血亲代位继承。代位继承人一般只能继承他的父亲或者母亲有权继承的遗产份额的规定，刘某获的份额由其子女刘丙、刘某某代位继承。

北京市第一中级人民法院依照《中华人民共和国继承法》第十一条、第十三条、第二十七条、第二十九条，《中华人民共和国民事诉讼法》（2017 年修正）第一百七十条第一款第二项规定，判决如下：

一、维持北京市海淀区人民法院（2013）海民初字第 14936 号民事判决第二项；

二、撤销北京市海淀区人民法院（2013）海民初字第 14936 号民事判决第一项、第三项；

三、李某名下的八〇六号房屋归李甲所有，李乙、刘丙、刘某某于判决生效后六十日内协助李甲办理房屋产权过户登记手续，将该房屋过户至李甲名下。判决生效后六十日内，李甲给付李乙房屋折价款 1626600 元，给付刘丙、刘某某房屋折价款 1626600 元；

四、李某名下的由李甲保管的银行存款共计 460851. 38 元归李甲所有。判决生效后七日内，李甲给付李乙 153617 元，给付刘丙、刘某某 153617 元；

五、驳回刘丙、刘某某其他诉讼请求。

【法官后语】

本案涉及遗嘱继承中遗嘱解释及遗嘱执行人身份的确认两个问题。

一、遗嘱解释

遗嘱，旨在依遗嘱人之意思表示的内容发生一定的法律效果，如何确认遗嘱反映遗嘱人的真实意思表示是遗嘱继承纠纷案件的关键。由于种种原因，遗嘱人的意思表示可能会出现歧义或空白，唯有通过对遗嘱内容进行解释确认，才能确定法律行为的法律效果，确保遗嘱内容真实反映遗嘱人的意思表示。

根据《中华人民共和国民法典》继承编第一千一百四十三条第二款的规定，遗嘱必须表示遗嘱人的真实意思，这是遗嘱解释的目标。遗嘱必须是遗嘱人真实意思的自由表达，即遗嘱人具有完全民事行为能力，自愿、自由地订立遗嘱，不存在遗嘱人受欺诈、胁迫，行为能力受限制及遗嘱被伪造、篡改等导致遗嘱无效的情形。在确认遗嘱是遗嘱人自由意思表示的情况下，遗嘱解释的过程，实际上是判断遗嘱是否具有歧义，如有歧义，则在遗嘱可能具有的各种含义中，通过考量案件各种事实，最大限度还原遗嘱人当时的真实意愿，契合遗嘱人所要表达的真实意思，这也是本案所需要解决的问题，涉及遗嘱解释的目标。

遗嘱是一种单方法律行为，根据《中华人民共和国民法典》总则编第一百四十二条第二款规定，无相对人的意思表示的解释，不能完全拘泥于所使用的词句，而应当结合相关条款、行为的性质和目的、习惯以及诚信原则，确定行为人的真实意思。这是遗嘱解释的一般原则。具体到遗嘱解释的实操部分应结合继承编的相关规定，主要体现在以下三方面：一是遗嘱解释属于意思主义，即仅以探求遗嘱人真实意思为目标，非遗嘱人的真实意思不是遗嘱解释的考量因素；二是遗嘱解释的对象应为有效遗嘱，遗嘱解释不能任意突破遗嘱的严格要件主义原则，即法官不能以解释遗嘱的方式弥补遗嘱的要件缺失及形式瑕疵；三是遗嘱解释需结合立遗嘱人多方面因素综合考量，即遗嘱虽处分的是遗产利益，但包含了立遗嘱人的身后愿望和个人情感，因此在解释遗嘱时要结合社会伦理、个人情感、教育水平、文化程度等因素综合考量。遗嘱解释的主体是法官，解释权是法官行使审判权的应有之义。法官行使遗嘱解释权，应当根据法定的遗嘱解释规则和方法进行，不能任意加以解释。遗嘱解释要探求遗嘱人的真实意愿，遗嘱解释需要确认跟遗嘱有关的法律事实，属事实问题、事实判断，而非价值判断。因此司法价值判断的作用在于社会引导，但遗嘱作为私文书，其内容会因遗嘱人的不同存在不同表达，因此遗嘱解释属于法官对案件事实的一种认定。综上，确认遗嘱案件的相关法律事实后，法官依据有效遗嘱作出对遗产分配的最终裁判。

本案中，李某所立遗嘱，存在的两种解释是遗嘱中涉及的财产全部归李甲继承还是李甲仅是遗嘱执行人，履行管理遗嘱职责，按照遗嘱或法律规定将遗产予以处分。在李某所留遗嘱理解存有争议的情况下，就需要解决哪一种解释是李某真实意思表示这个问题，这就需要对遗嘱执行人制度加以探究。

二、遗嘱执行人身份的确认

根据《中华人民共和国民法典》继承编第一千一百三十三条第一款规定：自然人可以依照本法规定立遗嘱处分个人财产，并可以指定遗嘱执行人。遗嘱执行人是为了遗嘱的执行而由立遗嘱人指定或选任的人。其制度的设立旨在促成遗嘱人生前的遗嘱意愿按其真实的意思表示得以执行，保障相关继承人及利害关系人的合法权利。

根据法律规定，遗嘱执行人的确定方式只有一种，即由遗嘱人指定担任。对于遗嘱执行人的身份，法律未作限制，既可以是法定继承人，也可以是法定继承人以外的人。

本案中，根据李某所立遗嘱，李甲是否为遗嘱执行人成为案件的焦点。根据《中华人民共和国民法典》继承编第一千一百三十三条规定，立遗嘱人李某可以指定其法定继承人李甲为遗嘱执行人，所以，李甲作为遗嘱执行人不存在身份及程序上的障碍。据此，问题主要集中于李甲是该遗嘱的执行人还是继承人。两者的区别在于遗嘱执行人的职责是执行遗嘱，并无利益可得；而遗嘱继承人的权利是依据有效遗嘱继承遗产利益。一个在于职责履行，一个则在于权利取得，因此分析该问题需要结合遗嘱内容予以确认和解释。首先，从李某的认知角度考量，结合李某生前的文化程度及其工作职位（某部委离休干部），李某对于遗嘱行文内容的表达与遗产处分的意思用语不会存在认知偏差；其次，从遗嘱的内容表述考量，在涉及财产方面用语为“全权处理”“保管处理”“保存”，上述词语在文义上均是表达对遗产的管理或保管的意思表示，既是一种遗产管理的权利，更是一种遗产管理的职责义务。难以扩大解释为“权利所有”“遗产处分”等意思表示；综上所述，李某在遗嘱中并未作出将遗产归李甲一人继承所有的意思表示，李甲应认定为遗嘱执行人，而非遗嘱继承人，其职责仅在于管理遗产，按照遗嘱内容或法律规定保证遗嘱内容得以执行。

一审将李某所留遗嘱内容理解为李甲为遗嘱继承人，所涉财产归李甲继承依据不足。二审根据李某所立遗嘱的内容，结合遗嘱解释规则及遗嘱执行人身份确认及职责区分，确认李甲为遗嘱执行人而非遗嘱继承人，并将相关财产依据法律予以处分，反映了李某遗嘱的真实意思表示，确保遗嘱能最大限度还原立遗嘱人的真实意愿。

编写人：北京市第一中级人民法院　吴扬新

178　夫妻之间能否代立遗嘱

——祁一、祁三诉祁二遗嘱继承案

【案件基本信息】

1. 裁判书字号

北京市第二中级人民法院（2012）二中民终字第 13184 号民事判决书

2. 案由：遗嘱继承纠纷

3. 当事人

原告（上诉人）：祁一、祁三

被告（被上诉人）：祁二

【基本案情】

祁甲与张甲系夫妻关系，二人共生育二子一女，即长子祁一、次子祁二、女儿祁三。祁甲于 2009 年去世，张甲于 2010 年去世。二人去世后留有祁甲名下 6-9 号房屋一套，即本案诉争房屋。祁二持有代书遗嘱一份，内容为："遗嘱 立遗嘱人：祁甲、男、78 岁、汉族；我有 6-9 号住房一套。在 1992 年 12 月 18 日已经由我二儿子祁二出全款买下这套住房，由我二儿子祁二继承此房产。我和老伴年岁已高。现在我决定我代表我老伴张甲，等我们俩死后为避免今后发生争议和纠纷，现立此遗嘱，内容如下：位于朝阳区农光东里某号楼6-9号这套住房，我二儿子祁二出钱买下，就由我二儿子祁二一个人继承。以上是我真实意思，不作任何更改，特立遗嘱。立遗嘱人：2008年7月27日（该日期上有一枚指纹）代书人：蓝某，见证人：焦某、宿某。”审理中，遗嘱代书人蓝某，见证人焦某、宿某均到庭作证，指出该份遗嘱是祁甲口述并亲自按下手印，但立遗嘱时张甲并不在场。祁一、祁二、祁三均认可母亲张甲在去世前的十余年时间里因患脑部疾病导致常年瘫痪在床，完全失去语言表达能力。祁一、祁三认为张甲患病期间虽不能表达但意识清楚，祁二认为张甲完全没有认知能力，是无行为能力人。

【案件焦点】

夫妻之间的一方代替另一方订立的遗嘱是否有效。

【法院裁判要旨】

北京市朝阳区人民法院经审理认为：继承开始后，有遗嘱的，按照遗嘱继承。代书遗嘱应当有两个以上的见证人在场见证，其中一人代书，注明年、月、日，并由代书人、其他见证人和遗嘱人签名。现祁二持有祁甲的代书遗嘱一份。根据证人证言，该代书遗嘱系祁甲口述，代书人蓝某所写，焦某、宿某在场见证，并且祁甲在遗嘱上摁手印，可以确认祁甲的捺印行为与签名具有同等效力，该遗嘱是祁甲的真实意思表示。且依据当时张甲的病情，张甲已无能力表达自己的意见，不具备完全民事行为能力。故祁甲作为张甲的配偶，是张甲的法定代理人，其代表张甲对其二人财产的处分，亦对张甲发生法律效力。故应认定该代书遗嘱合法有效，诉争房屋应当按照遗嘱内容，由祁二继承所有。祁一、祁三对该代书遗嘱不予认可，但并未提交反证证明，故对于祁一和祁三的辩论意见，不予采信。

据此，北京市朝阳区人民法院判决：

一、被继承人祁甲名下的6-9号房屋由祁二继承所有；

二、驳回祁一、祁三的诉讼请求。

祁一、祁三不服一审判决，持原审诉讼请求提起上诉。

北京市第二中级人民法院经审理认为：诉争房屋系祁甲与张甲的夫妻共同财产，其中1/2份额应当作为祁甲的遗产，按照遗嘱应由祁二继承所有。

关于祁二所持有的遗嘱中涉及处分张甲财产部分的效力问题，虽然祁一、祁二、祁三均认可张甲在去世之前的十余年间因患脑部疾病瘫痪在床失去语言表达能力，但张甲现已去世，目前已不具备准确判断其是否具备遗嘱行为能力的客观条件。但祁二持有的遗嘱上并无张甲签字或手印，从见证人的证言中亦可得知立遗嘱时张甲并不在场，故即使在2008年立遗嘱时，张甲具备遗嘱行为能力，该份遗嘱亦不能证实系其真实意思表示，该份遗嘱中处分张甲财产的部分应属无效。反之，若张甲在2008年立遗嘱时已不具备相应的行为能力，其配偶祁甲固然可作为其法定代理人，但根据《中华人民共和国民法通则》第十八条的相关规定，法定代理人必须依法履行其监护职责，除为被监护人自身利益外，不得处理被监护人的财产，故原审法院认定祁甲作为张甲法定代理人处分张甲财产的行为有效有欠妥当。综上所述，无论张甲在2008年祁甲订立代书遗嘱时是否具备行为能力，该份遗嘱中处分张甲财产的部分均属无效。原审法院认定祁二持有的遗嘱内容全部有效处理不当，本院依法予以变更。

诉争房屋中属于张甲的一半份额应当由其三个子女祁一、祁二、祁三按照法定继承的相关规定继承。

关于张甲遗产的分配问题，根据《中华人民共和国继承法》第十三条第一款的相关规定，同一顺位的法定继承人继承遗产的份额一般应当均等，张甲的三位子女祁一、祁二、祁三均对其尽到了赡养义务，且亦无证据证明其中有继承人存在应当少分或不分遗产的情形，早年曾出资帮助父母购房的祁二亦已继承取得了诉争房屋中属于祁甲的份额，故从整体公平角度出发，对张甲的遗产依法平均分配，由祁一、祁二、祁三各继承张甲遗产的1/3份额。

北京市第二中级人民法院依照《中华人民共和国民法通则》第十八条，《中华人民共和国继承法》第十三条、第十七条，《中华人民共和国民事诉讼法》第一百五十三条第一款第三项规定，作出如下判决：

一、撤销北京市朝阳区人民法院（2012）朝民初字第01034号民事判决第二项；

二、变更北京市朝阳区人民法院（2012）朝民初字第01034号民事判决第一项为：被继承人祁甲名下6-9号房屋由祁二继承2/3份额，由祁一继承1/6份额，由祁三继承1/6份额；

三、驳回祁一其他诉讼请求。

【法官后语】

本案的主要法律焦点是夫妻之间代立遗嘱处分对方财产是否有效。夫妻之间代立遗嘱的行为，涉及民事法律体系中代理制度和监护制度的相关规定。民事代理包括委托代理和法定代理。委托代理是代理人通过取得被代理人的授权，在代理权限范围内以被代理人的名义实施法律行为，而法定代理则是代理人在法定事由发生时，依据法律规定行使代理权。在日常生活中，法定代理最主要的表现形式就是监护。具体到本案中，根据已查明的订立遗嘱的过程，祁甲与张甲之间不存在授权委托的情形，那么本案审理的重点应当是在法定代理的情况下，夫妻之间代立遗嘱的行为是否应当认定有效。夫妻一方失去民事行为能力的，另一方作为配偶有资格成为无行为能力一方的法定代理人。此时可以理解为夫妻一方失去行为能力，其配偶成为法律上的监护人。监护人应当按照最有利于被监护人的原则履行监护职责，除为维护被监护人利益之外，不得处分被监护人的财产。尤其是成年人的监护人在履行监护职责时，应当最大限度地尊重被监护人的真实意愿，保障并协助被监护事实与其智力、精神健康状况相适应的民事法律行为。本案中，即使认定张甲没有行为能力，祁甲作为其法定代理人亦只能为了张甲本人的利益去处分她的财产，这是按照最有利于被监护人的原则履行监护职责所衍生的监护义务。而代张甲订立遗嘱的行为，并非为无行为能力人本身的利益而为，不立遗嘱并不对张甲本身的利益造成损害；相反，祁甲代立的遗嘱按照祁甲的个人意愿处分了张甲的财产，构成了非为维护被监护人利益而处分被监护人财产的无权代理，而张甲在祁甲过世时仍然在世，其财产却已经被处分，张甲既无行为能力又失去其财产权利，这对患病的张甲来说实际是极为不利的，故为保障张甲的合法权利，祁甲遗嘱中处分张甲遗产的部分不宜认定为有效。

本案其实涉及一个法理问题，即遗嘱是以意思表示为核心的单方法律行为，法定代理是专为保护无行为能力人或限制行为能力人在本身意思表示方面有欠缺的情况下不至于因自身无法积极完成相应的民事行为导致其受到损害而设立的制度，故法定代理人往往只能为无行为能力人或限制行为能力人的获利行为进行代理，而不能按照法定代理人的个人意愿去对无行为能力人或限制行为能力人的财产进行处分，否则就可能损害无行为能力人或限制行为能力人的利益。民事行为可以被代理，但意思表示本身却不能被代理，而遗嘱正是以立遗嘱人单方的意思表示即告成立并在立遗嘱人去世后生效的行为，故法定代理人不能代理无行为能力人或限制行为能力人订立遗嘱。无行为能力人或限制行为能力人在意思表示方面有欠缺，其虽不能通过订立遗嘱的方式处分自己的财产，但这并不损害其自身利益，其遗产可以在去世后按照法定继承的相关规定处理。

值得注意的是，在现代家庭生活中，以订立遗嘱的方式处理财产避免家庭纠纷，无疑是一种文明、进步的生活方式，但对订立遗嘱的行为本身应当慎重对待，严格遵守相关法律规定，避免生活中的错误观念对遗嘱效力造成不良影响。大多数自然人在家庭生活中，可能具有夫妻之间当然可以互相代立遗嘱的观念，但这个观念在法理上恰恰是错误的。遗嘱是非常严肃的法律行为，因为遗嘱在被继承人死亡后才发生法律效力，此时客观上已经无法再与立遗嘱人本人核实遗嘱的内容是否是其真实意思表示，而只能依靠法律对遗嘱的严格形式要求来确保遗嘱内容的真实性，否则既是对被继承人的不尊重，也是对各位继承人的不公平。夫妻的共同财产，可能由于婚姻关系而混同在一处，但其各自立遗嘱处理各自财产的权利却是独立的，法律对于各种形式的遗嘱，如自书遗嘱、代书遗嘱等，都有明确的规定，公民在订立遗嘱时应当特别注意严格遵守法律的相关规定，避免产生新的纠纷，违背订立遗嘱防止家庭纠纷的初衷。

编写人：北京市第二中级人民法院　刘洁

（三）遗赠纠纷

179 军产房的分割应当考虑房屋性质来源等因素

——北某诉史某遗赠案

【案件基本信息】

1. 裁判书字号

北京市第一中级人民法院（2020）京01民终8833号民事判决书

2. 案由：遗赠纠纷

3. 当事人

原告（被上诉人）：北某

被告（上诉人）：史某

【基本案情】

乔某与史甲于1966年7月登记结婚，婚后生育史某。乔某与史甲于1976年12月11日经法院调解离婚，约定史某归史甲抚养。1982年9月30日，乔某与宋某结婚，二人未生育子女。乔某于2015年12月去世，宋某于2018年12月去世。

乔某生前系军队正师职离休干部，其与宋某生前居住在58号房屋中。乔某去世后，宋某（乙方）与某干休所（甲方，以下简称干休所）于2018年4月8日签订《军队现有住房出售协议书》，约定甲方将58号房屋一套出售给乙方，后宋某取得该房屋的产权证，登记在其名下，产权证中权利性质栏中记载为“军队经济适用住房价格”。

2018年8月20日，宋某留有手写《遗嘱》一份，将涉案房产中属于其的份额全部遗赠给北某（宋某朋友之子），其他任何人无权享有。落款立遗嘱人处有宋某签名、手印及手书日期。宋某去世后，北某于2018年12月29日作出《接受遗赠声明》，表示其已知晓宋某所立上述遗嘱，并表示愿意接受宋某遗赠的上述房产份额。

关于58号房屋的权属，干休所出具的住房情况说明中记载：58号房屋系按照军队安置离退休人员政策给予乔某居住并由其个人承租。乔某去世后，按照军队的相关政策用乔某本人的住房补贴并以经济适用房价格来购买此房，未曾用到其配偶宋某的工龄和钱款。另外依照军队以及住建委的相关规定，若军人已故，可由其配偶来办理购房手续。就房屋的分割方式，双方在庭审中均表示同意按照份额进行分割。

【案件焦点】

史某、北某对于58号房屋享有的继承份额如何确定。

【法院裁判要旨】

北京市海淀区人民法院经审理认为：根据有关政策，乔某去世后，宋某作为乔某的遗孀，有权办理购房手续购买58号房屋，实际上宋某也使用了乔某生前所遗留的住房补贴购买58号房屋，并登记在宋某名下，该房应属于宋某与乔某的夫妻共同财产。乔某去世后未留有遗嘱，故其在58号房屋中享有的一半份额应按照法定继承办理，由宋某、史某各继承50%的所有权份额。现宋某已去世，其留有遗嘱将其在58号房屋的份额全部遗赠给北某，北某亦已表示接受遗赠。通过录像及心理健康测试报告，可以认定该遗嘱系宋某本人的真实意思表示，应属合法有效。

综上所述，北京市海淀区人民法院依照《中华人民共和国继承法》第三条、第五条、第十条、第十三条、第十六条、第二十六条，《中华人民共和国民事诉讼法》第六十四条规定，判决：

宋某名下58号房屋由北某、史某继承所有，其中北某占3/4所有权份额，史某占1/4所有权份额。

史某不服原审判决，提起上诉。北京市第一中级人民法院经审理认为：产权原属于军队、由个人租住的军产房，因政策性房改而使用军人配偶一方的住房补贴购买取得产权后，在离婚、继承等分割时，由夫妻双方或继承人协议处理，并向军队管理单位报备；协议不成时，由人民法院根据房产的具体情况，结合房产来源、出资、军队职业折扣、夫妻双方军（工）龄折扣、是否影响另一方福利分房资格等因素，公平合理地予以分割。

具体到本案争议房产，从最初来源来看，产权原属军队，后军队根据乔某正师级身份对应的住房建筑面积待遇分配给乔某租住使用；从购房主体来看，乔某去世前，58号房屋应由且仅能由乔某本人购买，乔某去世后，宋某基于乔某配偶即合法继承人身份办理购房手续。换言之，58号房屋虽由宋某个人与干休所签订售房协议，但本质上仍基于与乔某特殊的身份关系；从购房出资来看，购房款全额使用乔某名下住房补贴，因乔某前后有两段婚姻，根据《关于乔某同志住房补贴计算方式的说明》，其住房补贴按照对应时期应具体分为四部分：与史甲婚前约18.92万元，与史甲婚内约11.8万元，与宋某婚前约6.47万元，与宋某婚内约7.96万元。考虑到住房补贴转换为房产的巨大价值，优先考虑使用两段婚姻关系存续期间的住房补贴购买58号房屋。经本院核算，仅考虑购房出资，乔某应占58号房屋约67%的份额，宋某约占13%的份额，史甲约占20%的份额。另外，宋某在购买58号房屋时承诺未在地方购买或集资建有住房，可以认定宋某因购买58号房屋丧失在本单位福利分房资格，且宋某与乔某共同生活30余年，对其份额，可予以适当照顾。

综合以上因素，58号房屋虽系乔某去世后由宋某购买，但在乔某去世前已分配给乔某居住使用，且与乔某本人军人身份、军龄、职级待遇等密切相关，购房款亦使用乔某不同婚姻阶段前后购房补贴支付，应当依法确认乔某、史甲、宋某在58号房屋中所占份额。一审法院以58号房屋属于乔某与宋某夫妻共同财产为由，径行确认宋某享有58号房屋一半份额不当，应予纠正。结合史甲、乔某、宋某先后去世发生的继承效果以及本案继承人、遗赠等具体情况，酌情确定北某、史某在58号房屋中的继承份额。依据《中华人民共和国继承法》第五条、第十六条、第二十六条，《中华人民共和国婚姻法》第十七条，《中华人民共和国老年人权益保障法》第三条、第二十二条，《中华人民共和国民事诉讼法》第一百七十条第一款第二项规定，判决如下：

一、撤销北京市海淀区人民法院民事判决；

二、宋某名下58号房屋由北某、史某继承，其中北某占49%的所有权份额，史某占51%的所有权份额。

【法官后语】

本案是继承人基于遗产分割请求，提起的有关军产房分割的继承诉讼。争议的核心问题是如何确定被继承人对于军产房所占份额。现分述如下：

一、军产房分割的特殊性

军产房，顾名思义是指在国家划拨给军队的土地上建筑的房屋，其来源、建设、分配等都与普通房产不同，具有一定的特殊性。首先，军产房的取得、面积与军人一方的职级密切相关，尤其随着军人一方职级的调整，可享受的房屋面积也会随之调整；其次，军产房往往经历从租住到购买的过程，购买军产房多使用军人一方的住房补贴直接划扣支付，且购买时的折扣价格亦考虑军人一方的军龄、职级待遇等方面因素；最后，实践中，军人一方去世以后，军队允许配偶或其他合法继承人办理购房手续购买军产房，故军产房受部队政策的指导性较强。

基于军产房的特殊性，在司法实践中虽将因军人身份取得的房屋统称为军产房，但具体情况却纷繁复杂：（1）购房者身份。一方具备军人身份或双方均具备军人身份，购房者为军人本人或军人配偶。（2）购买时间。军人去世前购买，军人去世后购买。（3）登记情况。登记在军人一方名下，还是配偶名下。（4）出资情况。是否使用军人一方住房补贴，占全部购房款的比重，剩余价款使用夫妻共同财产还是一方个人财产支付。（5）房屋取得时间。军人一方婚前已获分配，还是婚内取得，是否存在随职级变动调整的情况。其中尤以军人一方婚前取得，去世后，非军人一方签订购房合同购买，产权登记在该方个人名下，使用部分军人住房补贴支付购房款同时折抵非军人一方工龄较为复杂。从性质界定到出资厘清、份额划分等都颇为棘手。更鉴于军产房整体难以上市交易、价值评估，年代久远，取得时房屋市值更难以确定，使得涉军产房分割案件在不同审级、不同地区法院间观点不一、裁判标准差异较大。

二、如何分割军产房

军产房因与军人一方特殊身份紧密相关，在分割时，应依法确认军人一方的份额，尤其在军产房并非婚内分配、购房补贴也涵盖婚前时期的情况下，应当依法保障军人在婚前配偶一方的合法财产性权益。目前，对于军产房的分割并无直接明确的规范性文件，结合处理军产房案件的具体情况，归纳如下思路：产权原属于军队、由个人租住的军产房，因政策性房改而使用军人配偶一方的住房补贴购买取得产权后，在离婚、继承等分割时，由夫妻双方或继承人协议处理，并向军队管理单位报备；协议不成时，由人民法院根据房产的具体情况，结合房产来源、出资、军队职业折扣、夫妻双方军（工）龄折扣、是否影响另一方福利分房资格等因素，公平合理地予以分割。

具体到本案，查明乔某住房补贴总额以及购房使用额度，结合乔某不同婚姻阶段前后购房补贴所得情况，确认两段婚姻关系存续期间购房补贴用于购房出资情况，在纯购房补贴出资购房比例的基础上，结合案件具体情况，查明再婚双方共同生活30余年，且宋某因购买军产房丧失了在本单位福利分房资格，从老年人权益保护的角度出发，对于份额进行适当调整，依法保护各方当事人的合法权益。

三、关于夫妻共有的特殊不动产的分割

除军产房这一特殊不动产外，北京目前较为特殊的不动产还包括两限房、限竞房、共有产权房等，这些特殊房产的取得资质、上市时间、交易税费、产权份额等均不同于普通商品房。对于这些房产的分割需要审判者建立一种思维框架，结合民法典物权编的相关规定，层层拆解，区分按份共有与共同共有，依法将个人部分析出，公平合理地予以分割。如《最高人民法院关于适用〈中华人民共和国民法典〉婚姻家庭编的解释（一）》第二十九条、第三十二条、第七十八条均对夫妻双方购买的不动产如何具体分割进行了细化规定。实务中，甚至有婚前以结婚为目的共同购房、婚前一方支付大部分首付购买等复杂情形，在离婚分割时，需要考虑不动产购买时间、出资、还贷、登记、约定等不同情况，绝非一刀切对半分。同样，配偶一方去世后，继承其在夫妻共有财产中的特殊不动产时，仍应遵循上述夫妻共有房屋分割处理规则，依法析清双方份额，公平合理地予以分割，保护双方的合法财产权益。

编写人：北京市第一中级人民法院　张琳　谷文博

180　夫妻共同遗嘱效力认定与变更权的行使

——杨某秀诉杨某等遗赠案

【案件基本信息】

1. 裁判书字号

江苏省盐城市中级人民法院（2019）苏09民终4085号民事判决书

2. 案由：遗赠纠纷

3. 当事人

原告（被上诉人）：杨某秀

被告：杨某

被告（上诉人）：陈某铌、陈甲

【基本案情】

2013年，杨某秀和其丈夫陈某虎共同立下遗嘱，其中有如下内容：现有京华苑房屋，待我们俩去世后赠与三个孙子（女）陈某铌、陈甲、杨某。2014年陈某虎死亡，后杨某秀向法院起诉，要求判令京华苑房屋及外地另外两套房屋归其所有。因京华苑房屋为夫妻二人共同立遗嘱赠与三个孙子（女），陈某虎虽然死亡，但杨某秀尚在，受遗赠的条件尚不成就，故法院对京华苑房屋未作分割。之后，杨某秀又起诉至法院，要求撤销共同遗嘱中将京华苑房屋遗赠给三个孙子（女）的内容。

【案件焦点】

1. 是否应当认可夫妻共同遗嘱的效力；2. 共同遗嘱在夫妻一方死亡后，在世另一方能否任意变更遗嘱内容。

【法院裁判要旨】

江苏省滨海县人民法院经审理认为：京华苑房屋是原告杨某秀和其丈夫陈某虎的夫妻共同财产，夫妻双方享有平等的处分权，处分权行使的效力及于财产的全部。根据2013年的遗嘱，涉案房屋在杨某秀、陈某虎去世后遗赠给杨某、陈某铌、陈甲，陈某虎已于2014年死亡，仍然健在的杨某秀作为夫妻共同财产的所有权人，有撤销遗赠协议的权利，其撤销行为的效力亦及于共同财产的全部。

江苏省滨海县人民法院作出判决：

撤销将京华苑房屋遗赠给杨某、陈某铌、陈甲三人的遗赠协议。

陈某铌、陈甲不服一审判决，提起上诉。盐城市中级人民法院经审理认为：虽然我国继承法没有共同遗嘱的相关规定，但共同遗嘱实质上反映了共同遗嘱人对生前以及死后财产作出处分的一种合意，体现了当事人意思自治和对自身民事权利自由处分的基本原则，也符合父母双亡后子女才去分割处理父母财产的传统继承习惯，应当认可共同遗嘱效力。涉案共同遗嘱属于有效的自书共同遗嘱。共同遗嘱人一方先死亡时，属于该遗嘱人的财产份额即发生继承，生存方仅可变更、撤销涉及其个人财产部分的遗嘱内容，但共同遗嘱内容存在相互牵连、不可分割情形，且变更、撤销行为违背共同遗嘱人共同意思表示的除外。本案中，陈某虎在订立遗嘱至去世时，并未更改遗嘱内容，故上述房屋中属于陈某虎个人的财产份额即发生继承。现杨某秀主张撤销该共同遗嘱中关于京华苑房屋的遗赠，既违背了共同遗赠人陈某虎生前的真实意思表示，亦因房屋中属于陈某虎个人财产份额已发生继承而无法撤销。但该共同遗嘱中遗赠的内容并不存在相互牵连、不可分割情形，且并未明确遗赠部分内容不可撤销，故杨某秀作为仍健在的遗嘱人，有权撤销变更该共同遗嘱中属于自己财产份额部分的遗赠内容。

江苏省盐城市中级人民法院作出判决：

一、撤销一审判决；

二、撤销陈某虎、杨某秀订立的共同遗嘱中杨某秀将京华苑房屋享有份额（房屋产权一半）遗赠给杨某、陈某铌、陈甲的内容；

三、驳回杨某秀的其他诉讼请求。

【法官后语】

有关夫妻共同遗嘱的内容，《中华人民共和国民法典》及原《中华人民共和国继承法》《中华人民共和国婚姻法》均未规定，实践中因此类案件引发的纠纷不在少数，因此有必要就夫妻共同遗嘱的效力等问题进行论证分析。

一、夫妻共同遗嘱的一般法律效力

司法实践中，对夫妻共同遗嘱的效力问题存在较大争议，尚未形成统一的处理标准。目前存在肯定说和否定说两种截然不同的观点。笔者基于遗嘱继承纠纷的裁判效果，主张在当前司法实践层面，认可夫妻共同遗嘱的法律效力符合遗嘱继承的基本法理，应当认可夫妻共同遗嘱的法律效力。理由如下：

1. 认可夫妻共同遗嘱效力体现了私法自治的原则。遗嘱继承属于私法调整的范畴，因此，夫妻共同遗嘱只要反映夫妻真实的共同意思表示，处分其有权处分的财产，且完全不涉及对外交易安全和交易规则，应当认可其效力，不应过度关注其行为方式。

2. 夫妻共同遗嘱符合遗嘱单方法律行为的特性。笔者认为，单方法律行为中的单方并非仅限单人，单方法律行为的核心在于依据意思表示作出方的意志行为即可发生法律效果，不需要与相对方的意思表示取得一致，在意思表示作出方多人且意思表示一致的情形下，仍为单方法律行为。夫妻共同遗嘱中，夫妻作为订立遗嘱一方是一个整体，对外而言，这一整体作出的处理其财产的意思表示不需要有相对人进行领受，所以满足单方法律行为构成要件。因此，夫妻共同遗嘱并未发生性质上的变化，仍属于《中华人民共和国民法典》继承编中的遗嘱。

3. 夫妻共同遗嘱并不违反遗嘱自由的基本原则。遗嘱自由是继承法的基本原则，是指当事人通过遗嘱处分自己财产的自由权，包括指定继承人的自由、遗赠的自由、撤回变更遗嘱的自由等。但自由不是绝对的，任何法定自由也是对自由的法定限制。综观各国包括我国的继承制度，从来没有不受任何限制的遗嘱自由。夫妻共同遗嘱要求共立遗嘱人受共同遗嘱的约束，特别是在变更遗嘱方面似乎限制了各遗嘱人的自由，但通过订立共同遗嘱可以实现对共同财产的整体继承，最大限度发挥夫妻共同财产的使用及收益价值，有效保障后去世夫妻一方的合法权益，这些自由又是单独遗嘱无法实现的。因此，共同遗嘱其实实现了更大的遗嘱自由。

二、夫妻共同遗嘱的生效要件

在认可夫妻共同遗嘱的一般法律效力的基础上，还应明确夫妻共同遗嘱具备现实法律效力的要件。笔者认为，夫妻共同遗嘱的生效要件可参照《中华人民共和国民法典》继承编关于单独遗嘱的生效要件规定处理，但在具体形式要件上应有所区别。

在实质要件上，夫妻共同遗嘱主要应满足以下几个要件：订立共同遗嘱的夫妻均有民事行为能力；必须是夫妻的真实意思表示；在共同财产范围内处分财产；没有剥夺享有遗产必留份的继承人的权利。

在形式要件上，共同遗嘱可采取公证、自书、代书、打印以及录像等形式作出，并由各共同立遗嘱人签字或在录像中记录其姓名。其中，自书形式考虑到共同亲笔书写客观无法实现，只要一方亲笔书写遗嘱内容后经双方均签名并写明日期，即可认定满足形式生效要件。

三、夫妻共同遗嘱的变更

1. 是否享有任意变更权

夫妻共同遗嘱中，因订立主体为复数致使遗嘱自由与契约遵守原则之间存在一定的冲突，加之发生继承效力时间点复杂多样，故是否认可遗嘱人享有任意变更权，在理论界和实务界均存在不同意见。

笔者认为，当前司法裁判中应当优先体现遗嘱自由的基本原则，以认可夫妻共同遗嘱的订立人享有遗嘱任意变更权为原则，特殊情形为例外。具体理由如下：

首先，自然人只有权为自己个人财产的继承设立遗嘱，无权处分他人财产。夫妻共同遗嘱是以个人单独遗嘱意思表示的一致性为前提，遗嘱所处分的共同财产实为夫妻个人财产份额的集合。因此，共同遗嘱以个人单独遗嘱自由为基础，失去这一基础，共同遗嘱的正当性就不复存在。

其次，契约遵守原则上并不具有强制约束力。契约遵守原则是指一旦设立了共同遗嘱，夫妻双方的遗嘱自由权利就要受到限制，任何一方不能违背设立时的共同意愿，擅自随意撤销、更改共同遗嘱。由于这种共同遵守的契约是在夫妻内部之间产生，且作出的都是处分自身财产的行为，夫妻基于契约均互不享有具体的权利内容，故在双方之间并不对等地形成强制性遵守义务，仅是一种倡导性遵守义务。

最后，任意变更权的行使不会造成不良后果。根据《中华人民共和国民法典》第一千一百四十二条第一款规定，遗嘱人可以撤回、变更所立遗嘱。夫妻共同遗嘱仅是遗嘱的一种特殊形式，被任意撤回、变更并不损害外部继承人或受遗赠人的合理预期，仅可能影响共同财产最终继承的完整性。同时，夫妻共同遗嘱仅是为意愿一致的当事人提供一种更好处理共同财产的选择方式，这种方式本身就是任意、可选择的，而非强制、唯一的。

但如夫妻一方已先去世，存在以下情形应当对任意变更权作出必要限制：一是遗嘱中明确含有保持继承财产完整性意思表示内容的，如将共有房产指定给没有住房或生活较为困难的子女继承用于居住生活；二是遗嘱中明确约定不可单方变更的。前者中指定继承的财产多半含有特定性或保障性用途，指定继承主要目的并非单纯增加继承人或受遗赠人经济利益，属于遗产不可分割情形；后者中夫妻之间共同遵守的契约已承载有具体明确的义务内容，表明夫妻双方均已经同意放弃遗嘱自由的权利。上述情形下，如仍赋予在世一方任意变更权，不仅明显违反夫妻双方关于遗产安排的真实意思表示，而且不符合诚实信用、等价公平的民法原则。当然，如继承人或受遗赠人出现《中华人民共和国民法典》第一千一百二十五条关于丧失继承权法定事项时，在世一方遗嘱人的任意变更权应不受限制，以体现对在世一方遗嘱人合法权益的充分保障。

2. 任意变更权的范围与效果

夫妻在世时，当然可以经协商撤回或变更共同遗嘱。但是一方行使变更权的，遗嘱人仅可变更属于自身财产份额部分的遗嘱内容，在未得到另一方同意的情形下，无权变更遗嘱中有关另一方财产份额的处分内容。在夫妻一方已先去世的情形下，一是无法满足征得共同意的前提条件，二是先去世一方的财产份额业已发生继承，故在世一方仅能变更自己财产份额部分的遗嘱内容。

夫妻一方变更共同遗嘱后，该共同遗嘱内容因失去遗嘱人意思表示的一致性，进而导致财产处分的关联性丧失，共同遗嘱失去了财产整体继承效果。如上所述，在夫妻在世一方对共同遗嘱变更情形下，因去世方财产份额部分已发生继承，故共同遗嘱部分失效。那么在夫妻双方均在世且未变更一方未立新遗嘱的情形下，该共同遗嘱是全部失效还是部分失效呢，也即未变更一方的财产份额是按照法定继承处理还是仍按照该共同遗嘱未变更的内容处理？笔者认为应按照共同遗嘱未变更的内容处理，不发生法定继承。理由是：共同遗嘱的变更行为仅导致共同财产继承的完整性丧失，但共同遗嘱中一方遗嘱人如何处分自身财产份额的意思表示明确具体，即共同遗嘱中已包含其如何处分自身财产份额的内容，而只要此部分内容未发生变动，就可以按照单独遗嘱对待处理。

3. 任意变更权的行使方式

变更权属于形成权。根据形成权的行使方式不同，形成权可以分为单纯形成权、形成诉权与形成反对权（又称形成辩论权）。形成诉权是指权利人必须以向法院提起诉讼的方式来行使，并通过法院的判决来确定其效力的形成权。之所以规定形成诉权，是因为这种形成权的行使要么对当事人权益影响巨大，要么是为了创设明确的法律关系，故由法院审查认定形成权要件是否具备的必要性。

考虑到夫妻一方先去世情形下遗嘱任意变更权存在不可撤销情形，且涉及已去世一方意思表示的理解，容易引发争议，故笔者主张结合前述形成诉权的特性，可以参照《中华人民共和国民法典》第一百四十七条至第一百五十一条关于合同撤销权的规定，由当事人通过向人民法院起诉要求变更的方式行使任意变更权。一方面，可以督促当事人慎重行使权利；另一方面，能够确保共同财产后续处置行为的稳定性和合法性，避免引发不必要的财产分割纠纷。但在夫妻均在世情形下，夫妻均可自行行使遗嘱任意变更权，比如通过单方书面声明方式或另行订立内容不一致的遗嘱，遗产处理以最后遗嘱为准。

编写人：江苏省盐城市中级人民法院　杨曦希

181 “有利害关系的人”在遗嘱继承案件中的认定
——杨某诉徐某等遗赠案

【案件基本信息】

1. 裁判书字号

北京市第一中级人民法院（2018）京01民终8637号民事判决书

2. 案由：遗赠纠纷

3. 当事人

原告（上诉人）：杨某

被告（被上诉人）：徐某、杨某一、杨某二、杨某三、张某、杨某四

【基本案情】

葛某和汪某于1986年结婚，婚后未生育子女。葛某与前妻杨某五生育三个子女，分别为杨某二、杨某三、杨某六。杨某系杨某二之子。张某系杨某六之妻，二人生育一女杨某四。汪某与前夫徐某一生育一子徐某。葛某父母均已去世。汪某父亲汪某一于1991年去世，母亲杨某一在世。

葛某原系某大学职工，于1996年申请购买涉案房屋，后按1997年成本价购得涉案房屋，使用了其43年工龄。审理中，某大学资产与后勤管理处出具证明，称涉案房屋所有权正在办理中，尚未发放，该房屋可以继承，但不可上市交易。2014年，葛某立下代书遗嘱，内容如下：我今年82岁，在立遗嘱时精神清醒……订立如下遗嘱。由于我握笔困难，找高某代我起草本遗嘱，并由杨某

为本遗嘱的执行人。1. 将某大学分配给我居住的位于某大学校内某号一栋房产由爱人汪某居住，并由孙子杨某照顾生活，待汪某去世后，最终由杨某继承。其他人不享有继承该房产的权利。2. 除上述房产外，我其余的财产按国家有关法律进行处理。3. 由于我的次子杨某六未经我允许，变卖了位于北京市顺义区某村本应属于我的部分平房、住宅，以及20多年以来，从未对我进行赡养等一系列行为，我决定杨某六不可以继承我的任何财产。4. 本遗嘱正本两份，一份由我保存，另一份由杨某保存，另有三份复印件分别由代书人和两名遗嘱见证人保存。立遗嘱人：葛某2014.10.26；代书人：高某2014.10.26；见证人：陈某2014.10.26，聂某2014.10.26。立遗嘱时高某、陈某、聂某、汪某、杨某在场。高某系葛某之侄女，聂某系杨某的高中同学，陈某系杨某的大学同学。

2016年1月，葛某去世。2月，杨某六去世。8月，汪某去世。

杨某诉称其系葛某之孙，与父亲杨某二共同照顾葛某及汪某，根据遗嘱请求判令诉争房屋归其所有，同时提交葛某立遗嘱时的录像、照片等。徐某、杨某一、张某、杨某四称遗嘱不符合法定形式，因为代书人、见证人与杨某有亲属、同学关系，遗嘱应为无效。

【案件焦点】

葛某所立代书遗嘱是否合法有效。

【法院裁判要旨】

北京市海淀区人民法院经审理认为：葛某所立代书遗嘱系由高某代书，由陈某和聂某在场见证。高某系杨某的姑姑，聂某系杨某的高中同学，陈某系杨某的大学同学。上述三人均系与受遗赠人杨某有利害关系的人，不能作为遗嘱见证人。葛某所立代书遗嘱不符合继承法规定的形式要件，遗嘱应为无效。判决：

驳回杨某的诉讼请求。

杨某不服一审判决，提起上诉。北京市第一中级人民法院经审理认为：本案争议焦点为诉争遗嘱是否合法有效，就本案而言包含两方面内容。其一，诉争遗嘱的见证人是否属于与杨某有利害关系的人。根据《中华人民共和国继承法》第十八条及《最高人民法院关于贯彻执行〈中华人民共和国继承法〉若干问题的意见》第三十六条规定，“有利害关系的人”在我国民法领域通常分为两类：一是继承人或受遗赠人的近亲属，包括配偶、父母、子女、兄弟姐妹、祖父母、外祖父母、孙子女、外孙子女；二是与继承人、受遗赠人有民事债权债务关系的人，二者具有较高的经济依存度及关联性。本案中代书人高某系杨某与杨某四的姑姑，与徐某、张某亦属亲戚关系，即高某与本案中的各方当事人均存在一定的亲属关系，并非只与杨某存在亲属关系，故无法认定高某与本案中当事人的某一方存在利害关系，高某不应认定为继承法规定的有利害关系的人。见证人聂某系杨某的高中同学，陈某系杨某的大学同学，但“同学”的范围较为广泛，且未有证据证明其与受遗赠人杨某存在民事债权债务等其他经济往来关系，故聂某、陈某不应认定为继承法规定的有利害关系的人。一审法院认为上述三人均系与受遗赠人杨某有利害关系的人，不能作为遗嘱见证人，缺乏法律依据，本院不予认定。其二，诉争遗嘱是否系被继承人葛某的真实意思表示。本案中除代书遗嘱外，杨某另提交了录像、照片资料对订立遗嘱时的情形进行了还原。录像中被继承人葛某思维清晰、意识清楚、行动较为灵活，见证人向其朗读遗嘱内容，被继承人葛某表示认可。录像同时记录了被继承人葛某在代书遗嘱上签字的经过，该签字亦真实有效，故诉争遗嘱应视为葛某真实意思表示。综上，诉争遗嘱合法有效，本院对杨某提交的被继承人葛某的代书遗嘱效力予以认定。徐某提交杨某一放弃继承权声明书。综上，判决：

一、撤销北京市海淀区人民法院（2017）京0108民初22201号民事判决；

二、位于某大学某号房屋上的权益由杨某与徐某各享有50%份额；

三、驳回杨某、徐某、杨某一、杨某二、杨某三、张某、杨某四的其他诉讼请求；

四、驳回杨某的其他上诉请求。

张某与杨某四不服二审判决，申请再审。北京市高级人民法院经审理认为，二审法院否定一审法院认定的遗嘱代书人、见证人是法律规定的利害关系人的认定结果，并无不妥。再审申请人张某与张某四主张的本案应当再审的申请再审理由因缺乏依据而不成立。裁定：

驳回张某与张某四的再审申请。

【法官后语】

《中华人民共和国民法典》规定了遗嘱的多种形式，除自书遗嘱外，代书、打印、录音录像和口头遗嘱均需要有两个以上见证人在场见证。遗嘱见证人除须具备完全民事行为能力外，继承人、受遗赠人以及与继承人、受遗赠人有利害关系的人不能作为见证人。《中华人民共和国民法典》新增“其他不具有见证能力的人”亦不能作为遗嘱见证人，这一规定是针对完全民事行为能力人而言的，完全民事行为能力人虽然可以完全辨认自己的行为并可以独立实施民事法律行为，但并非所有的完全民事行为能力人均可以作为遗嘱见证人，如订立代书遗嘱时，不识字的人员、盲人、失聪人员等。根据常理，与被继承人或继承人、受遗赠人完全无关、不认识的人通常不会作为遗嘱的见证人，见证人必然与被继承人或继承人、受遗赠人相识，且多与当事人有亲属、邻居、朋友等关系，但其中哪些人应认定为“有利害关系的人”，我国法律目前并无明确的判断标准，审判实践中的处理结果也各异。笔者结合本案试从与遗嘱见证人“有利害关系的人”的范围界定及具体认定两方面对此问题加以分析。

一、“有利害关系的人”的范围界定

关于“利害关系”，《中华人民共和国民法典》第一千一百四十条规定：下列人员不能作为遗嘱见证人：（一）无民事行为能力人、限制民事行为能力人以及其他不具有见证能力的人；（二）继承人、受遗赠人；（三）与继承人、受遗赠人有利害关系的人。《最高人民法院关于适用〈中华人民共和国民法典〉继承编的解释（一）》第二十四条规定：继承人、受遗赠人的债权人、债务人，共同经营的合伙人，也应当视为与继承人、受遗赠人有利害关系，不能作为遗嘱的见证人。除上述新增“其他不具有见证能力的人”不能作为遗嘱见证人内容外，与《中华人民共和国继承法》第十八条及《最高人民法院关于贯彻执行〈中华人民共和国继承法〉若干问题的意见》第三十六条规定相一致。

一般认为，利害关系指兼具情感利益和经济利益的亲属关系和纯经济上的利害关系。[①] 具体而言，“有利害关系的人”在我国民法领域通常分为两类：一是继承人或受遗赠人的近亲属，包括配偶、

---

① 梁分、梁小红：《完善遗嘱见证人制度的几点思考》，载《西南石油大学学报（社会科学版）》第21卷第1期。

父母、子女、兄弟姐妹、祖父母、外祖父母、孙子女、外孙子女；二是与继承人、受遗赠人有民事债权债务关系或其他经济往来的人，二者具有较高的经济依存度及关联性。

然而根据《中华人民共和国民法典》第一千一百二十七条规定的法定继承人范围和第一千一百二十八条、第一千一百二十九条关于代位继承和丧偶儿媳、丧偶女婿继承权的规定，在限定亲属关系仅仅为近亲属关系的情况下，不能作为遗嘱见证人的亲属范围亦极为广泛。这在当前对遗嘱形式要求愈加严格的情况下极可能导致见证人身份不适格，进而影响遗嘱效力。梁慧星的《继承法立法建议稿》第一千八百七十三条规定不能作为见证人的是“继承人、受遗赠人及其配偶或者其他直系血亲”。[①] 笔者认为，我国法律及司法解释对“有利害关系的人”采取列举方式进行界定，在并未将“与继承人、受遗赠人有其他关系的人或有牵连关系的人”界定为“有利害关系的人”的情况下，不宜随意扩大解释。因此，在对与继承人、受遗赠人“有利害关系的人”进行认定时只宜排除有较强利害关系者，其中包括一定范围内的近亲属关系、较大的经济利益关系、一定情况下的同居关系。至于邻居关系、同学关系、战友关系、职业上下级关系等若不满足上述条件不宜作为“有利害关系的人”进行排除。

本案中代书人高某与双方均有亲属关系，故不宜认定为仅与某一方存在利害关系。两位见证人系受遗赠人杨某的同学，未有证据证明其与受遗赠人杨某存在较强的经济利益关系，故两位见证人也不宜认定为继承法规定的“有利害关系的人”。

---

① 梁慧星：《中国民法典草案建议稿附理由：继承编》，法律出版社 2004 年版。

二、对“有利害关系的人”的综合认定

立法规定遗嘱形式要求是为确保遗嘱内容体现遗嘱人真实意思，确保遗嘱自由，而规定遗嘱见证人这一形式要求也是基于同一目的考虑。上述笔者对“有利害关系的人”作了初步范围界定，但实践中对“何谓有较强利害关系”等，仍宜结合案件情况，综合考虑被继承人的真实意思表示作出认定。

一方面，尽力还原被继承人立遗嘱时的真实情况。可结合当事人提交的录音录像、见证人的证人证言、立遗嘱时在场人员的陈述等证据具体分析被继承人立遗嘱时的身体状况，是否具备立遗嘱的行为能力、是否知晓遗嘱的具体内容、是否有继承人或受遗赠人在场、是否有见证人全程在场见证、是否作出同意或否认的意思表示等，尽可能地还原立遗嘱时的真实情况。

另一方面，积极探求被继承人立遗嘱时的真实意思表示。可结合当事人所提交的证据对被继承人文化程度，被继承人生前与继承人、受遗赠人的关系状况，被继承人生前居住状况，被继承人生前受赡养或扶养状况，继承人或受遗赠人有无残疾或丧失劳动能力，缺乏收入来源状况，其他继承人之前是否已从被继承人处取得利益等情况综合分析，探求被继承人所立遗嘱是否与上述情况相吻合，是否与上述情况有较为明显的出入。

本案中结合杨某提交的录像、照片资料，可以对被继承人立遗嘱时的状况进行还原，同时考虑到受遗赠人杨某一家对被继承人生前尽了较多的赡养义务，被继承人将房屋遗赠给杨某符合常理，故可以认定本案遗嘱系被继承人的真实意思表示，本案两位见证人亦可认定具备遗嘱见证资格，不宜认定为与受遗赠人“有利害关系的人”。

编写人：北京市第一中级人民法院　方硕

三、申请人身安全保护令

182 人身安全保护令的司法适用

——韦甲申请人身安全保护令案

【案件基本信息】

1. 裁判书字号

广西壮族自治区柳州市柳江区人民法院（2021）桂 0206 民保令 2 号民事裁定书

2. 案由：离婚纠纷

3. 当事人

原告：韦甲

被告：韦乙

【基本案情】

1994 年 5 月 27 日，韦甲与韦乙登记结婚，二人生育三名子女。婚后，韦乙长期暴力殴打、威胁、恐吓韦甲。韦甲为了正常地生活和工作，向法院提出离婚，并根据《中华人民共和国反家庭暴力法》的相关规定提出人身安全保护令申请。

【案件焦点】

人民法院作出人身安全保护令的标准，人身安全保护令禁令包含的具体措施。

【法院裁判要旨】

广西壮族自治区柳州市柳江区人民法院经审理认为，申请人韦甲因遭受家庭暴力，向人民法院申请人身安全保护令，提交了韦乙烧毁其衣物并辱骂其的录像光碟、韦乙殴打韦甲后书写的保证书、韦甲申请调取其被韦乙殴打时的报警出警处理材料等证据，可证实韦甲有遭受家庭暴力或者面临家庭暴力现实危险的情形，其申请符合《中华人民共和国反家庭暴力法》第二十七条“作出人身安全保护令，应当具备下列条件：（一）有明确的被申请人；（二）有具体的请求；（三）有遭受家庭暴力或者面临家庭暴力现实危险的情形”的规定。

广西壮族自治区柳州市柳江区人民法院依照《中华人民共和国反家庭暴力法》第二十六条、第二十七条、第二十八条、第二十九条规定，作出裁定：

一、禁止被申请人韦乙对申请人韦甲实施家庭暴力；

二、禁止被申请人韦乙骚扰、跟踪、干扰申请人韦甲的工作和生活。

【法官后语】

在一个文明和法治的社会，家庭暴力不仅是对家庭秩序的破坏，更是对社会文明和法治底线的突破。2016 年《中华人民共和国反家庭暴力法》（以下简称《反家庭暴力法》）确立了人身安全保护令制度，人身安全保护令在施暴者与受害者之间设立了一把“保护伞”，大幅度降低了家庭暴力再发生的概率。《中华人民共和国民法典》第一千零四十二条第三款明确规定“禁止家庭暴力”，其立法旨意是预防和制止家庭暴力，保护家庭成员的合法权益，维护平等、和睦、文明的家庭关系，人身安全保护令是《反家庭暴力法》设立的一项旨在惩治和预防家庭暴力行为的法院法律文书，是一种民事强制措施，是人民法院为了保护家庭暴力受害人的人身安全而作出的裁定，其具有强烈的维护家庭弱势群体人格权利法律意义和社会倾向性，进一步为提升司法干预家庭暴力的力度，强化司法保护人权的功能提供了法律依据。

一、人身安全保护令的申请人

启动人身安全保护令程序，应当由当事人或法定主体依法向人民法院提出申请。人身安全保护令既可以由当事人本人申请，也可以由其他有权主体代为申请。根据《反家庭暴力法》第二十三条第二款规定，当事人是无民事行为能力人、限制民事行为能力人，或者因受到强制、威吓等原因无法申请人身安全保护令的，其近亲属、公安机关、妇女联合会、居民委员会、村民委员会、救助管理机构可以代为申请。第二十四条规定，申请应当以书面方式提出，但是书面申请确有困难的，可以口头申请，由人民法院记入笔录。

二、申请人身安全保护令的前提条件

当事人申请人身安全保护令的前提是“遭受家庭成员或共同生活人的家庭暴力或者面临家庭暴力的现实危险”。根据全国人大法工委对《反家庭暴力法》的解读，家庭暴力范围主要包括身体暴力和精神暴力，性暴力和扶养义务人忽视照料或拒绝履行扶养义务的情况也属于家庭暴力的范围。司法实践中，人民法院在决定是否发出人身安全保护令时，对受害者提出其遭受家庭暴力的威胁或面临家庭暴力的主张进行审查时，应注意以下几点：

（一）家庭暴力的举证责任由申请人承担，法院必要时可以主动收集

因家庭暴力行为具有封闭性、隐秘性，不易被外人察觉，加之

受害人举证意识淡薄，经常存在受害人没能及时有效地收集证据的情形，由此家庭暴力认定难，无法对加害人进行必要的惩罚仍是目前的处理难点。在处理人身安全保护令案件时，不能机械地套用“谁主张，谁举证”，应该适当放宽受害人的举证责任，必要时人民法院应依职权进行调查取证。最高人民法院在总结人身安全保护令的司法实践上，明确提出，通过召开座谈会、培训等方式禁令减轻当事人的举证责任，适当放宽标准，同时加大人民法院依职权调查取证的力度。[①] 此外，各地方法院也出台了相应的司法文件，如《重庆市高级人民法院人身安全保护令工作指引》[②] 明确规定，申请人若缺乏举证能力，人民法院应当向其履行释明义务，指导申请人举证。《成都市中级人民法院人身安全保护令适用规则（适行）》[③] 中也进一步规定了，必要时法官可主动调查收集证据。

《最高人民法院关于办理人身安全保护令案件适用法律若干问题的规定》第五条规定：当事人及其代理人对因客观原因不能自行收集的证据，申请人民法院调查收集，符合《最高人民法院关于适用〈中华人民共和国民事诉讼法〉的解释》第九十四条第一款规定情形的，人民法院应当调查收集。人民法院经审查，认为办理案件需要的证据符合《最高人民法院关于适用〈中华人民共和国民事诉讼法〉的解释》第九十六条规定的，应当调查收集。上述规定进一步确立了“申请人举证+法院依职权调查”的举证模式。对于申请时

---

① 最高人民法院民一庭：《家暴认定仍是难点，可适当减轻当事人举证责任》，载微信公众号“最高人民法院司法案例研究院”，2021 年 3 月 14 日访问。

② 《重庆市高级人民法院发布人身安全保护令工作指引》，载重庆法院网，chinacourt. gov. cn，2021 年 4 月 3 日访问。

③ 《成都中院制定〈适用规则〉规范人身安全保护令适用》，载成都法院网，chinacourt. gov. cn，2021 年 4 月 3 日访问。

没有证据或者证据不能反映所述家庭暴力情况的，为缩短调查时间，由立案法官助理负责询问申请人派出所联系方式、报警时间及报警人相关信息，前往公安机关调取出警记录，或到相关社区、居委会等单位调取证据，切实减轻申请人的举证负担。既解决当事人难以调取相关证据的现实困难，也为开展审判工作提供便利。在案件审理过程中，家事法官对存在家暴情节的家事案件，也给予更多的关注，在法庭调查时，将家庭暴力作为重点环节进行审查，对家庭暴力是否存在、产生原因、家暴类型、家暴程度、持续时间等全面掌握，从而分析出家庭暴力的严重程度，判断该案件是否适用人身安全保护令等救济措施。对未以家庭暴力为由提出离婚的，在庭前调解或开庭过程中，对当事人陈述存在家庭暴力或人民法院发现存在家庭暴力的可能或危险的，应及时给予司法干预，在进行法庭调解或庭审阶段时，作为相对独立的环节进行审查，以保证涉家暴案件的审理质量和效果。

（二）应当区分遭受家庭暴力和面临遭受家庭暴力的现实危险

《反家庭暴力法》第二十三条第一款规定，当事人因遭受家庭暴力或者面临家庭暴力的现实危险，向人民法院申请人身安全保护令的，人民法院应当受理。从这一规定可以看出，“遭受家暴”和“面临家暴危险”是家暴证明的选择性对象，二者满足其一即可。总体来讲，法官在认定申请人是否遭受家暴或面临家暴危险时需要在对初步证据进行审查的基础上，运用经验法则进行判断。

第一，关于面临遭受家暴危险的认定。面临遭受家暴危险的认定存在两个难点：一方面，家暴危险的发生在时间上是将来事件，法官在审理案件时并不存在家暴事实和危害结果，证明一个将来可能发生也可能不发生的“危险”，显然存在困难；另一方面，危险是被判断为具有侵害法益的可能性与盖然性的状态，相较于实际发生的危险，危险在认定时更依赖于法官的自由心证。笔者认为，面临遭受家暴危险是指行为的危险，而非结果的危险，在认定时需要综合衡量被申请人言语上是否有威胁或恐吓、行为上是否有轻微暴力或者为行凶准备工具等，同时还要了解被申请人是否有既往家暴史。

第二，关于实际遭受家庭暴力的认定。人身安全保护令中“遭受家暴”的标准应当与刑事案件和民事赔偿类案件中的“家暴证明”作出区分。刑事案件中的家暴证明需要达到排除一切合理怀疑的程度，民事赔偿类案件中的家暴证明需要具有高度盖然性，对于保护令中的家暴证明，只要申请人的证据达到优势证明标准，根据逻辑推理、经验法则内心确信其可能遭受家暴或存在家暴的现实危险即可发出人身安全保护令，最大限度地保护受害人的合法权益。遭受家暴事实可以通过受害人提供的伤情照片、身体伤痕、协议录音、证人作证、医疗诊断书以及投诉报警记录等证据得到证明，需要注意的是，这些证据并非必要条件，也并不要求一定有严重损害后果。此外，法官还可以详细了解双方感情基础、纠纷产生过程、既往家暴史以及感情现状等信息综合认定家暴事实是否存在。

总之，法官在决定是否发出保护令时需要注意区分遭受家庭暴力和面临遭受家庭暴力的危险。在认定时需要在证据基础上，运用经验法则和逻辑理性作出判断。相应地，在给予人身安全保护令降低证明标准的同时，司法实践不再将其作为单独证明家暴事实的证据，这在《最高人民法院关于办理人身安全保护令案件适用法律若干问题的规定》第九条得到确认。

（三）精神暴力的认定

精神暴力具有隐蔽性、主观性和无形性的特点，婚姻关系中的受害人也很难发觉，法官在司法实践中认定精神暴力需要根据经验法则作出判断。在心理学上，精神暴力的表现包括在他人面前羞辱、贬低对方价值，不断地指责和质疑对方等。笔者认为应当基于个案，综合衡量冷暴力的时间长短、分居状态、与其他异性伴侣的界限等作出是否颁发人身安全保护令的决定。

三、人身安全保护令的措施

根据《反家庭暴力法》第二十九条规定，人身安全保护令的措施包括禁止被申请人实施家庭暴力，禁止被申请人骚扰、跟踪、接触申请人及其相关近亲属，责令被申请人迁出申请人的住所，保护申请人人身安全的其他措施。申请人申请时既可以申请其中一项，也可以同时申请多项，请求的内容不足以保护其人身安全的，法院应当向其履行释明义务，增加相应的申请请求。法院作出的人身安全保护裁定内容应当尊重当事人的请求，不得擅自变更。人民法院作出人身安全保护令，应当具备下列条件：有明确的被申请人；有具体的请求；有遭受家庭暴力或者面临家庭暴力现实危险的情形。人民法院受理申请后，应当在72小时内作出人身安全保护令或者驳回申请；情况紧急的，应当在24小时内作出人身安全保护令。

四、当事人对人身安全保护令裁定不服的救济措施

当事人对人身安全保护令的裁定不服的，可以申请复议，但是复议期间不停止人身安全保护令的执行。《反家庭暴力法》第三十一条规定了复议的情形，一是申请人申请人身安全保护令，人民法院裁定驳回其申请。申请人认为其人身安全保护令申请符合法律规定要件，法院作出驳回申请的裁定存在错误的情形。二是人民法院根据申请人的申请作出人身安全保护令后，被申请人认为人身安全保护令的作出不符合法律规定要件可以向作出裁定的人民法院申请复

议。复议期间不停止人身安全保护令的执行，可以避免复议申请人利用复议程序拖延或规避人身安全保护令的执行，发挥保护令迅速及时保护受害人的功能。

五、其他应注意的问题

第一，人身安全保护令不以申请人提起家事诉讼为前提，申请涵盖诉前、诉中、诉后各时间段，① 申请既可以在诉讼程序中适用，也可以完全与诉讼程序脱离。

第二，人身安全保护令无须申请人提供担保。作出人身安全保护令不是为了保障裁判结果能够得以实现，而是为了防止损害后果的扩大或损害的实际发生，因此提供担保以保证裁判结果实现的目的不存在②；此外，要求申请人提供担保在一定程度上会限制申请人提起禁令的需求。

第三，人身安全保护令的执行主体是人民法院，协助执行主体是公安机关以及居民委员会、村民委员会等。裁定作出后，应立即向当事人住所地的辖区派出所、社区、妇联等单位送达裁定书，并发出协助执行通知，社区民警和妇联干部通过不定期回访、心理辅导等方式督促被申请人严格遵守裁定内容；此外，基层群众自治组织也在社区邻里间发挥着社会监督作用。

具体到本案，韦甲、韦乙二人系夫妻关系，婚后韦乙长期暴力殴打、威胁、恐吓韦甲，韦甲提出离婚的同时向人民法院申请人身安全保护令，满足《反家庭暴力法》第二十七条规定的作出人身安全保护令的三个条件：有明确的被申请人、有具体的请求、有遭受

---

① 《以案说法丨申请人身安全保护令无需依附离婚诉讼》，载微信公众号“全国妇联女性之声”，2021 年 11 月 30 日访问。

② 程啸：《论我国民法典中的人格权禁令制度》，载《比较法研究》2021 年第 3 期。

家庭暴力或者面临家庭暴力现实危险的情形，因此应当根据其申请作出人身安全保护令。

编写人：广西壮族自治区柳州市柳江区人民法院　莫俊玲

最高人民法院司法案例研究院与复旦大学联合培养实习生　王雪瑞

183　家庭成员间互殴是否构成家庭暴力

——冉某申请邓某人身安全保护令案

【案件基本信息】

1. 裁判书字号

重庆市巴南区人民法院（2019）渝 0113 民保令 88 号民事裁定书

2. 案由：人身安全保护令

3. 当事人

申请人：冉某

被申请人：邓某

【基本案情】

冉某（女）与邓某（男）系夫妻，二人常为家庭琐事发生矛盾。2019 年 8 月，二人又为家庭琐事发生矛盾，邓某辱骂并威胁冉某，冉某遂用手掐邓某脖子，后被邓某推倒，导致冉某头部撞击墙面，造成其后脑软组织伤。冉某被推倒后拿起餐桌上的玻璃茶杯砸向邓某面部，导致邓某左脸被玻璃划伤。邓某又将冉某推倒在地，并骑在冉某身上扇其耳光。冉某报警求助，经警察核实，二人对互殴的事实供认不讳。冉某担心再次遭遇家庭暴力，故通过派出所向人民法院申请作出人身安全保护令。案件在审查过程中，邓某认为与冉某之间是互殴，自己也是家庭暴力的受害者，也向人民法院申请作出人身安全保护令。

【案件焦点】

1. 冉某与邓某之间相互殴打，本案属于一般家庭纠纷还是家庭暴力；2. 如果属于家庭暴力，在此类互殴型暴力中，应当如何甄别家庭暴力施暴者和受害者。

【法院裁判要旨】

重庆市巴南区人民法院经审查认为：本案属于家庭暴力纠纷，并非一般家庭纠纷，故冉某可以就此申请人身安全保护令。具体到本案中，冉某和邓某二人虽是互殴，但从二人的体能和身高等身体状况比较，邓某占据明显的优势，而且从双方的伤害情形和严重程度对比，冉某后脑构成软组织伤，面部多处瘀青，邓某则是面部被玻璃碎片划伤，此外无其他明显伤痕，冉某的受伤程度比邓某更严重。而且通过法院询问，邓某曾对冉某有过施暴史，虽然本案中是冉某先动手，但根据上述情况综合判断，冉某才是本次互殴暴力中的受害者。故应当对冉某的人身安全保护令予以准许，对邓某的申请予以驳回。

【法官后语】

家庭暴力是指发生在家庭成员之间，以及家庭成员以外共同生活的成员之间，一方通过殴打、限制人身自由、威胁、侮辱、跟踪、骚扰等手段侵害另一方的身体或精神等方面的人身权利，以达到控制另一方目的的行为。现实生活中，家庭暴力的表现形式十分复杂，尤其是以互殴为表现形式的暴力，其甄别和认定存在一定困难。互殴型家庭暴力的认定，可以从以下两个步骤进行。

一、区分互殴属于家庭暴力还是一般家庭纠纷

家庭暴力与一般家庭纠纷在外观上具有一定的相似性，尤其是互殴型家庭暴力，因纠纷双方均存在暴力行为，经常当作家庭纠纷处理。但家庭暴力与一般家庭纠纷有本质区别，家庭暴力的核心是控制，加害者有通过身体或精神折磨等手段伤害对方，使对方因恐惧从而对其屈从或顺服的主观故意。一般家庭纠纷则是在日常生活当中因生活琐事等各种原因产生的摩擦，此种摩擦可以表现为争吵、冷战甚至是轻微的暴力。在一些轻微暴力中，可能会存在因过失导致比较严重后果的行为，例如夫妻双方在争吵过程中，一方推搡另一方导致其跌倒后骨折。但一般家庭纠纷具有偶发性，即使存在轻微暴力，一方也没有意图通过实施暴力来达到控制另一方的主观故意。具体到本案中，邓某曾对冉某有过施暴史，结合邓某实施暴力的严重程度，可以认定邓某对冉某有实施家庭暴力的主观故意，本次互殴属于家庭暴力，而非一般家庭纠纷。

二、区分互殴型家庭暴力中的施暴者和受害者

在互殴型家庭暴力中，施暴者和受害者都实施了暴力行为，如何甄别互殴暴力中的施暴者和受害者，是本案的关键。审判实践中，可以从实施暴力的动机、暴力的类型、暴力的严重程度等方面综合判定。具体到本案中，从双方实施暴力的动机来看，冉某曾长期遭受邓某的家庭暴力，邓某在本次争吵中威胁冉某，长期的忍辱负重使得冉某奋起而反抗之，于是先动手掐住了邓某的脖子。从整个过

程来看，冉某实施暴力的动机是反抗邓某。从暴力的类型来看，冉某在本次暴力中实施了两个行为，一是掐邓某的脖子，二是用玻璃杯砸向邓某。虽然第一个暴力是冉某先动手，但冉某的动机是反抗邓某并阻止邓某再次对其实施暴力，第二个暴力是在邓某推倒冉某后实施的还击，两个暴力行为都属于抵抗型暴力。而邓某实施的暴力行为，一是推倒冉某导致其头部撞击墙面，二是骑在冉某身上扇其耳光，两个行为都属于攻击型暴力，尤其是第二个行为，性质特别恶劣，极有可能酿成严重后果。根据前述分析，冉某和邓某在表面上虽表现为互殴，实质上确是邓某对冉某实施了家庭暴力，邓某才是家庭暴力的施暴者。而且在本案听证过程中，邓某并不否认殴打了冉某的事实，只是强调冉某也对其实施了暴力行为，自己才是受害者。根据《最高人民法院关于办理人身安全保护令案件适用法律若干问题的规定》第八条“被申请人认可存在家庭暴力行为，但辩称申请人有过错的，不影响人民法院依法作出人身安全保护令”的规定，法院应当对冉某的人身安全保护令申请予以支持。

编写人：重庆市巴南区人民法院　张林

184　人身安全保护令的代为申请

——安岳县妇女联合会代未成年人莫某甲、莫某乙申请人身安全保护令案

【案件基本信息】

1. 裁判书字号

四川省安岳县人民法院（2017）川2021民保令5号民事裁定书

2. 案由：申请人身安全保护令

3. 当事人

申请人：莫某甲、莫某乙

代为申请机构：安岳县妇女联合会

被申请人：莫某某

【基本案情】

莫某甲、莫某乙系被申请人莫某某的双胞胎未成年女儿，莫某某的妻子精神失常，长期住在娘家。莫某某经常因生活琐事等原因打莫某甲、莫某乙，并经村委、妇联等多次调解及教育。2017年6月4日晚，莫某某因其女几天没回家，在其女熟睡后用绳子将其脚捆住，用藤条将其手、脚、背打伤。派出所出警后将莫某某带至派出所调查了解，并有接警记录，次日上午其女被送去医院治疗。6月7日，安岳县妇女联合会代莫某甲、莫某乙向人民法院申请人身安全保护令，请求禁止被申请人对其女莫某甲、莫某乙殴打，并随案提交了村民委员会证明、110案件信息、乡妇联关于了解父亲对女儿施暴问题情况汇报。

【案件焦点】

什么情况下妇女联合会应当代受害人申请人民法院作出人身安全保护令。

【法院裁判要旨】

法院经审查认为，被申请人莫某某之女莫某甲、莫某乙因遭受家庭暴力或者面临家庭暴力的现实危险，且申请人提供了村委会证明、所在派出所的接警记录，对上述事实予以佐证。安岳县妇女联合会的申请符合人身安全保护令的法定条件。依照《中华人民共和国反家庭暴力法》第二十六条、第二十七条、第二十八条、第二十九条规定，裁定如下：

禁止被申请人莫某某对其女莫某甲、莫某乙实施殴打等形式的家庭暴力。

本裁定自作出之日起三个月内有效，人身安全保护令失效前，人民法院可以根据申请人的申请撤销、变更或者延长。被申请人对本裁定不服的，可以自裁定生效之日起五日内向本院申请复议一次。复议期间不停止裁定的执行。

如被申请人莫某某违反上述禁令，法院将根据《中华人民共和国反家庭暴力法》第三十四条之规定，视情节轻重，处以罚款、拘留；构成犯罪的，依法追究刑事责任。

【法官后语】

2016年3月1日施行的《中华人民共和国反家庭暴力法》（以下简称《反家庭暴力法》），首次以法律形式确立了人身安全保护令制度，为家庭暴力受害者撑起了强有力的法律保护伞，在反家暴实践中发挥着重要作用。但基于“家丑不可外扬”等传统观念、公众对反家庭暴力法缺乏有效认知等原因，人身安全保护令制度遭遇家暴受害者群体不愿用、不敢用、不会用的现实困境。本案是反家庭暴力法施行一年多后四川省安岳县首例由县妇联组织代为申请人身安全保护令的典型案例，对该项法律制度适用破局特别是代为申请规定的落地实施具有重要意义。

家庭暴力，简称家暴，是指家庭成员之间以殴打、捆绑、残害、限制人身自由以及经常性谩骂、恐吓等方式实施的身体、精神等侵害行为。家暴受害人如果遭受或面临家庭暴力的现实危险，可由其本人直接向人民法院申请人身安全保护令。同时，针对现实中不同当事人的特殊性及情形的多样复杂性，《反家庭暴力法》还规定了代为申请制度。该法第二十三条第二款规定，当事人是无民事行为能力人、限制民事行为能力人，或者因受到强制、威吓等原因无法申请人身安全保护令的，其近亲属、公安机关、妇女联合会、居民委员会、村民委员会、救助管理机构可以代为申请。根据该条规定，代为申请主要适用于两类情形：一是主体特殊，即受害主体系行为能力欠缺者，包括无民事行为能力人和限制民事行为能力人；二是情形特殊，即受害者因受到强制、威吓等无法自行申请的。关于代为申请的主体，除受害人近亲属外，还包括公安机关、妇联等五类组织或机构，这六类主体均可以依据法律赋予他们的职责权限，视情况主动介入代为申请。本案中，两个孩子尚未成年，其母亲精神失常也欠缺民事行为能力，属于代为申请的第一类情形，当地妇联组织在了解情况后，及时介入代两未成年人申请人身安全保护令，既是依法履行法定职责，及时维护了两孩子的合法权益，又为她们的健康成长营造了良好环境，取得了良好的法律效果和社会效果。

实践中，除当事人行为能力欠缺或受到强制、威吓不能申请外，还存在因年老、残疾、重病等原因致使受害人不敢或者不能亲自申请的情况。对此，2022 年 8 月 1 日施行的《最高人民法院关于办理人身安全保护令案件适用法律若干问题的规定》，对反家庭暴力法两类代为申请情形进行了适当扩充，该司法解释第二条明确将年老、残疾、重病等情况纳入代为申请情形。同时该条规定还扩大了代为申请主体范围，根据部门职责分工，增加了民政部门、残疾人联合会、依法设立的老年人组织作为代为申请主体，为该类特殊困难群体能够依法及时获得人身安全保护令制度救济提供了制度支撑。但值得注意的是，司法解释考虑到该类人员并非因民事行为能力欠缺而导致意思表示受限，仅仅是身体状况等现实原因，故对该情形适用增加了一个限制条件，即要根据受害人本人的意愿决定是否代为申请。

家庭暴力绝非家务事，而是会影响和谐社会建设的社会问题，是侵犯人身权利的法律问题。随着反家暴工作的不断深入，对于求助能力欠缺的家暴受害人，妇联等职能机构代为申请人身安全保护令的案件将越来越多。法院、妇联等有关机关和组织应充分发挥各自职能优势，依法履职协作联动，共同织牢织密反家暴保护网络，在全社会营造崇尚文明、反对暴力的良好风尚。

编写人：四川省安岳县人民法院　蒋新儒

185 离婚诉讼中未成年人受教育权的保护是否属于人身安全保护令的适用范围

——蒋甲申请蒋乙人身安全保护令案

【案件基本信息】

1. 裁判书字号

北京市昌平区人民法院（2017）京0114民保令2号民事裁定书

2. 案由：申请人身安全保护令

3. 当事人

申请人：蒋甲

被申请人：蒋乙

【基本案情】

曾某与蒋乙系夫妻，二人于2010年生育蒋甲。2015年年初曾某与蒋乙诉讼离婚，在离婚诉讼期间，蒋甲被北京某某小学录取并办理了入学手续。2016年7月1日，蒋甲被其父亲蒋乙从北京某某商场的辅导班接走后带至浙江省××市居住。9月，蒋乙未带蒋甲回京按时入学，且拒绝说明蒋甲去处。曾某表示于2017年2月在浙江省××市乡下的一个幼儿园找到蒋甲并带回北京，得知蒋甲在此期间由爷爷奶奶租房照顾，蒋乙未照看蒋甲。曾某认为蒋乙非法藏匿孩子，拒不让孩子上学，且长期放弃对孩子的监护，已经违反相关法律，现孩子新学期入学在即，需马上办理入学手续，为了保护蒋甲的受教育权及自己作为法定代理人的监护权，特向法院申请人身保护令。

【案件焦点】

离婚诉讼中未成年人受教育权的保护是否属于人身安全保护令的适用范围。

【法院裁判要旨】

北京市昌平区人民法院经审查认为：曾某与蒋乙在离婚诉讼期间对子女的抚养问题以及蒋甲就读学校的问题存在争议，但双方的目的都是使蒋甲健康地成长。现蒋甲已经在北京某某小学办理了入学手续，故应该给蒋甲一个稳定的学习环境，保障未成年人接受义务教育的权利。因蒋乙未在开学时将蒋甲送回北京某某小学读书，使蒋甲在一年级第一个学期未能在其注册的学校正常读书，已经影响到蒋甲的学习生活。为了避免再次发生这种情况，应当对蒋乙的行为予以必要限制。蒋乙和曾某作为蒋甲的父母，在离婚诉讼期间，均应理性约束各自的行为，在生效离婚判决对孩子的抚养权作出最终确定之前，充分保障未成年人的各项权利，多从孩子的角度出发，考虑孩子的感受，以利于孩子的健康成长。

综上所述，本院依照《中华人民共和国反家庭暴力法》第二十六条、第二十七条、第二十九条，《中华人民共和国未成年人保护法》第三条规定，裁定如下：

禁止蒋乙在未经曾某同意的情况下将蒋甲带走。

【法官后语】

本案是一起特殊的人身安全保护令案件。根据《中华人民共和国反家庭暴力法》，家庭暴力是指家庭成员之间以殴打、捆绑、残害、限制人身自由以及经常性谩骂、恐吓等方式实施的身体、精神等侵害行为。当事人因遭受家庭暴力或者面临家庭暴力的现实危险，向人民法院申请人身安全保护令的，人民法院应当受理。

从表面上看，本案申请人蒋甲虽然没有遭受或者面临被殴打、捆绑、残害、限制人身自由以及经常性谩骂、恐吓等方式的侵害行为，但蒋乙为了获取蒋甲的抚养权而不顾蒋甲的个人感受将其带走，导致蒋甲未按时入学，作为监护人之一，蒋乙没有保障未成年人接受义务教育的权利，其行为已经给蒋甲带来精神层面的损害，故从保障未成年人受教育权出发，本案作出禁止蒋乙在未经曾某同意的情况下将蒋甲带走的裁定。

笔者认为，为了更好地保护未成年人的合法权益，应当扩大人身安全保护令的适用范围，将离婚诉讼中未成年人受教育的权利保护纳入人身安全保护令中。主要是基于以下考虑。

一是保障未成年人的受教育权。《中华人民共和国未成年人保护法》（2012年修正）第三条第二款规定，未成年人享有受教育权，国家、社会、学校和家庭尊重和保障未成年人的受教育权。第十三条规定，父母或者其他监护人应当尊重未成年人受教育的权利，必须使适龄未成年人依法入学接受并完成义务教育，不得使接受义务教育的未成年人辍学。《中华人民共和国未成年人保护法》（2021年修正）第十六条第五项规定未成年人的父母或者其他监护人应当履行尊重未成年人受教育的权利，保障适龄未成年人依法接受并完成义务教育的监护职责。第十七条第五项规定未成年人的父母或者其他监护人不得放任或者迫使应当接受义务教育的未成年人失学、辍学。这就要求未成年人的父母或者其他监护人必须保证适龄未成年人完成义务教育，而且是一种法定义务。但是在离婚诉讼中，一些父母为了获取子女的抚养权，往往会不顾孩子正处于适龄入学、上学阶段，采取临时接走并进行藏匿等方式不让对方接触子女，不让未成年子女正常上学。该种行为不仅侵犯了未成年人接受教育的权利，同时也给他们带来了人格、心灵、精神层面不同程度的伤害。因此扩大人身安全保护令的适用范围，对因滥用抚养权而影响受教育权进行合理规制，能够保障子女及时、正常上学，降低父母因离婚纠纷中产生的矛盾给未成年子女带来的身心伤害。

二是从源头上预防父母在离婚、抚养、探望问题上分歧升级。实践中，离婚纠纷往往因感情、子女、财产等问题争议较大，导致诉讼时间较长，有的甚至持续2年至3年，如果不加以限制，未成年子女的受教育权很难得到保障。由此便会不断加剧父母之间的矛盾，不利于家庭纠纷的高效化解。依法作出人身保护令裁定，责令父母作出或禁止作出一定行为，将未成年子女的受教育权作为优先考虑的对象，次要考虑离婚父母的抚养和探望需求，有利于预防父母争议分歧升级，实现子女利益最大化。

三是为抚养权和探望权的执行奠定基础。实践中，抚养权或探望权案件大都难以执行，其主要原因就在于审判与执行过于分离，未能切实贯彻子女利益最大化原则。对人身安全保护令的适用范围进行扩张，就是要让未成年子女回归到正常的生活学习状态中，防止父母将子女带离经常居住地、单方委托他人代为抚养、限制子女人身自由、抢夺子女等。作出人身安全保护令，不仅能够保障未成年子女接受正常的学习教育，而且能够避免找不到子女下落、无法进行子女交付的现象，能够为将来的执行奠定良好的基础，减少执行不能的现象。

编写人：北京市昌平区人民法院　程杰　张焱

ISBN 978-7-5216-2974-3

图书在版编目（CIP）数据

婚姻家庭与继承纠纷裁判规则理解与适用 / 国家法官学院，最高人民法院司法案例研究院编 .—北京：中国法制出版社，2023.3

（中国法院年度案例集成丛书）

ISBN 978-7-5216-2974-3

Ⅰ.①婚… Ⅱ.①国…②最… Ⅲ.①婚姻家庭纠纷-审判-案例-中国②继承法-民事纠纷-审判-案例-中国 Ⅳ.①D923.905②D923.55

中国版本图书馆 CIP 数据核字（2022）第 193737 号

策划编辑：李小草　韩璐玮（hanluwei666@163.com）

责任编辑：韩璐玮　　封面设计：李　宁

婚姻家庭与继承纠纷裁判规则理解与适用

HUNYIN JIATING YU JICHENG JIUFEN CAIPAN GUIZE LIJIE YU SHIYONG

编者/国家法官学院　最高人民法院司法案例研究院

经销/新华书店

印刷/三河市紫恒印装有限公司

开本/880 毫米×1230 毫米　32 开　　印张/ 35　字数/ 709 千

版次/2023 年 3 月第 1 版　　2023 年 3 月第 1 次印刷

中国法制出版社出版

书号 ISBN 978-7-5216-2974-3　　定价：150.00 元

北京市西城区西便门西里甲 16 号西便门办公区

邮政编码：100053　　传真：010-63141600

网址：**http：//www.zgfzs.com**　　**编辑部电话：010-63141790**

市场营销部电话：010-63141612　　**印务部电话：010-63141606**

（如有印装质量问题，请与本社印务部联系。）